westermann

Hans Jecht, Marcel Kunze, Peter Limpke, Rainer Tegeler

Wirtschaftslehre für Berufsfachschulen

15. Auflage, 2022

Bestellnummer 4203

Die in diesem Produkt gemachten Angaben zu Unternehmen (Namen, Internet- und E-Mail-Adressen, Handelsregistereintragungen, Bankverbindungen, Steuer-, Telefon- und Faxnummern und alle weiteren Angaben) sind i. d. R. fiktiv, d. h., sie stehen in keinem Zusammenhang mit einem real existierenden Unternehmen in der dargestellten oder einer ähnlichen Form. Dies gilt auch für alle Kunden, Lieferanten und sonstigen Geschäftspartner der Unternehmen wie z. B. Kreditinstitute, Versicherungsunternehmen und andere Dienstleistungsunternehmen. Ausschließlich zum Zwecke der Authentizität werden die Namen real existierender Unternehmen und z. B. im Fall von Kreditinstituten auch deren IBANs und BICs verwendet.

Zusatzmaterialien zu Wirtschaftslehre für Berufsfachschulen

Für Lehrerinnen und Lehrer

BiBox westermann inkl. E-Book

Lösungen: 978-3-8045-4204-4

Lehrerlizenz BiBox Dauerlizenz: 978-3-8045-0938-2
Kollegiumslizenz BiBox Dauerlizenz: 978-3-8045-0940-5
Kollegiumslizenz BiBox Schuljahr: 978-3-8045-0594-0

Für Schülerinnen und Schüler

BiBox westermann inkl. E-Book

Schülerlizenz BiBox Schuljahr: 978-3-8045-0936-8
BiBox Klassensatz PrintPlus (1 Schuljahr): 978-3-427-81146-6

Druck und Bindung: Westermann Druck GmbH, Georg-Westermann-Allee 66, 38104 Braunschweig

ISBN 978-3-8045-**4203**-7

Vorwort

Der Unterricht in der Berufsfachschule soll dazu beitragen, Handlungskompetenz bei Schülerinnen und Schülern zu entwickeln. Sie sollen demzufolge zum selbstständigen Analysieren, Planen, Durchführen und Kontrollieren von Tätigkeiten befähigt werden, um komplexe Problemsituationen lösen zu können. Diesem Ziel wird am ehesten der handlungsorientierte Unterricht gerecht. Noch stärker als im herkömmlichen Unterricht, in dem fragendentwickelnde Aktionsformen und der Lehrervortrag dominieren, muss ein nach handlungsorientierten Gesichtspunkten gestalteter Unterricht die Schülerin/den Schüler zum Subjekt der unterrichtlichen Betrachtung machen. In diesem Sinn erfüllt ein Schulbuch unseres Erachtens die Aufgabe einer Informationsquelle, aus der die Schülerinnen und Schüler Lerninhalte entnehmen, die sie zur Lösung umfangreicher Problemstellungen benötigen.

Das vorliegende Schulbuch fördert insofern das selbstverantwortliche, selbstständige Erarbeiten von Lösungen in einem tätigkeitsstrukturierten Unterricht, in dem entscheidungsorientierte Probleme gelöst werden, in Gruppen interaktionsbetont gearbeitet werden kann und Problemstellungen ganzheitlich betrachtet werden.

Die einzelnen Kapitel dieses umfassenden und verständlichen Schulbuchs sind einheitlich gegliedert:

1. **Einstieg:** Jedes Kapitel beginnt mit einer anschaulichen Fallschilderung oder Darstellung, die auf eine Problemstellung des Kapitels hinweist.

2. **Information:** Es schließt sich ein ausführlicher Informationsteil mit einer großen Anzahl von Beispielen und weiteren Veranschaulichungen an.

3. **Aufgaben:** Die im Aufbau folgenden Lernaufgaben sollen von den Schülerinnen und Schülern mithilfe des Informationsteils selbstständig gelöst werden.

4. **Zusammenfassung:** Am Kapitelende werden die wesentlichen Lerninhalte in Form einer farblich hervorgehobenen Übersicht zusammengefasst. Die Übersicht eignet sich sehr gut zur Wiederholung des Gelernten.

Die übersichtliche Gestaltung der Kapitel, die ausführlichen Erläuterungen der Fachbegriffe, die leicht verständliche Textformulierung und die vielen Beispiele und Abbildungen veranschaulichen die Inhalte ganz besonders, sodass das Lernen wesentlich erleichtert wird.

Das umfangreiche Sachwortverzeichnis am Schluss des Buches soll dem schnellen und gezielten Auffinden wichtiger Inhalte dienen.

Die Verfasser

Vorwort zur 15. Auflage

In diese Auflage wurden die sich durch das neue Kaufrecht ergebenden Änderungen eingearbeitet. Wegen der gestiegenen Bedeutung der Handlungs- und Sozialkompetenzen, die von Ausbildungsbetrieben von möglichen Absolventen der Berufsfachschule erwartet werden, wurden ebenfalls entsprechende Inhalte dazu in dieses Buch aufgenommen. Zudem wurden insgesamt einige Kapitel zur besseren Verständlichkeit gestrafft.

Hildesheim im Frühjahr 2022

Inhaltsverzeichnis

1.1 BERUFSBILDUNGSGESETZ

Beurteilen Sie diese Bilder aus dem Alltag von Auszubildenden.

INFORMATION

Das **Berufsbildungsgesetz** enthält die wichtigsten Bestimmungen über die Berufsausbildung. Es regelt den Abschluss von Berufsausbildungsverträgen, die Pflichten von Ausbildenden und Auszubildenden, die Dauer der Probezeit sowie Kündigung und Beendigung des Ausbildungsverhältnisses.

Abschluss des Berufsausbildungsvertrages

Der **Ausbildungsvertrag** wird zwischen dem Ausbildenden (= Inhaber des Ausbildungsbetriebes) und dem Auszubildenden abgeschlossen. Ist der Auszubildende noch keine 18 Jahre alt, so muss ein Erziehungsberechtigter (Vater, Mutter oder Vormund) den Ausbildungsvertrag mitunterschreiben. Der abgeschlossene Ausbildungsvertrag wird anschließend der zuständigen Stelle, z. B. Industrie- und Handelskammer (IHK) oder Handwerkskammer vorgelegt. Die zuständige Stelle prüft, ob die Inhalte des Ausbildungsvertrages mit den gesetzlichen Bestimmungen übereinstimmen, und trägt das Ausbildungsverhältnis in ein Verzeichnis der Berufsausbildungsverhältnisse ein. Sie wacht darüber, dass ordnungsgemäß ausgebildet wird.

Pflichten des/der Ausbildenden

1. Ausbildungspflicht	Der/Die Ausbildende muss dafür sorgen, dass dem/der Auszubildenden die Kenntnisse und Fertigkeiten vermittelt werden, die zum Erreichen des Ausbildungszieles erforderlich sind.
2. Bereitstellung von Ausbildungsmitteln	Der/Die Ausbildende muss Ausbildungsmittel, die für die betriebliche Ausbildung erforderlich sind, kostenlos zur Verfügung stellen.
3. Freistellung für den Berufsschulunterricht	Der/Die Ausbildende muss den/die Auszubildende(n) zum Besuch der Berufsschule anhalten und freistellen.
4. Fürsorgepflicht	Der/Die Ausbildende darf dem/der Auszubildenden nur Tätigkeiten übertragen, die dem Ausbildungszweck dienen und seinen/ihren körperlichen Kräften angemessen sind. Der/Die Auszubildende darf keinen gesundheitlichen und sittlichen Gefahren ausgesetzt werden.
5. Vergütungspflicht	Der/Die Ausbildende muss dem/der Auszubildenden eine angemessene Vergütung bezahlen.

Pflichten des/der Auszubildenden

1. Lernpflicht	Der/Die Auszubildende muss sich bemühen die notwendigen Kenntnisse und Fertigkeiten zu erwerben, die erforderlich sind, um das Ausbildungsziel zu erreichen.
2. Befolgung von Weisungen	Der/Die Auszubildende muss die Weisungen befolgen, die ihm/ihr im Rahmen der Berufsausbildung vom Ausbildenden, vom Ausbilder oder anderen Weisungsberechtigten (z. B. der Abteilungsleitung) erteilt werden.
3. Besuch der Berufsschule	Der/Die Auszubildende muss am Berufsschulunterricht teilnehmen.
4. Führen des Ausbildungsnachweises	Der/Die Auszubildende muss einen vorgeschriebenen Ausbildungsnachweis führen und regelmäßig vorlegen.
5. Einhalten der Betriebsordnung	Der/Die Auszubildende muss die für die Ausbildungsstätte geltende Ordnung einhalten.
6. Schweigepflicht	Der/Die Auszubildende muss über Betriebs- und Geschäftsgeheimnisse Stillschweigen bewahren.

Probezeit

Das Berufsausbildungsverhältnis beginnt mit der Probezeit. Sie muss mindestens einen Monat und darf höchstens vier Monate betragen.

Kündigung des Berufsausbildungsverhältnisses

Während der Probezeit kann das Berufsausbildungsverhältnis vom Auszubildenden oder vom Ausbildenden ohne Einhaltung einer Kündigungsfrist und ohne Angabe von Gründen gekündigt werden.

Nach Ablauf der Probezeit kann das Berufsausbildungsverhältnis nur gekündigt werden

- aus einem wichtigen Grund ohne Einhaltung einer Kündigungsfrist,
- vom Auszubildenden mit einer Kündigungsfrist von vier Wochen, wenn er die Berufsausbildung aufgeben oder sich für eine andere Berufstätigkeit ausbilden lassen will.

Ende des Berufsausbildungsverhältnisses

Das Berufsausbildungsverhältnis endet mit Ablauf der vorgeschriebenen Ausbildungszeit. Besteht der/die Auszubildende die Abschlussprüfung vor Ablauf der vereinbarten Ausbildungszeit, so endet das Ausbildungsverhältnis mit dem Bestehen der Abschlussprüfung.

Besteht der/die Auszubildende die Abschlussprüfung nicht, so verlängert sich das Ausbildungsverhältnis auf Wunsch des/der Auszubildenden bis zur nächstmöglichen Wiederholungsprüfung.

Wird der/die Auszubildende im Anschluss an das Berufsausbildungsverhältnis weiterbeschäftigt, ohne dass hierüber ausdrücklich etwas vereinbart wurde, so gilt er/sie als auf unbestimmte Zeit angestellt.

AUFGABEN

1. Zwischen welchen Personen wird ein Ausbildungsvertrag abgeschlossen?
2. Wer überwacht die ordnungsgemäße Durchführung der Berufsausbildung?
3. Beurteilen Sie folgende Fälle.
   a) Karin Jäger meint nach zehn Schuljahren, genug gelernt zu haben. Sie bittet ihren Ausbilder, sie vom Berufsschulbesuch freizustellen.
   b) Vor seinen Freunden prahlt ein Auszubildender damit, welche Geldbeträge jeden Abend in der Firmenkasse seien.
   c) Ein Großhändler untersagt wegen der vielen Arbeit vor Weihnachten seinem Auszubildenden den Berufsschulbesuch.
   d) Herr Adams erklärt sich nach langem Bitten des Ehepaares Meyer bereit, deren Tochter Sabine in seinem Betrieb auszubilden. Da er aber eigentlich keinen Auszubildenden benötigt, will er keine Ausbildungsvergütung bezahlen.
   e) In einem Berufsausbildungsvertrag ist eine Probezeit von drei Monaten vereinbart. Nach zwei Monaten kündigt der Auszubildende fristlos.
   f) Claudia Maier gefällt die Ausbildung zur Kauffrau im Groß- und Außenhandel nicht mehr. Sie möchte daher ihr Ausbildungsverhältnis nach nunmehr sechs Monaten fristlos kündigen.
   g) Nach sechs Monaten kündigt ein Ausbildender fristlos mit der Begründung: „Die Leistungen reichen nicht aus."

ZUSAMMENFASSUNG

Ausbildender ◄ **Ausbildungsvertrag** ► **Auszubildender**

regelt unter anderem

Pflichten des Ausbildenden
- Ausbildungspflicht
- Pflicht, den Auszubildenden für den Berufsschulbesuch freizustellen
- Vergütungspflicht
- Fürsorgepflicht
- Bereitstellung von Arbeitsmitteln

Kündigung
- innerhalb der Probezeit (1–4 Monate) sofort ohne Angabe von Gründen
- nach der Probezeit:
  - durch den Ausbildenden nur noch aus wichtigem Grund,
  - durch den Auszubildenden fristlos aus wichtigem Grund oder mit vierwöchiger Kündigungsfrist bei Berufswechsel oder Aufgabe der Ausbildung

Pflichten des Auszubildenden
- Lernpflicht
- Pflicht zum Besuch der Berufsschule
- Einhalten der Betriebsordnung
- Schweigepflicht
- Befolgen von Weisungen
- Führen des Ausbildungsnachweises

1.2 SYSTEM DER DUALEN BERUFSAUSBILDUNG

Auszubildende im Büro

Auszubildende im Klassenzimmer der Berufsschule

Warum lernt die Auszubildende an zwei verschiedenen Lernorten?

INFORMATION

Auszubildende werden während ihrer Ausbildung an zwei Lernorten ausgebildet: im Ausbildungsbetrieb und in der Berufsschule. Deshalb nennt man das System der Berufsausbildung in der Bundesrepublik Deutschland auch „Duales Berufsausbildungssystem".

Im Ausbildungsbetrieb sollen die Auszubildenden die im Ausbildungsrahmenplan vorgeschriebenen Fähigkeiten und Fertigkeiten lernen und durch praktische Tätigkeit einüben.

In der Berufsschule werden den Auszubildenden allgemeinbildende und berufsbezogene theoretische Lerninhalte vermittelt. Die Inhalte des Berufsschulunterrichts werden durch Richtlinien der Kultusministerien der Länder vorgeschrieben.

Der Berufsschulunterricht kann in Form von Teilzeitunterricht oder als Blockunterricht stattfinden.

Wird der Berufsschulunterricht in Teilzeitform erteilt, so besuchen die Auszubildenden einmal oder zweimal in der Woche die Berufsschule. An den anderen Arbeitstagen werden die Auszubildenden in ihren Ausbildungsbetrieben ausgebildet.

Beim Blockunterricht besuchen die Auszubildenden an mehreren aufeinanderfolgenden Tagen die Berufsschule (z. B. zwei oder drei Wochen). Anschließend arbeiten sie mehrere Wochen in ihrem Ausbildungsbetrieb, ohne in dieser Zeit die Berufsschule zu besuchen.

AUFGABEN

1. Erläutern Sie das „Duale Berufsausbildungssystem".
2 Wer legt die Inhalte des Berufsschulunterrichts fest?
3 Unterscheiden Sie Teilzeitunterricht und Blockunterricht.
4. Welche berufsbezogenen Unterrichtsfächer werden in der Berufsschule angeboten?
5. Was sollen die Auszubildenden im Ausbildungsbetrieb vor allem lernen?

ZUSAMMENFASSUNG

System der dualen Berufsausbildung

Ausbildungsbetrieb	Berufsschule
• überwiegend praktische Ausbildung	• überwiegend theoretische Ausbildung
• berufsbezogene Ausbildungsinhalte	• berufsbezogener und allgemeinbildender Unterricht
• Ausbildungsinhalte durch den Ausbildungsrahmenplan vorgeschrieben	• Unterrichtsinhalte sind durch Richtlinien der Kultusministerien vorgeschrieben

1.3 AUSBILDUNGSORDNUNG

Petra Freitag möchte nach dem erfolgreichen Besuch der Berufsfachschule Wirtschaft eine Ausbildung als Kauffrau im Groß- und Außenhandel beginnen. Sie will sich deshalb genauer über Inhalt und Ablauf der Ausbildung zur Kauffrau im Groß- und Außenhandel informieren. Dabei interessieren sie vor allem die Dauer und die Inhalte der betrieblichen Berufsausbildung.

Wo kann sie Informationen zu diesen Fragen finden?

INFORMATION

Informationen über die Dauer und die Inhalte der betrieblichen Berufsausbildung in einem staatlich anerkannten Ausbildungsberuf findet man in den Ausbildungsordnungen, die vom Bundesminister für Wirtschaft oder den sonstigen zuständigen Fachministerien für die einzelnen Ausbildungsberufe erlassen wurden.

Berufsfeld „Wirtschaft und Verwaltung“
Wichtige Ausbildungsberufe

- Automatenfachmann/-frau
- Automobilkaufmann/-frau
- Buchhändler/-in
- Drogist/-in
- Fachangestellte/-r für Arbeitsmarktdienstleistungen
- Fachangestellte/-r für Markt- und Sozialforschung
- Fachkraft – Lagerlogistik
- Fachlagerist/-in
- Gestalter/-in für visuelles Marketing
- Fachverkäufer/-in – Lebensmittelhandwerk
- Florist/-in
- Fotomedienfachmann/-frau
- Hotelkaufmann/-frau
- Immobilienkaufmann/-frau
- Investmentfondskaufmann/-frau
- Industriekaufmann/-frau
- Justizfachangestellte/-r
- Kaufmann/-frau – audiovisuelle Medien

- Kaufmann/-frau – Büromanagement
- Kaufmann/-frau – Dialogmarketing
- Kaufmann/-frau – Digitalisierungsmanagement
- Kaufmann/-frau – Einzelhandel
- Kaufmann/-frau – E-Commerce
- Kaufmann/-frau – Gesundheitswesen
- Kaufmann/-frau – Groß- und Außenhandelsmanagement
- Kaufmann/-frau – IT-System-Management
- Kaufmann/-frau – Kurier-, Express- und Postdienstleistungen
- Kaufmann/-frau – Marketingkommunikation
- Kaufmann/-frau – Spedition und Logistikdienstleistung
- Kaufmann/-frau – Tourismus und Freizeit
- Kaufmann/-frau – Verkehrsservice
- Kaufmann/-frau – Versicherungen und Finanzen
- Luftverkehrskaufmann/-frau
- Mediengestalter/-in Digital und Print – Beratung und Planung
- Medienkaufmann/-frau Digital und Print
- Medizinische/-r Fachangestellte/-r
- Musikfachhändler/-in
- Notarfachangestellte/-r
- Patentanwaltsfachangestellte/-r
- Personaldienstleistungskaufmann/-frau
- Pharmazeutisch-kaufmännische/-r Angestellte/-r
- Rechtsanwalts- und Notarfachangestellte/-r
- Rechtsanwaltsfachangestellte/-r
- Schifffahrtskaufmann/-frau
- Servicefachkraft – Dialogmarketing
- Sozialversicherungsfachangestellte/-r
- Sport- und Fitnesskaufmann/-frau
- Steuerfachangestellte/-r
- Tankwart/-in
- Tiermedizinische/-r Fachangestellte/-r
- Tourismuskaufmann/-frau (Privat- und Geschäftsreisen)
- Veranstaltungskaufmann/-frau
- Verkäufer/-in
- Verwaltungsfachangestellte/-r
- Zahnmedizinische/-r Fachangestellte/-r

Die **Ausbildungsordnung** legt die Bezeichnung des Ausbildungsberufes, das Ausbildungsberufsbild, den Ausbildungsrahmenplan, die Ausbildungsdauer und die Prüfungsanforderungen fest.

Das **Ausbildungsberufsbild** beschreibt die Kenntnisse und Fertigkeiten, die Gegenstand der Berufsausbildung sind. Der **Ausbildungsrahmenplan** regelt die Inhalte der betrieblichen Berufsausbildung verbindlich.

Die **Ausbildungsdauer** soll nicht mehr als drei Jahre und nicht weniger als zwei Jahre betragen.

Die Ausbildung in einem anerkannten Ausbildungsberuf endet mit einer **Abschlussprüfung.** Die Abschlussprüfung kann zweimal wiederholt werden.

Während der Berufsausbildung muss mindestens eine **Zwischenprüfung** durchgeführt werden. Durch die Zwischenprüfung sollen der Ausbildungsstand der Auszubildenden festgestellt und eventuell vorhandene Lücken ermittelt werden.

AUFGABEN

1. Welche Teile der Ausbildungsordnung legen die Inhalte der betrieblichen Berufsausbildung fest?
2. Beantworten Sie folgende Fragen zu einem von Ihnen ausgewählten Ausbildungsberuf aus dem Berufsfeld „Wirtschaft und Verwaltung“.
   a) Wie lange dauert die Ausbildung?
   b) Wann muss eine Zwischenprüfung abgelegt werden?
   c) Was wird in der Zwischenprüfung geprüft?
   d) In welchen Prüfungsfächern werden die Auszubildenden am Ende ihrer Ausbildung schriftlich geprüft?
   e) Was wird im Rahmen der mündlichen Prüfung geprüft?

ZUSAMMENFASSUNG

Ausbildungsordnung

bestimmt

Ausbildungsberufsbild	Ausbildungsdauer	Ausbildungsrahmenplan	Prüfung
listet die Kenntnisse und Fertigkeiten auf, die Gegenstand der Ausbildung sind	höchstens drei, mindestens zwei Jahre	schreibt die Inhalte der betrieblichen Berufsausbildung vor	regelt Art und Inhalte der Zwischen- und Abschlussprüfung

1.4 JUGENDARBEITSSCHUTZGESETZ

Was soll mit diesen Regelungen bezweckt werden?

INFORMATION

Das Jugendarbeitsschutzgesetz (JArbSchG) soll jugendliche Arbeitnehmer/-innen und Auszubildende vor Überforderungen im Berufsleben schützen. Es gilt für 14- bis 17-jährige Personen.

Arbeitszeitregelungen

Die wöchentliche Arbeitszeit darf 40 Stunden nicht überschreiten. Jugendliche dürfen nur an fünf Tagen in der Woche beschäftigt werden. Die regelmäßige tägliche

Arbeitszeit beträgt 8 Stunden. Sie darf bis 8,5 Stunden erhöht werden, wenn dadurch die wöchentliche Arbeitszeit von 40 Stunden nicht überschritten wird. Jugendliche dürfen frühestens um 06:00 Uhr mit der Arbeit beginnen und nach 20:00 Uhr nicht mehr beschäftigt werden.

Ausnahmen von dieser Regelung sind für das Gaststätten- und Schaustellergewerbe, mehrschichtige Betriebe, die Landwirtschaft, Bäckereien und Konditoreien vorgesehen.

In Bäckereien und Konditoreien dürfen über 16-Jährige ab 05:00 Uhr beschäftigt werden. Über 17-Jährige dürfen in Bäckereien ab 04:00 Uhr arbeiten.

Bis auf wenige Ausnahmen (z. B. Beschäftigung im Gaststättengewerbe und in Krankenanstalten sowie Alten-, Pflege- und Kinderheimen) dürfen Jugendliche nicht an Sonntagen beschäftigt werden.

An Samstagen dürfen Jugendliche nur

- in Krankenanstalten sowie in Alten-, Pflege- und Kinderheimen,
- in offenen Verkaufsstellen, Betrieben mit offenen Verkaufsstellen,
- in Bäckereien und Konditoreien,
- im Friseurhandwerk,
- im Marktverkehr,
- im Verkehrswesen,
- in Landwirtschaft und Tierhaltung,
- im Familienhaushalt,
- im Gaststätten- und Schaustellergewerbe,
- bei Musikaufführungen, Theatervorstellungen und anderen Vorführungen,
- bei Aufnahmen im Hörfunk und Fernsehen, auf Ton- und Bildträgern sowie bei Film- und Fotoaufnahmen,
- bei außerbetrieblichen Ausbildungsmaßnahmen,
- beim Sport,
- im ärztlichen Notdienst,
- in Reparaturwerkstätten für Kraftfahrzeuge

beschäftigt werden.

Pausen

Bei einer täglichen Arbeitszeit von mehr als 4,5 Stunden müssen Jugendlichen mindestens 30 Minuten Pause gewährt werden. Bei mehr als sechs Stunden sind es mindestens 60 Minuten. Die Pausen werden nicht auf die tägliche Arbeitszeit angerechnet. Eine Pause muss mindestens 15 Minuten lang sein. Jugendliche dürfen nicht länger als 4,5 Stunden ohne Ruhepause beschäftigt werden.

Urlaub

15-jährige Jugendliche haben einen Anspruch auf 30 Werktage Urlaub im Jahr. Für 16-jährige Arbeitnehmerinnen, Arbeitnehmer und Auszubildende sieht das Jugendarbeitsschutzgesetz 27 Werktage und für 17-jährige Beschäftigte 25 Werktage Jahresurlaub vor.

Werktage sind alle Wochentage außer Sonntag.

Anrechnung des Berufsschulbesuchs auf die Arbeitszeit

Beginnt der Berufsschulunterricht vor 09:00 Uhr, dürfen Jugendliche vorher nicht mehr im Ausbildungsbetrieb beschäftigt werden. Dies gilt auch für Personen, die über 18 Jahre alt und noch berufsschulpflichtig sind.

Jugendliche sind an einem Tag in der Woche den ganzen Tag von der Arbeit befreit, wenn sie an diesem Tag mehr als fünf Unterrichtsstunden die Berufsschule besuchen. Dieser Berufsschultag wird mit acht Stunden auf die wöchentliche Arbeitszeit angerechnet. Für einen zweiten Berufsschultag gilt diese Regelung nicht. Dieser zweite Berufsschultag wird auf die wöchentliche Arbeitszeit nur mit den Stunden angerechnet, die der Auszubildende in der Berufsschule verbringen musste (Unterrichtsstunden + Pausen).

Beschäftigungsverbote

Personen unter 15 Jahren dürfen nur in einem Ausbildungsverhältnis beschäftigt werden. Akkordarbeit wird für Jugendliche durch das Jugendarbeitsschutzgesetz untersagt. Außerdem dürfen Jugendliche nicht mit Arbeiten betraut oder an Orten beschäftigt werden, die eine sittliche Gefährdung darstellen. Gesundheitsgefährdende Arbeiten sind für Jugendliche unter 16 Jahren grundsätzlich verboten. Für 16- und 17-jährige Beschäftigte sind gesundheitsgefährdende Arbeiten nur dann erlaubt, wenn im Rahmen der Ausbildung nicht auf sie verzichtet werden kann.

Gesundheitliche Betreuung

Vor Beginn einer Ausbildung müssen alle Jugendlichen von einem Arzt untersucht worden sein. Die Untersuchung darf nicht länger als vierzehn Monate zurückliegen (Erstuntersuchung).

Nach dem 1. Ausbildungsjahr müssen sich alle Jugendlichen einer 1. Nachuntersuchung unterziehen (Pflichtuntersuchung). Weitere Nachuntersuchungen sind freiwillig.

AUFGABEN

1. Für welche Personen gilt das Jugendarbeitsschutzgesetz?
2. Ein Jugendlicher arbeitet 7,5 Stunden am Tag. Wie viel Minuten Pause stehen ihm zu?
3. Wie viele Stunden dürfen Jugendliche täglich höchstens arbeiten?
4. Wie viele Stunden dürfen Jugendliche wöchentlich höchstens arbeiten?
5. Wie viele Werktage Jahresurlaub stehen einer 16-jährigen Auszubildenden nach dem Jugendarbeitsschutzgesetz zu?
6. Eine 17-jährige Auszubildende soll an der Inventur in einem Warenhaus teilnehmen. Bis wie viel Uhr darf sie höchstens im Betrieb beschäftigt werden?
7. Eine 16-jährige Auszubildende besucht an zwei Tagen in der Woche die Berufsschule. Am 1. Berufsschultag werden sechs Unterrichtsstunden in der Zeit von 07:45 Uhr bis 12:45 Uhr erteilt. Am 2. Berufsschultag hat sie von 07:45 Uhr bis 11:00 Uhr vier Unterrichtsstunden. Mit wie viel Stunden wird der Berufsschulbesuch auf die wöchentliche Arbeitszeit angerechnet?
8. Für welche Arbeiten dürfen Jugendliche nicht eingesetzt werden?
9. An wie viel Pflichtuntersuchungen müssen Jugendliche teilnehmen?

ZUSAMMENFASSUNG

Jugendarbeitsschutzgesetz

gilt für 14- bis 17-jährige Personen; enthält Regeln über:

Arbeitszeit und Freizeit

- tägliche Arbeitszeit: bis 8,5 Stunden
- wöchentliche Arbeitszeit: 40 Stunden
- 5-Tage-Woche
- Berufsschule: arbeitsfrei an einem Tag der Woche nach mehr als fünf Unterrichtsstunden
- Ruhepausen:
  4,5 bis 6 Stunden = 30 Minuten,
  mehr als 6 Stunden = 60 Minuten
- bis auf wenige Ausnahmen keine Sonntagsarbeit
- Samstagsarbeit: nur in einzelnen Beschäftigungszweigen; mindestens 2 Samstage sollen arbeitsfrei bleiben.
- Nachtruhe: normalerweise 20:00 bis 06:00 Uhr

Urlaub

- 30 Werktage für 15-Jährige
- 27 Werktage für 16-Jährige
- 25 Werktage für 17-Jährige

Beschäftigungsverbote und -beschränkungen

- gesundheitsgefährdende Arbeiten
- Akkordarbeit
- Arbeiten, die die Leistungsfähigkeit der Jugendlichen überschreiten
- Arbeiten, bei denen Jugendliche sittlichen Gefährdungen ausgesetzt sind

gesundheitliche Betreuung

- Erstuntersuchung
- 1. Nachuntersuchung
- weitere freiwillige Nachuntersuchungen

2.1 BEDÜRFNISSE ALS GRUNDLAGE MENSCHLICHEN VERHALTENS

Die beiden Berufsfachschüler Dominik Schlote und Carolin Saager sind zu Beginn ihres Praktikums in der Abteilung Verkauf eingesetzt. Am ersten Tag haben sie ein Gespräch mit dem Abteilungsleiter, Herrn Staub.

Herr Staub:
„Guten Morgen, Frau Saager, guten Morgen, Herr Schlote."

Dominik Schlote, Carolin Saager:
„Guten Morgen, Herr Staub."

Herr Staub:
„Ich hoffe, dass Sie sich gut in der Abteilung integrieren werden. Zunächst einmal ist es wichtig, dass wir im Verkauf die Bedürfnisse unserer Kunden kennen. Nur so kann der Bedarf entsprechend gedeckt werden."

Carolin Saager:
„Bedürfnisse – Bedarf ... ist das nicht das Gleiche?"

Herr Staub:
„Nein, das ist nicht das Gleiche."

1. *Diskutieren Sie mit einem Mitschüler oder einer Mitschülerin, was Herr Staub damit gemeint haben könnte.*
2. *Welche Auswirkungen ergeben sich aus diesen Überlegungen für unsere Marktwirtschaft?*
3. *Nennen Sie fünf Ihrer persönlichen Bedürfnisse und sortieren Sie diese nach Wichtigkeit.*

INFORMATIONEN

Bedürfnisse als Grundlage wirtschaftlichen Handelns

Bedürfnisse sind persönliche Mangelempfindungen mit dem Wunsch, den Mangel zu beseitigen. Jeder kennt sie, jeder hat bestimmte Bedürfnisse. Wünsche werden in der Volkswirtschaftstheorie den Bedürfnissen gleichgesetzt. Es gibt verschiedene Einteilungsmöglichkeiten der Bedürfnisse, eine ist die nach **Dringlichkeit:**

- **Existenzbedürfnisse**
  Sie sind zur Lebenserhaltung notwendig (z. B. Hunger, Durst, Schlafen).
- **Kulturbedürfnisse**
  Sie sind nicht lebensnotwendig.
  Sie entsprechen dem heutigen Lebensstil/der Lebensweise einer Kulturgesellschaft (z. B. Bildung, Theater, Bildungsreisen, Telefon, Fernsehen).
- **Luxusbedürfnisse**
  Sie übersteigen die Existenz- und Kulturbedürfnisse und sind gekennzeichnet von einem exklusiven Lebensstil (z. B. teure Autos, besonderer Schmuck).

Die Grenzen bei dieser Einteilung sind fließend. Die Dringlichkeit ist abhängig vom subjektiven Empfinden des/der Einzelnen. So sind die Bedürfnisse in verschiedenen Kulturen unterschiedlich. In China sind andere Schwerpunkte festzustellen als in Europa. Auch die Existenzbedürfnisse unterscheiden sich je nach Lebensstandard. Während in Deutschland schon ein Fernseher zur Existenzgrundlage zählt, ist das in einigen Entwicklungsländern ein Luxusbedürfnis.

Eine weitere Einteilung der Bedürfnisse kann nach **Art bzw. Träger** erfolgen. Es wird danach gefragt: „Wer hat das Bedürfnis?"

- **der/die Einzelne (Individualbedürfnis)**
  Jede Person für sich hat eigene Bedürfnisse (z. B. Konsumgüter).
- **die Gemeinschaft (Kollektiv-/Gemeinschaftsbedürfnis)**
  Bedürfnisse, die von der Gemeinschaft für mehrere Menschen befriedigt werden (z. B. Schulen, Sicherheit [Polizei], Straßen).

Des Weiteren kann auch nach der **Fassbarkeit** eines Bedürfnisses unterschieden werden.

- **materielle Bedürfnisse**
  Diese Bedürfnisse sind gegenständlich, d. h. greifbar (z. B. Auto, Nahrung).
- **immaterielle Bedürfnisse**
  Diese Bedürfnisse sind nicht gegenständlich, sondern geistig (z. B. Religion, Gesundheit, Sicherheit).

Einteilungsmöglichkeiten der Bedürfnisse

- nach der Dringlichkeit
- nach der Art bzw. Träger
- nach Fassbarkeit
- nach psychologischen Gesichtspunkten

Nach **psychologischen Gesichtspunkten** wurde von Abraham Maslow ein Modell[1] entwickelt, das die Bedürfnisse als Rangfolge verschiedener Stufen sieht. Diese fünf Schichten sind als Pyramide dargestellt.

Der Mensch will zu Beginn seine Grundbedürfnisse, also die niedrigste Bedürfnisstufe, befriedigen, dann geht er in die nächsthöhere Bedürfniskategorie, um diese zu befriedigen, usw.

Bedürfnispyramide nach Maslow

Selbstverwirklichung	z. B. Entfaltung seiner Talente, Realisierung der eigenen individuellen Ziele
Anerkennung	z. B. Status, Einfluss, beruflicher Erfolg
Dazugehörigkeit	z. B. Gruppenzugehörigkeit wie Familie, Freunde
Sicherheit	z. B. soziale Sicherheit wie den sicheren Arbeitsplatz, Schutz vor Gefahren
lebenswichtige Grundbedürfnisse	z. B. Nahrung, Gesundheit, Essen, Wohnung

Bedürfnisse – Bedarf – Nachfrage

Sobald ein Bedürfnis befriedigt ist, entsteht ein neues. Theoretisch betrachtet sind die Bedürfnisse eines Menschen also unbegrenzt. Nur: Ist der Bedarf eines Menschen auch unbegrenzt?

Der Mensch kann seinen Bedarf nicht unbegrenzt decken, weil ihm die finanziellen Mittel dafür fehlen. Nur die Bedürfnisse, für die der Mensch auch die Kaufkraft hat, werden als Bedarf bezeichnet.

Der Bedarf ist wiederum noch nicht die Nachfrage, denn es ist noch nicht sicher, dass der Mensch sein ganzes Einkommen auch wirklich dazu nutzt, um Güter nachzufragen. Beispielsweise wird vielfach ein Teil des Einkommens gespart.

BEISPIEL

Die 18-jährige Carolin Saager hat das Bedürfnis, sich ein Fahrzeug zu kaufen, weil sie dadurch die Fahrzeit zu ihrer Ausbildungsstelle deutlich verkürzen kann. Am liebsten würde sie sich einen Fiat 500 kaufen. Dieser kostet aber mit einigen Sonderausstattungen über 11.000,00 €. Dies kann sie sich nicht leisten und erkundigt sich daher bei mehreren Händlern nach einem gebrauchten Ford Ka. Sie kauft dann letztlich einen acht Jahre alten Ford Ka für 3.200,00 €.

1 Das Modell wird von einigen Experten kritisiert, weil es von einer westlich-industrialisierten Gesellschaft ausgeht, die nicht auf alle Kulturen dieser Welt übertragen werden kann. Dennoch verdeutlicht es grundsätzlich unterschiedliche Bedürfnisebenen.

Die Bedürfnisse von Carolin Saager

Bedürfnis (unendliche Wünsche)
„Ich würde gern einen Fiat 500 fahren, den kann ich mir aber nicht leisten."

Bedarf (erfüllbare Wünsche)
„Ein gebrauchter Ford Ka ist günstiger, den kann ich mir leisten."

Nachfrage (erfüllte Wünsche)
„Den Ford Ka habe ich beim Autohaus Müller in Hannover gekauft."

AUFGABEN

1. Nennen Sie jeweils drei persönliche Existenz-, Kultur- und Luxusbedürfnisse, die Sie in den letzten drei Monaten hatten.
2. Finden Sie (gemeinsam mit Ihrem Banknachbarn/Ihrer Banknachbarin) zwei Beispiele, bei denen die Abgrenzung nach Dringlichkeit nicht eindeutig zu bestimmen ist.
3. Erklären Sie mit eigenen Worten, worin der Unterschied zwischen Individual- und Kollektivbedürfnissen liegt.
4. Suchen Sie in Ihrem Ausbildungsbetrieb für jeden Rang der Bedürfnispyramide nach Maslow ein Beispiel. Dies kann sowohl Ihre eigenen Bedürfnisse im Betrieb beinhalten als auch die Ihrer Kollegen.
5. Warum kann nicht jedes Bedürfnis befriedigt werden?
6. Worin liegt der Unterschied zwischen einem erfüllbaren Wunsch und einem erfüllten Wunsch? Stellen Sie dies an einem Beispiel dar.
7. Ermitteln Sie in einem selbst gewählten Betrieb, welche Güter bzw. Dienstleistungen von den Kunden nachgefragt werden.
8. Lassen Sie sich von Ihren Kollegen der Verkaufsabteilung erklären, worin der Unterschied zwischen dem Bedarf und der Nachfrage bei den Kunden liegt.

ZUSAMMENFASSUNG

Bedürfnisse

= persönliches Mangelempfinden (kann unendlich sein)
Einteilung nach der Dringlichkeit, Art bzw. Träger, Fassbarkeit oder psychologischen Gesichtspunkten

↓

Bedarf

= mit Kaufkraft ausgestattete Bedürfnisse (erfüllbare Bedürfnisse)

↓

Nachfrage

= Bedarf, der am Markt durch Kaufentscheidung wirksam wird (erfülltes Bedürfnis)

2.2 GÜTERARTEN UND DIENSTLEISTUNGEN

Einstieg

Die Freunde Volkan Karaca und Katarzyna Lindemann bewundern das neue Auto von Carolin Saager, einen gebrauchten Ford Ka.

Volkan Karaca:
„Hallo Carolin. Nicht schlecht, das neue Auto. Ist zwar nicht unbedingt mein Lieblingsmodell, aber immerhin hast du ein Fahrzeug."

Carolin Saager:
„Du hast doch auch einen Führerschein. Warum kaufst du dir nicht auch einen Wagen?"

Volkan Karaca:
„Ich hätte gern einen, weil mein Arbeitsweg so weit ist. Leider fehlt mir das Geld dazu. Ich bin vor zwei Jahren bei meinen Eltern ausgezogen und habe eine eigene Wohnung. Die ist so teuer, dass ich mir kein Auto leisten kann."

Katarzyna Lindemann:
„Ich könnte mir vielleicht auch ein Auto leisten, aber ich brauche keines. Zur Arbeit komme ich gut mit öffentlichen Verkehrsmitteln und im Sommer mit dem Rad."

1. *Worin unterscheiden sich die Bedürfnisse der Auszubildenden Volkan Karaca und Katarzyna Lindemann?*
2. *Für welche Güter bzw. Dienstleistungen geben Sie Ihr Einkommen aus?*

INFORMATION

Freie und knappe Güter

Zur Bedürfnisbefriedigung nutzt der Mensch in der Regel Güter, weil diese Güter ihm einen Nutzen stiften. In einer Volkswirtschaft wird zwischen freien und knappen Gütern unterschieden. Wahrgenommen werden häufig nur die knappen Güter, da sie etwas kosten und dementsprechend eine höhere Wertschätzung erfahren. Dabei konsumieren wir mindestens genauso häufig freie Güter. Zu diesen kostenlosen Gütern, die unbegrenzt zur Verfügung stehen, zählen beispielsweise die Luft, die wir atmen, oder das Meerwasser, das wir zum Schwimmen bzw. zum Schiffstransport nutzen.

Jedes **knappe (auch wirtschaftliche) Gut** ist dadurch gekennzeichnet, dass es einen Preis hat. In der Tendenz lässt sich sagen, je knapper ein Gut ist, desto höher liegt der Preis. Außerdem müssen knappe Güter in der Regel noch weiterverarbeitet werden, das heißt, sie sind meistens noch nicht konsumreif.

BEISPIEL

Während Meerwasser bis heute zu den freien Gütern zählt, hat sich beim Trinkwasser ein Wandel vollzogen. Früher war es in den Flüssen unendlich vorhanden und jeder konnte es unentgeltlich nutzen. Heute muss das Trinkwasser in der Regel aufbereitet werden, ist knapp und wird direkt ins Haus geliefert. Somit hat Trinkwasser bei uns heute einen Preis.

Arten knapper (wirtschaftlicher) Güter

In der Literatur werden die verschiedenen Güterarten unterschiedlich klassifiziert. So wird zwischen materiellen und immateriellen Gütern unterschieden.

Materielle Güter oder auch Sachgüter sind körperlicher Natur, das heißt, man kann sie anfassen. Hierzu zählen die Produktionsgüter, die der Herstellung wirtschaftlicher Güter dienen, und die Konsumgüter, die zur direkten Bedürfnisbefriedigung verwendet werden. Sowohl die Produktions- als auch die Konsumgüter werden in Verbrauchs- und Gebrauchsgüter unterschieden. Ein Verbrauchsgut ist dadurch gekennzeichnet, dass es beim Konsum direkt vernichtet, das heißt „verbraucht“ wird (z. B. Schmieröle in der Produktion). Ein Gebrauchsgut wird über einen längeren Zeitraum häufiger genutzt (z. B. Werkzeuge in der Produktion).

Die **immateriellen Güter** sind nicht greifbar, das heißt, sie lassen sich nicht anfassen. Hierzu zählen Dienstleistungen (meist menschliche Leistungen zur Bedürfnisbefriedigung) und Rechte (z. B. Patente). Gerade der Dienstleistungssektor (Tertiärsektor[1]) gewinnt in unserer Gesellschaft immer mehr an Bedeutung. So arbeiten mittlerweile über 70 % der Arbeitnehmer in Deutschland in diesem Bereich, 1991 waren dies lediglich 60 %.

BEISPIEL

Wenn sich Volkan Karaca über die hohen Wohnkosten beschwert, liegt er damit eigentlich nur „im Trend“. Für Wohnkosten haben die privaten Haushalte in Deutschland 2018 fast ein Viertel ihrer Konsumausgaben (etwa 24 %) aufgewendet. Hierbei sind vor allem die Wohnnebenkosten in den letzten Jahren enorm gestiegen.

Nachfrage nach Gütern in Deutschland

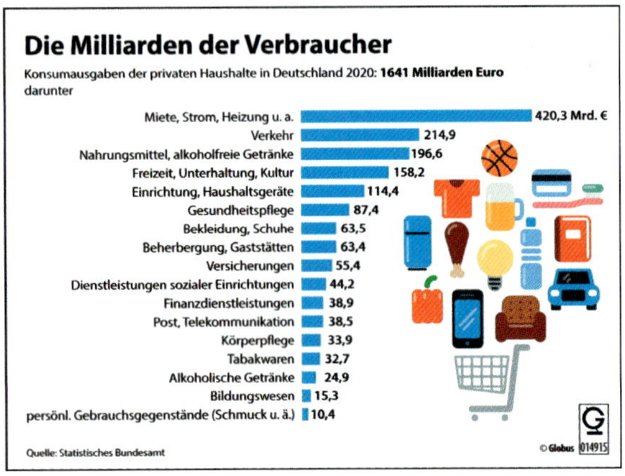

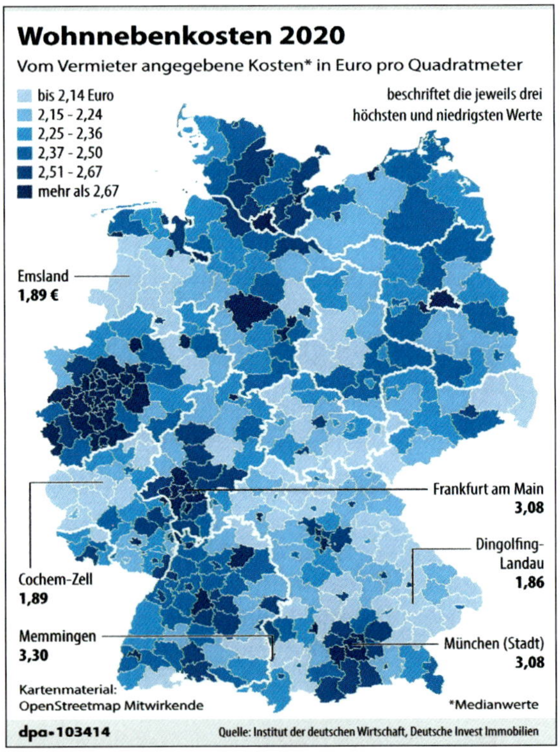

In Deutschland hat sich die Nachfrage der privaten Haushalte nach (knappen) Gütern in den letzten 20 Jahren stark verändert. Die Konsumausgaben (hier mit der Güternachfrage gleichzusetzen) sind zwischen 2000 und 2019 kontinuierlich um über 900 Mrd. Euro gestiegen. Das entspricht einem Anstieg von etwa 51 %. Den stärksten Anteil an den Konsumsteigerungen zwischen den Jahren 2000 und 2020 haben die Ausgaben für Wohnung, Wasser, Heizung und Strom.

AUFGABEN

1. Finden Sie jeweils mindestens fünf Verbrauchs- und Gebrauchsgüter, die von der Hoffmann KG für die Textil- bzw. Fahrradproduktion benötigt werden.
2. Es gibt Güter, die früher frei waren und heute knapp sind. Erläutern Sie mithilfe eines Beispiels die Ursachen für diese Entwicklung.
3. Wodurch unterscheiden sich Produktionsgüter von Dienstleistungsgütern in einem Unternehmen?
4. Es gibt Umweltzertifikate, die Unternehmen zugeteilt bekommen, um ein Nutzungsrecht für Emissionsausstoß (Schadstoffausstoß) zu erwerben. Mit diesem Nutzungsrecht kann auch gehandelt werden, das

heißt, das Verschmutzungsrecht kann gegen Geld von einem anderen Unternehmen abgekauft werden. Erklären Sie, wie dieser Emissionshandel die Verschmutzung des freien Gutes Luft verbessern kann.

5. Versuchen Sie, Ihre persönlichen Konsumausgaben entsprechend der Grafik auf Seite 20 prozentual einzuschätzen. Vergleichen Sie Ihre Einschätzung mit der Ihres Banknachbarn/Ihrer Banknachbarin.
6. Finden Sie gemeinsam mit einem Partner/einer Partnerin jeweils fünf Güter zu den Güterarten
   a) Produktionsgüter: Verbrauchs- und Gebrauchsgüter,
   b) Konsumgüter: Verbrauchs- und Gebrauchsgüter,
   c) Dienstleistungen.

ZUSAMMENFASSUNG

Güter
dienen der Befriedigung menschlicher Bedürfnisse

freie Güter
sind unentgeltlich und unbegrenzt vorhanden
Beispiele: Luft, Meerwasser

knappe (wirtschaftliche) Güter
haben einen Preis und sind nicht unbegrenzt vorhanden

materielle Güter (Sachgüter)
sind körperlicher Natur, d. h., man kann sie anfassen

immaterielle Güter
sind nicht greifbar, d. h., sie lassen sich nicht anfassen

Produktionsgüter
zur Herstellung wirtschaftlicher Güter

Konsumgüter
zur direkten Bedürfnisbefriedigung/zum direkten Konsum

Dienstleistungen
menschliche Leistungen zur Bedürfnisbefriedigung

Rechte
z. B. Patente

Verbrauchsgüter
werden beim Produktionsvorgang vernichtet, d. h. verbraucht
Beispiele: Strom, Farben, Lacke

Gebrauchsgüter
werden beim Produktionsvorgang nicht vernichtet, sondern über einen längeren Zeitraum genutzt (gebraucht)
Beispiele: Arbeitsanzug, Maschinen, Werkzeug

Verbrauchsgüter
werden beim Konsum vernichtet, d. h. verbraucht
Beispiele: Lebensmittel, Wasser- und Stromverbrauch im Haushalt

Gebrauchsgüter
werden beim Konsum nicht vernichtet, sondern über einen längeren Zeitraum genutzt (gebraucht)
Beispiele: Fernseher, PC, Fahrrad

2.3 DAS ÖKONOMISCHE PRINZIP

Katarzyna Lindemann ist in der Einkaufsabteilung der Lahmann KG beschäftigt. Der Abteilungsleiter, Herr Hetzel, beauftragt Katarzyna, für die Textilproduktion das Lager aufzufüllen und entsprechend einzukaufen.

Herr Hetzel gibt zwei Aufträge:

a) Katarzyna soll die auf einer Liste stehenden Gebrauchsgüter für die Textilproduktion einkaufen.
b) Für insgesamt 2.000,00 € sollen möglichst viele rote Stoffe gekauft werden.

1. Kann Katarzyna für die in a) angesprochenen Gebrauchsgüter beliebig viel Geld ausgeben?
2. Welche Gründe könnten dafür sprechen, bei einem bestimmten Lieferanten zu kaufen?

INFORMATIONEN

Wirtschaften

Die menschlichen Bedürfnisse sind, wie bereits beschrieben, grundsätzlich unbegrenzt, seien sie bewusst (offen) oder unbewusst (latent) vorhanden. Insbesondere in Werbeaktionen versuchen die Verkäufer, die potenziellen Käufer von der Notwendigkeit des Produkts, das heißt vom Bedürfnis nach diesem Gut zu überzeugen.

→ Die Bedürfnisse des Menschen sind unbegrenzt.

Selbst wenn das gelungen ist, kann der Kauf immer noch scheitern, etwa aufgrund nur begrenzt vorhandener Mittel (z. B. Geld). Die Entscheidung darüber, ein Bedürfnis zu befriedigen, bedeutet häufig, ein anderes unbefriedigt zu lassen. Folglich müssen Wahlentscheidungen getroffen werden (planvoll), wie die knappen Mittel eingesetzt werden, welches Bedürfnis dringender zu befriedigen ist.

→ Der Mensch muss mit knappen Mitteln wirtschaften.

BEISPIEL

Herr Hetzel will auch im Sinne der Lahmann KG vernünftig wirtschaften. In der oben stehenden Einstiegssituation will er das Lager unter wirtschaftlich sinnvollen Motiven wieder füllen. Auch die Lahmann KG hat begrenzte (finanzielle) Mittel zur Verfügung, die zu einer möglichst hohen Bedürfnisbefriedigung führen sollen.

Die unterschiedlichen Herangehensweisen in a) und b) zeichnen sich dadurch aus, dass in

a) Katarzyna möglichst viele Gebrauchsgüter einkaufen soll (dadurch, dass sie möglichst wenig dafür zahlt) und in
b) einen festen Betrag zur Verfügung hat (2.000,00 €), um möglichst viele Stoffe zu kaufen.

Diese beiden Möglichkeiten zeigen die beiden Vorgehensweisen des ökonomischen Prinzips, das nachfolgend näher beschrieben wird.

Ökonomisches (wirtschaftliches) Prinzip

Um den Konflikt zwischen knappen Gütern und begrenztem Einkommen einerseits und unbegrenzten Bedürfnissen andererseits zu lösen, werden wirtschaftliche Entscheidungen nach dem ökonomischen Prinzip getroffen. Das Ziel besteht darin, möglichst viele Bedürfnisse zu befriedigen. Dies kann auf zwei verschiedene Weisen erreicht werden.

Ist das **Ziel vorgegeben,** versucht man gemäß Minimalprinzip, dieses mit einem möglichst geringen Mitteleinsatz zu erreichen. Das heißt, ein Gut soll mit möglichst geringen Kosten hergestellt werden.

BEISPIEL

- Lisas Mitbewohner Alex gibt ihr einen Einkaufszettel mit der Bitte, den Kühlschrank wieder aufzufüllen. Er gibt ihr noch den Hinweis, sie möge auf die Kosten achten, damit das Monatsbudget nicht überschritten wird.
- In der Einstiegssituation a) soll das Lager von Katarzyna mit möglichst geringen Kosten, das heißt möglichst günstig, wieder aufgefüllt werden.

DEFINITION

Gemäß dem **Minimalprinzip** soll ein vorgegebenes Ziel mit möglichst geringen Mitteln erreicht werden.

Sind die **Mittel vorgegeben,** versucht man gemäß dem Maximalprinzip, mit eben diesen Mitteln möglichst viel zu erreichen.

BEISPIEL

- Lisa bekommt von ihrem Mitbewohner Alex den Auftrag, den Kühlschrank mit 20,00 € möglichst wieder zu füllen. Ziel ist es, möglichst lange mit den eingekauften Lebensmitteln auszukommen.
- In der Einstiegssituation b) soll Katarzyna für 2.000,00 € möglichst viele rote Stoffe einkaufen. Mit anderen Worten: Sie soll mit einer vorgegebenen Geldmenge möglichst viel einkaufen.

DEFINITION

Gemäß dem **Maximalprinzip** soll mit den gegebenen Mitteln ein größtmöglicher Erfolg erzielt werden.

Spannungsfeld Ökonomie – Ökologie

Wenn produziert wird, werden Rohstoffe verbraucht, bei Transporten wird die Umwelt durch Schadstoffausstoße belastet, beim Einkauf von Lebensmitteln verursacht der Mensch Abfall, der entsorgt werden muss, usw.

Das sind verschiedene Beispiele für eine zunehmende Belastung der Umwelt. In den letzten Jahrzehnten wurde in den Industrienationen zunehmend darauf reagiert. Es haben sich Nicht-Regierungs-Organisationen (NGO) wie beispielsweise Greenpeace gebildet oder auch staatliche Institutionen. So gibt es in Deutschland das Bundesministerium für Umwelt, Naturschutz und Reaktorsicherheit, das für den Umweltschutz zuständig ist. Dieses Ressort ist auch dafür zuständig, weltweite Umweltschutzbemühungen mit anderen Ländern global abzustimmen und zu verhandeln.

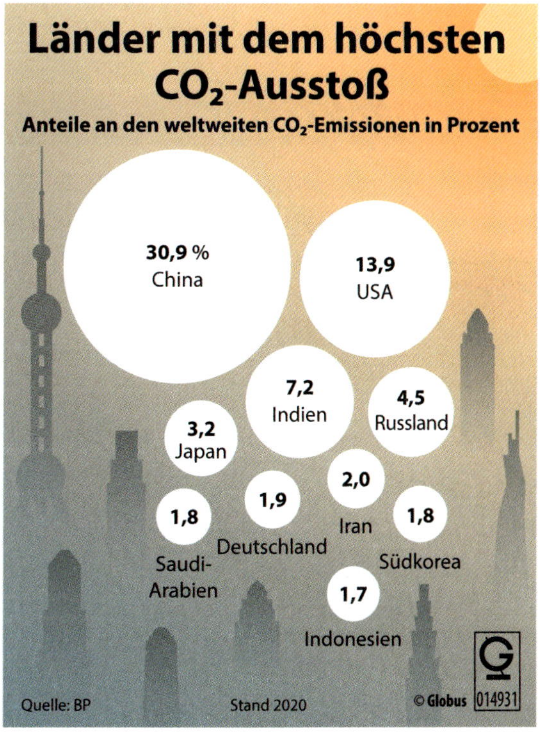

Ein zunehmendes globales Problem sind die steigenden Bedürfnisse ehemaliger Entwicklungsländer wie China oder Indien. Diese beiden Länder stellen fast 40 % der Weltbevölkerung, der verbesserte Wohlstand hat einen erhöhten Bedarf nach Ressourcen (z. B. Rohstoffe) zur Folge. Außerdem erhöht sich der CO_2-Ausstoß durch die zunehmende Industrialisierung, was langfristig eine Erderwärmung und ein Abschmelzen der Pole zur Folge haben kann. In verschiedenen Konferenzen (z. B. Kyoto-Protokoll 1997, UN-Klimakonferenz in Cancun 2010) wird versucht, die Schadstoffemissionen weltweit zu begrenzen, indem für jedes Land Maximalwerte festgelegt werden. Bei der UN-Klimakonferenz in Doha im Jahr 2012 wurde nach sehr kontroversen Verhandlungen zwischen den Ländern in einer umstrittenen Abstimmung die Verlängerung des Kyoto-Protokolls bis 2020 beschlossen. Im Pariser Klimaabkommen im Dezember 2015 gab es eine Vereinbarung von 197 Staaten mit dem Ziel einer maximalen Erderwärmung von deutlich unter 2 Grad im Vergleich zur vorindustriellen Zeit. Diese Vereinbarung wird aber bereits von mehreren Staaten wieder infrage gestellt.

AUFGABEN

1. Worin liegt der Unterschied zwischen bewussten (offenen) und unbewussten (latenten) Bedürfnissen?
2. Stellen Sie zwei Situationen dar, in denen Sie aufgrund von knappen Mitteln eine Wahlentscheidung zwischen unterschiedlichen Bedürfnissen treffen mussten.
3. Ein Holzveredelungsbetrieb, der über ein Lager mit Holzbrettern verfügt, erhält einen Auftrag: Er soll 100 Bilderrahmen fertigen. Nach welchem ökonomischen Prinzip wird er die Bilderrahmen fertigen?
4. Ein Einzelhandelsgeschäft vergleicht mehrere Angebote über Taschenrechner. Es wählt schließlich das Angebot mit dem günstigsten Preis. Nach welchem ökonomischen Prinzip wurde gehandelt? Begründen Sie Ihre Entscheidung.
5. Carolin Saager und ihr Freund möchten mit ihrem Ford Ka nach Frankreich in den Urlaub fahren. Sie wollen die Kosten für die Fahrt möglichst gering halten. Nach welchem Prinzip handeln die zwei und wie können sie dieses Prinzip verwirklichen?
6. Warum ist es notwendig, dass sich die Länder weltweit über einen geregelten Schadstoffausstoß einigen?
7. Unternehmen verstoßen seltener gegen die ökonomischen Prinzipien als die Privathaushalte. Sammeln Sie Gründe für diesen Umstand.

ZUSAMMENFASSUNG

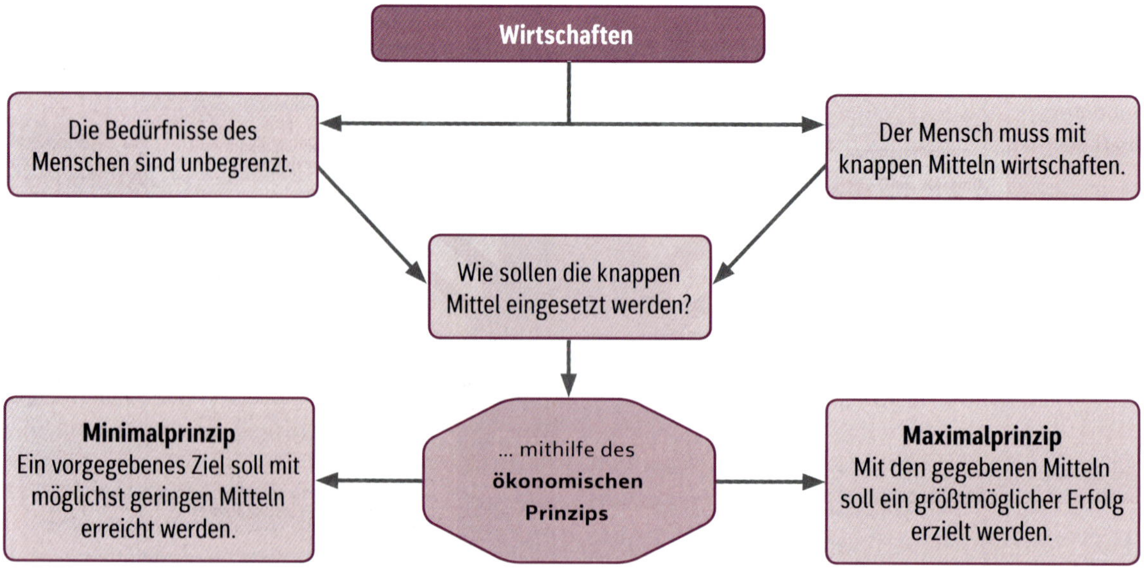

2.4 BETRIEBLICHE UND VOLKSWIRTSCHAFTLICHE PRODUKTIONSFAKTOREN

Die Lahmann KG hat in den letzten Jahren ihren Umsatz kontinuierlich gesteigert. Neue Geschäftsbereiche und Vertriebswege waren Gründe für diese Erfolgsstory. Das 1989 erbaute zentrale Büro- und Lagergebäude ist mittlerweile zu klein geworden. Glücklicherweise ist das Nachbargrundstück noch unbebaut und könnte für eine Lagererweiterung genutzt werden. Die Geschäftsführung überlegt, ob sie diese Lagererweiterung durchführen sollten.

1. *Welche Gründe könnten gegen die Erweiterung des Lagergebäudes sprechen?*
2. *Erstellen Sie gemeinsam mit Ihrem Banknachbarn/Ihrer Banknachbarin eine Liste, was notwendig ist, um das Lagergebäude zu erweitern.*

INFORMATIONEN

Produktion

In der heutigen Zeit besteht die Produktion aus sehr speziellen Vorgängen voller feinster Spezialisierungen und unzähliger aufeinander abgestimmter Prozesse. Das hat zu einem enormen Produktivitätszuwachs in den Industrieländern in den letzten Jahrhunderten geführt. Dabei ist die Produktion im Grunde die Bereitstellung von Gütern und Dienstleistungen zur Befriedigung menschlicher Bedürfnisse.

Die Produktion in einer Volkswirtschaft lässt sich auch heute noch auf einfache Grundmuster reduzieren, die sich überall wiederfinden. Zur Verdeutlichung dieser Grundmuster kann man beispielsweise die Landwirtschaft betrachten.

Volkswirtschaftliche Produktionsfaktoren: Arbeit, Boden und Kapital

In der Landwirtschaft werden im Grunde drei Produktionsfaktoren eingesetzt, die in unterschiedlichem Maße kombiniert werden. Dazu zählen:

- Boden
- Arbeit
- Kapital

Boden ist kein einheitlicher Produktionsfaktor. Er kann zur Erzeugung von Produkten in der Landwirtschaft genutzt werden. Er kann aber auch stofflich genutzt werden beim Rohstoffabbau (Kohle, Kies, Erze) oder einfach als Träger (Standort) von Gebäuden. Auch Wasser zählt zum Produktionsfaktor Boden (z. B. die Fische). Die Erzeugung der erneuerbaren Energien wie Windkraft oder die Sonnenenergie zählt ebenfalls zum Produktionsfaktor Boden.

BEISPIEL

Landwirt Lindner hat 30 Hektar Ackerfläche, die er nutzt, indem er Getreide und Kartoffeln anbaut. Dieser Ackerboden entspricht genauso dem Produktionsfaktor Boden wie die Fläche, auf der seine Stallgebäude stehen.

Produktionsfaktor Boden – hier Getreide

Arbeit ist wohl der wichtigste Produktionsfaktor. Damit ist sowohl tierische Muskelkraft als auch die Schaffenskraft des Menschen gemeint. Während die tierische Muskelkraft in den Industriegesellschaften fast zu vernachlässigen ist, wird bei der menschlichen Arbeitsleistung die schöpferische, das heißt die geistige Arbeit (Kopfarbeit) im Vergleich zur körperlichen Arbeit immer wichtiger (z. B. Dienstleistungen).

BEISPIEL

Landwirt Lindner pflügt sein Feld, um den Boden für die Saat vorzubereiten. Abends muss er Kalkulationen aufstellen und die Buchführung erledigen.

Boden und Arbeit bezeichnet man als ursprüngliche (originäre) Produktionsfaktoren. Sie gibt es seit jeher. Mit dem Einsatz von Werkzeugen und Maschinen, die der menschliche Erfindungsgeist zur Vereinfachung der Arbeit geschaffen hat, kam der Produktionsfaktor **Kapital** hinzu. Man sagt daher, das Kapital ist ein aus Boden und Arbeit abgeleiteter (derivativer) Produktionsfaktor. Dabei teilt man ein in Realkapital (= Sachkapital), z. B. Maschinen und Gebäude, und Finanzkapital, also Geldmittel, die z. B. für Investitionen zur Verfügung stehen. Erst der Einsatz des Kapitals hat die großen Produktivitätssteigerungen möglich gemacht, die in den Industrieländern in den letzten Jahrhunderten stattgefunden haben.

BEISPIEL

Lagerhalle im Bau

Landwirt Lindner investiert in eine neue Lagerhalle, die er nutzen will, um seinen Weizen zu lagern und selbst seinen Tieren zu geben. Damit kann er günstiger Futter einkaufen und die gesamte Viehhaltung wird produktiver.

Alle drei Produktionsfaktoren können in unterschiedlichem Maße eingesetzt und kombiniert werden. Man spricht dabei auch von der Produktionstechnologie einer Volkswirtschaft. Je nachdem, welcher der drei Produktionsfaktoren schwerpunktmäßig eingesetzt wird, spricht man auch von kapitalintensiver, rohstoffintensiver oder arbeitsintensiver Produktionstechnologie.

Die Zusammenstellung der Produktionsfaktoren (Faktorkombination) hat einen Einfluss auf die Effizienz bei der Produktion. Dabei sollten die Ziele der Ökonomie (z. B. Gewinnerzielung) mit den Zielen der Ökologie (z. B. Schonung der Umwelt) abgestimmt sein. Es ist eine Nachhaltigkeit beim Faktoreinsatz wichtig. Nachhaltig bedeutet dabei, dass beispielsweise Rohstoffe so abgebaut werden, dass sich deren Bestand auf natürliche Weise regenerieren kann. Zu den Rohstoffen zählen unter anderem Erze, Rohöl, aber auch Fische.

Nicht nur beim Abbau der Rohstoffe muss auf Nachhaltigkeit geachtet werden. Ebenso wichtig ist es zu durchdenken, wie die Produkte verpackt werden: Wie und in welchem Umfang können Verpackungen recycelt oder wiederverwendet werden? Hier ist die Ökobilanz – am Beispiel von Getränkeverpackungen gezeigt – ein wichtiger Faktor. Immer mehr Verbraucher entscheiden sich bewusst für nachhaltig verpackte Produkte.

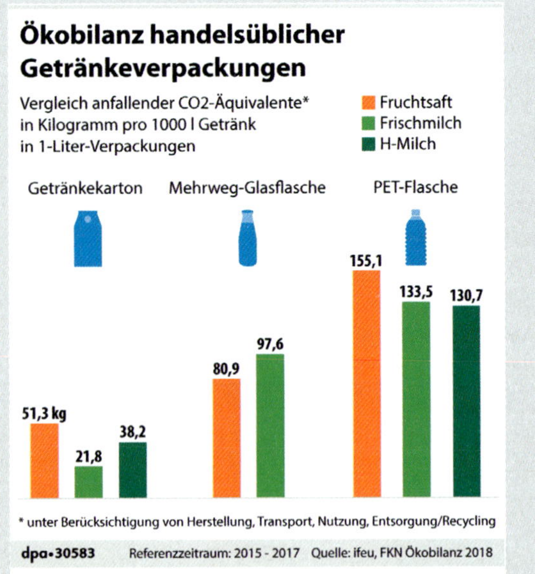

Bildung als vierter Produktionsfaktor

In den letzten Jahren hat bei vielen Wirtschaftsexperten und Politikern das Thema Bildung weiter an Bedeutung gewonnen. So ist in der wirtschaftswissenschaftlichen Literatur des Öfteren von der Bildung als viertem (derivativen) Produktionsfaktor die Rede. Nachhaltiges Wirtschaften beruht mehr und mehr auf den Stand der wissenschaftlichen Forschung. Hochgebildete Volkswirtschaften sind aufgrund ihres hohen Bildungsstandes in der Lage, vernünftig mit den zur Verfügung stehenden Ressourcen umzugehen und sie überlegt und sinnvoll einzusetzen.

Bildung ist ein wichtiger Faktor in unserer Gesellschaft.

Produktionsfaktoren aus betriebswirtschaftlicher Sicht

Aus Unternehmenssicht findet eine etwas andere Einteilung der (betriebswirtschaftlichen) Produktionsfaktoren statt, weil das Unternehmen nicht die Gesamtheit einer Volkswirtschaft im Blick hat, sondern „lediglich" den eigenen betrieblichen Leistungsprozess. Dieser betriebliche Leistungsprozess wird mithilfe der folgenden Faktoren erreicht:

- Werkstoffe (Roh-, Hilfs- und Betriebsstoffe)
- (menschliche) Arbeit (ausführend und/oder leitend)
- Betriebsmittel (Anlagevermögen)
- Rechte (Patente, Verträge ...)

In den Unternehmen werden diese Faktoren miteinander kombiniert, damit das angestrebte Produktionsziel erreicht wird.

Die **Werkstoffe** sind dem betrieblichen Rechnungswesen entsprechend in Roh-, Hilfs- und Betriebsstoffe unterteilt:

- **Rohstoffe**
  Sie sind Hauptbestandteil eines Erzeugnisses im Produktionsprozess.
- **Hilfsstoffe**
  Sie sind Nebenbestandteil (mit relativ geringem Kostenanteil).
- **Betriebsstoffe**
  Sie gehen nicht in das Erzeugnis ein, sind aber für die Produktion notwendig und werden verbraucht.

BEISPIEL

Bei der Herstellung eines Holzstuhls ist das Holz der Rohstoff. Als Hilfsstoffe sind hier der Leim sowie die benötigten Schrauben notwendig. Weiterhin werden bei der Produktion Strom und Benzin benötigt, die als Betriebsstoffe nicht in das Produkt eingehen.

Mit den **Betriebsmitteln** (nicht zu verwechseln mit Betriebsstoffen) ist das Anlagevermögen eines Unternehmens gemeint. So sind etwa die Gebäude, Maschinen oder auch der Fuhrpark Grundlage für eine betriebswirtschaftlich sinnvolle Produktion.

Bei der **menschlichen Arbeitsleistung** wird zwischen ausführender und leitender (dispositiver) Arbeit unterschieden. Die dispositive Arbeit wird von der Geschäftsleitung geleistet, dazu gehören etwa die Planung, Leitung, Organisation und Kontrolle aller Prozesse innerhalb des Unternehmens. Die Geschäftsleitung hat somit die Hauptaufgabe, die Faktoren nach dem ökonomischen Prinzip zu kombinieren.

Ein Bauleiter leistet überwiegend dispositive Arbeit.

Zu den **Rechten** eines Unternehmens gehören etwa Miet- und Pachtverträge, gegebenenfalls Patente oder Lizenzen (z. B. für ein PC-Programm).

Die betriebswirtschaftlichen Produktionsfaktoren lassen sich den volkswirtschaftlichen zuordnen. Die Werkstoffe sind dem Boden (An- und Abbauboden) zuordenbar. Die menschliche Arbeitsleistung ist volkswirtschaftlich eingeteilt in geistige und körperliche Arbeit. Die Betriebsmittel werden volkswirtschaftlich als Kapital bezeichnet. Die Rechte sind nicht direkt einem volkswirtschaftlichen Produktionsfaktor zuzuordnen.

AUFGABEN

1. Finden Sie bei der Hoffmann KG jeweils zwei Beispiele für körperliche und geistige Arbeit.
2. Bei der Herstellung von Produkten spielen in der Regel alle Produktionsfaktoren eine Rolle. Stellen Sie das Zusammenspiel der drei Produktionsfaktoren am Beispiel der Produktion von Damenmänteln bei der Hoffmann KG dar.
3. Die zunehmende Arbeitsproduktivität hat für die Unternehmen und Beschäftigten sowohl Vor- als auch Nachteile. Stellen Sie diese in einer Tabelle gegenüber.
4. Warum ist die dispositive Arbeit in einem Unternehmen von besonders hoher Bedeutung?
5. Kann eine ausführende Tätigkeit aus betriebswirtschaftlicher Sicht nur körperlich oder auch geistig sein (im volkswirtschaftlichen Sinn)? Begründen Sie Ihre Antwort.
6. Würden Sie der Hoffmann KG zu einer Erweiterung des Lagergebäudes raten? Begründen Sie auch hier Ihre Antwort.
7. Bearbeiten Sie die Informationstexte „Die volkswirtschaftlichen Produktionsfaktoren Arbeit, Boden und Kapital" und „Produktionsfaktoren aus betriebswirtschaftlicher Sicht" separat in zwei Gruppen mithilfe der Kugellager-Methode.

Kugellagermethode

- Die Teilnehmenden der ersten Gruppe verteilen sich auf den Innenkreis und die Teilnehmenden der zweiten Gruppe verteilen sich auf den Außenkreis, sodass sich jeweils zwei Personen in Blickkontakt einander gegenübersitzen.
- Die erste Gruppe erklärt der jeweils gegenüber sitzenden Person der zweiten Gruppe ihr Thema.
- Nun erklärt die zweite Gruppe der gegenüber sitzenden Person ihr Thema.
- Nach Ablauf der vereinbarten Zeit (z. B. nach zwei Minuten) rücken alle Teilnehmenden des Innenkreises im Uhrzeigersinn um eine Position weiter.
- Nun erklären die Teilnehmenden der ersten Gruppe jeweils der neuen Person der zweiten Gruppe das, was sie verstanden haben. Die entsprechende Person der zweiten Gruppe korrigiert gegebenenfalls die Ausführung. Anschließend wird umgekehrt erklärt.

Kugellagermethode

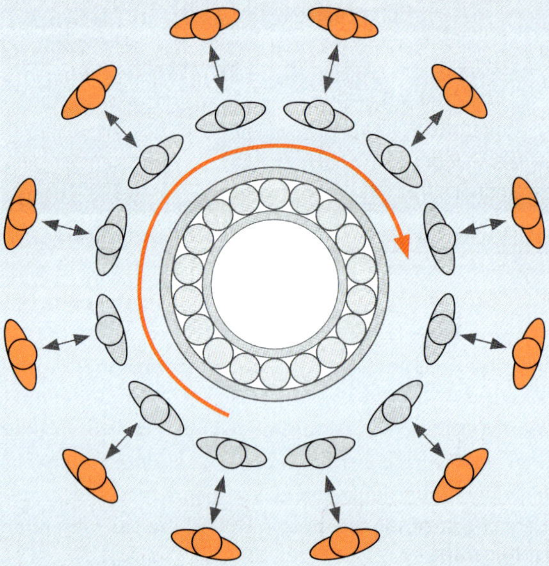

ZUSAMMENFASSUNG

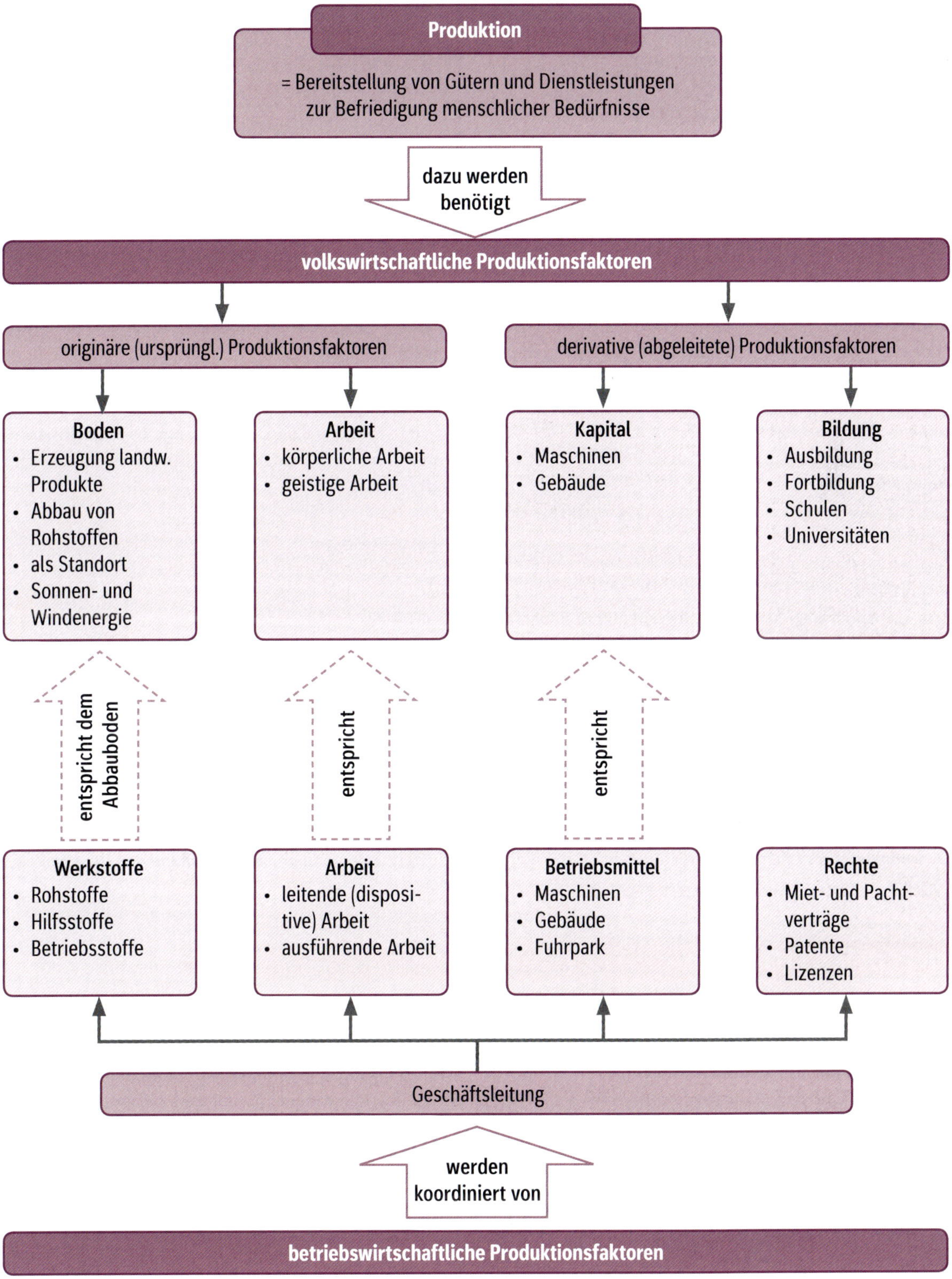

2.5 DER WIRTSCHAFTSKREISLAUF ALS EIN MODELL DER VOLKSWIRTSCHAFT

Der Praktikant Volkan Karaca unterhält sich mit der Geschäftsführerin der Lahmann KG, Frau Hahne, über die Finanzierung der Lagererweiterung.

Volkan Karaca:
„Frau Hahne, Sie sagten mir vor einigen Tagen, dass die Investition für die Lagererweiterung ein Volumen von etwa 500.000,00 € hat. Woher soll die Lahmann KG dieses Geld nehmen?"

Frau Hahne:
„Von der Rechnungswesen-Abteilung habe ich berechnen lassen, dass unser Unternehmen für Investitionen etwa 100.000,00 € in den letzten Jahren bei den Hausbanken angespart hat."

Volkan Karaca:
„Reicht das denn aus? Woher soll das restliche Geld kommen?"

Frau Hahne:
„Da wir durch den Bau einige Arbeitsplätze schaffen, gibt es auch ca. 10 % vom Investitionsvolumen als Zuschuss vom Staat."

Volkan Karaca:
„Das ist ja sehr gut."

Frau Hahne:
„Ja, somit ist es für uns dann nicht mehr so problematisch, für die Restsumme einen Kredit bei der Bank aufzunehmen."

Volkan Karaca:
„Das klingt ja alles sehr sinnvoll. Aber wo kommt denn eigentlich das ganze Geld vom Unternehmen, vom Staat oder von der Bank her?"

Frau Hahne:
„Das ist sehr kompliziert. Kurz gesagt, es handelt sich eigentlich um zwei Kreisläufe: den Güterkreislauf und den Geldkreislauf."

Volkan Karaca:
„Das verstehe ich nicht!"

Frau Hahne:
„Dann sollten Sie sich dringend darüber informieren. Die Beziehungen zwischen Haushalten und Unternehmen sind Basiswissen eines Kaufmanns bzw. einer Kauffrau ..."

1. *Stellen Sie grafisch dar, woher die Lahmann KG das Geld für die Investition bekommen kann.*
2. *Ist die Investition Bestandteil des Geld- oder des Güterkreislaufs?*
3. *Nennen Sie fünf Beispiele dafür, wo zwischen Privatpersonen, den Unternehmen, dem Staat und den Banken Güter getauscht werden.*

INFORMATION

Wirtschaftskreislauf mit zwei Sektoren

In einer Volkswirtschaft stehen sich verschiedene Akteure gegenüber, die alle im Tausch von Gütern oder Dienstleistungen und Geld sind. Volkswirte versuchen mit Modellen, die Realität einfacher darzustellen. Um die Beziehungen von diesen Akteuren zu vereinfachen, wird zunächst das Modell des Wirtschaftskreislaufs mit zwei Sektoren, der sogenannte **einfache Wirtschaftskreislauf** betrachtet.

Unter den zwei Sektoren sind hier (alle) Unternehmen einer Volkswirtschaft und die privaten Haushalte zu verstehen. Weitere Sektoren wie der Staat, Banken oder das Ausland sind bei dieser Modelldarstellung nicht berücksichtigt.

Wirtschaftskreislauf mit zwei Sektoren (einfacher Wirtschaftskreislauf)

Geldstrom

Es wird zunächst der Geldstrom (monetärer Strom) betrachtet: Die privaten Haushalte erhalten von den Unternehmen Lohn, den sie für Konsumausgaben verwenden. Für die Unternehmen ist die Lohnzahlung ein Geldabfluss, während die Konsumausgaben der privaten Haushalte einen Geldzufluss für die Unternehmen darstellen.

BEISPIEL

Herr Witt ist Mitarbeiter der Fahrradproduktion der Räderwerke AG und erhält monatlich sein Gehalt. Für dieses Gehalt kauft er sich Lebensmittel und andere Güter. So hat er vor einiger Zeit ein Fahrrad bei der Räderwerke AG für seinen Sohn gekauft.

Die privaten Haushalte geben ihr gesamtes Einkommen (Y, für engl. yields) für den Konsum aus (C, für engl. consumption). Es kann dementsprechend folgende Gleichung aufgestellt werden:

FORMEL

$$Y = C$$

→ Jedem Geldstrom stehen im Wirtschaftskreislauf Güterströme in gleicher Höhe gegenüber.

Güterstrom

Beim Güterstrom (realer Strom) stellen die privaten Haushalte ihre Faktorleistungen (Arbeitskraft, Grundstücke, Kapital zur Finanzierung der Produktion) den Unternehmen zur Verfügung. Dadurch sind die Unternehmen in der Lage, Güter und Dienstleistungen zu produzieren. Die produzierten Güter und Dienstleistungen werden dann von den privaten Haushalten im Tausch mit Geld konsumiert.

BEISPIEL

Herr Witt stellt der Räderwerke AG täglich seine Arbeitsleistung zur Verfügung. Damit werden täglich mehrere Fahrräder produziert. Das vor einiger Zeit für seinen Sohn gekaufte Fahrrad ist dabei ebenfalls von ihm hergestellt worden.

Wirtschaftskreislauf mit drei Sektoren

Es ist in der Realität in der Regel nicht so, dass das gesamte Einkommen der privaten Haushalte für Konsum ausgegeben wird. Häufig wird ein Teil des Geldes gespart. Die Unternehmen produzieren nicht nur Konsumgüter, sie investieren auch in neue Produktionsgüter, um die Produktionsbedingungen zu verbessern. Der dritte Sektor, die „Vermittlungsstelle“, sind dabei die Kreditinstitute.

Wirtschaftskreislauf mit drei Sektoren

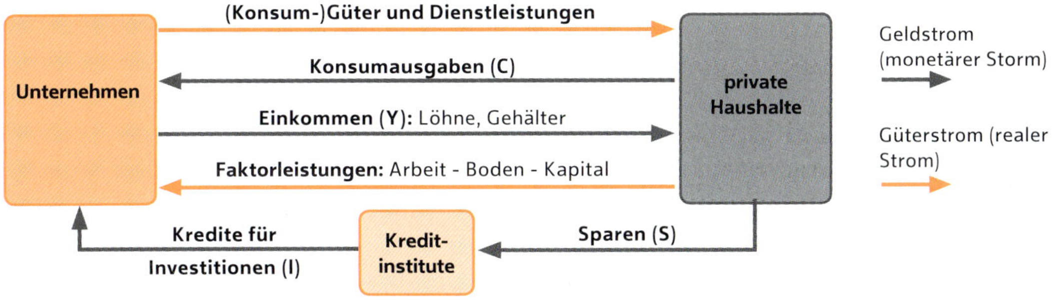

Das Modell des Wirtschaftskreislaufs mit drei Sektoren geht davon aus, dass nur so viel Geld von den Unternehmen investiert (Investition = I) werden kann, wie von den privaten Haushalten auf der anderen Seite gespart (Sparen = S) wurde. Die entsprechende Gleichung lautet also:

FORMEL

I = S

Bei dieser Modellbetrachtung werden die gesamten Ersparnisse von den Unternehmen zur Investition verwendet. Das führt zu einer verbesserten Produktion und schließlich zu einer Erhöhung der Gütermenge im Wirtschaftskreislauf.

➔ Durch Sparen und Investieren wächst die Wirtschaft.

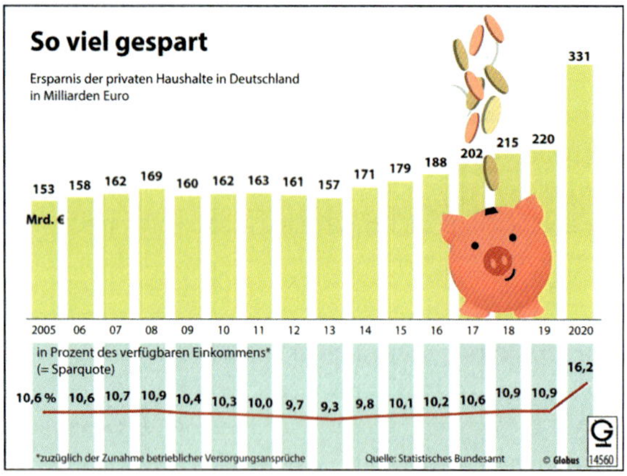

Man kann den Wirtschaftskreislauf aus Sicht der **Einkommensverwendung** betrachten. Die Gleichung ist die Antwort auf die Frage „Wie verwenden die privaten Haushalte ihr Einkommen?" ➔ Es wird von den Haushalten zum Konsum und zum Sparen verwendet.

FORMEL

Sicht der Einkommensverwendung Y = C + S

BEISPIEL

Die Haushalte haben insgesamt ein Einkommen von 1000 Geldeinheiten (GE), von denen sie 10 % sparen. Somit lautet die Gleichung

Y = C + S 1000 = 900 + 100

Die Einkommen entstehen durch die Herstellung von Konsumgütern oder Investitionsgütern. Daraus ergibt sich die Sicht der **Einkommensentstehung:**

FORMEL

Sicht der Einkommensentstehung Y = C + I

BEISPIEL

Die Unternehmen stellen Konsumgüter in Höhe von 900 GE her. Die „ausgefallene" Konsumgüternachfrage von 100 GE wird von den Unternehmen durch die Nachfrage von Investitionsgütern (z. B. Maschinen, Fahrzeuge) ersetzt. Die Gleichung lautet somit

Y = C + I 1000 = 900 + 100

Erweiterter Wirtschaftskreislauf

Eine große Rolle in einer Volkswirtschaft spielt der Staat. In der Bundesrepublik Deutschland wird der Sektor „Staat" repräsentiert durch den Bund, die Länder, die Gemeinden und die Sozialversicherungsträger.

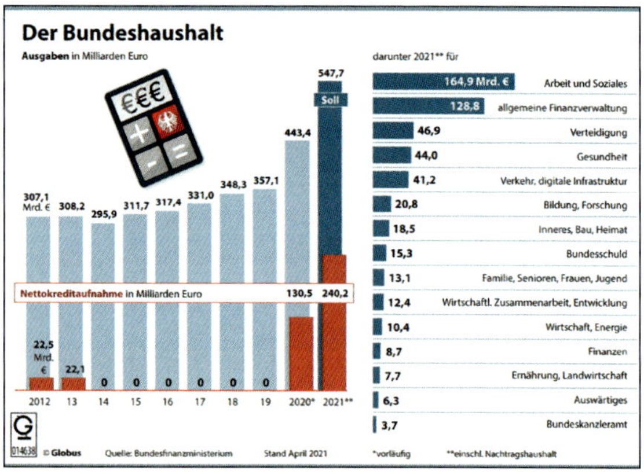

Der Staat schafft mithilfe verschiedener Instrumente erst die Rahmenbedingungen für unternehmerisches Handeln. Dazu zählen beispielsweise Steuern, Abgaben, und Gebühren, Subventionen oder auch die Sozialleistungen. Bei dem Modell mit vier Sektoren wird auch vom geschlossenen Wirtschaftkreislauf gesprochen.

Im nachfolgenden Modell jedoch ist auch das Ausland Bestandteil des erweiterten Wirtschaftskreislaufs. In der heutigen globalisierten Welt sind Außenbeziehungen und der Außenhandel zu anderen Ländern von steigender Bedeutung (Außenbeitrag einer Volkswirtschaft). Ob bestimmte Rohstoffe oder elektronische Erzeugnisse aus anderen Industrieländern, der internationale Handel hat zur Folge, dass Güter und Dienstleistungen sowie Geld zwischen verschiedenen Volkswirtschaften getauscht werden.

Der erweiterte Wirtschaftskreislauf:
- **geschlossen**
  keine Einflüsse durch das Ausland
- **offen**
  Es findet ein außenwirtschaftlicher Austausch statt.

Erweiterter Wirtschaftskreislauf

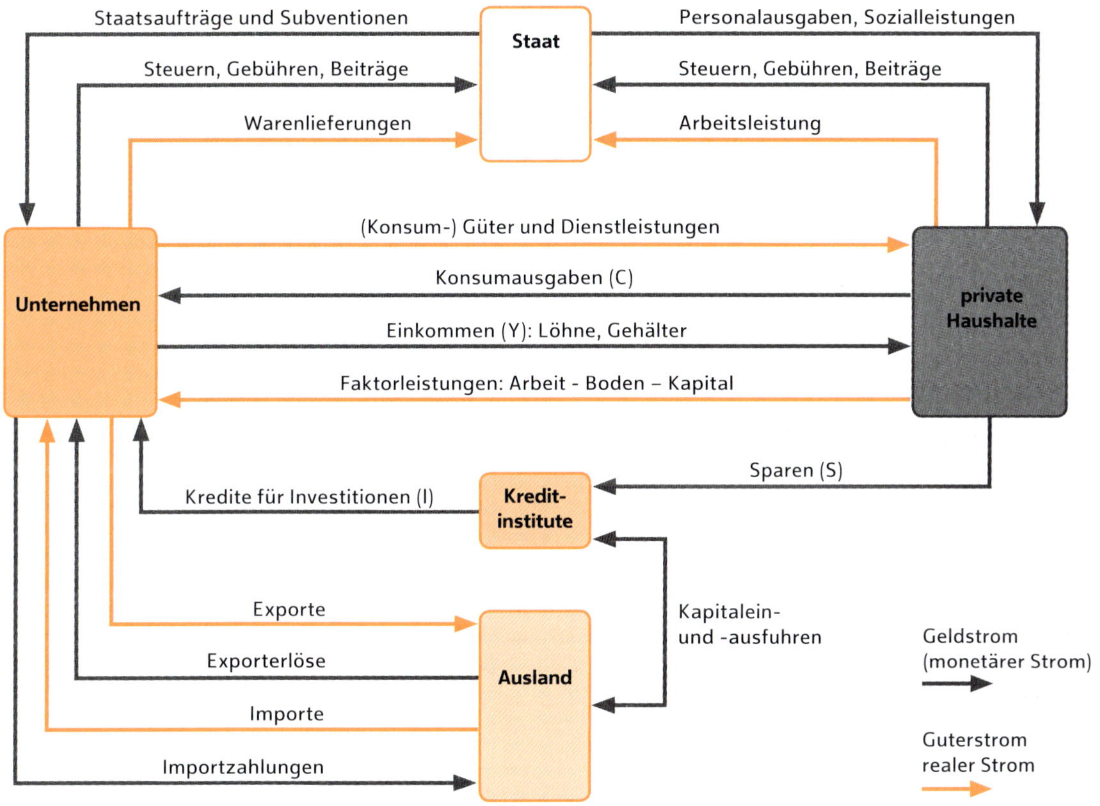

AUFGABEN

1. Das Modell des einfachen Wirtschaftskreislaufs betrachtet nicht alle Bereiche des wirtschaftlichen Lebens. Erläutern Sie, warum es auch wichtig ist, die Beziehung zum Staat und zum Ausland zu berücksichtigen. Welche Rolle spielen die Kreditinstitute?
2. Nennen Sie drei Beispiele für private Haushalte.
3. Erklären Sie die Beziehungen im einfachen Wirtschaftskreislauf, die zwischen den privaten Haushalten und den Unternehmen bestehen, mit eigenen Worten.
4. Welche Auswirkungen hätte es, wenn die Konsumausgaben der privaten Haushalte zurückgehen?
5. Worin liegen die Vorteile einer offenen Volkswirtschaft im Vergleich zur geschlossenen Volkswirtschaft?
6. Nennen Sie die Beziehungen im erweiterten Wirtschaftskreislauf zwischen:
   a) Unternehmen und Staat
   b) Unternehmen und Ausland
   c) Staat und privaten Haushalten

7. Zwischen dem Staat und den privaten Haushalten findet ein **Geldstrom** statt. Nennen Sie je zwei Beispiele für beide Richtungen.
8. Wenn mehr Güter exportiert als importiert werden, liegt ein Exportüberschuss vor. Wie wirkt sich dies auf die inländischen Einkommen aus?
9. Welche Möglichkeit steht dem Staat zur Verfügung, wenn er feststellt, dass seine Ausgaben (für Transferzahlungen, bezogene Sach- und Dienstleistungen, Gehälter für Angestellte und Beamte u. a.) seine Einnahmen (direkte und indirekte Steuern, Gebühren, Beiträge u. a.) dauerhaft übersteigen?
10. In einer geschlossenen Volkswirtschaft mit staatlicher Aktivität gelten folgende Angaben:
    - Die Einkommen der privaten Haushalte aus erbrachten Arbeitsleistungen in den Unternehmen betragen 500 000 GE (Geldeinheiten).
    - Seitens der privaten Haushalte werden 85 000 GE an Steuern gezahlt, die Unternehmen zahlen 55 000 GE Steuern.
    - An Subventionen und Ausgaben des Staates für Sachgüter und Dienstleistungen werden 90 000 GE gezahlt.
    - Die privaten Haushalte geben 385 000 GE für ihren Konsum aus.
    - Die Sozialleistungen des Staates betragen 33 000 GE, die Personalausgaben betragen 17 000 GE.
    - Das verbliebene Einkommen der privaten Haushalte wird gespart und den Unternehmen für Investitionen zur Verfügung gestellt.

    Erstellen Sie ein Schaubild (Wirtschaftskreislauf), in das Sie die Beziehungen (Geldströme) mit den angegebenen Werten eintragen. Berechnen Sie dabei auch die fehlenden Werte, damit sich der Wirtschaftskreislauf im Gleichgewicht befindet.

ZUSAMMENFASSUNG

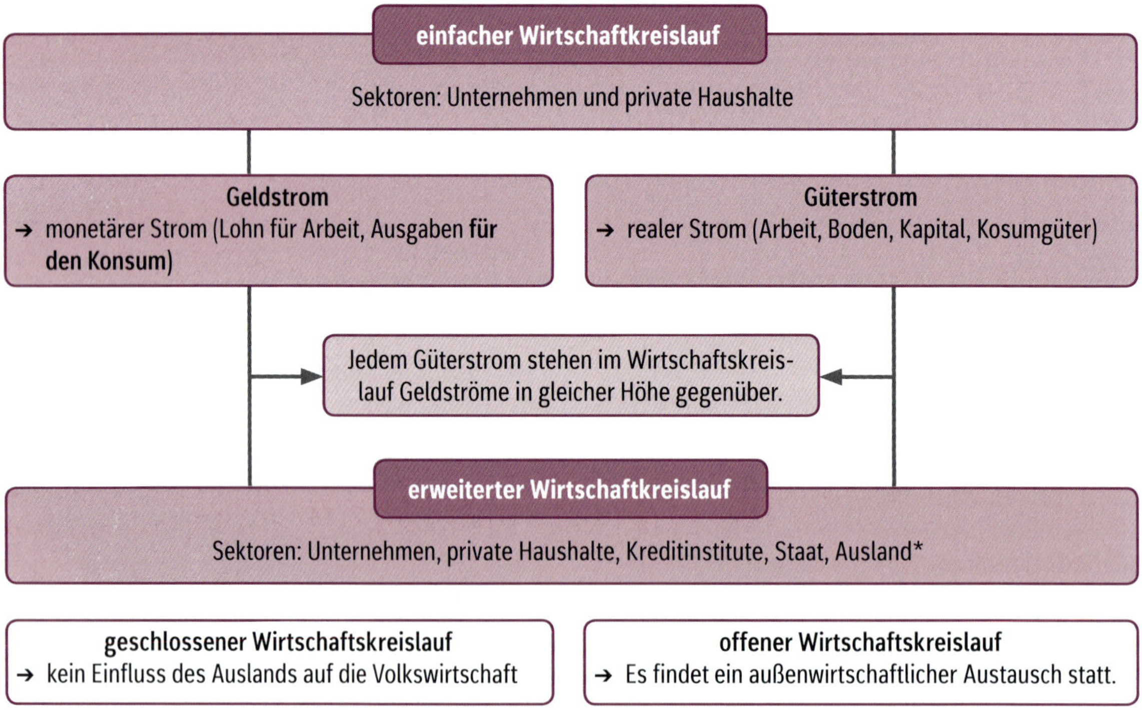

* Der Sektor „Ausland" besteht nur bei einem offenen Wirtschaftskreislauf.

2.6 MÖGLICHKEITEN DER ARBEITSTEILUNG

Es ist Frühjahr und die Nachfrage nach Fahrrädern hat saisonbedingt stark zugenommen. Leider ist ausgerechnet jetzt bei der Räderwerke AG der Krankenstand in der Fahrradproduktion sehr hoch. Ekkehard Klante, Leiter der Abteilung Fahrradproduktion, beauftragt den Auszubildenden Dominik Schlote damit, Herrn Roland Matthes, Leiter der Abteilung Lager, zu fragen, ob er für die kommende Woche zehn seiner Beschäftigten entbehren kann, damit die Fahrradproduktion gewährleistet ist.

Dominik ist sich nicht sicher, ob das die beste Lösung für das Problem ist ...

1. *Warum hat Dominik Schlote Bedenken?*
2. *Welche Lösung für den drohenden Produktionsausfall würden Sie vorschlagen?*

INFORMATIONEN

Entwicklung der Arbeitsteilung

Arbeitsteilung hat es schon sehr früh gegeben. Die älteste Arbeitsteilung ist die zwischen Mann und Frau. So war es in der Steinzeit üblich, dass der Mann Jäger und Sammler war und die Frau sich auf Haus- und Feldarbeit konzentriert hat. Dies war eine Selbstversorgungswirtschaft innerhalb der Familie.

Klassische Arbeitsteilung in der Steinzeit

Die ersten höheren Kulturen gab es im Nahen Osten (Irak, Palästina, Ägypten). Hier entstand mit Jericho bereits zwischen 8000 und 6000 v. Chr. die erste Stadt. Die Arbeitsteilung und die Bildung von Berufen setzten ein (**berufliche Arbeitsteilung**). So haben sich bereits bis ins Mittelalter Berufe wie der Schreiner, der Schmied oder der Schneider gebildet, die überwiegend im Handwerk angesiedelt waren. Bei dieser ersten **Berufsbildung** hat jedes Mitglied eines Dorfes/einer Gemeinschaft den Beruf ausgeübt, bei dem es besonders talentiert war.

Mit dem weiter fortschreitenden technischen Fortschritt und den damit immer komplizierteren und umfangreicheren Tätigkeiten in einem Beruf gab es eine **Berufsspaltung**. So musste ein Schmied nicht nur Eisen bearbeiten, sondern auch feinere Arbeiten ausführen. Nun gab es nicht nur den Schmied, sondern auch den Hufschmied, Waffenschmied, Goldschmied usw. Ähnliche Berufsspaltungen hat es auch in anderen Berufen gegeben, die bis in die heutige Zeit stattfinden.

Neben der beruflichen Arbeitsteilung, die sich mit den Spezialisierungen des Menschen beschäftigt, legt die **betriebliche Arbeitsteilung** den Fokus auf das Unternehmen. So findet innerhalb eines Betriebs eine Arbeitszerlegung statt, wenn etwa die Produktion in unterschiedliche Teilprozesse eingeteilt wird. Die entsprechenden Beschäftigten in den Teilprozessen sind nur auf diese speziellen Aufgaben ausgebildet. Die Fließbandarbeit ist beispielsweise eine Folge dieser Arbeitszerlegung. Eine weitere betriebliche Arbeitsteilung ist die Bildung von Abteilungen (innerbetriebliche Arbeitszerlegung). So nimmt jede Abteilung und damit jeder Mitarbeiter der Abteilung unterschiedliche Aufgaben innerhalb der Wertschöpfungskette wahr. Auch überbetrieblich ist eine Arbeitszerlegung möglich. Hier finden Teilprozesse der Produktion in wirtschaftlich selbstständigen Produktionsstätten statt, das heißt, ein Unternehmen bildet Unterfirmen, um dort zu produzieren.

Abteilung des Rechnungswesens, in der die Ein- und Ausgangsrechnungen bearbeitet und geprüft werden

Volkswirtschaftliche Arbeitsteilung

Um die Arbeitsteilung nach volkswirtschaftlichen Gesichtspunkten zu betrachten, sind die verschiedenen **Wirtschaftssektoren** von Bedeutung, in denen die Unternehmen agieren.

Der **Primärsektor** (Urproduktion) umfasst den Abbau von Bodenschätzen und die Gewinnung natürlicher Rohstoffe.

BEISPIEL

- Land- und Forstwirtschaft
- Fischerei
- Bergbau
- Betriebe der Öl- und Gasgewinnung

Der **Sekundärsektor** (Weiterverarbeitung) verarbeitet in der Regel die vom Primärsektor erzeugten bzw. abgebauten Produkte weiter. Zum Sekundärsektor gehören Betriebe aus Industrie und Handwerk.

BEISPIEL

- verarbeitendes Gewerbe
- Energie- und Wasserversorgung
- Baugewerbe
- Handwerk

Der **Tertiärsektor** (Dienstleistungen) ist dafür zuständig, die erzeugten Waren dem Endverbraucher zuzuführen oder weitere Dienstleistungen anzubieten.

BEISPIEL

- Handel
- Verkehr, Logistik
- Kreditinstitute
- Versicherungen
- öffentliche Haushalte (Staat, Gemeinden ...)

In der Literatur wird manchmal auch noch der Quartiärsektor genannt, der die Hochtechnologie und Informationsverarbeitung umfasst.

In der Wirtschaft hat in den letzten Jahrzehnten ein starker Strukturwandel stattgefunden. Während in den Nachkriegsjahren des Zweiten Weltkriegs noch etwa 25 % der Erwerbstätigen im Primärsektor tätig waren, sind es heute noch etwa 1 %. Auch das produzierende Gewerbe (Sekundärsektor) hat von ca. 43 % um 1950 heute noch einen Anteil von ca. 30 % (produzierendes Gewerbe und Baugewerbe). Anteile gewonnen hat hingegen der Dienstleistungssektor, der 1950 noch bei ca. 33 % lag und heute bei knapp 70 % (öffentliche und private Dienstleister, Finanzierung, Handel, Gastgewerbe und Verkehr).

Erwerbstätige nach Wirtschaftssektoren

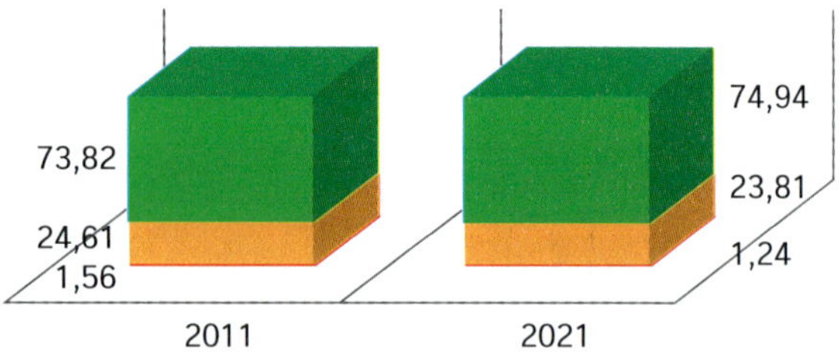

Quelle: Daten aus: Destatis, Statistisches Bundesamt: Erwerbstatige im Inland nach Wirtschaftssektoren Deutschland 2011, 2020, 2021. https://www.destatis.de/DE/Themen/Arbeit/Arbeitsmarkt/Erwerbstaetigkeit/Tabellen/eckwerttabelle.html (04.01.2022)

Auch zwischen den Volkswirtschaften findet eine Arbeitsteilung statt. Die **internationale Arbeitsteilung** ist notwendig, da nicht alle Güter und/oder Dienstleistungen im Land ausreichend vorhanden sind. Andere Motive sind günstigere Produktionsmöglichkeiten im Ausland (z. B. niedrigere Lohnkosten in der Textilproduktion in Asien) oder niedrigere Preise von bestimmten Gütern im Ausland.

Der Welthandel und die Weltwirtschaftsleistung sind seit 1950 stark gestiegen. Die Steigerung des Welthandels ist auch dadurch begründet, dass große Volkswirtschaften wie China oder Indien in den letzten Jahren ihre Wirtschaftsleistung stark steigern konnten. Dies war unter anderem auch durch erhöhten Außenhandel möglich.

Der Welthandel hatte 2008 und 2009 einen Rückgang zu verzeichnen. Dies war die Folge einer Weltwirtschaftskrise. Seit 2010 ist der Trend im Welthandel wieder steigend, da viele Länder ihre Wirtschaftsleistung und ihren Außenhandel wieder erhöhen konnten. Abzuwarten bleibt, wie schwerwiegend sich die Corona-Krise auf den Welthandel auswirkt. Hier ist ein deutlicher Rückgang für die nächsten Jahre zu erwarten.

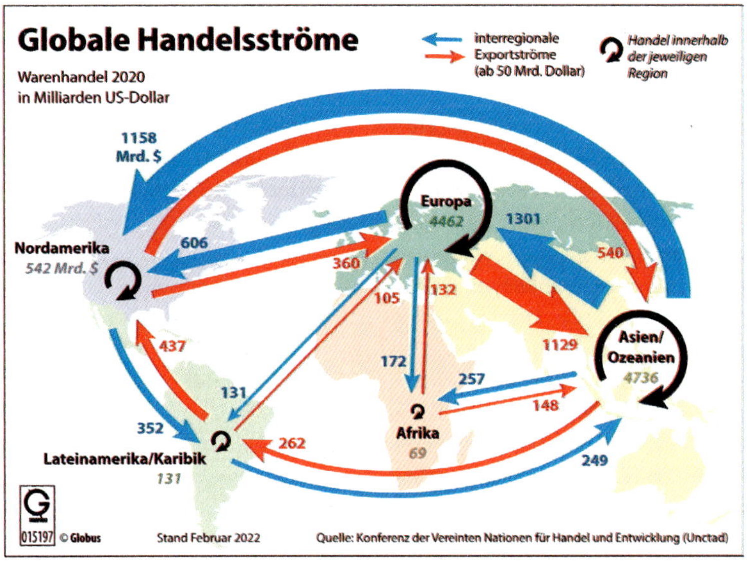

Auswirkungen der Arbeitsteilung

Es ist im Laufe dieses Kapitels bereits viel über die Vorteile der Arbeitsteilung berichtet worden. Verbesserungen in den Arbeitsprozessen oder eine steigende Produktivität sind dabei zu nennen. Es gibt aber auch negative Effekte für eine Volkswirtschaft, für den Betrieb oder für jeden Menschen individuell. Nachfolgend werden die Vor- und Nachteile für die einzelnen Bereiche aufgeführt:

Mögliche Auswirkungen auf eine **Volkswirtschaft**		Mögliche Auswirkungen auf einen **Betrieb**		Mögliche Auswirkungen auf einen **Mitarbeiter**	
Vorteile	Nachteile	Vorteile	Nachteile	Vorteile	Nachteile
– Versorgung des Landes – Güteraustausch erhöht die Arbeitsproduktivität – preiswertere Güter – internationale Kontakte (auch in anderen Bereichen) – höhere Produktvielfalt	– Abhängigkeit von anderen Ländern – Mögliche Verschuldung gegenüber dem Ausland – Über- oder Unterproduktionen sind möglich	– gute Auslastung der Maschinen – höhere Produktivität bei den Beschäftigten – erhöhte Gewinne durch Rationalisierung – bessere Produktqualität	– geringere Motivation der Beschäftigten – Facharbeiter zum Teil nicht verfügbar – erhöhter Krankenstand	– sicherer Umgang mit den Aufgaben – höheres Einkommen – gegebenenfalls kürzere Arbeitszeiten (mehr Freizeit) – Aufbau von Spezialwissen	– monotone Arbeit – höherer Krankenstand durch einseitige Beanspruchung – Konkurrenzkampf – Wegfall von Arbeitsplätzen durch Rationalisierung – fehlender Überblick des Einzelnen

AUFGABEN

1. Schildern Sie mit eigenen Worten die Entwicklung der Arbeitsteilung von der Steinzeit bis heute.
2. Geben Sie drei Beispiele von Berufsbildungen (z. B. Schmied) und geben Sie beispielhaft eine Spaltung der ausgewählten Berufe an (z. B. Hufschmied, Waffenschmied, Goldschmied usw.).
3. Nennen Sie drei Branchen, in denen Fließbandarbeit durchgeführt wird. Worin bestehen hier die Vor- und die Nachteile für den Betrieb und die Beschäftigten?
4. Welche Arbeitsteilungen könnten beim Prozess der Fahrradherstellung bei der Räderwerke AG von eigenen Beschäftigten bzw. externen Unternehmen durchgeführt werden?
5. Deutschland hat einen hohen Außenhandelsüberschuss. Welche Vorteile bringt der Außenhandel der deutschen Volkswirtschaft?
6. Erläutern Sie zwei Beispiele, bei denen es aufgrund von Außenhandelsbeziehungen zu Abhängigkeiten zwischen zwei Ländern gekommen ist.
7. Welche Arbeitsteilungen könnten beim Produktionsprozess bzw. im Dienstleistungsbereich eines selbst gewählten Unternehmens von eigenen Beschäftigten bzw. externen Unternehmen durchgeführt werden?

ZUSAMMENFASSUNG

Arbeitsteilung

Entwicklung der Arbeitsteilung

einfache Arbeitsteilung
- innerhalb der Familie zwischen Mann und Frau

berufliche Arbeitsteilung
- Berufsbildung: Es haben sich Berufe gebildet.
- Berufsspaltung: Aus den gebildeten Berufen erfolgte eine weitere Spaltung.

betriebliche Arbeitsteilung
Arbeitszerlegung:
- innerhalb des Betriebs Zerlegung in Teilprozesse (z. B. Abteilungsbildung)
- überbetriebliche Zerlegung der Teilprozesse in wirtschaftlich selbstständigen Produktionsstätten

Volkswirtschaftliche Arbeitsteilung

Strukturwandel von der Produktionsgesellschaft zur Dienstleistungsgesellschaft

Wirtschaftssektoren
- Primärsektor (Urproduktion)
- Sekundärsektor (Weiterverarbeitung)
- Tertiärsektor (Dienstleistungen)

internationale Arbeitsteilung
- Güteraustausch
- Motive: Nicht ausreichend Güter/Dienstleistungen im Land, günstigere Produktion, niedrigere Güterpreise
- stetig steigender Welthandel

Auswirkungen der Arbeitsteilung

positive Effekte
- volkswirtschaftlich
- betrieblich
- individuell

negative Effekte
- volkswirtschaftlich
- betrieblich
- individuell

3.1 DER INDUSTRIEBETRIEB

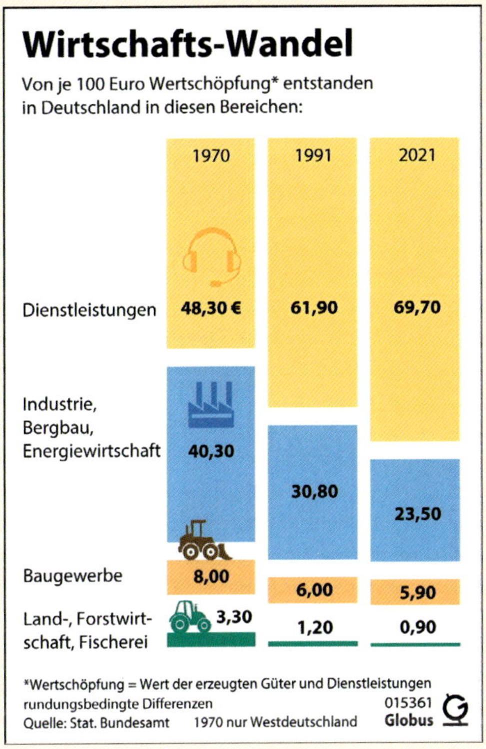

Deutschland hat sich in den vergangenen vier Jahrzehnten von einer Industrie- zu einer Dienstleistungsgesellschaft gewandelt. Im Jahr 1970 stammten noch etwas mehr als 40 % der Wertschöpfung aus den Bereichen Industrie, Bergbau und Energiewirtschaft. Rechnet man noch das Baugewerbe hinzu, das 8 % zur westdeutschen Wertschöpfung beisteuerte, so kam das gesamte produzierende Gewerbe auf einen Anteil von 48,3 % – und damit auf ebenso viel wie der Dienstleistungsbereich. 51 Jahre später ergibt sich ein anderes Bild: Über zwei Drittel der Wirtschaftsleistung entfallen heute auf den Dienstleistungsbereich, und nur 29 % werden vom produzierenden Gewerbe erbracht. Ähnlich verhält es sich mit den Arbeitsplätzen. Fanden 1970 noch 47 % aller Beschäftigten eine Tätigkeit im produzierenden Gewerbe, so sind es heute nur noch 24 %. Im selben Zeitraum stieg der Anteil der Dienstleister von 45 auf 75 %. Dazu gehören Mitarbeitende im Handel und Gastgewerbe ebenso wie im Verkehrswesen. Darunter fallen aber auch Unternehmen wie Banken und Versicherungen, Steuerberater, Immobilienverwalter und Softwareentwickler oder Reinigungsfirmen und Personaldienstleister.

Welche Aussage macht die Grafik zu Investitionsentscheidungen von Industriebetrieben?

INFORMATION

Die **Industrie** ist einer der größten Wirtschaftszweige in der Bundesrepublik Deutschland. Hier erfolgt die gewerbliche Verarbeitung von Stoffen, deren ursprüngliche Form zur Bedarfsdeckung ungeeignet ist, zu Produktions- oder Konsumgütern. Industriebetriebe dienen also entweder der Gewinnung von Rohstoffen bzw. Material oder der Herstellung (bzw. Veredelung) von Gütern mithilfe von Maschinen. Die Stoffe werden dabei mechanisch oder chemisch be- oder verarbeitet.

Eine Abgrenzung zwischen Industrie- und Handwerksbetrieben ist nicht immer scharf möglich. Das **Handwerk** als zweitgrößter Wirtschaftszweig der Bundesrepublik Deutschland umfasst alle gewerblichen Tätigkeiten, die im Wesentlichen mit der Hand unter Benutzung einfacher Werkzeuge und Geräte ausgeübt werden. Viele Handwerksbetriebe modernisieren sich jedoch immer mehr. Sie nehmen manchmal schon industriellen Charakter an.

Im Vergleich zu einem Handwerksbetrieb kennzeichnen einen Industriebetrieb folgende Merkmale:

- der erhebliche Kapitaleinsatz,
- die Anlagenintensität:
  Industriebetriebe haben einen sehr hohen Betriebsmitteleinsatz,
- ein hoher Ausstoß an Produkten,
- eine weitgehende Arbeitsteilung bei hoher Belegschaftszahl,
- eine Produktion für den anonymen Markt:
  Da das Industrieunternehmen in der Regel die Nachfrager nicht kennt, ergibt sich ein hohes Marktrisiko,
- keine Beschränkung auf den lokalen oder nationalen Markt,
- Rationalisierung der Fertigungsverfahren.

Funktionen von Industriebetrieben

In Industriebetrieben müssen folgende Aufgaben erfüllt werden:

- **Beschaffung:** Es muss entschieden werden, welche Produktionsfaktoren dem Betrieb zugeführt werden sollen.
- **Produktion:** Erzeugnisse werden durch Kombination der Produktionsfaktoren erstellt.
- **Lagerung:** Rohstoffe, Zwischenprodukte und verkaufsfähige Endprodukte müssen aufbewahrt werden.
- **Absatz:** Das Unternehmen muss die erstellten Güter am Markt verwerten.

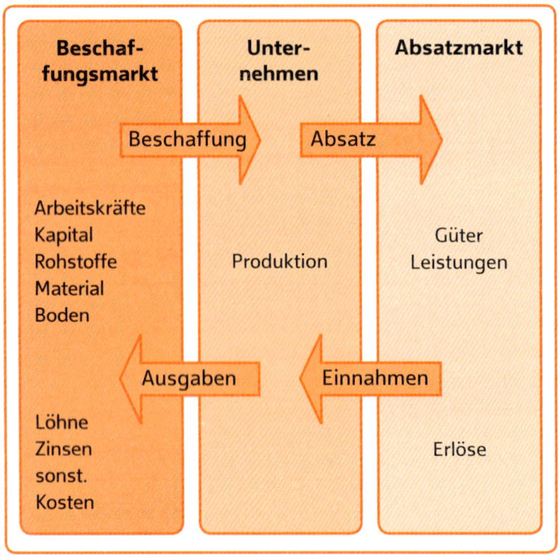

Bei Industrieunternehmen steht vor allem die Aufgabe **Produktion** im Vordergrund. Aber auch Dienstleistungsunternehmen produzieren etwas, nur eben keine physischen Güter.

Arten von Industriebetrieben

Industriebetriebe lassen sich nach der Industriegruppeneinteilung des Statistischen Bundesamtes verschiedenen Industriezweigen zuordnen:

- Energie- und Wasserversorgung
- Bauwirtschaft
- Grundstoff- und Produktionsgüterindustrie (Industrie der Steine und Erden, Eisen schaffende Industrie, Nicht-Eisen-Metallindustrie, Mineralölverarbeitung, Kohlenwerkstoffindustrie, chemische Industrie, Sägewerke und Holz verarbeitende Industrie)
- Investitionsgüterindustrie (Stahlbau, Maschinenbau, Fahrzeugbau, Schiffbau, elektrotechnische Industrie, Stahlverformung, optische und feinmechanische sowie Uhrenindustrie)
- Verbrauchsgüterindustrie (Glasindustrie, Musikinstrumente, Spiel- und Sportgeräte, Schmuckwaren, Druckereiindustrie, Schuh-, Textil- und Bekleidungsindustrie)
- Nahrungs- und Genussmittelindustrie (Molkereien, Brauereien, Tabak verarbeitende Industrie)

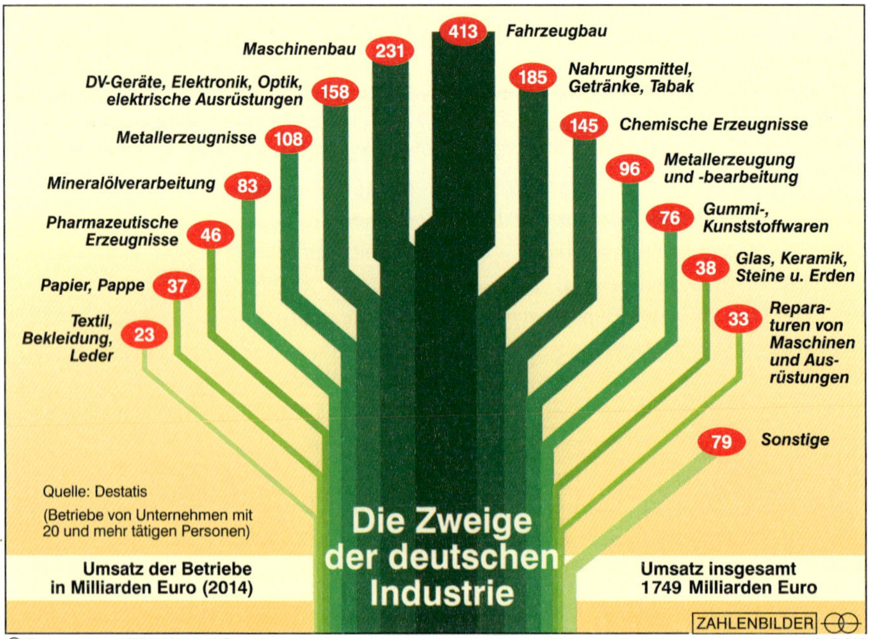

© Bergmoser + Höller Verlag AG
346 119

Jedes Industrieunternehmen ist von zwei Seiten mit dem Wirtschaftskreislauf verbunden. Dies sind einerseits die Beschaffungsmärkte, andererseits die Absatzmärkte.

Die Beschaffungsmärkte

Auf den Beschaffungsmärkten bezieht das Unternehmen Arbeitskräfte (**Arbeitsmarkt**), Betriebsmittel, wie z. B. Maschinen oder Geschäftsausstattung (**Investitionsgütermarkt**) und Werkstoffe (**Rohstoffmarkt**). Das Industrieunternehmen hat dafür Ausgaben zu leisten. Um diese zu decken, müssen finanzielle Mittel auf dem *Geld- oder Kapitalmarkt* beschafft werden.

Die Absatzmärkte

Die betrieblichen Produktionsfaktoren werden von der Unternehmensleitung miteinander kombiniert, um im Zuge des betrieblichen Leistungsprozesses Güter zu erstellen. Dabei hat das Unternehmen in der Regel die Wahl zwischen verschiedenen technischen Möglichkeiten, beispielsweise beim Maschineneinsatz.

Die Ergebnisse der Produktion werden auf den Absatzmärkten angeboten. Dabei entscheidet die Nachfrage, ob die Produktion des Unternehmens zu Gewinn bringenden Preisen ihre Käufer findet. Die dadurch erzielten Einnahmen stellen für das Unternehmen Erlöse dar.

Bedeutung der Industriebetriebe

Das wirtschaftliche Profil der Bundesrepublik Deutschland wird entscheidend durch Industriebetriebe bestimmt. Auch wenn der Dienstleistungssektor – wie in anderen hoch entwickelten Ländern – ständig an Boden gewinnt, bleibt das verarbeitende Gewerbe das Kernstück der deutschen Volkswirtschaft. Schließlich ist in diesem Bereich fast ein Viertel der Erwerbstätigen beschäftigt und er leistet einen wesentlichen Beitrag zur Steigerung des Wohlstands.

Herausragende Bedeutung haben Industriebetriebe für die außenwirtschaftlichen Beziehungen der Bundesrepublik Deutschland, da der Außenhandel überwiegend mit Industrieprodukten bestritten wird. Die Industrie trägt so entscheidend dazu bei, den hohen Lebensstandard in Deutschland zu sichern.

AUFGABEN

1. Was ist ein Industriebetrieb?
2. Wodurch unterscheiden sich Industriebetriebe von Handwerksbetrieben?
3. Welche Märkte sind aus der Sicht eines Industriebetriebes
   a) Beschaffungsmärkte,
   b) Absatzmärkte?
4. Warum spielen die Industriebetriebe eine wesentliche Rolle im Rahmen der Gesamtwirtschaft?
5. Zu welchen Industriezweigen gehören die folgenden Betriebe:
   a) Hersteller von Autoradios,
   b) eine Rostocker Werft,
   c) ein Duisburger Hüttenwerk,
   d) ein Gaswerk,
   e) eine Konservenfabrik?
6. Wodurch unterscheiden sich Handelsbetriebe, Versicherungen und Kreditinstitute von Industrieunternehmen?

ZUSAMMENFASSUNG

Industrie

größter Wirtschaftszweig in der Gesamtwirtschaft mit der Aufgabe der
- Gewinnung,
- Veredelung,
- Verarbeitung

von Stoffen mithilfe von Maschinen.

Industriebetrieb

- wirtschaftlich-organisatorische Einheit im Rahmen der Industrie
- Produktion steht im Vordergrund.

tritt auf am:

Beschaffungsmarkt | **Absatzmarkt**

3.2 ARTEN UND AUFGABEN DES HANDELS

Tamara Nestmann stellt diese provokante These auf: „Handelsunternehmen werden in der Volkswirtschaft überhaupt nicht benötigt! Es reicht, wenn es Industrieunternehmen gibt!“

Mareike Schlote entgegnet:

„Das sehe ich überhaupt nicht so. Handelsunternehmen haben in der Volkswirtschaft bestimmte Aufgaben, die Industrieunternehmen nicht übernehmen wollen oder können.

Manche Waren werden vom Handelsunternehmen vor Ort veredelt, um sie verkaufsfähig zu machen oder sogar ihren Wert zu steigern. Denk mal an Käse und Whisky.

Ein großes Industrieunternehmen kennt den gesamten Bedarf seiner Kunden gar nicht, sondern eventuell durch Marktforschung nur den Produktbereich, in dem es produziert. Erfolgreiche Handelsunternehmen kennen die Bedürfnisse ihrer Kunden ganz genau und passen ihr Sortiment auf diese an.

Wollen Kunden bestimmte Artikel kaufen, müssten sie oft weite Entfernungen zu den Lieferanten hinter sich bringen. Dies ist ihnen nicht zuzumuten. Das Handelsunternehmen führt in seinem Sortiment auch sehr viele Produkte, die von weit her angeliefert werden. Willst du beispielsweise für ein Kilogramm Kaffee nach Costa Rica fahren?

Ich habe jetzt nur ein paar Aufgaben von Handelsunternehmen angesprochen, es gibt aber viele weitere Funktionen!“

Stellen Sie fest, welche Aufgaben von Handelsunternehmen Mareike Schlote aufgeführt hat.

Führen Sie weitere Funktionen von Handelsunternehmen auf.

Produzierende Betriebe liegen oft nicht in unmittelbarer Nähe des Verbrauchers. Die Güter müssen vom Ort der Herstellung an den Ort des Bedarfs gebracht werden. Diese Aufgaben übernimmt der Handel. Er verteilt die Güter oft über weite Entfernungen.

Arten des Handels

Der Großhandel

Der Großhandel kauft und verkauft Güter in großen Mengen. Über den Außenhandel kommen ausländische Waren (Importgüter) zu uns und Exportgüter, mit denen wir unsere Einfuhren bezahlen können, verlassen unser Land.

Aufgabe von Großhandelsunternehmen ist es also, Ware ...

- ... entweder von Industriebetrieben oder von anderen Großhändlern einzukaufen.
- ... nach dem Einkauf entweder unverändert oder nach gewissen handelsüblichen Manipulationen (wie z. B. Umpacken/Umfüllen, Reifenlassen usw.) zu verkaufen – entweder an nachgelagerte Industriebetriebe oder an andere Großhandelsbetriebe.

Der Einzelhandel

Der Einzelhändler rückt dicht an den Endverbraucher heran und bedient ihn in seinem Ladengeschäft oder über den Postweg bzw. über das Internet (Versandhandel). Das entscheidende Merkmal eines Einzelhandelsunternehmens ist es, dass ihm auf seiner Absatzseite stets ein Konsument als Kunde gegenübersteht. Der Einzelhandel stellt sich ganz auf die Bedürfnisse des Endverbrauchers ein und kann damit als sein unmittelbares Einkaufsorgan gelten.

Aufgaben des Handels

Handelsunternehmen haben in der Wirtschaft wichtige Funktionen. Großhandlungen und Einzelhandelsbetriebe erfüllen Aufgaben im Verteilungsprozess für die Hersteller und Verwender von Produkten.

Sortimentbildungsfunktion

Handelsunternehmen kaufen bei verschiedenen Herstellern (oft aber auch bei Großhandlungen) Produkte ein und stellen dann bedarfsgerechte Sortimente für ihre Kunden zusammen.

BEISPIEL

Handelsunternehmen passen ihr Sortiment den Bedürfnissen der Kunden an. Viele Einzelhändler müssen nicht zu unterschiedlichen Orten fahren, um einzukaufen, sondern können verschiedenste Artikel bei der Stern Großhandel KG finden.

Qualitätsfunktion

Erfüllen Handelsunternehmen die Qualitätsfunktion, erhalten deren Kunden oft qualitativ höherwertige Ware, als wenn diese beim Hersteller direkt gekauft würde.

BEISPIEL

Die Großhandlung Sterthoff GmbH prüft im Rahmen eines ausgeklügelten Qualitätsmanagements erhaltene Ware, sortiert schlechte aus, schickt sie gegebenenfalls zurück oder vernichtet sie (z. B. bei Lebensmitteln). Bei bestimmten Artikeln (Käse, Weine, Spirituosen usw.) findet im Lager zusätzlich eine Veredelung der Artikel statt.

Quantitätsfunktion

Großhandlungen und Einzelhandelsunternehmen kaufen große Mengen ein und verkaufen sie dann in kleineren Mengen an ihre Kunden weiter.

BEISPIEL

Eine Großhandlung kauft große Mengen bei einem Hersteller ein und verkauft kleine Mengen an verschiedene Einzelhändler weiter. Der Produzent kann dadurch besser planen, die Einzelhandelsbetriebe benötigen weniger Lagerplatz.

Raumüberbrückungsfunktion

Handelsunternehmen überbrücken die räumliche Distanz zwischen den Herstellern und Käufern der Produkte.

BEISPIEL

Handelsunternehmen – wie das Einzelhandelsunternehmen Maxima Waren GmbH – übernehmen für ihre Kunden den oft weiten Weg zwischen dem Produktionsort und dem Ort, an dem die Ware benötigt wird. Ein Endverbraucher muss also nicht beim Hersteller einkaufen.

Für das Einzelhandelsunternehmen Maxima Waren GmbH kann diese physische Überbrückung auch ein Großhandelsunternehmen, die Stern Großhandel KG, übernehmen.

Durch die Leistungen von Handelsunternehmen muss kein Teetrinker für eine Tasse Tee nach Indien reisen.

Zeitüberbrückungsfunktion

Die zeitliche Spanne zwischen der Herstellung eines Produkts und dessen Verwendung wird von Handelsunternehmen durch Lagerung geschlossen.

BEISPIEL

Das Einzelhandelsunternehmen Maxima Waren GmbH übernimmt für die Endverbraucher die Lagerung. Diese müssen die Lagerhaltung nicht übernehmen und können nach Bedarf einkaufen. Die Konsumenten sparen damit Platz und Kosten. Zusätzlich verringert sich für sie – vor allem bei Lebensmitteln – auch das Risiko des Warenverderbs.

Äpfel werden meistens im Spätsommer bzw. Herbst geerntet. Als Bratapfel werden sie jedoch erst in der Weihnachtszeit benötigt. Handelsunternehmen sorgen für die Überbrückung der zeitlichen Spanne zwischen Ernte und Verbrauch.

Werbefunktion und Markterschließung

Handelsunternehmen betreiben im Interesse der Hersteller Werbung und Verkaufsförderung für deren Produkte. Sie betreiben damit eine Markterschließung.

BEISPIEL

Die Großhandlung Sterthoff KG sucht für Industrieunternehmen, deren Produkte sie im Sortiment hat, potenzielle Abnehmer und versucht sie mit verschiedenen Marketingmaßnahmen zum Einkauf zu bewegen. Zusätzlich nimmt die Sterthoff KG eine Mittlerfunktion zwischen Hersteller und Kunden ein: Die Großhandlung informiert beide Seiten über die berechtigten Interessen der jeweils anderen Seite.

Preisausgleichsfunktion

In verschiedenen Fällen kaufen Großhandelsunternehmen Ware auf Börsen ein, wo die Preise ständig wechseln. Über seine Preispolitik sorgt das Handelsunternehmen dafür, dass die Preise sich nicht so häufig verändern. Die Kunden des Großhandelsunternehmens profitieren also von einer gewissen preislichen Verlässlichkeit

Kreditfunktion

Handelsunternehmen gewähren ihren Kunden Kredit, um den Kauf zu erleichtern. Dass Handelsunternehmen ihren Kunden Kredite gewähren, ist oft gar nicht bekannt.

Beratungsfunktion

Das Handelsunternehmen gibt den Kunden Informationen über Produkteigenschaften und Verwendungsmöglichkeiten.

Servicefunktion

Die Handelsunternehmen stellen zur Unterstützung der Kunden kaufmännische und/oder technischen Dienstleistungen zur Verfügung.

BEISPIEL

Die Sterthoff KG sorgt für eine Versorgung ihrer Kunden mit Ersatzteilen. Bei technischen Problemen bietet sie auch einen Reparaturservice an.

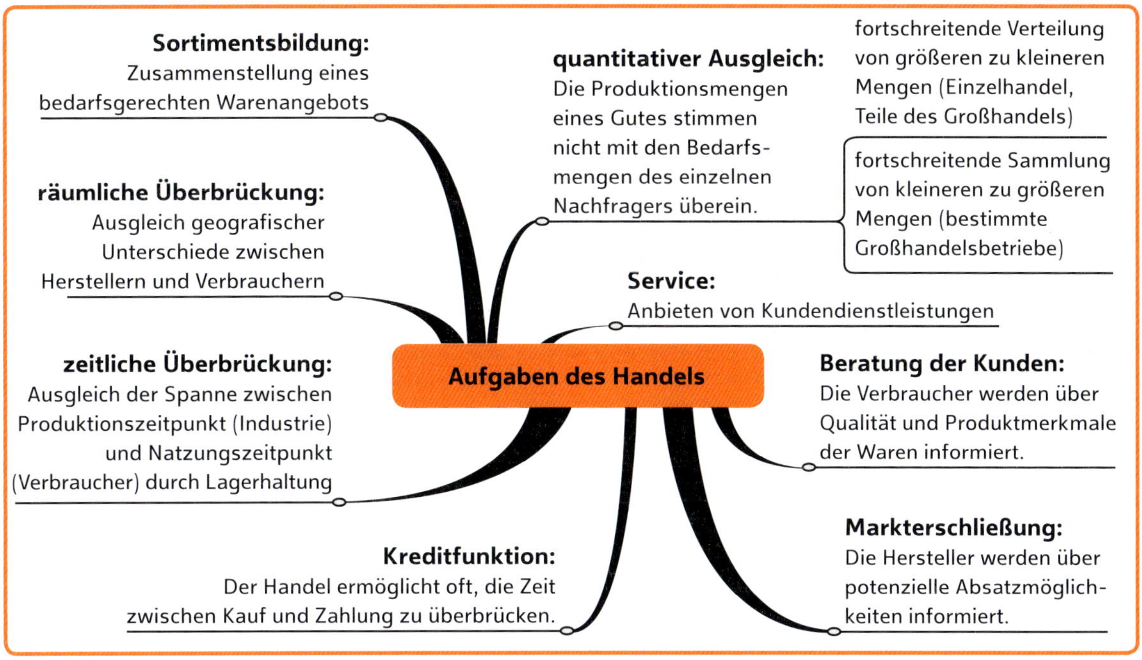

AUFGABEN

1. Welche gesamtwirtschaftliche Aufgabe erfüllen Großhandel und Einzelhandel in einer Volkswirtschaft wie der der Bundesrepublik Deutschland?
   a) Verteilung von Waren
   b) Herstellung von Waren
   c) Entwicklung neuer Artikel
   d) Verbrauch von Produkten
   e) Versicherung von Artikel
2. Wodurch unterscheiden sich Einzelhandel und Großhandel?
3. Führen Sie mindestens sieben Handelsfunktionen auf und erläutern Sie diese.
4. Welche Aufgabe des Handels ist in den folgenden Fällen gemeint?
   a) Transport von Kaffee aus Südamerika nach Deutschland
   b) Verschiedene landwirtschaftliche Produkte werden im Herbst geerntet und verarbeitet, vom Endverbraucher dagegen das ganze Jahr über gekauft.
   c) Eine Großhandlung teilt große Mengen eines bestimmten Artikels in kleinere Mengen auf. Eine andere Großhandlung bündelt kleinere Mengen, die sie von landwirtschaftlichen Erzeugern ankauft, zu größeren Mengen.
   d) Die Teegroßhandlung „Ossi Teas GmbH" bietet den Kunden eine monatlich wechselnde Hausmischung an. Die Mitarbeiterinnen und Mitarbeiter wiegen und mischen die Packungen selbst ab.
   e) Eine Großhandlung verkauft Einzelhändlern Waren. Sie bietet diesen unter anderem die Zahlungskonditionen „Ratenkauf" oder „bei sofortiger Zahlung 3 % Skonto, Zahlungsziel 90 Tage".
5. Klären Sie für sich, bei welchem Unternehmen Sie Lebensmittel und Artikel des täglichen Bedarfs einkaufen. Erläutern Sie dann, inwieweit dieses Unternehmen alle Handelsfunktionen erfüllt.
6. Einige Industrieunternehmen umgehen durch direkten Absatz sowohl den Großhandel als auch den Einzelhandel. In welcher Situation ist es für Handelsunternehmen besonders schwierig, sich dem Hersteller als Mittler auf dem Absatzmarkt anzubieten?
7. Welche Art des Handels liegt in den folgenden Fällen vor?
   a) Das Unternehmen erwirbt Produkte von einem anderen Unternehmen und verkauft diese direkt an die Konsumenten.
   b) Hier liegt ein Business-to-Business-Modell vor.

c) Solche Unternehmen erwerben Produkte von anderen Händlern oder Herstellern und verkaufen diese in größeren Mengen an andere Produzenten oder Händler weiter.

d) Produkte werden nicht an Endverbraucher verkauft.

8. Führen Sie Serviceleistungen von Handelsbetrieben in Ihrer Umgebung auf.

9. Ordnen Sie jedem der folgenden drei Begriffe die richtige Definition zu.

a) Raumüberbrückung

b) Zeitüberbrückung

c) Markterschließung

Definitionen:

(1) Da er die Wünsche und Vorstellungen seiner Kunden kennt, kann der Händler die Hersteller über Nachfrage- und Bedarfsverschiebungen informieren.

(2) Der Handel erstellt ein passendes Warenangebot.

(3) Der Handel bietet Serviceleistungen an.

(4) Der Handel gleicht die Spanne zwischen Herstellung und Verbraucher durch Lagerung aus.

(5) Der Handel gleicht die räumliche Entfernung zwischen Hersteller und Konsumenten aus.

(6) Der Handel ist Vermittler zwischen Hersteller und Verbraucher.

10. Geben Sie an, welche Funktion des Handels in der folgenden Abbildung dargestellt wird. Erläutern Sie, wie dies im Handel abläuft.

11. Erläutern Sie die Entwicklung im Onlinehandel, die in der folgenden Abbildung ablesbar ist.

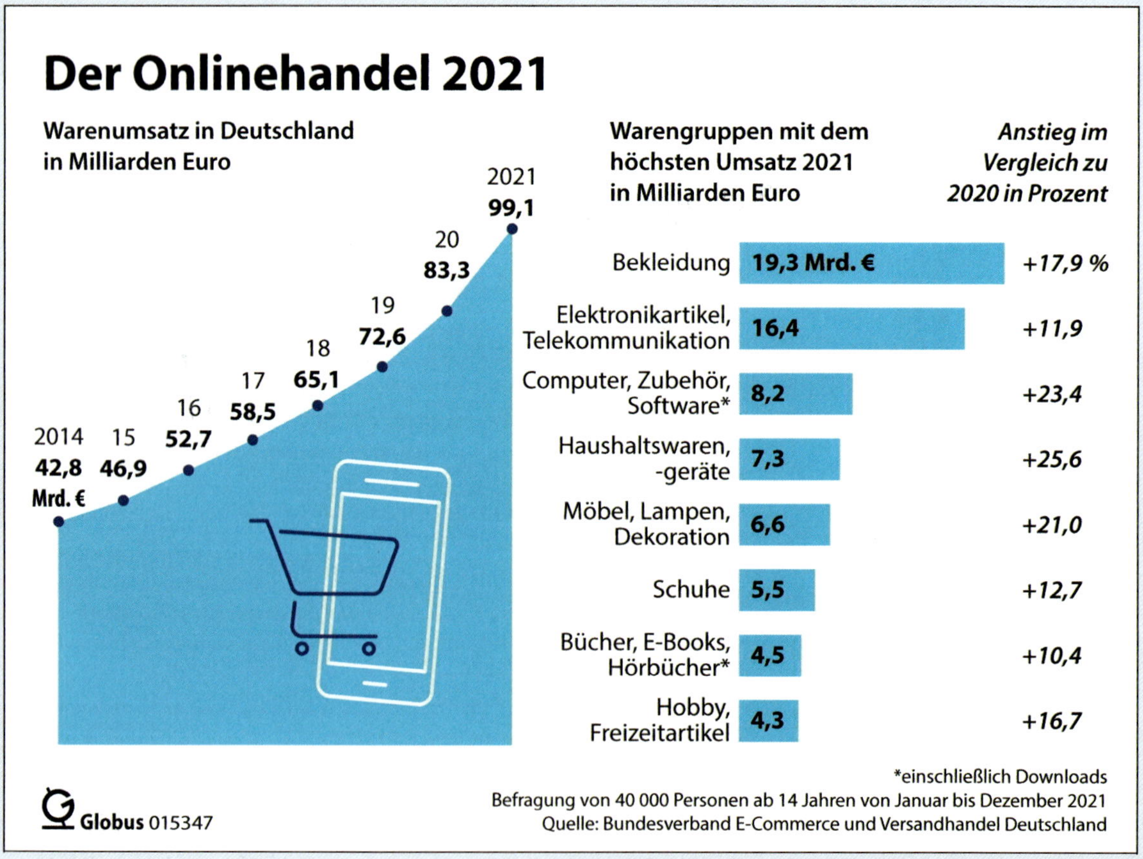

ZUSAMMENFASSUNG

Handel

- sorgt für die Verteilung von Produkten in der Volkswirtschaft
- Arten:
  - Großhandel: Verkauf an Unternehmen
  - Einzelhandel: Verkauf an Endverbraucher
- Aufgaben siehe Grafik

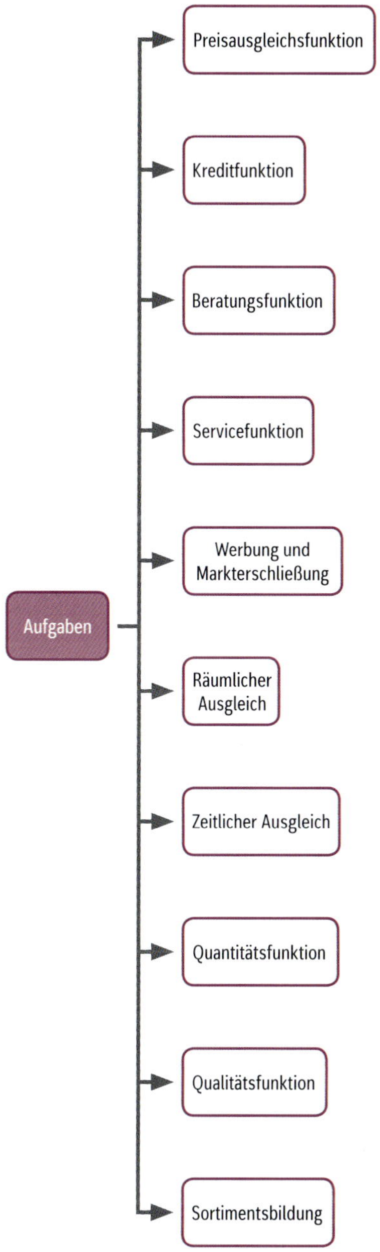

3.3 DIENSTLEISTUNGEN DER BANKEN

Herr Kemper muss einmal im Monat seine Lohntüte mit dem Lohn für seine geleistete Arbeit vom Personalbüro abholen. Anschließend geht er zu verschiedenen Personen und Stellen, um seine Verbindlichkeiten zu begleichen. So führt sein Weg beispielsweise zu seinem in einem Vorort wohnenden Vermieter, dem er die Miete für seine Vierzimmerwohnung übergibt. Für die spätere Ausbildung seines Sohnes legt er 50,00 € jeden Monat in einem Sparstrumpf beiseite. Aufgrund eines selbst verschuldeten Unfalls muss er ein neues Auto kaufen. Doch leider reicht sein Lohn dazu nicht aus.

Wie kann eine Bank Herrn Kemper in den genannten Fällen helfen?

INFORMATION

Schon im Altertum wurden in Tempeln Bankgeschäfte getätigt. Priester verwahrten, wechselten und verrechneten dort Geld. Das moderne Bankwesen in der heute bekannten Form entstand in der Mitte des 12. Jahrhunderts. Begriffe des Bankgeschäfts wie Konto, Giro, aber auch das Wort Bank (banco) selbst weisen darauf hin, dass oberitalienische Städte eine führende Rolle bei der Entwicklung des Bankwesens gespielt haben. Aufgaben und Wirkungskreis der Banken haben sich mit der Zeit stark erweitert. In den letzten Jahrzehnten gehörte das Kreditgewerbe zu den dynamischsten Wirtschaftszweigen in der Bundesrepublik Deutschland. Gemessen am Bruttoinlandsprodukt wuchsen Kredit- und Geschäftsvolumen seit 1960 doppelt so schnell wie die gesamtwirtschaftliche Leistung. Während die Zahl der Beschäftigten im Kreditgewerbe sich in den letzten 25 Jahren mehr als verdoppelte, hat sie in der gesamten Wirtschaft nur leicht zugenommen.

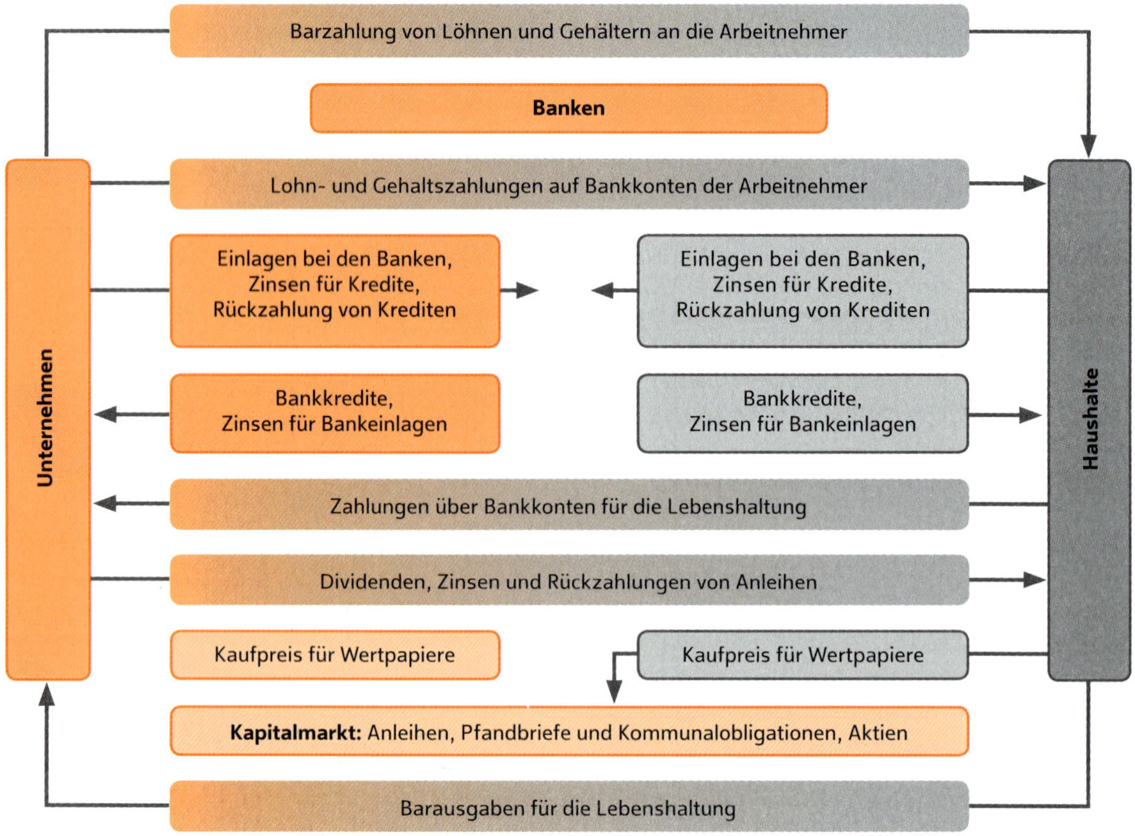

Aufgaben der Banken

Das vielfältige Leistungsangebot der modernen Kreditinstitute lässt sich in folgende Bereiche einteilen:

- Abwicklung des Zahlungsverkehrs
- Geldanlage
- Kreditvergabe
- sonstige Bankdienstleistungen

Abwicklung des Zahlungsverkehrs

Fast jede Person ist heute auf eine kontoführende Einrichtung angewiesen, die ankommendes Geld für sie empfängt und Zahlungen an andere durchführt. Deswegen unterhalten die meisten Bundesbürger mindestens ein Girokonto bei einem Kreditinstitut. **Girokonten** dienen der Buchung sogenannter „Sichteinlagen“. Das sind Gelder, die nicht für eine bestimmte Zeit angelegt, sondern täglich fällig und somit für den Kontoinhaber jederzeit verfügbar sind. Durch die Girokonten wird dem Kontoinhaber die Teilnahme am allgemeinen Zahlungsverkehr ermöglicht. Von einem Girokonto aus kann er nämlich Überweisungen veranlassen. Auch der Scheck- und der Wechselverkehr werden i. d. R. über ein Girokonto abgewickelt, von dem natürlich ebenso Bargeld abgehoben werden kann.

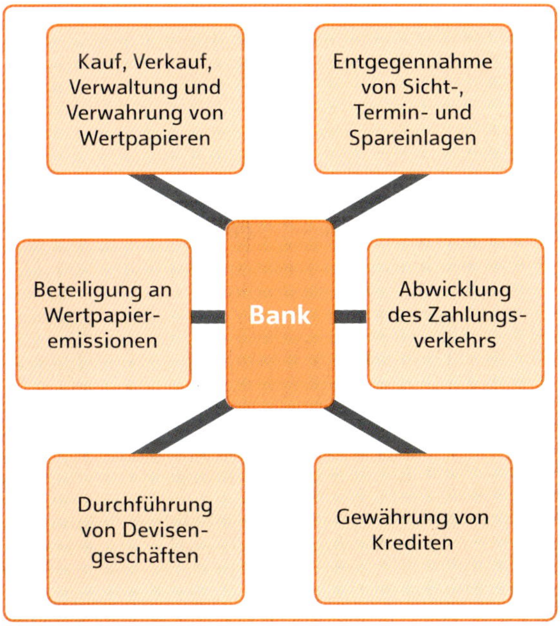

Geldanlage

Selbst bei niedrigen Inflationsraten verliert das Geld mit der Zeit an Wert. Daher wird jeder, der über Ersparnisse verfügt, versuchen, diese Beträge Ertrag bringend anzulegen. Wichtig ist, dass man sich über seine Anlageziele im Klaren ist:

- die beabsichtigte Anlagezeit,
- die erwarteten Erträge,
- das Ausmaß der Risikobereitschaft.

Diese Anlageziele stehen oft in einer direkten Beziehung zueinander.

BEISPIEL

- Je kürzer die Anlagezeit, desto geringer ist i. d. R. die Verzinsung.
- Je reizvoller die Verzinsung, desto größer ist meist das Anlagerisiko.

Die verschiedenen Anlageformen, die Banken anbieten, sind:

- das Einlagengeschäft,
- das Wertpapiergeschäft,
- der Verkauf von Edelmetallen.

Das Einlagengeschäft

Die traditionelle Form der verzinslichen Einlage ist die Spareinlage. Dabei wird die Forderung des Sparers in einem Sparbuch verbrieft. Diese Form der Anlage wird immer noch sehr häufig gewählt, obwohl die Verzinsung niedriger ist als bei anderen Anlageformen.

Längere Anlagezeiten oder regelmäßige bzw. höhere Sparbeträge führen bei den **Sondersparformen** zu zusätzlichen Zinserträgen.

BEISPIEL

Prämiensparen, Dauerauftragssparen

Ebenfalls höher verzinst als Spareinlagen werden die auf bestimmte Zeiträume (z. B. drei Monate) befristeten Termineinlagen. Dabei legt der Sparer größere Beträge (z. B. 5.000 €) auf einem besonderen Termingeldkonto fest an.

Eine der Spareinlage ähnliche, oft aber besser verzinste Sparform stellt der Sparbrief dar. Dies sind von den Banken ausgegebene Anlagepapiere, die zu einem bestimmten Zeitpunkt (z. B. nach vier Jahren) ausgezahlt werden müssen.

Das Wertpapiergeschäft

Wertpapiere versprechen meist bessere Erträge als Einlagen. Ihr Erwerb verbindet sich aber in manchen Fällen mit Risiken. Daher empfiehlt sich auch hier eine Beratung durch die Banken.

Rentenwerte sind die sichersten unter den Wertpapieren. Sie werden von der öffentlichen Hand (z. B. Staatsanleihen), von Kreditinstituten (Bankschuldverschreibungen) und großen Industrieunternehmen (Industrieobligationen) als mittel- bis langfristige Wertpapiere ausgegeben. Die Anlagebeträge werden während der gesamten Laufzeit zu einem vereinbarten festen Satz verzinst und zu festgelegten Terminen zurückgezahlt. Wer früher über seine Anlage verfügen will, kann das Wertpapier zu dem Preis verkaufen, der sich am Rentenmarkt (Börse) für das Papier gebildet hat.

Pfandbriefe und **Kommunalobligationen** sind aufgrund gesetzlicher Anforderungen besonders gesichert. Diese festverzinslichen Wertpapiere werden von speziellen Kreditinstituten herausgegeben. Risikoreich kann der Erwerb von Aktien sein, die das Anteilsrecht an einer Aktiengesellschaft verbriefen. Über die Dividende nimmt der Aktionär an den Gewinnen des Unternehmens teil. Die Kurswerte einer Aktie, also die Preise für Kauf oder Verkauf, können sehr großen Schwankungen unterliegen.

Bei **Investmentzertifikaten** wird eine Risikominderung durch Risikomischung angestrebt: Der Anleger erwirbt einen Anteil an bestimmten, von Banken oder Investmentgesellschaften verwalteten Kapitalanlagen. Diese Anlagen bestehen aus einem Fonds von Wertpapieren oder Immobilien, dessen Zusammensetzung so gewählt ist, dass das Risiko eines Wertverlustes möglichst gering ist. Eng mit dem Wertpapiergeschäft verbunden ist das **Depotgeschäft**. Die Bank verwahrt und verwaltet gegen Gebühr die Wertpapiere des Kunden.

BEISPIEL

Das Kreditinstitut nimmt für den Kunden die Fälligkeitstermine für Zinsen oder Dividenden wahr. Wenn es dazu ermächtigt wurde, übt es die Stimmrechte des Aktionärs bei Aktionärsversammlungen aus.

Der Verkauf von Edelmetallen

Eine ganz andere Form der Kapitalanlage bieten Banken mit dem Verkauf von Edelmetallen. Da Edelmetalle keine Zinsen abwerfen, liegt das Interesse des Erwerbers allein in eventuellen Wertsteigerungen.

Kreditvergabe

Weil die Banken für die ihnen als Einlagen zugeflossenen Gelder zumeist selbst Zinsen zahlen müssen, versuchen sie diese Mittel möglichst ertragreich anzulegen. Deshalb gewähren sie traditionell Kredite. Aus dem betragsmäßigen Unterschied zwischen Zinsen, die der Einleger erhält, und den Zinsen, die der Kreditnehmer entrichtet, ergibt sich die wichtigste Einnahmequelle der Banken. Abhängig von verschiedenen Kriterien gibt es unterschiedliche Kreditarten (vgl. Kapitel 10.2).

Sonstige Bankdienstleistungen

Die Banken bemühen sich zunehmend, ihr Leistungsangebot über die bisher erwähnten traditionellen Finanzdienstleistungen hinaus zu erweitern. So betreiben Banken z. T. heute schon Immobiliengeschäfte, vermitteln Versicherungen und bieten eine umfassende Vermögensverwaltung an. Speziell an Firmenkunden richten sich Dienstleistungsangebote wie Unternehmensberatung und Datenverarbeitungsservice. Ebenso vermitteln Banken beim Verkauf von Unternehmen.

Arten von Kreditinstituten

Nach der Breite des Angebotes an Bankleistungen unterscheidet man zwischen Universalbanken und Spezialbanken.

Universalbanken

Deutschland gilt als klassisches Land der Universalbanken. Hier betreiben die Geschäftsbanken i. d. R. alle denkbaren branchenüblichen Geschäfte unter einem Dach. Die als Universalbanken tätigen Kreditinstitute kann man nach der Art ihrer Rechtsform unterscheiden. Danach ergeben sich die drei folgenden Bankengruppen:

- private Geschäftsbanken
- genossenschaftliche Kreditinstitute
- öffentlich-rechtliche Kreditinstitute

Private Geschäftsbanken

Die meisten größeren privaten Geschäftsbanken handeln als Aktiengesellschaften, einige sind jedoch auch als Gesellschaften mit beschränkter Haftung, als offene Handelsgesellschaft oder Kommanditgesellschaft organisiert. Die privaten Geschäftsbanken lassen sich nach Größe und Wirkungskreis aufteilen in:

- **Großbanken:** Diese verfügen über ein engmaschiges Netz von Filialen, das sich über ganz Deutschland erstreckt.

BEISPIEL

Deutsche Bank, Commerzbank

- **Regionalbanken:** Die Geschäftstätigkeit der Regionalbanken erstreckt sich nicht bzw. nicht gleichmäßig über das gesamte Bundesgebiet.

BEISPIEL

Berliner Bank, Oldenburgische Landesbank

- **Zweigstellen ausländischer Banken:** So wie zahlreiche deutsche Banken im Ausland, sind auch viele ausländische Banken in Deutschland mit Niederlassungen vertreten.

BEISPIEL

- Banco di Napoli, Frankfurt
- The Bank of Tokyo Ltd., Hamburg

- **Privatbankiers:** Heute gibt es etwa 80 Banken, die man wegen ihrer Personenbezogenheit zur Gruppe der Privatbankiers zählen kann. Sie sind in der Rechtsform der offenen Handelsgesellschaft bzw. der Kommanditgesellschaft organisiert.

BEISPIEL

- Merck, Finck & Co., München – Düsseldorf – Frankfurt
- M. M. Warburg & Co, Hamburg

Genossenschaftliche Kreditinstitute

Die Genossenschaftsbanken bestehen in der Rechtsform der Genossenschaft. Anteilseigner sind hier die Mitglieder (Genossen). In der Bundesrepublik Deutschland gibt es **ca. 1 100** Kreditgenossenschaften mit über 17 Millionen Mitgliedern.

Die Genossenschaftsinstitute firmieren im städtischen Bereich vorwiegend als Volksbanken, in ländlichen Bereichen als Raiffeisenbanken.

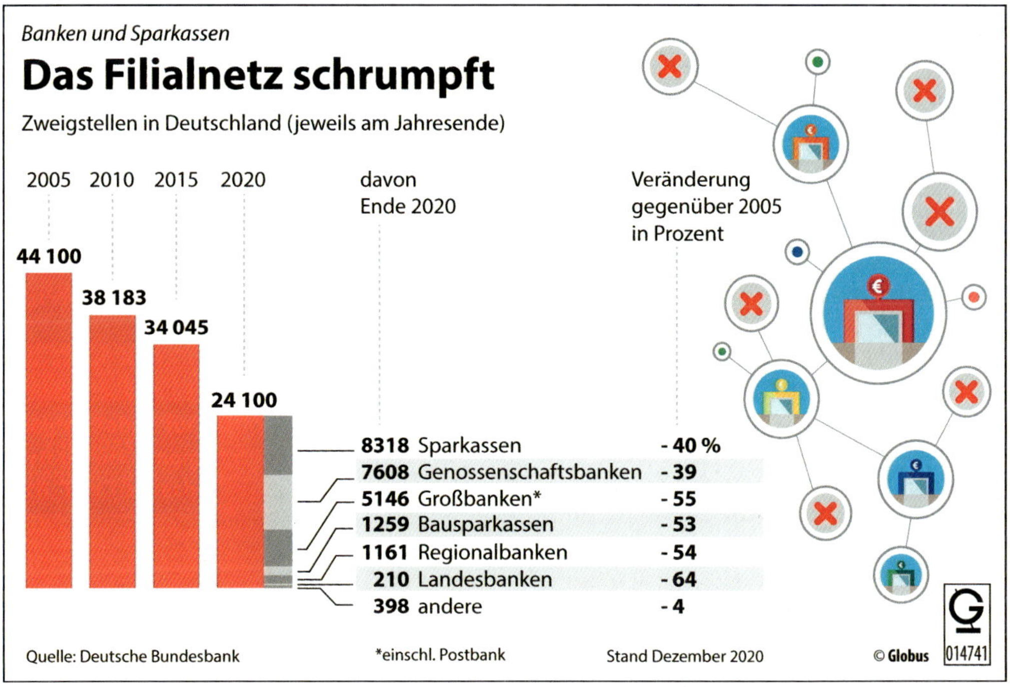

Öffentlich-rechtliche Kreditinstitute

Die öffentlich-rechtlichen Kreditinstitute sind Anstalten öffentlichen Rechts: Die sogenannten „Gewährträger" – dies sind Gemeinden, Kreise oder Länder – haften für Ausfälle und üben bestimmte Mitwirkungsrechte aus. Fast jede Sparkasse betreibt als öffentlich-rechtliches Kreditinstitut alle für eine Universalbank typischen Geschäfte. Die Sparkassen beschränken ihre geschäftlichen Aktivitäten auf den geografischen Bereich (Stadt, Kreis) ihres jeweiligen Gewährträgers. Sie verfügen jedoch über Zentralinstitute, die sich Landesbanken nennen.

Die Spezialbanken

Anders als die Universalbanken beschränken sich die Spezialbanken auf bestimmte Arten von Bankgeschäften. Am Geschäftsvolumen sämtlicher Kreditinstitute gemessen, besitzen sie einen Marktanteil von mehr als einem Viertel. Die wichtigsten Gruppen von Spezialbanken sind:

- **Bausparkassen:** Die privaten und öffentlich-rechtlichen Bausparkassen befassen sich mit der Finanzierung von Eigenheimen und Eigentumswohnungen. Die Attraktivität des Bausparens liegt hauptsächlich in dem durch Ansparen erworbenen Anrecht auf die Inanspruchnahme eines Baukredits zu einem verhältnismäßig niedrigen und über die Laufzeit festen Zinssatz.
- **Private Hypothekenbanken:** Die privaten Hypothekenbanken gewähren überwiegend langfristige Kredite zur Finanzierung des Wohnungsneubaus und der Wohnbaumodernisierung, die durch Grundpfandrechte (Hypothek, Grundschuld) abgesichert werden. Zunehmend an Bedeutung gewinnen die Kommunalkredite. Dies sind Darlehen an Bund, Länder und Gemeinden sowie Anstalten des öffentlichen Rechts. Die Hypothekenbanken beschaffen sich die für ihre Ausleihungen erforderlichen Mittel vor allem durch die Ausgabe von Pfandbriefen und Kommunalobligationen.
- **Öffentlich-rechtliche Grundkreditanstalten:** Diese haben dieselben Aufgaben wie die privaten Hypothekenbanken, sind jedoch Anstalten des öffentlichen Rechts.
- **Postbank:** Die 1989 mit der Neustrukturierung der Post geschaffene Postbank wird zur Gruppe der Spezialbanken gezählt. Ihr Geschäftsbereich beschränkt sich bisher überwiegend auf den Zahlungsverkehr und das Spareinlagengeschäft.
- **Teilzahlungskreditinstitute:** Sie sind auf die Vergabe von Ratenkrediten spezialisiert.

AUFGABEN

1. Welche Aufgaben hatten Banken ursprünglich?
2. Welche Dienstleistungen können Sie bei einer Bank erlangen?
3. Wodurch unterscheiden sich Universalbanken von Spezialbanken?
4. Zählen Sie einige Ihnen bekannte Universal- und Spezialbanken auf und erläutern Sie deren Tätigkeitsschwerpunkte.
5. Warum können Banken als Mittelpunkt des Wirtschaftsgeschehens angesehen werden?
6. Ordnen Sie Ihre eventuelle Bankverbindung in das Bankensystem der Bundesrepublik Deutschland ein.
7. Worin liegt die wichtigste Einnahmequelle der Banken?

ZUSAMMENFASSUNG

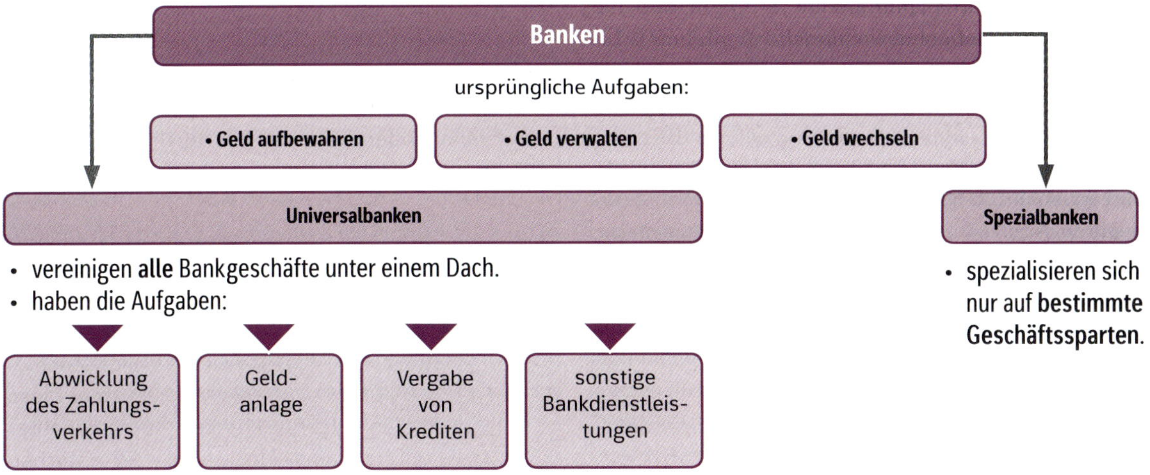

3.4 LEISTUNGEN DER VERSICHERUNGEN

Herr Baumann ist Inhaber einer Elektrogroßhandlung. Er beschäftigt zehn Angestellte und vier Auslieferungsfahrer. Die Büro- und Lagerräume befinden sich im eigenen Geschäftshaus. Die Waren an seine Kunden liefert er mit zwei eigenen Lieferwagen aus.

Um gegen große Schäden gesichert zu sein, achtet Herr Baumann darauf, dass er gegen

- Schäden, die ihm, seinem Personal oder seinem Betrieb zugefügt werden, und
- Schäden, die durch seinen Betrieb oder seine Angestellten verursacht werden können,

ausreichend versichert ist.

Welche Versicherungen musste Herr Baumann im Einzelnen abschließen?

INFORMATION

Niemand kann aus eigenen Mitteln so viel Geld zurücklegen, um dadurch gegen alle Risiken finanziell abgesichert zu sein. Dies ist nur mithilfe von Versicherungen möglich.

Man unterscheidet die Sozialversicherung und die Individualversicherung.

Die **Sozialversicherung** ist eine gesetzliche Pflichtversicherung. Ihre Aufgabe besteht darin, die breite Bevölkerungsmehrheit im Alter, bei Erwerbsunfähigkeit, Arbeitslosigkeit und Krankheit zu unterstützen (siehe Kapitel 13.10).

Individualversicherungen sind private Versicherungen, die durch Abschluss eines Versicherungsvertrags zwischen einem Versicherer (= privates Versicherungsunternehmen) und einem Versicherungsnehmer (z. B. Großhandelsbetrieb) zustande kommen.

Der Versicherungsvertrag

In dem Versicherungsvertrag werden die Leistungen des Versicherers und die vom Versicherungsnehmer zu zahlenden Versicherungsbeiträge festgelegt. Die Versicherungsbeiträge (= Versicherungsprämien) richten sich dabei nach dem Risiko (= Wahrscheinlichkeit, dass der Versicherungsfall eintritt) und der vereinbarten Versicherungsleistung. Im Gegensatz zur gesetzlichen Sozialversicherung sind die Leistungen der Individualversicherung nicht einheitlich durch Gesetze festgelegt, sondern können zwischen dem Versicherer und dem Versicherungsnehmer frei vereinbart werden. Zum Schutz des Versicherungsnehmers ist die Freiheit der Vertragsgestaltung allerdings durch das Versicherungsvertragsgesetz und die staatliche Aufsicht über das Versicherungswesen begrenzt.

Die verschiedenen Zweige der Individualversicherung versichern
- Sachen (z. B. Gebäude, Geschäfts- und Lagereinrichtungen, Maschinen, Fahrzeuge, Warenbestände),
- Vermögen (z. B. Kundenkredite),
- Personen (z. B. gegen Unfallschäden und Krankheit).

Sachversicherungen

Die **Feuerversicherung** deckt Schäden, die an Gebäuden und deren Inhalt (Einrichtungsgegenstände, Warenvorräte, Maschinen usw.) durch
- Brand,
- Blitzschlag,
- Explosion und durch
- Anprall oder Absturz eines bemannten Flugkörpers, seiner Teile oder seiner Ladung

verursacht werden.
Die Feuerversicherung ersetzt auch den Schaden, der durch die Brandbekämpfung (Löschen, Niederreißen, Ausräumen) entstanden ist.

Die **Leitungswasserversicherung** ersetzt Schäden, die an Gebäuden und deren Inhalt dadurch entstehen, dass Wasser aus Zu- oder Ableitungsrohren der Wasserversorgung, Warmwasserversorgungs-, Dampfheizungs- oder Klimaanlagen austritt. Schäden durch Regen-, Schnee-, Grund- und Hochwasser werden durch diese Versicherung nicht ersetzt.

Die **Elementarschadenversicherung** deckt Risiken ab, die durch Hochwasser, Bergrutsch, Erdbeben u. Ä. entstehen.

Die **Sturmversicherung** deckt Schäden, die an Gebäuden und ihrem Inhalt durch Stürme ab Windstärke acht entstehen.

Durch die **Glasversicherung** sind Scheiben und Verglasungen aller Art versichert, z. B. Schaufenster, Wandbekleidungen, Schilder, Transparente und Leuchtröhrenanlagen sowie Haushaltsglas (Fenster, Türen, Cerankochfelder).

Die **Einbruchdiebstahlversicherung** bezahlt die durch Einbruchdiebstahl entstandenen Schäden und Verluste an Vorräten, Bargeld und sonstigen Sachen. Je nach Police sind auch Schäden durch **Vandalismus** mit versichert.

Durch eine **Transportversicherung** kann sich ein Versender von Waren gegen Gefahren versichern, denen seine Waren auf einem Transport zu Lande, zu Wasser und in der Luft ausgesetzt sind.

Die **Hausratversicherung** versichert Sachen, die in einem Haushalt zur Einrichtung gehören bzw. zum Gebrauch oder Verbrauch dienen (z. B. Möbel, Elektrogeräte, Bekleidung), gegen Feuer-, Einbruchdiebstahl-, Beraubungs-, Leitungswasser-, Sturm- und Elementarschäden.

Bei Sachversicherungen soll die Versicherungssumme dem Wert der versicherten Gegenstände (= Versicherungswert) entsprechen. Wenn die Versicherungssumme geringer als der Versicherungswert ist, liegt eine **Unterversicherung** vor. In diesem Fall werden Schäden nur anteilig ersetzt.

BEISPIEL

Der Versicherungswert beträgt 100.000,00 €, die Versicherungssumme nur 70.000,00 €. Bei einem Schaden von 20.000,00 € ersetzt die Versicherung nur 14.000,00 €, weil die Versicherungssumme nur 70 % des Versicherungswertes ausmacht.

Wenn die Versicherungssumme höher ist als der Versicherungswert (= **Überversicherung**), wird jedoch keine höhere Entschädigung als die Erstattung des tatsächlichen Schadens bezahlt.
Gegen die Folgen eines Arbeitsunfalls oder eines Unfalls auf dem Weg von und zu ihrer Arbeitsstätte sind die Beschäftigten eines Betriebes bei der zuständigen Berufsgenossenschaft gesetzlich versichert. Einen umfassenden Unfallschutz auch für den privaten Bereich bietet die **private Unfallversicherung**[1].

Vermögensversicherungen

Die **Haftpflichtversicherung** zahlt Schadenersatz, zu dem der Versicherte verpflichtet ist, bis zur Höhe der vertraglich vereinbarten Deckungssumme oder leistet Rechtsschutz, um ungerechtfertigte Schadenersatzansprüche abzuwehren.

Die **Privathaftpflichtversicherung** schützt Privatpersonen gegen Haftpflichtansprüche.

Die **Betriebshaftpflichtversicherung** tritt ein, wenn gegen
- den Inhaber eines Unternehmens,
- die gesetzlichen Vertreter eines Unternehmens (z. B. Vorstandsmitglieder einer Aktiengesellschaft, Geschäftsführer) und
- Betriebsangehörige

1 Definitionsgemäß gehört die private Unfallversicherung eigentlich zu den Personenversicherungen, denn sie versichert Personen gegen Unfallschäden. Intern wird sie in den Versicherungsunternehmen aus organisatorischen, aber auch aus Gründen des Aufsichtsrechts zusammen mit den eigentlichen Sachversicherungen geführt.

Schadenersatzansprüche geltend gemacht werden, die sich aus ihrer betrieblichen Tätigkeit ergeben.

Die **Rechtsschutzversicherung** zahlt u. a. die Rechtsanwaltskosten, alle Gerichtskosten und die Kosten des Prozessgegners, sofern sie erstattet werden müssen.

Die **Firmen-Rechtsschutzversicherung** umfasst
- Schadenersatz-Rechtsschutz zur Durchsetzung von Schadenersatzansprüchen,
- Straf-Rechtsschutz für die Verteidigung in einem Straf- oder Bußgeldverfahren,
- Arbeits-Rechtsschutz für alle gerichtlichen und außergerichtlichen Streitigkeiten aus Arbeitsverhältnissen, z. B. Kündigungsschutzklagen,
- Sozialversicherungs-Rechtsschutz für gerichtliche Streitigkeiten mit den Trägern der Sozialversicherung.

Die Firmen-Rechtsschutzversicherung schützt auch die Arbeitnehmer des Betriebes bei rechtlichen Auseinandersetzungen, die sich aus ihrer Berufstätigkeit ergeben. Beim Arbeits-Rechtsschutz ist jedoch nur der Arbeitgeber versichert.

Die **Warenkreditversicherung** zahlt, wenn ein Käufer einer auf Kredit erworbenen Ware zahlungsunfähig wird. Die Warenkreditversicherung begleicht den Schaden jedoch nicht in voller Höhe. Insofern muss der Versicherte einen Teil des Forderungsausfalls immer selbst tragen (= Selbstbeteiligung).

Die **Betriebsunterbrechungsversicherung** ersetzt die wirtschaftlichen Folgeschäden, die entstehen, wenn die betriebliche Tätigkeit eines Betriebes durch einen Sachschaden (Brand, Maschinenschaden) unterbrochen wird. Sie ersetzt den entgangenen Geschäftsgewinn und die fortlaufenden Geschäftskosten.

Die **Betriebsschließungsversicherung** ersetzt die Schäden, die entstehen, wenn ein Betrieb wegen Seuchengefahr schließen muss. Sie ist für den Lebensmitteleinzelhandel von Bedeutung.

Kraftfahrzeugversicherungen

Jeder Halter eines Kraftfahrzeugs ist verpflichtet, eine **Kraftfahrzeug-Haftpflichtversicherung** abzuschließen. Sie ersetzt den Schaden, den ein Kraftfahrer anderen Personen oder deren Sachen mit einem Kraftfahrzeug zufügt.

Gegen Beschädigung und Zerstörung des eigenen Fahrzeugs kann er sich durch eine **Kraftfahrzeug-Fahrzeugversicherung** (Teil- oder Vollkaskoversicherung) versichern.

Die **Teilkaskoversicherung** deckt nur einen Teil der möglichen Schäden. Sie ersetzt Schäden durch Brand, Explosion, unmittelbare Einwirkung von Sturm, Hagel, Blitzschlag und Überschwemmung, Glasbruch, Kurzschluss, Zusammenstoß mit Haarwild (z. B. Rehe, Hasen), Diebstahl und unbefugten Gebrauch durch fremde Personen.

Die **Vollkaskoversicherung** ist teurer als die Teilkaskoversicherung. Dafür ersetzt sie zusätzlich zu den durch die Teilkaskoversicherung gedeckten Schäden auch Unfallschäden am eigenen Fahrzeug und solche Schäden, die von anderen Personen mut- oder böswillig am Fahrzeug angerichtet wurden (z. B. Zerstechen der Reifen, Abbrechen der Autoantenne). Sie kann mit und ohne Selbstbeteiligung abgeschlossen werden. Bei Selbstbeteiligung muss der Versicherte einen Teil des Schadens selbst tragen.

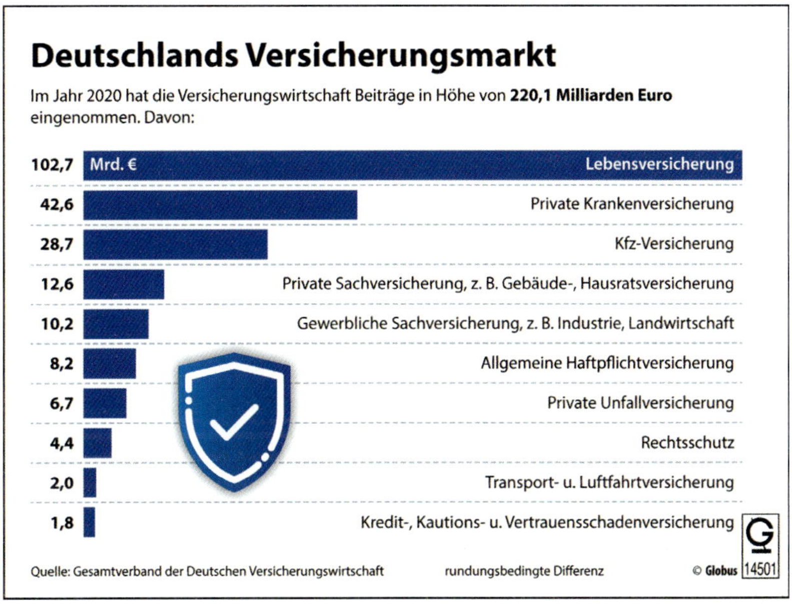

Durch die **Kraftfahrzeug-Unfallversicherung** sind alle Insassen eines Kraftfahrzeugs (auch der Fahrzeughalter und Familienangehörige) gegen die wirtschaftlichen Folgen von Personenschäden geschützt. Für Berufsfahrer und Berufsbeifahrer, die bei einem Versicherungsnehmer angestellt sind, muss eine besondere Berufsfahrerversicherung abgeschlossen werden.

Personenversicherungen

Die **Lebensversicherung** ist der (nach den Prämieneinnahmen) mit Abstand bedeutendste Zweig der Individualversicherung.

Die wichtigsten Arten der privaten Lebensversicherung sind die reine Todesfallversicherung, die reine Erlebensfallversicherung und die gemischte Lebensversicherung.

Bei der **Risikolebensversicherung** (reine Todesfallversicherung) wird die Versicherungssumme erst beim Tod des Versicherten fällig. Sie dient ausschließlich der Versorgung der Hinterbliebenen des Versicherten.

Die **Kapitallebensversicherung** ist eine gemischte Versicherung auf den Todes- und den Erlebensfall. Die Versicherungssumme wird an den Versicherten spätestens beim Ablauf der vereinbarten Versicherungsdauer ausgezahlt. Falls er vor Ablauf des Versicherungsvertrages stirbt, wird die Versicherungssumme schon vorher an seine Hinterbliebenen ausgezahlt. Die gemischte Lebensversicherung dient damit sowohl der Alterssicherung des Versicherten als auch der Hinterbliebenenversorgung.

Bei der **Rentenversicherung** (reine Erlebensfallversicherung) wird grundsätzlich eine lebenslange oder zeitlich befristet Rente ab dem Ende der Beitragszahlungszeit an den Versicherungsnehmer gezahlt. In der Regel besteht auch das Wahlrecht, statt einer Rente eine Kapitalabfindung zu erhalten. Stirbt der Versicherte während der Beitragszahlungszeit, werden den Hinterbliebenen in der Regel die eingezahlten Beiträge erstattet.

In der **privaten Krankenversicherung** können sich Personen, die nicht in der gesetzlichen Krankenversicherung pflichtversichert sind (Selbstständige, Beamte, Angestellte und Arbeiter, deren Einkommen die gesetzliche Pflichtversicherungsgrenze überschreitet), gegen die finanziellen Folgen einer Erkrankung schützen.

Mit Inkrafttreten des Pflegeversicherungsgesetzes am 1. Januar 1995 muss jede Person, die bei einer privaten Krankenversicherung mit Anspruch auf Kostenerstattung für allgemeine Krankenhausleistungen versichert ist, auch eine private Pflegeversicherung abschließen. Diese **private Pflegeversicherung** muss grundsätzlich bei dem privaten Krankenversicherungsunternehmen abgeschlossen werden, bei dem die versicherte Person auch krankenversichert ist. Allerdings konnten sich privat krankenversicherte Personen in den ersten sechs Monaten nach Inkrafttreten des Pflegeversicherungsgesetzes auch für einen anderen Anbieter der privaten Pflegeversicherung entscheiden.

AUFGABEN

1. Was wird in einem Versicherungsvertrag geregelt?
2. Wonach richtet sich bei einer Individualversicherung der Versicherungsbeitrag?
3. Welche Versicherungen können in folgenden Fällen in Anspruch genommen werden?
   a) Eine Ware, die an einen Kunden mit eigenem Lieferfahrzeug geliefert wird, wird auf dem Transport beschädigt.
   b) Der Auslieferungsfahrer einer Sanitärgroßhandlung verursacht mit dem betriebseigenen Lkw einen Verkehrsunfall. Bei dem Unfall werden ein fremder Pkw beschädigt und dessen Fahrer verletzt. Auch der Lkw weist erhebliche Schäden auf.
   c) Eine Kundin zerreißt ihre Strumpfhose an einer scharfen Stuhlkante.
   d) Von Randalierern wird die Eingangstür eines Geschäftshauses eingeschlagen.
   e) Aus dem Lager einer Großhandlung für Unterhaltungselektronik wurden nachts drei Blue-Ray-Player entwendet.
   f) Ein Kunde, der Waren auf Kredit gekauft hat, wird zahlungsunfähig.
   g) Ein Angestellter bricht sich beim Volleyballspiel ein Bein.
   h) Im Lager einer Textilgroßhandlung wird eine Heizungsleitung undicht. Das austretende Wasser beschädigt einen Teil der gelagerten Waren.
   i) Der Inhaber einer Eisenwarengroßhandlung muss wegen Herz-Kreislauf-Beschwerden einen Arzt aufsuchen.
4. Welcher Unterschied besteht zwischen einer gemischten Lebensversicherung und einer reinen Todesfallversicherung?

ZUSAMMENFASSUNG

Individualversicherungen

Sachversicherung	Vermögensversicherung	Personenversicherung	Kraftfahrzeugversicherung
• Feuerversicherung • Leitungswasserversicherung • Sturmversicherung • Glasversicherung • Einbruchdiebstahlversicherung • Transportversicherung • Hausratversicherung • Unfallversicherung	• Haftpflichtversicherung • Rechtsschutzversicherung • Warenkreditversicherung • Betriebsunterbrechungsversicherung • Betriebsschließungsversicherung	• Kapitallebensversicherung • Risikolebensversicherung • Rentenversicherung • Krankenversicherung • Pflegeversicherung	• Kraftfahrzeug-Haftpflichtversicherung • Kraftfahrzeug-Fahrzeugversicherung (Teil- und Vollkasko) • Kraftfahrzeug-Unfallversicherung

3.5 DER STANDORT EINES UNTERNEHMENS

Herr Engelhardt hat eine Geschäftsidee und möchte sich mit einer Großhandlung selbstständig machen. Im Rahmen seiner Vorbereitungen für die Unternehmensgründung stößt er auf den folgenden Text:

Welcher Standort ist der richtige?

Die meisten Gründer entscheiden sich nach subjektiven Kriterien für ihren Unternehmensstandort: eigener Wohnsitz, Wohnsitz der Familie, vertrautes Umfeld, Arbeitsstelle des Partners etc. Was sich kaum ein Gründer klar macht: Die Entscheidung für oder gegen einen Standort berührt alle wichtigen Faktoren eines Unternehmenskonzeptes: Kunden, Lieferanten, Konkurrenz, Arbeitskräfte, Kosten, Verkehrsanbindungen, Infrastruktur etc. Das bedeutet: Man muss einen Standort finden, der das Konzept und die Zielsetzung des Unternehmens am besten unterstützt. Dafür sollte jeder Existenzgründer herausarbeiten, welche Bedeutung „sein" Standort für den Unternehmenserfolg hat.

Standortfrage immer wieder neu stellen

Vielen Unternehmen ist zum Verhängnis geworden, am einmal gewählten Standort festzuhalten: wenn sich z. B. die Verkehrsanbindung ändert, die Wohnqualität eines Viertels sinkt oder entscheidende Zulieferstrukturen wegbrechen. Auch bei Unternehmenserweiterungen ist es nicht immer die vielleicht vor Jahrzehnten gewählte Standortposition, die den größtmöglichen betriebswirtschaftlichen Erfolg verspricht. Und bei jeder größeren anstehenden Investition muss sich der Unternehmer die Standortfrage neu stellen und betriebswirtschaftlich eindeutig mit „Ja" beantworten können.

Den optimalen Standort gibt es selten

Welcher Standort der richtige ist, hängt natürlich von den Besonderheiten des Unternehmens ab: Der Einzelhandel beispielsweise braucht Laufkundschaft mit Kaufkraft, ein überregional tätiges Dienstleistungsunternehmen kann seinen Sitz überall haben, das produzierende Gewerbe muss meist ins Industriegebiet (s. „Darf der Betrieb am geplanten Betriebsort arbeiten?“). In der Regel sollten für Gründer oder bestehende Unternehmen (bei einer Erweiterung) mehrere Standorte zur Auswahl stehen. Sie müssen nun nach objektiven Kriterien miteinander verglichen werden, um zu einer optimalen Entscheidung zu kommen. Hilfestellung bieten die folgenden Hinweise zur Standortanalyse.

Starthilfe. Der erfolgreiche Weg in die Selbstständigkeit. Bundesministerium für Wirtschaft und Technologie. Öffentlichkeitsarbeit Berlin. 3. Aufl. 2009, Seite 43. (verändert)

Überlegen Sie, warum die Standortwahl für die Großhandlung von Herrn Engelhardt von elementarer Bedeutung ist.

INFORMATION

Die Bedeutung der Standortwahl für das Unternehmen

Der Ort, an dem sich der Firmensitz und/oder die Betriebsstätten bzw. Verkaufsräume befinden, leistet einen entscheidenden Beitrag zum wirtschaftlichen Erfolg (oder eventuell auch Misserfolg) des Unternehmens.
Der Standortwahl kommt aufgrund der langfristigen Wirkung eine besondere Bedeutung zu. Dabei geht es um die Entscheidung über die Ansiedlung eines Unternehmens an einem bestimmten Ort. Es kann dabei einerseits um die Wahl des Firmensitzes gehen, andererseits um die Suche nach geeigneten Betriebsstätten.

Um die Standortwahl optimal durchführen zu können, muss sowohl den gegenwärtigen als auch den zukünftigen Gegebenheiten des Unternehmens Rechnung getragen werden.

Der Standort im engeren Sinn ist die räumliche Basis der betrieblichen Leistungserstellung eines Unternehmens. Dabei muss aber berücksichtigt werden, dass die Tätigkeit von Unternehmen sich auch in den umliegenden Flächen abspielt. Im weiteren Sinn geht es bei der Standortwahl also auch um die Festlegung des Marktgebietes.

Standortentscheidungen müssen von Unternehmen ständig überprüft werden. Bei einer einmal erfolgten Standortwahl ist ein Wechsel nur dann angebracht, wenn die Kosten des Standortwechsels kleiner sind als die Kosten beim Geschäftsbetrieb eines nicht optimalen Standorts.

Der Normalfall der Standortwahl liegt in der erstmaligen und einmaligen Wahl des Firmensitzes und/oder der Betriebsstätten.
Eine Standortwahl kann jedoch nicht nur einmal im Leben eines Unternehmens, also in der Gründungsphase, getroffen werden. Es gibt weitere Anlässe, Standortentscheidungen zu treffen.

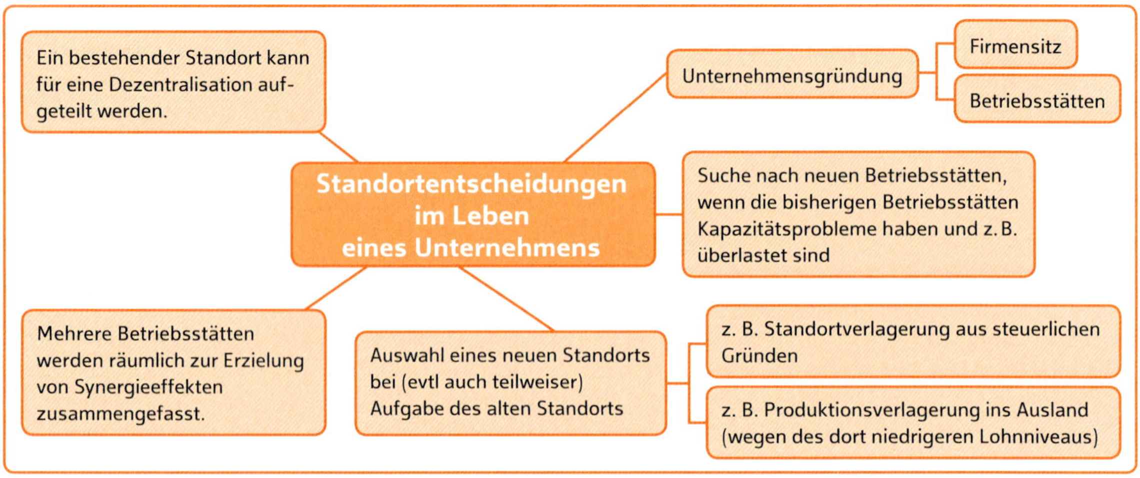

Die Standortwahl hat für ein Unternehmen eine existenzielle Bedeutung. Ein günstiger Standort ist ausschlaggebend für den Erfolg (Umsatzhöhe und/oder Gewinn) und die Konkurrenzfähigkeit eines Unternehmens.

Zur Bestimmung eines optimalen Standorts muss ein Unternehmen sowohl Ertragsgesichtspunkte als auch Kostengesichtspunkte berücksichtigen.

BEISPIEL

Das Möbelgeschäft Möbel Lehmann liegt in der teuersten Hauptgeschäftstraße einer deutschen Großstadt. Dadurch ergeben sich zwar gute Kontaktmöglichkeiten zu Kunden, das Unternehmen hat jedoch gleichzeitig hohe Mietkosten.
Das Schmuckgeschäft Mark Storch Schmuckdesign liegt in einem Vorort einer kleineren Großstadt. Das Unternehmen hat dadurch niedrige Raumkosten. Es ist jedoch nicht unbedingt zu vermuten, dass dort Kunden in ausreichender Anzahl vorbeikommen.

Bevor sich ein Unternehmen für einen Standort entscheidet, sollte es eine Standortanalyse durchführen. Dabei kann es sich an verschiedenen Kriterien (Standortfaktoren) orientieren.
Das Unternehmen sammelt alle Standortfaktoren und bewertet diese. Damit findet ein Unternehmen heraus, wie geeignet ein Standort für das Unternehmen tatsächlich ist.
Bei der Standortwahl und Standortanalyse muss immer damit gerechnet werden, dass sich die Standortfaktoren im Verlauf der Zeit ändern können.

Standortfaktoren

Bei der Standortwahl eines Unternehmens müssen zur Beurteilung verschiedene Standortfaktoren herangezogen werden.

Kunden

Für eine erfolgreiche Geschäftstätigkeit benötigt ein Unternehmen Kunden. Deshalb sollte ein Unternehmen bei der Standortwahl die Nachfrage nach seinen Produkten bzw. Dienstleistungen an dem infrage kommenden Ort genau anschauen. Bei diesem auch **Absatzorientierung** genannten Standortfaktor geht es also um einen Standort in der Nähe der Kunden.

BEISPIEL

Ein Einzelhandelsunternehmen untersucht bei Standorten die Kaufkraft in der engeren Auswahl seiner potenziellen Kunden.

Die Konkurrenz

Geklärt werden muss von einem standortsuchenden Unternehmen, wie viele Mitbewerber am eventuell infrage kommenden Standort zu erwarten sind.

BEISPIEL

Eine Großhandlung sucht für ihr Auslieferungslager einen Standort. Drei Standorte sind in die engere Auswahl gekommen. An einem Standort befinden sich fünf Unternehmen der gleichen Branche, an dem zweiten vier. Dies ist ein Grund dafür, dass der dritte Standort gewählt wird.

Mögliche Partner

Bei der Standortwahl kann es auch ein entscheidender Faktor sein, ob es in der infrage kommenden Region potenzielle Partner geben kann, mit denen das Unternehmen zusammenarbeiten kann. Darunter fallen auch Unternehmen, mit denen es einen Erfahrungsaustausch geben könnte. In die Standortanalyse einfließen können auch Unternehmen mit Sortimenten, die das eigene gegebenenfalls ergänzen.

Das Image des Standorts

Bei der Standortsuche sollte auch geprüft werden, welches Image der Standort hat.

BEISPIEL

Eine Großhandlung prüft bei der Standortwahl bei den infrage kommenden Standorten,
- ob sich Menschen am jeweiligen Standort gern aufhalten,
- ob die Gegend wegen sozialer Schwierigkeiten ein negatives Image hat.

Abgabenorientierung: Gewerbesteuer und Hebesatz

Entscheidend für die Wahl eines Standortes kann für ein Unternehmen auch sein, wie hoch zum Beispiel die Hebesätze bei Gewerbe- und Grundsteuern sind. Berücksichtigt werden sollte auch, ob für bestimmte strukturschwache Gebiete steuerliche Entlastungen angeboten werden.

BEISPIEL

Durch eine geeignete Standortwahl kann eine Großhandlung große Geldbeträge sparen.
Es gibt große Unterschiede bei der Berechnung der Gewerbesteuer durch die in der Auswahl stehenden Kommunen: Diese Gemeinden unterscheiden sich durch die Höhe der Hebesätze, die für die Berechnung

der Gewerbesteuer eine wichtige Rolle spielen. Je niedriger der Hebesatz einer Gemeinde ist, umso weniger Gewerbesteuern sind von einem Unternehmen abzuführen.

Fördermittel

Manche Kommunen oder Regionen gewähren wirtschaftliche Anreize zur Niederlassung von Unternehmen. Dies ist vor allem in strukturschwachen Gebieten der Fall. Dort gewährt der Staat beispielsweise Subventionen, um die Infrastruktur einer Region zu verbessern.

Die Lage

Für die Anlieferung auf der Einkaufseite bzw. für die Auslieferung auf der Verkaufsseite ist die Lage des Unternehmens von erheblicher Bedeutung.

BEISPIEL

Eine Großhandlung, die den Standort für ein zentrales Lager sucht, ist die Anbindung an eine Autobahn von erheblicher Bedeutung, denn sie erwartet größere Warenanlieferungen. Deshalb möchte sie berücksichtigen, wie weit die Lieferanten fahren müssen.

Wenn ein Unternehmen Wert darauf legt, dass seine Transportleistungen sicher, rasch und kostengünstig erfolgen sollen, wird es den Standort in die Nähe von Verkehrsknotenpunkten legen (**Verkehrsorientierung**).

BEISPIEL

Viele Unternehmen siedeln sich an in der Nähe von
- Flugplätzen,
- Autobahnkreuzen,
- Seehäfen,
- Binnenhäfen oder
- Güterbahnhöfen

an.

→ Ist das Unternehmen bestrebt, die Transportkosten im Einkauf so optimal wie möglich zu gestalten, wird es eine **Beschaffungsorientierung** bei der Standortwahl vornehmen.
Bei einer **Absatzorientierung** ist für die Unternehmen bei der Wahl des Standorts die Nähe zu ihren Kunden entscheidend.

Infrastruktur

Unternehmen können sich auch wegen der technischen Möglichkeiten, über die ein Standort verfügt, für diesen entscheiden.

BEISPIEL

Zwei Gemeinden sind bei der Standortwahl in die engere Auswahl gekommen. Das Unternehmen entscheidet sich für die Gemeinde, die ein Glasfaserkabelnetz für einen schnellen Internetzugang besitzt.

Arbeitskräfte

Das Unternehmen benötigt am neuen Standort Mitarbeiterinnen und Mitarbeiter. Geprüft werden sollte bei der Standortwahl deshalb, ob es ein ausreichendes Angebot an potenziellen Beschäftigten mit den gewünschten Qualifikationen gibt. Berücksichtigen sollte es ebenfalls das demographische Profil des Standorts. Gesucht werden kann auch der Standort, an dem die Löhne und Gehälter ein möglichst niedriges Niveau haben.

BEISPIEL

Eine Großhandlung orientiert sich bei der Standortwahl auch daran,
- wo sie die benötigten Arbeitskräfte gut rekrutieren kann,
- wo (im Inland, aber eventuell auch im Ausland) das Lohnniveau niedrig ist.

Attraktivität für zukünftige Arbeitskräfte

Bei der Wahl des Standorts sollte auch berücksichtigt werden, dass dieser für die potenziellen Beschäftigten attraktiv sein sollte.

Die zur Verfügung stehenden Räumlichkeiten

Neben der guten Lage spielen außerdem geeignete Räumlichkeiten eine große Rolle bei der Standortwahl. Wichtig in diesem Zusammenhang sind:
- die Größe der Räume
- die Einrichtung bzw. Ausstattung
- die Kosten

BEISPIEL

Eine Großhandlung sucht ein zentrales Auslieferungslager. Wichtig aus Sicht der Großhandlung ist zunächst, dass die anzumietenden Räumlichkeiten genug Platz bieten, um alle Artikel des Sortiments lagern und dann verkaufen zu können. Das infrage kommende Lager sollte auch über die entsprechende Lagerausrüstung (zum Beispiel Regale) verfügen. Die Miete sollte nicht zu große Kosten verursachen.

Umweltorientierung

Um die Umwelt zu schonen, ist die Ansiedlung eines Unternehmens in bestimmten Regionen oft nur noch unter erheblichen Auflagen möglich.

420360

Rohstofforientierung

Einige Unternehmen – vor allem Industriebetriebe – wählen ihren Standort in der Nähe der Gewinnungsrechte von Rohstoffen.

Die Wahl des Standorts mit der Nutzwertanalyse

In einer Standortanalyse wird genau herausgearbeitet, welche örtlichen Voraussetzungen besonders wichtig für das Unternehmen sind. Oft wird im Rahmen der Standortauswahl die Methode der Nutzwertanalyse angewandt.

Bei der Nutzwertanalyse werden mögliche Entscheidungskriterien so gewichtet, dass wichtige Kriterien stärker zur Geltung kommen als unwichtige. Die Qualität der Entscheidungen soll dadurch gesteigert werden.

- Man wählt zunächst geeignete Kriterien aus, die bei der Beurteilung von Standorten als wichtig angesehen werden. Nach ihrer Wichtigkeit werden die ausgewählten Kriterien dann mit Gewichtungspunkten (bzw. Gewichtungsprozenten) gewichtet.
- Die Gesamtsumme der vergebenen Punkte (bzw. Prozente) muss 100 betragen.
- Im nächsten Schritt wird bewertet, inwieweit die Standorte das jeweilige Kriterium erfüllen.

Erfüllung der Kriterien

Punkteanzahl	Bedeutung
5	sehr gut
4	gut
3	befriedigend
2	ausreichend
1	mangelhaft

- Bei jedem Standort wird für jedes Kriterium das Produkt aus Gewichtungs- und Bewertungspunkten ermittelt. Die Punkte werden pro Standort zusammengezählt.
- Der Standort mit der höchsten Summe ist der qualitativ beste.

BEISPIEL

Die bisher nur in einer norddeutschen Region beheimatete Beyer KG will nach Süddeutschland expandieren. Sie sucht dort ein Zentrallager. In die engere Auswahl sind drei Standorte gekommen. Herr Engelhardt führt nun eine Nutzwertanalyse durch, um zu einer endgültigen Entscheidung für einen Standort zu kommen.

Nach Durchführung der Nutzwertanalyse kommt als wahrscheinlicher Standort Schönstadt infrage.

Schönstadt hat mit 438 Punkten die höchste Summe aller Punkte pro Standort.

Um den optimalen Standort zu ermitteln, ist Herr Engelhardt wie folgt vorgegangen:

- Er hat zunächst die für die Standortwahl relevanten Merkmale ermittelt und diese in die Spalte Entscheidungskriterien eingetragen.
- Anschließend hat er diese Entscheidungskriterien nach ihrer Bedeutung für das Unternehmen gewichtet (Herr Engelhardt schätzt für sein Unternehmen die Relevanz der Lage mit 30 Gewichtungspunkten ein). Dabei hat er darauf geachtet, dass die Summe der Gewichtung Punkte für die Kriterien insgesamt 100 beträgt (letzte Zeile der Spalte „Gewichtungspunkte der Kriterien").
- Anschließend bewertet er, inwieweit der jeweilige Standort das jeweilige Merkmal erfüllt. (Im Hinblick auf die Anzahl der Kunden ist Schönstadt für das Unternehmen ideal und bekommt deshalb fünf von fünf Punkten.)
- Schließlich berechnet Herr Engelhardt noch das Produkt aus Gewichtungs- und Bewertungspunkten. (Für die Anzahl der Kunden ergeben sich für Schönstadt 150 Punkte.)
- Schließlich addiert Herr Engelhardt alle Punkte pro Standort (für Schönstadt sind dies 438).

Entscheidungskriterien	Gewichtungspunkte der Kriterien	Standorte					
		Schönstadt		Spielhausen		Exempelingen	
Lage	30	3	90	3	90	4	120
Anzahl der Kunden	30	5	150	4	120	0	0
Gewerbesteuer und Fördermittel	8	5	40	4	32	3	24
Arbeitskräfte	30	5	150	5	150	5	150
Umweltorientierung	2	4	4	5	10	0	0
Gesamtsumme	100		438		402		294

AUFGABEN

1. Erläutern Sie die Bedeutung der Standortwahl für ein Unternehmen.
2. Wann muss sich ein Unternehmen für einen Standort entscheiden?
3. Was sind Standortfaktoren?
4. Was ist eine Standortanalyse?
5. Führen Sie mindestens sechs Standortfaktoren auf.
6. Herr Engelhardt sucht für seine neu gegründete Großhandlung einen Standort. Zwei Gemeinden sind in die engere Auswahl gekommen. Wählen Sie mithilfe einer Nutzwertanalyse den geeigneten Standort für Herrn Engelhardt aus.
   An Informationen stehen Ihnen zur Verfügung:
   Herrn Engelhardt sind drei Kriterien besonders wichtig, die er folgendermaßen gewichtet:

Verkehrsanbindung	50 %
Kundennähe	30 %
Anzahl der Mitbewerber	20 %

   Folgende Informationen gewinnt er über die zwei zur Auswahl stehenden Gemeinden:
   - Schönstadt:
     Die Verkehrsanbindung ist sehr gut, da der nächste Autobahnanschluss 800 m entfernt ist. Im Umkreis von 50 km hätte das Unternehmen nach einer Marktrecherche etwa 280 potenzielle Kunden. In dem Marktsegment, dass Herr Engelhardt mit seiner Großhandlung bedienen möchte, gibt es in dieser Region drei Konkurrenten.
   - Neudorf:
     Hier ist der nächste Autobahnanschluss 30 km entfernt. Herr Engelhardts Großhandlung könnte sich in dieser Region an ca. 310 potenzielle Kunden wenden. Er hat zehn Mitbewerber.

ZUSAMMENFASSUNG

Einige Bestimmungsfaktoren der Standortwahl

Absatzmöglichkeiten
- Nähe zu Kunden
- Kaufkraft der möglichen Kunden

Standort anderer Unternehmen
- Mögliche Mitbewerber
- mögliche Partner

Beschaffungsmöglichkeiten
- Arbeitskräfte
- Rohstoffe

Verkehrsmöglichkeiten
- Verkehrsanbindungen
- Transportkosten

Staatliche Maßnahmen
- Steuern
- Fördermaßnahmen

3.6 ZIELE PRIVATER UND ÖFFENTLICHER UNTERNEHMEN

Wie mittelständische Unternehmen unternehmerische Ziele bewerten, zeigt folgende Tabelle:

	Note 1	Note 2	Note 3	Note 4	Note 5
Qualitätsstreben		x			
Gewinnmaximierung					x
Kundennähe	x				
Kostenminimierung			x		
Innovationsstärke	x				
Umweltschutz	x				

Was soll mit diesen Regelungen bezweckt werden?

INFORMATION

Ziele privater Unternehmen

Das Streben nach Gewinn

Jeder private Unternehmer strebt durch seine selbstständige Tätigkeit einen möglichst hohen Gewinn an **(= erwerbswirtschaftliche Zielsetzung)**, da dieser sein Einkommen und damit seinen Lebensstandard sichert.

Häufig findet dieses Streben nach einem maximalen Gewinn in dem Ziel einer möglichst hohen Rentabilität des eingesetzten Kapitals seinen Ausdruck.

Die **Rentabilität** gibt die Verzinsung des in einem Unternehmen eingesetzten Kapitals an. Bei der Ermittlung der Rentabilität unterscheidet man

- Eigenkapitalrentabilität (= Unternehmerrentabilität),
- Gesamtkapitalrentabilität (= Unternehmensrentabilität) und
- Umsatzrentabilität.

Bei der Ermittlung der **Eigenkapitalrentabilität** wird der erzielte Unternehmergewinn ins Verhältnis zum Eigenkapital gesetzt.

FORMEL

$$\textbf{Eigenkapitalrentabilität} = \frac{\text{Unternehmergewinn} \cdot 100}{\text{Eigenkapital}}$$

Die Eigenkapitalrentabilität gibt an, mit wie viel Prozent sich das eingesetzte Eigenkapital verzinst hat.

Der Aussagewert der Eigenkapitalrentabilität ist problematisch, da der Gewinn in der Regel nicht ausschließlich durch den Eigenkapitaleinsatz verursacht ist (außer wenn das Unternehmen ausschließlich mit Eigenkapital arbeitet). Beide sollten deshalb auch nicht direkt aufeinander bezogen werden. Zudem kann die festgestellte Eigenkapitalrentabilität leicht zu Fehlschlüssen verleiten. Sie ist nämlich bei gleichem Gewinn umso höher, je geringer das Eigenkapital ist (z. B. wäre sie bei 100.000,00 € Gewinn und 50.000,00 € Eigenkapital 200 %, bei gleichem Gewinn und 500.000,00 € Eigenkapital nur 20 %). So könnte leicht der Schluss gezogen werden, es sei empfehlenswert, nur in geringerem Umfang Eigenkapital einzusetzen, weil dann eine große Eigenkapitalrentabilität erzielt werde.

Sinnvoller ist die Berechnung der Gesamtkapitalrentabilität: Die **Gesamtkapitalrentabilität** gibt an, mit wie viel Prozent sich das gesamte eingesetzte Kapital verzinst hat. Bei ihrer Ermittlung wird der erzielte Kapitalgewinn zum Gesamtkapital ins Verhältnis gesetzt. Der erzielte Kapitalgewinn ist der Unternehmergewinn zuzüglich der Fremdkapitalzinsen. Das Gesamtkapital ist die Summe von Eigen- und Fremdkapital.

FORMEL

$$\textbf{Gesamtkapitalrentabilität} = \frac{(\text{Unternehmergewinn} + \text{Fremdkapitalzinsen}) \cdot 100}{\text{Eigenkapital} + \text{Fremdkapital}}$$

Die Zurechnung der Fremdkapitalzinsen zum Gewinn ist erforderlich, weil bei Einbeziehung des Fremdkapitals in das Gesamtkapital des Unternehmens diese Zinszahlungen nicht mehr als Aufwand angesehen werden dürfen, sondern als Erträge des Fremdkapitaleinsatzes.

Durch einen Vergleich der Eigenkapitalrentabilität mit der Gesamtkapitalrentabilität kann der Unternehmer feststellen, ob sich der Einsatz von Fremdkapital in seinem Unternehmen gelohnt hat. Er hat sich immer dann gelohnt, wenn die Eigenkapitalrentabilität höher als die Gesamtkapitalrentabilität ist. Der Unternehmer hat in diesem Fall durch den Einsatz von Fremdkapital einen zusätzlichen Gewinn erwirtschaftet, der die Zinsen übersteigt, die er für das Fremdkapital bezahlen muss.

BEISPIEL

Unternehmergewinn	100.000,00 €
Eigenkapital	500.000,00 €
Fremdkapital	500.000,00 €
Zinssatz für das Fremdkapital	12 %
→ Zinsen für das Fremdkapital	60.000,00 €

$$\textbf{Eigenkapitalrentabilität} = \frac{100.000 \cdot 100}{500.000} = \underline{\underline{20\,\%}}$$

$$\textbf{Gesamtkapitalrentabilität} = \frac{(100.000 + 60.000) \cdot 100}{500.000 + 500.000} = \underline{\underline{16\,\%}}$$

Die Gesamtkapitalrentabilität (16 %) übersteigt den Fremdkapitalzinssatz (12 %). In einem solchen Fall führt eine Aufstockung des Fremdkapitals zu einem höheren Gewinn und damit zu einer höheren Eigenkapitalrentabilität.

Bei der **Umsatzrentabilität** wird der Unternehmergewinn ins Verhältnis zum Nettoumsatz gesetzt.

FORMEL

$$\textbf{Umsatzrentabilität} = \frac{\text{Unternehmergewinn} \cdot 100}{\text{Nettoumsatz}}$$

Sie gibt den im Nettoumsatz enthaltenen Gewinn in Prozent an.

Eine geringe Umsatzrentabilität führt bei gleichem Umsatz zu einem geringeren Gewinn als eine hohe Umsatzrentabilität.

Streben nach Umsatz

Viele Unternehmer versuchen über einen möglichst hohen Umsatz auch einen möglichst hohen Gewinn zu erzielen.

Erhaltung des Betriebes

Gewinn- und Umsatzziele können auf Dauer nur in einem lebensfähigen Unternehmen erzielt werden. Um im Wettbewerb bestehen zu können, reicht es nicht aus, nur hohe Umsätze zu erzielen. Diese Umsätze müssen vielmehr auf möglichst wirtschaftliche Weise erzielt werden.

Ein Unternehmer handelt wirtschaftlich, wenn er versucht

- eine bestimmte Leistung mit möglichst geringem Aufwand
  oder
- eine möglichst große Leistung mit einem gegebenen Aufwand zu erzielen (= ökonomisches Prinzip, siehe Kap. 2.3).

Die **Wirtschaftlichkeit** eines Betriebes lässt sich aus dem Verhältnis seiner Leistung zu seinen Kosten ermitteln.
Die **Leistung** eines Betriebes ist seine in Geld bemessene Ausbringungsmenge.

FORMEL

$$\textbf{Wirtschaftlichkeit} = \frac{\text{Leistung}}{\text{Kosten}}$$

BEISPIEL

Die Leistung eines Handelsbetriebes ist sein Nettoumsatz. Der Nettoumsatz ist die Absatzmenge bewertet zu Nettoverkaufspreisen.

DEFINITION

Kosten sind alle betrieblichen Aufwendungen eines Unternehmens. Sie stehen in unmittelbarem Zusammenhang mit dem eigentlichen Betriebszweck. Sie erfassen den Verzehr an Gütern, Diensten und Abgaben einer Abrechnungsperiode, der bei der Erzielung von Leistungen anfällt.

Bei gleichbleibender Leistung kann ein Unternehmer die Wirtschaftlichkeit seines Betriebes durch die Minimierung seiner Kosten erhöhen.

BEISPIEL

vor der Kostensenkung:
Leistung: 100.000,00
Kosten: 40.000,00

$$\textbf{Wirtschaftlichkeit} = \frac{100.000}{40.000} = \underline{\underline{2{,}5}}$$

nach der Kostensenkung:
Leistung: 100.000,00
Kosten: 20.000,00

$$\textbf{Wirtschaftlichkeit} = \frac{100.000}{20.000} = \underline{\underline{5}}$$

Sicherung der Arbeitsplätze

Eine wirtschaftliche Unternehmensführung ist auch im Interesse der Arbeitnehmer. Nur in einem wettbewerbsfähigen Unternehmen können Arbeitsplätze langfristig erhalten werden.

Corporate Social Responsibility

In der Bevölkerung hat das Bewusstsein für die soziale Verantwortung von Unternehmen in den letzten Jahren stark zugenommen. Dies hat Auswirkungen auf das Einkaufsverhalten. Verbraucher bevorzugen Waren und Dienstleistungen von Unternehmen, die sich sozial und ökologisch verantwortlich verhalten.

Deshalb berücksichtigen Unternehmen bei ihrem Handeln zunehmend das Konzept der „Corporate Social Responsibility", das die soziale Verantwortung der Unternehmen betont.

DEFINITION

Corporate Social Responsibility (soziale Verantwortung der Unternehmen) ist ein Konzept, das den Unternehmen als Grundlage dient, auf freiwilliger Basis soziale Belange und Umweltbelange in ihre Unternehmenstätigkeit und in die Wechselbeziehungen mit den Stakeholdern zu integrieren.

Einflüsse auf die Kaufentscheidungen

Wenn ein Unternehmen in bestimmten Bereichen gesellschaftlich verantwortlich handelt, werden seine Produkte und Dienstleistungen vom Verbraucher favorisiert. Ein Unternehmen, das neue Arbeitsplätze schafft, wird von der Gesellschaft besonders bevorzugt.

Umfrageergebnisse zur Einstellung von Konsumenten zum Thema soziale, ökologische und ökonomische Unternehmensverantwortung

„Welche Faktoren beeinflussen Ihre Kaufentscheidung für die Produkte eines Unternehmens?" (Angaben in Prozent, Mehrfachangaben waren möglich)

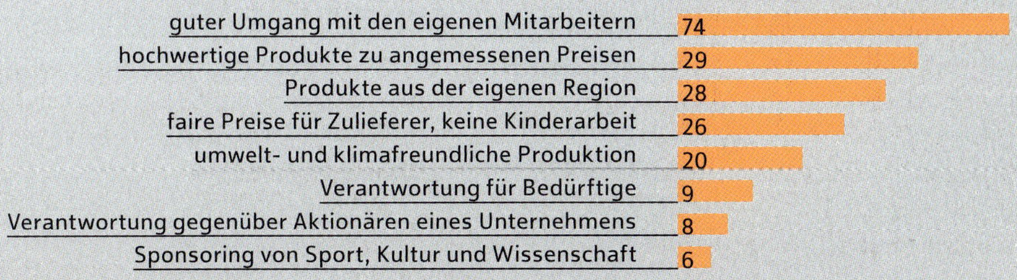

Quelle: Netz, Gabi; Alexander, Katharina: MitVerantwortung: sozial und ökologisch handeln im Unternehmen, hrsg. von Stiftung Jugend + Bildung, Wiesbaden: Universum-Verl. 2009.

DEFINITION

Stakeholder sind die Personen, die mit einem Unternehmen in Beziehung stehen, also Kunden, Lieferanten, Banken, Beschäftigte, Eigentümer, Gläubiger, Staat, gesellschaftliche Organisationen.

Unternehmen **integrieren soziale Belange** in ihre Unternehmenstätigkeit und in die Wechselbeziehungen mit ihren Stakeholdern, wenn sie

- die Aus- und Weiterbildung von Beschäftigten fördern,
- die Chancengleichheit der Beschäftigten fördern,

- familienfreundliche Angebote für ihre Beschäftigten machen (z. B. flexible Arbeitszeiten),
- die Gesundheit der Beschäftigten fördern,
- Arbeitsschutz- und Arbeitssicherheitsmaßnahmen über die rechtlichen Vorschriften hinaus umsetzen,
- sich für Kinder- und Jugendschutz (z. B. gegen Kinderarbeit) einsetzen,
- Schulen und Kindergärten unterstützen.

Neben der Berücksichtigung sozialer Belange sind **Umweltschutz und Nachhaltigkeit** ein wichtiger Aspekt im Rahmen von Corporate Social Responsibility.

DEFINITION

Nachhaltigkeit wird verstanden als Entwicklung, die die Bedürfnisse der heutigen Generation befriedigt, ohne zu riskieren, dass künftige Generationen ihre Bedürfnisse nicht befriedigen können.

Quelle: Agnelli, Susanna, in: Weltkommission für Umwelt und Entwicklung (Hrsg.): Unsere gemeinsame Zukunft [d. Brundtland-Bericht], hrsg. von Gro Harlem Brundtland, Volker Hauff. Aus d. Engl. von Barbara von Bechtolsheim. Greven: Eggenkamp 1987.

Zum Umweltschutz und zur Nachhaltigkeit kann ein Unternehmen beitragen durch
- umweltfreundliche Sortimentsgestaltung,
- energiesparende Maßnahmen im Bereich Logistik (Lagerhaltung und Transport), in Gebäuden und Geschäftsräumen,
- Materialeinsparungen in den Bereichen Logistik und Geschäftsausstattung,
- Abfallvermeidung und -entsorgung.

Ziele öffentlicher Unternehmen

Öffentliche Unternehmen sind Unternehmen, die sich im Eigentum der öffentlichen Hand, d.h. von Bund, Ländern und Gemeinden, befinden. Zu ihnen gehören u. a. kommunale Versorgungsunternehmen (Gas- und Wasserwerke) und städtische Verkehrsbetriebe (Busse und Bahnen).

Hauptziel öffentlicher Unternehmen ist meist nicht die Gewinnerzielung, sondern die bestmögliche Versorgung der Bevölkerung mit Gütern zur kollektiven Bedürfnisbefriedigung (**Bedarfsdeckungsprinzip oder gemeinwirtschaftliches Prinzip**).

BEISPIEL

Kommunale (gemeindliche) Versorgungsunternehmen sichern die ausreichende Versorgung der Bevölkerung mit Energie und Wasser zu günstigen Preisen.

Um dauerhaft wirtschaften zu können, müssen auch öffentliche Unternehmen zumindest ihre Kosten decken (**Kostendeckungsprinzip**). Wenn dies aus sozialen oder aus Konkurrenzgründen nicht möglich ist, müssen sie versuchen, ihre Verluste möglichst gering zu halten.

AUFGABEN

1. Warum streben Unternehmer nach einem möglichst hohen Gewinn?
2. Unterscheiden Sie Rentabilität und Wirtschaftlichkeit.
3. Weshalb streben Unternehmer häufig einen möglichst hohen Umsatz an?
4. Ein Unternehmer erwirtschaftet in einem Jahr einen Unternehmergewinn von 100.000,00 €. Sein Eigenkapital betrug in diesem Jahr 50.000,00 €. Das Fremdkapital betrug 100.000,00 €, der Fremdkapitalzinssatz 12 %. Ermitteln Sie, ob sich der Fremdkapitaleinsatz für den Unternehmer gelohnt hat.
5. Weshalb sind
   a) der Inhaber eines Unternehmens,
   b) die Beschäftigten eines Unternehmens an einer hohen Wirtschaftlichkeit ihres Unternehmens interessiert?
6. Ein Textilgroßhändler besitzt einen Betrieb in Magdeburg und einen Betrieb in Eisenach. In beiden Betrieben wird das gleiche Sortiment verkauft. In dem Magdeburger Betrieb wurden in einem Jahr 2.000.000,00 € Nettoumsatz erzielt. Im gleichen Zeitraum entstanden in diesem Betrieb Kosten in Höhe von insgesamt 1.200.000,00 €. Der Betrieb in Eisenach erzielte im gleichen Jahr einen Nettoumsatz von 1.400.000,00 €. In diesem Betrieb entstanden im gleichen Zeitraum insgesamt 800.000,00 € Kosten.
   Beurteilen Sie die Wirtschaftlichkeit der beiden Betriebe.
7. Warum streben öffentliche Unternehmen häufig nicht nach einem maximalen Gewinn?

8. Welche der folgenden Leistungen bieten öffentliche Unternehmen häufig mit Verlust an?
   a) Elektrizität
   b) Leistungen des öffentlichen Personenverkehrs (Busse und Bahnen)
   c) Benutzung öffentlicher Bibliotheken
   d) Abfallbeseitigung

9. Wie können Unternehmen soziale Belange und Umweltbelange im Unternehmen berücksichtigen?

ZUSAMMENFASSUNG

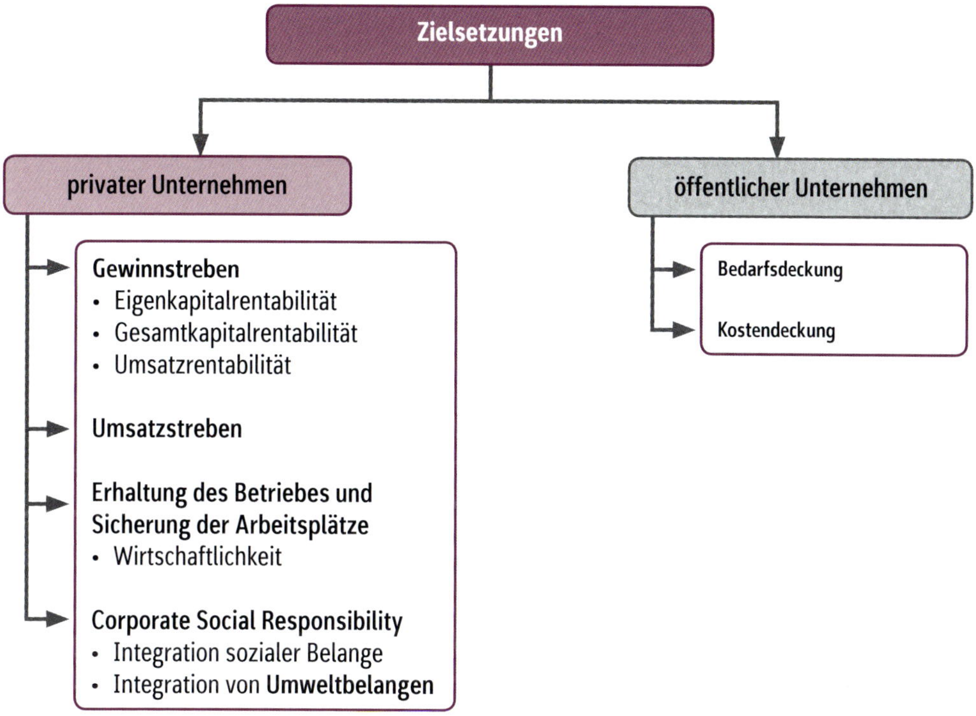

4.1 DIE RECHTSORDNUNG

Handelsgesetzbuch

(BGBl. III 4100-1)
zuletzt geändert durch Artikel 4 des Gesetzes
vom 18. Januar 2001 (BGBl. I S. 123)

Inhaltsübersicht

		§§
Erstes Buch. Handelsstand	....	1 – 104
Erster Abschnitt.	Kaufleute	1 – 7
Zweiter Abschnitt.	Handelsregister.......	8 – 16
Dritter Abschnitt.	Handelsfirma.........	17 – 37 a
Vierter Abschnitt.	(aufgehoben)	
Fünfter Abschnitt.	Prokura und Handlungsvollmacht ..	48 – 58
Sechster Abschnitt.	Handlungsgehilfen und Handlungslehrlinge ...	59 – 83
Siebenter Abschnitt.	Handelsvertreter......	84 – 92 c
Achter Abschnitt.	Handelsmakler	93 – 104

Erstes Buch. Handelsstand

Erster Abschnitt. Kaufleute

§ 1 [Istkaufmann] (1) Kaufmann im Sinne dieses Gesetzbuches ist, wer ein Handelsgewerbe betreibt.
(2) Handelsgewerbe ist jeder Gewerbebetrieb, es sei denn, dass das Unternehmen nach Art oder Umfang einen in kaufmännischer Weise eingerichteten Geschäftsbereich nicht erfordert.

§ 2 [Kannkaufmann] (1) Ein gewerbliches Unternehmen, dessen Gewerbebetrieb nicht schon nach § 1 Abs. 2 Handelsgewerbe ist, gilt als Handelsgewerbe im Sinne dieses Gesetzbuches, wenn die Firma des Unternehmens in das Handelsregister eingetragen ist. Der Unternehmer ist berechtigt, aber nicht verpflichtet, die Eintragung nach den für die Eintragung kaufmännischer Firmen geltenden Vorschriften herbeizuführen. Ist die Eintragung erfolgt, so findet eine Löschung der Firma auch auf Antrag des Unternehmers statt, sofern nicht die Vorraussetzung des § 1 Abs. 2 eingetreten ist.

Welche Aufgaben haben rechtliche Vorschriften?

INFORMATION

Die Interessen der Menschen sind häufig gegensätzlich. So will beispielsweise ein **Verkäufer** einen möglichst hohen Preis für seine Waren erzielen. Der **Käufer** dagegen möchte die Artikel so preiswert wie möglich erwerben. Werden in der Vereinbarung über den Kauf keine klaren Regelungen getroffen, können Konflikte auftreten. In diesem Zusammenhang ist das Recht unerlässlich.

Das Recht hat die Aufgabe, die vielfältigen rechtlichen Beziehungen der Menschen in einer staatlichen Gemeinschaft zu regeln.

Es ordnet den Verlauf des gesellschaftlichen Lebens durch Gebote und Verbote. Diese sind unerlässlich, damit ein geordnetes und vor allem auch friedliches Zusammenleben der Menschen innerhalb der Gesellschaft ermöglicht wird. Ein Fehlen von Recht hat zwangsläufig Unordnung und Chaos zur Folge.

Das Wort „Recht" kann in einem doppelten Sinn verstanden werden:

- Als **objektives Recht** umfasst es die Gesamtheit der Rechtsnormen. Dies ist die Rechtsordnung, die in einem Staat gilt. In diesem Zusammenhang versteht man unter Recht also die Vorschriften und Regeln selbst, deren Durchsetzung der Staat garantiert.

BEISPIEL

Textilhändler Lottermann beruft sich bei der Behandlung einer Kundenreklamation auf das „Recht".

- Zum **subjektiven Recht** gehören die von der Rechtsordnung geschützten Interessen des Einzelnen, seine Berechtigungen. Die subjektiven Rechte können von den Menschen aufgrund der objektiven Rechtsordnung eingeklagt werden.

BEISPIEL

- Hermann Huhn ist der Ansicht, dass er „im Recht" sei.
- Anspruch des Gläubigers auf Zinsen gegenüber einem Schuldner
- Anspruch auf Lieferung bzw. Zahlung beim Kaufvertrag

Die Rechtsnormen gehören entweder dem öffentlichen oder dem privaten Recht an.

Das Privatrecht

Das Privatrecht regelt die privaten Rechtsbeziehungen der einzelnen Personen zueinander. Die Beteiligten stehen sich dabei gleichberechtigt gegenüber. Die Personen können ihre Beziehungen frei regeln, ohne dass grundsätzlich der Staat mitwirkt.

Wichtigster Bestandteil des Privatrechts ist das vor allem im Bürgerlichen Gesetzbuch (BGB) geregelte bürgerliche Recht, das jedermann in seiner bürgerlichen Existenz betrifft. Es enthält z. B. Vorschriften über Verträge zwischen Bürgern.

Einige Teile des Privatrechts gelten nur für einzelne besondere Lebensbereiche. So ist z. B. der Geltungsbereich des Handelsgesetzbuches auf einen bestimmten Personenkreis, nämlich die Kaufleute, beschränkt.

Das öffentliche Recht

Das öffentliche Recht regelt einerseits die Beziehungen einzelner Personen zum Staat und andererseits das Verhältnis der staatlichen Organe untereinander. Es betrifft Sachverhalte, die Angelegenheiten der Allgemeinheit sind. Durch seine Hoheitsgewalt ist der Staat dem Einzelnen übergeordnet.

So ist beispielsweise jeder Staatsbürger mit Einkommen nach dem Einkommensteuergesetz steuerpflichtig.

Zum öffentlichen Recht gehören u. a. das

- **Verwaltungsrecht** – regelt die Tätigkeit der öffentlichen Verwaltung.
- **Verfassungsrecht** – enthält die Rechtsnormen, die die Grundlage der Rechtsordnung bilden.
- **Völkerrecht** – regelt die Beziehungen zwischen den Staaten oder internationalen Organisationen.
- **Steuerrecht**
- **Strafrecht** – Vorschriften über die staatliche Befugnis, auf menschliches Fehlverhalten, wie z. B. Mord, zu reagieren.
- **Zivil- und Strafprozessrecht**

Wenn der Staat jedoch als normale Person auftritt, unterliegt er wie seine Vertragspartner den Bestimmungen des Privatrechts.

BEISPIEL

Eine Behörde des Staates kauft von einer Schreibwarengroßhandlung Formulare.

Die Unterscheidung zwischen privatem und öffentlichem Recht ist wichtig, weil davon die Zuständigkeit der Gerichte (z. B. Verwaltungsgericht oder Zivilgericht) und die Art der anzuwendenden Rechtsnormen abhängt.

Die Quellen des Rechts

Um im Streitfall über Recht und Unrecht entscheiden zu können, reicht in den meisten Fällen das Rechtsgefühl der Menschen nicht aus. Daher muss die Rechtsordnung in Rechtsvorschriften ihren Ausdruck finden. Diese müssen losgelöst vom Einzelfall formuliert werden, damit sie auf alle denkbaren möglichen Sachverhalte angewandt werden können. Rechtsquellen, aus denen sich die geltenden Rechtsvorschriften ableiten lassen, sind:

- **Gesetze**
  Gesetze sind Beschlüsse der für die Gesetzgebung zuständigen Organe, also der Legislative. Sie enthalten für eine unbestimmte Vielzahl von Personen allgemein verbindliche Regelungen in Schriftform.
  Erst wenn das Gesetz ein förmliches Gesetzgebungsverfahren durchlaufen hat, wird es wirksam. Ist das Gesetz beispielsweise von Bundestag und Bundesrat beschlossen, erfolgt die Ausfertigung (urkundliche Festlegung) durch den Bundespräsidenten. Dieser veranlasst abschließend die Verkündung im Bundesgesetzblatt.

BEISPIEL

Einkommensteuergesetz

- **Verordnungen** werden von der vollziehenden Gewalt (Exekutive) aufgrund einer ausdrücklichen gesetzlichen Ermächtigung erlassen. Sie dürfen also nur zur **Durchführung** und zur inhaltlich bereits vorgezeichneten **Ausfüllung** und **Ergänzung** des formellen Gesetzes ergehen.
  Auch bei Verordnungen handelt es sich um allgemein verbindliche Anordnungen für eine unbestimmte Anzahl von Personen in Schriftform. Sie ergeben sich jedoch nicht in einem förmlichen Gesetzgebungsverfahren, sondern werden von der Bundesregierung, einzelnen Bundesministern oder den Landesregierungen gesetzt. Die Verkündung erfolgt im Bundesgesetzblatt bzw. den Verordnungsblättern des Landes.

BEISPIEL

Durchführungsverordnung zum Einkommensteuergesetz

- **Satzungen**
  Satzungen halten die Grundordnung eines rechtlichen Zusammenschlusses schriftlich fest. Sie werden also von im Staat bestehenden staatlichen Verbänden, den Körperschaften, Anstalten und Stiftungen des öffentlichen Rechts, zur Regelung ihrer Angelegenheiten erlassen. Die Satzungen sind öffentlich bekannt zu machen.
- **Gewohnheitsrecht**
  Durch lang dauernde Übung entsteht Gewohnheitsrecht. Obwohl es schriftlich nicht niedergelegt ist, wird es von der Allgemeinheit (oder denjenigen, auf die es angewandt wird) als Recht anerkannt. Das Gewohnheitsrecht darf nicht im Widerspruch zu geschriebenem Recht stehen.

BEISPIEL

Ein Grundstückseigentümer darf seit Generationen das Grundstück eines Nachbarn überqueren.

- **Richterrecht**
  Für die Auslegung und Fortbildung des Rechts erlangen richterliche Entscheidungen zunehmende Bedeutung. Können aus Gewohnheitsrecht, Gesetzen, Verordnungen oder Satzungen keine eindeutigen Lösungen in Problemfällen gewonnen werden, müssen Richter entscheiden. Diese argumentativ begründeten Urteile werden von anderen Richtern in ähnlich gelagerten Fällen zur Lösung herangezogen.

AUFGABEN

1. Was versteht man unter Recht?
2. Erläutern Sie
   a) objektives Recht,
   b) subjektives Recht.
3. Wodurch unterscheidet sich das Privatrecht vom öffentlichen Recht?
4. Entscheiden Sie, ob in den folgenden Fällen Privatrecht oder öffentliches Recht vorliegt.
   a) Hermann Huhn und Helga Geier, die heiraten wollen, geben beim Standesamt an, dass sie als Ehenamen Geier wählen.
   b) Erwin Lindemann bekommt von der Stadt Wuppertal einen Bescheid über die Zahlung von 90,00 € Hundesteuer.
   c) Die Stadt Hildesheim kauft für Dienstfahrten des Oberstadtdirektors ein Auto.
   d) Hermann Huhn kauft von Uwe Otto ein Auto.
   e) Eduard Zimmer wird wegen Einbruchs zu fünf Jahren Gefängnis verurteilt.
5. Wodurch unterscheiden sich die Rechtsquellen Gesetz, Verordnung, Satzung und Gewohnheitsrecht?
6. Warum gibt es das Richterrecht?
7. Um welche Rechtsquelle handelt es sich jeweils?
   a) Der Rat der Stadt Magdeburg beschließt eine generelle Regelung für die örtliche Müllbeseitigung.
   b) Seit Jahrhunderten benutzen die Einwohner einer kleinen niedersächsischen Gemeinde einen Weg zum Nachbarort, der durch einen Privatwald führt, als Abkürzung.
   c) Der Bundesverkehrsminister ändert einige Regeln der Straßenverkehrsordnung.
   d) Eine Bundestagspartei stellt den Antrag, die Gewerbesteuer abzuschaffen.
   e) Erst durch eine Reihe von Bundesarbeitsgerichtsentscheiden wird geklärt, in welchen Fällen Streiks bzw. Aussperrungen zulässig sind.
8. Ordnen Sie den folgenden Rechtsgebieten die Bereiche öffentliches Recht und Privatrecht zu:
   a) Strafrecht
   b) Bürgerliches Recht
   c) Wechselrecht
   d) Scheckrecht
   e) Schulrecht
   f) Handelsrecht
   g) Verwaltungsrecht
   h) Urheberrecht
   i) Eherecht
   j) Verfassungsrecht
   k) Völkerrecht

420370

ZUSAMMENFASSUNG

Recht
= Regelung der rechtlichen Beziehungen des Menschen durch Ge- und Verbote

Privatrecht

regelt private Rechtsbeziehungen der einzelnen Personen zueinander.

Öffentliches Recht

regelt
- Beziehungen einzelner Personen zum Staat,
- Verhältnis der staatlichen Organe untereinander.

kann abgeleitet werden aus den Rechtsquellen

Gesetze
- Beschlüsse der Legislative
- enthalten allgemein verbindliche Regeln

Verordnungen
- werden von der Exekutive erlassen
- sind allgemein verbindliche Anordnungen

Satzungen
- vertragliche Bestimmungen über die Verfassung von Gesellschaften usw.

Gewohnheitsrecht
- ungeschriebenes Recht
- gilt aufgrund ständiger Übung

Richterrecht
- entsteht durch Interpretation bei Anwendung der Rechtsnormen
- ergänzt und konkretisiert vielfach das positive Recht nach Maßgabe allgemeiner Rechtsgrundsätze

4.2 DAS ZUSTANDEKOMMEN VON RECHTSGESCHÄFTEN

- Shirin Gül leiht sich von einer Freundin für einen Wochenendausflug ein Fahrrad.
- Die Tom Hoss KG macht Herrn Grüner ein schriftliches Angebot über Herrenhosen. Beim Schreiben des Angebotsbriefs macht Jakub Nowak einen Tippfehler und schreibt 23,00 € je Stück anstatt 32,00 € je Stück. Herr Grüner bestellt zwei Hosen zum Preis von 23,00 € je Stück.
- Herr Hoss schließt einen Vertrag über den Kauf eines Wochenendhauses mündlich ab.
- Ein Verkäufer der Tom Hoss KG kündigt seine Arbeitsstelle fristgerecht schriftlich, weil es ihm bei der Tom Hoss KG nicht mehr gefällt. Der geschäftsführende Gesellschafter der Tom Hoss KG Herr Hoss ist mit der Kündigung nicht einverstanden.

Prüfen Sie, in welchen Fällen ein gültiges Rechtsgeschäft zustande gekommen ist.

INFORMATION

Willenserklärungen

DEFINITION

Rechtsgeschäfte entstehen durch eine oder mehrere Willenserklärungen. **Willenserklärungen** sind gewollte und zwangsfreie Erklärungen einer Person.

BEISPIEL

- Ein Verkäufer bietet einer Kundin eine preisgünstige Kaffeemaschine an. Er will der Kundin die Kaffeemaschine verkaufen.
- Die Geschäftsführerin eines Technikkaufhauses kündigt einem Abteilungsleiter. Sie will, dass der Abteilungsleiter nicht mehr in dem Technikkaufhaus arbeitet.

Willenserklärungen werden abgegeben

- durch ausdrückliche mündliche oder schriftliche Äußerungen,
- durch bloße Handlungen, aus denen der Wille zu erkennen ist. Das sind z. B. Handzeichen bei Versteigerungen, Geldeinwurf in einen Zigarettenautomaten, Einsteigen in ein Taxi,
- in Ausnahmefällen durch Schweigen.

Unter Kaufleuten gilt Schweigen nur dann als Annahme einer unbestellten Lieferung, wenn zwischen beiden Kaufleuten ein regelmäßiger Geschäftsverkehr besteht. Sonst bedeutet das Schweigen die Ablehnung der unbestellten Lieferung.

BEISPIEL

Der Großhändler Jansen schickt dem Lebensmitteleinzelhändler Klages, den er regelmäßig mit Konserven beliefert, 100 Dosen Gemüsekonserven, ohne dass Klages diese bestellt hat. Wenn sich der Einzelhändler Klages zu dieser Lieferung nicht äußert, bedeutet dieses Schweigen, dass er mit der Lieferung einverstanden ist.

Ist der Empfänger der unbestellten Ware eine Privatperson, gilt ihr Schweigen immer als Ablehnung der unbestellten Lieferung. Die Privatperson ist nicht verpflichtet, eine unerwünschte Ware zu bezahlen. Sie muss die Ware auch nicht zurücksenden. Sie ist auch nicht verpflichtet, den Absender davon zu unterrichten, dass sie die Ware nicht kaufen möchte. Dies braucht sie auch dann nicht zu tun, wenn es in der Sendung z. B. heißt, ein Kaufvertrag gelte als abgeschlossen, wenn nicht binnen bestimmter Frist Einspruch erhoben wird.

Rechtsgeschäfte

Einseitige Rechtsgeschäfte

Einseitige Rechtsgeschäfte entstehen durch die Willenserklärung nur einer Person. Sie können empfangsbedürftig oder nicht empfangsbedürftig sein.

Empfangsbedürftige Willenserklärungen sind z. B. Kündigungen, Mahnungen, Bürgschaften. Sie sind erst dann wirksam, wenn sie einer anderen Person zugehen. **Nicht empfangsbedürftige Willenserklärungen** sind z. B. Testamente. Sie sind gültig, ohne dass sie einer anderen Person zugehen.

420372

Mehrseitige Rechtsgeschäfte oder Verträge
Verträge kommen grundsätzlich durch die Abgabe von zwei übereinstimmenden gültigen Willenserklärungen zustande. Die 1. Willenserklärung wird als Antrag, die 2. Willenserklärung als Annahme bezeichnet. Mit der Annahme des Antrags ist ein Vertrag abgeschlossen.

Vertragsarten

Vertragsart	Vertragsinhalt	Beispiel
Kaufvertrag	Veräußerung von Sachen und Rechten	Ein Verkäufer verkauft einem Kunden einen Anzug gegen Bezahlung.
Tauschvertrag	gegenseitige Übereignung von Sachen oder Rechten	Ein Briefmarkensammler gibt einem anderen Briefmarkensammler eine Marke, die er doppelt hat. Als Gegenleistung erhält er eine andere Briefmarke.
Schenkung	unentgeltliche Vermögensübertragung an andere Personen	Ein junger Mann schenkt seiner Freundin einen Ring.
Mietvertrag	Überlassung einer Sache gegen Zahlung eines vereinbarten Mietpreises	Ein Mieter mietet eine Wohnung. Er erhält das Wohnrecht gegen Zahlung einer monatlichen Miete an den Vermieter.
Pachtvertrag	Überlassung von Sachen und Rechten zum Gebrauch und zur Nutzung gegen Zahlung eines vereinbarten Pachtzinses	Ein Landwirt pachtet ein Stück Land. Er darf auf diesem Land Ackerbau betreiben. Die Früchte, die er von dem Acker erntet, gehören ihm als Pächter.
Leihvertrag	Überlassung einer Sache zum unentgeltlichen Gebrauch	Jemand leiht in der Stadtbücherei kostenlos ein Buch aus und bringt es nach Ende der Leihfrist wieder zurück.
Darlehensvertrag	Überlassung von Geld oder anderen vertretbaren Sachen zum Verbrauch gegen spätere Rückgabe gleichartiger Sachen	Ein Einzelhändler nimmt bei einer Bank einen Kredit von 25.000,00 € auf. Er zahlt diesen Kredit bis zu einem vereinbarten Zeitpunkt an die Bank zurück.
Dienstvertrag	Leistung von Diensten gegen Bezahlung	Durch Abschluss eines Arbeitsvertrags verpflichtet sich ein Arbeitnehmer, für einen Arbeitgeber zu arbeiten. Der Arbeitgeber muss ihm als Gegenleistung Lohn oder Gehalt zahlen.
Werkvertrag	Herstellung eines Werks gegen Bezahlung	Eine Schneiderin näht für eine Kundin ein Kleid. Die Kundin liefert dazu den Stoff.
Reisevertrag	Erbringung von Reiseleistungen gegen Bezahlung	Ein junges Ehepaar bucht bei einem Reiseveranstalter eine vierzehntägige Pauschalreise nach Florida. Die Reiseleistungen, die der Reiseveranstalter erbringen muss, umfassen den Hin- und Rückflug und die Unterbringung in einem Hotel in Florida.

Vertragsfreiheit

Für den Abschluss von Rechtsgeschäften gilt der Grundsatz der Vertragsfreiheit. Die Vertragsfreiheit setzt sich aus drei Merkmalen zusammen:

- **Abschlussfreiheit**
  Jeder Person steht es frei, einen Vertrag abzuschließen. Personen können also nicht gezwungen werden, einen Vertrag abzuschließen. Nur in wenigen Ausnahmefällen gibt es die Pflicht zum Vertragsabschluss. Die Pflicht zum Vertragsabschluss nennt man Kontrahierungszwang. Einem Kontrahierungszwang unterliegen z. B. Stromanbieter.
- **Formfreiheit**
  Für den Abschluss eines Vertrags gibt es normalerweise keine Formvorschrift. Das heißt, Verträge kön-

nen z. B. mündlich, fernmündlich, schriftlich, per Fax, per E-Mail oder im Internet abgeschlossen werden. Nur in wenigen Ausnahmefällen ist eine bestimmte Form des Vertragsabschlusses vorgeschrieben, z. B. bei Darlehensverträgen und Ausbildungsverträgen.

- **Inhaltsfreiheit**
  Die Vertragspartner können die Inhalte eines Vertrags frei festlegen.

Nichtigkeit und Anfechtbarkeit von Willenserklärungen

- **Nichtige Willenserklärungen**
  Nichtige Willenserklärungen sind von Anfang an ungültig. Sie haben keine Rechtsfolgen.

Nichtig sind ...	Beispiel
Willenserklärungen von Geschäftsunfähigen	Ein sechsjähriger Schüler kauft eine Hörspiel-DVD.
Willenserklärungen, die im Zustand der Bewusstlosigkeit abgegeben wurden	Ein Mann kauft im volltrunkenen Zustand eine Schlafzimmereinrichtung.
Willenserklärungen von beschränkt Geschäftsfähigen gegen den Willen des gesetzlichen Vertreters	Ein siebzehnjähriger Auszubildender kauft ohne Zustimmung seines Vaters ein Motorrad.
Willenserklärungen, die gegenüber einer anderen Person mit deren Einverständnis nur zum Schein abgegeben wurden (= Scheingeschäft)	Ein Gast lässt sich in einem Restaurant von einem Kellner eine Quittung über 75,00 € geben, obwohl er nur 50,00 € bezahlt. Er will die Quittung als Beleg für Geschäftskosten verwenden, um damit Steuern zu sparen.
nicht ernst gemeinte Willenserklärungen (= Scherzgeschäfte)	Jemand sagt im Scherz: „Du kannst mein Haus geschenkt haben!“
Rechtsgeschäfte, die nicht in der vorgeschriebenen Form abgeschlossen wurden	Ein Vertrag über einen Hauskauf wurde nur mündlich abgeschlossen.
Rechtsgeschäfte, die gegen ein gesetzliches Verbot verstoßen	Ein Verkäufer verkauft Alkohol an Kinder.
Rechtsgeschäfte, die gegen die guten Sitten verstoßen	Ein Glasermeister nimmt nach einer Sturmkatastrophe überhöhte Preise für seine Glasscheiben (= Wucher).

- **Anfechtbare Willenserklärungen**
  Anfechtbare Willenserklärungen können im Nachhinein durch Anfechtung ungültig werden. Bis zur Anfechtung sind sie gültig.

Anfechtungsgrund	Beispiel
Irrtum in der Erklärung Die Äußerung einer Person entspricht nicht dem, was sie sagen wollte.	Ein Einzelhändler bestellt irrtümlich 53 Mäntel anstatt 35 Mäntel.
Irrtum über die Eigenschaft einer Person oder Sache	Ein Einzelhändler stellt einen Buchhalter ein und erfährt nachträglich, dass dieser wegen Urkundenfälschung vorbestraft ist.
Irrtum in der Übermittlung Die Willenserklärung wurde von der mit der Übermittlung beauftragten Person oder Organisation (z. B. der Post) falsch weitergegeben.	Ein Einzelhändler bittet einen Angestellten, bei einem Großhändler telefonisch 100 A4-Blöcke, rautiert, zu bestellen. Der Angestellte bestellt irrtümlich karierte Blöcke.
Widerrechtliche Drohung Eine Person wird durch eine Drohung zur Abgabe einer Willenserklärung gezwungen.	Ein Zeitschriftenwerber bedroht eine alte Frau, damit sie ein Zeitschriftenabonnement bestellt.
Arglistige Täuschung Eine Person wird durch arglistige Täuschung zur Abgabe einer Willenserklärung veranlasst.	Ein Kunde kauft einen gebrauchten Pkw. Nach Angaben des Verkäufers ist er unfallfrei. Nachträglich stellt sich heraus, dass der Pkw einen Unfallschaden hatte.

Die **Anfechtung wegen Irrtums** muss unverzüglich nach Entdecken des Irrtums erfolgen. Der Anfechtende muss Schadenersatz leisten, wenn durch die Anfechtung ein Schaden entsteht.

Bei **widerrechtlicher Drohung** muss die Anfechtung innerhalb eines Jahres, nachdem die Drohung nicht mehr besteht, erfolgen.

Bei **arglistiger Täuschung** muss die Anfechtung innerhalb eines Jahres, nachdem die Täuschung entdeckt wurde, erfolgen. Bei der Anfechtung wegen arglistiger Täuschung hat der Anfechtende Schadenersatzanspruch.

 128 035

AUFGABEN

1. In welcher Form können Willenserklärungen abgegeben werden?
2. Was ist der Unterschied zwischen einseitigen und zweiseitigen Rechtsgeschäften?
3. Wodurch kommen zweiseitige Rechtsgeschäfte zustande?
4. Was bedeutet der Grundsatz der Vertragsfreiheit für den Abschluss von Rechtsgeschäften?
5. In welchen der folgenden Fälle ist ein Vertrag zustande gekommen? Begründen Sie Ihre Antwort.
   a) Ein Reisebüromitarbeiter macht einem Kunden ein Reiseangebot. Der Kunde bucht die Reise zu den angebotenen Bedingungen.
   b) Ein Käufer bestellt eine Ware per E-Mail, ohne ein Angebot erhalten zu haben. Der Verkäufer liefert die Ware.
   c) Die Tom Hoss KG beauftragt ein Teppichreinigungsunternehmen mit der Reinigung der Teppichböden in ihrer Filiale im SüdWestZentrum. Das Teppichreinigungsunternehmen schickt eine Auftragsbestätigung.
   d) Jakub Nowak bestellt eine Pizza Salami. Der Pizzabote liefert sofort eine Pizza Prosciutto.
6. Um welche Vertragsarten handelt es sich jeweils in den folgenden Fällen?
   a) Ein Autofahrer lässt in einer Kfz-Werkstatt einen Kotflügel seines Wagens ausbeulen.
   b) Ein Bankkunde leiht bei seiner Bank Geld, das er mit Zinsen zurückzahlen muss.
   c) Ein Verkäufer arbeitet in der Filiale der LEMI AG für ein Monatsgehalt von 1.200,00 €.

d) Ein Tischler fertigt für einen Kunden einen Einbauschrank an. Das Holz für den Schrank besorgt er selbst.

7. Wodurch unterscheiden sich Mietvertrag und Pachtvertrag?

8. Nennen Sie Gründe für die Nichtigkeit von Willenserklärungen.

9. Nennen Sie Gründe für die Anfechtung von Willenserklärungen.

10. Welche Auswirkung hat die Nichtigkeit einer Willenserklärung für die Gültigkeit eines Rechtsgeschäfts?

11. Welche Auswirkungen hat die Anfechtbarkeit einer Willenserklärung für die Gültigkeit eines Rechtsgeschäfts?

12. Beurteilen Sie folgende Fälle:

a) Eine Ware, die 198,00 € kostet, wird irrtümlich mit 189,00 € angeboten.

b) Ein Kunsthändler verkauft die Kopie eines Bildes als Original.

c) Der sechzehnjährige Frank Schrader kommt stolz mit einem Motorrad nach Hause. Er hat es für 1.250,00 € gekauft. Den Kaufpreis will er in zehn Raten abbezahlen. Sein Vater ist nicht so begeistert und verlangt, dass er das Motorrad zurückbringt.

d) Ein Druckereibesitzer schließt den Kauf über ein Grundstück mündlich ab.

e) Ein Einzelhändler verrechnet sich bei der Ermittlung des Verkaufspreises für eine Ware. Irrtümlich berechnet er 28,50 € anstatt 32,60 €.

f) Der Kaufpreis eines Hauses war doppelt so hoch wie der durch ein späteres Gutachten ermittelte Wert.

ZUSAMMENFASSUNG

Rechtsgeschäfte sind

nichtig = von Anfang an ungültig

bei

- Willenserklärungen von Geschäftsunfähigen
- Willenserklärungen von beschränkt Geschäftsfähigen gegen den Willen des gesetzlichen Vertreters
- Willenserklärungen, die im Zustand der Bewusstlosigkeit oder vorübergehender Geistesstörung abgegeben wurden
- Scherzgeschäft
- Scheingeschäft
- sittenwidrigem Rechtsgeschäft
- Fehlen der vorgeschriebenen Form
- Verstoß gegen ein gesetzliches Verbot

anfechtbar = bis zur Anfechtung gültig

wegen

- Irrtums
  - in der Erklärung
  - in der Eigenschaft einer Person oder Sache
  - in der Übermittlung
- widerrechtlicher Drohung

- arglistiger Täuschung

Schadenersatzanspruch! (nur für den Anfechtenden)

4.3 ABSCHLUSS UND ERFÜLLUNG VON KAUFVERTRÄGEN

Jakub Nowak bietet einem Kunden eine Herrenjeans zum Preis von 89,00 € an. Dem Kunden gefällt die Hose sehr gut. Er entscheidet sich, die angebotene Jeanshose zu kaufen. Jakub Nowak begleitet den Kunden zur Kasse. Dort kassiert er den Verkaufspreis. Er verpackt die Hose und übergibt sie dem Kunden. Anschließend bedankt er sich bei dem Kunden für den Einkauf und verabschiedet ihn.

1. *Beschreiben Sie, durch welche Erklärungen der Vertrag über den Kauf der Herrenjeans zustande gekommen ist.*
2. *Erläutern Sie die Pflichten, die von dem Verkäufer und dem Käufer der Herrenjeans nach Abschluss des Kaufvertrages erfüllt worden sind.*

INFORMATION

Abschluss des Kaufvertrags

Der Antrag auf Abschluss eines Kaufvertrags kann vom Verkäufer oder vom Käufer einer Sache oder eines Rechts ausgehen.

- **Der Kaufvertrag geht vom Verkäufer aus**
  Der Verkäufer macht einen Antrag auf Abschluss eines Kaufvertrages, indem der dem Käufer ein Angebot unterbreitet. Der Käufer nimmt das Angebot durch eine Bestellung an. Ein Kaufvertrag kommt zustande, wenn die Bestellung mit dem Angebot übereinstimmt.

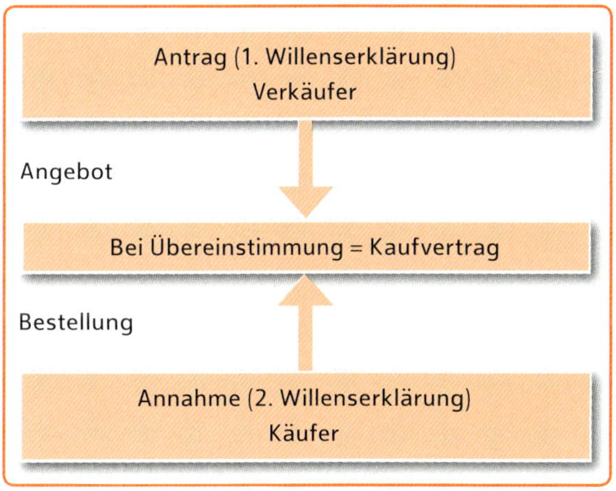

- **Der Kaufvertrag geht vom Kunden aus**
  Der Antrag auf Abschluss eines Kaufvertrags geht vom Käufer aus, wenn der Käufer bestellt, ohne dass er ein Angebot erhalten hat. Der Verkäufer nimmt diesen Antrag durch die sofortige Lieferung oder einer Bestellungsannahme (= Auftragsbestätigung) an.

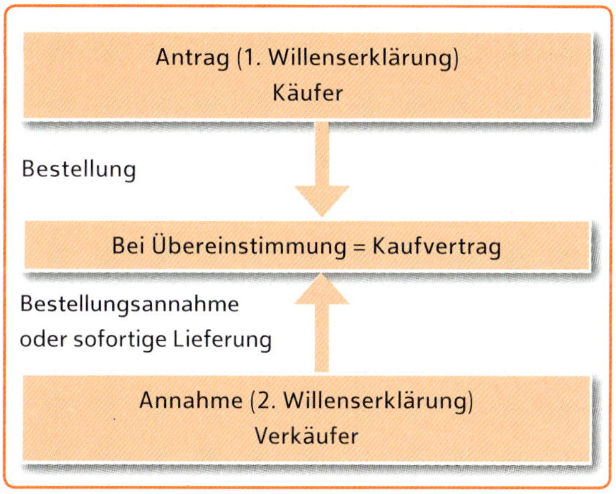

Erfüllung des Kaufvertrags

Mit dem Abschluss des Kaufvertrags übernehmen die Vertragspartner folgende Pflichten:

- Der Verkäufer muss
  - die mangelfreie Ware am richtigen Ort, zur richtigen Zeit übergeben,
  - dem Käufer das Eigentum an der Ware verschaffen.
- Der Käufer muss
  - die ordnungsgemäß gelieferte Ware annehmen,
  - die ordnungsgemäß gelieferte Ware fristgerecht bezahlen.

Der Kaufvertrag ist erfüllt, wenn beide Vertragspartner ihre Pflichten erfüllt haben.

Eigentum und Besitz

Durch die Einigung zwischen Verkäufer und Käufer und die Übergabe der Ware wird der Käufer Eigentümer der Ware.

Eigentümer einer Sache ist derjenige, dem eine Sache gehört. Er hat die rechtliche Verfügungsgewalt über die Sache.

Besitzer einer Sache ist derjenige, der eine Sache hat. Er hat die tatsächliche Verfügungsgewalt über die Sache.

Häufig sind Besitzer und Eigentümer einer Sache dieselbe Person.

BEISPIEL

Jemand liest ein Buch, das er in einer Buchhandlung gekauft hat. Der Besitzer des Buchs ist hier Eigentümer des Buchs. Es gehört ihm, weil er es rechtmäßig erworben hat.

Nur der Eigentümer einer Sache darf diese Sache verkaufen, weiterverarbeiten, vermieten, verleihen, verändern, verschenken und auch vernichten.

Eigentumsvorbehalt

Durch die ordnungsgemäße Übergabe einer Ware wird der Käufer Eigentümer dieser Ware, auch wenn er den Kaufpreis noch nicht bezahlt hat. Als Eigentümer kann er über diese Ware frei verfügen. Er kann sie z. B. weiterverkaufen, verschenken oder weiterverarbeiten. Darum kann der Verkäufer häufig nicht die Rückgabe der Ware verlangen, wenn der Käufer den Kaufpreis der Ware nicht oder nicht fristgerecht zahlt. Dieses Risiko kann der Verkäufer durch die Vereinbarung eines Eigentumsvorbehalts verringern.

Beim Eigentumsvorbehalt unterscheidet man:

- einfacher Eigentumsvorbehalt
- verlängerter Eigentumsvorbehalt
- erweiterter Eigentumsvorbehalt

Einfacher Eigentumsvorbehalt

Beim einfachen Eigentumsvorbehalt wird vertraglich vereinbart, dass die Ware so lange das Eigentum des Verkäufers bleibt, bis der Käufer den Kaufpreis vollständig bezahlt hat.

Dieser einfache Eigentumsvorbehalt erlischt jedoch, wenn

- die gelieferte Ware weiterverarbeitet wurde,
- mit einem Gebäude oder Grundstück fest verbunden wurde,
- weiterverkauft wurde.

Damit bietet der einfache Eigentumsvorbehalt nur einen unzureichenden Schutz vor Zahlungsausfällen.

Verlängerter Eigentumsvorbehalt

Beim verlängerten Eigentumsvorbehalt erlischt der Eigentumsvorbehalt nicht, wenn der Käufer die Ware weiterverkauft. Beim Weiterverkauf wird die entstehende Forderung an den ursprünglichen Verkäufer übertragen.

BEISPIEL

Der Hemdenhersteller Spengler & Sohn verkauft 500 Herrenhemden an die Hoffmann KG auf Ziel. Verkauf auf Ziel bedeutet, dass der Kunde Hoffmann KG die Ware erst später bezahlen muss. Der Hemdenhersteller Spengler & Sohn liefert die Hemden unverzüglich unter verlängertem Eigentumsvorbehalt.

Bevor sie die Hemden bezahlt hat, verkauft die Hoffmann KG 300 dieser Hemden ebenfalls auf Ziel an die Tom Hoss KG. Da der Hoffmann KG die Hemden von Spengler & Sohn unter verlängertem Eigentumsvorbehalt geliefert wurden, wird die Forderung der Hoffmann KG an die Tom Hoss KG an den ursprünglichen Verkäufer Spengler & Sohn übertragen.

Erweiterter Eigentumsvorbehalt

Beim erweiterten Eigentumsvorbehalt erstreckt sich der Eigentumsvorbehalt nicht nur auf das Eigentum an der Ware, die noch nicht bezahlt wurde, sondern auf alle von dem Verkäufer an den Käufer gelieferten Waren. Beim erweiterten Eigentumsvorbehalt bleiben alle vom Verkäufer an den Käufer gelieferten Waren so lange Eigentum des Verkäufers, bis alle gelieferten Waren vollständig bezahlt wurden.

Erfüllungsort

DEFINITION

Der **Erfüllungsort** ist der Ort, an dem der Schuldner seine Leistung zu erbringen hat.

Gesetzliche Regelung

Wenn zwischen Käufer und Verkäufer keine vertragliche Regelung getroffen wurde, ist der Erfüllungsort der Wohn- oder Geschäftssitz des Schuldners (= gesetzlicher Erfüllungsort).

Da durch den Abschluss eines Kaufvertrags sowohl der Verkäufer als auch der Käufer Leistungsverpflichtungen übernommen haben, gibt es auch zwei Erfüllungsorte:

- Der Verkäufer schuldet dem Käufer die ordnungsgemäße Lieferung der Ware (= **Warenschulden**). Deshalb ist der Erfüllungsort für die Warenlieferung der Wohn- oder Geschäftssitz des Verkäufers.

- Der Käufer schuldet dem Verkäufer die fristgerechte Zahlung des Kaufpreises (= **Geldschulden**). Deshalb ist der Erfüllungsort für die Zahlung der Wohn- oder Geschäftssitz des Käufers.

Bedeutung des gesetzlichen Erfüllungsorts für die Warenschulden

Der Verkäufer muss die Ware fristgerecht an seinem Geschäfts- oder Wohnsitz übergeben oder zur Abholung bereitstellen (Warenschulden sind Holschulden):

- Beim **Handkauf** muss er dem Käufer die Ware in seinem Geschäft übergeben.
- Beim **Platzkauf** muss er dem Käufer die Ware zum vereinbarten Zeitpunkt in dessen Geschäft oder Wohnung übergeben.
- Beim **Versendungskauf** muss er die Ware zum vereinbarten Zeitpunkt an den mit dem Warentransport beauftragten Frachtführer übergeben. Frachtführer sind Unternehmen, die den Transport von Waren durchführen.

Am Erfüllungsort geht die Haftung für die Beschädigung und den Verlust der Ware vom Verkäufer auf den Käufer über. Dies geschieht

- beim Handkauf und Platzkauf durch die Übergabe der Ware an den Käufer und
- beim Versendungskauf durch die Übergabe an den Frachtführer.

Der Erfüllungsort regelt auch die Übernahme der Versandkosten. Der Käufer muss bei einem Versendungskauf die Transportkosten ab Versandstation am Geschäfts- oder Wohnsitz des Verkäufers bis zu seinem Geschäfts- oder Wohnsitz bezahlen, wenn vertraglich nichts anderes vereinbart wurde.

Bedeutung des gesetzlichen Erfüllungsorts für die Geldschulden

Der Käufer muss die Ware zum vereinbarten Zeitpunkt an seinem Geschäfts- oder Wohnsitz bezahlen oder auf das Konto des Verkäufers überweisen (Geldschulden sind Bring- oder Schickschulden). Die Überweisungskosten trägt der Käufer.

Anders als bei den Warenschulden geht die Haftung für den Verlust des Geldbetrags aber nicht schon am Erfüllungsort (Geschäfts- oder Wohnsitz des Käufers), sondern erst am Geschäfts- oder Wohnsitz des Verkäufers auf den Verkäufer über. Der Geldversand erfolgt also auf Risiko des Käufers.

Vertragliche Regelung

Verkäufer und Käufer können Abweichungen von der gesetzlichen Regelung vertraglich vereinbaren. Man spricht dann von einem vertraglichen Erfüllungsort.

BEISPIEL

Erfüllungsort für beide Teile ist der Geschäftssitz des Verkäufers.

Gerichtsstand

DEFINITION

Der **Gerichtsstand** ist der Ort, an dem die Vertragsparteien klagen oder verklagt werden können.

Gesetzliche Regelung

Der gesetzliche Erfüllungsort bestimmt den Gerichtsstand, wenn vertraglich nichts anderes vereinbart wurde.

Für Warenschulden ist der Gerichtsstand somit der Geschäfts- oder Wohnsitz des Verkäufers. Für Geldschulden ist der Gerichtsstand der Geschäfts- oder Wohnsitz des Käufers.

Vertragliche Regelung

Zwischen Kaufleuten kann der Gerichtsstand abweichend von der gesetzlichen Regelung vertraglich vereinbart werden. Bei Verträgen mit Verbrauchern ist eine vertragliche Vereinbarung, die von der gesetzlichen Regelung abweicht, nicht erlaubt.

AUFGABEN

1. Wie kommt in folgenden Fällen der Kaufvertrag zustande?

a) Der Einzelhändler Reimann bestellt bei der Tom Hoss KG 100 T-Shirts zum Preis von 3,00 € je Stück, ohne dass ihm ein Angebot vorliegt. Die Tom Hoss KG nimmt die Bestellung an und liefert die Ware.

b) Eine Kundin lässt sich in den Geschäftsräumen der Tom Hoss KG Pullover vorlegen. Nach langem Vergleichen entscheidet sie sich für einen Pullover. Sie sagt: „Den nehme ich."

c) Frau Lange bestellt 1 000 Briefumschläge für 1,50 €. Der Lieferant liefert zwei Tage später.

2. In welchen der folgenden Fälle ist ein Kaufvertrag zustande gekommen? Begründen Sie Ihre Antwort.
   a) Der Verkäufer unterbreitet ein Angebot. Der Käufer bestellt zu den Angebotsbedingungen.
   b) Der Käufer bestellt, ohne ein Angebot erhalten zu haben. Der Verkäufer reagiert überhaupt nicht.
   c) Der Verkäufer macht ein Angebot. Der Käufer bestellt mit abgeänderten Bedingungen.
   d) Der Käufer bestellt. Der Verkäufer liefert sofort.
3. Welche Pflichten müssen
   a) der Verkäufer und
   b) der Käufer

   nach Abschluss eines Kaufvertrags erfüllen?
4. Unterscheiden Sie Besitz und Eigentum.
5. In einem Angebot findet sich der Satz „Die Ware bleibt bis zur vollständigen Bezahlung des Kaufpreises unser Eigentum".
   a) Aus welchem Grund hat der Anbieter diese Klausel in sein Angebot aufgenommen?
   b) Wodurch erlischt dieser einfache Eigentumsvorbehalt?
6. Unterscheiden Sie den erweiterten Eigentumsvorbehalt vom verlängerten Eigentumsvorbehalt.
7. Der Inhaber eines Herrenoberbekleidungsgeschäfts in Göttingen bestellt aufgrund eines Angebots der Tom Hoss KG, Berlin, 50 Herrenoberhemden. Die Bestellung trifft am 15.11.20.. bei der Tom Hoss KG ein. Die Lieferung soll gemäß Angebot spätestens 14 Tage nach Eingang der Bestellung erfolgen. Die Ware wird am 29.11.20.. mit einem Paketdienst an das Herrenoberbekleidungsgeschäft versandt und trifft dort erst am 01.12.20.. ein.
   a) Prüfen Sie, ob die Ware rechtzeitig geliefert wurde.
   b) Stellen Sie fest, wer für eine Beschädigung oder den Verlust der Ware auf dem Transport von Berlin nach Göttingen haftet.
   c) Wo befindet sich der Erfüllungsort für die Zahlung, wenn darüber vertraglich nichts vereinbart wurde?
   d) An welchem Ort muss die Tom KG klagen, wenn sie den Kunden wegen nicht rechtzeitiger Zahlung verklagen möchte?

ZUSAMMENFASSUNG

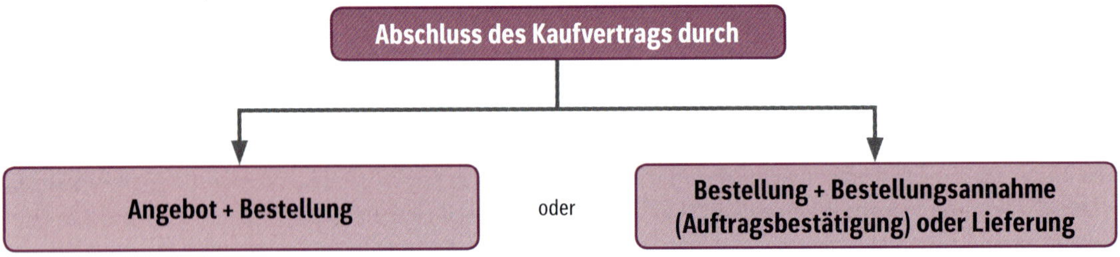

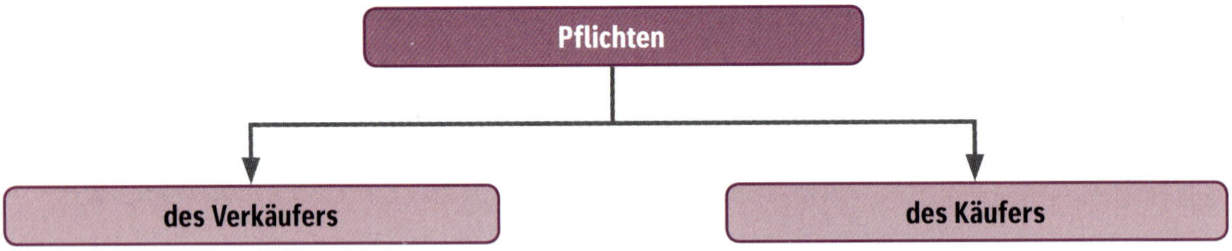

des Verkäufers
- ordnungsgemäße Übergabe der Ware
- Übereignen der Ware an den Käufer

des Käufers
- Annahme der Ware
- fristgerechte Bezahlung

Regelungen zur Vertragserfüllung	gesetzliche Regelung	vertragliche Regelungen
Eigentumsvorbehalt		• einfacher Eigentumsvorbehalt • verlängerter Eigentumsvorbehalt • erweiterter Eigentumsvorbehalt
Erfüllungsort	• für die Ware: Wohn- und Geschäftssitz des Verkäufers • für Geld: Wohn- und Geschäftssitz des Käufers	von der gesetzlichen Regelung abweichende Vereinbarungen möglich
Gerichtsstand	Erfüllungsort bestimmt den Gerichtsstand	von der gesetzlichen Regelung abweichende Vereinbarungen nur zwischen Kaufleuten möglich

4.4 RECHTS- UND GESCHÄFTSFÄHIGKEIT

Die sechzehnjährige Stefanie Beyer ist als Auszubildende zurzeit im Verkauf der Tom Hoss KG beschäftigt. Sie berät eine Kundin in den Verkaufsräumen ihres Ausbildungsbetriebes und verkauft ihr eine Bluse und eine Jeanshose.

Stellen Sie fest, ob Stefanie Beyer dieses Geschäft abschließen durfte.

INFORMATION

Rechtsfähigkeit

DEFINITION

Rechtsfähigkeit ist die Fähigkeit einer Person, Träger von Rechten und Pflichten zu sein.

Eine Person hat z. B. das Recht, ein Geschäft zu erben, oder die Pflicht, die Schule zu besuchen.

Rechtsfähig sind nicht nur Menschen (= natürliche Personen), sondern auch Personenvereinigungen, z. B. Vereine, Aktiengesellschaften, Gesellschaften mit beschränkter Haftung, Genossenschaften. Sie werden als juristische Personen bezeichnet.

Die **Rechtsfähigkeit einer natürlichen Person** beginnt mit Vollendung der Geburt. Sie endet mit dem Tod.

Die **Rechtsfähigkeit einer juristischen Person** beginnt mit ihrer Gründung. Bei einer Aktiengesellschaft ist das die Eintragung der Aktiengesellschaft in das Handelsregister. Die Rechtsfähigkeit einer juristischen Person endet mit der Auflösung. Bei einer Aktiengesellschaft ist das die Löschung der Aktiengesellschaft im Handelsregister.

Geschäftsfähigkeit

DEFINITION

Geschäftsfähigkeit ist die Fähigkeit von Personen, Rechtsgeschäfte rechtswirksam abzuschließen.

Eine geschäftsfähige Person kann z. B. Waren einkaufen oder verkaufen, eine Wohnung mieten oder eine Reise buchen.

Man unterscheidet drei Stufen der Geschäftsfähigkeit:

- Geschäftsunfähigkeit
- beschränkte Geschäftsfähigkeit
- unbeschränkte oder volle Geschäftsfähigkeit

Geschäftsfähigkeit ist die Fähigkeit, rechtsgeschäftliche Willenserklärungen abzugeben und entgegenzunehmen

Volle Geschäftsfähigkeit	Beschränkte Geschäftsfähigkeit	Geschäftsunfähigkeit
Unbeschränkt geschäftsfähig sind alle Personen, die das 18. Lebensjahr vollendet haben, soweit sie nicht zu den Geschäftsunfähigen gehören.	Beschränkt geschäftsfähig sind Minderjährige (Personen vom vollendeten 7. Lebensjahr bis zur Vollendung des 18. Lebensjahres).	Geschäftsunfähig sind Personen bis zur Vollendung des 7. Lebensjahres bzw. dauernd Geisteskranke.

Geschäftsunfähigkeit

Geschäftsunfähig sind:

- Kinder unter sieben Jahren
- dauernd geisteskranke Personen

Die Willenserklärung eines Geschäftsunfähigen ist nichtig, d. h. ungültig. Geschäftsunfähige Personen können also keine Rechtsgeschäfte rechtswirksam abschließen.

Beschränkte Geschäftsfähigkeit

Beschränkt geschäftsfähig sind Personen, die mindestens sieben, aber unter 18 Jahre alt sind. Eine beschränkt geschäftsfähige Person darf Rechtsgeschäfte normalerweise nur mit Zustimmung des gesetzlichen Vertreters (Vater, Mutter, Vormund) abschließen. Rechtsgeschäfte, die sie ohne vorherige Einwilligung des gesetzlichen Vertreters abgeschlossen hat, sind **schwebend unwirksam**. Sie können durch die nachträgliche Genehmigung des gesetzlichen Vertreters wirksam werden.

BEISPIEL

Der 17-jährige Auszubildende Jochen Reinhard kauft ein Notebook, ohne dass er seinen Vater vorher gefragt hat. Der Verkäufer des Notebooks fragt den Vater von Jochen später, ob er mit dem Kauf einverstanden ist. Wenn sich Jochens Vater mit dem Kauf einverstanden erklärt, ist ein Kaufvertrag zustande gekommen. Ist er nicht einverstanden, kommt kein Kaufvertrag zustande.

In Ausnahmefällen darf eine beschränkt geschäftsfähige Person Rechtsgeschäfte auch ohne Zustimmung ihres gesetzlichen Vertreters abschließen.

- Sie darf Willenserklärungen abgeben, die ihr nur rechtliche Vorteile bringen. Sie darf z. B. ein Geschenk annehmen.
- Sie darf Verträge abschließen, die sie mit ihrem Taschengeld erfüllen kann.

BEISPIEL

Die 16-jährige Sabine Beyer kauft von ihrem Taschengeld ein Buch zum Preis von 12,90 €.

- Sie darf Rechtsgeschäfte im Rahmen eines Arbeitsvertrags abschließen, den sie mit Zustimmung ihres gesetzlichen Vertreters eingegangen ist.

BEISPIEL

Ein 17-jähriger Verkäufer darf Ware an Kunden verkaufen, ohne vorher seinen gesetzlichen Vertreter zu fragen. Er darf ohne Zustimmung seines gesetzlichen Vertreters Vereinbarungen über Arbeitszeit, Gehalt, Pausen, Urlaub usw. treffen. Er darf das Arbeitsverhältnis auch ohne Zustimmung des gesetzlichen Vertreters kündigen.

- Wenn es ihr gesetzlicher Vertreter mit Zustimmung des Vormundschaftsgerichts erlaubt hat, einen selbstständigen Geschäftsbetrieb zu führen, darf sie ohne Zustimmung alle Rechtsgeschäfte abschließen, die dieser Betrieb mit sich bringt.

BEISPIEL

Die 16-jährige Carmen Freese führt selbstständig einen Jeansshop. Sie darf ohne Zustimmung ihres gesetzlichen Vertreters Ware einkaufen und verkaufen, Rechnungen bezahlen usw. Will sie jedoch privat von ihrem Geld eine teure Stereoanlage kaufen, muss sie ihren gesetzlichen Vertreter um Erlaubnis bitten.

Unbeschränkte Geschäftsfähigkeit

Unbeschränkt geschäftsfähig sind natürliche Personen, die das 18. Lebensjahr vollendet haben. Willenserklärungen unbeschränkt geschäftsfähiger Personen sind voll rechtswirksam.

Kann ein Volljähriger seine Angelegenheiten aufgrund einer psychischen Krankheit oder einer körperlichen, geistigen oder seelischen Behinderung ganz oder teilweise nicht erledigen, so bestellt das Vormundschaftsgericht für ihn einen Betreuer. Der Betreuer vertritt ihn gerichtlich und außergerichtlich.

AUFGABEN

1. Unterscheiden Sie Rechtsfähigkeit und Geschäftsfähigkeit.
2. Wann beginnt die Rechtsfähigkeit natürlicher Personen und wann endet sie?
3. Wann beginnt die Rechtsfähigkeit juristischer Personen und wann endet sie?
4. Der 17 Jahre alte Hans Vollmer erhält von seinem Vater 500,00 € für ein Notebook. Der Händler besteht darauf, dass der Vater ihm gegenüber erklärt, dass er mit dem Kauf einverstanden ist. Warum verlangt der Händler diese Einverständniserklärung?
5. Die vierzehnjährige Sandra und der fünfzehnjährige Thomas kaufen von ihrem Taschengeld ein gebrauchtes Tablet für 20,00 €. Ihr Vater will den Kaufvertrag rückgängig machen. Der Händler weigert sich. Wer hat recht? Begründen Sie Ihre Meinung.
6. Der neun Jahre alte Jürgen bekommt von seiner Tante einen MP3-Player geschenkt. Seine Eltern verbieten ihm die Annahme des Geschenks. Sind sie dazu berechtigt? Begründen Sie Ihre Meinung.
7. Die siebzehnjährige Anja Schneider schließt mit Einwilligung ihrer Eltern ein Ausbildungsverhältnis zur Kauffrau im Einzelhandel in einem Elektromarkt ab. Welches der folgenden Rechtsgeschäfte darf sie nur mit Zustimmung ihrer Eltern abschließen? Begründen Sie Ihre Meinung.
   a) In ihrem Ausbildungsbetrieb verkauft sie eine Geschirrspülmaschine an einen Kunden.
   b) Am Wochenende verkauft sie ihre Waschmaschine an eine Freundin.
8. Britta Körber arbeitet in der Abteilung „Unterhaltungselektronik“ eines Warenhauses. Heute kommen unter anderem folgende Kunden zu ihr:
   - Ein 17-jähriger Schüler: Er möchte einen Laserdrucker zum Preis von 234,00 € kaufen.
   - Ein 6-jähriges Mädchen: Es möchte eine CD zum Preis von 7,00 € als Geburtstagsgeschenk für seine Mutter kaufen.

- Ein 12-jähriger Junge: Er möchte einen USB-Stick im Wert von 5,60 € kaufen.
- Ein ca. 30 Jahre alter Mann: Er möchte ein Fernsehgerät zum Preis von 560,00 € kaufen.

Wie sollte sich Britta Körber gegenüber den einzelnen Kunden verhalten?

9. Der 17 Jahre alte Frank Förster führt mit Genehmigung des Vormundschaftsgerichts den Betrieb seines verstorbenen Vaters. Welche der folgenden Rechtsgeschäfte darf er ohne Zustimmung seines gesetzlichen Vertreters abschließen? Begründen Sie Ihre Meinung.
   a) Einkauf neuer Verkaufsregale für den Betrieb
   b) Kauf eines Ferienhauses in Griechenland
   c) Kauf eines Taschenrechners im Wert von 15,00 €
   d) Einstellen eines neuen Mitarbeiters

ZUSAMMENFASSUNG

Rechtsfähigkeit

= Fähigkeit einer Person, Träger von Rechten und Pflichten zu sein

natürlicher Personen

- beginnt mit der Vollendung der Geburt
- endet mit dem Tod

juristischer Personen

- beginnt mit der Gründung
- endet mit ihrer Auflösung
- handelt durch ihre Organe (AG = Vorstand; GmbH = Geschäftsführer)

Geschäftsfähigkeit

= **Fähigkeit einer Person, Rechtsgeschäfte rechtswirksam abzuschließen**

Geschäftsunfähigkeit

Willenserklärungen von
- Kindern unter sieben Jahren und
- dauernd geisteskranken Personen

sind nichtig.

beschränkte Geschäftsfähigkeit

Willenserklärungen von Personen, die mindestens sieben Jahre, aber unter 18 Jahre alt sind, sind bis auf bestimmte Ausnahmen **schwebend unwirksam.**

unbeschränkte Geschäftsfähigkeit

Personen, die das 18. Lebensjahr vollendet haben, können **uneingeschränkt** Rechtsgeschäfte abschließen.

5.1 BESCHAFFUNGSPLANUNG

Die kaufmännische Angestellte Martina Hansen soll die Einkaufsabteilung der Müller Feinkost GmbH übernehmen. Ihr Chef macht ihr die Bedeutung dieser Abteilung klar:

„... Schon immer war im Handel bekannt: In der richtigen Planung des Einkaufs liegt der halbe Gewinn."

Welche Fragen muss Martina Hansen unbedingt vor dem Wareneinkauf klären?

INFORMATION

Im Rahmen der Beschaffungsplanung geht es für den **Handelsbetrieb** darum, die richtige Ware in der geforderten Menge und Qualität zum richtigen Zeitpunkt und zum günstigsten Preis beim richtigen Lieferanten einzukaufen. In diesem Zusammenhang sind zwei Arten von Informationen für Einkaufsentscheidungen von Bedeutung:

- Bedarfsinformationen, aus denen Menge, Art und Zeit des Einkaufs ermittelt werden können,
- Informationen, die die Auswahl des günstigsten Lieferanten ermöglichen.

Die Bedarfsermittlung

Die Feststellung des Bedarfs ist die erste Voraussetzung für einen rationellen Einkauf. Der Bedarf eines Handelsbetriebes ist die Warenmenge, die in angemessener Zeit durch den Handelsbetrieb voraussichtlich verkauft werden kann. Auch heute geschieht die Bedarfsfeststellung noch oft mit dem berühmten „Fingerspitzengefühl". Dieses kann richtig sein, erweist sich jedoch häufig auch als völlig irreführend. Daher werden in vielen Betrieben sorgfältig Ein- und Verkaufsstatistiken geführt, aus denen der Einkäufer beachtliche Schlüsse hinsichtlich der Entwicklung des Bedarfs ziehen kann.

Die Sortimentsplanung

Zunächst einmal muss der Einkäufer festlegen, welche Waren überhaupt geführt werden sollen. Er wird versuchen, solche Artikel im Rahmen seines Verkaufsprogramms zusammenzustellen, die der Kunde erwartet. Dadurch kommt es zur Sortimentsbildung.

DEFINITION

Das **Sortiment** ist die Summe der Waren, die ein Unternehmen seinen Kunden anbietet.

Bei der Überlegung, was eingekauft werden soll, werden also Artikel nach Art und Qualität ausgesucht. Dabei müssen die Erfahrungen der Vergangenheit beachtet werden. Kundenwünsche oder Verkaufserfolge eines Mitbewerbers mit einem bestimmten Artikel können dazu führen, dass der Betrieb ein neues Produkt in sein Sortiment aufnehmen möchte. Aber auch Zukunftserwartungen müssen berücksichtigt werden. Hilfen hierzu bieten z. B. Marktuntersuchungen und Berichte von Reisenden und Vertretern.

Schon beim Einkauf der Waren sollte man an den Absatz denken. Obwohl er zeitlich der Beschaffung der Waren folgt, ist er als Endziel das bestimmende Element. Es dürfen nur solche Waren eingekauft werden, die sich auch absetzen lassen.

Die Mengenplanung

Bei der Mengenplanung geht es um die Frage, wie viel eingekauft werden soll. Die exakte Abschätzung des Bedarfsumfangs ist schwierig. Ziel der Mengenplanung ist die Ermittlung der kostengünstigsten Bestellmenge (optimale Bestellmenge). Der Einkäufer steht bei der Feststellung von Beschaffungsmengen vor zwei grundsätzlichen Möglichkeiten:

- Er beschafft große Mengen in großen Zeitabständen.
- Er beschafft kleine Mengen in kleinen Zeitabständen.

Zwischen diesen beiden extremen Wahlmöglichkeiten hat der Einkäufer eine Fülle von weiteren Möglichkeiten. Zur Bestimmung der optimalen Bestellmenge muss er die Auswirkungen der verschiedenen möglichen Beschaffungsmengen auf die Höhe der Kosten untersuchen. Dabei sind zwei Kostenarten zu unterscheiden:

- **Beschaffungskosten:** Diese fallen z. B. für das Einholen des Angebots, das Schreiben der Bestellung oder die Wareneingangs- und Rechnungsprüfung an. Mit zunehmender Bestellmenge werden die Beschaffungskosten je Wareneinheit geringer. Wird nur einmal innerhalb eines bestimmten Zeitraums bestellt,

BEISPIEL

In einem Handelsbetrieb betragen die Beschaffungskosten 35,00 € je Bestellung, unabhängig davon, wie viel bestellt wird. An Lagerkosten fallen 0,25 € je Stück an: Es sollen innerhalb eines bestimmten Zeitraums 1 000 Stück eines Artikels bestellt werden.

Anzahl der Bestellungen	Bestellmenge	Lagerhaltungskosten in €	Bestellkosten in €	Gesamtkosten in €
1	1 000	250,00	35,00	285,00
2	500	125,00	70,00	195,00
3	333	83,25	105,00	188,25
4	250	62,50	140,00	202,50
5	200	50,00	175,00	225,00

Die optimale Bestellmenge liegt bei 333 Stück. Dort entstehen Kosten von 188,25 €.

muss beispielsweise auch nur einmal eine Bestellung geschrieben werden. Bei großen Bestellungen können außerdem mögliche Mengenrabatte in Anspruch genommen werden.

- **Lagerkosten:** Diese nehmen bei einer Erhöhung der Beschaffungsmenge zu. Je mehr Ware bestellt und auf Lager genommen wird, desto mehr fallen z. B. Personalkosten für im Lager beschäftigte Personen an (vgl. Kapitel 6.3).

Die Kosten verlaufen also bei unterschiedlichen Beschaffungsmengen entgegengesetzt. Die Aufgabe der Mengenplanung besteht nun darin, die Beschaffungsmenge zu bestimmen, für die die Summe aus Beschaffungs- und Lagerhaltungskosten möglichst gering ist. Bei der optimalen Bestellmenge gleichen sich sinkende Bestellkosten und steigende Lagerhaltungskosten aus.

Die Höhe der Bestellmenge ist jedoch noch von weiteren Rahmenbedingungen abhängig:

- **Wirtschaftliche Lage:** Ist aufgrund konjunktureller Entwicklungen eine Verknappung von Artikeln zu erwarten, dann sollte sich der Einkäufer mit größeren Mengen zu einem noch niedrigeren Preis eindecken.
- **Preis:** Auf Märkten, die großen Preisschwankungen unterliegen, sollten bei niedrigen Preisen größere Mengen eingekauft werden.
- **Umsatz:** Bei der Festlegung der Bestellmenge ist auch vom zu erwartenden Absatz auszugehen.

Die Zeitplanung

Hat man die Bestellmenge annähernd ermittelt, so tritt für den Einkäufer das nächste Problem auf: **Wann soll eingekauft werden?** Bei der Zeitplanung geht es um den richtigen Zeitpunkt der Bestellung. Der Betrieb muss seine Waren so rechtzeitig einkaufen, dass sie zum Verkaufstermin vorhanden sind. Bei Nachbestellungen muss beachtet werden, dass die Ware im Verkauf nicht ausgeht. Um dies zu erreichen, wird häufig das Meldebestandsverfahren (**Bestellpunktverfahren**) angewandt.

Der Zeitpunkt für eine Bestellung hängt weiterhin ab von

- der Beschaffungsdauer: Ist die Ware einen Tag später da, kann man jederzeit nachbestellen.
- der Lagerfähigkeit der Waren: Artikel, die nicht lange gelagert werden können, müssen häufig bestellt werden.
- der Preisentwicklung auf dem Markt.
- der Umsatzgeschwindigkeit.

Die Bezugsquellenermittlung

Der Auswahl der Lieferanten muss besondere Aufmerksamkeit geschenkt werden. Von ihr hängt nämlich ganz entscheidend die Kostensituation des Unternehmens ab. Grundsätzlich sollte der Einkäufer dort einkaufen, wo es am günstigsten ist.

Die Auswahl von Erstlieferanten

Können bei Lieferanten, mit denen bereits Geschäftsverbindungen bestehen, bestimmte Artikel nicht bezogen werden, muss sich der Einkäufer nach neuen Lieferanten umsehen.

Hilfen beim Aufsuchen günstiger Bezugsquellen sind:

- Kataloge, Prospekte, Preislisten: Sie gehören zum grundlegenden Handwerkszeug des Einkäufers.
- Fachzeitschriften: Hier finden sich oft Hinweise auf neue Entwicklungen und Produkte.

- Adressenverzeichnisse wie: „ABC der deutschen Wirtschaft“, „Wer liefert was?“, „Branchenverzeichnis des Telefonbuchs (gelbe Seiten)“.
- Der Besuch von Messen und Ausstellungen: In diesem Zusammenhang bieten gerade Kataloge von Fachmessen eine fast lückenlose Übersicht.
- Unterlagen von Vertreterbesuchen.
- Recherchen im Internet.

Die Lieferantenauswahl

Obwohl sich der Einkäufer immer über neue Liefermöglichkeiten informieren sollte, wird er oft auf bereits bestehende Geschäftsverbindungen zurückgreifen. Dazu wertet er die eigenen Einkaufsunterlagen der Vergangenheit aus. Häufig wird eine **Bezugsquellendatei** geführt, die einen schnellen Überblick über die einmal ermittelten Bezugsquellen gibt. Sie kann als Waren- oder Lieferantenkartei geführt werden.

- Die **Lieferantendatei** ist nach Lieferanten geordnet und enthält Informationen über deren lieferbare Waren.
- Die **Warendatei** ist nach Waren geordnet und enthält Angaben über die betreffenden Lieferfirmen.

Kann der Einkäufer einen gewünschten Artikel von mehreren Lieferanten beziehen, muss er diese beurteilen bzw. bewerten. Dazu werden mehrere Beurteilungspunkte herangezogen:

- **Einhaltung der Qualität:** Die Lieferung einwandfreier Qualität ist eine der wesentlichen Voraussetzungen für die Wahl eines Lieferanten. Würde der Betrieb mangelhafte Ware verkaufen, könnte der Ruf des Unternehmens beeinträchtigt werden. Dadurch gehen Kunden verloren.
- **Einhaltung der Liefertermine:** Hält der Lieferant die vereinbarten Liefertermine nicht ein, kann es zu Absatzstockungen kommen. Diese verursachen beträchtliche Kosten.
- **Einhaltung der Menge:** Wenn ständig statt der vereinbarten Gesamtmenge Teilmengen angeliefert werden, verursacht dies im einkaufenden Unternehmen hohe Kosten.
- **Preis:** Bei der Auswahl von Lieferanten spielt der Preis eine ausschlaggebende Rolle. Bevor jedoch ein Preisvergleich angestellt werden kann, müssen die vorgenannten Beurteilungsmerkmale überprüft werden. Abweichungen in der Qualität, der Menge und dem Liefertermin machen den Bezug selbst bei günstigem Preis unmöglich, wenn beispielsweise der gewünschte Liefertermin nicht eingehalten werden kann.
- **Konditionen:** Beim Preisvergleich sind selbstverständlich die Liefer- und Zahlungsbedingungen zu berücksichtigen.
- **Geografische Lage:** Sie muss insbesondere bei Artikeln beachtet werden, bei denen der Frachtkostenanteil erheblich ist.

AUFGABEN

1. Welches Ziel haben die Beschaffungstätigkeiten in einem Unternehmen?
2. Welche Maßnahmen müssen bei der Einkaufsvorbereitung getroffen werden?
3. Wie wirkt sich eine Erhöhung der Bestellmenge auf die Beschaffungs- oder Lagerkosten aus?
4. 400 Stück eines Artikels sollen bestellt werden. Die Lagerhaltungskosten betragen pro Stück 0,75 €, die Beschaffungskosten pro Bestellung 40,00 €. Ermitteln Sie die optimale Bestellmenge.
5. Welche Informationen enthält eine Bezugsquellendatei?
6. Entwerfen Sie jeweils ein Muster eines Lieferanten- oder Warendateiauszugs für einen typischen Artikel bzw. Lieferanten.
7. Wo findet man Hinweise auf Lieferanten, die die benötigten Artikel anbieten können?
8. Nach welchen Merkmalen würden Sie einen Lieferanten beurteilen?

ZUSAMMENFASSUNG

Beschaffungsplanung

- **Sortimentsplanung**: Was soll eingekauft werden?
- **Mengenplanung**: Wie viel soll eingekauft werden?
- **Zeitplanung**: Wann soll eingekauft werden?
- **Bezugsquellenermittlung**: Wo soll eingekauft werden?

5.2 DIE ANFRAGE

Jakub Nowak, der gerade in der Abteilung Beschaffung tätig ist, wird zu Herrn Deimann gerufen.

Jakub Nowak:
„Guten Morgen, Herr Deimann. Frau Behrend sagte mir, dass Sie mich sprechen wollen."

Herr Deimann:
„Guten Morgen, Jakub. Ja, das ist richtig. Sie haben sicherlich von unserem Stammlieferer Albert & Bayer GmbH gehört. Aufgrund eines Großbrands im Betrieb kann das Unternehmen nicht mehr fristgerecht die bestellten 100 Herrenfreizeithemden mit ½-Arm liefern."

Jakub Nowak:
„Können wir die nicht woanders bestellen?"

Herr Deimann:
„Das müssen wir, weil ein Großkunde in zwei Wochen beliefert werden muss. Die Albert & Bayer GmbH kann erst in einigen Monaten wieder liefern."

Jakub Nowak:
„Na, dann mache ich mich gleich an die Arbeit und suche neue Lieferer in Branchenverzeichnissen und dem Internet."

Herr Deimann:
„Sie sind ja sehr motiviert. Das hat Frau Behrend aber bereits erledigt. Die Leinenmeister GmbH und die Spengler & Sohn GmbH sind mögliche Lieferer."

Jakub Nowak:
„Super, dann bestellen wir doch direkt."

Herr Deimann:
„So einfach geht das nicht. Wir müssen zunächst die Lieferkonditionen erfragen."

1. *Welche Auswirkungen kann eine verspätete Lieferung haben?*
2. *Schreiben Sie eine Anfrage über 100 Herrenfreizeithemden mit ½-Arm an die Spengler & Sohn OHG, Lahnstraße 14, 35578 Wetzlar.*

INFORMATION

Wenn sich ein Kaufinteressent entschließt, Ware einzukaufen, dann schreibt er in der Regel zunächst eine Anfrage. Die Anfrage kann unterschiedliche Ziele haben. So ist es möglich, nur Informationen über die Lieferungsbedingungen (Lieferzeit, Zahlungsbedingungen) oder die Produktpalette des möglichen Lieferers einzuholen. Häufig geht es aber auch darum, den günstigsten Lieferer zu finden. Um die Preise von Lieferern miteinander vergleichen zu können, benötigt man verschiedene Angebote. Somit ist ein wesentlicher Grund für die Anfrage die Bitte um ein konkretes Angebot. Nur so lässt sich ein aussagekräftiger Angebotsvergleich durchführen.

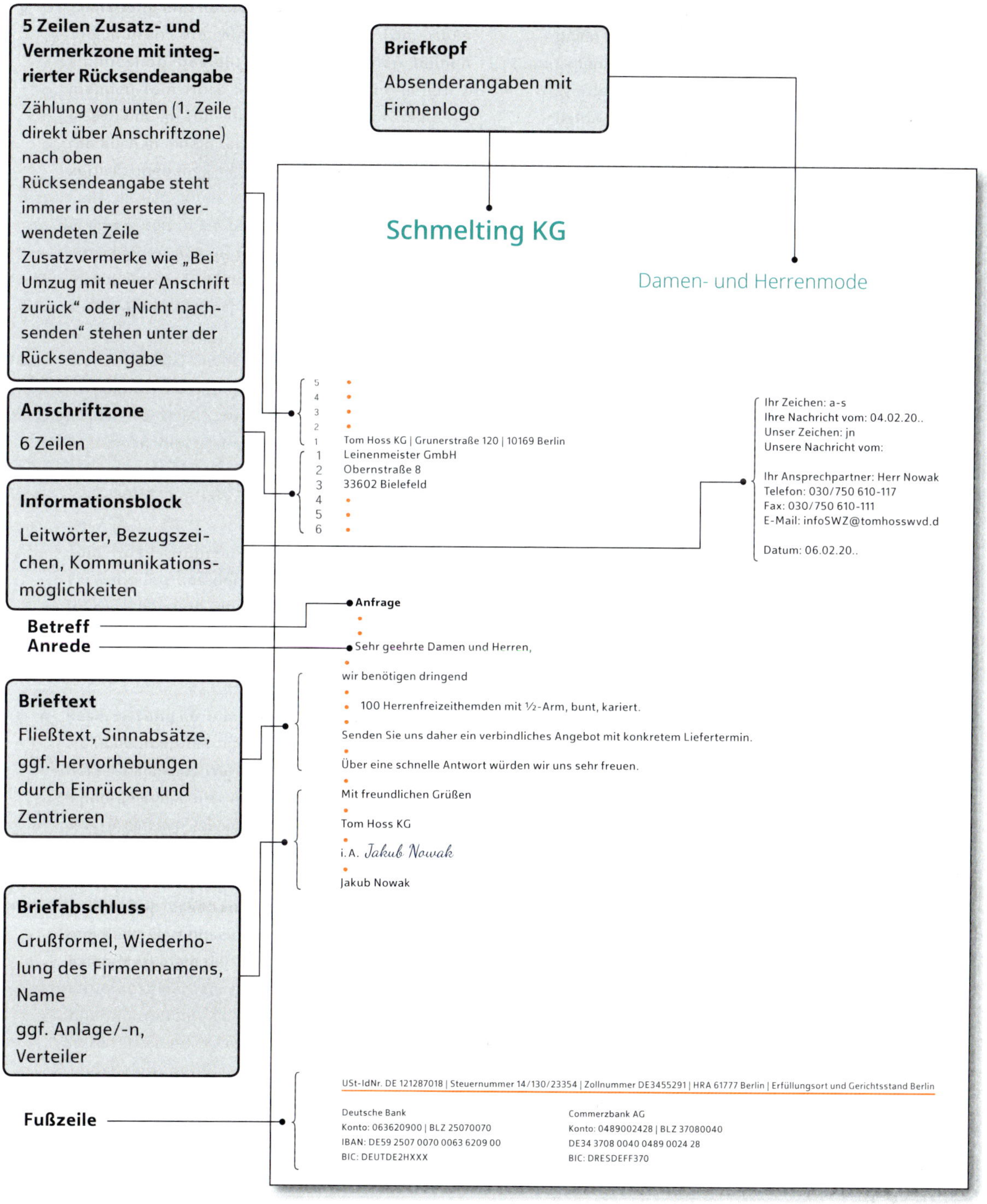

DEFINITION

Die **Anfrage** hat noch keine rechtliche Wirkung. Es liegt hier noch keine Willenserklärung vor. Sie ist unverbindlich und verpflichtet noch nicht zum Kauf. Es soll lediglich ein Kaufvertrag angebahnt werden.

Formal kann die Anfrage schriftlich (z. B. Brief, Fax, E-Mail) oder mündlich (z. B. per Telefon) erfolgen. Mündliche Anfragen sind eher bei langjährigen Geschäftsbeziehungen üblich. Die schriftlichen Anfragen sollten nach den Anforderungen der Norm DIN 5008 angefertigt werden.

Inhaltlich können beispielsweise folgende Punkte enthalten sein:

- Bitte um Übersendung eines Katalogs
- Informationen über die Lieferbedingungen und/oder die Allgemeinen Geschäftsbedingungen
- Preise
- besondere Wünsche (z. B. Besuch eines Außendienstmitarbeiters)

AUFGABEN

1. Sie arbeiten in der Einkaufsabteilung und benötigen kurzfristig neue Ware. Welche Form wählen Sie, um Ihrem Stammlieferer eine Anfrage zu stellen? Begründen Sie Ihre Entscheidung.
2. Welche Angaben und Inhalte sind wichtig, um eine schriftliche Anfrage zu stellen?
3. Warum hat eine Anfrage rechtlich keine Wirkung?
4. Erstellen Sie zwei Anfragen am PC unter Berücksichtigung der Vorgaben der Norm DIN 5008. Berücksichtigen Sie dabei jeweils die folgenden Angaben:
   a) Wählen Sie bei der ersten Anfrage ein Produkt Ihres Unternehmens, das Sie bei einem bekannten Lieferer bestellen. Die Lieferung sollte kurzfristig erfolgen.
   a) Wählen Sie bei der zweiten Anfrage ein Produkt aus, das Sie bei einem möglichen neuen Lieferer kaufen wollen. Fragen Sie sämtliche Informationen nach, die Ihnen wichtig erscheinen.

ZUSAMMENFASSUNG

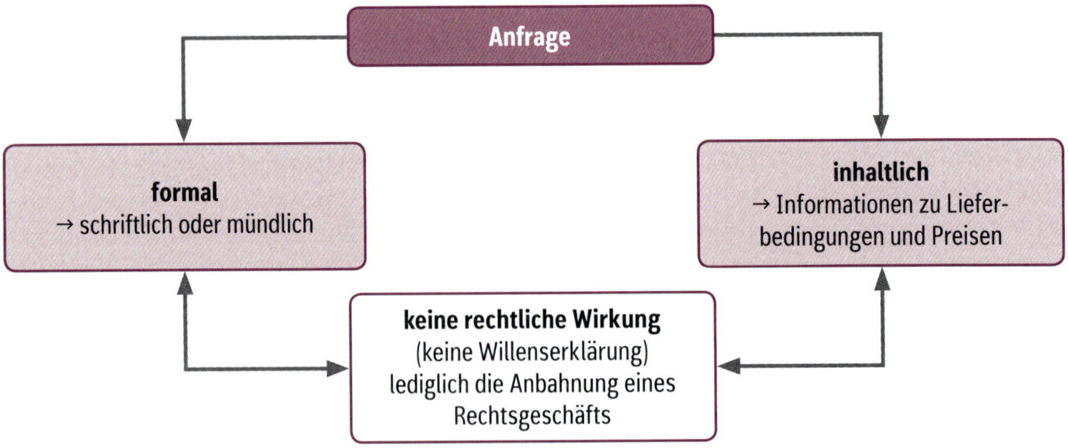

a)

Bruch & Co. KG – Rostocker Straße 106 – 33647 Bielefeld
Elektrofachgeschäft
Günter Siefert e. Kfm.
Große Bleiche 15
50667 Köln

Ihr Zeichen: b-s
Ihre Nachricht vom: 30.08.20..
Unser Zeichen: b-k
Unsere Nachricht vom:

Ihre Ansprechpartnerin: Frau Schneider
Telefon: 0521 7530-57
Fax: 0521 7530-0
E-Mail: info@bruch-vwd.de

Datum: 04.09.20..

Angebot in Staubsaugern

Sehr geehrter Herr Siefert,

ich danke Ihnen für Ihre Anfrage.

Folgende Staubsauger kann ich Ihnen zu äußerst günstigen Preisen anbieten:

Artikel K 252 Bodenstaubsauger Vampyr 4004 electronic. Mit Sicherheitsventil, Filterkassette, Möbelschutzleiste, Staubfüllanzeige und automatischer Kabelaufwicklung, 1000 Watt, zum Preis von 114,00 €/Stück.

Artikel L 253 Handstaubsauger Vampyrette 5000 electronic. Mit Energiespartaste und Staubfüllanzeige, 750 Watt, zum Preis von 84,00 €/Stück.

Die Preise gelten ab Werk. Bei Abnahme von mindestens 10 Staubsaugern gewähre ich einen Rabatt von 10 %.

Die Lieferung kann sofort erfolgen. Zahlung erbitte ich innerhalb 8 Tagen nach Eingang der Ware mit 3 % Skonto oder innerhalb 30 Tagen ohne Abzug.

Wir freuen uns, wenn Sie bei uns bestellen.

Mit freundlichem Gruß

Bruch & Co.

Schneider
i. V. Schneider

b)

c)

d)

Welche der abgebildeten Preise sind verbindliche Angebotspreise?

INFORMATION

Wesen des Angebotes

Ein **Angebot** ist eine Willenserklärung, Waren zu den angegebenen Bedingungen zu verkaufen. Angebote richten sich an eine **genau bestimmte** Person oder Personengruppe.

Deshalb sind Zeitungsanzeigen, Prospekte, Kataloge, Plakate, Werbefernsehen, Werbefunk und Schaufensterauslagen keine Angebote, sondern **Anpreisungen.**

Auch die Präsentation von Waren in Selbstbedienungsgeschäften gilt nicht als Angebot, sondern lediglich als Anpreisung. In Selbstbedienungsgeschäften kommt der Kaufvertrag erst durch das Bringen der Ware zur Kasse und das Kassieren des Kaufpreises zustande.

Andererseits gilt die Aufstellung eines Automaten als Angebot an jeden, der die richtige Münze einwirft.

Form des Angebotes

Die Abgabe eines Angebotes ist an keine Formvorschrift gebunden. Sie kann schriftlich (durch Brief, Telegramm, E-Mail oder Fax), mündlich oder telefonisch erfolgen.

> Ob ein Vertrag schriftlich, per Handschlag oder per Mausklick besiegelt wird, spielt keine Rolle – die Vertragspartner müssen ihn erfüllen. Verträge, die nach dem Gesetz nicht unbedingt schriftlich sein müssen – und das ist bei den meisten Internetgeschäften der Fall –, können also per E-Mail geschlossen werden. Spezielle Regelungen gibt es dafür im Bürgerlichen Gesetzbuch, die den Verbraucher unter anderem durch ein Widerrufsrecht auch bei elektronisch geschlossenen Verträgen schützen sollen.[1] Den grauen Kapitalmarkt im Internet ficht das jedoch nicht an: Für Finanzdienstleistungen gelten diese Vorschriften nicht.
>
> Der Vertragsschluss per Internet birgt Probleme: Wenn ein Kunde einem dubiosen Anbieter ins Netz gegangen ist und von ihm zum Beispiel Schadenersatz verlangen will, muss er zunächst beweisen, dass es überhaupt einen Vertrag gibt. Das sicherste Beweismittel in einem Zivilprozess ist immer eine Urkunde, denn daran ist der Richter gebunden. **Der Computerausdruck einer E-Mail ist jedoch lediglich ein sogenannter Augenscheinbeweis: Der Richter kann frei entscheiden, ob er den Inhalt glaubt oder nicht.**
>
> In Deutschland gibt es seit dem 1. August 1997 das Gesetz zur Regelung digitaler Signaturen: Danach können Zertifizierungsstellen den Nutzern elektronischer Medien Signaturschlüssel zuweisen, mit denen Nachrichten gekennzeichnet werden. Die digitale Signatur soll den Absender und auch die Echtheit der Daten erkennen lassen.

Bindungsfristen

Angebote, die ohne Einschränkungen gemacht wurden, sind grundsätzlich verbindlich.

Gesetzliche Bindungsfrist

Angebote müssen **unverzüglich** angenommen werden, wenn in dem Angebot keine Frist genannt wurde:

- **Mündliche und telefonische Angebote** sind deshalb nur so lange bindend, wie das Gespräch dauert.
- **Schriftliche Angebote** werden in dem Moment verbindlich, in dem sie dem Empfänger zugehen. Der Anbieter ist so lange an dieses Angebot gebunden, wie er unter verkehrsüblichen Bedingungen mit einer Antwort rechnen muss.

  Die Bindungsfrist beträgt bei einem Angebotsbrief nach Handelsbrauch gewöhnlich eine Woche. Bei telegrafischen Angeboten beträgt sie 24 Stunden.

BEISPIEL

Ein Großhändler erhält von einem Konfektionär am 1. Dez. einen Angebotsbrief. Das Angebot ist nur bis zum 8. Dez. bindend. Der Konfektionär muss zu den Angebotsbedingungen nur dann liefern, wenn die Bestellung des Großhändlers bis zu diesem Zeitpunkt bei ihm eingetroffen ist.

Vertragliche Bindungsfrist

Wird in einem Angebot eine Frist angegeben (z. B. „gültig bis 31. März 20..“), so muss die Bestellung bis zum Ablauf dieser Frist beim Anbieter eingegangen sein.

Freizeichnungsklauseln

Durch Freizeichnungsklauseln kann die Verbindlichkeit eines Angebotes ganz oder teilweise ausgeschlossen werden.

BEISPIEL

„Preisänderungen vorbehalten“
→ Preis ist unverbindlich
„solange Vorrat reicht“
→ Menge ist unverbindlich
„freibleibend“, „unverbindlich“, „ohne Obligo“
→ das ganze Angebot ist unverbindlich

Erlöschen der Bindung

Der Anbieter ist nicht mehr an sein Angebot gebunden, wenn

- der Empfänger das Angebot ablehnt,
- die Bestellung zu spät eintrifft,
- die Bestellung vom Angebot abweicht.

Außerdem erlischt die Bindung an das Angebot, wenn der Anbieter sein Angebot rechtzeitig widerruft. Der **Widerruf** muss möglichst vor, spätestens aber mit dem Angebot beim Empfänger eingetroffen sein.

1 § 312 b – d BGB

420392

AUFGABEN

1. In welchen der folgenden Fälle liegt ein Angebot vor?
   a) Ein Lebensmitteleinzelhändler lässt Handzettel mit aktuellen Sonderangeboten an die Haushalte in seinem Stadtbezirk verteilen.
   b) Ein Verkäufer bietet einem Kunden in der Elektroabteilung eines Warenhauses einen Staubsauger an.
   c) Ein Möbelhaus lässt seine Kataloge von der Post an alle Haushalte verteilen.
   d) Ein Weinhändler bietet einem Stammkunden telefonisch einen besonders günstigen Posten Rotwein an.
2. Der Textileinzelhändler Gauß macht seiner Stammkundin Frau Lorenzen in seinem Geschäft ein Angebot für ein wertvolles Abendkleid. Frau Lorenzen kann sich jedoch nicht sofort entscheiden. Drei Tage später sucht sie das Geschäft noch einmal auf, um das Abendkleid zu kaufen. Herr Gauß hat das Kleid jedoch mittlerweile verkauft. Warum war er nicht mehr an das Angebot gebunden?
3. Karl Lang, Mainz, macht seinen langjährigen Kunden Fritz Kaiser, Hannover, und Gertrud Meyer, Göttingen, ein schriftliches Angebot über „Margaret Öster" Feuchtigkeitscreme zu 3,00 € je Tube. Der Brief wird von ihm am 20. Mai zur Post gegeben.
   a) Am 22. Mai bestellt Herr Kaiser 40 Tuben zu 2,80 € je Tube. Wie kann Lang auf die Bestellung reagieren?
   b) Am 31. Mai bestellt Frau Meyer 100 Tuben zu 3,00 € je Tube. Warum muss Lang nicht mehr liefern?
4. Erläutern Sie folgende Freizeichnungsklauseln:
   a) „freibleibend"
   b) „solange Vorrat reicht"
   c) „Preis freibleibend"
5. Bis zu welchem Zeitpunkt kann ein schriftliches Angebot widerrufen werden?

ZUSAMMENFASSUNG

Angebot und Anpreisung

Angebot
- an eine **genau bestimmte** Person oder Personengruppe gerichtet
- grundsätzlich **verbindlich**

Anpreisung
- an die **Allgemeinheit** gerichtet
- **unverbindlich**

Bindungsfristen bei

unbefristeten Angeboten (= gesetzlich)
- mündliche und telefonische Angebote: solange das Gespräch dauert
- Angebotsbriefe: ca. 1 Woche
- telegrafische Angebote: 24 Std.

befristeten Angeboten (= vertraglich)
- bindend bis zum Ablauf der Frist

Angeboten mit Freizeichnungsklausel
- ganz oder teilweise unverbindlich

Erlöschen der Bindung an das Angebot bei

- Ablehnung des Angebots
- verspäteter Bestellung
- vom Angebot abweichender Bestellung
- rechtzeitigem Widerruf des Angebots

5.4 INHALT DES ANGEBOTES

Das Textilkaufhaus Schreiner benötigt 100 Herrenfreizeithemden mit 1/2 Arm. Ihm liegen dazu die folgenden Angebote vor.

Leinenmeister GmbH

Leinenmeister GmbH, Obernstr. 8, 33602 Bielefeld
Textilkaufhaus
Albert Schreiner e. Kfm.
Waldstr. 25
30629 Hannover

Ihr Zeichen: a-s
Ihre Nachricht vom: 04.02.20..
Unser Zeichen: d-a
Unsere Nachricht vom:

Ihre Ansprechpartnerin: Frau Dogan
Telefon: 0521 884422-20
Fax: 0521 884422-21
E-Mail: leinenmeister-wvd@t-online.de

Datum: 06.02.20..

Angebot in Freizeithemden

Sehr geehrter Herr Schreiner,

wir danken Ihnen für Ihre Anfrage. Folgende Sonderposten Freizeithemden können wir Ihnen zu einem besonders günstigen Preis anbieten:

Bestell.-Nr. 245 Herrenfreizeithemden mit ½ Arm, bunt, kariert, 80 % Baumwolle, 20 % Polyester, Gr. 36 bis 45. Preis: 7,40 € pro Stück, inkl. Verpackung

Der Preis gilt frei Haus.

Ihre Zahlung erbitten wir innerhalb 14 Tagen abzüglich 3 % Skonto oder innerhalb von 30 Tagen ohne Abzug.

Wir freuen uns auf Ihren Auftrag

Mit freundlichem Gruß

Leinenmeister

A. Dogan
i. V. Dogan

Spengler & Sohn OHG

Spengler & Sohn OHG, Lahnstraße 14, 35578 Wetzlar
Textilkaufhaus
Albert Schreiner e. Kfm.
Waldstr. 25
30629 Hannover

Ihr Zeichen: a-s
Ihre Nachricht vom: 04.02.20..
Unser Zeichen: s-g
Unsere Nachricht vom:

Ihr Ansprechpartner: Herr Smeet
Telefon: 06441 884411-55
Fax: 06441 884411-21
E-Mail: info@spengler-wvd.de

Datum: 07.02.20..

Angebot in Freizeithemden

Sehr geehrter Herr Schreiner,

wir danken Ihnen für Ihre Anfrage. Folgende Freizeithemden können wir Ihnen zu einem äußerst günstigen Preis anbieten:

Bestell.-Nr. 4537 Herrenfreizeithemden mit ½ Arm, bunt, kariert, 50 % Baumwolle, 50 % Polyester, Gr. 36 bis 45. Preis: 8,10 € pro Stück einschließlich Verpackung

Bei Abnahme von mindestens 50 Stück gewähren wir Ihnen einen Mengenrabatt von 15 %.

Bei unserer Lieferung ab Lager Wetzlar stellen wir Ihnen pro Hemd 0,10 € Transportkosten in Rechnung. Die Hemden sind innerhalb 2 Wochen lieferbar.

Ihre Zahlung erbitten wir innerhalb von 4 Wochen ab Rechnungsdatum netto Kasse.

Wir freuen uns auf Ihren Auftrag

Mit freundlichen Grüßen

Spengler & Sohn

G. Smeet
i. V. Smeet

Wählen Sie das günstigste Angebot aus.

INFORMATION

Angebote können Vereinbarungen enthalten über

- Art, Beschaffenheit und Güte der Ware,
- Menge der Ware,
- Preis der Ware und Preisabzüge,
- Lieferungsbedingungen:
  - Kosten der Versandverpackung,
  - Versandkosten,
  - Lieferzeit,
- Zahlungsbedingungen.

Fehlen in einem Angebot entsprechende Angaben, dann gelten die jeweiligen gesetzlichen Bestimmungen.

Art, Beschaffenheit und Güte der Ware

Die **Art der Ware** wird durch handelsübliche Bezeichnungen gekennzeichnet, d. h. durch den handelsüblichen Namen.

Die **Beschaffenheit** (der Zustand) **und Güte** (ausgedrückt durch Güteklassen) **der Ware** bezeichnen das Qualitätsniveau der Ware und können gekennzeichnet werden durch:

- Abbildungen und genaue Beschreibungen,
- Muster (z. B. bei Textilien, Papier, Tapeten),
- Proben (z. B. bei Lebensmitteln, Chemikalien),
- Normen (z. B. DIN, EN, ISO),
- Güteklassen zur Angabe von Warenqualitäten (Handelsklassen, z. B. bei Obst, Gemüse),
- Markenzeichen,
- Waren- und Gütezeichen,
- Herkunft der Ware (z. B. bei Alkohol, Kaffee, Tabak),
- Jahrgang der Ware (z. B. bei Weinen),
- die Zusammensetzung der Ware (z. B. Wurstwaren und Käse) oder festgelegt nach Augenschein.

Fehlt im Angebot eine Angabe über Beschaffenheit und Güte der Ware, so ist bei einer Gattungsschuld (siehe Kapitel 5.12) eine Ware mittlerer Art und Güte zu liefern (gesetzliche Bestimmung).

Menge der Ware

Normalerweise wird die Menge in handelsüblichen Maßeinheiten angegeben (z. B. kg, m, Stück).

Der Anbieter kann in seinem Angebot Mindestbestellmengen und Höchstbestellmengen festlegen.

Bei Angabe einer **Mindestbestellmenge** werden nur solche Bestellungen ausgeführt, die über diese Mindestmenge oder eine größere Bestellmenge lauten.

Mit der Angabe einer **Höchstbestellmenge** beschränkt der Anbieter die Abgabemenge an einen Besteller.

Preis der Ware

Der Preis ist der in Geld ausgedrückte Wert einer Ware. Er kann sich beziehen auf
- gesetzliche Maßeinheiten (kg, l, m, m^2, m^3) oder
- handelsübliche Bezeichnungen (Stück, Kisten, Ballen usw.).

Preisabzüge

Rabatt

Rabatt ist ein **Preisnachlass.** Er wird gewährt als
- **Mengenrabatt** für Abnahme größerer Mengen,
- **Wiederverkäuferrabatt** für Händler,
- **Sonderrabatt** bei bestimmten Anlässen (z. B. Jubiläum),
- **Personalrabatt** für Betriebsangehörige.

Naturalrabatte sind Rabatte, die in Form von Waren gewährt werden. Sie können in Form einer Draufgabe oder Dreingabe gewährt werden:
- **Draufgabe:** Es wird eine bestimmte Menge zusätzlich unentgeltlich geliefert (z. B. 50 Stück bestellt, 60 Stück geliefert, 50 Stück berechnet).
- **Dreingabe:** Es wird weniger berechnet, als geliefert wurde (z. B. 50 Stück bestellt, 50 Stück geliefert, 40 Stück berechnet).

Ein **Bonus** ist ein nachträglich gewährter Preisnachlass, der in der Regel am Jahresende gewährt wird, wenn der Kunde einen Mindestumsatz erreicht oder überschritten hat.

Skonto

Skonto ist ein **Preisnachlass für vorzeitige Zahlung.**

Versandkosten

Zu den Versandkosten (Beförderungskosten) gehören
- Hausfracht am Ort des Verkäufers, die durch den Transport von der Geschäftsniederlassung des Verkäufers zur Versandstation (z. B. Versandbahnhof) entsteht,
- Wiege- und Verladekosten,
- Fracht, die für den Transport von der Versandstation bis zur Empfangsstation zu zahlen ist,
- Entladekosten,
- Hausfracht am Ort des Käufers, die durch den Transport von der Empfangsstation bis zur Geschäftsniederlassung des Käufers entsteht.

Gesetzliche Regelung

Wenn zwischen dem Verkäufer und dem Käufer keine besondere Vereinbarung getroffen wurde, trägt der Käufer die Versandkosten. Das bedeutet:
- Beim **Platzkauf,** d. h. wenn Verkäufer und Käufer ihren Geschäftssitz am selben Ort haben, muss der Käufer die Versandkosten ab der Geschäftsniederlassung des Verkäufers bezahlen (siehe auch Kapitel 5.12).
- Beim **Versendungskauf,** d. h. wenn Verkäufer und Käufer ihren Geschäftssitz nicht am selben Ort haben, muss der Verkäufer die Versandkosten bis zur Versandstation (= Hausfracht am Versendungsort und Wiegekosten) bezahlen. Die Versandkosten ab Versandstation (Verladekosten, Fracht, Entladekosten, Hausfracht am Bestimmungsort) muss der Käufer bezahlen (Warenschulden sind Holschulden).

BEISPIEL

Der Leipziger Textilgroßhändler Jonas bestellt Mäntel bei der Mantelfabrik Meyer in Bielefeld. Die Mantelfabrik schickt die Mäntel mit der Eisenbahn. Für den Transport zum Versandbahnhof Bielefeld entstehen 20,00 € Hausfracht. Die Fracht der Bahn beträgt 200,00 €. Für den Transport von der Empfangsstation Leipzig bis zum Geschäft des Textilgroßhändlers Jonas berechnet der Bahnspediteur 25,00 € Hausfracht. Wenn keine vertragliche Vereinbarung über die Versandkosten erfolgte, muss Jonas die 200,00 € Fracht zuzüglich 25,00 € Hausfracht in Leipzig = 225,00 € bezahlen.

Vertragliche Regelungen

Abweichend von der gesetzlichen Regelung können zwischen Käufer und Verkäufer anders lautende vertragliche Regelungen vereinbart werden.

Beförderungsbedingungen	Verkäufer zahlt	Käufer zahlt
ab Werk, Lager oder Fabrik **(gesetzliche Regelung beim Platzkauf)**	keine Versandkosten	alle Versandkosten
unfrei, ab hier, ab Versandstation, ab Bahnhof hier **(gesetzliche Regelung beim Versendungskauf)**	Versandkosten bis zur Versandstation (Hausfracht am Versendungsort, Wiegekosten)	Versandkosten ab Versandstation (Verladekosten, Fracht, Entladekosten, Hausfracht am Bestimmungsort)
frachtfrei, frei dort, frei Bahnhof dort, frei	Versandkosten bis zur Empfangsstation (Hausfracht am Versandort, Verladekosten, Fracht),	Versandkosten ab Empfangsstation (Entladekosten, Hausfracht am Empfangsort)
frei Haus, frei Lager	alle Versandkosten	keine Versandkosten

Den Ort, ab dem der Käufer die Frachtkosten für ein Beförderungsgut generell zu übernehmen hat, bezeichnet man als **Frachtbasis.** Die **Frachtparität** ist der Ort, bis zu dem der Verkäufer die Frachtkosten höchstens übernimmt.

Frachtbasis und Frachtparität werden vertraglich geregelt und müssen nicht mit dem Firmensitz des Verkäufers bzw. des Käufers übereinstimmen.

Kosten der Versandverpackung

Gesetzliche Regelung

Wenn zwischen Käufer und Verkäufer keine besonderen Vereinbarungen getroffen wurden, trägt die Kosten der Versandverpackung grundsätzlich der Käufer.

Vertragliche Regelungen

Vertraglich kann vereinbart werden

- **Preis für Reingewicht (= Nettogewicht) einschließlich Verpackung** (netto einschließlich Verpackung): Der Preis wird nur vom Gewicht der Ware (Rein- bzw. Nettogewicht) berechnet. Die Verpackung erhält der Käufer unberechnet.
- **Preis für Reingewicht ausschließlich Verpackung** (netto ausschließlich Verpackung): Der Preis wird vom Reingewicht (Nettogewicht) berechnet. Die Verpackung wird dem Käufer zusätzlich, normalerweise zum Selbstkostenpreis, in Rechnung gestellt (= gesetzliche Regelung).
- **Preis für das Bruttogewicht einschließlich Verpackung** (brutto für netto [b/n; bfn]): Für die Berechnung wird das Bruttogewicht (= Reingewicht + Verpackungsgewicht) zugrunde gelegt. Die Verpackung wird wie die Ware berechnet.

BEISPIEL

Das Nettogewicht einer Ware beträgt 20 kg. Das Verpackungsgewicht (Tara) beträgt 2 kg. Der Preis der Ware beträgt 2,00 € je kg. Der Selbstkostenpreis der Verpackung beträgt 1,00 €.

Vertragliche Regelung	Preis für Ware und Verpackung
Preis einschließlich Verpackung	Nettogewicht 20 kg · 2,00 € = 40,00 €
Preis zuzüglich 1,00 € Verpackung	Nettogewicht 20 kg · 2,00 € = 41,00 €
brutto für netto (b/n)	Bruttogewicht 22 kg · 2,00 € = 44,00 €

Lieferzeit

Gesetzliche Regelung

Wurde zwischen den Vertragspartnern keine Lieferfrist vereinbart, dann ist der Verkäufer verpflichtet, die Ware unverzüglich zu liefern.

Vertragliche Regelungen

Abweichend von der gesetzlichen Regelung kann vereinbart werden

- Lieferung innerhalb eines bestimmten Zeitraums, z. B. Lieferung innerhalb von 14 Tagen,
- Lieferung bis zu einem bestimmten Termin, z. B. Lieferung bis Ende August,
- Lieferung zu einem genau festgelegten Datum (Fixkauf), z. B. Lieferung am 5. Nov. 20.. fix.

Zahlungsbedingungen

Gesetzliche Regelungen

Der Käufer ist verpflichtet, die Ware unverzüglich bei Lieferung zu bezahlen, wenn zwischen ihm und dem

Verkäufer kein anderer Zahlungszeitpunkt vereinbart worden ist.

Die Kosten der Zahlung (z. B. Überweisungsgebühren) muss der Käufer tragen.

Vertragliche Regelungen

Vertraglich kann zwischen Verkäufer und Käufer vereinbart werden:

- **Zahlung vor der Lieferung**
  Vor der Lieferung muss ein Teil des Kaufpreises oder der gesamte Kaufpreis bezahlt werden, z. B.
  - Anzahlung,
  - Vorauszahlung.
- **Zahlung bei Lieferung**
  Die Zahlung erfolgt Zug um Zug, d. h., der Verkäufer händigt die Ware aus und der Käufer bezahlt den Kaufpreis, z. B.
  - „sofort netto Kasse" = sofortige Zahlung ohne Abzug,
  - „gegen Nachnahme" = Aushändigung einer Warensendung nur gegen Zahlung.
- **Zahlung nach der Lieferung**
  Der Käufer muss die Ware erst eine bestimmte Zeit nach der Lieferung bezahlen (= Zielkauf), z. B. „Zahlung innerhalb 30 Tagen", oder der Käufer kann den Kaufpreis in Raten begleichen (= Ratenkauf).

Angebotsvergleich

Um das günstigste Angebot für eine Ware zu ermitteln, vergleicht der Einkäufer die Angebote mehrerer Lieferanten. Dabei achtet er nicht nur auf die Preise, Preisabzüge und Bezugskosten (Beförderungskosten und Versandkosten), sondern auch auf die Lieferzeit, die Zahlungsbedingungen und die Qualität der angebotenen Waren.

BEISPIEL

Die Textilgroßhandlung Schreiner hat auf ihre Anfrage von zwei verschiedenen Anbietern Angebote über Freizeithemden mit 1/2 Arm erhalten (siehe Seite 94). Da das Unternehmen 100 Stück benötigt, wird der Angebotsvergleich für diese Bestellmenge durchgeführt.

Artikel	Herrenfreizeithemden Größen 36–45			
Menge	100 Stück			
Lieferant	Spengler & Sohn, Wetzlar		Leinenmeister, Bielefeld,	
Listenpreis	8,10 €/Stück	810,00 €	7,40 €/Stück	740,00 €
❶ – Rabatt	15 %	121,50 €	–	–
❷ Zieleinkaufspreis		688,50 €		740,00 €
❸ – Skonto	–	–	3 % innerhalb 14 Tg.	22,20 €
❹ Bareinkaufspreis		688,50 €		717,80 €
+ Bezugskosten (Verpackungs- und Versandkosten)		10,00 €	–	–
❺ Bezugspreis (= Einstandspreis)		698,50 €		717,80 €
Qualität	50 % Baumwolle/50 % Polyester		80 % Baumwolle/20 % Polyester	
Lieferzeit	2 Wochen		sofort	
Zahlungsziel	4 Wochen		30 Tage	

Rechenweg:

❶ $$\text{Rabatt} = \frac{\text{Listenpreis} \cdot \text{Rabatt in Prozent}}{100}$$

❷ Zieleinkaufspreis = Listenpreis – Rabatt

❸ $$\text{Skonto} = \frac{\text{Zieleinkaufspreis} \cdot \text{Skonto in Prozent}}{100}$$

❹ Bareinkaufspreis = Zieleinkaufspreis – Skonto

❺ Bezugspreis = Bareinkaufspreis + Bezugskosten

AUFGABEN

1. Was bedeutet das Einräumen eines Zahlungsziels für den Käufer einer Ware?

2. Warum legen Anbieter in ihren Angeboten Mindestbestellmengen fest?

3. Aus welchen Gründen beschränken Anbieter die Absatzmenge einer Ware an einen Besteller?

4. Was will ein Anbieter durch das Angebot von Mengenrabatten erreichen?

5. Warum gewährt ein Anbieter seinen Kunden einen Bonus?

6. Welchen Anreiz bietet ein Anbieter seinen Kunden, wenn er ihnen Skonto einräumt?

7. Welchen Teil der Transportkosten trägt beim Bahnversand der Käufer, wenn im Angebot des Lieferanten keine Angabe über die Transportkostenverteilung enthalten ist?

8. Die Lieferungsbedingung lautet „frachtfrei", die Fracht beträgt 50,00 €, die Hausfracht für die An- und Abfuhr je 10,00 €. Wie viel Euro muss der Käufer für den Transport bezahlen?

9. Die Lieferungsbedingung lautet „unfrei", die Fracht beträgt 100,00 €, die Hausfracht für die Anfuhr 10,00 €, die Hausfracht für die Abfuhr 5,00 €. Wie viel Euro muss der Kunde für den Transport bezahlen?

10. Wann muss der Käufer zahlen, wenn im Angebot keine Klausel darüber enthalten ist?

11. Was bedeutet die Lieferbedingung „brutto für netto"?

12. Wer zahlt die Versandverpackung, wenn im Angebot keine Angabe darüber enthalten ist?

13. Was bedeutet die Zahlungsbedingung „netto Kasse"?

14. Ein Großhändler bietet an: „Beim Kauf von 20 Flaschen erhalten Sie eine Flasche gratis!" Um welchen Rabatt handelt es sich hierbei?

15. Wann muss geliefert werden, wenn im Kaufvertrag keine Lieferfrist vereinbart wurde?

16. Was bedeutet die Vereinbarung „gegen Nachnahme" für den Kunden?

17. Einem Großhändler liegen drei Angebote über Pfirsichkonserven (Dose zu 400 g) vor. Für welches dieser Angebote sollte er sich entscheiden, wenn er 100 Dosen in spätestens zwei Wochen benötigt?

Angebot 1: 0,60 € je Dose, netto einschließlich Verpackung, frei Haus, 10 % Rabatt bei Abnahme von 100 Dosen, Lieferung sofort, Zahlung innerhalb von 30 Tagen netto Kasse.

Angebot 2: 0,55 € je Dose, netto ausschließlich Verpackung, Verpackungskosten für 100 Dosen: 2,70 €, Lieferung ab Werk (Transportkosten für 100 Dosen: 4,90 €) innerhalb von 14 Tagen, 15 % Rabatt bei Abnahme von 100 Dosen, Zahlung innerhalb von 30 Tagen netto Kasse.

Angebot 3: 0,50 € je Dose, netto einschließlich Verpackung, Lieferung frei Haus innerhalb von drei Wochen, 15 % Rabatt bei Abnahme von 100 Dosen, Zahlung innerhalb von 14 Tagen abzüglich 3 % Skonto oder innerhalb 30 Tagen netto Kasse.

ZUSAMMENFASSUNG

Inhalte des Angebots

Inhalte des Angebots	gesetzliche Regelung	vertragliche Regelung
Art, Beschaffenheit und Güte der Ware	• mittlere Art und Güte	• nach Augenschein • nach Probe • Güteklassen • Abbildungen und Beschreibungen
Menge	• Bezeichnung: m, kg, Stück usw. • Mindestbestellmenge • Höchstbestellmenge	
Preisabzüge	**Rabatt** • Mengenrabatt • Wiederverkäuferrabatt • Sonderrabatt • Naturalrabatt (Draufgabe; Dreingabe) • Personalrabatt • Bonus	**Skonto**
Kosten der Versandverpackung	• Kosten sind vom Käufer zu tragen.	• netto einschließlich Verpackung • netto ausschließlich Verpackung (**gesetzliche Regelung**) • brutto einschließlich Verpackung (brutto für netto)
Versandkosten	• Versandkosten trägt der Käufer.	• ab Werk, ab Lager • ab hier, ab Bahnhof hier, unfrei • frei dort, frei Bahnhof dort, frachtfrei • frei Haus
Lieferzeit	• sofortige Lieferung	• Lieferung innerhalb eines bestimmten Zeitraumes • Lieferung bis zu einem bestimmten Termin • Fixkauf
Zahlungsbedingungen	• sofortige Zahlung • Kosten der Zahlung trägt der Käufer.	• Anzahlung • Vorauszahlung • „netto Kasse“ • „gegen Nachnahme“ • Zielkauf • Ratenkauf

5.5 DIE BESTELLUNG

Aufgrund des Angebots der Spengler & Sohn OHG vom 7. Februar 20.. schickt das Textilkaufhaus Albert Schreiner e. Kfm. folgende Bestellung:

Textilkaufhaus Albert Schreiner e. Kfm. | Waldstraße 25 | 30629 Hannover
Spengler & Sohn OHG
Lahnstr. 14
35578 Wetzlar

Ihr Zeichen: s-g
Ihre Nachricht vom: 07.02.20..
Unser Zeichen: jn
Unsere Nachricht vom: 04.02.20..

Ihr Ansprechpartner: Albert Schreiner
Telefon: 0511 750610-167

Datum: 09.02.20..

Bestellung

Sehr geehrter Herr Smeet,

wir danken Ihnen für Ihr Angebot. Wir bestellen Herrenfreizeithemden Bestell-Nr. 4537:

20 Stück Größe 38
20 Stück Größe 39
40 Stück Größe 40
20 Stück Größe 41

zum Stückpreis von 8,10 € einschließlich Verpackung, abzüglich 15 % Rabatt.

Die Lieferung soll innerhalb von zwei Wochen frachtfrei erfolgen. Die Zahlung erfolgt innerhalb von vier Wochen ab Rechnungsdatum ohne Abzug.

Wir hoffen auf baldige Lieferung.

Mit freundlichem Gruß
Textilkaufhaus Albert Schreiner e. Kfm.

Albert Schreiner

Albert Schreiner

Begründen Sie, warum durch diese Bestellung kein Kaufvertrag zustande gekommen ist.

Bestellung

DEFINITION

Eine **Bestellung** ist eine Aufforderung an einen Hersteller, Händler oder Dienstleister, Sachgüter oder Dienstleistungen zu den angegebenen Bedingungen zu liefern oder zu erbringen.

Die Abgabe einer Bestellung ist an keine Formvorschrift gebunden. Sie kann also schriftlich, mündlich oder telefonisch erfolgen.

Eine Bestellung beinhaltet Angaben über:
- Art, Beschaffenheit und Güte der Ware
- Menge
- Preis und Preisabzüge
- Lieferbedingungen
- Zahlungsbedingungen

In einer Bestellung müssen nicht alle Angebotsbedingungen wiederholt werden, wenn in der Bestellung auf ein ausführliches Angebot Bezug genommen wird. Es genügt dann die Angabe von Warenart, Bestellmenge und Preis der Ware.

Bestellungen sind grundsätzlich verbindlich.

Durch einen rechtzeitigen **Widerruf** erlischt die Bindung an die Bestellung. Ein Widerruf muss spätestens mit der Bestellung beim Lieferer eingetroffen sein. Bei Verträgen, die zwischen Unternehmen und Verbrauchern unter ausschließlicher Verwendung von Fernkommunikationsmitteln (z. B. Internet, E-Mails, Telefon, Brief) abgeschlossen wurden, beträgt die Widerrufsfrist 14 Tage nach Erhalt der Ware.

Wenn ein Käufer aufgrund eines verbindlichen Angebots rechtzeitig zu den angegebenen Angebotsbedingungen bestellt, kommt ein Kaufvertrag zustande.

Wenn ein Käufer bestellt, ohne dass ihm ein verbindliches Angebot vorliegt, gilt diese Bestellung als Antrag auf Abschluss eines Kaufvertrags.

Bestellungsannahme

Eine Bestellungsannahme ist für das Zustandekommen eines Kaufvertrags notwendig, wenn der Bestellung kein Angebot vorausging oder wenn die Bestellung aufgrund eines freibleibenden Angebots erfolgte. Auch wenn die Bestellung vom vorausgehenden Angebot abweicht, kommt der Kaufvertrag erst durch eine Bestellungsannahme zustande.

Die Bestellungsannahme ist an keine Formvorschrift gebunden.

Der Verkäufer kann in den Fällen, in denen eine Bestellungsannahme erforderlich ist, auch auf eine ausdrückliche Auftragsbestätigung verzichten und sofort liefern. In diesem Fall gilt die Lieferung als Annahme der Bestellung (= schlüssige Handlung).

Bestellt ein Käufer aufgrund eines Angebots rechtzeitig zu den angegebenen Angebotsbedingungen, so ist eine Bestellungsannahme für das Zustandekommen des Kaufvertrags nicht erforderlich.

Onlinebestellungen

Güter und Dienstleistungen werden von Unternehmen zunehmend online mithilfe elektronischer Netze (EDI – Electronic Data Interchange, Elektronischer Datenaustausch – oder Internet) beschafft. Denn Onlinebestellungen haben eine Reihe von Vorteilen:
- Der Erfassungsaufwand wird verringert.
- Die Bestellabwicklung wird beschleunigt.
- Erfassungsfehler werden verringert.
- Der Postweg entfällt.
- Der Geschäftspartner muss nicht persönlich erreichbar sein.
- Papier- und Postkosten sind geringer.

Deutsche Unternehmen nutzen bei der Onlinebeschaffung insbesondere folgende Formen des elektronischen Handels zwischen Unternehmen (Business-to-Business-E-Commerce = B2B-E-Commerce):
- EDI
- B2B-Onlineshop
- Elektronischer Marktplatz

EDI

EDI (Electronic Data Interchange) ist die rechnergestützte Zusammenarbeit von Geschäftspartnern. Sie verlagert sich immer mehr von anderen Formen der Datenübertragung ins Internet. Bei EDI findet ein elektronischer Dokumentenaustausch über Geschäfte zwischen Betrieben statt. Daten wie z. B.

Immer mehr Unternehmen bestellen über das Internet.

- Bestellungen,
- Rechnungen,
- Überweisungen,
- Warenerklärungen

werden in Form von gegliederten, nach vereinbarten Regeln formatierten (z. B. Edifact- oder Branchen-Normen) Nachrichten übertragen. Der Empfänger kann die Daten dann direkt – ohne eigene Erfassungsarbeiten – in seinen Anwendungsprogrammen (z. B. EDV-gestützten Warenwirtschaftssystemen, ERP-Programmen) weiterverarbeiten. Die elektronische Bestellung enthält dabei die gleichen Inhalte wie eine herkömmliche Bestellung auf Papier.

B2B-Onlineshop

Beim B2B-Onlineshop bietet ein Unternehmen anderen Unternehmen Güter und Dienstleistungen im Internet an. Bestellungen und Statusmeldungen beim Einkauf erfolgen über E-Mail oder über einen eigenen, nur dem Kunden zugänglichen Bereich im Onlineshop.

Elektronischer Marktplatz

Elektronische Marktplätze sind Internetplattformen, auf denen mehrere Anbieter ihre Güter und Dienstleistungen anbieten. Die Anbieter sind auf dieser Plattform registriert und über eine Suchmaschine leicht zu finden.

AUFGABEN

1. In welchen der folgenden Fälle kommt durch die Bestellung ein Kaufvertrag zustande?
   a) Ein Kunde bestellt am 17. Juli aufgrund eines Angebots vom 15. Juli zu den angegebenen Angebotsbedingungen.
   b) Ein Kunde bestellt aufgrund eines Angebots vom 10. August am 12. August. Er ändert die Lieferungsbedingung „ab Werk“ in „unfrei“ ab.
   c) Ein Kunde bestellt am 7. März aufgrund eines freibleibenden Angebots vom 4. März.
   d) Ein Kunde bestellt am 4. April telefonisch aufgrund eines schriftlichen Angebots vom 2. April.
2. Welche Angaben sollte eine ausführliche schriftliche Bestellung enthalten?
3. In welchen der folgenden Fälle ist eine Bestellungsannahme für das Zustandekommen eines Kaufvertrags erforderlich?
   a) Der Verkäufer macht ein freibleibendes Angebot. Der Käufer bestellt.
   b) Der Verkäufer unterbreitet ein schriftliches Angebot. Der Käufer bestellt rechtzeitig.
   c) Der Verkäufer macht ein schriftliches Angebot. Der Käufer bestellt rechtzeitig mit abgeänderten Bedingungen.
   d) Der Verkäufer macht ein telefonisches Angebot. Der Käufer bestellt am folgenden Tag schriftlich zu den während des Telefongesprächs vereinbarten Bedingungen.
4. Unterscheiden Sie die Formen des B2B-E-Commerce:
   - EDI
   - B2B-Onlineshop
   - elektronischer Marktplatz
5. Beurteilen Sie die Bedeutung der einzelnen Formen des B2B-E-Commerce für deutsche Unternehmen.
6. Erläutern Sie die Vorteile von Onlinebestellungen für den Käufer.
7. Die Tom Hoss KG bezieht regelmäßig Geschirr- und Frottiertücher von der Leistner Wäsche GmbH, Ritterstraße 37, 28865 Lilienthal. Da die Niederlassung Hannover der Tom Hoss KG nur noch wenige Geschirrtücher und Frottiertücher am Lager hat, beauftragt der Leiter der Einkaufsabteilung, Herr Deimann, die Auszubildende Stefanie Beyer, folgende Artikel bei der Leistner Wäsche GmbH zu bestellen:
   - 500 Geschirrtücher, Artikelnummer 112/2, zum Preis von 1,50 € je Stück
   - 500 Walkfrottiertücher, Artikelnummer 156/3, zum Preis von 4,50 € je Stück

Die Liefer- und Zahlungsbedingungen der Leistner Wäsche GmbH findet Stefanie Beyer in der Liefererdatei der Tom Hoss KG.

Lieferer: 46213	Leistner Wäsche GmbH Datum: 17. Juni 20..
1. Anschrift:	Ritterstr. 37, 28865 Lilienthal
2. Artikel:	Haushaltswäsche
3. Versandkosten:	fretit Haus
4. Kosten der Versandverpackung:	netto einschl. Verpackung
5. Lieferzeit:	innerhalb 14 Tagen
6. Zahlungsbedingungen:	innerhalb 10 Tagen 3% Skonto; innerhalb 30 Tagen ohne Abzug

Versetzen Sie sich in die Rolle von Stefanie Beyer und erstellen Sie einen Entwurf für das Bestellschreiben.

8. Erkunden Sie den Ablauf des Beschaffungsprozesses in einem möglichen zukünftigen Ausbildungsbetrieb. Stellen Sie den Ablauf dieses Beschaffungsprozesses in Ihrer Klasse vor. Benutzen Sie dazu ein Präsentationsmittel Ihrer Wahl.

9. Erstellen Sie eine Liste von B2B-Onlineshops, die ein möglicher zukünftiger Ausbildungsbetrieb für seine Einkäufe nutzen könnte. Nutzen Sie für die Suche im Internet eine Suchmaschine.

ZUSAMMENFASSUNG

Bestellung

= Aufforderung an einen Hersteller, Händler oder Dienstleister, Sachgüter oder Dienstleistungen zu den angegebenen Bedingungen zu liefern bzw. zu erbringen.

Form
- schriftlich
- fernschriftlich
- mündlich
- telefonisch

Inhalt

Wiederholung möglichst aller Angaben des Angebots, mindestens jedoch:
- Warenart
- Menge
- Preis je Einheit

rechtliche Wirkung
- Die Bestellung muss dem Empfänger zugegangen sein.
- Der Besteller ist an seine Bestellung gebunden.
- Durch rechtzeitigen Widerruf erlischt die Bindung an die Bestellung.

Bestellungsannahme

notwendig, wenn
- die Bestellung vom Angebot abweicht.
- die Bestellung aufgrund eines freibleibenden Angebots erfolgte.
- der Bestellung kein Angebot vorausging.

Bestellungen mithilfe elektronischer Netze

EDI

= Electronic Data Interchange (rechnergestützte Zusammenarbeit von Geschäftspartnern)

B2B-Onlineshop

= Angebot von Gütern und Dienstleistungen eines Unternehmens an andere Unternehmen im Internet

elektronischer Marktplatz

= Internetplattformen, auf denen mehrere Anbieter ihre Güter und Dienstleistungen anbieten

5.6 DIE ALLGEMEINEN GESCHÄFTSBEDINGUNGEN

Caroline Saager ist gerade an der Kasse des Einzelhändlers Tom Hoss KG eingesetzt.

Eine Kundin kommt an die Kasse. Sie hat zwei Oberteile dabei, die sie zurückgeben möchte. Die Kundin weist Caroline darauf hin, dass sie das darf, weil das in den AGB der Tom Hoss KG steht.

Caroline ist verunsichert, da sie nicht weiß, was in den Allgemeinen Geschäftsbedingungen (AGB) der Tom Hoss AG steht und ob die Kundin tatsächlich die Kleidungsstücke zurückgeben darf.

1. *Welche Bedeutungen haben die AGB für ein Unternehmen?*
2. *Welche Inhalte zu den Allgemeinen Geschäftsbedingungen sind Ihnen bekannt?*

INFORMATION

Beim Abschluss von Verträgen ist es notwendig, die Vertragsbestimmungen im Vorfeld zu regeln. Dabei sind die Allgemeinen Geschäftsbedingungen (AGB) ein sehr bedeutender Bestandteil der Vertragsgestaltung.

DEFINITION

Allgemeine Geschäftsbedingungen sind vorformulierte Vertragsbedingungen einer Vertragspartei, die für eine Vielzahl von Verträgen gelten. Sie werden Bestandteil eines Vertrages, wenn bei Abschluss des Vertrages ausdrücklich auf sie hingewiesen wird.

Allgemeine Geschäftsbedingungen für den Onlineshop der Tom Hoss KG

§ 1 Geltungsbereich

1.1 Diese Geschäftsbedingungen der Tom Hoss KG (nachfolgend „Tom Hoss" genannt) gelten für alle Verträge, die ein Verbraucher mit der Tom Hoss über in deren Onlineshop dargestellte Waren abschließt.

1.2 Die Geschäftsbedingungen der Tom Hoss gelten ausschließlich. Abweichende, entgegenstehende oder ergänzende AGB des Kunden werden nur dann Vertragsbestandteil, wenn die Tom Hoss ihrer Geltung ausdrücklich zugestimmt hat. Dieses Zustimmungserfordernis gilt in jedem Fall. Es gilt auch dann, wenn die Tom Hoss in Kenntnis der AGB des Kunden die Lieferung an ihn vorbehaltslos ausführen sollte.

1.3 Verbraucher ist jede natürliche Person, die ein Rechtsgeschäft zu Zwecken abschließt, die überwiegend weder ihrer gewerblichen noch ihrer selbstständigen beruflichen Tätigkeit zugerechnet werden können (§ 13 BGB). Unternehmer ist eine natürliche oder juristische Person oder eine rechtsfähige Personengesellschaft, die bei Abschluss des Rechtsgeschäfts in Ausübung ihrer gewerblichen oder selbstständigen beruflichen Tätigkeit handelt (§ 14 BGB).

§ 2 Mindestbestellwert/Versand

2.1 Der Mindestbestellwert beträgt 20,00 €.

2.2 Die Kosten des Standardversands betragen 1,00 €.

2.3 Der Versand erfolgt ein bis drei Werktage nach Bestelldatum, einwandfreies Ergebnis der Überprüfung Ihrer Daten (Bonitäts- und Identitätsüberprüfung) vorausgesetzt.

§ 3 Zustellung und Rückgabe im Tom-Hoss-Store

3.1 Sie haben die Möglichkeit, im Tom-Hoss-Onlineshop bestellte Waren an einen teilnehmenden Tom-Hoss-Store zur Abholung liefern zu lassen und im Tom-Hoss-Onlineshop bestellte Waren auch in einem teilnehmenden Tom-Hoss-Store zurückzugeben.

3.2 Falls Sie sich für die Abholung der bestellten Waren in einem von Ihnen ausgewählten Tom-Hoss-Store entschieden haben, werden diese dort für Sie zur Abholung bereitgestellt. Sie erhalten von uns per E-Mail eine Nachricht über die Bereitstellung der Waren.

3.3 Werden die für Sie bereitgestellten Waren nicht innerhalb von zehn Tagen nach Benachrichtigung abgeholt, werden die Waren von dem Tom-Hoss-Store wieder an den Tom-Hoss-Onlineshop zurückgeschickt.

3.4 Sie können von Ihrem Widerrufsrecht gemäß Ziffer 7 (s.u.) auch Gebrauch machen, indem Sie im Tom-Hoss-Onlineshop bestellte Waren unter Verwendung des der Bestellung beigefügten Retourenscheins in einem der teilnehmenden Tom-Hoss-Stores abgeben. Die Ware gilt dann mit der fristgerechten Abgabe als zurückgesendet.

§ 4 Reservierung im Tom-Hoss-Store

4.1 Sie haben darüber hinaus die Möglichkeit, im Tom-Hoss-Onlineshop Waren auszuwählen und in der von Ihnen gewünschten Ausführungsart (Farbe, Größe usw.) in einem teilnehmenden Tom-Hoss-Store vor Ort für Sie zur Anprobe und zum Erwerb zu reservieren.

4.2 Nach Aufgabe Ihrer Reservierung im Tom-Hoss-Onlineshop erhalten Sie eine Bestätigungsmail zum Reservierungseingang, in welcher die wesentlichen Merkmale der von Ihnen reservierten Ware aufgeführt werden. In einer weiteren E-Mail wird Ihnen mitgeteilt, ob die Ware in Ihrem Wunsch-Store für Sie reserviert werden konnte („Reservierungsbestätigung") oder ob die Ware dort nicht mehr verfügbar ist.

4.3 Sofern Sie beabsichtigen, die im jeweiligen Tom-Hoss-Store reservierte Ware zu erwerben, kommt der Kaufvertrag mit dem jeweiligen Storebetreiber zustande. Der Produktpreis kann abhängig vom jeweiligen Tom-Hoss-Store variieren.

4.4 Sie willigen ein, dass Ihre Reservierungsdaten, wie Name, ausgewähltes Produkt und Reservierungsnummer zur Verifikation Ihrer Reservierung von uns an den Tom-Hoss-Store weitergeleitet werden. Der Tom-Hoss-Store kann entweder von einem unabhängigen Franchisepartner oder von einem verbundenen Unternehmen von uns betrieben werden.

4.5 Werden die für Sie reservierten Waren nicht innerhalb von 48 Stunden ab Zugang der Reservierungsbestätigung von Ihnen im Tom-Hoss-Store erworben, erlischt Ihre Reservierung.

§ 5 Preise und Zahlungsmethoden

5.1 Es gelten die zum Zeitpunkt der Bestellung angegebenen Preise. Alle Preise enthalten die gesetzlich gültige Mehrwertsteuer.

5.2 Die Bezahlung der Waren erfolgt wahlweise gemäß den im Bestellvorgang vorgeschlagenen Zahlungsarten und zu den dort genannten Bedingungen. Wir behalten uns abhängig von dem Ergebnis der Überprüfung Ihrer Daten (Identitäts- und Bonitätsprüfung) den Ausschluss bestimmter Zahlungsarten vor.

5.3 Bei Lieferung auf Rechnung verpflichten Sie sich, den Rechnungsbetrag innerhalb von 14 Tagen nach Erhalt der Ware zu begleichen. Im Falle einer vorangegangenen Rücksendung von Lieferteilen kann dieser Rechnungsbetrag entsprechend gekürzt werden.

5.4 Sollten Sie mit der Zahlung in Verzug geraten, behalten wir uns vor, Ihnen für die zweite und alle folgenden Mahnungen pauschale Mahngebühren in Höhe von 5,99 € in Rechnung zu stellen.

§ 6 Eigentumsvorbehalt

Die Ware bleibt bis zur vollständigen Bezahlung unser Eigentum.

§ 7 Gesetzliche Widerrufsbelehrung

7.1 Widerrufsrecht

Sie haben das Recht, binnen 14 Tagen ohne Angabe von Gründen diesen Vertrag zu widerrufen. Die Widerrufsfrist beträgt 14 Tage ab dem Tag, an dem Sie oder ein von Ihnen benannter Dritter, der nicht Beförderer ist, die Waren in Besitz genommen haben bzw. hat.

Ihren Widerruf können Sie ausüben, indem Sie uns mittels einer eindeutigen Erklärung (z.B. ein mit der Post versandter Brief, Telefax oder E-Mail) über Ihren Entschluss, diesen Vertrag zu widerrufen, informieren. Sie können dafür das beigefügte Muster-Widerrufsformular verwenden, das jedoch nicht vorgeschrieben ist.

7.2 Widerrufsfolgen

Wenn Sie diesen Vertrag widerrufen, haben wir Ihnen alle Zahlungen, die wir von Ihnen erhalten haben, einschließlich der Lieferkosten (mit Ausnahme der Kosten, die sich daraus ergeben, dass Sie eine andere Art der Lieferung als die von uns angebotene, günstigste Standardlieferung gewählt haben), unverzüglich und spätestens 14 Tage ab dem Tag zurückzuzahlen, an dem die Mitteilung über Ihren Widerruf dieses Vertrages oder die Sache bei uns eingegangen ist. Für diese Rückzahlung verwenden wir das gleiche Zahlungsmittel, das Sie bei der ursprünglichen Transaktion eingesetzt haben, es sei denn, mit Ihnen wurde ausdrücklich etwas anderes vereinbart; in keinem Fall werden Ihnen wegen dieser Rückzahlung Entgelte berechnet.

Wir können die Rückzahlung verweigern, bis wir die Waren wieder zurückerhalten haben oder bis Sie den Nachweis erbracht haben, dass Sie die Waren zurückgesandt haben, je nachdem, welches der frühere Zeitpunkt ist.

Sie haben die Waren unverzüglich und in jedem Fall spätestens binnen 14 Tagen ab dem Tag, an dem Sie uns über den Widerruf dieses Vertrages unterrichten, an uns zurückzusenden oder zu übergeben. Die Frist ist gewahrt, wenn Sie die Waren vor Ablauf der Frist von 14 Tagen absenden. Wir tragen die Kosten der Rücksendung der Waren.

Sie müssen für einen etwaigen Wertverlust der Waren nur aufkommen, wenn dieser Wertverlust auf einen zur Prüfung der Beschaffenheit, Eigenschaften und Funktionsweise der Waren nicht notwendigen Umgang mit ihnen zurückzuführen ist.

7.3 Hinweis zu Ausnahmen

Das Widerrufsrecht besteht nicht bei Verträgen zur Lieferung von Waren, die nicht vorgefertigt sind und zu deren Herstellung eine individuelle Auswahl oder Bestimmung durch den Verbraucher maßgeblich ist oder die eindeutig auf die persönlichen Bedürfnisse des Verbrauchers zugeschnitten sind.

§ 8 Gewährleistung

Soweit nicht ausdrücklich etwas anderes vereinbart ist, gelten die gesetzlichen Gewährleistungsvorschriften.

§ 9 Urheberrecht und Markenzeichen

Der gesamte Inhalt der Webseite, einschließlich Texten, Grafiken, Fotos, Bildern, bewegten Bildern, Geräuschen, Illustrationen und Software ist unser Eigentum oder das unserer verwandten Unternehmen, Lizenznehmer und/oder Content-Provider. Diese Inhalte sind durch Urheberrechte und andere Rechte geschützt. Ihre Verwendung ist nur mit unserer ausdrücklichen Zustimmung gestattet. Alle auf der Webseite verwendeten Markenzeichen sind – soweit nicht anders angegeben – unser Markenzeichen. Diese dürfen ohne unsere vorherige schriftliche Genehmigung nicht verwendet werden.

§ 10 Datenschutz

10.1 Ihre für die jeweilige Bestellung bzw. Reservierung maßgeblichen personenbezogenen Daten werden von uns entsprechend den jeweiligen gesetzlichen Datenschutzbestimmungen zum Zweck der Durchführung des Vertrages oder der Reservierung sowie zur Wahrung berechtigter Interessen erhoben, verarbeitet, genutzt und gespeichert. Zum Zwecke der Bonitätsprüfung können wir im Einklang mit den datenschutzrechtlichen Vorschriften Auskünfte von Auskunfteien einholen und an diese personenbezogene, das Liefervertragsverhältnis betreffende, Daten weitergeben. Ergeben sich hieraus Zweifel an Ihrer Bonität, sind wir berechtigt, einen Vertragsschluss abzulehnen.

10.2 Genauere Informationen zur Art und Nutzung der erhobenen personenbezogenen Daten entnehmen Sie bitte unserer Datenschutzerklärung.

AGB	
Vorteile	– Vertragsinhalte müssen nicht jedes Mal neu ausgehandelt werden. – Vereinheitlichung der Vertragsinhalte – Rationalisierung (Zeit- und Geldersparnis)
Nachteile (in der Regel Gefahren für den Käufer)	– Käufer muss oftmals AGB akzeptieren – Verlagerung der Risiken auf den Käufer (Benachteiligung des Käufers)

4203106

Der Vertragspartner, der die AGB formuliert hat, trifft damit Vereinbarungen, die von gesetzlichen Bestimmungen abweichen können. Die gesetzlichen Bestimmungen sind im Bürgerlichen Gesetzbuch (BGB) formuliert.

Eine Problematik bei Kaufverträgen sind die unterschiedlichen Interessen von Käufer und Verkäufer.

Die AGB dürfen zwar von den gesetzlichen Bestimmungen abweichen. Sie dürfen aber nicht unlauter sein. Das heißt, sie müssen sich im Rahmen der in den §§ 305–310 BGB geregelten Bestimmungen zu den AGB bewegen.

Durch diese gesetzlichen Regelungen soll der schwächere Vertragspartner besonders geschützt werden.

Die Verbraucher sind in der Regel „schwächere" Vertragspartner, weil sie keine Kaufleute sind und als Privatpersonen über ihre Rechte häufig nicht informiert sind.

Kommentierte Gesetzesauszüge BGB			
§	**Überschrift**	**Gesetzesauszug**	**Kommentar/Beispiel**
305	Einbeziehung Allgemeiner Geschäftsbedingungen in den Vertrag	(...) (2) AGB werden nur dann Bestandteil eines Vertrags, wenn der Verwender bei Vertragsschluss die andere Vertragspartei ausdrücklich oder, wenn ein ausdrücklicher Hinweis wegen der Art des Vertragsschlusses nur unter unverhältnismäßigen Schwierigkeiten möglich ist, durch deutlich sichtbaren Aushang am Ort des Vertragsschlusses auf sie hinweist und der anderen Vertragspartei die Möglichkeit verschafft, in zumutbarer Weise (...) von ihrem Inhalt Kenntnis zu nehmen. (...)	Der Verwender (meistens der Verkäufer) muss auf die AGB hinweisen.
305 b	Vorrang der Individualabrede	Individuelle Vertragsabreden haben Vorrang vor AGB.	In den AGB steht z. B. „Lieferung so schnell wie möglich", es wurde aber ein fester Termin vereinbart.
305 c	überraschende und mehrdeutige Klauseln	(1) Bestimmungen in AGB, die (...) so ungewöhnlich sind, dass der Vertragspartner des Verwenders mit ihnen nicht zu rechnen braucht, werden nicht Vertragsbestandteil.	Überraschend ist z. B.: „Bei Kauf dieser Kaffeemaschine verpflichtet sich der Käufer zum Kauf von Kaffeepulver in unserem Unternehmen."
306	Rechtsfolgen bei Nichteinbeziehung und Unwirksamkeit	(1) Sind AGB ganz oder teilweise nicht Vertragsbestandteil geworden oder unwirksam, so bleibt der Vertrag im Übrigen wirksam. (2) Soweit die Bestimmungen nicht Vertragsbestandteil geworden oder unwirksam sind, richtet sich der Inhalt des Vertrags nach den gesetzlichen Vorschriften.	In den AGB steht z. B. „Der Käufer muss Mängel innerhalb von einer Woche nach Entdeckung rügen." Als Privatperson kann ein Kunde offene und versteckte Mängel innerhalb der Gewährleistungsfrist rügen. Dieser Vertragsbestandteil ist unwirksam, der Rest ist aber gültig.
307	Inhaltskontrolle	(1) Bestimmungen in AGB sind unwirksam, wenn sie den Vertragspartner des Verwenders entgegen den Geboten von Treu und Glauben unangemessen benachteiligen. (...)	Die AGB müssen z. B. klar verständlich, das heißt frei von Widersprüchen oder mit den gesetzlichen Regelungen vereinbar sein. Zweck ist auch ein besonderer Verbraucherschutz.

Kommentierte Gesetzesauszüge BGB			
§	**Überschrift**	**Gesetzesauszug**	**Kommentar/Beispiel**
308	Klauselverbote mit Wertungsmöglichkeit	In Allgemeinen Geschäftsbedingungen ist insbesondere unwirksam (...)	Die in den AGB genannten Bestimmungen sind nur dann unwirksam, wenn sie den Käufer unangemessen benachteiligen. Schwer zu werten ist dabei, was mit „unangemessen" der acht Unterpunkte des § 308 gemeint ist (juristische Abwägung ist notwendig).
309	Klauselverbote ohne Wertungsmöglichkeit	Auch soweit eine Abweichung von den gesetzlichen Vorschriften zulässig ist, ist in Allgemeinen Geschäftsbedingungen unwirksam (...)	Jede der in den AGB genannten 13 Klauseln, die in § 309 stehen, ist grundsätzlich unwirksam.
Bei den beiden Paragrafen 308 und 309 soll der Verbraucher besonders geschützt werden, unwirksam sind z. B. Klauseln wie „Modelländerungen vorbehalten", „Der Verkäufer kann ohne Angabe von Gründen zurücktreten", „Der Verkäufer übernimmt grundsätzlich keine Gewähr".			

AUFGABEN

1. Warum haben viele Unternehmen ihre AGB bereits vorformuliert?
2. Erläutern Sie folgende Paragrafen jeweils anhand eines praktischen Beispiels aus Ihrem Unternehmen.
   a) § 305 BGB, Einbeziehung Allgemeiner Geschäftsbedingungen in den Vertrag
   b) § 305 b BGB, Vorrang der Individualabrede
   c) § 307 BGB, Inhaltskontrolle
3. Begründen Sie, ob nachfolgende AGB-Klauseln die Bestimmungen zu den AGB in den §§ 305–310 BGB verletzen:
   a) Die Lieferung erfolgt ab Werk auf Rechnung und Gefahr des Kunden.
   b) Bei Vertragsrücktritt betragen die Gebühren 75 % des Preises.
   c) Bei verspäteter Zahlung wird direkt das gerichtliche Mahnverfahren eingeleitet.
   d) Unsere Angebote sind nur bei unverzüglicher Bestellung als verbindlich anzusehen, andernfalls freibleibend.
   e) Ein offener Mangel muss durch den Kunden innerhalb von sieben Tagen erfolgen, ansonsten entfallen die Gewährleistungsrechte.
   f) Bei Rücksendungen hat die Frachtkosten der Kunde zu tragen.
4. In § 305 c BGB ist von einer „überraschenden Klausel" die Rede. Warum sind überraschende Klauseln nicht erlaubt?
5. Besorgen Sie sich gültige AGB. Bilden Sie branchenähnliche Gruppen und erstellen Sie branchenspezifische AGB.
6. Vergleichen Sie die erstellten AGB mit denen einer branchenfremden Gruppe. Wo gibt es Unterschiede, wo Gemeinsamkeiten?

ZUSAMMENFASSUNG

Allgemeine Geschäftsbedingungen (AGB)

Gesetzliche Bestimmungen (§§ 305–310 BGB)

- Schutz vor unseriösen AGB
- Individuelle Absprachen haben Vorrang.
- Überraschende Klauseln sind unwirksam.
- Bestimmungen, die gegen den Grundsatz von Treu und Glauben verstoßen, sind unwirksam.
- Bei unwirksamen Klauseln gelten die gesetzlichen Bestimmungen.

Allgemeiner Zweck

- vorformulierte Vertragsbedingungen
- grundsätzliche Ausgestaltung von Verträgen
- besonderer Verbraucherschutz
- Rationalisierung (Zeitersparnis)

5.7 BESONDERE KAUFVERTRAGSARTEN

Martina Kreikenbohm und Norbert Kunze sind befreundet. Beide schaffen sich momentan ein Auto an:

- Martina Kreikenbohm kauft sich beim Autohändler einen Gebrauchtwagen mit einem Kilometerstand von 54 000 Kilometern.
- Norbert Kunze kauft in einem anderen Autohaus einen Neuwagen. Vereinbart wird eine dreimonatige Lieferzeit.

Wodurch unterscheiden sich beide Arten des Kaufvertrages?

INFORMATIONEN

Ein Kaufvertrag wird zwischen dem Käufer und dem Verkäufer einer Ware abgeschlossen. Abhängig von der jeweiligen Gestaltung des Kaufvertrages können unterschiedliche Formen eines Kaufvertrages unterschieden werden. Diese können – im Vergleich zu anderen Kaufvertragsarten – zum Teil zu unterschiedlichen Rechtsfolgen führen.

BEISPIEL

Im Gegensatz zu anderen Kaufvertragsarten kann ein Kunde beim Fixkauf sofort vom Vertrag zurücktreten, wenn der Verkäufer die Lieferung eines Artikels zu einem fest bestimmten Termin versäumt.

Diese besonderen Arten eines Kaufvertrages lassen sich gliedern

- nach der Vertretbarkeit des Kaufgegenstandes,
- nach der rechtlichen Stellung der Vertragspartner,
- nach Art und Beschaffenheit der Ware,
- nach der Lieferzeit,
- nach der Zahlungsart.

Kaufverträge nach der Vertretbarkeit des Kaufgegenstandes

Stückkauf

Liegt ein Stückkauf vor, muss der Verkäufer eine bestimmte, genau identifizierbare Sache dem Käufer übergeben und ihm daran auch das Eigentum verschaffen.

BEISPIEL

Heli Becker kauft das Originalgemälde „Die Leiden der jungen Barbara“ beim Maler Klaus Peter Pizarro.
Die Merkmale des einmaligen Originalgemäldes werden zwischen Verkäufer und Käufer individuell festgelegt: Das Gemälde kann nicht durch ein anderes Gemälde ersetzt werden.

Der Kaufgegenstand ist eine nicht vertretbare Sache.

Bei einem Stückkauf wird im Kaufvertrag der Kaufgegenstand individuell so festgelegt, dass Käufer und Verkäufer sich auf eine eindeutig identifizierbare Sache geeinigt haben.

Gattungskauf

Beim Gattungskauf legen die Vertragspartner sogenannte Gattungsmerkmale wie

- Farbe,
- Material,
- Maße,
- Gewicht usw.

fest.

Die Auswahl des einzelnen Kaufgegenstandes aus dieser Gattung wird dem Verkäufer überlassen.

BEISPIEL

Die Hoffmann KG kauft zum Beheizen ihres Firmengebäudes 5 000 Liter Heizöl bei einem Heizölhändler. Die Ware – in diesem Fall das Heizöl – ist eine vertretbare

Sache: Sie ist nur der Gattung nach bestimmt. Der Heizölhändler kann nun aus seinen Vorräten die 5 000 Liter aussuchen, die er liefern möchte.

Bei einem Gattungskauf muss der Verkäufer also eine vertretbare Sache liefern, die lediglich nach den Gattungsmerkmalen bestimmt ist.

Der Verkauf von Weizen ist in der Regel ein Gattungskauf: Verkäufer und Käufer beschränken sich im entsprechenden Kaufvertrag darauf, den Kaufgegenstand (also den Weizen) nach Gattungsmerkmalen (Sorte, Gewicht, Qualität usw) zu bestimmen. Die Auswahl der zu liefernden Menge trifft der Verkäufer.

Kaufverträge nach der rechtlichen Stellung der Vertragspartner

Bürgerlicher Kauf

Beim bürgerlichen Kauf handeln beide Vertragspartner als Privatleute: Weder der Käufer noch der Verkäufer ist ein Kaufmann. Für den bürgerlichen Kauf gelten die Bestimmungen des Bürgerlichen Gesetzbuchs.

BEISPIEL

Jörn Brunotte verkauft sein Auto dem Rentner Uli Haane.

Handelskäufe

Beim Handelskauf ist mindestens einer der beiden Vertragspartner Kaufmann. Dieser handelt Im Rahmen eines Handelsgeschäfts: Für den Kaufmann gelten nicht nur die Bestimmungen des Bürgerlichen Gesetzbuchs, sondern in erster Linie die des Handelsgesetzbuchs. Unterschieden werden der einseitige Handelskauf und der zweiseitige Handelskauf.

- **Einseitiger Handelskauf**
  Beim einseitigen Handelskauf handelt nur einer der beiden Vertragspartner als Kaufmann.

BEISPIEL

Die Schülerin Victoria Pietsch (Käuferin und Privatperson) kauft in einem Lebensmittelgeschäft (Kaufmann und Einzelhandelsunternehmen) mehrere Tafeln Schokolade.

- **Zweiseitiges Handelsgeschäft**

Beide Kaufvertragspartner sind Kaufleute: Für beide ist der Kauf ein Handelsgeschäft.

BEISPIEL

Die Hoffmann KG (Großhandelsunternehmen und Kaufmann) kauft Ware ein bei der Texpro AG (Industrieunternehmen und Kaufmann).

Kaufverträge nach Art und Beschaffenheit der Ware

Kauf auf Probe

Beim Kauf auf Probe hat der Käufer das Recht, die Ware innerhalb einer bestimmten Frist zurückzugeben, wenn sie seinen Anforderungen und Erwartungen nicht entspricht.

BEISPIEL

Sebastian Holpert ist leidenschaftlicher Trompetenspieler. Er möchte ein neues Instrument kaufen. Mit dem Händler vereinbart er, das Instrument für zwei Wochen ausprobieren zu dürfen.

Kauf nach Probe

Der Käufer erhält vor dem Abschluss des Kaufvertrages eine Probe oder ein Muster. Dieses ersetzt die normalerweise im Vertrag beschriebenen Eigenschaften der Ware. Der Verkäufer muss nun Waren liefern, deren Eigenschaften mit denen der Probe übereinstimmen. Der Kauf nach Probe ist ein endgültiger Kauf, bei denen die Eigenschaften der Probe als zugesichert gelten.

BEISPIEL

Ein Teegroßhändler bestellt nach einer Teeverkostung eine größere Menge Tee. Als Beweismittel für die Qualität erhält er eine Probe, die er aufbewahrt.

Die Bestellung eines Stoffs erfolgt hier aufgrund eines Musters. Die gelieferte Ware muss mit dieser Probe übereinstimmen.

Kauf zur Probe

Der Käufer kauft zunächst eine kleinere Menge Waren, um diese zunächst einmal auszuprobieren. Dies ist ein endgültiger Kauf, bei dem der Käufer aber dem Verkäufer unverbindlich zu erkennen gibt, dass er bei Gefallen an der Ware diese in größeren Mengen später nachbestellen wird.

BEISPIEL

Ein Getränkegroßhändler bestellt zunächst 20 Flaschen eines bestimmten Rotweins zur Probe. Es wird darauf hingewiesen, dass bei Gefallen eventuell eine größere Bestellung über 1 000 Flaschen erfolgen wird.

Ramschkauf

Wenn mehrere Waren zusammen verkauft werden, ohne dass für die einzelnen Artikel eine bestimmte Qualität zugesichert wird, liegt ein Ramschkauf vor. Man spricht beim Ramschkauf häufig auch von einem „Kauf in Bausch und Bogen“ oder einem „En-Bloc-Kauf“.

BEISPIEL

Ein Briefmarkenhändler kauft von einem Sammler eine große Menge verschiedener Briefmarken aus verschiedenen Ländern ohne Angaben zu Alter und Zustand für 2.000,00 €.

Beim Ramschkauf wird oft eine größere Menge von Artikeln „en bloc“ verkauft, ohne dass für die einzelnen Artikel eine bestimmte Qualität zugesichert wird.

Kaufverträge nach der Zahlungsart

Zielkauf

Liegt ein Zielkauf vor, zahlt der Käufer den Kaufpreis erst einige Zeit nach der Lieferung der Ware. Der Verkäufer räumt dem Käufer also einen Lieferantenkredit ein.

BEISPIEL

Eine Boutique bestellt bei der Hoffmann KG 600 Textilien. Die Hoffmann KG hat als Zahlungsbedingung „90-Tage-Ziel“ eingeräumt. Dies bedeutet, dass die Boutique den Kaufpreis erst nach 90 Tagen entrichten muss.

Ratenkauf

Auch beim Ratenkauf – manchmal auch Abzahlungskauf genannt – gewährt der Verkäufer dem Käufer einen Lieferantenkredit. Die Zahlung des Kaufpreises durch den Käufer erfolgt allerdings zu verschiedenen Zeitpunkten in Teilbeträgen. Diese werden Raten genannt.

BEISPIEL

Ein Paar richtet seine erste Wohnung ein. Mit dem Möbelhaus wird ein Ratenkauf vereinbart. Nach einer Anzahlung wird der Rest des Kaufpreises dann in 24 Monatsraten entrichtet.

Kauf gegen Vorauszahlung

Beim Kauf gegen Vorauszahlung muss der Käufer Teilbeträge oder sogar den gesamten Kaufpreis vor der Auslieferung der Ware durch den Verkäufer bezahlen.

BEISPIEL

Bei der erstmaligen Kontaktaufnahme lässt sich ein Webshop vor der Lieferung zunächst einmal den Kaufpreis überweisen. Damit kann die Identität des Käufers nachgeprüft werden.

Kaufverträge nach der Lieferzeit

Sofortkauf

Der Sofortkauf wird oft auch Tageskauf genannt. Dies ist der Normalfall eines Kaufvertrages. Wenn nichts anderes vereinbart ist, muss der Verkäufer die Ware unmittelbar nach Abschluss des Kaufvertrages liefern.

BEISPIEL

Die Hoffmann KG hat bei einer Textilfabrik Anzüge bestellt. Diese müssen unverzüglich geliefert werden.

Terminkauf

Der Verkäufer muss beim Terminkauf innerhalb einer vereinbarten Frist liefern. Dies bedeutet, dass zwischen dem Vertragsabschluss und der Auslieferung der Ware eine bestimmte Zeitspanne liegt.

BEISPIEL

- Sebastian Holpert bestellt bei einem Autounternehmen einen Neuwagen. Das Autounternehmen verpflichtet sich zur Lieferung eines Neuwagens innerhalb von sechs Monaten.
- Claudine Marxen hat einen Backofen gekauft. Vertraglich wurde ihr eine „Lieferung bis Ende Mai" zugesichert.

Fixkauf

Beim Fixkauf ist die Einhaltung eines vereinbarten Termins ein wesentlicher Bestandteil des Kaufvertrages. Wird verspätet geliefert, ist der Kaufvertrag von vornherein nicht mehr vollständig erfüllt. Das wesentliche Merkmal des Fixkaufes ist also die Lieferung zu einem genau festgelegten Zeitpunkt (bzw. bis zu diesem Zeitpunkt).

BEISPIEL

Die Hoffmann KG möchte ihre jährliche Weihnachtsfeier am 6. Dezember veranstalten. Sie vereinbart mit einer Gärtnerei die Lieferung eines Weihnachtsbaums mit der Formulierung „Lieferung am 5. Dezember fix".

Kauf auf Abruf

Beim Kauf auf Abruf wird vereinbart, dass der Verkäufer der Ware diese erst dann liefert, wenn der Käufer sie abruft: Der Käufer bestimmt also den Zeitpunkt der Lieferung.

BEISPIEL

Um einen günstigen Rabatt mitzunehmen, bestellt die Hoffmann KG bei einem Textilproduzenten jetzt schon 1 000 Textilstücke. Die Hoffmann KG behält sich aber vor, erst zu einem späteren Zeitpunkt die Lieferzeit festzulegen. Ebenfalls kann sie später auch Teilmengen abrufen.

Spezifikationskauf

Der Spezifikationskauf wird auch Bestimmungskauf genannt. Der Käufer bestellt zunächst eine festgelegte Warenmenge einer vertretbaren Sache. Innerhalb einer vereinbarten Frist hat der Käufer bei dieser Kaufvertragsform das Recht, Farbe, Form und Maß der Ware zu bestimmen.

BEISPIEL

Die Hoffmann KG will bei einem Textilproduzenten Shorts bestellen. Es ist momentan aber noch unklar, was die Modefarbe der nächsten Saison ist. Sie bestellt jetzt schon 10 000 Stück, behält sich aber vor, die gewünschte Farbe noch später zu melden.

AUFGABEN

1. Unterscheiden Sie den Stückkauf vom Gattungskauf.
2. Um welche besonderen Arten eines Kaufvertrages handelt es sich in den folgenden Fällen?

a) Ein Musiker möchte eine neue Geige erwerben. Bevor er sich fest zum Kauf entschließt, möchte er das Instrument zwei Wochen ausprobieren.

b) Ein Einzelhandelsunternehmen bestellt auf einer Messe 20 Küchengeräte. Es stellt dem Produzenten umfangreiche Nachbestellungen in Aussicht für den Fall, dass die Maschine den Verkaufserwartungen entspricht.

c) Die Hoffmann KG bestellt bei einer Schreibwarengroßhandlung Kopierpapier (DIN A4, blütenweiß und holzfrei) nach Muster.

3. Wodurch unterscheiden sich Terminkauf und Fixkauf?
4. Was versteht man unter einem Tageskauf?
5. Nennen Sie die Vorteile des Spezifikationskaufs für den Käufer.
6. Anke Lüth bestellt bei einem Versandhändler zwei Blusen. Welche Art Kaufvertrag liegt vor?
7. Stellen Sie in den folgenden Fällen fest, um welche Art des Kaufes es sich handelt.

a) Eine Reederei bestellt bei einer Werft en Tanker. Die Reederei muss 40 % des Kaufpreises nach der Auftragserteilung, den Rest nach der Fertigstellung zahlen.

b) Ein Gebrauchtwagen einer bestimmten Marke mit dem Baujahr 2019 wird gekauft. Der Wagen hat 63 000 km auf dem Tacho.

c) Ein Kunde des Einzelhändlers Meyer Elektroartikel GmbH kann den Kaufpreis zu festgelegten Terminen in Teilbeträgen bezahlen.

d) Klaus Peter Marx möchte einen Luxus-Fernseher in einem Fachgeschäft kaufen. Es wird vertraglich vereinbart, dass er das Gerät für drei Wochen in seiner Wohnung ausprobieren darf.

e) Die Hoffmann KG bestellt bei ihrem Lieferanten 800 Textilien. Der Kaufpreis der Ware muss erst 90 Tage nach der Lieferung gezahlt werden.

f) Ein Neuwagen einer bestimmten Marke wird mit einer sechsmonatigen Lieferzeit geliefert.

g) Auszug aus einem Kaufvertrag: „Lieferung von 500 Weihnachtsbäumen zum 1. Dezember“.

h) Ein renommierter Getränkehändler bestellt bei einer Winzergenossenschaft fünf Flaschen einer bestimmten Rotweinsorte. Es soll eine Weinprobe veranstaltet werden. Die Winzergenossenschaft wird darauf hingewiesen, dass bei Gefallen weitere 1 000 Flaschen nachbestellt werden könnten.

i) Auszug aus einem Kaufvertrag: „Lieferung innerhalb von 14 Tagen“.

j) Eine Apotheke bestellt per Telefon Medikamente bei einer Großhandlung. Die Lieferung erfolgt umgehend.

k) Gerd Frost möchte sein Wohnzimmer mit Teppichboden ausstatten. Ihm werden einige Muster vorgelegt. Eines gefällt ihm besonders gut. Aufgrund dieses Musters bestellt er.

l) Das Excelsior Hotel schließt mit einem Landwirt einen Kaufvertrag über 200 Zentner Kartoffeln ab. Darin wird vereinbart, dass das Hotel zu Anfang eines jeden Monats drei 25 Zentner Kartoffeln anfordern darf.

m) Die Hoffmann KG kauft bei einem Textilunternehmen 1 000 Pullover. Die Lieferung soll aber erst dann erfolgen, wenn die Hoffmann KG innerhalb einer bestimmten Zeit die Modefarben der Saison ermittelt hat.

ZUSAMMENFASSUNG

Kaufvertragsarten

nach der Vertretbarkeit des Kaufgegenstandes
- Stückkauf
- Gattungskauf

nach der rechtlichen Stellung der Vertragspartner
- bürgerlicher Kauf
- einseitiger Handelskauf
- zweiseitiger Handelskauf

nach Art und Beschaffenheit der Ware
- Kauf auf Probe
- Kauf nach Probe
- Kauf zur Probe
- Ramschkauf

nach der Lieferzeit
- Sofort Kauf
- Terminkauf
- Fixkauf
- Kauf auf Abruf
- Spezifikationskauf

nach der Zahlungsart
- Zielkauf
- Ratenkauf
- Kauf gegen Vorauszahlung

5.8 DIE WARENANNAHME

In einem Handelsunternehmen werden oft mehrmals täglich von Speditionen, Paketdienstleistern oder Herstellern Waren angeliefert.

Was muss bei der Annahme der Ware beachtet werden?

INFORMATION

Bestellte Waren werden einem Unternehmen durch die Post oder die Eisenbahn, durch Boten, Paketdienste oder Speditionsunternehmer zugestellt. Vertragsgemäß gelieferte Ware muss abgenommen werden. Nicht immer jedoch ist die Lieferung einwandfrei. Die Ware kann Mängel aufweisen, die entweder der Hersteller zu verantworten hat oder die durch den Transporteur verursacht wurden. Damit das Unternehmen als Käufer nicht das Recht zur Reklamation verliert, müssen beim Wareneingang verschiedene Prüfungen vorgenommen werden.

Es wird sofort – also auf der Stelle – mithilfe der Warenbegleitpapiere die **Berechtigung der Lieferung** kontrolliert. Bei der Ware könnte es sich ja um Irrläufer handeln oder um unverlangte Gegenstände. Irrläufer erkennt man meist schon an der falschen Adresse. Unverlangte Sendungen sind zu erkennen, wenn die Warenannahme im Betrieb (z. B. durch die Einkaufsabteilung) rechtzeitig über jeden zu erwartenden Eingang unterrichtet ist.

Auch die **Verpackung** muss sofort überprüft werden. Noch in Gegenwart des Überbringers ist festzustellen, ob die Verpackung in irgendeiner Weise beschädigt ist. Bei Artikeln, die nicht verpackt sind, ist das Äußere der Ware auf Mängel hin zu untersuchen. Anschließend wird eine **Mengenprüfung** vorgenommen. Es wird geklärt, ob die Anzahl bzw. das Gewicht der Versandstücke mit den Versandpapieren übereinstimmt.

Ergeben sich bei den drei genannten Kontrollen Mängel, verlangt der Mitarbeiter in der Warenannahme eine Tatbestandsaufnahme. Tatbestandsaufnahme bedeutet, dass der Transporteur die festgestellten Mängel schriftlich bestätigt. Der Betrieb ist dann berechtigt, die Abnahme der Ware zu verweigern oder die Ware nur unter Vorbehalt anzunehmen.

Weiterhin muss der **Zustand der Waren** untersucht werden. Nach dem Auspacken der Ware ist zu prüfen, ob die gelieferten Artikel den im Kaufvertrag vereinbarten Eigenschaften entsprechen. Eine genaue Kontrolle lässt sich aus zeitlichen Gründen nicht immer sofort bei der Übergabe der Ware durchführen. Sie muss aber „unverzüglich“ erfolgen. Unverzüglich bedeutet, die Prüfung darf ohne wichtigen Grund nicht verzögert werden. Die Ware muss zum nächstmöglichen Zeitpunkt auf eventuelle Mängel hin untersucht werden.

Stellt ein Mitarbeiter in der Warenannahme fest, dass die Ware beispielsweise beschädigt ist, teilt er dies dem Lieferanten mit. Die fehlerhafte Ware wird mit dieser „Mängelrüge“ beanstandet, damit der Betrieb seine Ansprüche nicht verliert.

Ist die Ware einwandfrei, wird sie ins Lager oder in die Verkaufsräume gebracht. Gleichzeitig wird der Einkaufsabteilung und der Buchhaltung gemeldet, dass die bestellte Ware eingetroffen ist.

AUFGABEN

1. Warum muss der Betrieb bei der Annahme von Waren bestimmte Kontrollen vornehmen?
2. Erklären Sie den Unterschied zwischen einer sofortigen und einer unverzüglichen Prüfung.
3. Welche Kontrollen müssen beim Wareneingang sofort vorgenommen werden?
4. Was kann unverzüglich kontrolliert werden?
5. Welche Maßnahmen hat der Betrieb bei Beanstandungen zu ergreifen?

ZUSAMMENFASSUNG

In der Warenannahme

muss die gelieferte **Ware kontrolliert** werden, damit der Betrieb nicht das Recht zur Reklamation verliert.

sofort

d. h.
- auf der Stelle
- in Anwesenheit des Transporteurs

unverzüglich

d. h.
- ohne schuldhafte Verzögerung

Bei Beanstandungen:

Tatbestandsaufnahme

über
- **Berechtigung der Lieferung**
- **Zustand der Verpackung**
- **richtige Menge**

Mängelrüge

über
Zustand der Ware

5.9 SCHLECHTLEISTUNG

Im Aufenthaltsraum der Tom Hoss KG diskutiert Jakub Nowak gerade mit einer Kollegin, als Stefanie Beyer aufgeregt dazukommt:

Stefanie Beyer:
„Hallo, ihr beiden, tut mir leid, wenn ich störe. Aber ich habe ein Problem und ihr könnt mir bestimmt helfen."

Jakub Nowak:
„Was ist denn los, Stefanie?"

Stefanie Beyer:
„Im Lager gibt es gerade mal wieder Ärger: Die Bernhard Müller OHG hat falsche Ware geliefert. Ich soll den Fall bearbeiten. Aber wie gehe ich denn nun vor?"

1. *Beurteilen Sie die Rechtslage.*
2. *Schlagen Sie Maßnahmen vor, die Stefanie Beyer ergreifen könnte.*

INFORMATION

Eine der Haupttätigkeiten der Beschäftigten in Unternehmen ist die Behandlung von Reklamationen der Kunden. Um Reklamationen angemessen bearbeiten zu können, müssen Mitarbeiter und Mitarbeiterinnen zunächst einmal die rechtlichen Folgen von Reklamationen kennen.

Reklamierende Kunden sind oft aufgeregt, empfindlich, manchmal sogar verärgert. Durch ein richtiges Verhalten der Beschäftigten können Kundenverluste vermieden werden. Oft ist die richtige Behandlung von Reklamationen ein Weg zu einer stärkeren Kundenbindung.

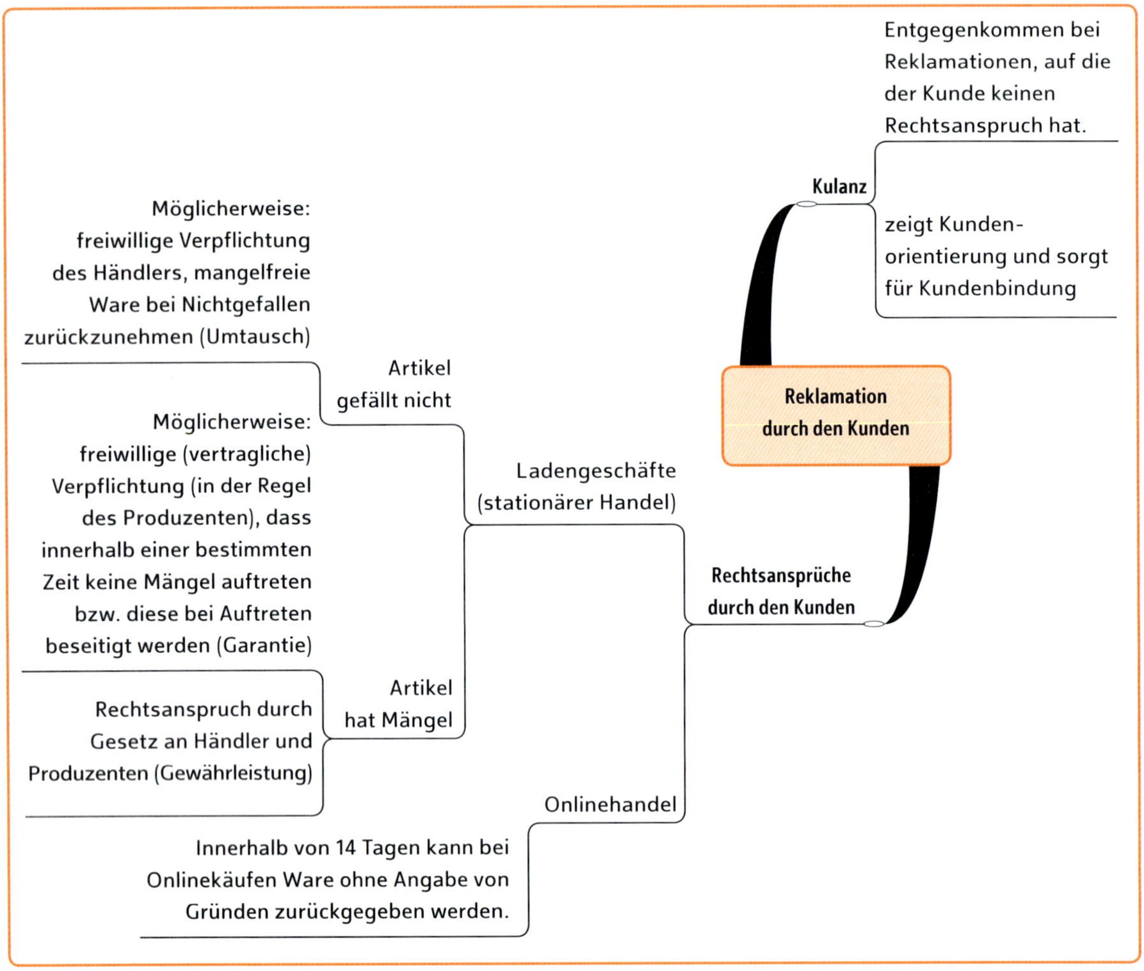

Umtausch

DEFINITION

Beim **Umtausch** nimmt das Unternehmen Ware ohne Mangel freiwillig zurück.

Es gibt eine Reihe von Gründen für Umtauschwünsche von Kunden:

- Dem Kunden gefällt der gekaufte Artikel nicht mehr.
- Angehörigen sagt die Ware nicht zu.
- Der Kauf war unüberlegt.
- Größe, Form, Farbe usw. der Ware passen nicht.
- Die für einen Dritten gekaufte Ware (Geschenke) ist schon vorhanden, gefällt oder passt nicht.
- Der Kunde sieht den gleichen Artikel günstiger bei einem Konkurrenzunternehmen.

Im deutschen Recht herrscht der Grundsatz, dass einmal geschlossene Verträge eingehalten werden müssen. Ein Rechtsanspruch auf Umtausch einer mangelfreien Ware besteht deshalb nach dem Gesetz nicht.

BEISPIEL

Corinna Schwarz möchte bei der Tom Hoss KG einen Pullover für ihren 14-jahrigen Sohn Birk kaufen. Sie geht zur Kasse. Dadurch macht sie ein Angebot zum Abschluss des Kaufvertrags, das vom Einzelhandelsunternehmen angenommen wird. Corinna Schwarz zahlt den Kaufpreis und bekommt den Pullover von der Verkäuferin in einer Tragetasche übergeben. Damit überträgt die Verkäuferin den Besitz und das Eigentum an Corinna Schwarz.

Kurze Zeit später möchte Corinna Schwarz den Pullover umtauschen, weil ihrem Sohn der Pullover nicht gefällt. Außerdem ist ihr Sohn schon wieder gewachsen. Das Einzelhandelsunternehmen kann den gewünschten Umtausch mit dem Hinweis auf den ordnungsgemäß abgeschlossenen Kaufvertrag ablehnen.

Ohne Einverständnis des Kaufmanns ist ein Umtausch zunächst einmal nicht möglich. Doch dies geschieht nur in den seltensten Fällen: Umtausch wird als Kundendienstleistung betrachtet. Außerdem ist Großzügigkeit beim Umtauschen eine sehr kostengünstige Werbung für das Unternehmen.

Wenn der Einzelhändler nicht besonders auf das Umtauschrecht des Kunden hinweist, muss jeder Kunde, der etwas kauft und sich die Rückgabe vorbehalten will, also fragen, ob die Ware zurückgegeben werden kann. Deshalb weisen viele Unternehmen extra darauf hin, dass Waren bei Nichtgefallen umgetauscht werden.

Will man Missverständnisse vermeiden, sollten Verkäufer und Kunde ausdrücklich vereinbaren, dass der Kaufmann die Ware aus Kulanzgründen zurücknimmt, falls der Umtausch gewünscht wird.

Wenn das Unternehmen dem Kunden die Umtauschrechte schriftlich einräumt, muss es klar und deutlich darauf hinweisen, welche Artikel vom Umtausch ausgeschlossen sein sollen.

BEISPIELE

Bestimmte Artikel sind aus hygienischen Gründen vom Umtausch ausgeschlossen, z. B. Kosmetikartikel, Perücken oder Unterwäsche.

Auch in den Saison-Schlussverkäufen wird das generelle Umtauschrecht meistens ausdrücklich von den Einzelhandelsunternehmen ausgeschlossen. Von der Absicht her, in kurzer Zeit die Lager zu räumen, ist dieses Verhalten des Einzelhandels verständlich.

In weiten Kreisen des Einzelhandels hat sich jedoch eingebürgert, Umtauschrechte ohne vorherige besondere Vereinbarung einzuräumen.
Der Einzelhändler kann die Regeln beim Umtausch aus Kulanzgründen selbst gestalten.
Bei einem Umtausch muss das Verkaufspersonal die folgenden Punkte prüfen:

- Ist der Artikel unbeschädigt (kann er damit wiederverkauft werden)?
- Liegt der Kassenbon vor?
- Ist die betriebliche Umtauschfrist eingehalten worden?

Viele Unternehmen haben für den problemlosen Umtausch eigene Bereiche eingerichtet.

BEISPIEL

Die Tom Hoss KG hat eine Umtauschfrist bestimmt, auf die sie schriftlich hinweist. In der Regel wird lediglich eine Gutschrift über die Kaufsumme ausgestellt und nicht der Kaufpreis zurückerstattet. Eine anderslautende Vereinbarung kann jedoch jederzeit von der Abteilungsleitung getroffen werden.

All dies gilt selbstverständlich nur, wenn die Ware nicht mangelhaft ist. Liegt eine berechtigte Reklamation vor, stehen dem Kunden die Rechte im Rahmen der gesetzlichen Gewährleistung zu.'

Garantie

Im Gegensatz zum Umtausch geht es sowohl bei der Garantie als auch bei der gesetzlichen Gewährleistung um die rechtliche Behandlung mangelhafter Ware.

Die Übernahme einer Garantie muss klar von der gesetzlichen Gewährleistung unterschieden werden. Dies wird in der geschäftlichen Praxis oft versäumt. Auch Kunden verwechseln Garantie und Gewährleistung häufig beziehungsweise kennen den Unterschied nicht.

➔ Der entscheidende Unterschied zwischen Garantie und Gewährleistung besteht darin, dass
die Garantie auf einem freiwilligen Vertrag, die Gewährleistung aber auf einem Gesetz beruht,
bei der Gewährleistung der Mangel bereits bei der Übergabe vorhanden sein musste.

Die Garantierechte des Käufers stehen also selbstständig neben den gesetzlichen Gewährleistungsrechten.

DEFINITION

Unter **Garantie** versteht man das freiwillige Versprechen eines Unternehmens, dass während einer bestimmten Zeitdauer ab Übergabe der Ware keine Mängel auftreten und der Unternehmer für die Mängelfreiheit einsteht. Zumeist übernimmt diese Haftung der Hersteller.

Unternehmen sind nicht gesetzlich verpflichtet, eine Garantie zu übernehmen. Sie bedarf daher der ausdrücklichen vertraglichen Vereinbarung, die den Inhalt und Umfang sowie die Garantiefrist bestimmt.

Die Garantieübernahme von Herstellern erfolgt oft über Garantiekarten, die der Hersteller seinen Erzeugnissen beilegt. Darin werden dem Endverbraucher Rechte zumeist auf Nachbesserung oder Ersatzlieferung eingeräumt. Da diese Rechte eine freiwillige und zusätzliche Leistung des Herstellers sind, kann er sie nach seinen Vorstellungen inhaltlich ausgestalten. Es kommt ein Garantievertrag direkt zwischen dem Endkunden und dem Hersteller zustande.

BEISPIEL

Susanne Eilers kauft bei der Larstadt Warenhaus AG einen Geschirrspüler des Herstellers Dosch, dem eine Garantiekarte des Herstellerwerks beigefügt ist. Die Garantiekarte weist eine Garantiefrist von 48 Monaten nach Kauf aus.
Wenn beispielsweise nach drei Jahren der Geschirrspüler defekt würde, müsste der Hersteller Dosch je nach eingegangener Verpflichtung auf der Garantiekarte entweder eine Reparatur vornehmen oder Susanne Eilers ein neues Gerät zur Verfügung stellen.

Der Garantiegeber (also entweder der Hersteller oder auch der Händler) muss seine Garantieerklärungen dem Käufer immer in Textform übergeben, auch wenn der Kunde dies nicht verlangt hat. Dies kann auf einem (analogen) Datenträger in Papierform (z. B. Garantiekarte, Garantieurkunde) oder auf einem digitalen Datenträger erfolgen. Dies muss spätestens zum Zeitpunkt der Lieferung der Kaufsache geschehen.

Was muss der Garantiegeber bei der Abgabe von Garantieerklärungen beachten?

- Angegeben werden muss auch der vom Käufer eingehalten der Verfahrensweg, wenn er die Garantie geltend machen möchte.
- Wird eine Garantieerklärung abgegeben, muss diese dem Käufer ohne ein entsprechendes Verlangen auf einem dauerhaften Datenträger zur Verfügung gestellt werden.
- In der Garantieerklärung muss die Ware genannt werden, auf die sich die Garantie bezieht
- Die Garantieerklärung muss einen deutlichen Hinweis enthalten, dass die bestehenden gesetzlichen Gewährleistungsrechten unberührt bleiben.
- Die Garantieerklärung muss weiterhin enthalten:
  - den Namen und ide Anschrift des Garantiegebers
  - die Garantiebestimmungen (Regeln, Dauer, örtlicher Geltungsbereich der Garantie)
- Der Käufer muss die Information erhalten, dass die Inanspruchnahme der Garantierechte kostenlos ist.

4203118

Widerrufsrecht des Verbrauchers bei Onlinekäufen

Unabhängig davon, ob der Grund der Rücksendung aufgrund der gesetzlichen Gewährleistung, aufgrund eines Garantieversprechens oder wegen eines bewusst eingeräumten Umtauschrechts erfolgt, kann der Kunde bei **Onlinekäufen** die Ware auch ohne Angabe von Gründen zurückgeben. Mit seinem Widerrufsrecht kann er die Ware ohne Begründung zurückschicken.

Der Verbraucher kann also innerhalb von 14 Tagen den **Fernabsatzvertrag** ohne Angabe von Gründen widerrufen. Er ist dann nicht mehr an den Vertrag gebunden.

Diese Regelung gilt u. a. nicht bei Fernabsatzverträgen zur Lieferung von:
- Frischeartikeln, z. B. Lebensmittel, Blumen
- Presseartikeln
- Waren, die ersteigert wurden
- Produkten, die entweder nach Kundenspezifikationen angefertigt wurden oder sich nicht für die Rücksendung eignen
- Software, wenn sie vom Käufer entsiegelt wurde
- Video- und Audioaufzeichnungen

Generell gilt zunächst einmal, dass die Widerrufsfrist beginnt, wenn der Verbraucher eine ordnungsgemäße Widerrufsbelehrung erhalten hat. Verpflichtend vorgeschrieben ist, dass der Verkäufer den Käufer auf ein Musterformular für einen Widerruf hinweist, das der Käufer im Bedarfsfall nutzen kann. Er kann aber auch auf andere Weise widerrufen:
- per Brief
- per Fax
- per E-Mail
- per Telefon (Hier ist auf die Beweisbarkeit zu achten.)

Das Fernabsatzrecht legt zusätzlich fest, dass bei Warenlieferungen die Frist bei Erhalt der Ware beginnt, bei Dienstleistungen beim Vertragsabschluss.

Das Widerrufsrecht wird nicht dadurch ausgeschlossen, dass der Verbraucher die Ware ausprobiert oder benutzt hat. Innerhalb der 14-tägigen Widerrufsfrist dürfen Kunden bestellte Ware nicht nur anschauen, sondern auch ausprobieren.

BEISPIEL

Stefanie Beyer hat bei einem Onlinehändler ein Kleid bestellt.

Nach der Lieferung probiert sie es zu Hause vor dem Spiegel an. Dies ist zulässig. Nicht erlaubt dagegen ist es, dass sie mit dem Kleid ausgeht. Der Onlinehändler kann in diesem Fall das zurückgeschickte Kleid nicht mehr weiterverkaufen. Um einen Wertersatz einfordern zu können, muss er allerdings beweisen, dass Stefanie die Ware über die Überprüfung und Anprobe hinaus für andere Zwecke benutzt hat.

Zur fristgerechten Rückgabe innerhalb der 14-Tages-Frist ist die Originalverpackung nicht gesetzlich vorgeschrieben. Nur wenn der Onlinehändler darüber hinaus freiwillig eine längere Widerrufsfrist anbietet, darf er die Rücknahme von der Originalverpackung abhängig machen. In diesem speziellen Fall darf der Onlinehändler sogar einen angemessenen Wertersatz für eine fehlende bzw. beschädigte Originalverpackung verlangen

Kulanz

Für Unternehmen kann die Kulanz eine wichtige Eigenschaft sein, mit der sie bei Kunden einen positiven Eindruck erzielen können. Unter Kulanz wird das Entgegenkommen des Verkäufers nach dem Verkauf einer Ware bei einer Reklamation des Kunden verstanden, wobei es dazu keine rechtliche Verpflichtung des Herstellers oder Verkäufers gibt.

BEISPIEL

Heike Fleck hat sich ein Auto gekauft und ist damit zwei Jahre lang ohne Probleme gefahren. Nach 25 Monaten hat ihr Auto einen Motorschaden. Die Reklamationsfrist von zwei Jahren (24 Monaten) ist gerade abgelaufen. Sie kann daher keine Rechte mehr im Rahmen der gesetzlichen Gewährleistung in Anspruch nehmen.

Heike Fleck ist verärgert, weil sie den Zeitraum für Reklamationen im Rahmen einer mangelhaften Lieferung um einen Monat verpasst hat.

Das Autohaus möchte Heike Fleck weiter als Stammkundin behalten und bietet ihr deshalb an, die Reparaturkosten zu übernehmen, obwohl es rechtlich nicht mehr dazu verpflichtet gewesen wäre: Das Autohaus gewährt also Kulanz. Heike Fleck ist sehr zufrieden. In ihrem Bekanntenkreis spricht sie oft von ihren positiven Erfahrungen mit dem Autohaus.

Kulanz ist letztlich ein Serviceangebot eines Unternehmens. Es kommen zwar Kosten auf das Unternehmen zu. Oft sind die Vorteile jedoch größer als dieser Nachteil, weil

- die Kundenbindung (der zufriedenen Kunden) erheblich gestärkt wird,
- die Gewährung von Kulanz sich oft bei weiteren Personen herumspricht.

Gesetzliche Gewährleistung

Aufgrund gesetzlicher Vorschriften stehen jedem Käufer von Waren bestimmte Rechte zu, wenn die Ware Mängel hat. Diese Rechte existieren unabhängig von ggf. zugesagten Umtauschmöglichkeiten oder Garantieerklärungen.

Oft beschweren sich Kunden über Ware. Sind tatsächlich Mängel vorhanden, so hat man als Kunde Rechte im Rahmen der gesetzlichen Gewährleistung. Unter Gewährleistung versteht man die gesetzliche Verpflichtung eines Schuldners – in diesem Falle also des Verkäufers –, Sachen (z. B. Waren) in einem mangelfreien Zustand zu liefern. Die Rechte im Rahmen der gesetzlichen Gewährleistung dürfen nicht mit Rechten aus Umtausch- oder Garantieverpflichtungen verwechselt werden.

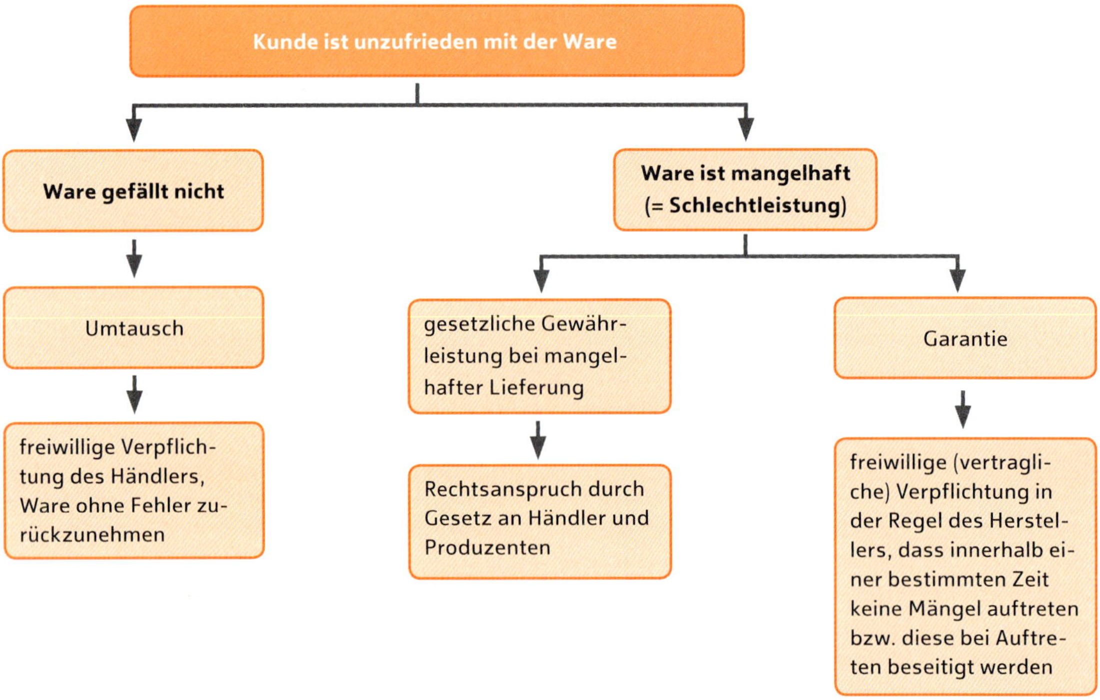

Gewährleistung für mangelfreie Lieferung

DEFINITION

Durch die gesetzliche **Gewährleistung** haftet der Unternehmer dafür, dass die Ware zum Zeitpunkt der Übergabe die zugesicherten Eigenschaften besitzt und mangelfrei ist.

Gemäß den rechtlichen Vorschriften muss ein Verkäufer dem Käufer seine Sache grundsätzlich fehlerfrei übergeben und ihm das Eigentum an dieser Sache verschaffen. Die gesetzlichen Rechte, die ein Kunde bei Schlechtleistung in Anspruch nehmen kann, hängen ab von der Art des Mangels. Der Käufer muss deshalb zunächst feststellen, um

- welche Art von Ware und
- welche Fehlerart

es sich handelt, um reklamieren zu können.

Verträge für unterschiedliche Arten von Produkten

Möchte man eventuell einen Mangel reklamieren, muss man zunächst einmal untersuchen, welche Kaufvertragsarten im Hinblick auf die Kaufsache vorliegt. Die Klärung, um welches Produkt es sich handelt, ist wichtig, weil sich davon abhängig zusätzliche oder unterschiedliche Gewährleistungsvorschriften ergeben. Unterschieden werden

- (analoge) Waren,
- digitale Produkte,
- Waren mit digitalen Elementen.

(Analoge) Waren

Waren sind rein physische Güter. Sie haben für den Menschen einen Gebrauchswert und werden deshalb gehandelt. Es sind Produkte ohne digitale Elemente. Waren bestehen aus einem oder mehreren materiellen Bestandteilen.

BEISPIEL

- Lebensmittel
- Textilien
- Bücher
- Werkzeuge
- Spielzeug
- Möbel

Digitale Produkte

Digitale Produkte umfassen alle digitalen Inhalte und Dienstleistungen, die Gegenstand von Kaufverträgen (aber auch von Dienstverträgen, Werkverträgen oder Mietverträgen) sind. Digitale Produkte können auf einem Datenträger gespeichert sein oder aus dem Internet geladen werden. Zu den digitalen Produkten zählen auch digitale Dienstleistungen, die es Verbrauchern ermöglichen, Daten in digitaler Form zu erstellen, zu verarbeiten, zu speichern und zu nutzen bzw. einen Zugang zu solchen Daten zu bekommen.

BEISPIEL

- Computerspiele auf Speichern wie CDs oder DVDs
- Computerspiele im Internet
- Apps
- Nutzung von Clouds
- Nutzung von Programmen und Daten über Datenfernübertragung bzw. das Internet
- Social-Media-Dienste
- Messenger-Dienste
- E-Papers und E-Books

Im Gegensatz zu den (analogen) Waren hat der Verkäufer hier nicht die Pflicht, eine körperliche Kaufsache zu übergeben. Stattdessen muss er ein digitales Produkt bereitstellen.

<table>
<tr><th colspan="2">Digitale Produkte</th></tr>
<tr><td colspan="2">Als Kaufverträge über digitale Produkte gelten auch Verträge, in denen der Verbraucher statt (oder zusätzlich zu) einer Geldzahlung mit der Bereitstellung personenbezogener Daten zahlt.

BEISPIEL
Viele Dienste im Bereich sozialer Medien verlangen von ihren Kunden kein Geld.</td></tr>
<tr><td colspan="2"></td></tr>
<tr><td>Digitale Inhalte (digitale Produkte im engeren Sinn)</td><td>Digitale Dienstleistungen</td></tr>
<tr><td>Daten, die in digitaler Form erstellt und bereitgestellt worden sind</td><td>Dienste, die dem Verbraucher die Erstellung, die Verarbeitung oder die Speicherung von Daten in digitaler Form oder den Zugang zu solchen Daten ermöglichen</td></tr>
<tr><td>BEISPIELE
• Programme
• Video- und Audiodateien
• Musik-Dateien
• E-Books</td><td>BEISPIELE
• Software as a Service
• Spiele, die in einer Cloud-Computing-Umgebung und in sozialen Medien angeboten werden
• Streamingdienste
• Social-Media-Mitgliedschaften
• Messenger-Dienste
• Live-Trainings
• Webinare</td></tr>
<tr><td colspan="2">Der Verbraucher kann als Kunde die Bereitstellung des digitalen Produkts unverzüglich nach Vertragsschluss verlangen. Ein digitales Produkt (Inhalte) gilt als bereitgestellt, sobald der Kunde Zugang zu diesem hat.</td></tr>
</table>

Waren mit digitalen Elementen

Waren mit digitalen Elementen sind im Vergleich zu digitalen Produkten eher körperliche Gegenstände, die aber digitale Inhalte bzw. digitale Dienstleistungen umfassen.

BEISPIELE

- Smartphones
- Tabletts
- Smart Watches
- Digitalkameras
- intelligente Haushaltsgeräte (z. B. Waschmaschine mit Sensoren und Steuerungsprogramm)
- intelligente Fernsehgeräte
- Computer

Bei Waren mit digitalen Elementen sind zwei Fälle zu unterscheiden:

- Die digitalen Elemente sind für die Funktion des Kaufgegenstandes entscheidend: Ohne sie wird der Zweck der Sache nicht erfüllt.

BEISPIEL

Der Bildschirm eines Tabletts ist defekt.
Für diesen Fall gelten die Regeln für digitale Produkte. Die Kaufsache kann ihre Funktion (eventuell eingeschränkt) erfüllen: Die Gewährleistungsrechte können je nach betroffenem Produktteil in Anspruch genommen werden.

BEISPIEL

Bei einem smarten Kühlschrank gilt das Kaufrecht für analoge Waren, wenn es zu einem Fehler bei der Kühlung kommt. Fällt jedoch aufgrund eines Softwarefehlers die intelligente Steuerung der Temperaturen aus, gelten die Regeln für digitale Produkte.

Die Erkennbarkeit von Mängeln

Abhängig davon, inwieweit ein Mangel bei der Übergabe der Ware dem Käufer bekannt war, hat dieser zum Teil unterschiedliche Rechte und Pflichten.

Mängelarten im Hinblick auf die Erkennbarkeit

Art	Beschreibung	Beispiele
offene Mängel	Bei der Übergabe der Ware kann der Käufer deutlich erkennen, dass die Ware einen Mangel hat.	Bei einem gelieferten Büroschrank ist die Oberfläche stark verkratzt.
versteckte Mängel	Diese Mangelart liegt vor, wenn der Mangel trotz einer gewissenhaften Überprüfung der Ware zunächst nicht erkennbar ist	Bei einem Computer funktioniert ein Teil des Hauptspeichers nicht.
arglistig verschwiegene Mängel	Bei arglistig verschwiegenen Mängeln verheimlicht der Verkäufer dem Käufer einen versteckten Mangel absichtlich.	Die Tom Hoss KG kauft eine größere Menge Wollpullover. Der Verkäufer verschweigt dabei, dass die Pullover durch einen Wasserschaden in seinem Lager nass geworden sind.

Sachmängel

Weist eine Kaufsache nicht die Beschaffenheit auf, die sie nach Ansicht der Vertragspartner haben soll, liegt ein Sachmangel vor.

Ein Produkt ist frei von Sachmängeln, wenn es den subjektiven Anforderungen, den objektiven Anforderungen und den Montageanforderungen entspricht.

Die drei Kategorien zur Bestimmung der Mangelfreiheit sind gleichwertig zueinander. Nur wenn die gelieferte Sache **alle** drei Voraussetzungen erfüllt, ist sie frei von Sachmängeln.

Die Mangelfreiheit von Kaufsachen		
Eine Kaufsache hat keine Mängel, wenn sie drei Anforderungen **gleichzeitig** erfüllt:		
Subjektive Anforderungen	**Objektive Anforderungen**	**Montageanforderungen**
Die Kaufsache muss dem entsprechend, was Käufer und Verkäufer im Vertrag im Hinblick auf die Beschaffenheit vereinbart haben.	Die Kaufsache muss sich für die branchenübliche Verwendung eignen oder eine Beschaffenheit haben, die für Sachen der gleichen Art üblich ist.	Diese Anforderungen fallen unter subjektive und objektive Anforderungen. Sie sind aber vom Gesetzgeber darüber hinaus noch einmal ausdrücklich vereinbart worden.
Bemerkenswert ist, dass ein Kaufgegenstand also auch dann mangelhaft sein kann, wenn er der vereinbarten Beschaffenheit vollständig entspricht (und damit die subjektiven Anforderungen erfüllt). Dies wäre etwa der Fall, wenn die Beschaffenheit dem Vereinbarten entspricht, die Sache sich jedoch nicht für eine gewöhnliche Verwendung eignet (also nicht den objektiven Anforderungen entspricht).		

Subjektive Anforderungen

Eine mangelfreie Kaufsache liegt vor, wenn sie die **im Kaufvertrag** vereinbarte Beschaffenheit aufweist und sich auch für die im Kaufvertrag vorausgesetzte Verwendung eignet. Grundlage, ob wegen eines Mangels reklamiert werden kann, ist also zunächst die Beschaffenheitsvereinbarung des Kaufvertrages.

Ein subjektiver Mangel ist gegeben, wenn die Ist-Beschaffenheit der Kaufsache von der im Kaufvertrag festgelegten Soll-Beschaffenheit negativ abweicht.

BEISPIEL

Stefanie Beyer kauft einen Luxus-Staubsauger. Im Kaufvertrag ist neben dem Kaufpreispreis nur festgelegt, dass es sich um das Modell XR 1200 in Rot handelt. Geliefert bekommt sie einen Staubsauger des Modells XC 600 in Gelb.
Da die Ware nicht die im Kaufvertrag vereinbarte Beschaffenheit hat, entspricht sie nicht den subjektiven Anforderungen: Es liegt ein Mangel vor.

Objektive Anforderungen

Ist dies nicht ausdrücklich ausgeschlossen worden (siehe unten), gilt eine Kaufsache zudem als mangelfrei, wenn sie der üblichen Beschaffenheit vergleichbarer Kaufgegenstände entspricht und sich für die gewöhnliche Verwendung eignet. Grundlage, ob Rechte wegen einer mangelhaften Lieferung in Anspruch genommen werden können, ist also zusätzlich, ob die Ware **branchenüblichen** Anforderungen entspricht. Eine große Bedeutung spielen in diesem Zusammenhang Werbeaussagen des Herstellers.

BEISPIEL

Nach einer Reklamation bekommt Stefanie Beyer endlich das Staubsaugermodell XR 1200 in Rot ausgeliefert. Sie probiert den Staubsauger das erste Mal aus. Der Boden ist tatsächlich sauber. Ihr Schmerzen aber die Ohren, weil der Staubsauger extrem laut ist. Zweimal sprangen die Sicherungen raus, weil der in der Werbung mit „extrem energiesparend" beworbene Staubsauger anscheinend sehr viel Strom verbraucht.
Hier entspricht der Staubsauger zwar den im Kaufvertrag festgelegten subjektiven Anforderungen (Modell R 1200; Farbe Rot; Funktionsfähigkeit, weil das Gerät saugt). Nicht erfüllt sind aber die objektiven Anforderungen, weil Stefanie Beyer als Käuferin eine Beschaffenheit des Staubsaugers erwartet hatte, die bei Staubsaugern derselben Art üblich ist.

Hat der Verkäufer eine Probe oder ein Muster bereitgestellt, so muss die Kaufsache diesem entsprechen, um den objektiven Anforderungen zu entsprechen.

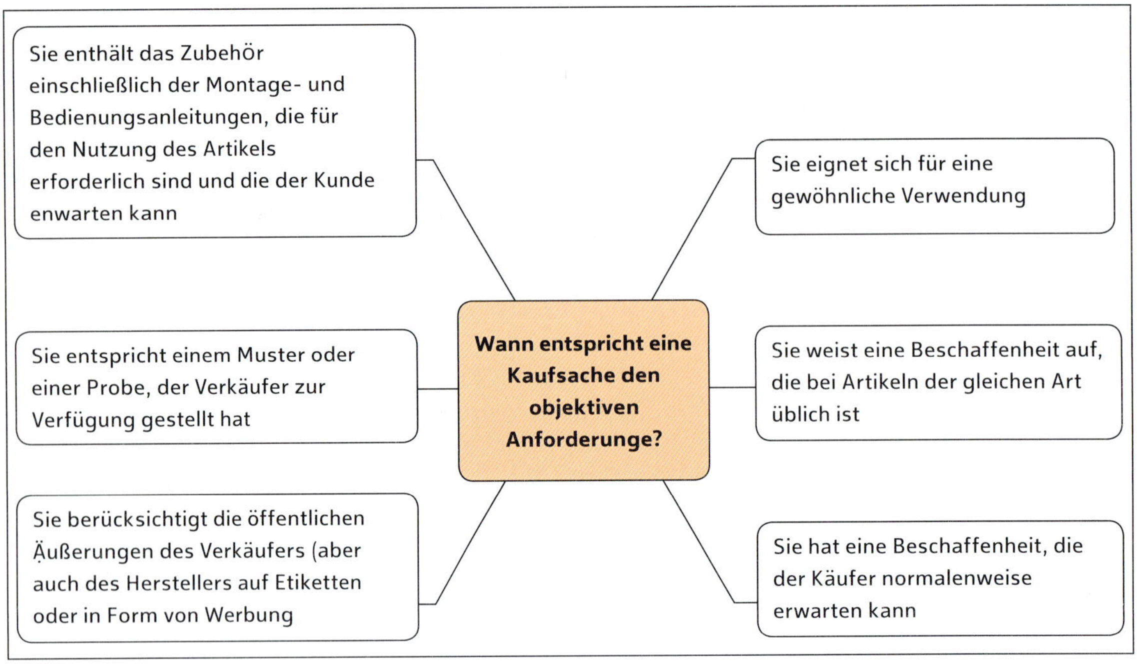

Montageanforderungen

Diese Anforderungen gelten nur, wenn eine Montage erforderlich ist. Sie sind erfüllt, wenn die Montage

- sachgerecht durchgeführt worden ist oder
- zwar unsachgemäß durchgeführt worden ist, dies jedoch weder auf einer unsachgemäßen Montage durch den Verkäufer noch auf einem Mangel in der vom Verkäufer übergebenen Anleitung beruht.

Subjektive Anforderungen	Objektive Anforderungen	Montageanforderungen
Das Vorliegen eines Mangels ist an Bestimmungen des Kaufvertrages gebunden.	Das Vorliegen eines Mangels wird nicht aus dem speziellen Kaufvertrag zwischen Käufer und Verkäufer abgeleitet, sondern daraus, was üblicherweise bei Kaufverträgen dieser Art allgemein erwartet werden kann.	Das Vorliegen eines Mangels kann unabhängig vom Vorliegen der subjektiven und objektiven Anforderungen bei Notwendigkeit und Durchführung einer Montage abgeleitet werden
Die Kaufsache muss den Vereinbarungen zwischen Käufer und Verkäufer im Rahmen des Kaufvertrages entsprechen, ansonsten ist die Kaufsache mangelhaft.	Wenn nicht wirksam (im Kaufvertrag) etwas anderes vereinbart wurde, muss die Kaufsache für eine gewöhnliche Verwendung, die bei Sachen derselben Art zu erwarten ist, geeignet sein. Ist dies nicht der Fall, liegt eine mangelhafte Kaufsache vor.	Ein Mangel liegt vor, wenn die Kaufsache • entweder vom Verkäufer unsachgemäß montiert wird, • oder vom Käufer aufgrund einer fehlerhaften Bedienungsanleitung unsachgemäß aufgebaut wird.
Eine Mangelfreiheit liegt vor, wenn die Sache: • die vereinbarte Beschaffenheit hat, • sich für die nach dem Vertrag vorausgesetzte Verwendung eignet • und mit dem vereinbarten Zubehör und den vereinbarten Anleitungen, einschließlich Montage- und Installationsanleitungen, übergeben wird.	Eine Mangelfreiheit liegt vor, die Kaufsache einem allgemein anerkannten Produkt Standard entspricht.	Ist die Montage sachgemäß durchgeführt worden (oder beruht eine unsachgemäße Montage nicht auf einen Fehler des Verkäufers) gilt die Kaufsache als mangelfrei.

Rechtsmängel

In einigen Fällen können beim Abschluss von Kaufverträgen auch Rechtsmängel auftreten. Dies ist eine besondere Form von Mängeln:
Ein Rechtsmangel liegt vor, wenn Dritte im Hinblick auf die Ware Rechtsansprüche stellen können, ohne dass dies beim Kauf vereinbart wurde.

BEISPIEL

- Ein Verkäufer ist nicht Eigentümer der Ware. Dies kann beispielsweise der Fall sein, wenn ein Handyshop gestohlene Smartphones verkauft.
- Eine Ware ist zur Absicherung eines Kredits mit einem Pfandrecht belastet.

Bei Rechtsmängeln hat der Käufer die gleichen Rechte wie bei Sachmängeln.

Digitale Mängel

Für digitale Produkte gilt genau wie bei analogen Waren, dass sie mangelfrei sind, wenn sie den subjektiven und objektiven Anforderungen entsprechen. Zusätzlich müssen Sie jedoch noch den Anforderungen an die Integration entsprechen.

→ Kann ein digitales Produkt so in das EDV-System eingebunden bzw. mit diesem verbunden werden, dass es ordnungsgemäß vom Verbraucher genutzt werden kann, liegt eine gelungene Integration vor.

Die Integration eines digitalen Produkts muss vom Verkäufer sachgemäß durchgeführt werden bzw. darf im Falle einer unsachgemäßen Durchführung durch den Käufer nicht auf einem Mangel der vom Verkäufer bereitgestellten Anleitung beruhen.

Die Aktualisierungspflicht des Verkäufers
Anbieter von Kaufsachen müssen dafür sorgen, dass die in der Sache enthaltenen digitalen Elemente während des Bereitstellungszeitraums mangelfrei sind und auch bleiben. Verkäufer haben daher grundsätzlich die Pflicht, Aktualisierungen für den Zeitraum der üblichen Nutzungs- und Verwendungsdauer eines digitalen Produkts bereitzustellen. Zusätzlich müssen sie den Käufer auf anstehende Aktualisierungen hinweisen. Ein Verstoß gegen diese Pflicht liegt vor, wenn während des Bereitstellungszeitraums von mindestens zwei Jahren ab Ablieferung der Kaufsache keine vertraglich vereinbarten oder üblicherweise zu erwartenden Updates zur Verfügung gestellt werden. Ist vertraglich ein längerer Zeitraum über die zwei Jahre hinaus vereinbart worden, gilt der vereinbarte Zeitraum.

Ein weiterer Mangel, der nur bei digitalen Produkten und bei Waren mit digitalen Elementen auftreten kann, ist die Nichtzurverfügungstellung von Aktualisierungen. Der Verkäufer ist verpflichtet, durch Software-Aktualisierungen und Sicherheitsupdates eine dauerhafte Nutzbarkeit dieser Produkte zu gewährleisten. Wird dagegen verstoßen, liegt ein digitaler Mangel vor.

Aktualisierungen bereitstellen muss der Verkäufer in einem Verbrauchsgüterkauf, wenn

- sie im Kaufvertrag vereinbart worden sind und
- in jedem Fall, wenn dies erwartet werden kann, damit die Vertragsmäßigkeit der Kaufsache erhalten bleibt.

Ein Mangel liegt auch vor, wenn der Verbraucher nicht über die jeweiligen Aktualisierungen und ihre Bereitstellung informiert wird. Die Verkäufer sind also verpflichtet, Updates zur Verfügung zu stellen, die die Funktionsfähigkeit und informationelle Sicherheit der Kaufsache gewährleisten.

Die Aktualisierungspflicht gilt nicht für Verbesserungen der digitalen Elemente einer Kaufsache.

BEISPIEL

Ein Smart-TV und dessen Software funktionieren einwandfrei. Inzwischen gibt es eine neue Version der Software, die weitere, zusätzliche Vorteile bringt. Wenn zwischen Händler und Käufer nicht extra die Bereitstellung solcher Upgrades vereinbart wurde, hat der Händler keine Pflicht, die Software zu aktualisieren.

Die Regelungen zu digitalen Mängeln gelten im Prinzip zwar nur für Verträge im Rahmen von Verbrauchsgüterkäufen. Möchte ein Unternehmer beim Vorliegen eines Mangels aber auf seinen Lieferanten regressmäßig zurückgreifen, spielen diese jedoch auch im B2B-Bereich eine Rolle.

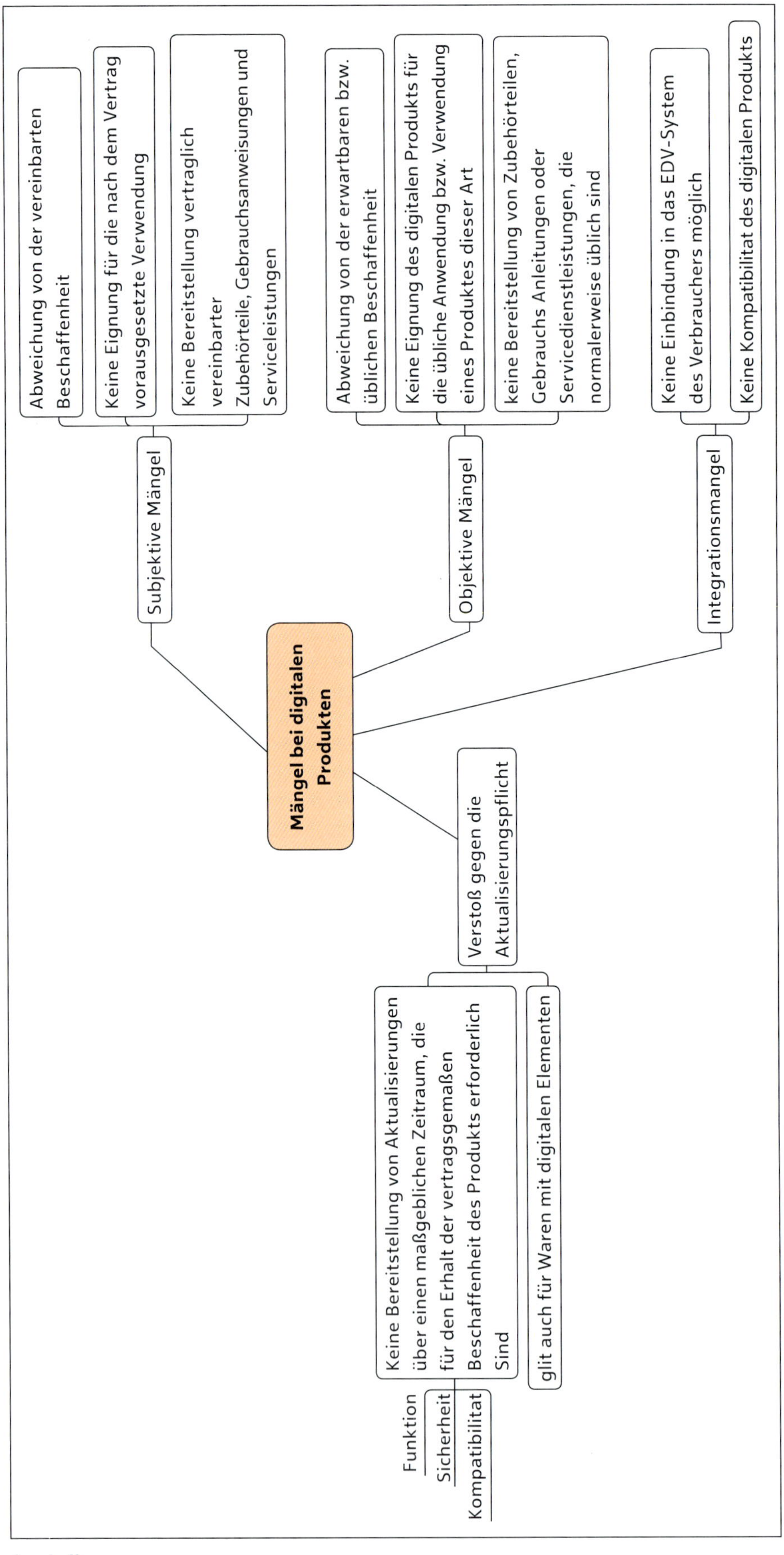
Mängel bei digitalen Produkten
Subjektive Mängel
Abweichung von der vereinbarten Beschaffenheit
Keine Eignung für die nach dem Vertrag vorausgesetzte Verwendung
Keine Bereitstellung vertraglich vereinbarter Zubehörteile, Gebrauchsanweisungen und Serviceleistungen
Objektive Mängel
Abweichung von der erwartbaren bzw. üblichen Beschaffenheit
Keine Eignung des digitalen Produkts für die übliche Anwendung bzw. Verwendung eines Produktes dieser Art
keine Bereitstellung von Zubehörteilen, Gebrauchs Anleitungen oder Servicedienstleistungen, die normalerweise üblich sind
Integrationsmangel
Keine Einbindung in das EDV-System des Verbrauchers möglich
Keine Kompatibilität des digitalen Produkts
Verstoß gegen die Aktualisierungspflicht
Keine Bereitstellung von Aktualisierungen über einen maßgeblichen Zeitraum, die für den Erhalt der vertragsgemäßen Beschaffenheit des Produkts erforderlich Sind
glit auch für Waren mit digitalen Elementen
Funktion
Sicherheit
Kompatibilität

4203126

Die Beschaffenheit von Kaufsachen

Eine Kaufsache darf nicht von der vereinbarten und erwartbaren Beschaffenheit abweichen. Mängel können auftreten, wenn die Ware nicht den subjektiven und objektiven Anforderungen entspricht. Zur Überprüfung der Mangelfreiheit einer Ware sollten folgende Merkmale der Beschaffenheit eines Produktes überprüft werden. Bei diesen Beschaffenheitsmerkmalen können sowohl subjektive als auch objektive Mängel auftreten, unter anderem:

- Qualität
- Art
- Menge
- Kompatibilität und Interoperabilität
- sonstige Merkmale

Einige Erscheinungsformen von Mängeln: Wie können Mängel auftreten?			
Art	**Beschreibung**	**Beispiel**	
Qualitätsmangel (Mangel in der Beschaffenheit im engeren Sinn)	Ein Qualitätsmangel liegt vor bei einer negativen Abweichung der Produktqualität. Die Ware ist fehlerhaft: • Die Ware ist ganz oder teilweise beschädigt. • Die Ware ist verdorben.	Ein der Tom Hoss KG gelieferter Schreibtisch hat eine zerkratzte Arbeitsfläche.	Objektiver und subjektiver Mangel
Mangel in der Art	Bei diesem Mangel wird eine andere Ware als bestellt geliefert. Die Falschlieferung wird manchmal auch als Aliud-Lieferung bezeichnet.	Statt des Druckers HAPE t400 wird ein einwandfreies Gerät HAPE t200 geliefert.	Objektiver Mangel
Mangel in der Menge	Hier liegt eine nicht vollständige Warenlieferung vor.	Die Tom Hoss KG hat 1 000 Packungen Kopierpapier bestellt. Geliefert werden aber nur 500 Stück.	Objektiver und subjektiver Mangel
falsche Werbeaussagen	Ein Mangel liegt auch vor, wenn Eigenschaften der Ware entgegen öffentlichen Äußerungen des Verkäufers nicht vorhanden sind.	Ein Drucker soll nach Aussagen des Herstellers in Werbeanzeigen 60 Seiten pro Minute drucken können. Tatsächlich schafft er aber nur 20 Seiten in der Minute.	Subjektiver Mangel
Montagefehler	Ein Montagefehler liegt vor, wenn der Verkäufer etwas unsachgemäß montiert.	Ein Möbelhaus liefert die neue Teeküche für die Tom Hoss KG und baut diese auf. Zwei Türen eines Schranks lassen sich anschließend nicht öffnen.	Objektiver und subjektiver Mangel: wird vom Gesetzgeber aber zusätzlich explizit herausgestellt.

Einige Erscheinungsformen von Mängeln: Wie können Mängel auftreten?			
Art	**Beschreibung**	**Beispiel**	
mangelhafte Montageanleitung	Fehlt eine Montageanleitung oder hat diese Fehler, sodass es zu einer falschen Montage durch den Käufer kommt, gilt dies auch als Sachmangel	• Uwe Otte kauft einen technisch anspruchsvollen DVD-Player mit japanischer Bedienungsanleitung, die nicht zu verstehen ist. Er kann daher das Gerät nicht bedienen. Es ist damit mangelhaft. • Markus Marx kauft in der Möbelabteilung von Kaufstadt ein Regal, das er aufgrund unverständlicher Montageanleitung nicht aufbauen kann. Er kann sich auf einen Mangel des Regals berufen. • Michael Hoffmann hat eine kleine Anrichte gekauft. Am Paket steht groß und deutlich: „Problemloser Aufbau! Auspacken und Zusammenbau in fünf Minuten!“ Da Michael Hoffmann wegen der fehlenden Bedienungsanleitung falsche Teile zusammengeschraubt hat, werden die Teile beschädigt.	Objektiver und subjektiver Mangel: wird vom Gesetzgeber aber zusätzlich explizit herausgestellt
Kompatibilitäts- und Interoperabilitätsmangel	• Ein digitales Produkt funktioniert auf einem oder mehreren Systemen nicht ohne Probleme. • Digitale Produkte können sich nicht verbinden und auf koordinierte Weise kommunizieren.	• Ein Softwareprodukt kann bestimmte Standards bzw. gesetzliche Bestimmungen nicht einhalten. • Ein Softwarepaket kann auf bestimmten Computersystemen nicht installiert werden.	Nur bei digitalen Produkten: Objektiver und subjektiver Mangel

Die negative Beschaffenheitsvereinbarung

Bei B-Ware, gebrauchten Artikeln und Artikeln mit (bekannten) Mängeln kann für Händler das Problem auftauchen, dass die Ware einerseits die vertraglich vereinbarte Beschaffenheit aufweist und somit kein subjektiver Mangel vorliegt. Andererseits erfüllt solche Ware aber nicht die objektiven Anforderungen, weswegen dennoch ein objektiver Mangel vorliegt. Damit die Warenlieferung nicht als Schlechtleistung gilt, können in den Kaufverträgen negative Beschaffenheitsvereinbarungen verwendet werden. Durch diese haben Verkäufer und Käufer die Möglichkeit, die objektiven Anforderungen durch vertragliche Vereinbarung außer Kraft zu setzen: Die negative Beschaffenheitsvereinbarung dient dafür, dass der Kunde aktiv über den Mangel informiert wird.

- Bei **bürgerlichen Käufen** (C2C-Geschäften) und **zweiseitigen Handelskäufen** (B2B-Geschäften) ist dies vergleichsweise einfach.

> ➔ Schließen zwei Privatleute einen Kaufvertrag ab, liegt ein bürgerlicher Kauf vor. Ein zweiseitiger Handelskauf liegt vor, wenn beide Geschäftspartner im Rahmen eines Kaufvertrages Unternehmen sind.

Es muss nur eine entsprechende Erklärung, dass man von den objektiven Anforderungen abweichen möchte, bewusst und deutlich im Kaufvertrag aufgenommen werden.

4203128

BEISPIEL

Ein Kaufvertrag zwischen Privatleuten enthält die Klausel „gekauft wie gesehen". Damit wird die Mängelhaftung im Hinblick auf objektive Anforderungen ausgeschlossen. Etwaige Mängel, die gegen Beschaffenheitsvereinbarungen des Kaufvertrages verstoßen, können weiterhin reklamiert werden.

- Bei zweiseitigen Handelskäufen und bürgerlichen Käufen ist es relativ unkompliziert, dem Käufer durch einen Hinweis im Kaufvertrag aufzuzeigen, dass der Kaufgegenstand von schlechterer Qualität ist, als man objektiv erwarten kann. Bei **Verbrauchsgüterkäufen** müssen zusätzliche Voraussetzungen erfüllt sein.

→ Beim Verbrauchsgüterkauf ist der Verkäufer ein Unternehmen, der Käufer eine Privatperson.

Eine negative Beschaffenheitsvereinbarung gilt bei einseitigen Handelsgeschäften (Verbrauchsgüterkäufen) nur noch dann als abgegeben, wenn

- der Käufer – vor Abschluss des Kaufvertrages – bewusst und deutlich auf schlechtere Beschaffenheit des Kaufgegenstandes hingewiesen wurde und
- anschließend dies – im Kaufvertrag – ausdrücklich und gesondert (also in einem vom Kaufvertrag getrennten Dokument) vereinbart wurde.

Im Onlinehandel kann dies durch einen Button oder eine Schaltfläche erreicht werden, die der Verbraucher anklicken oder auf andere Weise bestätigen kann.

Pflichten des Käufers

Der Käufer einer Ware ist verpflichtet, zunächst die Ware zu prüfen und festgestellte Mängel dem Verkäufer mitzuteilen. Versäumt der Käufer, einer dieser beiden Pflichten nachzukommen, kann er Rechtsansprüche gegenüber dem Verkäufer verlieren.

Mängelrüge

Wird also ein Mangel entdeckt, muss der Käufer dies beim Verkäufer reklamieren. Diese Mitteilung heißt Mängelrüge. Dabei muss der entsprechende Mangel sehr genau beschrieben werden. Die Mängelrüge ist grundsätzlich formfrei. Aus Beweissicherungsgründen sollte man eine Mängelrüge jedoch in Schriftform an den Verkäufer senden.

Schlechtleistung eines Lieferanten: Jetzt muss man seine Rechte kennen!

Ist man mit einer Warenlieferung unzufrieden, muss mit einer Mängelrüge reklamiert werden.

Schmelting KG

Damen- und Herrenmode

Schmelting KG | Grunerstraße 120 | 10169 Berlin
Bernhard Müller OHG
Im Weiher 1
69121 Heidelberg

Ihr Zeichen:	Vk-we
Ihre Nachricht vom:	11.03.20..
Unser Zeichen:	sb
Unsere Nachricht vom:	
Ihre Ansprechpartnerin:	Christina Martin

Telefon	| 030/750 610-168
Telefax	| 030/750 610-111
Internet	| www.schmelting-wvd.de
E-Mail	| info-SWZ@schmelting.de

Mangelhafte Lieferung: Unsere Bestellung 2398 vom 1. Februar d. J.

Sehr geehrte Damen und Herren,

wir haben Ihre Lieferung fristgerecht am 12. März erhalten.

Bei der unverzüglichen Überprüfung der Sendung stellten wir allerdings folgenden Mangel fest:

Statt der bestellten 500 Jeans mit der Bestellnummer 768543 haben Sie uns nur 300 Stück geliefert.

Zur Behebung dieses Mangels bitten wir Sie, die fehlenden Artikel umgehend frachtfrei nachzuliefern.

Trotz dieser mangelhaften Lieferung hoffen wir auch zukünftig auf gute Zusammenarbeit

Mit freundlichen Grüßen

Schmelting KG

i. A. *Christina Martin*

Christina Martin

Reklamationsfristen

Mängelrügen müssen innerhalb bestimmter Fristen – den sogenannten Rügefristen – bei dem Verkäufer eingegangen sein. Diese Fristen sind bei den verschiedenen Arten des Verkaufs unterschiedlich.

Bei einem **zweiseitigen Handelskauf** verkauft ein Unternehmer (z. B. ein Industrieunternehmen) einem anderen Unternehmen (z. B. einem Einzelhandelsunternehmen) eine Ware. Gibt es einen offenen Mangel, so muss unverzüglich gemahnt werden. Ist der Mangel versteckt, muss die Reklamation innerhalb von zwei Jahren erfolgen. Sie muss in diesem Zeitraum jedoch unverzüglich nach Entdeckung erfolgen. Bei arglistig verschwiegenen Mängeln beträgt die Reklamationsfrist drei Jahre.

Die Reklamationsfristen für den **einseitigen Handelskauf** unterscheiden sich von denen des zweiseitigen Handelskaufs bzw. von denen des bürgerlichen Kaufs: Bei einem einseitigen Handelskauf verkauft ein Kauf-

mann (z. B. ein Einzelhandelsunternehmen) einer Privatperson eine Ware. Für feste Sachen (z. B. Grundstücke oder bewegliche Sachen; dann spricht man vom Verbrauchsgüterkauf) gilt für offene und versteckte Mängel eine zweijährige Rügefrist[1].
Für arglistig verschwiegene Mängel beträgt die Rügefrist drei Jahre.

Zum Schutz des Verbrauchers gilt im Rahmen des Verbrauchsgüterkaufs bei einseitigen Handelskäufen eine Besonderheit, die **Beweislastumkehr**: Tritt in den ersten zwölf Monaten nach Kauf der Ware ein Mangel auf, geht man davon aus, dass er schon bei Lieferung bestand und somit vom Verkäufer verschuldet wurde. Im Streitfall muss der Verkäufer nachweisen, dass die Ware zum Zeitpunkt des Verkaufs mangelfrei war.

BEISPIEL

Christiane Otto kauft in einem Einzelhandelsgeschäft einen Regenschirm, der sich nach dem ersten Regen als defekt erweist. Daraufhin reklamiert sie den Mangel.

Christiane Otto muss in den ersten zwölf Monaten nach dem Kauf nicht darlegen, auf welche Ursache der Defekt des Regenschirms zurückzuführen ist. Dagegen muss das Einzelhandelsunternehmen überzeugend beweisen, dass der Defekt am Regenschirm zum Zeitpunkt des Gefahrenübergangs noch nicht vorhanden war. Gelingt dem Unternehmen das nicht (z. B., weil es auch nach einer Beweisaufnahme unklar bleibt), geht das zulasten des Verkäufers.

Erst nach Ablauf der zwölf Monate findet eine Beweislastumkehr statt. Nun muss der Käufer beweisen, dass der Mangel nicht von ihm verursacht wurde.

BEISPIEL

Würde Christiane Otto den Regenschirm erst nach Ablauf von zwölf Monaten reklamieren, muss sie die Beweislastumkehr beachten: Ab dem 13. Monat müsste sie nun nachweisen, dass der Mangel vom Anfang an vorhanden war.

DEFINITION

Unter der **Beweislastumkehr** versteht man die für den Verbraucher vorteilhafte Annahme, dass es sich bei einem im ersten Jahr nach Erhalt der Ware auftretenden Fehler um einen bereits bei der Übergabe vorhandenen Sachmangel handelt. Ein Verbraucher kann im Rahmen der Beweislastumkehr in den ersten zwölf Monaten nach Kauf seine Gewährleistungsrechte damit leichter und mit weniger Aufwand geltend machen.

Der **bürgerliche** Kauf ist ein Kauf unter Privatleuten. Auch hier gilt die Rügefrist von zwei Jahren. Gewährleistungsansprüche können aber beim bürgerlichen Kauf vertraglich ausgeschlossen werden.

	Rügefristen		
	offene Mängel	**versteckte Mängel**	**arglistig verschwiegene Mängel**
zweiseitiger Handelskauf	unverzüglich	unverzüglich nach Entdeckung spätestens innerhalb der Gewährleistungspflicht von zwei Jahren	unverzüglich nach Entdeckung innerhalb von drei Jahren
einseitiger Handelskauf	innerhalb der Gewährleistungspflicht von zwei Jahren	innerhalb der Gewährleistungspflicht von zwei Jahren	innerhalb von drei Jahren
bürgerlicher Kauf	innerhalb der Gewährleistungspflicht von zwei Jahren	innerhalb der Gewährleistungspflicht von zwei Jahren	innerhalb von drei Jahren

1 Rügefrist ist ein anderer Begriff für Reklamationsfrist.

Beim zweiseitigen Handelskauf muss ein Käufer noch die Regelungen zur Aufbewahrung der mangelhaften Ware beachten.

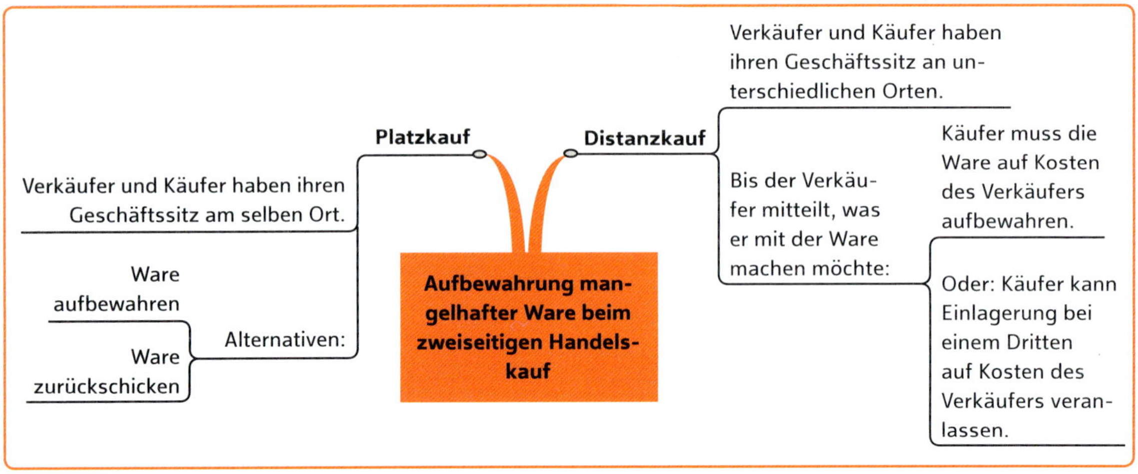

Rechte des Käufers

Die Nacherfüllung als vorrangiges Recht

Zunächst einmal hat der Käufer einen Nacherfüllungsanspruch, den er geltend machen muss, bevor er auf die anderen Gewährleistungsrechte zurückgreifen kann. Bei der Nacherfüllung kann der Kunde grundsätzlich zwischen

- der Beseitigung des Mangels (Nachbesserung)
- oder der Neulieferung einer mangelfreien Sache

wählen.

BEISPIEL

- Die Tom Hoss KG hat einen neuen Firmen-Pkw gekauft. Gleich nach der Auslieferung fällt er wegen eines Motorschadens aus. Die Tom Hoss KG kann nun wählen, ob sie den Motor reparieren lässt oder sich einen neuen Firmen-Pkw liefern lässt.
- Die Tom Hoss KG kauft hochwertige Sportschuhe. Bei der Auslieferung stellt sich heraus, dass die Schnürsenkel nicht wie im Angebot beschrieben weiß, sondern schwarz sind. In Anbetracht der Geringfügigkeit dieses Mangels wäre es wohl für den Verkäufer unzumutbar, von ihm die Neulieferung der einwandfreien Sportschuhe zu verlangen. Hier besteht nur Anspruch auf Nachbesserung. Der Hersteller der Sportschuhe braucht also nur weiße Schnürsenkel nachzuliefern.

Nacherfüllung	
Der Kunde kann zunächst auswählen zwischen	
Neulieferung:	**Nachbesserung:**
Verkäufer stellt Ersatz für mangelhafte Ware	Reparatur der mangelhaften Ware

Der Verkäufer kann die vom Käufer gewählte Art der Nacherfüllung zurückweisen, wenn

- dies mit unverhältnismäßig hohen Kosten verbunden ist,
- die Neulieferung (z. B. bei einem Einzelstück) oder Nachbesserung (es gibt etwa keine Ersatzteile mehr) unmöglich ist oder
- für den Verkäufer unzumutbar ist.

Für die Nacherfüllung muss der Käufer den Verkäufer zur Nacherfüllung auffordern. Beim **zweiseitigen Handelskauf** muss dies mit einer angemessenen Fristsetzung verbunden sein.

Dagegen ist es beim Verbrauchsgüterkauf nicht erforderlich, dass dem Verkäufer eine ausdrückliche Frist zur Nacherfüllung gesetzt wird. Der Verkäufer muss von sich aus innerhalb einer angemessenen Frist nacherfüllen.

Was als angemessene Frist gilt, hängt vom Aufwand ab, den die Nacherfüllung für den Verkäufer bedeutet.

Der Verkäufer hat die im Rahmen der Nacherfüllung entstehenden Kosten zu tragen.

BEISPIEL

Der Verkäufer einer mangelhaften Ware muss sowohl die Versandkosten des Käufers sowie alle Reparaturkosten zahlen. Der Käufer muss bereit sein, dem Verkäufer die Kaufsache zur Überprüfung der Mängelrüge zur Verfügung zu stellen Die Kosten der Einsendung sowie der Überprüfung der vermeintlich mangelhaften Sachen fallen ebenfalls zulasten des Verkäufers.

Hat der Käufer die Mangelfreiheit jedoch fahrlässig nicht erkannt (bzw. wusste sogar von Mängeln), muss er die Einsendung- und Überprüfungskosten übernehmen.

Der Käufer ist verpflichtet, die Kaufsache zum Zwecke der Nacherfüllung dem Verkäufer zur Verfügung zu stellen. Er muss die Ware also z. B. zur Nachbesserung (also Reparatur) an den Händler schicken bzw. sie dem Händler übergeben. Ausnahmen gibt es, wenn die Rücksendung mit einer erheblichen Unannehmlichkeit für den Käufer verbunden ist.

Die nachrangigen Rechte

Die Nacherfüllung ist gescheitert, wenn sie unmöglich oder unverhältnismäßig ist oder eine Frist zur Nacherfüllung als erfolglos abgelaufen gilt.

Bei Verbrauchergeschäften (einseitigen Handelsgeschäften) entfällt hinsichtlich der Geltendmachung von Schadenersatz und Rücktritt das Erfordernis der – ausdrücklichen – Fristsetzung zur Nacherfüllung. Bereits mit der Mitteilung des Mangels durch den Verbraucher an den Unternehmer beginnt eine – fiktive – angemessene Frist zu laufen.

BEISPIEL

Der Rentner Uwe Brandes hat bei einem Autohaus einen Gebrauchtwagen gekauft. Nach einiger Zeit stellt er einen Mangel fest, den er schriftlich reklamiert. Nach vier Monaten hat er noch immer keine Antwort vom Autohaus bekommen. Das Autohaus läuft nun Gefahr, dass es den Kaufpreis bei Rückgabe des gebrauchten Pkws zurückzahlen muss, wenn Uwe Brandes dies möchte.

Erst wenn die Nacherfüllung gescheitert ist, kann der Käufer die anderen Gewährleistungsansprüche geltend machen. Er kann dann vom Vertrag zurücktreten, den Kaufpreis herabsetzen (= Minderung) oder Schadenersatz verlangen.

Die Inanspruchnahme von Rücktritt und Minderung (und auch vorher die Nacherfüllung) sind auch dann möglich, wenn der Verkäufer den Mangel überhaupt nicht zu vertreten hat. Lediglich bei der Durchsetzung eines Schadenersatzanspruches ist das Verschulden des Verkäufers notwendig.

Nachrangige Rechte bei der Schlechtleistung		
Schlägt die Nachbesserung durch den Verkäufer fehl, hat der Käufer anschließend die folgenden Rechte:		
Wandlung	**Preisminderung**	**Schadenersatz**

Der Kunde tritt vom Vertrag zurück.	Der Kaufpreis wird herabgesetzt.	Die Kosten, die durch die mangelhafte Lieferung entstanden sind, werden erstattet.

Bei zweiseitigen Handelsgeschäften und bei bürgerlichen Käufen muss man zunächst eine angemessene Frist setzen, um eines dieser drei Rechte in Anspruch nehmen zu können. Dies gilt nicht, wenn

- zwei Nacherfüllungsversuche fehlgeschlagen sind,
- die Nacherfüllung für den Käufer beziehungsweise Verkäufer unzumutbar ist,
- der Verkäufer die Nacherfüllung verweigert,
- der Mangel nicht behebbar ist,
- die Leistung bei einem Fixkauf bzw. Zweckkauf vom Verkäufer nicht rechtzeitig erbracht wurde (deshalb ist die Kaufsache ab diesem Tag für den Käufer nicht mehr von Interesse).

Beim **Verbrauchsgüterkauf** (also beim einseitigen Handelskauf, wo Kaufverträge zwischen Unternehmen und Verbrauchern abgeschlossen werden) ist es nicht mehr nötig, dass der Käufer eine ausdrückliche Frist zur Nacherfüllung setzt. Hier ist festgelegt, dass der Verkäufer die Nacherfüllung von sich aus innerhalb einer angemessenen Frist erbringt. Läuft eine solche Frist ergebnislos ab, kann der Käufer sofort den Rücktritt oder eine Minderung erklären und gegebenenfalls Schadenersatz verlangen.

Nachrangige Rechte der Käufer bei mangelhafter Lieferung und ihre Voraussetzungen	
Rücktritt vom Vertrag	1. Ein Sach- oder Rechtsmangel liegt vor. 2. Es darf **kein unerheblicher Mangel** sein. BEISPIEL An einem Schreibtisch fehlen drei Schrauben zur Montage der Griffe. Da hier ein unerheblicher Mangel vorliegt, kann nicht vom Kaufvertrag zurückgetreten werden. Es darf allerdings der Kaufpreis gemindert werden. 3. Eine angemessene Frist zur Nacherfüllung muss als erfolglos abgelaufen gelten beziehungsweise entbehrlich sein. 4. Der Käufer muss eine Rücktrittserklärung abgeben: Dies kann formfrei geschehen.
Minderung (Herabsetzung des Kaufpreises)	1. Ein Sach- oder Rechtsmangel liegt vor. 2. Dieses Recht kann **auch bei unerheblichen Mängeln** (anders als beim Rücktritt!) in Anspruch genommen werden. 3. Eine angemessene Frist zur Nacherfüllung muss als erfolglos abgelaufen gelten beziehungsweise entbehrlich sein. 4. Die Minderung kann erst nach einer entsprechenden Erklärung gegenüber dem Verkäufer vorgenommen werden. 5. Der Kaufpreis darf in dem Verhältnis gemindert werden, in dem der Wert des Kaufgegenstands im mangelfreien Zustand zu dem Wert der mangelhaften Sache steht. BEISPIEL Die Tom Hoss KG hat einen gebrauchten Firmen-Pkw zu einem Preis von 10.000,00 € gekauft. Es stellt sich heraus, dass der Pkw früher einen Unfall gehabt hat. Da der Wagen nun als Unfallwagen gilt, ist er nach offiziellen Listen nur noch 6.000,00 € wert. Die Tom Hoss KG behält den Firmen-Pkw und übt ihr Minderungsrecht aus.
Schadenersatz	1. Ein Sach- oder Rechtsmangel liegt vor. 2. Ein Verschulden des Verkäufers muss vorliegen. Im Streitfall trägt der Verkäufer die Beweislast, dass er kein Verschulden hat. 3. Es darf **kein unerheblicher Mangel** sein. 4. Eine angemessene Frist zur Nacherfüllung muss als erfolglos abgelaufen gelten beziehungsweise entbehrlich sein. 5. Unterschieden werden zwei Arten des Schadenersatzes: – Beim **Schadenersatz neben der Leistung** behält der Käufer die mit Mängeln versehene Ware. Bei dieser Art Schadenersatz werden die Kosten ersetzt, die die Mängel beseitigen können. – Beim **Schadenersatz statt der Leistung** verzichtet der Käufer auf die Ware und gibt sie zurück (Rücktritt vom Kaufvertrag). Abgedeckt wird der Schaden, der durch die nicht zustande gekommene Warenlieferung entstanden ist.

4203134

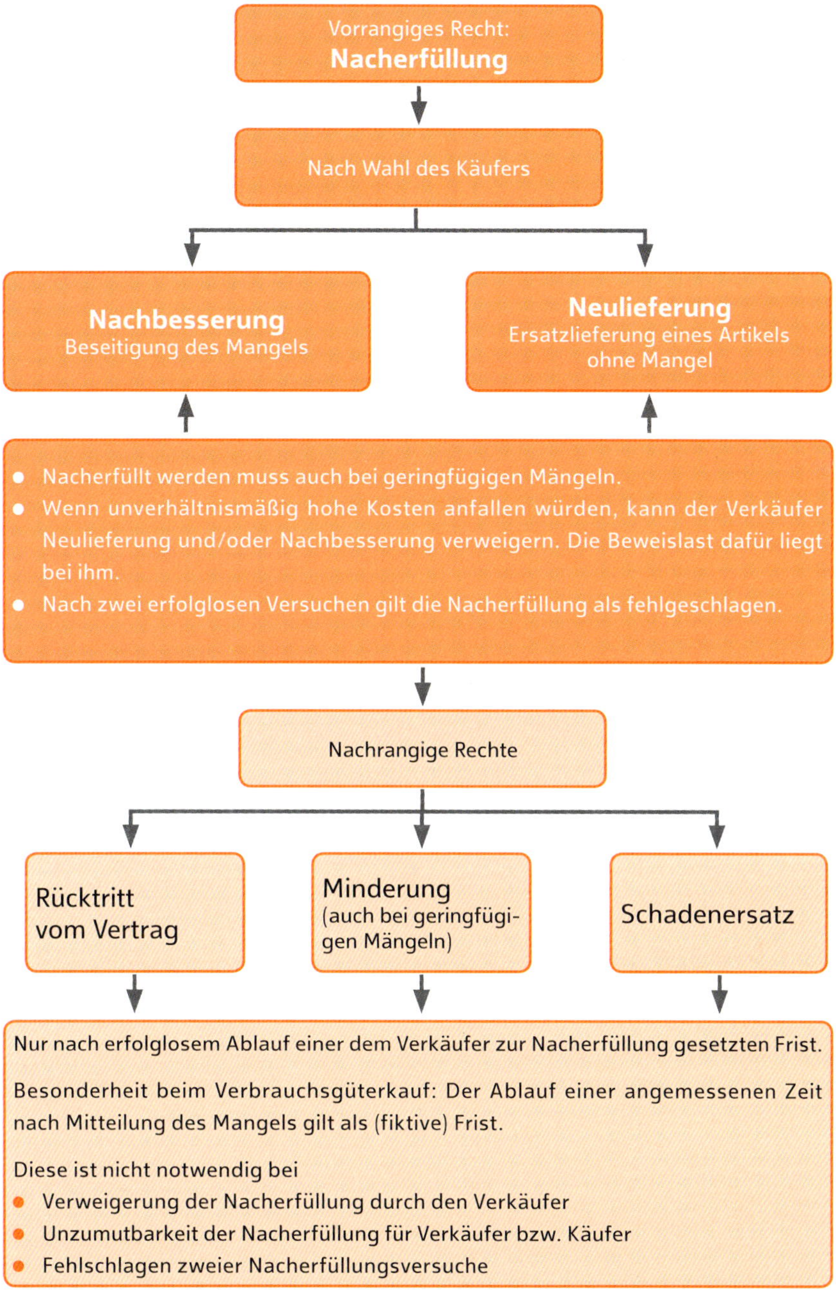
Vorrangiges Recht:
Nacherfüllung
Nach Wahl des Käufers
Nachbesserung
Beseitigung des Mangels
Neulieferung
Ersatzlieferung eines Artikels ohne Mangel
Nacherfüllt werden muss auch bei geringfügigen Mängeln.
Wenn unverhältnismäßig hohe Kosten anfallen würden, kann der Verkäufer Neulieferung und/oder Nachbesserung verweigern. Die Beweislast dafür liegt bei ihm.
Nach zwei erfolglosen Versuchen gilt die Nacherfüllung als fehlgeschlagen.
Nachrangige Rechte
Rücktritt vom Vertrag
Minderung
(auch bei geringfügigen Mängeln)
Schadenersatz
Nur nach erfolglosem Ablauf einer dem Verkäufer zur Nacherfüllung gesetzten Frist.
Besonderheit beim Verbrauchsgüterkauf: Der Ablauf einer angemessenen Zeit nach Mitteilung des Mangels gilt als (fiktive) Frist.
Diese ist nicht notwendig bei
Verweigerung der Nacherfüllung durch den Verkäufer
Unzumutbarkeit der Nacherfüllung für Verkäufer bzw. Käufer
Fehlschlagen zweier Nacherfüllungsversuche

Die Ablaufhemmung

Die reguläre Verjährungsfrist für Mängelansprüche beträgt zwei Jahre ab Auslieferung der Sache. Zum Schutz des Kunden bei Verbrauchsgüterkäufen kann sich die 24-Monats-Frist noch im Rahmen der sogenannten Ablaufhemmung verlängern.

Die zwei Varianten der Ablaufhemmung bei Verbrauchsgüterkäufen	
Verlängerung der Verjährungsfrist um *vier Monate* nach dem erstmaligen Auftreten des Mangels	**Verlängerung der Verjährungsfrist um *zwei Monate* nach einer vorgenommenen Nacherfüllung durch den Verkäufer**
Ziel ist es, dem Verbraucher mehr Zeit zur Geltendmachung seiner Mängelrechte zu verschaffen. Es soll vermieden werden, dass die Privatperson keine oder zu wenig Zeit hat, den Mangel geltend zu machen, falls sich kurz vor Ablauf der Gewährleistungsfrist ein Mangel zeigt.	Ziel ist es, dass • einerseits die Verjährung nicht abläuft, während sich die Kaufsache zur Nacherfüllung beim Verkäufer befindet, • andererseits der Käufer nach Rückerhalt des Kaufgegenstandes überprüfen kann, ob die Nacherfüllung erfolgreich war. • Die Verjährung von Ansprüchen wegen geltend gemachter Mängel soll also erst nach Ablauf von zwei Monaten nach dem Zeitpunkt einsetzen, in dem die nachgebesserte oder ersetzte Ware dem Verbraucher übergeben wurde.
BEISPIEL Eine Privatperson hat sich vor 23 Monaten einen Monitor gekauft. Nun tritt ein gravierender Mangel auf. Der Käufer kann seine Rechtsansprüche noch bis zum 27. Monat nach Kauf geltend machen.	**BEISPIEL** Eine Privatperson hat nach 23 Monaten wegen eines Mangels reklamiert. Der Verkäufer führt im Rahmen der Nacherfüllung eine Reparatur durch und gibt die Ware am letzten Tag der zweijährigen Gewährleistungsfrist ab. Dadurch läuft die Gewährleistungsfrist noch zwei Monate weiter und verlängert sich somit praktisch auf 26 Monate.

Einschränkung von Gewährleistungsfristen

Beim Verbrauchsgüterkauf im Rahmen des einseitigen Handelskaufs darf – wie oben schon dargestellt – bei neuen Sachen die Gewährleistungsfrist – vertraglich oder im Rahmen der AGB – nicht verkürzt werden. Bei gebrauchten Sachen ist eine Verkürzung auf ein Jahr möglich.

Beim zweiseitigen Handelskauf ist eine komplette Streichung der Gewährleistungspflicht für Mängelansprüche dagegen möglich. Voraussetzung dafür ist, dass es sich um eine eindeutige individuelle Absprache zwischen Lieferer und Käufer handelt. Die Mängel dürfen zudem vom Verkäufer nicht arglistig verschwiegen worden sein. Verwendet der Lieferer Allgemeine Geschäftsbedingungen, kann bei der Lieferung neuer Waren eine kürzere Frist als die normale Gewährleistungsfrist vereinbart werden. Möglich ist hier allerdings eine Begrenzung des Gewährleistungsanspruchs auf mindestens ein Jahr.

4203136

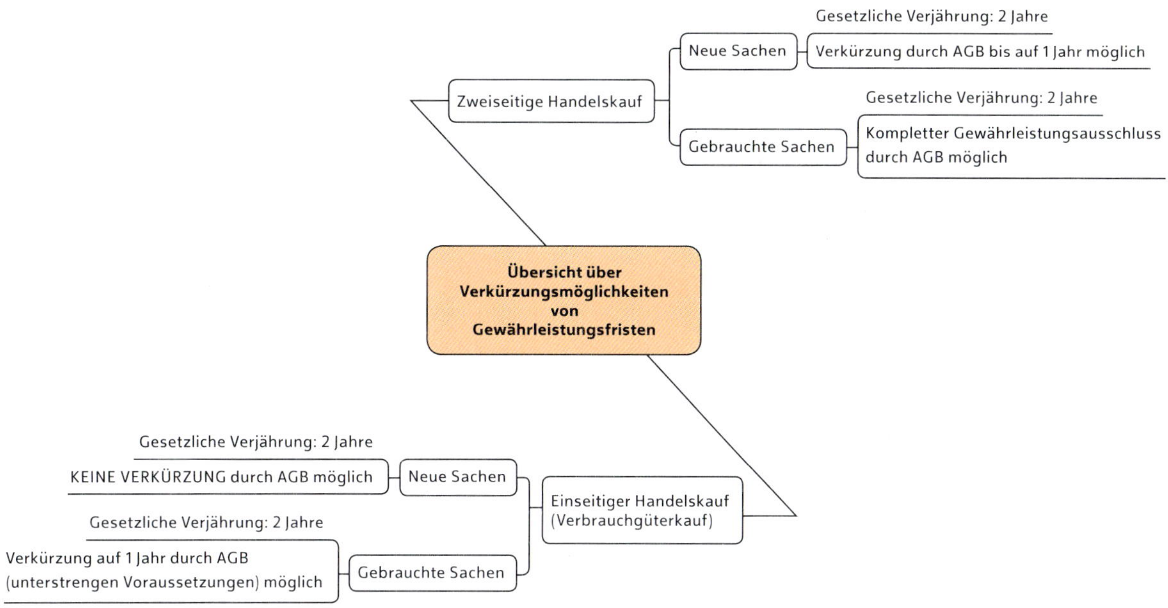

Unternehmerrückgriff

Wenn ein Unternehmen als letzter Verkäufer eine gelieferte Ware wegen eines Mangels vom Endkunden wieder zurücknehmen oder den Kaufpreis mindern muss, kann er die gleichen Rechte gegenüber seinem Lieferer geltend machen.

AUFGABEN

1. Was versteht man unter Gewährleistung?
2. Wodurch unterscheidet sich ein Umtausch von der Neulieferung im Rahmen der gesetzlichen Gewährleistung?
3. Nennen Sie Umtauschgründe.
4. Wodurch unterscheidet sich die Garantie von der gesetzlichen Gewährleistung?
5. Was versteht man unter einem zweiseitigen Handelskauf?
6. Erläutern Sie
   a) den einseitigen Handelskauf,
   b) den bürgerlichen Kauf.
7. Unterscheiden Sie die Verträge für unterschiedliche Arten von Produkten.
8. a) Führen Sie Beispiele für digitale Produkte auf.
   b) Welche Art von Produkten liegt vor?
   - Digitalkamera
   - Spiel im Internet
   - Puppe „Anja“
   - Tablet
   - Herrenoberhemd
   - E-Book
   - Textverarbeitungsprogramm auf CD
9. Erläutern Sie die Rechtslage, wenn einer Privatperson im Rahmen eines Onlinegeschäft eine Ware nicht (mehr) gefällt.
10. Unterscheiden Sie
    a) offene,
    b) versteckte,
    c) arglistig verschwiegene Mängel.
11. Wann liegt ein Sachmangel vor?
12. Was versteht man unter einem subjektiven Mangel?
13. Erläutern Sie, wann ein objektiver Mangel vorliegt.
14. Geben Sie an, ob in den folgenden Fällen jeweils ein objektiver oder subjektiver Mangel vorliegt.
    a) Ein Auto wird in der Werbung als Geländewagen bezeichnet. Jan Tiemann schließt einen Kaufvertrag ab. In diesem werden nur die Leistungsmerkmale aufgeführt, eine spezielle Eignung als Geländewagen ist laut Vertrag nicht vorgesehen. Jan ist auf normalen Straßen sehr zufrieden damit, wie das Auto fährt. Es zeigt sich aber nach einiger Zeit, dass der Wagen für Geländefahrten überhaupt nicht geeignet ist.

b) Auch Stefanie Beyer kauft ein Auto. Im Kaufvertrag wurde vereinbart, dass am Auto Winterreifen installiert sind. Bei der Übergabe stellt Stefanie fest, dass der Wagen nur Sommerreifen hat.

15. Was versteht man unter einem Rechtsmangel?

16. Erläutern Sie, was ein digitaler Mangel ist.

17. Erklären Sie den Begriff der Integration im Rahmen digitaler Mängel.

18. Führen Sie verschiedene Erscheinungsformen objektiver und subjektiver Mängel auf.

19. Was versteht man unter einer negativen Beschaffenheitsvereinbarung?

20. Stellen Sie für die folgenden Fälle jeweils fest, welche Erscheinungsform objektiver und subjektiver Mängel vorliegt:

a) Die Tom Hoss KG kauft Outdoor-Kaffeetassen. Bei zwei Tassen sind die Henkel abgebrochen.

b) Die Tom Hoss KG liefert an einen Einzelhändler schwarze statt blaue Jeans.

c) Aufgrund fehlerhafter Nähte können Sportschuhe nach kurzer Einsatzzeit nicht mehr verwendet werden. Dies reklamieren mehrere Einzelhandelsunternehmen.

d) Ein italienischer Pullover hat einen Webfehler.

21. Erläutern Sie den Begriff der Beweislastumkehr.

22. Heike Fleck möchte sich einen Geländewagen kaufen. Zufälligerweise stolpert sie in ihrer Tageszeitung über eine Anzeige eines bekannten Automobilherstellers. Dort ist die Rede von „Der ideale Geländewagen" und „Verbrauch maximal 9 l/100 km". In einem Autohaus schließt sie einen Kaufvertrag ab. In diesem wird festgehalten:

- die Modellbezeichnung,
- die Farbe,
- die PS-Zahl,
- der Preis.

Nach dem Kauf muss sie feststellen, dass das Auto immer mindestens 12 l/100 km verbraucht. Zudem ist es überhaupt nicht geländegängig.
Beurteilen Sie die Situation.

23. Welche Voraussetzungen müssen gegeben sein, damit die Käufer ihre Rechte bei der mangelhaften Lieferung in Anspruch nehmen können?

24. Wie lang ist die gesetzliche Gewährleistung

a) bei neuen Sachen,

b) bei gebrauchten Sachen?

25. Führen Sie die Rechte auf, die der Kunde im Rahmen der Nacherfüllung hat.

26. Welche Rechte hat der Käufer, wenn die Nacherfüllung gescheitert ist?

27. In der Warenannahme wird festgestellt, dass bei einer Lieferung von 200 Herrenhemden bei 24 Hemden jeweils ein Knopf fehlt. Verkäufer war die Hotex GmbH. Jakub Nowak wird beauftragt, diesen Fall von Schlechtleistung weiter zu bearbeiten.

a) Zunächst einmal muss er feststellen, um was für einen Fehler es sich handelt. Welche Mängelart liegt vor?

b) Wie muss Jakub Nowak weiter vorgehen?

c) Welches Recht wird die Tom Hoss KG wahrscheinlich wahrnehmen?

28. Die Tom Hoss KG kauft bei der Bürobedarfs-Spezialisten-GmbH fünf neue Computersysteme. Nach der Inbetriebnahme zeigt sich, dass vier Monitore defekt sind. Stefanie Beyer reklamiert telefonisch und setzt eine Nachfrist von 14 Tagen. Der Gesprächspartner lehnt dies jedoch empört ab mit der Begründung: „Unser Experte ist seit gestern für vier Wochen im Urlaub." Kann die Tom Hoss KG daraufhin vom Vertrag zurücktreten?

29. Auch bei einer weiteren Lieferung der Bürobedarfs-Spezialisten-GmbH gibt es Probleme. Vor sechs Wochen wurden drei Schreibtische zum Selbstaufbau geliefert. Die Lieferung war weitgehend in Ordnung, es fehlten lediglich fünf Schrauben. Der Verkäufer wurde sofort – mit einer Nachfristsetzung – darüber informiert. Nach 14 Tagen wurde per Brief noch einmal zur Nachbesserung aufgefordert. Die fehlenden Schrauben wurden aber immer noch nicht geliefert. Sein Vorgesetzter lässt Jakub Nowak die fehlenden Schrauben für 3,20 € im Baumarkt besorgen. Es wird mit dem Aufbau der Schreibtische begonnen.
Welches Recht kann die Tom Hoss KG in Anspruch nehmen?

30. Erstellen Sie eine Tabelle, die folgende Fragen für die unten stehenden Situationen beantwortet:

- Welche Art Kaufvertrag liegt vor?
- Welche Mängelart liegt vor?
- Welche Reklamationsfristen muss der Käufer einhalten?
- Welche Rechte kann er geltend machen?

a) Fall 1: Die Tom Hoss KG bekommt statt der bestellten Farblaserdrucker Schwarz-Weiß-Laser-Drucker geliefert.

b) Fall 2: Die Tom Hoss KG bekommt statt der bestellten 100 Pakete Kopierpapier nur 60.

c) Fall 3: Die Tom Hoss KG hat ein fahrbares Regal gekauft, das sie selbst zusammenbauen muss. Beiliegende Hinweise sind nur auf Schwedisch. Der Aufbau misslingt.

d) Fall 4: Das Privatauto von Herrn Hoss verbraucht dreimal so viel Benzin wie in der Werbung versprochen.

e) Fall 5: Sabine Wiegand verkauft an Herrn Hoffmann eine alte, von ihrer Großmutter geerbte Halskette. Diese schenkt er seiner Frau. Frau Hoffmann bemerkt, dass sich der Verschluss nicht richtig schließen und öffnen lässt.

31. Entwerfen Sie für Fall 2 aus der Aufgabe 27 eine Mängelrüge.

32. Die Nichte von Herrn Hoss kauft einen Fernseher. Es stellt sich heraus, dass ein Pfandsiegel auf der Rückseite entfernt wurde. Stellen Sie fest, welcher Mangel hier vorliegt.

33. Die Tom Hoss KG kauft bei einem Händler einen Lkw für Auslieferungsfahrten. Vier Wochen später – beim ersten kalten Herbsttag – wird festgestellt, dass die Heizung nicht funktioniert. Beurteilen Sie die Situation.

34. Stefanie Beyer kauft bei einem Sportartikelhändler ein japanisches Laufband. Stefanie Beyer baut das Laufband erst fünf Monate später auf, weil sie sich zwischenzeitlich eine Verletzung zugezogen hatte und das Gerät daher nicht benötigte. Der Aufbau misslingt, da sie die japanischen Schriftzeichen in einer dem Paket beiliegenden Broschüre nicht entziffern kann. Beurteilen Sie die Situation.

35. Erläutern Sie die Ablaufhemmung bei der Verjährung für Mängelansprüche.

ZUSAMMENFASSUNG

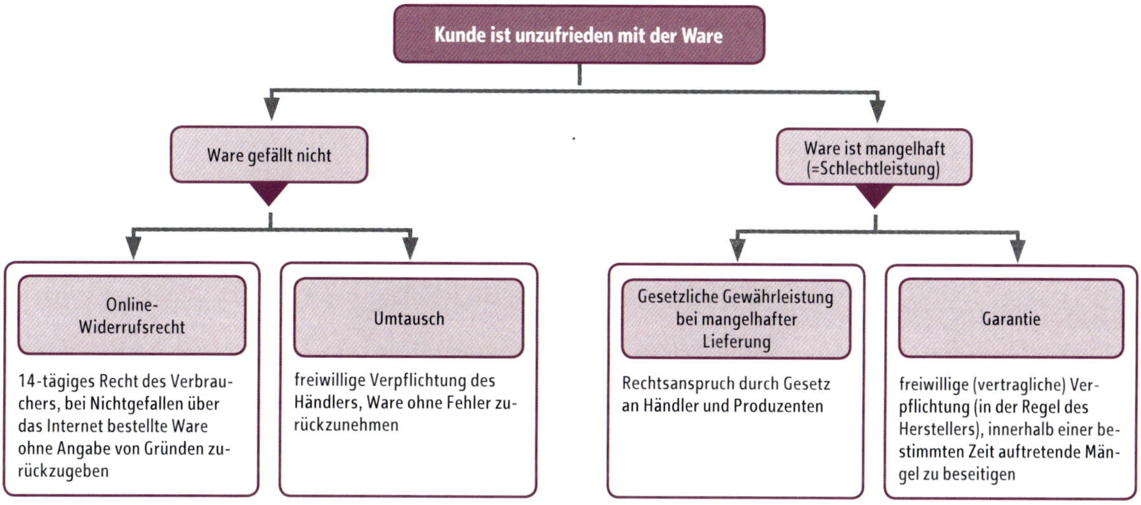

Verkäufer — **Kaufvertrag** — Käufer

→Pflicht für den Verkäufer, die Ware mangelfrei zu liefern

wird verletzt

↓

gesetzliche Gewährleistungen

= Unternehmer haftet aufgrund gesetzlicher Vorschriften dafür, dass die Ware zum Zeitpunkt der Übergabe die zugesicherten Eigenschaften besitzt und mangelfrei ist

Mängelarten

nach Erkennbarkeit

- offener Mangel
- versteckter Mangel
- arglistig verschwiegener Mangel

Rechtsmangel

- Ware gehört nicht dem Verkäufer
- Ware ist mit Rechten Dritter belastet

Sachmangel

- Objektiver Mangel
- Subjektiver Mangel
- Verstoß gegen Montageanforderungen

Pflichten des Käufers

= müssen erfüllt werden, um keine Reklamationsrechte zu verlieren

- Ein festgestellter Mangel muss dem Verkäufer mit einer **Mängelrüge** mitgeteilt werden.
- Der Käufer muss bestimmte **Rügefristen** einhalten.

↓

zweiseitiger Handelskauf

- offene Mängel: unverzüglich
- versteckte Mängel: unverzüglich nach Entdeckung, innerhalb von zwei Jahren

Rechte des Käufers

↓

vorrangiges Recht: Nacherfüllung

grundsätzliches Wahlrecht des Käufers zwischen

Nachbesserung — Nachlieferung

nachrangige Rechte, wenn

- Nacherfüllung als erfolglos abgelaufen gilt
- Nacherfüllung zweimal fehlgeschlagen
- Verkäufer Nacherfüllung verweigert
- Mangel nicht behebbar

Rücktritt vom Kaufvertrag — Kaufpreisminderung — Schadenersatz

5.10 LIEFERUNGSVERZUG

Die Tom Hoss KG bestellte am 21. Juli des Jahres 1000 Anzüge bei der Vödisch AG, Neue Str. 17, 30457 Hannover. Im Angebot war verbindliche „Lieferung bis Ende August“ zugesagt worden. Dies wird noch einmal in der Auftragsbestätigung vom 24. Juli bestätigt.

Am 15. September hat die Vödisch AG immer noch nicht geliefert. Ein Mitarbeiter hat dort nach Abschicken der Auftragsbestätigung die Bestellung verlegt. Zwischenzeitlich hat der Hersteller andere Aufträge angenommen. Die Tom Hoss KG selbst hat mittlerweile in ihrem Onlineshop Bestellungen über 1000 Anzüge vorliegen.

„Mmh ... Tja ... Ich weiß auch nicht, aber ich kann Ihren Auftrag hier nicht finden ...“

1. *Stellen Sie fest, ob eine Nicht-rechtzeitig-Lieferung vorliegt.*
2. *Beurteilen Sie die rechtlichen Möglichkeiten der Tom Hoss KG.*

INFORMATION

Die rechtzeitige, termingerechte Lieferung der vereinbarten Ware ist eine selbstverständliche Pflicht des Verkäufers. Wenn ein Verkäufer seinen Kunden eine Ware aber gar nicht oder verspätet liefert, liegt eine sogenannte **Nicht-rechtzeitig-Lieferung** vor. Früher wurde diese Kaufvertragsstörung auch **Lieferungsverzug** genannt.

Voraussetzungen

Um überhaupt Rechte in Anspruch nehmen zu können, muss geprüft werden, ob tatsächlich eine Nicht-rechtzeitig-Lieferung vorliegt. Für diesen Fall müssen bestimmte Voraussetzungen gegeben sein.

Fälligkeit der Lieferung

Erste Voraussetzung für die Nicht-rechtzeitig-Lieferung ist die Fälligkeit der Lieferung: Der Zeitpunkt der Lieferung muss tatsächlich gekommen sein. Dies ist unproblematisch, wenn der Lieferzeitpunkt kalendermäßig genau bestimmt oder bestimmbar ist. Ist dies jedoch nicht der Fall, muss der Lieferer durch eine Mahnung in Verzug gesetzt werden. Die Nicht-rechtzeitig-Lieferung gilt dann ab Zugang der Mahnung. Die Mahnung ist formfrei. Aus Gründen der Beweissicherung sollte sie jedoch schriftlich sein. Außerdem sollte ihre Zustellung bewiesen werden können.

Liefertermin kalendermäßig nicht bestimmt oder nicht bestimmbar	**Liefertermin kalendermäßig bestimmt oder bestimmbar**
Eine Mahnung ist beispielsweise bei den folgenden Formulierungen erforderlich.	**Eine Mahnung ist beispielsweise bei den folgenden Formulierungen nicht erforderlich.**
– Lieferung acht Wochen nach Bestellung – Lieferung sofort – Lieferung bald – Lieferung demnächst – Lieferung ab dem 1.6.20.. – Lieferung 30 Tage nach Rechnungserhalt	– Lieferung bis zum 28.2.20.. – Lieferung bis Ende März – Lieferung in der 20. Kalenderwoche – Lieferung 30 Tage nach Bestelldatum

Die Mahnung selbst sollte eindeutig darauf hinweisen, dass sich der Lieferer in Verzug befindet. Abhängig davon, welche Rechte der Käufer in Anspruch nehmen möchte, sollte die Mahnung zudem

- entweder zur Lieferung auffordern oder
- eine Nachfrist setzen und die Inanspruchnahme weiterer Rechte androhen.

Neben der Nicht-rechtzeitig-Lieferung bei kalendermäßig genau bestimmbaren Terminen muss in drei weiteren Fällen nicht gemahnt werden:

- **bei Verweigerung der Leistung**
  Dadurch setzt sich der Verkäufer selbst in Verzug.
- **beim Fixkauf**
  Bei dieser Kaufvertragsart muss der Verkäufer an einem ganz bestimmten, vereinbarten Termin (also weder vorher noch nachher) liefern.

BEISPIEL

Wenn die Tom Hoss KG mit der Vödisch AG eine „Lieferung am 30. August fix" vereinbart, dann ist die entscheidende Vertragsleistung die Lieferung genau am 30. August.

- **beim Zweckkauf**
  Hier ist beiden Vertragspartnern klar, dass eine spätere Lieferung für den Käufer keinen Sinn mehr macht.

BEISPIEL

verspätete Lieferung von Badeanzügen nach der Badesaison

Verschulden des Verkäufers

Eine weitere Voraussetzung der Nicht-rechtzeitig-Lieferung ist das Verschulden des Verkäufers. Ein Verschulden des Verkäufers liegt vor, wenn er

- die Ware mit Absicht nicht rechtzeitig liefert (= Vorsatz)
- oder bei der Lieferung nicht mit der Sorgfalt handelt, die angebracht wäre (= Fahrlässigkeit).

Bei **Gattungswaren** muss ein Verschulden des Lieferers nicht nachgewiesen werden. Gattungswaren werden durch Gattungsmerkmale beschrieben und können ersetzt werden: Gattungswaren sind also vertretbare Sachen. Dem Empfänger genügt es, wenn er die bestellte Menge in einer bestimmten Qualität erhält. Der Gesetzgeber geht davon aus, dass der Lieferer diese Art von Waren noch woanders hätte beschaffen können.

BEISPIEL

- Jeans
- neue Autos
- Kartoffeln

Den Verkäufer trifft keine Schuld, wenn höhere Gewalt vorliegt. In diesem Fall kann der Käufer vom Kaufvertrag zurücktreten.

Höhere Gewalt: Durch einen Streik der Lokführer im Güterverkehr bleiben die Züge mit den Containern im Überseehafen in Bremerhaven stehen.

Rechte des Käufers

Welche Rechte der Käufer in Anspruch nimmt, hängt davon ab, ob er weiterhin ein Interesse an der Lieferung hat.

Bestehen auf Lieferung

Der Käufer kann auf der Erfüllung des Kaufvertrags bestehen. Dies wird oft gemacht, wenn

- die Ware woanders überhaupt nicht zu kaufen ist,
- die Ware bei anderen Lieferern nur mit noch größerem Zeitaufwand zu beschaffen ist,
- es sich um einen Stückkauf handelt. Hier liegt ein Kaufvertrag vor, der sich auf eine individuell bestimmte Sache bezieht.

BEISPIEL

Der Gebrauchtwagen von Rudolf Schmidt ist ein Einzelstück und somit eine nicht vertretbare Sache.

Der Käufer kann zusätzlich noch einen **Schadenersatz wegen verspäteter Lieferung** verlangen, wenn er einen Verzugsschaden beweisen kann und er zudem entsprechend gemahnt hat.

Rücktritt vom Vertrag

Wenn der Käufer die benötigte Ware woanders preisgünstiger oder schneller beschaffen kann, hat er die Möglichkeit, vom Vertrag zurückzutreten. Dies geht jedoch nur nach erfolglosem Ablauf einer Nachfrist.

4203142

Diese Nachfrist kann entfallen, wenn

- der Verkäufer die Lieferung endgültig verweigert,
- es sich um einen Zweckkauf oder Fixkauf handelt,
- in bestimmten Fällen besondere Umstände gelten.

BEISPIEL

Eine bekannte Industriefirma möchte ihre Beschäftigten für ein Firmenjubiläum einheitlich ausstatten und bestellt Anzüge bei der Tom Hoss KG. Diese ordert die Anzüge fix bei einem Textilhersteller. Die Tom Hoss KG wartet am vereinbarten Termin vergeblich auf eine Lieferung eines Lieferers.

Warten auf die Lieferung

Zusätzlich zum Rücktritt vom Kaufvertrag kann der Käufer, dem ein Nichterfüllungsschaden entstanden ist, **Schadenersatz statt der Leistung** verlangen.

Hier kann auf eine Nachfristsetzung verzichtet werden, wenn

- der Lieferer endgültig die Lieferung ablehnt,
- besondere Umstände auftreten.

Bei den Schäden, die ersetzt werden müssen, können zwei Arten unterschieden werden:

- Bei **konkreten Schäden** kann deren Höhe genau berechnet werden.

BEISPIEL

Die Tom Hoss KG kauft wegen einer ausgebliebenen Lieferung von Waren im Wert von 1.200,00 € gleiche Artikel bei einem anderen Lieferer zu einem Preis von 1.500,00 €. Es fallen noch 100,00 € Kosten für Büromaterial, Schreibarbeiten und Telefonate an. Bei diesem Deckungskauf kann der Schaden konkret berechnet werden:

höherer Preis für die Waren des Deckungskaufs	1.500,00 €
– Preis für die Waren des Lieferungsverzugs	– 1.200,00 €
+ sonstige Kosten	+ 100,00 €
= Schadenersatzanspruch gegenüber dem nicht liefernden Verkäufer	= 400,00 €

- Bei **abstrakten Schäden** handelt es sich um Schätzgrößen für den Fall, dass keine Deckungskäufe vorgenommen werden. Dabei geht es in der Regel um den entgangenen Gewinn, der bei rechtzeitiger Lieferung mit großer Wahrscheinlichkeit hätte erzielt werden können.

Gerade bei der abstrakten Schadensberechnung gibt es oft Streit zwischen Käufer und Verkäufer. Dieser Streit kann durch die Vereinbarung von Konventionalstrafen vermieden werden. Unabhängig davon, wie hoch der tatsächlich entstandene Schaden ist, verpflichtet sich der Verkäufer zur Zahlung einer Geldsumme als Strafe für eine Nicht-rechtzeitig-Lieferung.

<table>
<tr><th colspan="2">Rechte des Kunden beim Lieferungsverzug</th></tr>
<tr><td colspan="2">Der Kunde hat die Wahl zwischen:</td></tr>
<tr><td>Bestehen auf Lieferung</td><td>Rücktritt vom Vertrag</td></tr>
<tr><td></td><td>
</td></tr>
<tr><td colspan="2">In beiden Fällen hat der Kunde zudem Anspruch auf Schadenersatz.</td></tr>
<tr><td colspan="2">
</td></tr>
</table>

Haftungsverschärfung

Während der Nicht-rechtzeitig-Lieferung gilt die sogenannte **Haftungsverschärfung:** Der Lieferer muss Schadenersatz leisten bei zufälligem Untergang der zu liefernden Sache während der Nicht-rechtzeitig-Lieferung.

BEISPIEL

Bei der Emut GmbH, Hohler Weg 3, 34369 Hofgeismar ist eine Bestellung der Tom Hoss KG verloren gegangen. Daraufhin mahnte die Tom Hoss KG und setzte die Emut GmbH in Lieferungsverzug.
Die Emut GmbH produziert daraufhin die Artikel, verliert diese aber direkt vor der Auslieferung durch einen selbst verschuldeten Wasserschaden. Da der Schaden nicht passiert wäre, wenn vor der Nicht-rechtzeitig-Lieferung (= Lieferungsverzug) ordentlich geliefert worden wäre, haftet die Emut GmbH.

Die Haftungsverschärfung gilt nicht bei höherer Gewalt.

Unmöglichkeit der Lieferung

Die Nicht-rechtzeitig-Lieferung wird als vorübergehende Leistungsstörung angesehen. Man geht dabei davon aus, dass der Lieferer zwar noch nicht geliefert hat, aber liefern könnte. Sollte sich nach Vertragsabschluss herausstellen, dass endgültig nicht geliefert werden kann, hat der Käufer keinen Anspruch auf eine Lieferung. Er kann jedoch Schadenersatz statt der Lieferung bekommen.

4203144

AUFGABEN

1. Was ist eine Nicht-rechtzeitig-Lieferung?
2. Nennen Sie die Voraussetzungen, die bei einer Nicht-rechtzeitig-Lieferung vorliegen müssen.
3. In welchen Fällen kann auf eine Mahnung verzichtet werden?
4. Die Tom Hoss KG hat mit verschiedenen Lieferern Kaufverträge abgeschlossen. Deren Angebote enthielten die folgenden Formulierungen:
   a) Lieferung sofort
   b) Lieferung 60 Tage nach Rechnungserhalt
   c) Lieferung bis zum 01.10. dieses Jahres
   d) Lieferung in der 10. Kalenderwoche nächsten Jahres
   e) Lieferung ab 15.07.
   Entscheiden Sie, in welchen Fällen bei verspäteter Lieferung gemahnt werden muss.
5. In welchem Fall kommt ein Lieferer trotz Lieferfristüberschreitung eines kalendermäßig genau bestimmten Termins nicht in Lieferungsverzug?
6. Die Tom Hoss KG kauft bei der Bernhard Müller OHG, Im Weiher 1, 69121 Heidelberg, 2000 Hosen. Vereinbart wurde eine „Lieferung ab der 12. Kalenderwoche". In der 14. Kalenderwoche ist immer noch kein Wareneingang zu verzeichnen.
   a) Ist die Bernhard Müller OHG bereits im Lieferungsverzug?
   b) Welche rechtlichen Möglichkeiten hat die Tom Hoss KG?
7. Die Tom Hoss KG hat bei der Kartonagenfabrik Andrea Lange GmbH & Co. KG, Brabeckstr. 48, 30539 Hannover, am 5. April Verpackungsmaterial bestellt. In der Auftragsbestätigung wurde noch einmal auf die Lieferbedingung „so schnell wie möglich" hingewiesen. Am 1. Juni ist die Ware immer noch nicht geliefert worden. Das Verpackungsmaterial wird dringend benötigt. Es kann leider nicht auf andere Anbieter ausgewichen werden.
   a) Sind die Voraussetzungen für eine Nicht-rechtzeitig-Lieferung gegeben?
   b) Welche Rechte kann die Tom Hoss KG in Anspruch nehmen?
8. Die Tom Hoss KG bestellt aufgrund eines Angebots am 5. Juni bei einem Erftstädter Unternehmen 15 Regale. Als Lieferungstermin wird eine Lieferung am 19. Juni vereinbart. Der Termin wird vom Lieferer bestätigt. Am 27. Juni ist noch keine Lieferung zu verzeichnen gewesen.
   Beurteilen Sie diesen Fall.
9. Wodurch unterscheiden sich konkrete und abstrakte Schäden im Rahmen der Nicht-rechtzeitig-Lieferung?
10. Die Tom Hoss KG wollte für 5.000,00 € Waren bei einem Göttinger Unternehmen kaufen, das jedoch nicht liefert. Stattdessen müssen die Artikel bei einer Hamburger Großhandlung für 6.200,00 € bestellt werden. Es fallen 400,00 € zusätzliche Kosten im Rahmen dieses Deckungskaufs an. Berechnen Sie den konkreten Schaden.
11. Die Tom Hoss KG hat mit einem Lieferer einen Kaufvertrag abgeschlossen, der die folgende Klausel (= Vereinbarung) enthält: „Erfolgt die Lieferung nicht bis zum 15. November, dann muss für jeden Tag der Verspätung eine Vertragsstrafe von 200,00 € an den Käufer gezahlt werden."
    a) Wie wird eine solche Vereinbarung genannt?
    b) Welchen Zweck hat eine solche Vereinbarung?
12. Erläutern Sie die Haftungsverschärfung.
13. Die in diesem Kapitel vorgestellten Regelungen zur Nicht-rechtzeitig-Lieferung basieren auf den rechtlichen Grundsätzen des BGB (Bürgerliches Gesetzbuch). In manchen Zweifelsfällen ist es ratsam, immer auch den jeweiligen Gesetzestext zu untersuchen. Deshalb soll in dieser Aufgabe die Arbeit mit Gesetzestexten geübt werden.
    - Gehen Sie zur Internetadresse http://bundesrecht.juris.de/aktuell.html
    - Suchen Sie unter der dort angegebenen Sortierung unter dem Buchstaben B das BGB (Bürgerliches Gesetzbuch).
    - Beantworten Sie die folgenden Fragen mithilfe der angegebenen Paragrafen des BGB.

    a) Was sind die Voraussetzungen für den Eintritt einer Nicht-rechtzeitig-Lieferung?
    → § 286(1) und 286(4) BGB
    b) Wann wird von einem Verschulden des Verkäufers gesprochen?
    → §§ 276 bis 278 BGB
    c) Wann muss der Käufer keine Nachfrist setzen?
    → § 281 BGB
    d) Welche Rechte hat der Käufer bei einer Nicht-rechtzeitig-Lieferung?
    → § 281, § 284, § 286 und § 323 BGB
14. Geben Sie in den folgenden Fällen jeweils an, ob konkrete oder abstrakte Schäden vorliegen.
    a) Mahnkosten
    b) entgangener Gewinn der Tom Hoss GmbH

c) Anwaltsgebühren
d) Mehrkosten beim Deckungskauf

15. Mit verschiedenen Lieferern hat die Tom Hoss KG Kaufverträge abgeschlossen. Diese enthalten unterschiedliche Formulierungen zum Liefertermin.

Entscheiden Sie, in welchen der folgenden Fälle gemahnt werden muss.
a) Lieferung zwischen 5. und 15. April
b) Lieferung 29. September fest
c) Lieferung ab Anfang September
d) Lieferung bis spätestens 15. August
e) Lieferung 10. Kalenderwoche dieses Jahres

ZUSAMMENFASSUNG

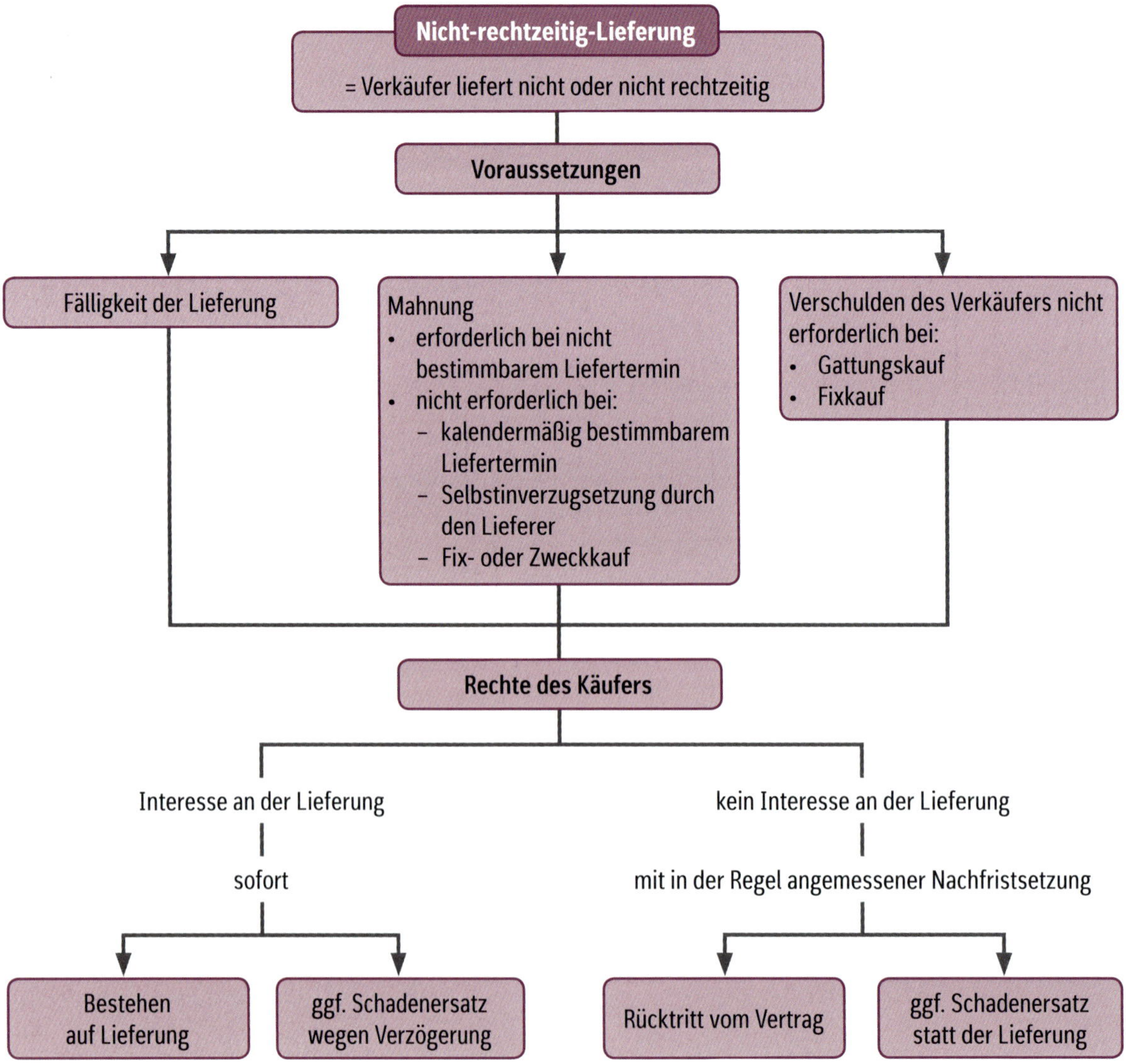

5.11 ANNAHMEVERZUG

Daniel Stern und Christina Martin treffen sich in der Mittagspause.

Christina Martin:
„Hallo Daniel!"

Daniel Stern:
„Hi Carolin, was gibt es Neues?"

Christina Martin:
„Herr Kruk hat gerade berichtet, dass sie im Lager ein Problem haben. Vereinbart war gestern eine Lieferung von Jeans an das Textilhaus Harrissen in Göttingen. Heute steht der Fahrer unseres Frachtführers mit der Ladung an der Rampe und erzählt, dass es in Göttingen Ärger gegeben hat. Dort wollte man nicht, dass er die Ware ablädt. Ihm ist gesagt worden, dass man sich günstigere Jeans in Taiwan besorgt hätte ... Das zusätzliche Problem bei uns: Wegen der neuen Kollektion ist das Lager proppevoll."

Daniel Stern:
„Was kann man da machen?"

1. *Stellen Sie fest, ob die Voraussetzungen für einen Annahmeverzug vorliegen.*
2. *Geben Sie die möglichen Rechte an, die die Schmelting KG wählen könnte.*
3. *Machen Sie einen Vorschlag, welches Recht die Schmelting KG tatsächlich in Anspruch nimmt.*

INFORMATION

Wird ein Kaufvertrag abgeschlossen, ergibt sich für den Käufer die Pflicht, die ihm angebotene Ware auch abzunehmen.

DEFINITION

Ein **Annahmeverzug** liegt vor, wenn der Käufer die von ihm bestellte und vom Verkäufer zur rechten Zeit, am rechten Ort und in der richtigen Menge und Qualität gelieferte Ware nicht annimmt.

Beim Vorliegen bestimmter Voraussetzungen kann der Verkäufer dann rechtliche Maßnahmen ergreifen.

Voraussetzungen

Fälligkeit der Lieferung

Die Lieferung muss fällig sein: Es muss sich also um den vereinbarten Liefertermin oder um einen Zeitpunkt innerhalb der verabredeten Lieferfrist handeln.

Wurde zwischen Verkäufer und Käufer keine Lieferfrist beziehungsweise kein Liefertermin verabredet, kann der Verkäufer sofort liefern.

BEISPIEL

In einem Kaufvertrag wurde die „Lieferung ab 01.08." vereinbart. Der Verkäufer versucht, die Ware schon am 10.07. zuzustellen. Wegen Betriebsferien ist die Firma des Käufers allerdings geschlossen. Es liegt kein Annahmeverzug vor, da die Lieferung nicht fällig war.

Hätte die Lieferungsbedingung gelautet „Lieferung ab 01.08., ein früherer Termin ist möglich", dann würde der Käufer in Annahmeverzug geraten.

Tatsächliches Anbieten der Leistung

Die Warenlieferung muss dem Käufer so, wie sie vereinbart war, tatsächlich angeboten werden.

BEISPIEL

Christina Martin erklärt Daniel Stern eine der Voraussetzungen des Annahmeverzugs: „Die Leistung des Verkäufers muss beim Käufer so ankommen, dass dieser praktisch nur noch zuzugreifen braucht."

Der Verkäufer muss also versuchen, die Ware physisch zu übergeben. In zwei Ausnahmefällen reicht es aus, die Warenlieferung wörtlich anzukündigen:

- Der Käufer erklärt, dass er die Ware nicht annehmen werde.
- Der Käufer unterlässt eine erforderliche Mitwirkungshandlung.

BEISPIEL

Obwohl dies vereinbart wurde, holt ein Käufer die Ware nicht bei der Schmelting KG ab.

Nichtannahme

Der Annahmeverzug setzt kein Verschulden des Käufers voraus. Allein durch die tatsächliche Nichtabnahme der Ware am Liefertermin kommt es zum Annahmeverzug.

BEISPIEL

Die Schmelting KG hat im Juli Betriebsferien und hat daher in dieser Zeit geschlossen. Da für eine Lieferung als Liefertermin der 21. Juli vereinbart wurde, wird Herr Kruk beauftragt, extra für diese Lieferung ins Unternehmen zu kommen und diese entgegenzunehmen. Herr Kruk ist auch am 21. Juli ab 7 Uhr im Lager der Schmelting KG. Wegen der Hitze erleidet er um 8 Uhr einen Kreislaufkollaps und muss ins Krankenhaus eingeliefert werden.

Um 9 Uhr möchte ein Lkw-Fahrer wie vereinbart die Ware abliefern. Er trifft niemanden an. Die Schmelting KG befindet sich im Annahmeverzug.

Rechte des Verkäufers

Im Fall eines Annahmeverzugs kann der Verkäufer verschiedene Rechte in Anspruch nehmen:

Rücktritt vom Vertrag

Ein mögliches Recht des Verkäufers ist der Rücktritt vom Vertrag: Er nimmt die Ware zurück und versucht, sie an andere Unternehmen beziehungsweise Personen zu verkaufen. Dazu benötigt er jedoch die Zustimmung des Käufers. Beide Seiten verzichten dann auf die ordnungsgemäße Erfüllung des Kaufvertrags.

Die Inanspruchnahme dieses Rechts lohnt sich für den Verkäufer aber nur, wenn

- die Ware auf dem Markt stark nachgefragt wird,
- der Preis der Ware sich zwischenzeitlich stark erhöht hat,
- sich die Kreditwürdigkeit des Käufers verschlechtert hat und eventuell ein Zahlungsausfall droht oder
- der Kunde aus Kulanzgründen zufriedengestellt werden soll.

Klage auf Abnahme der Ware

Ein anderes Recht, das der Verkäufer wählen kann, ist die Klage auf Abnahme der Ware. Dazu muss er die Ware bis zur möglichen Abnahme durch den Käufer ordnungsgemäß lagern.

Alle in diesem Zusammenhang anfallenden Kosten muss der Käufer tragen. Dieses Recht wird häufig angewendet, wenn in der Zwischenzeit

- der Preis der Ware gesunken ist,
- die Ware nicht mehr an andere Kunden verkauft werden kann.

Da der Verkäufer einerseits im Normalfall lange auf ein Urteil warten muss und andererseits zunächst einmal Kosten (Klagekosten, ausgelegte Lagerkosten) in Kauf nehmen muss, kann die Wahl dieses Rechts auch Nachteile mit sich bringen. Wo gelagert werden darf, hängt einerseits von der Rechtsstellung des Käufers ab, andererseits von der Art der Waren. Es wird unterschieden zwischen hinterlegungsfähigen und nicht hinterlegungsfähigen Sachen. Als hinterlegungsfähig gilt zunächst einmal jede Sache, die problemlos aufbewahrt werden kann. Zur Sicherung können bestimmte Waren einem Treuhänder übergeben werden.

Lagerung hinterlegungsfähiger Ware bei Klage auf Abnahme	
Käufer ist Kaufmann	Käufer ist kein Kaufmann
Die ordnungsgemäße Einlagerung ist an jedem möglichen Ort möglich: Der Verkäufer kann die Ware bei sich oder bei jeder Art einer Lagergesellschaft abstellen.	Ist der Käufer kein Kaufmann, sieht die Hinterlegungsordnung nur noch wenige Sachen als hinterlegungsfähig an, z. B. Wertpapiere, Urkunden, Schmuck und Geld. Diese müssen vom Verkäufer auf Gefahr und Kosten des Käufers bei einer örtlichen Hinterlegungsstelle – in der Regel ist dies ein Amtsgericht – hinterlegt werden. Der Käufer muss dann von der Hinterlegung benachrichtigt werden.

Selbsthilfeverkauf
Als weiteres Recht steht dem Verkäufer die Möglichkeit des Selbsthilfeverkaufs zu. Er kann nicht hinterlegungsfähige Ware öffentlich versteigern lassen, wenn er dem Käufer dies angedroht hat. Der Verkäufer muss dem Käufer dann auch den Termin und den Ort der Versteigerung bekannt geben. Beide Parteien können bei der Versteigerung mitbieten.

Nach der öffentlichen Versteigerung muss der Verkäufer dem Käufer das Ergebnis des Selbsthilfeverkaufs mitteilen. Hat der Versteigerungserlös die Höhe des ursprünglichen Kaufpreises nicht erreicht, so muss der (ehemalige) Käufer noch die Differenz an den Verkäufer zahlen. Umgekehrt muss der Verkäufer einen höheren Erlös in Höhe der Differenz an den Käufer herausgeben.

Wenn dieses Recht in Anspruch genommen wird, ergeben sich folgende Vorteile:

- Es fallen keine Rechtsanwaltskosten und Gerichtskosten an.
- Den Selbsthilfeverkauf durchzuführen ist schneller als das Klageverfahren.

Zu beachten ist, dass es noch zwei Varianten des Selbsthilfeverkaufs gibt:

- **Notverkauf**
  Der Notverkauf ist eine eingeschränkte Art des Selbsthilfeverkaufs, die bei leicht verderblichen Waren erlaubt ist. Hier entfällt die Pflicht des Verkäufers, dem Käufer eine Nachfrist zur Annahme der Ware zu setzen und den Selbsthilfeverkauf anzudrohen.
- **freihändiger Verkauf**
  Bei Waren, die an der Börse gehandelt werden oder für die es Tagespreise gibt, kann die Ware auch ohne Versteigerung verkauft werden. Erforderlich dafür sind das Setzen einer Nachfrist und deren Verstreichen. Der freihändige Verkauf wird in der Regel durch einen öffentlich bestellten Handelsmakler durchgeführt.

BEISPIEL

Baumwolle, Getreide, Wertpapiere, Tee, Kaffee

Gefahrenübergang beim Annahmeverzug

Befindet sich der Käufer im Annahmeverzug, geht das Risiko auf den Käufer über, falls die Ware durch Zufall vernichtet wird beziehungsweise sich verschlechtert. Lediglich bei Vorsatz oder grober Fahrlässigkeit muss der Verkäufer weiter haften.

AUFGABEN

1. Was versteht man unter einem Annahmeverzug?
2. Welche Voraussetzungen müssen gegeben sein, damit ein Käufer in Annahmeverzug gerät?
3. Die Schmelting KG schließt einen Kaufvertrag mit der Boutique „Stephanie“ in Peine ab. Es wurde keine Vereinbarung über die Lieferzeit getroffen. Die Schmelting KG liefert die bestellte Ware schon kurz nach der Bestellung. Stephanie Rindelhardt – Eigentümerin der Boutique – ist damit nicht einverstanden. Beurteilen Sie diesen Fall.
4. Wer trägt das Gefahrenrisiko für die Ware im Falle der Nichtabnahme?
5. Wann wird ein Verkäufer versuchen, vom Vertrag zurückzutreten?
6. Wo darf im Fall der Klage auf Abnahme gelagert werden?
7. Welche Nachteile kann eine Klage auf Abnahme für den Verkäufer haben?
8. Was versteht man unter dem Selbsthilfeverkauf?
9. Wodurch unterscheidet sich der Selbsthilfeverkauf
   a) vom Notverkauf?
   b) vom freihändigen Verkauf?
10. Wann wird der Lieferant auf jeden Fall auf Abnahme der Ware bestehen, wenn der Kunde die Annahme der ordnungsgemäß gelieferten Ware verweigert?
    a) bei guten Kunden
    b) bei Sonderanfertigungen
    c) Verkaufspreis der Ware ist gestiegen
    d) bei leicht verderblichen Waren
    e) bei geringen Rechnungsbeträgen
    f) bei einem Neukunden
11. Wann wird der Lieferant vom Kaufvertrag zurücktreten, wenn der Kunde die Annahme verweigert?
    a) Verkaufspreis der Ware ist gestiegen
    b) bei einem Kunden, der schon öfters wegen unbegründeten Annahmeverweigerungen unangenehm aufgefallen ist
    c) bei sehr hohen Rechnungsbeträgen
    d) Verkaufspreis der Ware ist gesunken
    e) bei Sonderanfertigungen
12. Erstellen Sie eine Mindmap, die die wichtigsten Informationen über den Annahmeverzug wiedergibt.

13. In dieser Aufgabe soll das Kapitel mithilfe der Fragenkettenmethode bearbeitet werden.
   a) Lesen Sie das Kapitel.
   b) Formulieren Sie eine Frage zu einem bestimmten Inhalt des Textes und halten Sie diese und die Antwort dazu schriftlich fest.
   c) Ihre Lehrkraft wählt einen Schüler oder eine Schülerin aus, der/die seine/ihre Frage an die Klasse stellt.
   d) Derjenige, der sich als Erstes meldet, beantwortet die Frage. War die Antwort richtig, darf er seine Frage der Klasse vorstellen.
   e) Alle Mitschülerinnen und Mitschüler, die einmal richtig geantwortet haben, brauchen nicht mehr zu antworten.

Hat jeder geantwortet, ist diese Unterrichtsphase beendet.

ZUSAMMENFASSUNG

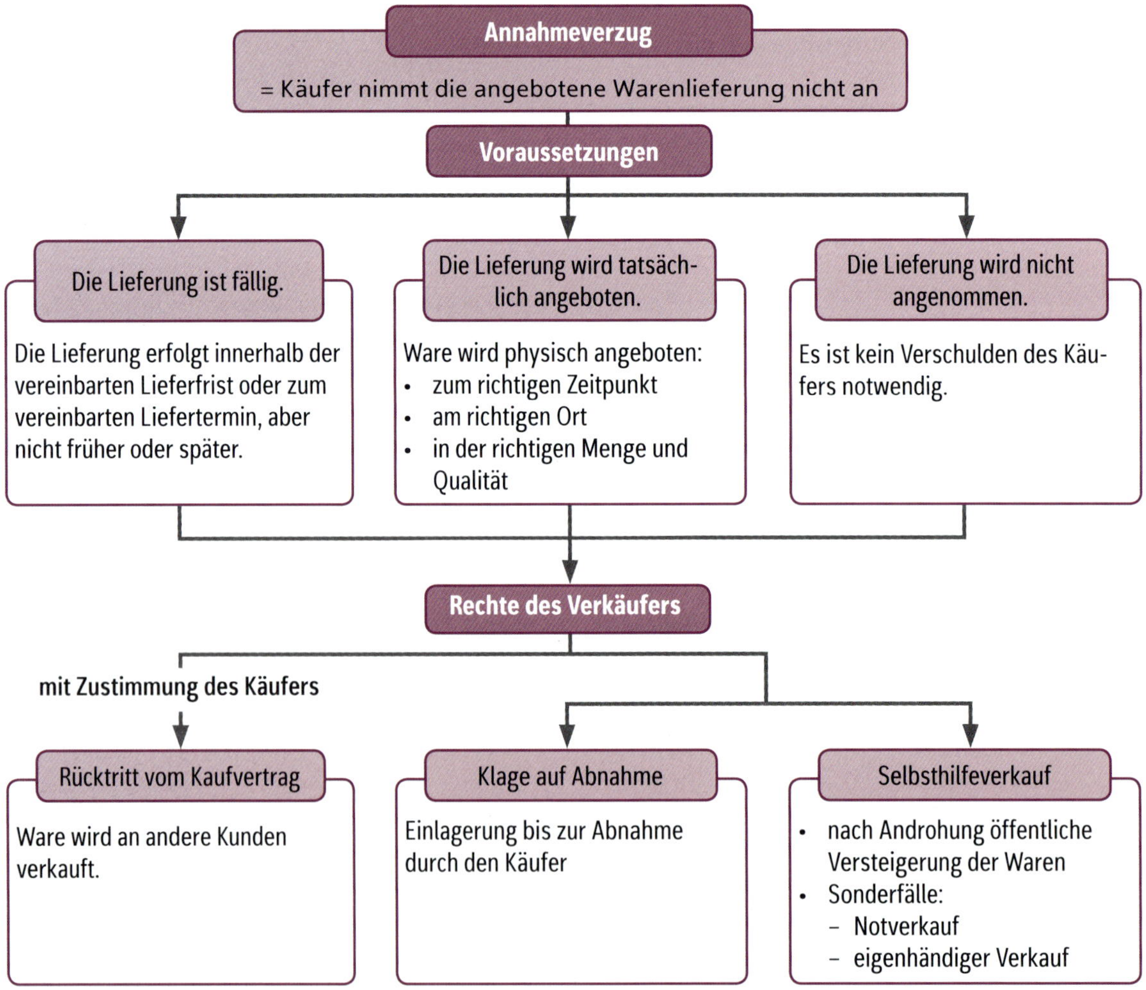

5.12 ZAHLUNGSVERZUG

Wieder einmal sitzen Christina Martin und Daniel Stern in der Mittagspause zusammen und tauschen sich über ihre Erlebnisse in ihren Abteilungen aus.

Christina Martin:
„Bei uns gibt es gerade Ärger. Gestern wurde entdeckt, dass eine Firma seit sechs Monaten nicht gezahlt hat."

Daniel Stern:
„Wie konnte das denn passieren? Die Abteilung ist doch optimal organisiert. Ich war ja selbst schon drei Monate dort eingesetzt."

Christina Martin:
„Hängt irgendwie damit zusammen, dass Frau Schellack, die die Firma betreute, vor sechs Monaten nach München gegangen ist. Dann hat sich wohl keiner richtig zuständig gefühlt. Frau Duchnik hat ja gerade angefangen bei uns und hat das jetzt – während sie sich eingearbeitet hat – entdeckt."

Daniel Stern:
„Und was nun?"

Christina Martin:
„Jetzt habe ich von Herrn Franke die Aufgabe bekommen, das ausstehende Geld einzutreiben. Ich habe aber erst vor drei Tagen in der Abteilung angefangen und muss mich in die ganze Thematik erst mal einarbeiten."

Daniel Stern:
„Das habe ich in der Abteilung schon mehrmals mitmachen können – da kann ich dir helfen. Ich brauche allerdings noch ein paar Informationen, um beurteilen zu können, ob und was wir machen können."

Christina Martin:
„Oh klasse, danke. Es geht um eine Lieferung von Waren im Wert von 13.800,00 € an die Firma Beckermann Moden, Textileinzelhandel, Im Feld 48, 47228 Duisburg. Ausgeliefert wurde am 17.03. dieses Jahres. Das Rechnungsdatum war der 15.03. Vereinbart war sofortige Zahlung. Bis heute am 30.10. ist kein Zahlungseingang zu verzeichnen gewesen."

1. *Beurteilen Sie, ob die Schmelting KG gegen die Firma Beckermann Moden vorgehen kann.*
2. *Stellen Sie fest, welche Rechte die Schmelting KG im Fall einer ausstehenden Zahlung in Anspruch nehmen kann.*

INFORMATION

DEFINITION

Ein **Zahlungsverzug** (oder: eine Nicht-rechtzeitig-Zahlung) liegt vor, wenn jemand seine Geldschulden nicht oder nicht rechtzeitig begleicht.

Bei dieser Kaufvertragsstörung stehen dem Gläubiger bestimmte Rechte zu. Um diese Rechte in Anspruch nehmen zu können, müssen jedoch bestimmte Voraussetzungen erfüllt sein.

Voraussetzungen des Zahlungsverzugs

Der Zahlungsverzug gilt bei fehlender Zahlungsfähigkeit immer als verschuldet, auch wenn der Grund der Zahlungsunfähigkeit unverschuldet eingetreten ist.

Die offenen Rechnungen übersteigen die finanziellen Mittel.

Zahlungsverzug bei Fälligkeit und Mahnung

Erste Voraussetzung ist, dass die Zahlung tatsächlich fällig sein muss. Abgesehen von einigen gesetzlich bestimmten Fällen muss immer noch eine Mahnung erfolgen, um den Schuldner in Verzug zu setzen. Als Mahnung gilt auch die Zustellung eines Mahnbescheids[1] beziehungsweise die Erhebung einer Zahlungsklage.

Zahlungsverzug bei Fälligkeit ohne Mahnung

In bestimmten Fällen kann der Schuldner auch ohne Mahnung in Verzug geraten:

- Der Zahlungstermin ist kalendermäßig bestimmt oder in Abhängigkeit von einem bestimmten Ereignis bestimmbar.
- Der Schuldner verweigert ernsthaft und endgültig die Zahlung.
- Es sind 30 Tage seit Rechnungszugang vergangen. Dann kommt ein Schuldner automatisch in Verzug. Beim einseitigen Handelskauf gilt diese Regelung nur, wenn der Endverbraucher ausdrücklich auf diese Rechtsfolge hingewiesen wurde.

BEISPIEL

Aus der Rechnung eines Einzelhandelsunternehmens an einen Endverbraucher:

„Kann innerhalb von 30 Tagen nach Zugang kein Zahlungseingang festgestellt werden, kommt der Zahlungspflichtige automatisch in Verzug."

Voraussetzungen des Zahlungsverzugs:
Fälligkeit
Mahnung
Der Zahlungstermin ist kalendermäßig nicht bestimmt oder nicht bestimmbar.

BEISPIEL

- Formulierung „Zahlung sofort"
- kein Hinweis in einer Rechnung an einen Endverbraucher, dass er nach 30 Tagen automatisch in Zahlungsverzug gerät
- bei Hinweis auf 30-Tage-Klausel, wenn der Gläubiger die Zahlung vor Ablauf der 30-Tage-Frist wünscht

Voraussetzungen des Zahlungsverzugs:
Fälligkeit
keine Mahnung
Der Zahlungstermin ist kalendermäßig genau bestimmt beziehungsweise bestimmbar.

BEISPIEL

- zahlbar bis zum 15. Juli 20..
- zahlbar bis Ende August
- zahlbar in der 40. Kalenderwoche

Rechte beim Zahlungsverzug

Liegt ein Zahlungsverzug vor, hat der Gläubiger zwei Möglichkeiten:

- Er besteht auf der Zahlung.
- Er lehnt die Zahlung ab und fordert die Ware zurück.

Bestehen auf der Zahlung

Der Gläubiger kann auf der Zahlung bestehen. Zusätzlich kann er den Ersatz des Verzögerungsschadens sowie Verzugszinsen verlangen:

- Als **Schadenersatz** wegen der Verzögerung der Zahlung kann der Gläubiger alle für die Durchsetzung seines Anspruchs notwendigen Auslagen geltend machen.

BEISPIEL

- Kosten der Mahnung (Papier, Porto, Telefonkosten)
- Rechtsanwaltskosten oder Kosten für ein Inkassobüro nach Eintritt des Verzugs

---

1 siehe Kapitel 5.14

4203152

- Ab Eintritt des Zahlungsverzugs kann der Gläubiger **Verzugszinsen** verlangen. Angewendet werden im Normalfall die **gesetzlichen Verzugszinsen**. Beim einseitigen Handelskauf und beim bürgerlichen Kauf betragen die gesetzlichen Verzugszinsen 5 % über dem aktuellen Basiszinssatz der Deutschen Bundesbank.

BEISPIEL

Da der aktuelle Basiszinssatz am 1. Januar 2020 −0,88 % beträgt, muss ein Schuldner 4,12 % Verzugszinsen bei einer Nicht-rechtzeitig-Zahlung im Rahmen einseitiger Handelskäufe oder bürgerlicher Käufe zahlen.

Bei zweiseitigen Handelskäufen liegt der gesetzliche Zinssatz 9 % über dem aktuellen Basiszinssatz der Deutschen Bundesbank.

BEISPIEL

Bei einem aktuellen Basiszinssatz von −0,88 % muss die Firma Beckermann Moden 8,12 % gesetzliche Verzugszinsen zahlen.

Falls vertraglich ein höherer Verzugszinssatz vereinbart wurde oder tatsächlich angefallene höhere Bankzinsen nachgewiesen werden können, hat der Gläubiger auch die Möglichkeit, diese einzufordern.

Ablehnen der Zahlung

Der Gläubiger kann die vereinbarte Zahlung ablehnen. Im Normalfall muss er dies aber dem Schuldner androhen und ihm eine **angemessene Nachfrist** setzen. Diese ist nicht notwendig, falls

- die Zahlung durch den Schuldner endgültig verweigert wird,
- ein Fix- oder Zweckkauf vorliegt,
- ein besonderer Umstand gegeben ist, der den sofortigen Rücktritt bei Abwägung der beiderseitigen Interessen rechtfertigt.

Ist nach Ablauf der Nachfrist immer noch kein Zahlungseingang zu verzeichnen, wird der Gläubiger die Herausgabe der Ware fordern. Zusätzlich kann er Schadenersatz statt der Leistung verlangen.

Forderungsmanagement

Um Fälle von Zahlungsverzug möglichst gering zu halten, betreiben viele Unternehmen ein systematisches Forderungsmanagement: Dabei werden systematisch die Zahlungen der Kunden kontrolliert mit dem Ziel, Forderungsausfälle zu vermeiden. Es wird versucht, mit verschiedenen Maßnahmen die Zahlungseingänge zu sichern.

Unternehmen, die ein systematisches Forderungsmanagement betreiben, stellen sicher, dass

- sich die eigene Zahlungsfähigkeit nicht verringert,
- es zu keinen Zinsverlusten kommt,
- nicht selbst Kredite aufgenommen werden müssen,
- es nicht zur Verjährung von Forderungen kommt.

Unterstützt wird das Forderungsmanagement oft durch Fälligkeitslisten beziehungsweise Offene-Posten-Dateien von EDV-gestützten Warenwirtschaftssystemen beziehungsweise Finanzbuchführungsprogrammen.

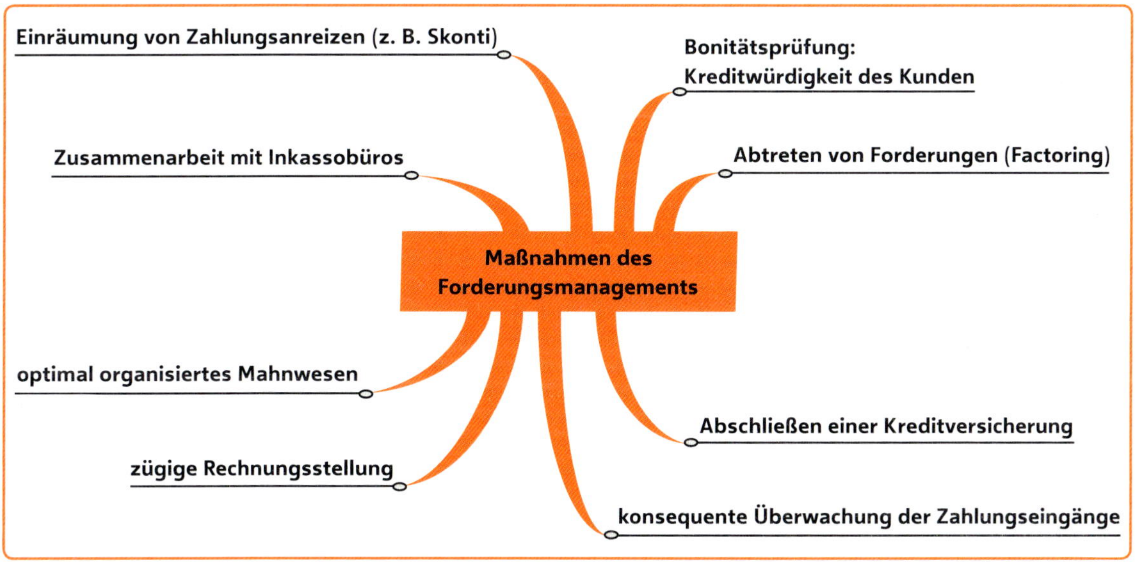

AUFGABEN

1. Was versteht man unter einer Nicht-rechtzeitig-Zahlung?
2. Die Schmelting KG vermisst einen Zahlungseingang von Robert Menne, Herrenhäuserstr. 55, 30169 Hannover.
   a) Welche Voraussetzungen müssen gegeben sein, damit Robert Menne sich im Zahlungsverzug befindet?
   b) Welche Rechte kann die Schmelting KG bei einem Zahlungsverzug gegenüber Robert Menne geltend machen?
3. Muss in den folgenden Fällen gemahnt werden?
   a) „zahlbar bis Ende Juli"
   b) „zahlbar sofort"
   c) „zahlbar bis zur 20. Kalenderwoche"
4. Die Schmelting KG besteht gegenüber Robert Menne auf Zahlung. Welche Kosten können beim Schadenersatz wegen Verzögerung der Zahlung geltend gemacht werden?
5. Wie hoch sind die gesetzlichen Verzugszinsen bei
   a) bürgerlichen Käufen,
   b) einseitigen Handelskäufen,
   c) zweiseitigen Handelskäufen?
6. Die Schmelting KG hat 500 Artikel an Björn Decker, Rosenstr. 3, 50733 Köln geliefert. Der Zugang der Rechnung dort erfolgt am 14 Februar 20... Stellen Sie für die folgenden Situationen fest, ab wann sich Björn Decker in Zahlungsverzug befindet.
   a) Die Rechnung der Schmelting KG enthält die Formulierung „zahlbar sofort". Am 22. Februar hat die Schmelting KG eine Mahnung versandt.
   b) Die Rechnung der Schmelting KG enthält die Formulierung „zahlbar sofort". Es wird keine Mahnung versandt.
   c) Die Rechnung der Schmelting KG enthält die Formulierung „Zahlung bis spätestens 3. März".
7. Svenja Ambroß kauft am 1. Februar ein Notebook bei der Notebooks-Schnäppchen GmbH. Als Zahlungsbedingung wurde „Zahlung sofort nach Rechnungserhalt" vereinbart. Am 11. Februar tritt Svenja ihren fünfwöchigen Kuraufenthalt an der Ostsee an. Am 12. Februar wird in ihren Briefkasten die Rechnung eingeworfen. Am 19. März ist Svenja aus dem Urlaub zurück. Prüfen Sie, ob bereits ein Zahlungsverzug vorliegt.

8. Was versteht man unter einem Forderungsmanagement?
9. Führen Sie einige Maßnahmen des Forderungsmanagements auf.
10. a) Ermitteln Sie auf der Internetadresse https://basiszinssatz.de/ den aktuellen Basiszinssatz der Deutschen Bundesbank.
    a) Berechnen Sie daraufhin die zurzeit gültigen Zinssätze für Verzugszinsen bei:
    - bürgerlichen Käufen
    - einseitigen Handelskäufen
    - zweiseitigen Handelskäufen
11. Erstellen Sie eine Mindmap, die alle wichtigen Inhalte des Themas Zahlungsverzug zusammenfasst.
12. Sie sind gerade dabei, einige Arbeiten im Bereich des Forderungsmanagements durchzuführen.
    a) Überprüfen Sie den Zahlungseingang einer Forderung in Höhe von 600,00 € an Nele Kießling. Ihre Zahlungsbedingungen lauten: „30 Tage Ziel, bei Zahlung ab Rechnungsdatum innerhalb von zehn Tagen 3 % Skonto". Das Datum der Rechnung war der 28. Juli des Jahres.
    Ab wann ist Nele Kießling in Zahlungsverzug?
    - Ab dem 28. August des Jahres – 00:00 Uhr
    - Ab dem 29. August des Jahres – 00:00 Uhr
    - Ab dem 30. August des Jahres – 00:00 Uhr
    - Ab dem 31. August des Jahres – 00:00 Uhr
    - Ab dem 1. September des Jahres – 00:00 Uhr
    b) Im B2B-Bereich sollen Sie die Bonität der Kaffka KG prüfen. Was versteht man unter der Bonität?
    - Einen Rabatt, der nachträglich gewährt wird und bei dem sich die Höhe nach dem Umsatz richtet
    - Den Vergleich der flüssigen Mittel mit den kurzfristigen Verbindlichkeiten der Kaffka KG
    - Den Anteil des Eigenkapitals am Gesamtkapital
    - Die Kreditwürdigkeit der Kaffka KG
    - Die Rentabilität der Kaffka KG

13. Die Schmelting hat seit dem 2. Januar 2020 Forderungen in Höhe von 5.000,00 € gegenüber
- der Privatperson Lotte Weimar,
- der Kaffka GmbH

Gehen Sie zur Internetadresse www.zinsen-berechnen.de/verzugszinsrechner.php

Berechnen Sie für beide Fälle die jeweiligen Verzugszinsen.

ZUSAMMENFASSUNG

Zahlungsverzug (Nicht-rechtzeitig-Zahlung)

= Schuldner zahlt nicht rechtzeitig oder gar nicht

Voraussetzungen

- **Fälligkeit**
- **Mahnung**
  - Grundsätzlich muss immer eine Mahnung erfolgen.
  - Ohne Mahnung kommt der Schuldner nach 30 Tagen automatisch in Verzug.
  - keine Mahnung erforderlich, wenn der Zahlungstermin kalendermäßig bestimmt oder bestimmbar ist

Rechte des Gläubigers

- **Bestehen auf Zahlung**
  - Es wird weiter auf Zahlung beharrt.
  - Zusätzlich kann verlangt werden:
    - Schadenersatz wegen Verzögerung der Zahlung
    - Verzugszinsen
- **Ablehnen der Zahlung**
  - Die Zahlung wird abgelehnt und die Herausgabe der Ware gefordert.
  - Zusätzlich kann verlangt werden: Schadenersatz statt der Leistung
  - im Normalfall nur nach Androhen und Setzen einer angemessenen Nachfrist
  - keine Nachfristsetzung u. a. bei:
    - endgültiger Verweigerung der Zahlung
    - Fix- oder Zweckkauf

5.13 KAUFMÄNNISCHES MAHNVERFAHREN

Heute in der Rechnungswesenabteilung der Schmelting KG:

Frau Zuber:
„Hallo Christina, haben Sie mal die Offene-Posten-Liste durchgeguckt? Irgendetwas auffällig?"

Christina Martin:
„Eigentlich alles in Ordnung, bis auf eine Forderung. Eine Kundin, Roswitha Gerlach, – Rechnungsdatum war vor 14 Tagen – hat noch nicht gezahlt. Es geht immerhin um einen Betrag von 347,00 €. Müssen wir da jetzt eine Klage vorbereiten?"

Frau Zuber:
„Nein, da machen wir erst einmal etwas anderes."

1. *Stellen Sie fest, warum die Schmelting KG zunächst nicht den Klageweg einschlägt.*
2. *Machen Sie Vorschläge, wie die Schmelting KG vorgehen könnte, um an den ausstehenden Geldbetrag zu kommen.*

INFORMATION

Außergerichtliches Mahnverfahren

Leistet ein Schuldner absichtlich oder versehentlich eine Zahlung trotz Fälligkeit nicht, wird ein Gläubiger ihm in der Regel im Rahmen des außergerichtlichen Mahnverfahrens Mahnungen schicken.

Im kaufmännischen Geschäftsleben hat sich die Praxis bewährt, ein oder mehrere Mahnschreiben in abgestufter Form an den Schuldner zu verschicken. Man möchte dabei den säumigen Kunden (der die Rechnung ja vielleicht nur versehentlich verlegt hat) nicht durch sofortiges gerichtliches Vorgehen verärgern. Statt einer sofortigen Klage wird er zunächst höflich, dann etwas weniger höflich an seine Zahlungspflicht erinnert.

Mahnung

DEFINITION

Eine **Mahnung** ist eine einseitige, empfangsbedürftige Willenserklärung. Sie fordert den Schuldner auf, die fällige Zahlung zu leisten.

Ziel der Mahnung ist es, einerseits den Schuldner rechtlich in Verzug zu setzen und ihn andererseits schnell und kostengünstig zur Zahlung zu bewegen.

Bei einer Mahnung ist zu beachten: Eine Mahnung ist grundsätzlich formfrei. Sie kann schriftlich, mündlich oder auch durch schlüssiges Verhalten erfolgen. Zu empfehlen ist aus Beweissicherungsgründen jedoch immer, die Mahnung in schriftlicher Form abzugeben.

Damit klar ist, was der Gläubiger anmahnt, sollte eine schriftliche Mahnung nach Möglichkeit folgende Punkte enthalten:

- Datum und Nummer der Rechnung
- gegebenenfalls Datum und Nummer des Lieferscheins
- Zahlungsziel

Ablauf des außergerichtlichen Mahnverfahrens

Das außergerichtliche Mahnverfahren wird oft in den Fällen angewandt, in denen der Schuldner sich auch ohne Mahnung in Verzug befindet. Dabei möchte man z. B. schon seit Längerem bestehende gute Geschäftsbeziehungen nicht belasten. Befindet sich der Schuldner bei einer fälligen Forderung noch nicht in Verzug, ist eine Mahnung gesetzlich notwendig. Damit können dann die Rechte aus einer Nicht-rechtzeitig-Zahlung in Anspruch genommen werden.

Für das außergerichtliche Mahnverfahren gibt es kein allgemeingültiges Schema. Typisch für ein kaufmännisches Vorgehen sind jedoch drei Mahnungen.

Zahlungserinnerung

Die Zahlungserinnerung ist die erste Mahnung. Der Schuldner wird höflich darauf hingewiesen, dass die ausstehende Rechnung noch nicht beglichen wurde.

Der Gläubiger bittet den Schuldner, die Forderung zu begleichen. Für den Fall, dass die Rechnung auf dem Postweg verloren gegangen sein sollte oder beim Kunden versehentlich verlegt wurde, sollte der Zahlungserinnerung eine Kopie der Rechnung beigelegt werden.

Schmelting KG

Damen- und Herrenmode

Ihr Zeichen:
Ihre Nachricht vom:
Unser Zeichen: zu
Unsere Nachricht vom: 14.06.20..

Schmelting KG | Grunerstraße 120 |10169 Berlin

Roswitha Gerlach
Turmstr. 18
45470 Mülheim

Name: Sybille Zuber
Telefon: 030 750 610-63
Telefax: 030 750 610-11
E-Mail: s.zuber@schmelting-kg-wvd.de

Datum: 28.06.20..

Zahlungserinnerung: Rechnung 2010140632 vom 14. Juni d. J.

Sehr geehrte Frau Gerlach,

leider konnten wir bei der Überprüfung unserer Konten für die Rechnung 2010140632 vom 14. Juni d. J. in Höhe von 347,00 € keinen Zahlungseingang feststellen. Wir haben diesem Schreiben eine Kopie der Rechnung beigelegt, da diese vielleicht bei Ihnen übersehen wurde. Wir freuen uns auf den Eingang Ihrer Zahlung.

Sollte die Zahlung zwischenzeitlich schon erfolgt sein, bitten wir Sie, dieses Schreiben als gegenstandslos anzusehen.

Mit freundlichen Grüßen

Schmelting KG

Sybille Zuber

Sybille Zuber

Anlage
Rechnung 2010140632 vom 14. Juni d. J.

Ausdrückliche Mahnung

Ist nach der Zahlungserinnerung kein Zahlungseingang zu verzeichnen, sollte an den Schuldner eine zweite Mahnung verschickt werden: die ausdrückliche Mahnung. Diese ist eindeutig formuliert. Es wird klar zum Ausdruck gebracht, dass die Zahlung verlangt wird. Oft wird auch schon eine Zahlungsfrist angegeben.

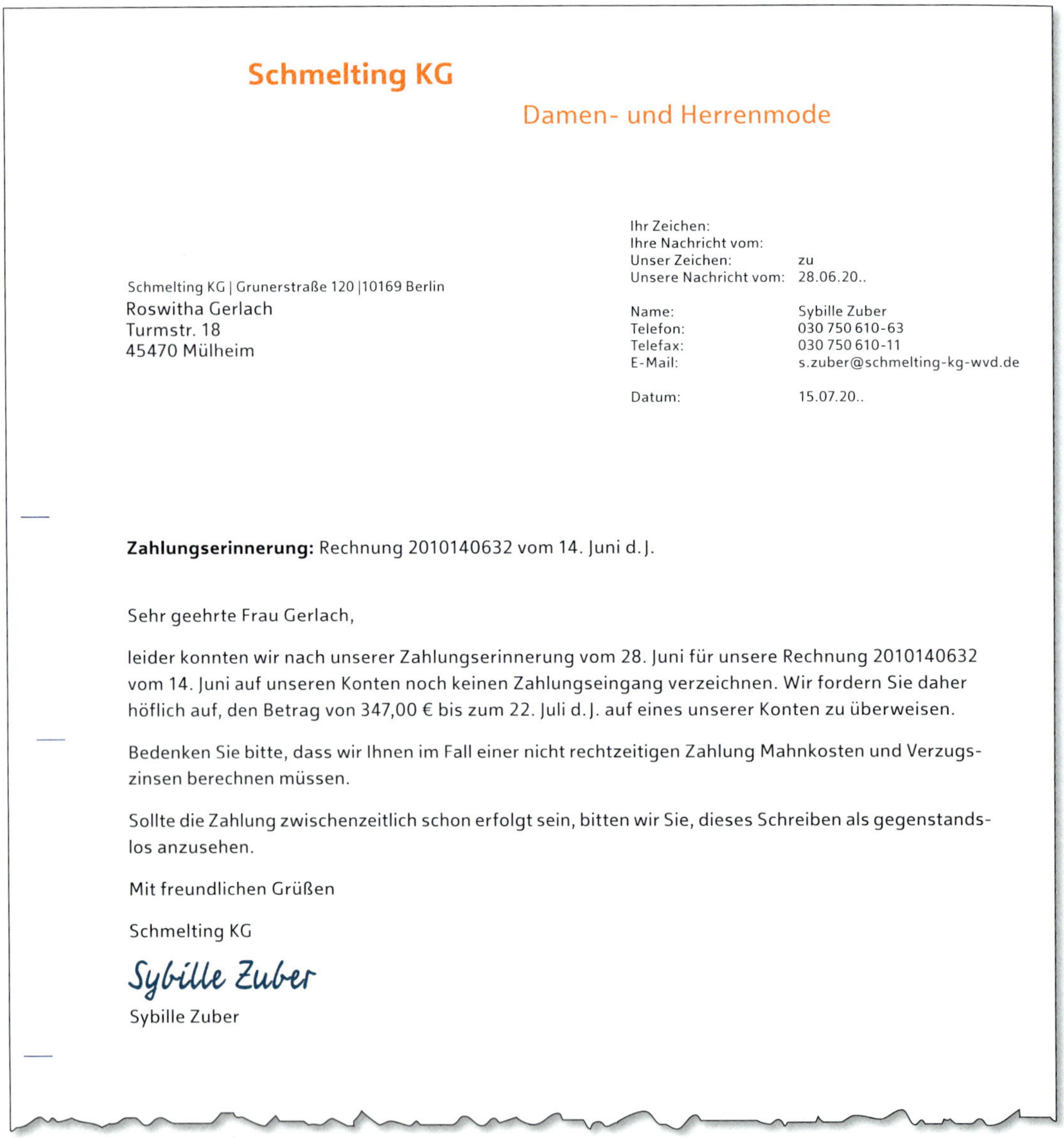

Schmelting KG

Damen- und Herrenmode

Ihr Zeichen:
Ihre Nachricht vom:
Unser Zeichen: zu
Unsere Nachricht vom: 28.06.20..

Schmelting KG | Grunerstraße 120 |10169 Berlin
Roswitha Gerlach
Turmstr. 18
45470 Mülheim

Name: Sybille Zuber
Telefon: 030 750 610-63
Telefax: 030 750 610-11
E-Mail: s.zuber@schmelting-kg-wvd.de

Datum: 15.07.20..

Zahlungserinnerung: Rechnung 2010140632 vom 14. Juni d.J.

Sehr geehrte Frau Gerlach,

leider konnten wir nach unserer Zahlungserinnerung vom 28. Juni für unsere Rechnung 2010140632 vom 14. Juni auf unseren Konten noch keinen Zahlungseingang verzeichnen. Wir fordern Sie daher höflich auf, den Betrag von 347,00 € bis zum 22. Juli d.J. auf eines unserer Konten zu überweisen.

Bedenken Sie bitte, dass wir Ihnen im Fall einer nicht rechtzeitigen Zahlung Mahnkosten und Verzugszinsen berechnen müssen.

Sollte die Zahlung zwischenzeitlich schon erfolgt sein, bitten wir Sie, dieses Schreiben als gegenstandslos anzusehen.

Mit freundlichen Grüßen

Schmelting KG

Sybille Zuber

Sybille Zuber

Verschärfte Mahnung

Reagiert der Schuldner auf die zweite Mahnung nicht, wird häufig noch eine verschärfte Mahnung geschickt. Als letzte Mahnung droht der Gläubiger dem säumigen Zahler die Einleitung weiterer rechtlicher Schritte an. Dies können sein:

- Beauftragung eines Inkassoinstituts
- Einschaltung eines Rechtsanwalts
- Übergang in das gerichtliche Mahnverfahren
- Klage zur Zahlung des ausstehenden Betrags

Bei der verschärften Mahnung werden dem Schuldner oft auch die schon angefallenen Kosten in Rechnung gestellt.

Einige Unternehmen versuchen manchmal noch vor oder nach der dritten Mahnung den überfälligen Betrag durch **Postnachnahme** einzuziehen.

Schmelting KG

Damen- und Herrenmode

Ihr Zeichen:
Ihre Nachricht vom:
Unser Zeichen: zu
Unsere Nachricht vom: 15.07.20..

Schmelting KG | Grunerstraße 120 |10169 Berlin
Roswitha Gerlach
Turmstr. 18
45470 Mülheim

Name: Sybille Zuber
Telefon: 030 750 610-63
Telefax: 030 750 610-11
E-Mail: s.zuber@schmelting-kg-wvd.de

Datum: 01.08.20..

Letzte Mahnung: Rechnung 2010140632 vom 14. Juni d. J.

Sehr geehrte Frau Gerlach,

trotz einer Zahlungserinnerung vom 28. Juni und einer Mahnung vom 15. Juli wurde unsere Rechnung 2010140632 vom 14. Juni leider immer noch nicht beglichen.

Wir fordern Sie daher letztmals auf, die Zahlung des Rechnungsbetrags in Höhe von 347,00 € zuzüglich 15,00 € Mahnkosten spätestens bis zum 15. August d. J. vorzunehmen.

Sollte nach diesem Termin bei uns kein Zahlungseingang zu verzeichnen sein, werden wir unverzüglich gerichtliche Schritte ergreifen.

Mit freundlichen Grüßen

Schmelting KG

Sybille Zuber

Sybille Zuber

AUFGABEN

1. Was versteht man unter dem außergerichtlichen Mahnverfahren?
2. Warum wendet ein Unternehmen das außergerichtliche Mahnverfahren an?
3. In welcher Form kann gemahnt werden?
4. Wodurch unterscheiden sich die drei typischen Mahnstufen?
5. Ab welchem Zeitpunkt gerät der Schuldner beim außergerichtlichen Mahnverfahren spätestens in Verzug (wenn der Zahlungstermin nicht genau festgelegt ist)?
   a) mit der 3. Mahnung
   b) mit 2. Mahnung
   c) mit der 1. Mahnung
   d) mit der Postnachnahme
   e) mit dem Mahnbescheid
6. Geben Sie an, welche Art Mahnung bei dem jeweiligen Auszug aus einem Mahnschreiben vorliegt.
   a) „... Leider haben Sie unser Schreiben vom 19.01. nicht beachtet. Der Rechnungsbetrag von 1.376,80 € ist seit dem 12.01. überfällig. Wir fordern Sie daher auf, den fälligen Rechnungsbetrag bis zum 01.03. zu begleichen ..."
   b) „... bei Durchsicht unserer Konten mussten wir feststellen, dass noch die folgende Rechnung trotz einer Zahlungserinnerung vom 03.01. sowie einer Mahnung vom 01.02. zur Zahlung offensteht: Rechnung vom 18.11. über die Lieferung von 100 Jeans. Zahlungstermin für den Betrag von 4.250,00 € war der 15.12. Zusätzlich sind uns Mahnkosten von 24,98 € entstanden, die wir Ihnen jetzt ebenfalls in Rechnung stellen. Wegen unserer langjährigen guten Geschäftsbeziehungen setzen wir Ihnen einen letzten Zahlungstermin. Sollte bis dahin nicht gezahlt werden, werden wir gerichtlich gegen Sie vorgehen ..."
   c) „... Wir haben großes Verständnis dafür, wenn bei der täglichen Hektik die pünktliche Bezahlung einer Rechnung beziehungsweise die Rechung selbst einmal übersehen wird. Daher erinnern wir Sie heute an die Begleichung des Rechnungsbetrags über 4.500,00 €. In der Anlage befindet sich zu Ihrer Information eine Kopie der Rechnung. Wir bitten Sie, den fälligen Betrag von 4.500,00 € in den nächsten Tagen zu überweisen ..."
7. Die Schmelting KG hat eine Forderung gegenüber der Firma

   Ivakno GmbH
   Schützenwiese 34
   31139 Hildesheim

   in Höhe von 2.448,00 €. Grundlage dafür ist die Rechnung 214078 vom 12.04. des Jahres.
   Spielen Sie mithilfe eines Textverarbeitungsprogramms das außergerichtliche Mahnverfahren durch. Erstellen Sie in diesem Zusammenhang alle drei Mahnungen, die im Rahmen des außergerichtlichen Mahnverfahrens normalerweise an den Schuldner geschickt werden.
8. Hat eine verschärfte Mahnung keinen Erfolg, versuchen einige Unternehmen, den fälligen Betrag über Postnachnahme oder die Einschaltung eines Inkassounternehmens einzutreiben.
   Informieren Sie sich im Internet über diese beiden Maßnahmen. Erstellen Sie ein Wandplakat, das die beiden Maßnahmen vorstellt.

ZUSAMMENFASSUNG

Außergerichtliches Mahnverfahren

Der Schuldner erhält vom Gläubiger in abgestufter Form

Mahnungen

= Aufforderungen an den Schuldner, umgehend zu zahlen

- sind formfrei, sollten aber aus Beweissicherungsgründen schriftlich erfolgen

Ziele:
- Möglichkeit, eine schnelle Zahlung zu bewirken
- den Schuldner in Verzug setzen

Typischer Ablauf des außergerichtlichen Mahnverfahrens

Zahlungserinnerung
- 1. Mahnung
- Schuldner wird höflich um Zahlung gebeten.
- oft mit Kopie der Rechnung

ausdrückliche Mahnung
- 2. Mahnung
- Schuldner wird mit Hinweis auf die Zahlungserinnerung deutlich zur Zahlung aufgefordert.

verschärfte Mahnung
- 3. Mahnung
- Hinweis „Letzte Mahnung“
- Dem Schuldner werden rechtliche Schritte angedroht, wenn er den letzten Zahlungstermin nicht einhält.

5.14 GERICHTLICHES MAHNVERFAHREN

Frau Zuber:
„Hat unsere Kundin Frau Gerlach eigentlich auf die dritte Mahnung reagiert?“

Christina Martin:
„Nein, die dort gesetzte Frist ist abgelaufen.“

Frau Zuber:
„Tja, dann wird es jetzt so richtig ernst ...“

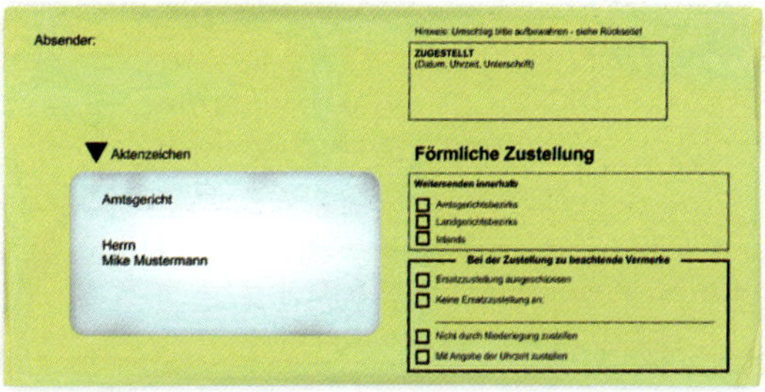

Stellen Sie fest, welche zwei Möglichkeiten die Schmelting KG hat, um den Zahlungsanspruch durchzusetzen.

INFORMATION

Alternativen: gerichtliches Mahnverfahren – Zahlungsklage

Hat das kaufmännische Mahnverfahren gegenüber einem säumigen Schuldner keinen Erfolg gehabt, gibt es für das Unternehmen noch zwei Möglichkeiten, das zustehende Geld einzutreiben:

- Das Unternehmen erhebt vor Gericht **Klage** gegen den Schuldner. Einen Prozess vorzubereiten, kostet Zeit, und man benötigt in der Regel einen Rechtsanwalt. Es fallen zunächst einmal Kosten an.
- Das Unternehmen leitet ein **gerichtliches Mahnverfahren** ein.

Das **gerichtliche Mahnverfahren** ist ein einfaches Verfahren, um einen Zahlungsanspruch durchzusetzen. Hierbei wird der Schuldner durch das Gericht aufgefordert, den Forderungsbetrag zu begleichen. Dabei ist ein Gericht zwar für die Durchführung des Mahnverfahrens sachlich zuständig. Es finden jedoch

- weder eine Prüfung, ob die Forderung des Gläubigers zu Recht besteht,
- noch eine Beweiserhebung statt.

Dadurch ist im Normalfall das gerichtliche Mahnverfahren schneller und kostengünstiger als eine aufwendige Klage. Es empfiehlt sich vor allem dann, wenn mit keinen Einwänden des Schuldners gerechnet wird.

Ziel des gerichtlichen Mahnverfahrens ist es, für den Gläubiger einen **Vollstreckungstitel** zu erhalten. Dies ist eine amtliche Urkunde, mit der rechtlich eine Zahlung angeordnet wird. Mit einem Vollstreckungstitel kann der Gläubiger den offenstehenden Geldbetrag durch einen Gerichtsvollzieher eintreiben lassen.

Kann dagegen damit gerechnet werden, dass der Schuldner Einwendungen macht, sollte überlegt werden, ob nicht die Klage der direktere und damit schnellere Weg ist.

Sämtliche Kosten für das Erwirken eines gerichtlichen Mahnbescheids müssen in voller Höhe vom Schuldner getragen werden. Voraussetzungen dafür sind:

- Die Forderung ist berechtigt.
- Der Schuldner befindet sich in Zahlungsverzug und
- ist nicht zahlungsunfähig.

Voraussetzungen des gerichtlichen Mahnverfahrens

Um ein gerichtliches Mahnverfahren durchführen zu können, müssen bestimmte Voraussetzungen erfüllt sein:

- Es dürfen nur Zahlungsansprüche auf eine bestimmte Geldsumme geltend gemacht werden.
- Der Betrag der Geldsumme muss auf Euro lauten. Geldforderungen in ausländischer Währung müssen durch Klage geltend gemacht werden. Dies gilt auch für Zinsforderungen aus Verbraucherdarlehensverträgen.
- Der Anspruch muss fällig sein.
- Der Anspruch darf nicht abhängig von einer nicht erbrachten Gegenleistung sein.

Einleitung des gerichtlichen Mahnverfahrens

Ein Unternehmen, das ein gerichtliches Mahnverfahren einleiten möchte, muss sich – z. B. im örtlichen Schreibwarenhandel oder auch bei Fachverlagen – zunächst einmal einen Vordruck für einen Antrag auf Erlass eines Mahnbescheids besorgen. Dem Antrag, der zwingend verwendet werden muss, liegen Ausfüllhinweise bei.

Der Antragsteller füllt das offizielle Formular vollständig aus.

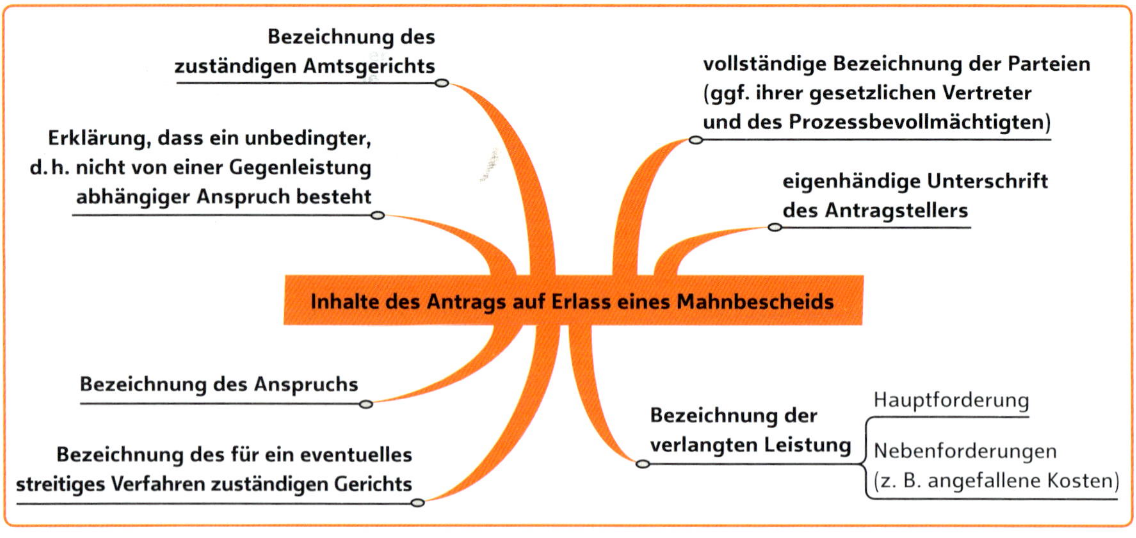

Der ausgefüllte Vordruck muss beim Amtsgericht des Antragstellers abgegeben werden. Davon abweichend haben die Landesregierungen einiger Bundesländer die Verordnung erlassen, dass Mahnbescheide ausschließlich von bestimmten, eigens damit beauftragten Amtsgerichten bearbeitet werden dürfen.

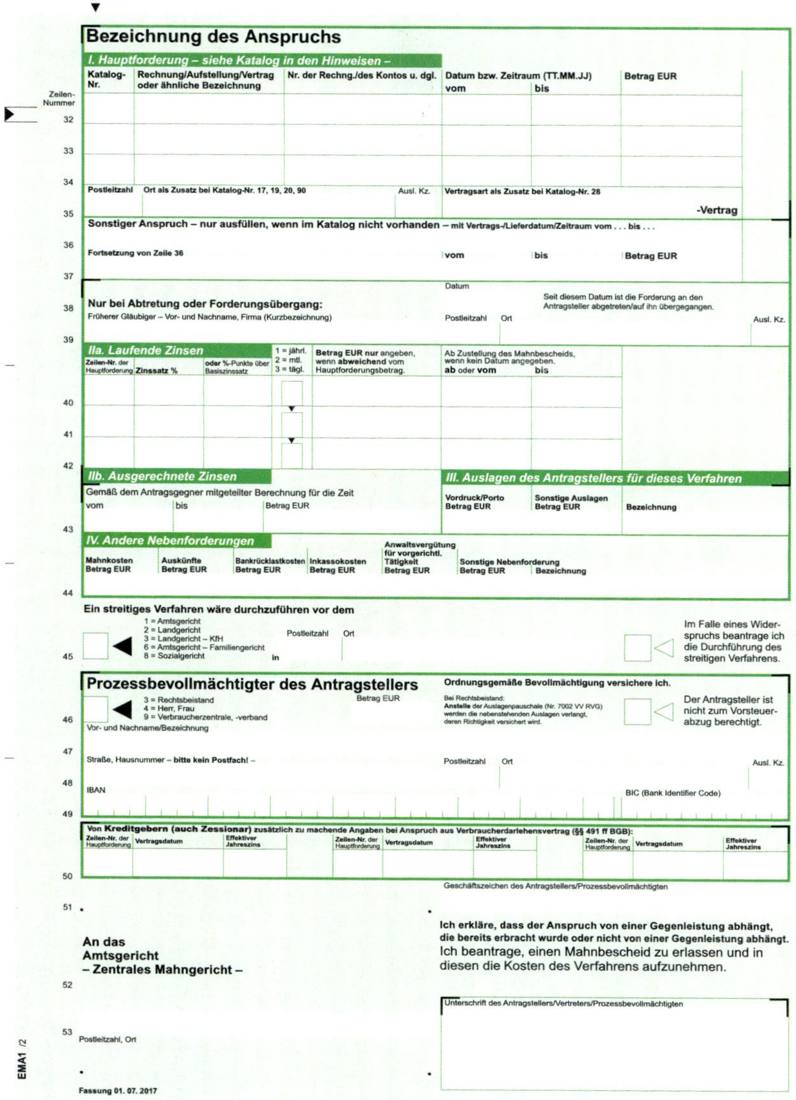

Bezeichnung des Anspruchs

I. Hauptforderung – siehe Katalog in den Hinweisen –

Katalog-Nr.	Rechnung/Aufstellung/Vertrag oder ähnliche Bezeichnung	Nr. der Rechng./des Kontos u. dgl.	Datum bzw. Zeitraum (TT.MM.JJ) vom	bis	Betrag EUR

Postleitzahl – Ort als Zusatz bei Katalog-Nr. 17, 19, 20, 90 – Ausl. Kz. – Vertragsart als Zusatz bei Katalog-Nr. 28 – -Vertrag

Sonstiger Anspruch – nur ausfüllen, wenn im Katalog nicht vorhanden – mit Vertrags-/Lieferdatum/Zeitraum vom . . . bis . . .

Fortsetzung von Zeile 36 – vom – bis – Betrag EUR

Nur bei Abtretung oder Forderungsübergang:
Früherer Gläubiger – Vor- und Nachname, Firma (Kurzbezeichnung) – Datum – Postleitzahl – Ort – Ausl. Kz.
Seit diesem Datum ist die Forderung an den Antragsteller abgetreten/auf ihn übergegangen.

IIa. Laufende Zinsen

Zeilen-Nr. der Hauptforderung	Zinssatz %	oder %-Punkte über Basiszinssatz	1 = jährl. 2 = mtl. 3 = tägl.	Betrag EUR nur angeben, wenn abweichend vom Hauptforderungsbetrag.	Ab Zustellung des Mahnbescheids, wenn kein Datum angegeben. ab oder vom	bis

IIb. Ausgerechnete Zinsen
Gemäß dem Antragsgegner mitgeteilter Berechnung für die Zeit vom – bis – Betrag EUR

III. Auslagen des Antragstellers für dieses Verfahren
Vordruck/Porto Betrag EUR – Sonstige Auslagen Betrag EUR – Bezeichnung

IV. Andere Nebenforderungen
Mahnkosten Betrag EUR – Auskünfte Betrag EUR – Bankrücklastkosten Betrag EUR – Inkassokosten Betrag EUR – Anwaltsvergütung für vorgerichtl. Tätigkeit Betrag EUR – Sonstige Nebenforderung Betrag EUR – Bezeichnung

Ein streitiges Verfahren wäre durchzuführen vor dem
1 = Amtsgericht
2 = Landgericht
3 = Landgericht – KfH
6 = Amtsgericht – Familiengericht
8 = Sozialgericht
in – Postleitzahl – Ort

Im Falle eines Widerspruchs beantrage ich die Durchführung des streitigen Verfahrens.

Prozessbevollmächtigter des Antragstellers

3 = Rechtsbeistand
4 = Herr, Frau
9 = Verbraucherzentrale, -verband
Betrag EUR
Vor- und Nachname/Bezeichnung

Ordnungsgemäße Bevollmächtigung versichere ich.
Bei Rechtsbeistand: Anstelle der Auslagenpauschale (Nr. 7002 VV RVG) werden die nebenstehenden Auslagen verlangt, deren Richtigkeit versichert wird.

Der Antragsteller ist nicht zum Vorsteuerabzug berechtigt.

Straße, Hausnummer – bitte kein Postfach! – Postleitzahl – Ort – Ausl. Kz.
IBAN – BIC (Bank Identifier Code)

Von Kreditgebern (auch Zessionar) zusätzlich zu machende Angaben bei Anspruch aus Verbraucherdarlehensvertrag (§§ 491 ff BGB):

Zeilen-Nr. der Hauptforderung	Vertragsdatum	Effektiver Jahreszins	Zeilen-Nr. der Hauptforderung	Vertragsdatum	Effektiver Jahreszins	Zeilen-Nr. der Hauptforderung	Vertragsdatum	Effektiver Jahreszins

Geschäftszeichen des Antragstellers/Prozessbevollmächtigten

An das
Amtsgericht
– Zentrales Mahngericht –

Postleitzahl, Ort

Ich erkläre, dass der Anspruch von einer Gegenleistung abhängt, die bereits erbracht wurde oder nicht von einer Gegenleistung abhängt.
Ich beantrage, einen Mahnbescheid zu erlassen und in diesen die Kosten des Verfahrens aufzunehmen.

Unterschrift des Antragstellers/Vertreters/Prozessbevollmächtigten

EMA1 /2
Fassung 01. 07. 2017

Antragsformular auf Erlass eines Mahnbescheids – Vorderseite

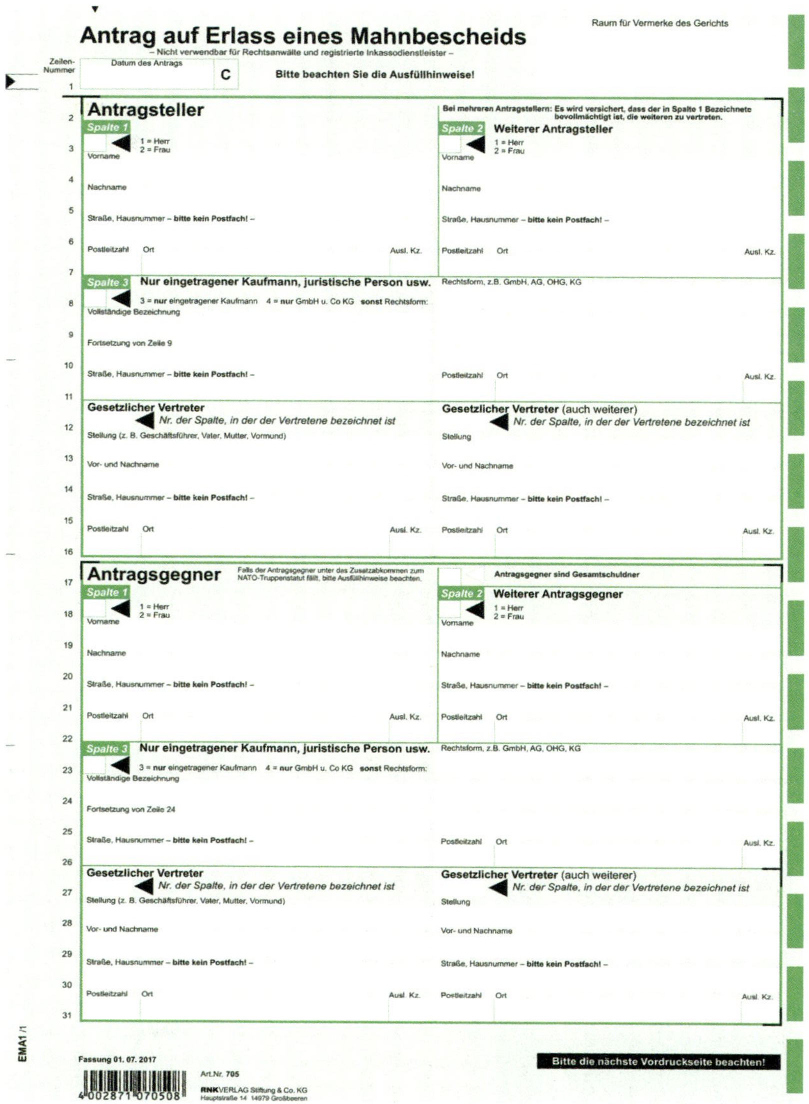

Antrag auf Erlass eines Mahnbescheids

– Nicht verwendbar für Rechtsanwälte und registrierte Inkassodienstleister –

Raum für Vermerke des Gerichts

Datum des Antrags – C – Bitte beachten Sie die Ausfüllhinweise!

Antragsteller

Spalte 1: 1 = Herr, 2 = Frau – Vorname – Nachname – Straße, Hausnummer – bitte kein Postfach! – – Postleitzahl – Ort – Ausl. Kz.

Bei mehreren Antragstellern: Es wird versichert, dass der in Spalte 1 Bezeichnete bevollmächtigt ist, die weiteren zu vertreten.
Spalte 2: Weiterer Antragsteller – 1 = Herr, 2 = Frau – Vorname – Nachname – Straße, Hausnummer – bitte kein Postfach! – – Postleitzahl – Ort – Ausl. Kz.

Spalte 3: Nur eingetragener Kaufmann, juristische Person usw. – 3 = nur eingetragener Kaufmann, 4 = nur GmbH u. Co KG, sonst Rechtsform: – Rechtsform, z.B. GmbH, AG, OHG, KG
Vollständige Bezeichnung – Fortsetzung von Zeile 9 – Straße, Hausnummer – bitte kein Postfach! – – Postleitzahl – Ort – Ausl. Kz.

Gesetzlicher Vertreter – Nr. der Spalte, in der der Vertretene bezeichnet ist – Stellung (z. B. Geschäftsführer, Vater, Mutter, Vormund) – Vor- und Nachname – Straße, Hausnummer – bitte kein Postfach! – – Postleitzahl – Ort – Ausl. Kz.
Gesetzlicher Vertreter (auch weiterer) – Nr. der Spalte, in der der Vertretene bezeichnet ist – Stellung – Vor- und Nachname – Straße, Hausnummer – bitte kein Postfach! – – Postleitzahl – Ort – Ausl. Kz.

Antragsgegner

Falls der Antragsgegner unter das Zusatzabkommen zum NATO-Truppenstatut fällt, bitte Ausfüllhinweise beachten.
Antragsgegner sind Gesamtschuldner

Spalte 1: 1 = Herr, 2 = Frau – Vorname – Nachname – Straße, Hausnummer – bitte kein Postfach! – – Postleitzahl – Ort – Ausl. Kz.
Spalte 2: Weiterer Antragsgegner – 1 = Herr, 2 = Frau – Vorname – Nachname – Straße, Hausnummer – bitte kein Postfach! – – Postleitzahl – Ort – Ausl. Kz.

Spalte 3: Nur eingetragener Kaufmann, juristische Person usw. – 3 = nur eingetragener Kaufmann, 4 = nur GmbH u. Co KG, sonst Rechtsform: – Rechtsform, z.B. GmbH, AG, OHG, KG
Vollständige Bezeichnung – Fortsetzung von Zeile 24 – Straße, Hausnummer – bitte kein Postfach! – – Postleitzahl – Ort – Ausl. Kz.

Gesetzlicher Vertreter – Nr. der Spalte, in der der Vertretene bezeichnet ist – Stellung (z. B. Geschäftsführer, Vater, Mutter, Vormund) – Vor- und Nachname – Straße, Hausnummer – bitte kein Postfach! – – Postleitzahl – Ort – Ausl. Kz.
Gesetzlicher Vertreter (auch weiterer) – Nr. der Spalte, in der der Vertretene bezeichnet ist – Stellung – Vor- und Nachname – Straße, Hausnummer – bitte kein Postfach! – – Postleitzahl – Ort – Ausl. Kz.

EMA1 /1
Fassung 01. 07. 2017
Art.Nr. 705
RNK VERLAG Stiftung & Co. KG, Hauptstraße 14, 14979 Großbeeren

Bitte die nächste Vordruckseite beachten!

Antragsformular auf Erlass eines Mahnbescheids – Rückseite

Mittlerweile kann der Antrag auf Erlass eines Mahnbescheids auch online gestellt werden. Dazu wird der Antrag im Internet ausgefüllt und anschließend elektronisch an das zuständige Mahngericht geschickt. Notwendig ist dazu allerdings eine qualifizierte elektronische Signatur. Dies ist eine Art von Identitätsnachweis im Internet. Sie erfüllt somit technisch gesehen den gleichen Zweck wie eine eigenhändige Unterschrift.

Wird der Mahnbescheid beantragt, muss der Antragsteller Gebühren zahlen, die sich nach der Höhe der offenen Forderung richten. Der Gläubiger erhält vom Gericht eine Kostenrechnung.

Ablauf des gerichtlichen Mahnverfahrens

Liegen nach Abgabe des Antrags auf Erlass eines Mahnbescheids alle formellen Voraussetzungen vor, wird der Mahnbescheid vom zuständigen Amtsgericht unverzüglich erlassen und dem Schuldner förmlich durch die Post zugestellt. Es findet dabei keine Prüfung statt, ob dem Gläubiger der geltend gemachte Anspruch auch tatsächlich zusteht.

Vonseiten des Schuldners, dem eine zweiwöchige Widerrufsfrist eingeräumt wird, sind nun drei Reaktionen denkbar:

Schuldner zahlt

Der Schuldner bezahlt innerhalb der 14 Tage die komplette Forderung. Das gerichtliche Mahnverfahren hat seinen Zweck erfüllt. Der Zahlungsanspruch ist durchgesetzt.

Schuldner reagiert nicht

Reagiert der Schuldner innerhalb der Widerspruchsfrist von zwei Wochen nicht (beziehungsweise verspätet), kann der Gläubiger beim zuständigen Amtsgericht einen Vollstreckungsbescheid beantragen. Dies muss er allerdings innerhalb einer Frist von sechs Monaten nach Zustellung des Mahnbescheids machen.

Das Amtsgericht wird dann auf der Grundlage des durch den Schuldner nicht angefochtenen Mahnbescheids einen Vollstreckungsbescheid erlassen. Dies ist ein Vollstreckungstitel, mit dem das Zwangsvollstreckungsverfahren eingeleitet werden kann. Damit erfüllt das gerichtliche Mahnverfahren auch hier seinen Zweck.

Den Vollstreckungsbescheid schickt das Amtsgericht an die im Mahnbescheid angegebene Adresse. Der Vollstreckungsbescheid kann innerhalb von zwei Wochen teilweise oder im Ganzen schriftlich und ohne Begründung angefochten werden: Das Verfahren wird an das zuständige Prozessgericht abgegeben.

Reagiert aber der Schuldner weiterhin nicht, kann die Zwangsvollstreckung eingeleitet werden.

Schuldner legt Widerspruch ein

Der Schuldner legt Widerspruch ein. In der Regel wird dies mit dem Vordruck für das Einlegen eines Widerspruchs, der dem Mahnbescheid beiliegt, gemacht. Der Widerspruch muss nicht begründet werden. Beginn der zweiwöchigen Widerspruchsfrist ist die Zustellung des Mahnbescheids. Sollte danach noch kein Vollstreckungsbescheid erlassen worden sein, ist auch ein späterer Widerspruch ausnahmsweise noch wirksam.

Wurde rechtswirksam Widerspruch eingelegt, kann jede der beiden Parteien die Durchführung des streitigen Verfahrens beantragen. Das für das Mahnverfahren zuständige Amtsgericht gibt dann den Rechtsstreit an das zuständige Prozessgericht ab. Dieses fordert den Gläubiger innerhalb von zwei Wochen auf, seinen Zahlungsanspruch zu begründen. Der Schuldner kann sich hier gegen die Forderung mit sachlichen Argumenten wehren.

Hat der Schuldner innerhalb von 14 Tagen nach Zustellung des Mahnbescheids nicht gezahlt oder dem Mahnbescheid widersprochen, kann der Gläubiger sofort den Erlass eines Vollstreckungsbescheids beantragen.

Wenn der Schuldner auch jetzt keinen Widerspruch einlegt, verfügt der Gläubiger über einen rechtskräftigen Vollstreckungsbescheid. Mit diesem kann die Zwangsvollstreckung beantragt werden.

AUFGABEN

1. Daniel Stern meint: „Manchmal ist es bei einem Zahlungsverzug sinnvoll, zunächst einmal mit dem kaufmännischen Mahnverfahren sanft zu mahnen." Beurteilen Sie diese Aussage.
2. Was ist das gerichtliche Mahnverfahren?
3. Welche Vorteile hat das gerichtliche Mahnverfahren gegenüber einer Klage?
4. In welchem Fall sollte – um ausstehende Geldbeträge einzutreiben – gleich Klage eingereicht werden?
5. Führen Sie die Voraussetzungen des gerichtlichen Mahnverfahrens auf.
6. Auf welche Weise kann der Antrag auf Erlass eines Mahnbescheids beim Amtsgericht gestellt werden?
7. Was muss der Antrag auf Erlass eines Mahnbescheids enthalten?
8. Wie lang ist die Widerspruchsfrist nach Zustellung des Mahnbescheids?
9. Welche drei Reaktionen des Schuldners sind nach Zustellung des Mahnbescheids denkbar?
10. Was geschieht, wenn der Schuldner beim gerichtlichen Mahnverfahren innerhalb von zwei Wochen dem Mahnbescheid des Gläubigers widerspricht?
    a) Der Gläubiger kann einen Vollstreckungsbescheid beantragen.
    b) Das strittige Verfahren wird vor Gericht durchgeführt.
    c) Der Gläubiger kann die Zwangsvollstreckung beantragen.
    d) Es geschieht nichts.
    e) Das Gericht zwingt den Schuldner zur Zahlung des Betrags.
11. Welche Aussage trifft auf das gerichtliche Mahnverfahren zu?
    a) Das gerichtliche Mahnverfahren wird immer von einem Landgericht durchgeführt.
    b) Die Schmelting KG als Antragsteller muss dem zuständigen Gericht nachweisen, dass ihr Anspruch zu Recht besteht.
    c) Wenn der Schuldner der Schmelting KG gegen den Mahnbescheid Widerspruch erhebt, kann die Schmelting KG die Zustellung eines Vollsteckungsbescheids beantragen.
    d) Wenn der Schuldner der Schmelting KG nichts gegen den Vollstreckungsbescheid unternimmt, kann eine Zwangsvollstreckung durchgeführt werden.
12. Oliver Milchreit hat mehrere Rechnungen der Schmelting KG nicht gezahlt. Obwohl im Rahmen des außergerichtlichen Mahnverfahrens drei Schreiben an den Schuldner gingen, hat dieser bisher nicht gezahlt. Bei der Schmelting KG wird entschieden, einen Antrag auf Erlass eines Mahnbescheids zu stellen.
    a) Wo muss der Antrag gestellt werden?
    b) Oliver Milchreit legt nach Zustellung des Mahnbescheids Widerspruch ein. Welche Folgen hat dies?
13. Berechnen Sie mithilfe der Internetadresse https://www.mahngerichte.de/verfahrenshilfen/kostenrechner/ die Kosten für einen Mahnbescheid, wenn das gerichtliche Mahnverfahren selbst durchgeführt wird, für eine ausstehende Forderung in Höhe von:
    a) 500,00 €
    b) 5.000,00 €
14. Ermitteln Sie mithilfe der Internetadresse aus der Aufgabe 13 die Höhe der Gesamtkosten, wenn mit der Durchführung des Verfahrens ein Rechtsanwalt beauftragt wird.
15. Bringen Sie die folgenden Schritte des gerichtlichen Mahnverfahrens in die richtige Reihenfolge:
    a) Der Vollstreckungsbescheid wird durch das zuständige Amtsgericht zugestellt.
    b) Die Schmelting KG beantragt die Zwangsvollstreckung.
    c) Die Schmelting KG stellt beim zuständigen Amtsgericht einen Antrag auf Erlass eines Mahnbescheids.
    d) Der Mahnbescheid wird durch das zuständige Amtsgericht zugestellt.
    e) Weil der Schuldner keinen Widerspruch einlegt, verstreicht zwei Wochen nach Eingang des Mahnbescheids die Widerspruchsfrist.
    f) Die Schmelting KG beantragt einen Vollstreckungsbescheid.

ZUSAMMENFASSUNG

Außergerichtliches Mahnverfahren war erfolglos:

↓

Gerichtliches Mahnverfahren

- Der Schuldner wird durch das zuständige Amtsgericht aufgefordert, den offenstehenden Zahlungsbetrag zu begleichen.
- Es findet weder eine Prüfung der Rechtmäßigkeit der Forderung noch eine Beweiserhebung statt.

Ablauf

Gläubiger reicht Antrag auf Erlass eines Mahnbescheids beim zuständigen Amtsgericht ein.

- offizieller Vordruck
- online

Amtsgericht stellt den Mahnbescheid zu.

↓

Drei Reaktionsmöglichkeiten des Schuldners innerhalb der zweiwöchigen Widerspruchsfrist

Schuldner zahlt
Das Verfahren hat durch den Forderungsausgleich seinen Zweck erfüllt.

Schuldner reagiert nicht
- Der Gläubiger kann nach Ablauf der Widerspruchsfrist innerhalb von sechs Monaten einen Vollstreckungsbescheid beantragen.
- Das Verfahren hat seinen Zweck erfüllt, da der Gläubiger letztlich einen Vollstreckungstitel erhält.

↓ Durchführung der Zwangsvollstreckung möglich

Schuldner legt Widerspruch ein

↓ Möglichkeit der Abgabe an das zuständige Prozessgericht: Beginn des Klageverfahrens

5.15 ZWANGSVOLLSTRECKUNG

Christina Martin:
„Jetzt haben wir ja im Rahmen des gerichtlichen Mahnverfahrens einen Vollstreckungsbescheid gegenüber Frau Gerlach. Wie kommen wir denn jetzt endlich an unser Geld?"
Frau Zuber:
„Eigentlich sind wir nur noch zwei Schritte vor unserem Geld. Wir müssen bestimmte Voraussetzungen prüfen. Liegen diese vor, müssen wir eine passende Zwangsvollstreckungsmaßnahme auswählen und beantragen."
Christina Martin:
„Na, dann schauen wir doch mal ..."

1. *Stellen Sie fest, welche Voraussetzungen vorliegen müssen, damit ein Zwangsvollstreckungsverfahren eingeleitet werden kann.*
2. *Führen Sie mögliche Zwangsvollstreckungsmaßnahmen auf.*
3. *Erläutern Sie, welche Maßnahme ergriffen werden kann, wenn das Zwangsvollstreckungsverfahren erfolglos blieb.*

INFORMATION

Ist ein Schuldner zahlungsunwillig, kann er letztlich mit Maßnahmen der Zwangsvollstreckung gezwungen werden, doch zu zahlen.

DEFINITION

Die **Zwangsvollstreckung** ist ein staatliches Verfahren zur zwangsweisen Durchsetzung von Leistungsansprüchen.

Dabei wird mit Machtmitteln des Staates auf Vermögenswerte des Schuldners zugegriffen. Diese werden zugunsten des Gläubigers verwertbar gemacht oder verwertet. Der Staat besitzt hierzu ein Vollstreckungsmonopol: Nur er darf dazu Gewalt anwenden.

Voraussetzungen

Um als Gläubiger das Zwangsvollstreckungsverfahren durchführen zu können, sind drei Voraussetzungen nötig:

- ein Vollstreckungstitel
- eine Vollstreckungsklausel
- die Zustellung des Vollstreckungstitels

Vollstreckungstitel

Der Gläubiger muss sich zunächst einen Vollstreckungstitel beschaffen. Dies ist eine gerichtlich bestätigte Urkunde, aus der hervorgeht, dass einer Person ein Anspruch auf Zahlung zusteht, aber eventuell auch auf:

- eine Handlung

BEISPIEL

Ein Schuldner zahlt nicht. Er wird gezwungen, einen unter Eigentumsvorbehalt stehenden Artikel herauszugeben.

- Unterlassung

BEISPIEL

Eine Person wird gezwungen, beleidigende Äußerungen in Zukunft nicht mehr abzugeben.

- Duldung

BEISPIEL

Ein Unternehmen weigert sich, Kontrolleuren einer Aufsichtsbehörde Zugang zu den Betriebsräumen zu gewähren. Mit einem Vollstreckungstitel kann es gezwungen werden, dies zuzulassen.

Als Vollstreckungstitel gelten u. a.:

- Vollstreckungsbescheide im Rahmen des gerichtlichen Mahnverfahrens[1]
- rechtskräftige oder für vorläufig vollstreckbar erklärte Endurteile
- in bestimmten Fällen auch Teil-, Versäumnis-, Anerkenntnis- und Vorbehaltsurteile (§ 704 Absatz 1 ZPO)
- gerichtliche Vergleiche
- notarielle Urkunden
- Kostenfestsetzungsbeschlüsse
- bestandskräftig gewordene Zahlungsaufforderungen von Behörden

Vollstreckungsklausel

Ein Vollstreckungstitel muss zusätzlich – dies trifft nur auf den Vollstreckungsbescheid und einige wenige Ausnahmen nicht zu – eine Vollstreckungsklausel enthalten. Diese bezeugt das Bestehen des Vollstreckungstitels. Nur mit ihr entsteht eine vollstreckbare Ausfertigung des Vollstreckungstitels, mit der das Zwangsvollstreckungsverfahren betrieben werden kann.

BEISPIEL

Eine Vollstreckungsklausel könnte lauten:
„Vorstehende Ausfertigung wird der Hoffmann KG zum Zwecke der Zwangsvollstreckung erteilt."

Man erhält die Vollstreckungsklausel, indem man

- bei der Stelle, die den Vollstreckungstitel erlassen hat, die Erteilung der Vollstreckungsklausel auf den Vollstreckungstitel beantragt.
- bereits vorher – z. B. in der Klageschrift – die Erteilung einer vollstreckbaren Ausfertigung (nebst Zustellvermerk) beantragt.

Zustellung des Vollstreckungstitels

Damit der Schuldner noch eine letzte Chance hat, dem Anspruch nachzukommen, muss fast jeder Vollstreckungstitel dem Schuldner vor der Vollstreckung zugestellt werden. Die Zustellung wird als ein gesonderter Schritt angesehen, der nicht mit anderen Vollstreckungshandlungen kombiniert werden kann.

Bei den meisten Vollstreckungstiteln darf mit der Zwangsvollstreckung erst begonnen werden, wenn seit der Zustellung an den Schuldner zwei Wochen vergangen sind. Eine Ausnahme ist die Vollstreckung durch den Gerichtsvollzieher.

BEISPIEL

Gerichtsvollzieher Hansen hat einen Vollstreckungstitel zugestellt. Unmittelbar nach der Zustellung kann er mit der Zwangsvollstreckung beginnen, ohne dass es dadurch zu einer großen zeitlichen Verzögerung kommt.

Vollstreckungsmaßnahmen

Der Gläubiger hat verschiedene Möglichkeiten, wie er das Zwangsvollstreckungsverfahren betreiben möchte, wenn die Voraussetzungen erfüllt sind.

Pfändung beweglicher Sachen

Der Gläubiger kann die Pfändung beweglicher Sachen des Schuldners beim zuständigen Amtsgericht beantragen. Dieses beauftragt einen Gerichtsvollzieher, der sich zum Wohnort beziehungsweise Sitz des Schuldners begibt. Der Gerichtsvollzieher fordert dort den Schuldner zur Zahlung auf. Zahlt dieser wider Erwarten, wird ihm der Vollstreckungstitel ausgehändigt. Zahlt er dagegen nicht, wird die Pfändung durchgeführt.

Trifft der Gerichtsvollzieher den Schuldner nicht an, fordert er diesen auf, sich mit ihm in Verbindung zu setzen. Gleichzeitig hinterlässt der Gerichtsvollzieher eine Nachricht, dass er beim nächsten Besuch – wenn der Gläubiger dies beantragt – sich gewaltsam, eventuell mit Unterstützung von Polizei und Schlüsseldiensten, Zugang zu den Räumen verschaffen wird.

Bei der Pfändung beweglicher Sachen nimmt der Gerichtsvollzieher Gegenstände, über die der Schuldner die tatsächliche Verfügungsgewalt hat, in Besitz. Geld und Wertsachen des Schuldners werden mitgenommen. Andere Sachen können zwar zunächst noch beim Schuldner bleiben, an ihnen wird aber ein Pfandsiegel angebracht.

➔ Die Pfandsiegelmarke darf nie eigenmächtig entfernt werden. Dies ist strafbar, auch wenn der Schuldner beziehungsweise der rechtmäßige Eigentümer die Pfändung für unrechtmäßig hält.

Verwertet werden die mitgenommenen beziehungsweise gepfändeten Sachen später meist durch Verstei-

1 siehe Kap. 5.14

gerung. Der sich daraus ergebende Betrag wird dem Gläubiger ausgehändigt. Gepfändete Geldbeträge werden dem Gläubiger direkt übergeben.

Der Gerichtsvollzieher muss beachten, dass
- nicht mehr gepfändet wird, als es zur Befriedigung des Gläubigers und zur Deckung der Kosten der Zwangsvollstreckung erforderlich ist;
- bestimmte Sachen von der Pfändung ausgeschlossen sind.

BEISPIEL

Zum Schutz der wirtschaftlichen Existenz und unter Berücksichtigung der sozialen Belange des Schuldners sehen die Gesetze Ausnahmen von der Pfändbarkeit vor. Nicht gepfändet werden dürfen Sachen, die dem persönlichen Gebrauch oder dem Haushalt dienen, wie z. B.:
- Kleidungsstücke
- Möbel
- Kühlschrank
- Fernsehgerät
- Wäsche
- Betten
- Nahrungsmittel
- Haustiere

Höherwertige Sachen, die unpfändbar sind, können jedoch im Wege der sogenannten Austauschpfändung durch geringwertige Gegenstände ersetzt werden.

Der PC des Büroarbeitsplatzes kann als Grundlage der wirtschaftlichen Existenz nicht gepfändet werden.

Lohnpfändung

Eine offene Forderung kann auch im Zuge der Lohnpfändung eingetrieben werden. Dazu wird beim Amtsgericht, in dem der Schuldner seinen Sitz hat, ein entsprechender Antrag gestellt. Das Amtsgericht lässt dann sowohl dem Schuldner als auch dessen Arbeitgeber den Pfändungs- und Überweisungsbeschluss zukommen. Der Arbeitgeber muss dann so lange Geldbeträge an den Gläubiger abführen, bis dessen Forderung einschließlich Zinsen und Kosten ausgeglichen ist. Der Arbeitgeber muss aber nicht den gesamten Lohn abführen: Ein gewisser Betrag muss dem Schuldner bleiben, damit er seinen Lebensunterhalt bestreiten kann. Wie hoch diese Pfändungsfreigrenze ist, hängt von der jeweiligen Situation des Schuldners ab (unterhaltsberechtigter Ehegatte, Kinder).

Kontopfändung

Ähnlich wie eine Lohnpfändung funktioniert auch eine Kontopfändung. Hauptunterschied ist, dass die Zahlungen nicht vom Arbeitgeber, sondern von der Bank des Schuldners an den Gläubiger erfolgen.

Forderungspfändungen

Es können alle weiteren Forderungen und Ansprüche des Schuldners gepfändet werden.

BEISPIEL

- Sozialansprüche
- Ansprüche aus Lebensversicherungen
- Steuererstattungsansprüche
- Anteile an Gesellschaften

Pfändung unbeweglicher Vermögensgegenstände

Unbewegliche Vermögensgegenstände wie z. B. Grundstücke, Wohnungen, Häuser können entweder mit Zwangshypotheken belegt oder zwangsversteigert werden. Ebenfalls möglich ist die Anordnung der Zwangsverwaltung.

Eidesstattliche Versicherung

Ist eine Zwangsvollstreckungsmaßnahme erfolglos gewesen, hat der Gläubiger noch die Möglichkeit, beim zuständigen Gerichtsvollzieher zu beantragen, dass der Schuldner eine eidesstattliche Versicherung abgibt. Diese ähnelt in verschiedenen Punkten dem früheren „Offenbarungseid“. Dieser Begriff wird heute häufig noch umgangssprachlich verwendet, obwohl er nicht ganz korrekt ist. Mit der eidesstattlichen Versicherung soll die Offenlegung des Vermögens des Schuldners erzwungen werden, um dem Gläubiger die erfolgreiche Zwangsvollstreckung zu erleichtern.

Der Schuldner muss einen mehrseitigen Vordruck – das sogenannte **Vermögensverzeichnis** – ausfüllen und die Richtigkeit und Vollzähligkeit seiner Angaben an Eides statt versichern. Vorsätzliche und fahrlässige Falschangaben sind strafbar: Sie gelten als Meineide und werden mit Gefängnis bestraft.

Falls der Schuldner die eidesstattliche Versicherung nicht freiwillig abgibt, kann das Amtsgericht auf Antrag des Gläubigers einen Haftbefehl erlassen. Die Haft dauert so lange, bis die eidesstattliche Versicherung abgegeben wird, jedoch maximal sechs Monate.

Nach Abgabe der eidesstattlichen Versicherung wird der Schuldner grundsätzlich für drei Jahre beim zuständigen Amtsgericht im Schuldnerverzeichnis geführt. Für den Schuldner bedeutet dies einen Riesennachteil: Er verliert endgültig seine Kreditwürdigkeit.

BEISPIEL

Kreditauskunfteien wie z. B. creditreform oder die Schufa werten die Schuldnerverzeichnisse bundesweit aus und geben die Informationen an ihre Mitglieder oder Kunden weiter.

Die Löschung des Eintrags im Schuldnerverzeichnis erfolgt taggenau automatisch nach drei Jahren. Der Schuldner kann vorher eine Löschung beantragen, wenn er die Befriedigung desjenigen Gläubigers nachweist, der die eidesstattliche Versicherung veranlasst hatte.

AUFGABEN

1. Was ist eine Zwangsvollstreckung?
2. Beurteilen Sie die folgende Meinung: „Falls einer meiner Schuldner nicht zahlt, beauftrage ich ein russisches Unternehmen zum Forderungseinzug, das eine Zweigstelle in Berlin hat. Deren Vertreter fackeln nicht lang und holen mit Gewalt die mir zustehenden Beträge."
3. Führen Sie Beispiele für einen Vollstreckungstitel auf.
4. Was ist Aufgabe der Vollstreckungsklausel?
5. Was passiert, wenn der Schuldner bei der Pfändung beweglicher Sachen doch noch zahlt?
6. Wie läuft die Pfändung beweglicher Sachen ab?
7. Was muss im Zusammenhang mit Pfandsiegeln beachtet werden?
8. Auf welche Arten kann die Pfändung unbeweglicher Sachen erfolgen?
9. Bei Jan Verstraaten taucht der Gerichtsvollzieher auf. Als er einen 9.000,00 € teuren Fernseher pfänden möchte, weist Jan Verstraaten auf die Notwendigkeit aktueller Informationen für seine beruflichen Chancen hin. Welche Möglichkeit hat hier der Gerichtsvollzieher?
10. Unterscheiden Sie Lohn- und Kontopfändung.
11. Was ist eine Pfändungsfreigrenze?
12. Was ist Aufgabe einer eidesstattlichen Versicherung?
13. Ein Unternehmer nimmt bei einem Arbeitnehmer eine Lohnpfändung vor. Dieser hat eine Frau und zwei Kinder. Sein bereinigtes Nettoeinkommen beträgt 2.499,00 €. Berechnen Sie mithilfe der Internetadresse www.sozialleistungen.info/con/themen/pfaendungstabelle.html, wie viel Euro gepfändet werden können.
14. Bearbeiten Sie den Inhalt dieses Kapitels zur Zwangsvollstreckung mit der Methode des Gruppenlesens.

Warum hat Ihre Lehrkraft diese Aufgabe mit dieser Methode ausgewählt?
Das Gruppenlesen (auch **reziprokes Lesen** genannt) ist eine Methode, mit der durch das gewählte Vorgehen
- einerseits die Texte besser verstanden werden, als wenn sie allein bearbeitet werden,
- andererseits die Inhalte der Texte besser behalten werden (dafür sorgt die aktive Auseinandersetzung mit dem Text in der Gruppe), als wenn sie nur einmal kurz gelesen werden.

a) Bilden Sie aus drei Personen bestehende Gruppen.
b) Die drei Personen werden abwechselnd – parallel zu den Abschnitten des Textes – die Gruppenleitung übernehmen.
c) Die erste Person, die die Gruppenleitung übernimmt, sorgt dafür, dass der erste Abschnitt in Einzelarbeit still gelesen wird.
d) Anschließend sorgt die Gruppenleitung für folgendes Vorgehen:
- Die Gruppenleitung fragt nach schwierigen Wörtern beziehungsweise gegebenenfalls nach Sätzen, die nicht verstanden wurden. Zusammen in der Gruppe wird versucht, die Erklärung zu finden.
- Das zweite Gruppenmitglied stellt Fragen zu den verschiedenen Inhalten des Abschnitts. Die anderen Gruppenmitglieder beantworten diese.
- Das dritte Gruppenmitglied fasst den Inhalt des Abschnitts kurz zusammen.
- Da nun ein neuer Absatz ansteht, wechselt die Gruppenleitung.

ZUSAMMENFASSUNG

Zwangsvollstreckung

= gewaltsame Durchsetzung der Ansprüche eines Gläubigers mit Mitteln des Staates

Voraussetzungen

- Vollstreckungstitel
- Vollstreckungsklausel
- Zustellung

mögliche Vollstreckungsmaßnahmen

- Pfändung beweglicher Sachen
- Lohnpfändung
- Kontopfändung
- Pfändung weiterer Forderungen
- Pfändung unbeweglicher Sachen

bleiben diese erfolglos

eidesstattliche Versicherung

= Auf Antrag des Gläubigers muss der Schuldner nach bestem Wissen und Gewissen sein Vermögen offenlegen.

5.16 VERJÄHRUNGSRECHT

Daniel Stern unterhält sich während der Pause in der Berufsschule mit Sven Christophersen, der seine Ausbildung in der Lahmann KG macht.

Daniel Stern:
„Und? Was gibt es bei euch Neues?"

Sven Christophersen:
„Wir haben gerade mal wieder ein Problem. Obwohl wir das kaufmännische Mahnverfahren angewandt haben, hat ein Textileinzelhändler seit dem 11. Juli 2018 nicht gezahlt – und jetzt haben wir den 14. Dezember 2021! Ich frage mich, ob wir an das Geld überhaupt noch herankommen?"

Daniel Stern:
„Doch, da hat man Möglichkeiten. Ihr müsst nur die Verjährung beachten. Das ist aber eine wichtige Sache!"

1. *Stellen Sie fest, welche rechtlichen Folgen eine Verjährung hat.*
2. *Berechnen Sie den Beginn der Verjährung.*
3. *Wie kann der Endzeitpunkt der Verjährung herausgeschoben werden?*

INFORMATION

Verjährung

Eine entscheidende Voraussetzung für den Erhalt von Forderungen ist, dass diese innerhalb der gesetzlich bestimmten Verjährungsfristen geltend gemacht werden. Mit Eintritt der Verjährung kann der Schuldner die Zahlung von Forderungen berechtigt verweigern.

Die Forderung bleibt dabei trotz der Verjährung weiterhin bestehen, der Gläubiger kann sie nur nicht mehr mit rechtlichen Mitteln eintreiben. Zahlt ein Schuldner in Unkenntnis der Verjährungsfrist nach deren Ablauf, kann er daher den Geldbetrag nicht zurückfordern.

BEISPIEL

Bei der Lahmann KG sind durch ein Versehen eines Mitarbeiters drei Rechnungen nicht bezahlt worden.

- Eine Gläubigerfirma versucht, mit rechtlichen Mitteln vor Ablauf der Verjährungsfrist die Forderung einzutreiben: Da die Verjährung noch nicht eingetreten ist, wird ihr dies gelingen.
- Bei einer zweiten Rechnung verweigert die Lohde KG nach Ablauf der Verjährungsfrist die Zahlung: Die Verjährung ändert die rechtliche Durchsetzbarkeit eines an sich bestehenden Anspruchs. Daher bleibt der Anspruch gegen den Schuldner bestehen, auch wenn er verjährt ist. Der Schuldner muss ihn jedoch nicht erfüllen, sondern kann sich auf das Vorliegen der Verjährung berufen.
- Eine dritte Rechnung wird von der Lohde KG nach Ablauf der Verjährungsfrist überwiesen: Da die Forderung des Gläubigers berechtigt war, kann die Lohde KG trotz der Verjährung den Geldbetrag nicht zurückfordern.

Verjährungsfristen

Regelmäßige Verjährungsfrist von drei Jahren

Die regelmäßige Verjährungsfrist ist eine gesetzliche Vorschrift. Sie beträgt drei Jahre und gilt grundsätzlich für alle Ansprüche des täglichen Lebens, soweit diese nicht anderweitig geregelt sind. Es gibt dabei keinen Unterschied zwischen Kaufleuten und Privatpersonen.

BEISPIEL

- Lieferansprüche aus Kaufverträgen
- Lieferansprüche aus Werkverträgen
- Ansprüche auf Erfüllung aus Aufträgen
- Ansprüche auf Erfüllung aus Dienstleistungsverträgen
- Zahlungsansprüche aus sämtlichen Verträgen

Die dreijährige Verjährungsfrist beginnt mit dem Ende des Jahres, in dem der Anspruch entstanden ist.

BEISPIEL

Die Lahmann KG liefert der Spindler KG am 15.06.2021 Waren im Wert von 1.678,00 €, die sie am 15.07. in Rechnung stellt. Trotz dreier Mahnungen am 15.9., 15.10. und 15.11. erfolgt keine Zahlung.

Die Verjährungsfrist beginnt am 31.12.2021 (24:00 Uhr) und endet am 31.12.2024 (24:00 Uhr).

In Ausnahmefällen kann die regelmäßige Verjährung zehn oder 30 Jahre dauern. Dies ist der Fall, wenn
- es erst Jahre später in zumutbarer Weise möglich war zu erfahren, dass eine Forderung überhaupt existiert;
- trotz Durchführung zumutbarer Maßnahmen der Schuldner nicht ermittelbar war.

Besondere Verjährungsfristen

Zu der regelmäßigen Verjährungsfrist von drei Jahren gibt es viele Ausnahmen.

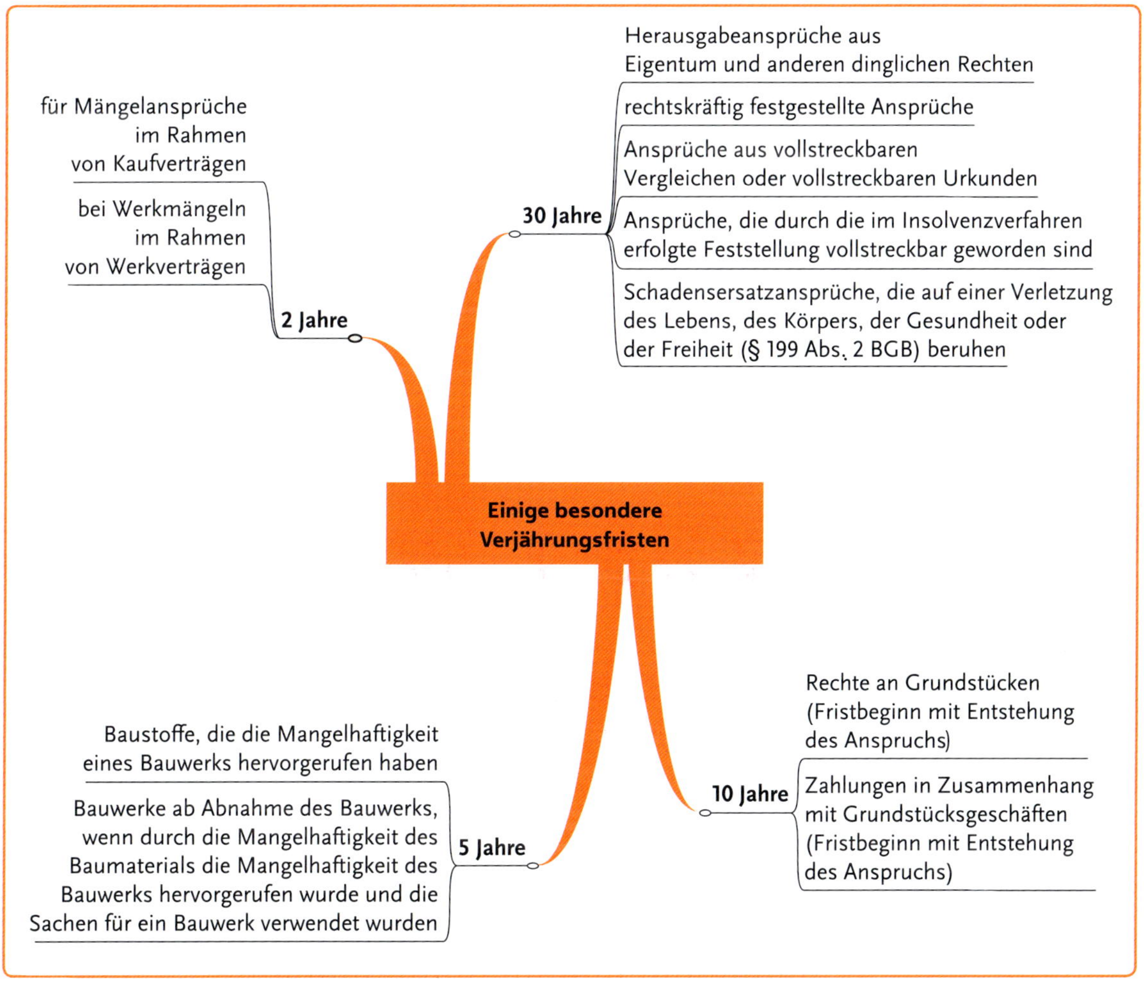

Hemmung und Neubeginn der Verjährung

Hemmung und Neubeginn der Verjährung führen zu einem Hinausschieben des Endzeitpunkts der Verjährung.

Hemmung der Verjährung

Durch bestimmte Ereignisse kann die Verjährung gehemmt werden. Das bedeutet, dass die Verjährung gewissermaßen pausiert: Bei der Hemmung kommt die Verjährung also durch einen Hemmungsgrund zu einem Stillstand. Nach Wegfall des Hemmungsgrunds läuft die Verjährung weiter. Die Zeit, während der die Verjährung gehemmt war, wird nicht in die Verjährungsfrist eingerechnet.

Eine Hemmung endet sechs Monate nach
- rechtskräftiger Entscheidung oder
- anderweitiger Erledigung des eingeleiteten Verfahrens oder
- der letzten Verfahrenshandlung bei Stillstand wegen Nichtbetreiben des Verfahrens durch die Parteien.

Hemmungsgründe können sein:
- Klageerhebung
- Zustellung eines gerichtlichen Mahnbescheids
- Anmeldung des Anspruchs im Insolvenzverfahren
- Einreichung eines Antrags auf Prozesskostenhilfe
- Verhandlungen zwischen Schuldner und Gläubiger (dieser muss die Verhandlungen beweisen können)

Neubeginn der Verjährung

Der Neubeginn der Verjährung wurde früher oft auch Unterbrechung der Verjährung genannt: Hier wird die bereits verstrichene Frist – anders als bei der Hemmung – nicht berücksichtigt. Die zu Beginn des Ereignisses angelaufene Verjährungsfrist wird hinfällig. Die Verjährungsfrist beginnt komplett wieder von vorn zu laufen.

Gründe für den Neubeginn können sein:
- die Anerkenntnis des Anspruchs durch den Schuldner,

BEISPIEL

- Abschlagszahlungen
- Zinszahlungen
- Leistung von Sicherheiten
- Handlungen des Schuldners, die sich als Anerkennung der Forderungen deuten lassen

- Beantragung und Durchführung einer gerichtlichen beziehungsweise behördlichen Vollstreckungshandlung.

BEISPIEL

Die Lahmann KG hat zweimal Waren verkauft, die nicht bezahlt wurden.

Fall 1:

Die Lahmann KG hat am 17.06.2016 an die Firma Ria Knorr Boutique KG in Überlingen Waren im Wert von 1.200,00 € mit 30 Tagen Ziel geliefert. Da bis dahin kein Zahlungseingang zu verzeichnen ist, schickt die Lahmann KG am 17.09.2016 eine Mahnung. Die Verjährungsfrist beginnt am 31.12.2016 (24:00 Uhr) und endet regulär am 31.12.2019 (24:00 Uhr).

Nach mehr als zwei Jahren entschließt sich die Lahmann KG, das gerichtliche Mahnverfahren einzuleiten. Der Firma Ria Knorr Boutique KG wird am 01.04.2019 ein Mahnbescheid zugestellt. Damit beginnt die **Hemmung.**

Am 15.04.2019 bekommt die Lahmann KG die Nachricht, dass Widerspruch eingelegt wurde. Da wegen organisatorischer Schwierigkeiten und interner Abspracheprobleme die Angelegenheit bei der Lahmann KG nicht weiterverfolgt wird, ist damit der 15.04.2019 die letzte Verfahrenshandlung. 6 Monate später endet die Hemmung, also am 15.10.2019 (24:00 Uhr).

Die Zeit der Hemmung dauerte 6,5 Monate (6 Monate nach Ende der letzten Verfahrenshandlung und die 14 Tage zwischen Mahnbescheidzustellung und Widerspruch). Diese Zeit wird nun zu dem Datum, an dem die Verjährung normalerweise endet, addiert. Damit tritt die Verjährung am 15.07.2020 (24:00 Uhr) in Kraft.

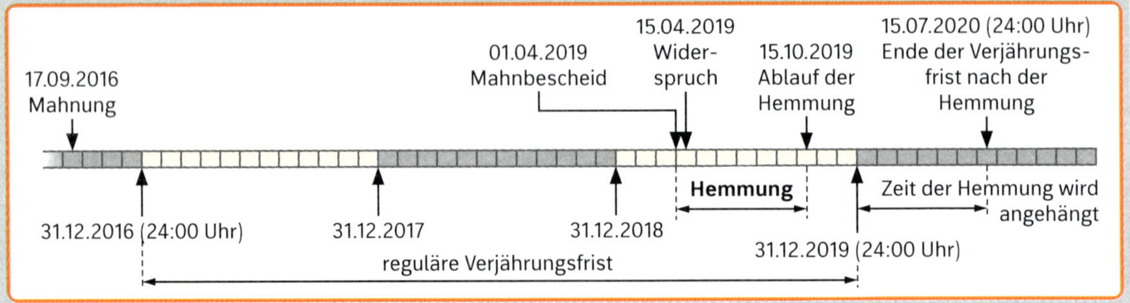

Fall 2:

Die Lahmann KG hat am 23.06.2016 an die Firma Schneider Moden GmbH in Hildesheim Waren im Wert von 3.600,00 € mit 30 Tagen Ziel geliefert. Da bis dahin kein Zahlungseingang zu verzeichnen ist, schickt die Lahmann KG am 18.09.2016 eine Mahnung. Die Verjährungsfrist beginnt am 31.12.2016 (24:00 Uhr) und endet regulär am 31.12.2019 (24:00 Uhr).

Am 02.05.2018 überweist Schneider Moden GmbH einen Teilbetrag von 900,00 €. Da dies als Anerkenntnis der Schuld zu werten ist, beginnt die Verjährungsfrist neu zu laufen. Es kommt zu einem **Neubeginn der Verjährung**. Die Verjährungsfrist beginnt nun am 31.12.2018 (24:00 Uhr) und endet am 31.12.2021 (24:00 Uhr).

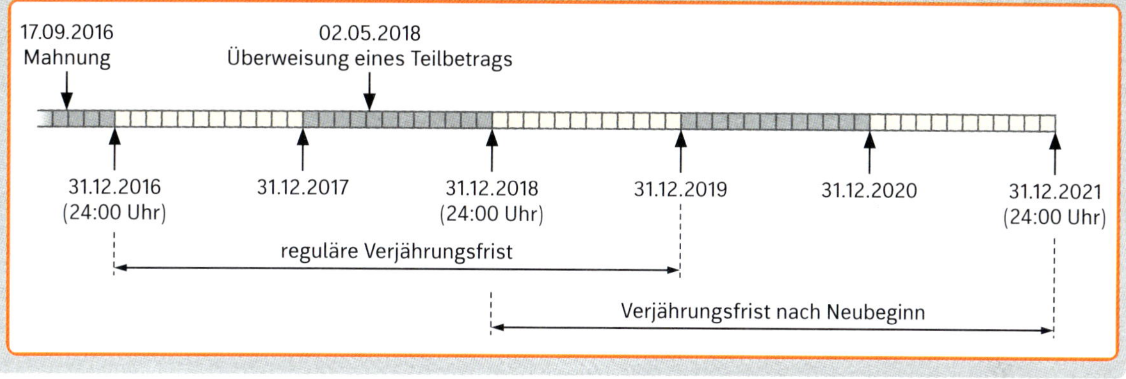

AUFGABEN

1. Welche rechtlichen Folgen hat eine Verjährung?
2. Wie lange dauert die regelmäßige Verjährungsfrist?
3. In welchen Fällen gilt die besondere Verjährungsfrist von 30 Jahren?
4. Die Lahmann KG kauft am 27. März 2022 Waren ein. Ab wann tritt die Verjährung ein?
5. Die Lahmann KG verkaufte am 7. April 2020 eine Lieferung Herrenanzüge an die Grotex GmbH. Da am 14. Juli 2022 noch kein Zahlungseingang zu verzeichnen ist, ergreift die Lahmann KG den Klageweg. Am 20. Oktober 2022 wird die Grotex GmbH zur Zahlung rechtskräftig verurteilt. Wann ist die Forderung der Hoffmann KG verjährt?
6. Zwei wichtige Begriffe im Verjährungsrecht sind Hemmung und Neubeginn der Verjährung.
   - **a)** Was haben die Hemmung und der Neubeginn gemeinsam?
   - **b)** Wodurch unterscheiden sie sich?
7. Entscheiden Sie, ob in den folgenden Fällen eine Hemmung oder ein Neubeginn der Verjährung eintritt.
   - **a)** Der Grotex GmbH wird ein Mahnbescheid zugestellt.
   - **b)** Die Spindler KG zahlt überraschend einen Teil der ausstehenden Forderung.
   - **c)** Die Firma Roswitha Warnke e. Kffr. bittet die Hoffmann KG um Stundung der Forderung in Höhe von 12.786,00 €.
   - **d)** Die Rudolf Schmidt KG reicht Klage gegen die Emmermann Textil GmbH wegen ausstehender Zahlungen ein.
8. Die Boutique Bijou hat die am 12. September 2020 fällige Zahlung am 15. Dezember 2023 immer noch nicht bezahlt. An diesem Tag setzt sich Herr Hoffmann mit der Inhaberin der Boutique zusammen und verhandelt über die Zahlungsabwicklung. Man kann sich aber nicht einigen, sodass es am 15. März 2024 zu einem Abbruch der Verhandlungen kommt. Herr Hoffmann verlangt daraufhin die sofortige Zahlung aller ausstehenden Forderungen.
   Die Inhaberin der Boutique beruft sich auf die Verjährung: „Die Verjährungsfrist ist am 31. Dezember 2023 abgelaufen."
   Hat sie recht?
9. Suchen Sie sich drei Termine aus, an denen eine Forderung entstanden sein könnte.
   - **a)** Stellen Sie fest, ab wann diese verjährt sind.
   - **b)** Überprüfen Sie Ihre Lösung mit einem Verjährungsrechner:
     www.creditreform.de/Deutsch/Creditreform/Info-Center/Online-Rechner/verjaehrungsrechner.jsp
10. In dieser Aufgabe soll das gesamte Kapitel mithilfe der Fragenkettenmethode bearbeitet werden.

a) Lesen Sie das Kapitel.
b) Formulieren Sie eine Frage zu einem bestimmten Inhalt des Textes und halten Sie diese und die Antwort dazu schriftlich fest.
c) Ihre Lehrkraft wählt einen Schüler aus, der seine Frage an die Klasse stellt.
d) Der Mitschüler, der sich als Erstes meldet, beantwortet die Frage. War die Antwort richtig, darf er seine Frage der Klasse vorstellen.
e) Alle Mitschülerinnen und Mitschüler, die einmal richtig geantwortet haben, brauchen nicht mehr zu antworten.
f) Hat jeder geantwortet, ist diese Unterrichtsphase beendet.

ZUSAMMENFASSUNG

Verjährung

= Der Schuldner kann nach Ablauf der Verjährungsfrist die Leistung (z. B. eine Zahlung) verweigern.

Rechtsfolgen
- Der Gläubiger kann keine rechtlichen Mittel ergreifen.
- Die Forderung bleibt aber bestehen.
- Leistet ein Schuldner in Unkenntnis, kann der Zahlungsbetrag nicht zurückgefordert werden.

Fristen

regelmäßige Verjährungsfrist
- drei Jahre
- Berechnung ab Ende des Jahres, in dem der Anspruch entstand

besondere Verjährungsfrist

Der Endzeitpunkt der Verjährung kann hinausgeschoben werden durch

Hemmung der Verjährung
Die Verjährungsfrist wird verlängert um die Zeitspanne der Hemmung, z. B. durch:
- Maßnahmen der Rechtsverfolgung
- Verhandlungen über die Forderung

Neubeginn der Verjährung
Die Verjährungsfrist beginnt neu ab der Unterbrechung, z. B. durch:
- Anerkennung der Forderung **durch** **d**en Schuldner
- Beantragung oder Durchführung einer gerichtlichen Vollstreckungshandlung durch den Gläubiger

6.1 DAS LAGER UND SEINE AUFGABEN

Gabriele Winkelmann ist im Rahmen ihrer Ausbildung seit Kurzem im Lager eingesetzt.

Welche Aufgaben muss sie dort erfüllen?

INFORMATION

Die Lagerhaltung

Unter einem Lager versteht man den Ort, an dem die Ware auf Vorrat aufbewahrt wird.

Kaum ein Betrieb ist in der glücklichen Lage, jede gerade gelieferte Ware sofort wieder verkaufen zu können. Da der Unternehmer die Nachfrage der Verbraucher nicht vorhersehen kann, ist es nahezu unmöglich, die Beschaffung und den Absatz von Waren zeitlich und mengenmäßig genau aufeinander abzustimmen. Es gelingt einem Betrieb fast nie, nur so viel einzukaufen, wie für den Verkauf gerade benötigt wird. Daraus ergibt sich die Notwendigkeit der Lagerhaltung, die Spannungen zwischen Wareneinkauf und -verkauf möglichst vermeiden soll.

Lagerarten

Dem Ablauf der Fertigung entsprechend, werden in der **Industrie** folgende Lager geführt:

- **Eingangslager**
  → Roh-, Hilfs- und Betriebsstofflager
  Das Eingangslager enthält Lagergegenstände, die im eigenen Betrieb noch nicht be- oder verarbeitet wurden. Sie werden aufbewahrt, um in die Fertigung weitergegeben zu werden.
- **Zwischenlager**
  → für noch nicht absatzreife Zwischenprodukte
  Zwischenlager liegen zwischen den einzelnen Fertigungsstufen.
- **Fertigwarenlager**
  → für fertige Erzeugnisse
  Hier werden Endprodukte zur Weitergabe an den Absatzmarkt gespeichert.

Großhandelsunternehmen brauchen große Lager, da sie Waren in großen Mengen an die Industrie und den Einzelhandel verkaufen. Im Großhandel werden Waren sowohl im eigenen (**Eigen**lager) als auch in fremden Lagerräumen gelagert. Wenn es für den Großhändler vorteilhaft ist, wird er seine Ware in **Fremd**lagern bei selbstständigen Lagerhaltern aufbewahren. In einigen Fällen betreiben Großhändler sogar **Streckengeschäfte:** Sie brauchen kein Lager, weil die verkaufte Ware direkt vom Hersteller zum Kunden geht.

Lager findet man im **Einzelhandel** in unterschiedlichen Formen und Größen. Grundsätzlich kann man aber zwei Arten von Lagern unterscheiden:

- das Verkaufslager und
- das Reservelager.

Die meiste Ware wird dort gelagert, wo sie dem Kunden angeboten wird. Jeder Einzelhandelsbetrieb benutzt also seine Verkaufsräume als sog. **Verkaufslager.** Hier werden die Artikel verkaufsbereit gehalten. In Geschäften mit Vorwahl oder Selbstbedienung ermöglicht das Verkaufslager dem Verbraucher sogar einen unmittelbaren Zugriff auf die Ware. Die Anordnung der Artikel im Verkaufslager hat nach den Gesichtspunkten der Werbung zu erfolgen, da gerade hier der Kunde mit der Ware in engen Kontakt kommt.

Ein **Reservelager** findet man meist in der Nähe der Verkaufsräume. Hauptaufgabe dieser Lagerart ist die schnelle Ergänzung der Bestände im Verkaufslager. Hier werden aber auch Arbeiten durchgeführt, die den Verkauf stören würden: Die Ware wird angenommen, ausgepackt, geprüft, ausgezeichnet und gelagert, bis sie im Verkaufslager benötigt wird.

Aufgaben der Lagerhaltung

Hauptziel der Lagerhaltung ist der Ausgleich zwischen Beschaffung und Absatz von Waren. In diesem Zusammenhang erfüllt das Lager verschiedene Aufgaben.

Sicherung der Verkaufsbereitschaft

Waren werden im Lager bereitgehalten, um die Kunden sofort und bedarfsgerecht versorgen zu können. Das Lager soll also einerseits verhindern, dass Schwierigkeiten bei der Beschaffung von Waren (wie z. B. Lieferverzögerungen oder Transportschwierigkeiten) die Verkaufsbereitschaft stören. Andererseits werden aber auch Artikel auf Vorrat gehalten, um Nachfrageschwankungen abzufangen. Solche Unregelmäßigkeiten im Verkauf können aus modischen, saisonalen oder konjunkturellen Gründen auftreten.

Ausnutzung von Preisvorteilen

Das Lager ermöglicht, Preis- und Kostenvorteile wahrzunehmen, die der Beschaffungsmarkt bietet. Sehr oft liegen die Preise der Lieferanten niedriger, wenn die Nachfrage zu bestimmten Zeiten nicht so groß ist. Dann empfiehlt es sich, die Waren günstig einzukaufen und auf Vorrat zu nehmen. Aber auch die Vorteile des Großeinkaufs kann man durch ein Lager nutzen. Die Einkaufspreise können sich erheblich verringern durch Mengenrabatte, die dem Einkäufer gewährt werden. Oft erreicht man überdies durch den Einkauf größerer Mengen, dass die Verpackungs- oder Beförderungskosten sinken oder ganz vom Lieferanten übernommen werden.

Pflege, Umformung und Veredelung

Eine weitere Aufgabe der Lagerhaltung ist die zweckmäßige Behandlung und Pflege der Ware, durch die deren Gebrauchsfähigkeit erhalten wird. Darüber hinaus wird im Lager oft noch nicht verwendungsfähige Ware in einen verkaufsfähigen Zustand gebracht. Hier finden Umpack-, Umfüll-, Misch- und Sortiervorgänge statt. Um den Kunden beispielsweise eine große Auswahl zu bieten, wird die Ware in den vom Verbraucher gewünschten Mengen bereitgestellt.

In seltenen Fällen soll im Lager eine qualitative Veränderung der Ware bewirkt werden. So wird dort Obst aufbewahrt, um zu reifen. Wein gewinnt an Wert, wenn er sorgsam gelagert wird.

AUFGABEN

1. Warum sind Lager notwendig?
2. Was versteht man unter einem Lager?
3. Welche Lagerarten unterscheidet man im Einzelhandel?
4. Welche Lagerarten unterscheidet man in der Industrie?
5. Welche Lagerarten unterscheidet man im Großhandel?
6. Welche Aufgaben erfüllt das Lager?
7. Führen Sie Beispiele für die Pflege, Umformung und Veredelung von Waren im Lager auf.

ZUSAMMENFASSUNG

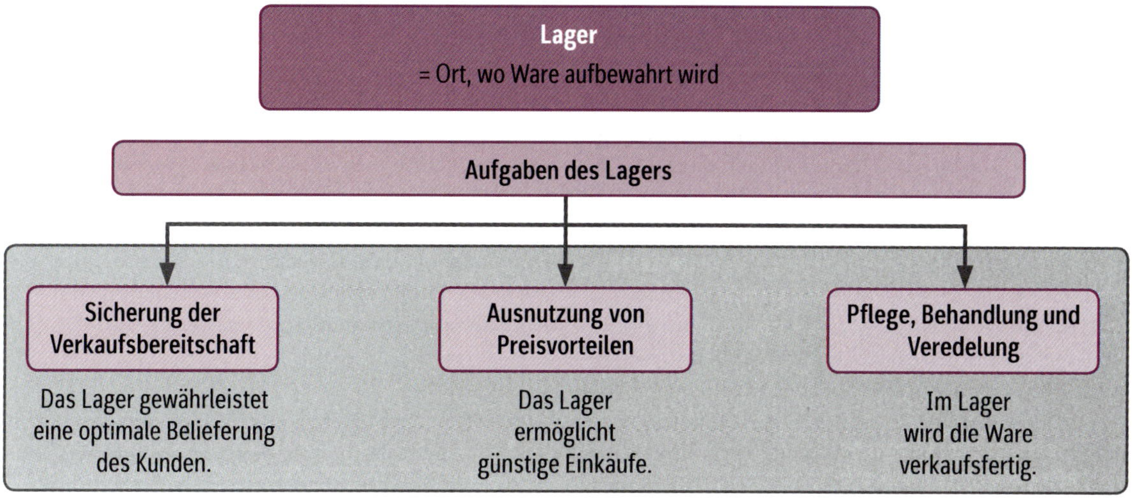

6.2 ANFORDERUNGEN AN EIN LAGER

Lagerleiter Hintermeier berichtet Gabriele Winkelmann aus der Gründungszeit des Unternehmens:
„Damals hatten wir einige Schwierigkeiten. Unser Lager war zunächst einmal sehr klein. Ein Teil der Ware musste in den Kellerräumen eines anderen Gebäudes untergebracht werden. Auf der ungesicherten Kellertreppe kam es zu zwei Arbeitsunfällen. Oft musste Ware gesucht werden, weil wir nicht wussten, wo benötigte Artikel standen. Wertvolle Ware wurde offen in den Regalen aufbewahrt ..."

Welche Gesichtspunkte müssen bei der Lagerung von Waren beachtet werden?

INFORMATION

Damit die Aufgaben der Lagerhaltung optimal erfüllt werden können, müssen bei der Einrichtung des Lagers bestimmte allgemeingültige Grundsätze beachtet werden.

Geräumigkeit

Das Lager sollte groß genug sein, denn es werden dort Waren angenommen, ausgepackt und geprüft. Anschließend sollen die Waren eventuell noch sortiert, abgepackt, umgefüllt oder abgewogen werden. Schließlich müssen die Artikel mühelos entnommen und transportiert werden können. Für all diese Arbeiten wird ausreichend Platz benötigt. Ein zu enges oder zu kleines Lager würde zusätzliche Kosten durch Zeitverlust verursachen. Außerdem wäre der rationelle Einsatz von maschinellen Hilfsmitteln wie z. B. Gabelstaplern nicht möglich.

Übersichtlichkeit

Oft können Vorteile, die beim Einkauf der Ware gewonnen wurden, durch eine unübersichtliche Lagerung wieder verloren werden. Wird in solchen Lagern ohne vorgeplante Lagerordnung gearbeitet, entsteht oft ein erhebliches Durcheinander. Das Lager sollte so gestaltet werden, dass die Ware schnell und sicher aufgefunden werden kann. Erreicht werden kann dies durch eine systematische Wareneinordnung. Zunächst einmal wird die Ware nach dem Prinzip des Transportminimums eingelagert. Das bedeutet, dass möglichst kurze Lagerwege angestrebt werden für Artikel, die häufig verlangt werden. Es sollte weiterhin ein übersichtliches und leicht kontrollierbares Lagersystem eingeführt werden. Das Lager wird dabei in verschiedene Zonen aufgeteilt, die z. B.

bestimmten Warengruppen entsprechen. Dadurch werden Sucharbeiten sowie Warenverluste durch schlecht einsehbare Ecken und überfüllte Regale ausgeschlossen. Am Lagerort sollte die Ware schließlich gruppenweise und griffbereit aufbewahrt werden, da dies das Aufsuchen des Lagergutes sowie die Inventur erleichtert. Stets sollte man das Prinzip „first in – first out" beachten, um Ladenhüter zu vermeiden. Das bedeutet, dass die Artikel, die beispielsweise zuerst in ein Regal eingelagert wurden, nach Möglichkeit auch wieder zuerst den Lagerplatz verlassen sollen.

Artgemäße Lagerung

Oft kommt es zu erheblichen Lagerverlusten, weil die Ware nicht immer sachgerecht behandelt wird. Einige Waren haben bestimmte Eigenschaften, auf die man bei der Lagerung Rücksicht nehmen muss. Sind die Lagerbedingungen den Eigenschaften der Ware angepasst, dann wird ihr Alterungsprozess verzögert. Deshalb muss die Ware – je nach ihrer Beschaffenheit – geschützt werden vor:

- **Licht:** z. B. bei Papieren, Büchern, bestimmten Nahrungsmitteln, Gummierzeugnissen, bunten Geweben,
- **Schädlingen,**
- **Geschmacksverlust oder -übertragung:** Käse, Wurst, Butter, Tee, Kaffee, Kakao,
- **Wärme:** z. B. verschiedene Lebensmittel,
- **Feuchtigkeit:** Bücher, Papiere, Leder, Metall- und Holzartikel sowie bestimmte Lebensmittel,
- **Austrocknung:** Artikel wie Käse, Tabak, Gummi, Wolle usw.

Sachgerechte Lagereinrichtung

Eine grundlegende Aufgabe des Lagers besteht darin, alle Artikel so aufzubewahren, dass sie nicht beschädigt werden und dass alle Lagertätigkeiten reibungslos und wirtschaftlich ausgeführt werden können. Zu diesem Zweck ist jedes Lager mit verschiedenen Einrichtungen ausgestattet. Unter Lagereinrichtungen werden alle Hilfsmittel verstanden, die zum Aufbewahren der Artikel dienen. Jeder Unternehmer weiß, dass die Wirtschaftlichkeit der Lagereinrichtung weniger von den Anschaffungskosten abhängig ist als vielmehr von der zweckmäßigen Planung, der leichten Bedienbarkeit und der Möglichkeit zum Umbauen.

Umweltschutz

Ein umweltbewusstes Lager muss so gestaltet sein, dass keine Stoffe bzw. Güter ungewollt – also durch Versickern, Abfließen oder Ausströmen – in die natürliche Umwelt gelangen. Um diese Anforderung zu erreichen, können technische Maßnahmen (z. B. Auffangbecken, Verschalungen), aber auch organisatorische Maßnahmen (u. a. Einführung eines Überwachungssystems für eingehendes Gefahrgut) ergriffen werden.

Sicherheit

Durch bestimmte Vorsorge- und Sicherungsmaßnahmen kann im Lager die Gefahr eines Brandes, eines Diebstahls oder eines Unfalls vermindert werden.

Jeder Brand im Lager würde einen erheblichen wirtschaftlichen Verlust verursachen, weil gerade dort große Warenmengen gelagert sind. Aus diesem Grund ist die Feuersicherung eine wichtige Maßnahme. Die Mehrzahl der Brandursachen lässt sich völlig beseitigen, wenn die geltenden Brandschutzvorschriften genau eingehalten werden. Darüber hinaus können auch technische Brandschutzvorrichtungen wie Feuerlöscher, Sprinkler- und Alarmanlagen die Brandgefahr vermindern.

Einbrüche und Diebstähle werden erschwert, indem das Lager beispielsweise durch Schlösser und Stahltüren besonders gesichert wird. Weiterhin empfehlen sich Kontrollen und Überwachungsmaßnahmen (im Verkaufslager z. B. Fernsehanlagen und Spiegel). Besonders ist darauf zu achten, dass außer dem Lagerpersonal niemand das Reservelager betritt.

Die Arbeitsbedingungen im Lager müssen den Vorschriften des Arbeitsschutzes entsprechen. Die Beschäftigten des Lagers müssen so weitgehend wie möglich vor Einflüssen geschützt werden, die schädlich für ihre Gesundheit sind oder sie anderweitig gefährden können.

AUFGABEN

1. Warum sollte ein Lager geräumig sein?
2. Wie kann ein übersichtliches Lager erreicht werden?
3. Was versteht man unter einer artgemäßen Lagerung von Waren?
4. Wovor müssen die nachstehenden Waren geschützt werden?
   a) Papier b) Leder c) Käse d) Obst
   e) Tabak f) farbige Gewebe g) Holz
5. Welche Maßnahmen unterstützen die Sicherheit im Lager?

4203180

ZUSAMMENFASSUNG

Anforderungen an ein Lager

- Geräumigkeit
- Übersichtlichkeit
- artgemäße Lagerung
- sachgerechte Lagereinrichtung
- Sicherheit und Umweltschutz

6.3 OPTIMALER LAGERBESTAND

Der Lagerleiter, Herr Hintermeier, und der Leiter der Einkaufsabteilung, Herr Schneider, sind unterschiedlicher Meinung:

Herr Schneider: „Aufgrund des vorhergesagten schönen Wetters ist mit einer verstärkten Nachfrage der Verbraucher zu rechnen. Wir wollen jeden möglichen Gewinn mitnehmen. Deshalb haben wir erheblich mehr als üblich bestellt."

Herr Hintermeier: „Aber wir haben keinen Platz mehr im Lager. Wo soll ich die Ware unterbringen?"

Herr Schneider: „In der Nachbarschaft ist doch ein Lagerraum frei."

Herr Hintermeier: „Das bedeutet aber zusätzliche Kosten."

Wer von beiden hat recht?

INFORMATION

Der optimale Lagerbestand

Das Hauptproblem im Rahmen der Lagerhaltung ist die Ermittlung des optimalen Lagerbestandes. Darunter versteht man den für den Betrieb günstigsten Lagervorrat. Dieser muss einerseits aus Kostengründen so klein wie möglich gehalten werden. Andererseits muss er aber auch groß genug sein, um die Lieferbereitschaft aufrechterhalten zu können. Optimal ist ein Lagerbestand dann, wenn die Nachteile eines zu großen sowie die eines zu niedrigen Lagerbestandes vermieden werden können.

Lagerkosten

Kosten für die Lagerbestände
- Zinsen für das in den Lagerbeständen gebundene Kapital
- Prämien für die Versicherung der Lagerbestände
- Wertminderung der Warenvorräte durch Diebstahl, Schwund, Veralten und Verderb

Kosten für die Lagerausstattung
- Raumkosten
- Instandhaltung, Strom, Heizung
- Abschreibungen auf Gebäude und Einrichtungen
- Verzinsung des Kapitals, das in Gebäude und Einrichtung investiert wurde

Kosten für die Lagerverwaltung
- Löhne und Gehälter des Lagerpersonals
- Büromaterial für die Lagerverwaltung

Nachteile eines zu großen oder zu niedrigen Lagerbestandes

Ein zu großer Lagerbestand würde zu unnötig hohen Lagerkosten führen. Eventuell müssten neue Lagerräume angemietet werden, neues Personal wäre einzustellen. Darüber hinaus besteht die Gefahr einer Wertminderung der Bestände. Liegt die Ware zu lange auf Lager, kann sie veralten, unmodern werden oder verderben. Auch darf der Einkäufer nicht übersehen, dass er in dem hohen Warenvorrat Geld angelegt hat, das er anderswo im Betrieb hätte besser gebrauchen können. Da er dieses gebundene Kapital („totes Kapital") überdies nicht gewinnbringend bei einer Bank anlegen kann, entgehen ihm mögliche Zinseinnahmen.

Bei einem zu kleinen Lagerbestand könnte der Fall eintreten, dass der Kunde Waren, die er benötigt, nicht kaufen kann. Abgesehen von dem entgangenen Gewinn besteht für den Betrieb die Gefahr, dass der Kunde in Zukunft andere Unternehmen bevorzugt. Ein weiterer möglicher Nachteil eines zu kleinen Lagerbestandes sind höhere Kosten beim Bezug kleinerer Mengen. Kauft der Einkäufer nur eine geringe Stückzahl eines Artikels, muss er eventuell auf Mengenrabatt verzichten.

Der Betrieb und der optimale Lagerbestand

Der optimale, d.h. den gegebenen Umständen nach „beste" Lagervorrat ist abhängig von der Marktlage, den Transportverhältnissen und auch von der Leistungsfähigkeit des Lieferanten. Je besser diese Voraussetzungen sind, umso kleiner kann der Lagerbestand sein, da ja jederzeit nachgekauft werden kann. Der optimale Lagerbestand lässt sich nicht eindeutig berechnen, weil man die Nachfrage der Verbraucher nicht voraussehen kann. Es wird aber immer versucht, im Lager so wirtschaftlich wie möglich zu planen und sich damit weitgehend dem optimalen Lagerbestand anzunähern. Dazu müssen jedoch die Bestände ständig kontrolliert (vgl. 6.4) und Lagerkennzahlen (vgl. 6.5) gebildet werden.

AUFGABEN

1. Was versteht man unter dem optimalen Lagerbestand?
2. Welche Nachteile hat ein zu großer Lagerbestand?
3. Welche Nachteile hat ein zu kleiner Lagerbestand?
4. Nennen Sie Beispiele für Lagerkosten.
5. Warum lässt sich der optimale Lagerbestand nicht eindeutig ermitteln?
6. Erläutern Sie den Begriff „totes Kapital" im Zusammenhang mit den Lagerbeständen.

ZUSAMMENFASSUNG

Optimaler Lagerbestand

= Waren- bzw. Materialvorrat, bei dem die größte Wirtschaftlichkeit im Lager erreicht wird

vermeidet

Nachteile eines zu hohen Lagerbestandes

- Kapitalbindung
- Lagerkosten

Nachteile eines zu niedrigen Lagerbestandes

- entgangener Gewinn
- Kundenverlust

4203182

6.4 BESTANDSKONTROLLE IM LAGER

Gabriele Winkelmann erfährt in einem Gespräch mit dem Lagerleiter Hintermeier:
„Seitdem wir unsere Lagervorräte systematisch kontrollieren, haben sie sich um ungefähr ein Drittel verringert. Dadurch konnte das im Lager gebundene Kapital erheblich gesenkt werden. Das bringt Liquidität und macht Mittel frei für andere Dinge, die wichtig sind ..."

Wie könnte eine systematische Bestandskontrolle im Lager aussehen?

INFORMATION

Die rechtzeitige und mengenmäßig richtige Lagerergänzung ist eines der schwierigsten Probleme im Rahmen der Lagerhaltung. Um einen angemessenen und wirtschaftlichen Lagervorrat zu erreichen, müssen die Bestände ständig überwacht werden. Die dazu notwendige Bestandskontrolle kann sowohl körperlich als auch buchmäßig mithilfe von Listen, Karteien und Bildschirmanzeigen erfolgen. Ziel der Bestandskontrolle ist eine möglichst genaue Ergänzung der Warenvorräte.

Aus Kostengründen soll nur so viel Ware gelagert werden, wie in absehbarer Zeit benötigt wird. Um dies zu erreichen, wird die Ware oft erst dann bestellt, wenn der Vorrat eines Artikels unter einen vorher festgelegten Bestand gesunken ist. Bei diesem häufig angewandten Verfahren sind verschiedene Bestandsarten zu unterscheiden.

Inventurliste — Tag der Inventur: — Blatt

Abteilung: | Lagerort: Lager | Aufgenommen am: 4. Jan. durch: Hühn/Lottermann | Preise einges.: | Ausgerechnet: | Nachgerechnet:

V	Nr.	Artikel	Größe	Anzahl	Einheit	Einzelpreis €	ct	Gesamtpreis Verkaufswert €	ct	Kalk.-Abschl. %	Inventurwert €	ct	Bemerkungen
		Messer		14									
		Schrauben		2	Pck.								
		Dübel, 6 mm		1	Pck.								
		Hammer		17									
		Zange		5									

Der Mindestbestand

Jeder Betrieb sollte immer über einen Reservebestand an Ware verfügen, der einen störungsfreien Ablauf der Betriebstätigkeit ermöglicht. Dieser Bestand wird oft auch **Mindestbestand** oder **eiserner Bestand** genannt. Er darf mit Zustimmung der Geschäftsleitung nur dann angetastet werden, wenn die Verkaufsbereitschaft bzw. Produktionsbereitschaft gefährdet ist. Dies kann der Fall sein, wenn

- der tatsächliche Absatz der Waren größer ist als der geplante Absatz,
- aus nicht vorhersehbaren Gründen die Beschaffung von Waren oder Material länger dauert als geplant. Hervorgerufen werden können solche Lieferstörungen beispielsweise durch Streiks oder schlechte Witterungsverhältnisse.

Der Mindestbestand wird aufgrund von Erfahrungswerten festgelegt. Der Einkäufer sollte ihn jedoch nicht zu hoch ansetzen. Zu viel in den Vorräten gebundenes Kapital wäre praktisch stillgelegt und würde zudem Zinsen kosten.

Der Meldebestand

Im Handel muss neben dem Mindestbestand auch die Warenmenge berücksichtigt werden, die ausreicht, die Zeitspanne zwischen Bestellung und Auslieferung einer Ware zu überbrücken. Bei Erreichen des sog. **Meldebestandes** muss der Einkäufer sofort nachbestellen. Zwar verkauft er während der Beschaffungszeit weiterhin Ware, bei einem pünktlichen Eintreffen der bestellten

Artikel wird das Lager jedoch rechtzeitig wieder aufgefüllt. Der Mindestbestand muss also nicht angegriffen werden. Der Meldebestand entspricht dem geplanten Verkauf der Beschaffungszeit. Er lässt sich folgendermaßen berechnen:

FORMEL

Meldebestand
= (täglicher Absatz · Lieferzeit)
+ Mindestbestand

BEISPIEL

Ein Handelsbetrieb verkauft täglich durchschnittlich 40 Stück eines bestimmten Artikels. Die Lieferzeit für diesen Artikel beträgt zehn Tage. Als Mindestbestand wurden von der Unternehmensleitung 100 Stück festgelegt.
Meldebestand = (40 · 10) + 100 = 500 Stück
Ist der Lagerbestand auf 500 Stück gesunken, muss bestellt werden. Es wäre falsch, erst zu ordern, wenn der Artikel ausgegangen ist. Da der Artikel dann wegen der Lieferzeit zehn Tage nicht vorrätig wäre, würden die Kunden verärgert das Geschäft verlassen und bei der Konkurrenz kaufen.

Der Höchstbestand

Durch die Festlegung eines Höchstbestandes soll ein überhöhter Lagervorrat vermieden werden, der zu einer extremen Steigerung der Lagerkosten führen würde. Der **Höchstbestand** gibt an, welche Menge von Artikeln insgesamt auf Lager sein darf, ohne dass dem Betrieb unnötige Lagerkosten entstehen.

Der Höchstbestand ist abhängig von den Lagermöglichkeiten, die zur Verfügung stehen. Da er meist nach dem Eingang der bestellten Menge erreicht wird, lässt sich der Höchstbestand auch berechnen.

FORMEL

Höchstbestand
= Mindestbestand + Bestellmenge

BEISPIEL

Nach Erreichen eines Mindestbestandes von 100 Stück werden 3 000 Stück neu bestellt. Nach zehn Tagen trifft die Ware ein.
Höchstbestand = 100 + 3 000 = 3 100

Bestandskontrolle und Bestellzeitpunkt

Für die Bestandskontrolle ist eine aktuelle und richtige Bestandsfortschreibung sehr wichtig. Dadurch wird auch eine Zeitplanung ermöglicht, mit der man den Bestellzeitpunkt für Waren optimal festlegen kann. Der Bestellzeitpunkt ist der Tag, an dem der Meldebestand erreicht wird.

BEISPIEL

Ein Handelsbetrieb hat einen Artikel im Sortiment, von dem täglich durchschnittlich 20 Stück verkauft werden. Die Lieferzeit für diesen Artikel beträgt fünf Tage. Es soll ständig ein Mindestbestand von 40 Stück gehalten werden. Der Höchstbestand beträgt 400 Stück.

Erläuterung zu folgendem Schaubild:

Am Morgen des ersten Arbeitstages hat der Warenvorrat noch den Höchstbestand von 400 Stück (1). Setzt der Handelsbetrieb durchschnittlich 20 Stück pro Tag ab, dann befinden sich am Ende des 1. Tages nur noch 380 Stück auf Lager (2). Am Abend des 13. Tages wird der Meldebestand von 140 Stück erreicht (3). Dieser Tag ist der Bestellzeitpunkt. Innerhalb der Lieferfrist von fünf Tagen verkauft der Handelsbetrieb weitere 100 Stück der Ware, sodass am Ende des 18. Tages nur noch 40 Stück auf Lager liegen (4). Diese 40 Stück stellen den Mindestbestand dar, der unter normalen Umständen nicht unterschritten werden darf. Der Bestellzeitpunkt (bzw. Meldebestand) ist so gewählt, dass an dem Tag, an dem der Mindestbestand erreicht wird, neue Ware geliefert wird. Am Abend des 18. Tages – dem Lieferzeitpunkt – befinden sich wieder 400 Stück auf Lager (5).

4203184

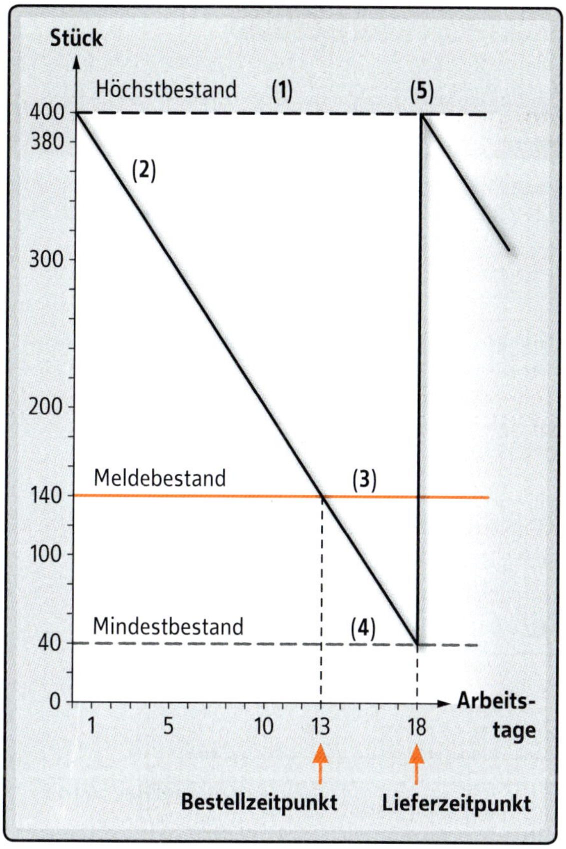

Die Bedingungen des Beispiels sind vereinfacht. In der Praxis sind solche Fälle nur selten anzutreffen. Bei vielen Artikeln kommt es nämlich zu stark schwankenden Umsätzen, wodurch die Arbeit des Einkäufers erschwert wird. Dieser muss seine Entscheidungen bei Unterschreiten des Meldebestandes oft überdenken oder diesen auch neu festlegen.

AUFGABEN

1. Welche Aufgabe hat die Bestandskontrolle?
2. In welchen Fällen kann die Verkaufsbereitschaft gefährdet sein?
3. Wozu dient der Mindestbestand?
4. Welche Bedeutung hat der Meldebestand?
5. In einem Großhandelsbetrieb werden täglich durchschnittlich 120 Stück eines bestimmten Artikels verkauft. Die Lieferzeit beträgt 20 Tage. Als Mindestbestand wurden 200 Stück festgelegt.
   Wie hoch ist der Meldebestand?

ZUSAMMENFASSUNG

Bestandskontrolle

dient der rechtzeitigen und mengenmäßigen Lagerergänzung.

Mindestbestand

Reserve zur Aufrechterhaltung der Verkaufs- bzw. Produktionsbereitschaft

Meldebestand

- Bestand, bei dem bestellt werden muss, damit neue Ware spätestens beim Erreichen des Mindestbestandes angeliefert wird.
- Meldebestand = (täglicher Absatz · Lieferzeit) + Mindestbestand
- Der Tag, an dem der Meldebestand erreicht wird, ist der Bestellzeitpunkt.

Höchstbestand

Bestand, bis auf dessen Höhe das Lager aufgefüllt werden darf.

6.5 LAGERKENNZAHLEN

Herr Hintermeier, der Lagerleiter, liest in einer Fachzeitschrift, dass in Unternehmen seiner Branche ein Artikel durchschnittlich 25 Tage auf Lager liegt. Herr Hintermeier untersucht daraufhin die Situation in seinem Lager. Die durchschnittliche Lagerdauer eines Produkts beträgt hier 32 Tage.

Welche Aussagen lassen solche Kennzahlen zu?

INFORMATION

Ein Artikel verursacht umso mehr Lagerkosten, je länger er auf Lager liegt. Der Betrieb wird also versuchen, die Lagerdauer der Ware so kurz wie möglich zu halten. Um die Wirtschaftlichkeit der Vorratshaltung kontrollieren zu können, werden in der Praxis regelmäßig Lagerkennzahlen errechnet.

Der durchschnittliche Lagerbestand

Während eines ganzen Jahres ergeben sich aufgrund von Lagerzu- oder -abgängen unterschiedliche, zum Teil stark voneinander abweichende Lagerbestände. Deshalb wird zur Übersicht aus Einzelwerten ein Mittelwert errechnet.

Der **durchschnittliche Lagerbestand (DLB)** gibt für einen bestimmten Zeitabschnitt an, wie groß der Vorrat eines bestimmten Artikels im Durchschnitt ist. Zur Ausschaltung von Zufallsergebnissen wird in der Regel vom durchschnittlichen Jahresbestand ausgegangen.

Die Genauigkeit dieser Kennzahl hängt davon ab, wie viel Bestände zur Berechnung herangezogen werden. Werden die Vorräte im Lager nur im Rahmen einer Jahresinventur kontrolliert, dann stehen nur der Anfangsbestand zum 1. Januar des Jahres und der Endbestand zum 31. Dezember des Jahres zur Bildung des durchschnittlichen Lagerbestandes zur Verfügung:

FORMEL

Durchschnittlicher Lagerbestand

$$= \frac{\text{Anfangsbestand} + \text{Endbestand}}{2}$$

Der durchschnittliche Lagerbestand kann sowohl mengen- als auch wertmäßig errechnet werden.

Als Mengenkennzahl wird der durchschnittliche Lagerbestand in Stück angegeben.

BEISPIEL

Eine Büroartikelgroßhandlung vertreibt u. a. auch Aktenordner. Am Anfang des Jahres hatte der Betrieb einen Vorrat von 520 Stück; am Ende des Jahres betrug der Bestand 800 Stück.
Als durchschnittlicher Lagerbestand werden 660 Stück ermittelt.

$$\text{DLB} = \frac{800 + 520}{2} = 660 \text{ Stück}$$

Der durchschnittliche Lagerbestand als Wertkennzahl sagt dagegen aus, in welcher Höhe Kapital durch die Lagervorräte im Durchschnitt gebunden ist.

BEISPIEL

Am 1. Januar eines Jahres hat eine Elektrogroßhandlung Batterien im Wert von 4.200,00 € auf Lager. Am 31. Dezember wird ein Bestand von 2.800,00 € ermittelt.

$$\text{DLB} = \frac{4.200 + 2.800}{2} = 3.500{,}00\ €$$

Es befinden sich also durchschnittlich Batterien im Wert von 3.500,00 € auf Lager.

Genauer und empfehlenswerter ist die Berechnung des durchschnittlichen Lagerbestandes auf der Grundlage der 12 Monatswerte. Die Formel für den durchschnittlichen Lagerbestand lautet dann:

FORMEL

Durchschnittlicher Lagerbestand

$$= \frac{\text{Jahresanf.-Best.} + 12 \text{ Monatsendbst.}}{13}$$

BEISPIEL

Im Sortiment eines Großhandelsbetriebs für Unterhaltungselektronik befinden sich auch Musik-CDs. Aus der Lagerdatei ergaben sich während des Jahres folgende Bestände:
Anfangsbestand am 1. Januar: 220 Stück
Monatsendbestände:

Jan.:	450	Mai:	180	Sept.:	228
Febr.:	212	Juni:	352	Okt.:	245
März:	311	Juli:	413	Nov.:	196
April:	298	Aug.:	381	Dez.:	284

DLB = (220 + 450 + 212 + 311 + 298 + 180 + 352 + 413 + 381 + 228 + 245 + 196 + 284) : 13

$$= \frac{3770}{13} = 290 \text{ Stück}$$

Durchschnittlich lagen 290 Stück auf Lager.

FORMEL

Durchschnittlicher Lagerbestand

$$= \frac{\text{Wareneinsatz}}{\text{Umschlagshäufigkeit}}$$

Artikel: Musik-CDs Gutton 90
Meldebestand: 210 Höchstbestand: 480

Tag		Eingang	Ausgang	Bestand
1.	Januar			220
7.	Januar	230		450
3.	Februar		100	350
17.	Februar		138	212
9.	März		20	192
23.	März	150		342
25.	März		31	311
7.	April		13	298
20.	Mai		118	180
25.	Juni	180		360
28.	Juni		8	352

Tag		Eingang	Ausgang	Bestand
15.	Juli	100		452
21.	Juli		39	413
28.	August		32	381
2.	September		153	228
5.	Oktober		50	178
23.	Oktober	67		245
11.	November		49	196
1.	Dezember	150		346
15.	Dezember		62	284

Die Umschlagshäufigkeit

Die Umschlagshäufigkeit gibt an, wie oft der Lagerbestand eines Artikels innerhalb eines Jahres erneuert wird. Wurde der durchschnittliche Lagerbestand mengenmäßig ermittelt, dann lässt sich die Umschlagshäufigkeit nach folgender Formel berechnen:

FORMEL

Umschlagshäufigkeit

$$= \frac{\text{Jahresabsatz}}{\text{durchschnittlicher Lagerbestand}}$$

BEISPIEL

Ein Handelsbetrieb hat während eines Jahres von einem Artikel 2 320 Stück verkauft. Der durchschnittliche Lagerbestand dieser Ware betrug 290 Stück.

Umschlagshäufigkeit $= \frac{2\,320}{290} = 8$

Die Umschlagshäufigkeit dieses Produkts beträgt 8. Achtmal wurde der durchschnittliche Lagerbestand innerhalb eines Jahres verkauft und ersetzt.

Liegt der durchschnittliche Lagerbestand wertmäßig vor, wird die Umschlagshäufigkeit in dieser Form ermittelt:

FORMEL

Umschlagshäufigkeit

$$= \frac{\text{Wareneinsatz}}{\text{durchschnittlicher Lagerbestand zu Einstandspreisen}}$$

BEISPIEL

Der Wareneinsatz einer Großhandlung für eine Warengruppe betrug 450.000,00 €. Der durchschnittliche Lagerbestand lag bei 75.000,00 €.

Umschlagshäufigkeit $= \frac{450.000}{75.000} = 6$

Der Warenvorrat dieser Warengruppe wurde also sechsmal im Jahr umgesetzt.

Die durchschnittliche Lagerdauer

Kennt man die Umschlagshäufigkeit eines Artikels, kann man auch dessen durchschnittliche Lagerdauer angeben. Diese Kennzahl zeigt, wie lange Ware durchschnittlich bevorratet wird. Sie misst die Zeitspanne zwischen der Ankunft der Ware im Lager und der Ausgabe bzw. dem Verkauf.

FORMEL

Durchschnittliche Lagerdauer

$$= \frac{360}{\text{Umschlagshäufigkeit}}$$

Eine Erhöhung der Umschlagshäufigkeit bewirkt eine Verkürzung der durchschnittlichen Lagerdauer.

BEISPIEL

Ein bestimmter Artikel hat eine Umschlagshäufigkeit von 8.

Durchschnittliche Lagerdauer $= \frac{360}{8} = 45$ Tage

Es ergibt sich eine durchschnittliche Lagerdauer von 45 Tagen.

BEISPIEL

Die Umschlagshäufigkeit wurde von 8 auf 10 erhöht.

Durchschnittliche Lagerdauer $= \frac{360}{10} = 36$ Tage

Wenn die Ware jetzt zehnmal im Jahr umgesetzt wird, liegt sie nur noch durchschnittlich 36 Tage auf Lager.

Lagerzinssatz

Eine ebenfalls häufig verwendete Lagerkennzahl ist der Lagerzinssatz. Dies ist eine Kennzahl, mit der die Zinskosten erfasst werden, die durch die Investition in Waren- bzw. Materialvorräte entstehen. Der Lagerzinssatz gibt somit Auskunft über das in den Lagerbeständen angelegte Kapital. Das dort gebundene, tote Kapital würde bei den Geschäftsbanken Zinsen erbringen.

4203188

FORMEL

Lagerzinssatz

a) $= \frac{\text{Jahreszinssatz}}{\text{Umschlagshäufigkeit}}$ oder

b) $= \frac{\text{Jahreszinssatz} \cdot \text{durchschnittliche Lagerdauer}}{360}$

c) $= \frac{\text{Jahreszinssatz} \cdot \text{durchschnittlicher Lagerbestand}}{\text{Wareneinsatz}}$

BEISPIEL

Ein Handelsunternehmen hat einen Wareneinsatz von 1.350.000,00 €. Der durchschnittliche Lagerbestand beträgt 180.000,00 €. Der Jahreszinssatz der Banken liegt bei 9 %.

Berechnung der Umschlagshäufigkeit:

$$\frac{1.350.000}{180.000} = 7{,}5$$

Berechnung der durchschnittlichen Lagerdauer:

$$\frac{360}{7{,}5} = 48 \text{ Tage}$$

Berechnung des Lagerzinssatzes nach Formel

a) $\frac{9}{7{,}5} = 1{,}2\,\%$ oder b) $= \frac{9 \cdot 48}{360} = 1{,}2\,\%$

Je höher der Lagerzinssatz, desto größer ist der Zinsverlust infolge auf Lager liegender Ware.
Mithilfe des Lagerzinssatzes und des durchschnittlichen Lagerbestandes können die Lagerzinsen ermittelt werden. Sie betragen 1,2 % von 180.000,00 €.

$$\text{Lagerzinsen} = \frac{180.000 \cdot 1{,}2}{100} = 2.160{,}00\ €$$

Für die 180.000,00 €, die der Händler in Ware investierte, bekäme er Zinsen in Höhe von 2.160,00 €, wenn er den Geldbetrag bei einer Bank zu 9 % anlegen würde.

Bedeutung der Lagerkennzahlen

Für alle Betriebe sind die Lagerkennzahlen von besonderer Bedeutung. Im Zeitvergleich zeigen sie zunächst Entwicklungstendenzen des Betriebes, einer Warengruppe oder eines Artikels auf.

BEISPIEL

Die durchschnittliche Lagerdauer für eine Warengruppe betrug im Vorjahr 45 Tage; in diesem Jahr liegt sie bei 50 Tagen.
Der Händler erkennt, dass sich die durchschnittliche Lagerdauer dieser Warengruppe verschlechtert hat. Er wird untersuchen, wie es zu dieser negativen Entwicklung kommen konnte, und eventuell Maßnahmen ergreifen.

Aber auch im überbetrieblichen Vergleich lassen sich interessante Erkenntnisse gewinnen. So wird für fast alle Branchen eine typische Umschlagshäufigkeit ermittelt, anhand der man die Wirtschaftlichkeit eines Betriebes beurteilen kann.

BEISPIEL

Als Lagerumschlagshäufigkeit einer Branche wurde die Kennzahl 12 ermittelt. Ein Betrieb dieser Branche hat die Umschlagshäufigkeit 8. Dieser Betrieb weist ein schlechteres Ergebnis als der Durchschnitt aller Unternehmen dieser Branche auf. Es müssen nun die Ursachen für diese Abweichung erforscht werden. Diese könnten u. a. liegen

- in einer schlechten Bestellorganisation,
- an zu hohen Mindestbeständen,
- an Ladenhütern,
- an einer Sortimentszusammensetzung, die sich vom Durchschnitt in der Branche unterscheidet.

Der Betrieb sollte immer versuchen eine hohe Umschlagshäufigkeit zu erzielen. Diese bewirkt nämlich, dass der Einsatz von Kapital für den Warenvorrat geringer wird.

BEISPIEL

Zwei vergleichbare Betriebe einer Branche haben in einer Warengruppe einen Wareneinsatz von je 200.000,00 €. Für den ersten Betrieb wurde eine Umschlagshäufigkeit von 10, für den zweiten eine von 4 ermittelt.

1. Betrieb:

$$\text{Umschlaghäufigkeit} = \frac{\text{Wareneinsatz}}{\text{durchschnittl. Lagerbestand}}$$

$$10 = \frac{200.000{,}00}{\text{DLB}} \quad \text{DLB} = \frac{200.000{,}00}{10} = 20.000{,}00\ €$$

2. Betrieb:

$$4 = \frac{200.000{,}00}{\text{DLB}} \quad \text{DLB} = \frac{200.000{,}00}{4} = 50.000{,}00\ €$$

Beim ersten Betrieb waren im Lager durchschnittlich nur 20.000,00 € gebunden, beim zweiten aber 50.000,00 €. Obwohl er im Jahr dieselbe Menge an Waren verkaufte, hat der erste Betrieb im Gegensatz zu seinem Mitbewerber 30.000,00 € Kapital zusätzlich frei für andere Zwecke.

Da durch eine höhere Umschlagshäufigkeit das in die Artikel investierte Kapital in kürzeren Abständen zurückfließt, werden auch die Lagerkosten geringer. Dies wirkt sich positiv auf die Gewinnsituation des Betriebes aus.

BEISPIEL

Der erste Handelsbetrieb mit dem durchschnittlichen Lagerbestand von 20.000,00 € braucht für seine Warenvorräte weniger Verderb und Schwund zu fürchten als das zweite Unternehmen (mit durchschnittlichen 50.000,00 € auf Lager). Er wird auch weniger Lagerraum und Lagerpersonal benötigen.

Eine Erhöhung der Umschlagshäufigkeit bzw. eine Verkürzung der durchschnittlichen Lagerdauer kann u.a. erreicht werden durch

- eine permanente Lagerbestandsüberwachung,
- Festlegung von Höchstbeständen,
- Straffung des Warenangebots,
- Kauf auf Abruf.

AUFGABEN

1. Was versteht man unter dem durchschnittlichen Lagerbestand?
2. Worüber gibt die Lagerumschlagshäufigkeit Auskunft?
3. Wie wird die durchschnittliche Lagerdauer errechnet?
4. Aus der Lagerdatei der Textilgroßhandlung „Erwin Lottermann“ ergaben sich für Herrenanzüge einer bestimmten Größe während des Jahres folgende Bestände:

   Anfangsbestand: 130 Stück

   Monatsendbestände:

Januar:	55	Mai:	34	September:	27
Februar:	12	Juni:	37	Oktober:	28
März:	40	Juli:	32	November:	88
April:	27	August:	11	Dezember:	21

   Der Jahresabsatz betrug 170 Stück.

   Berechnen Sie:

   a) den durchschnittlichen Lagerbestand,
   b) die Lagerumschlagshäufigkeit,
   c) die durchschnittliche Lagerdauer.

4203190

ZUSAMMENFASSUNG

Lagerkennzahlen

Durchschnittlicher Lagerbestand (DLB)

- gibt Auskunft über den durchschnittlichen Warenvorrat während eines Jahres
- Berechnungsmethoden:

$$\frac{\text{Anfangsbestand} + \text{Endbestand}}{2}$$

$$\frac{\text{Jahresanfangsbestand} + \text{12 Monatsendbestände}}{13}$$

$$\frac{\text{Wareneinsatz}}{\text{Umschlagshäufigkeit}}$$

Lagerumschlagshäufigkeit (LUH)

- informiert darüber, wie oft der Warenvorrat während eines Jahres umgesetzt wurde
- Berechnungsmethoden:

$$\frac{\text{Jahresabsatz}}{\text{durchschnittlicher Lagerbestand}}$$

$$\frac{\text{Wareneinsatz}}{\text{durchschnittlicher Lagerbestand zu Einstandspreisen}}$$

Durchschnittliche Lagerdauer (DLD)

- sagt aus, wie lange eine Ware auf Lager liegt
- Berechnungsmethode:

$$\frac{360}{\text{Lagerumschlagshäufigkeit}}$$

Lagerzinssatz

- erfasst die Zinskosten des in den Warenvorräten gebundenen Kapitals
- Berechnungsmethoden:

$$\frac{\text{Jahreszinssatz} \cdot \text{DLD}}{360}$$

$$\frac{\text{Jahreszinssatz}}{\text{LUH}}$$

$$\frac{\text{Jahreszinssatz} \cdot \text{DLB}}{\text{Wareneinsatz}}$$

Die Kümmel KG verkauft nicht nur Textilien, sie stellt auch in begrenztem Umfang Jeans aus Baumwolle in unterschiedlichen Größen her. Die einzelnen Arbeitsschritte erfolgen zeitlich in 5-Minuten-Schritten aufeinander abgestimmt.

Stellen Sie fest, welche Organisationsform der Produktion vorliegt.

INFORMATION

Im Rahmen der Produktion werden Leistungen im Betrieb erzeugt. Es entstehen Sachgüter oder Dienstleistungen. Der Produktionsprozess ist ein Wertschöpfungsprozess, bei dem als Input Produktionsfaktoren eingesetzt werden, die dann mithilfe unterschiedlicher Verfahren kombiniert werden. Somit wird schließlich ein Output geschaffen.

Produktion als Kombination der betriebswirtschaftlichen Produktionsfaktoren

Bei der Produktion von Sachgütern durchlaufen diese in der Regel einen Umformungsprozess, bis sie in der gewünschten und einer verwertbaren Form vorliegen. Die für diesen Veränderungsprozess vom Rohstoff über das Halbfabrikat bis zum Fertigprodukt benötigten Produktionsfaktoren teilt man ein in Werkstoffe, Betriebsmittel und Arbeitskraft.

Werkstoffe

Werkstoffe sind all diejenigen Stoffe, die bei der Produktion verbraucht werden:

- **Rohstoffe** sind der wesentliche Bestandteil des Produkts.

BEISPIEL

Die Kümmel KG benötigt Aluminiumblech für die Herstellung des Fahrradrahmens.

- **Hilfsstoffe** haben einen geringen Wertanteil und gehen damit als geringfügiger Bestandteil in das Produkt ein, z. B. Schrauben.
- **Betriebsstoffe** werden im Produktionsprozess verbraucht, gehen aber nicht in das Produkt ein, z. B. Strom für den Betrieb der Maschinen.

Betriebsmittel

Dies sind alle Maschinen oder andere Anlagen, die benötigt werden, um die Produkte auftragsgemäß zu erstellen.

Arbeitskraft

Bedient werden die Betriebsmittel mit menschlicher Arbeitskraft, den sog. ausführenden Arbeitskräften, z. B. den Beschäftigten der beiden Produktionsabteilungen der Kümmel KG. Die Verwaltung und Steuerung eines Unternehmens wird von den **leitenden** Arbeitskräften übernommen, z. B. Geschäftsführung und Abteilungsleiter. Hier handelt es sich um die sogenannte **dispositive** Arbeit.

Die Kombination der Produktionsfaktoren kann nach unterschiedlichen Produktionsverfahren erfolgen.

BEISPIEL

Bei der Kümmel KG wird u. a. mit der Sortenfertigung gearbeitet.

Produktionsplanung und -steuerung

Die Produktionsabteilungen erstellen Güter, die dann vom Vertrieb verkauft werden. Es muss sichergestellt werden, dass im Rahmen der Fertigung Termine, Mengen und Kosten eingehalten werden. Von entscheidender Bedeutung ist daher die genaue Planung der Produktion. Zur Optimierung der Fertigung müssen Entscheidungen getroffen werden über:

- das Produktionsprogramm,
- den Materialbedarf,
- den Ablauf des Produktionsprozesses.

Im Rahmen der Produktionssteuerung werden dann die geplanten Fertigungsaufträge freigegeben, gesteuert und überwacht.

Eine optimale Produktionsplanung und -steuerung geht heute nicht mehr ohne EDV-Einsatz. Dazu verwenden Industrieunternehmen spezielle Softwarepakete: die Produktionsplanungs- und -steuerungssysteme (PPS).

Architektur eines PPS

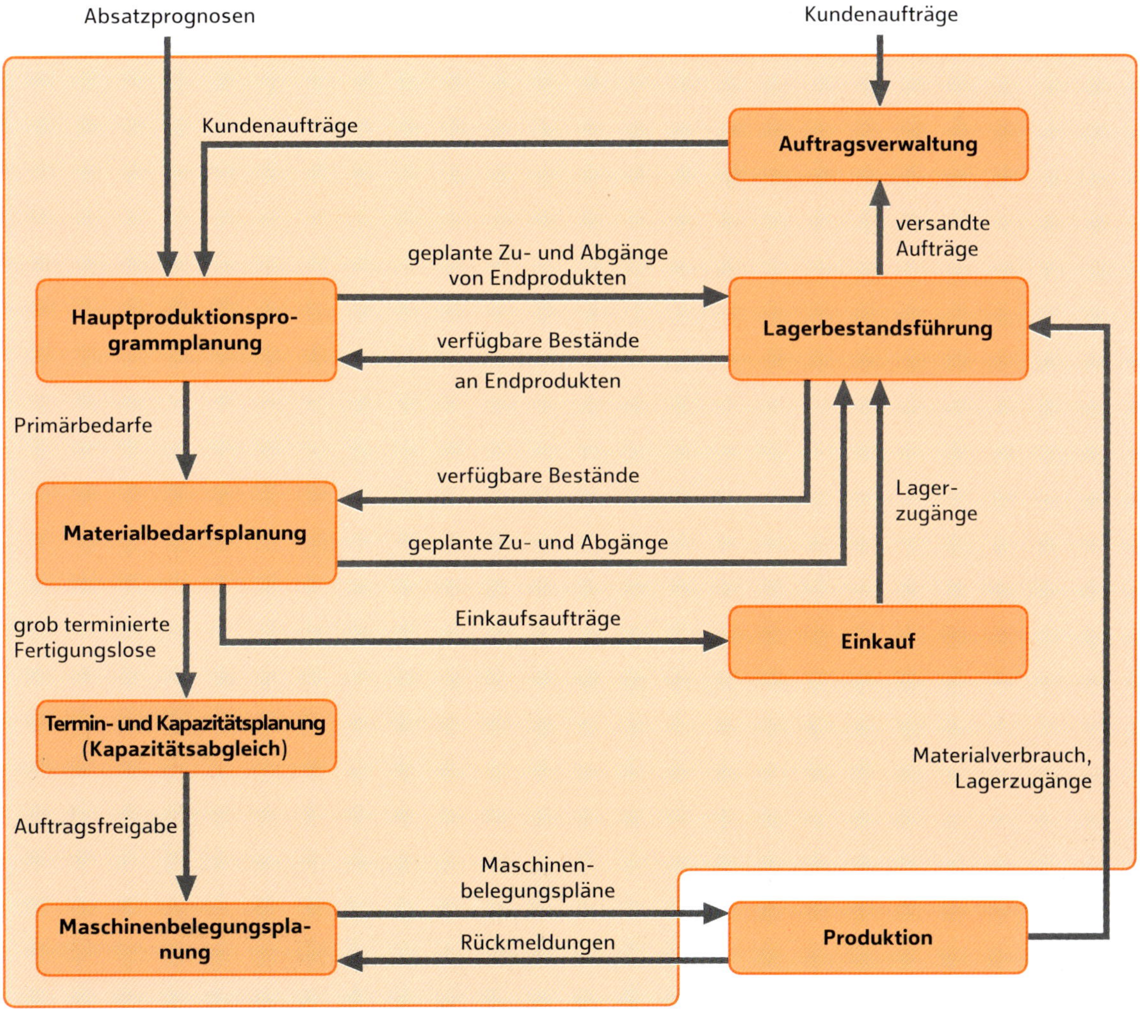

Voraussetzung für die Produktion ist die Festlegung des jeweiligen Fertigungstyps. Darunter versteht man die Unterteilung des Produktionsprozesses nach bestimmten Kriterien, z. B. nach:

- der Menge gleichartiger Produkte,
- der räumlichen Anordnung der Maschinen und Arbeitsplätze,
- dem Absatz der Produkte.

Fertigungstypen nach der Menge gleichartiger Produkte

Einzelfertigung

Bei der Einzelfertigung wird ein Produkt auf Bestellung einmalig hergestellt. Es gibt kein festes Fertigungspro-gramm.

BEISPIEL

- Brückenbau: Tiefbauunternehmen stellen einzelne Brücken her.
- Zahnersatz: Dentallabors fertigen Kronen und Implantate nach Maß an.

In der Tischlerei werden individuelle Möbel hergestellt.

Unterschieden werden können:

- **einmalige Einzelfertigung**
  Jedes Produkt ist ein Einzelstück.
- **wiederholte Einzelfertigung**
  Es werden im Laufe der Zeit weitgehend ähnliche Produkte hergestellt.

Arbeitet ein Unternehmen mit Einzelfertigung, wird es universell einsetzbare und schnell einsatzbereite Maschinen verwenden. Für deren Bedienung werden Arbeitnehmer benötigt, die qualifiziert und flexibel sind. Dadurch kann sich das Unternehmen schnell an Marktveränderungen anpassen. Hauptnachteil der Einzelfertigung sind die hohen Stückkosten.

Serienfertigung

Die Serienfertigung wird häufig auch Variantenfertigung genannt. Dabei stellt ein Unternehmen größere, aber begrenzte Stückzahlen her. Hierzu müssen die Maschinen entsprechend umgerüstet werden. Die dadurch entstehenden Kosten heißen Rüstkosten.

BEISPIEL

- Eine Textilfabrik produziert zunächst Anzüge, dann Kleider, dann Hosen.

Der Hauptvorteil der Serienfertigung gegenüber der Einzelfertigung liegt in den deutlich geringeren Stückkosten. Rationalisierungseffekte ergeben sich auch, weil wegen der gleichbleibenden Arbeitsabläufe die Herstellung einfacher ist. Weitere Vorteile:

- Die Beschaffung der Roh-, Hilfs- und Betriebsstoffe ist in größeren Mengen günstiger.
- Es können Universalmaschinen verwendet werden.
- Bei gleichbleibenden Arbeitsabläufen können eher angelernte Arbeitskräfte eingestellt werden.

Die Hauptnachteile der Serienfertigung sind:

- Sie weist eine geringere Flexibilität auf.
- Spezielle Kundenwünsche können nicht mehr optimal berücksichtigt werden.
- Die Serienfertigung geht zulasten der Individualität der Produkte.

Sortenfertigung

Die Sortenfertigung ähnelt der Serienfertigung. Bei der Serienfertigung können hintereinander Serien auch unterschiedlicher Produkte hergestellt werden. Dies erfordert dann hohe Umrüstzeiten und -kosten. Im Rahmen der Sortenfertigung werden nacheinander unterschiedliche Sorten hergestellt. Die Produkte dieser Sorten sind sich sehr ähnlich, auch der Arbeitsprozess ist relativ gleich. Der Unterschied zur Serienfertigung liegt also darin, dass nicht verschiedene Produktarten, sondern nur verschiedene Varianten einer Produktart hergestellt werden.

BEISPIEL

In einer Brauerei werden verschiedene Biersorten parallel auf verschiedenen Anlagen oder zeitlich nacheinander auf denselben Anlagen gefertigt. In der Brauerei wird nichts anderes als Bier hergestellt.

Blick in eine Brauerei

Massenfertigung

Bei der Massenfertigung wird ein stets gleiches Produkt in nahezu unbegrenzter Stückzahl hergestellt. Dabei

4203194

wird immer wieder derselbe Fertigungsvorgang wiederholt. Daher fallen in der Regel keine Umrüstkosten an. Es besteht die Möglichkeit, den Produktionsprozess weitgehend zu automatisieren.

BEISPIEL

In einem Werk in Leverkusen wird Zahnpasta in sehr großen Mengen hergestellt.

Vorteile der Massenfertigung:

- Bei dieser Art der Fertigung sind die Stückkosten am geringsten.
- Die Maschinen können optimal ausgenutzt werden.

Nachteile der Massenfertigung:

- Durch den Einsatz von Spezialmaschinen ist diese Art der Fertigung sehr unflexibel. Deren Kauf erzeugt einen hohen Kapitalbedarf.
- Durch monotone Arbeit sind die Beschäftigten sehr belastet.
- Produktionsumstellungen – z. B. aufgrund von Nachfrageänderungen – sind sehr aufwendig und kostspielig.

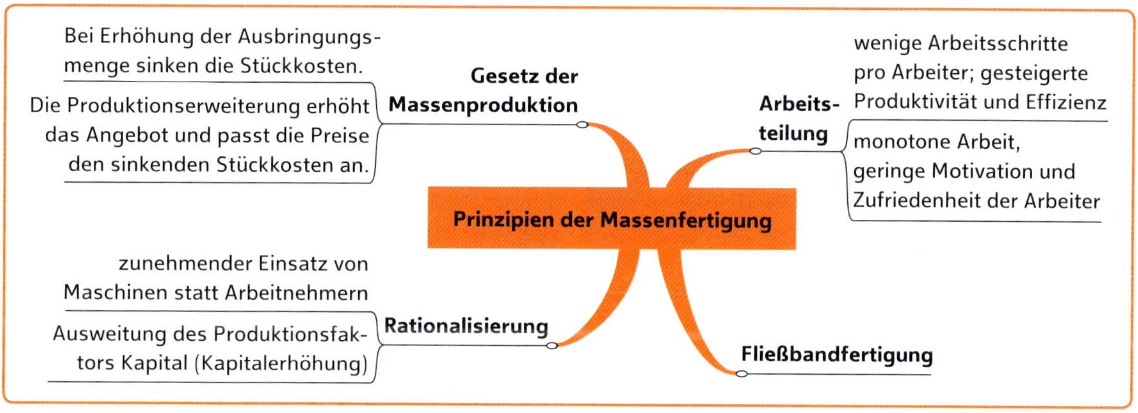

Fertigungstypen nach der räumlichen Anordnung der Maschinen und Arbeitsplätze

Fließfertigung

Bei der Fließfertigung wird versucht, einen möglichst ständigen und ununterbrochenen Produktionsablauf zu erreichen. Dazu wird die Arbeit in möglichst kleine Arbeitsschritte zerlegt, denen bestimmte Zeiten – die Taktzeiten – zugeordnet werden. Die Maschinen werden dann so angeordnet bzw. eingesetzt, dass es zwischen diesen möglichst geringe Übergänge gibt.

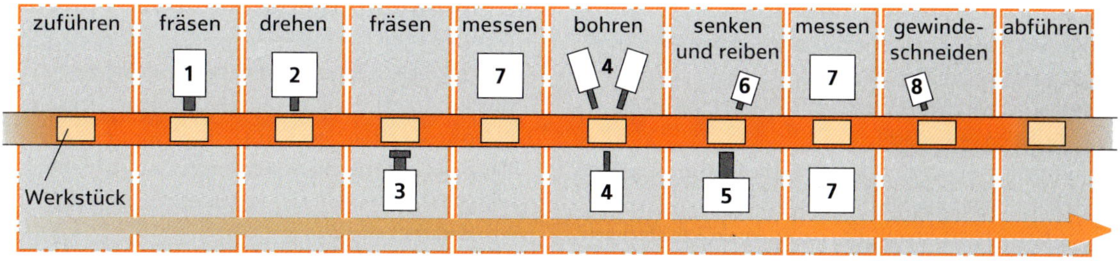

nach: REFA (Verband für Arbeitsstudien und Betriebsorganisation e. V.): Methodenlehre des Arbeitsstudiums. Teil 3 Kostenrechnung/Arbeitsgestaltung. Carl Hanser Verlag, München 1985, S. 259

Bei Fließfertigung handelt es sich um eine lückenlose Folge von Vorgängen, die ein Werkstück durchläuft und die von mehreren Menschen ausgeführt wird, deren Arbeitssysteme räumlich und zeitlich aufeinander angestimmt sind.

Man unterscheidet folgende Arten der Fließfertigung:

- Fließbandfertigung
- Reihenfertigung
- Transferstraßenfertigung

Fließbandfertigung

Die zu erstellenden Produkte bzw. deren Teile werden mit einem Fließband von einem zum nächsten Arbeitsplatz transportiert. Die Arbeitskraft muss vorbestimmte Taktzeiten einhalten.

Die Fließbandfertigung wird überwiegend angewandt in der Massenfertigung.

Reihenfertigung

Die Betriebsmittel sind auch hier nach dem Ablauf der Fertigung angeordnet, die Arbeitsschritte werden jedoch ohne strenge Zeitvorgabe durchgeführt. Möglich sind sowohl das Überspringen von Fertigungsstationen als auch ein Zurückspringen. Benötigt werden dazu Zwischenlager. Die Reihenfertigung wird vor allem bei einer großen Produktvielfalt angewendet.

Transferstraßenfertigung

Die zu erstellenden Produkte bzw. deren Teile werden mit einem Fließband von einem zum nächsten Arbeitsplatz transportiert. Auch deren Bearbeitung und Kontrolle erfolgt vollautomatisch. Die Arbeitskräfte haben überwiegend nur noch überwachende Aufgaben und sind von der zeitlichen Bindung an der Anlage befreit.

Bei der Transferstraßenfertigung ist der Mensch von Fließbandtätigkeiten befreit.

Fließfertigung	
Vorteile	**Nachteile**
– Fließfertigung ist eine wesentliche Voraussetzung für vollautomatische Mehrfachproduktion. – Aufgrund einer hohen Produktion wird das Gesetz der Massenproduktion wirksam: Niedrige Stückkosten ergeben auch niedrige Absatzpreise. – Vor Beginn der Serie ist nur einmal eine intensive Fertigungsplanung notwendig. – Durch die gleiche Herstellung der Produkte wird die Kalkulation vereinfacht. – Durch eng aneinander gerückte Arbeitsplätze kommt es zu einer Platzersparnis. – Die Möglichkeit, unqualifizierte Arbeitskräfte einzusetzen, bringt einen geringen Lohnkostenaufwand.	– Die komplette Produktionsanlage besteht aus teuren Spezialmaschinen, die sich dadurch nicht für die Herstellung anderer Produkte eignen. Dies kann bei einer Nachfrageänderung zu Problemen führen, da die Maschinen dann nicht mehr benötigt werden. – Der Ausfall von Maschinen hat größere Auswirkungen. – Für die Arbeitskräfte stellt die Fließfertigung eine monotone Arbeit dar mit geringer geistiger Beanspruchung sowie einseitiger körperliche Beanspruchung. Dies kann zu Motivationsproblemen führen. Aus diesem Grund geht der Trend zur vollautomatisierten Transferstraßenfertigung. – Die durch die Fließfertigung ermöglichte Massenproduktion kann zu einer Umweltbelastung führen. In der Industrie wird daher zunehmend über Verfahren nachgedacht, die umweltbelastende Nebeneffekte eines Produktionsprozesses vermeiden. Verringert werden soll auch der Rohstoff- und Energieverbrauch.

Werkstattfertigung
Maschinen oder Arbeitsplätze, die ähnliche Tätigkeiten vornehmen, werden zu Werkstätten zusammengefasst. Das zu erstellende Produkt muss dabei mehrere Werkstätten durchlaufen. Die Werkstattfertigung hat ihre Anwendungsschwerpunkte bei der Montage in der Einzelfertigung sowie in der Vorfertigung.

Arbeitsplätze mit gleichen oder ähnlichen Tätigkeiten werden bei der Werkstattfertigung räumlich zusammengefasst.

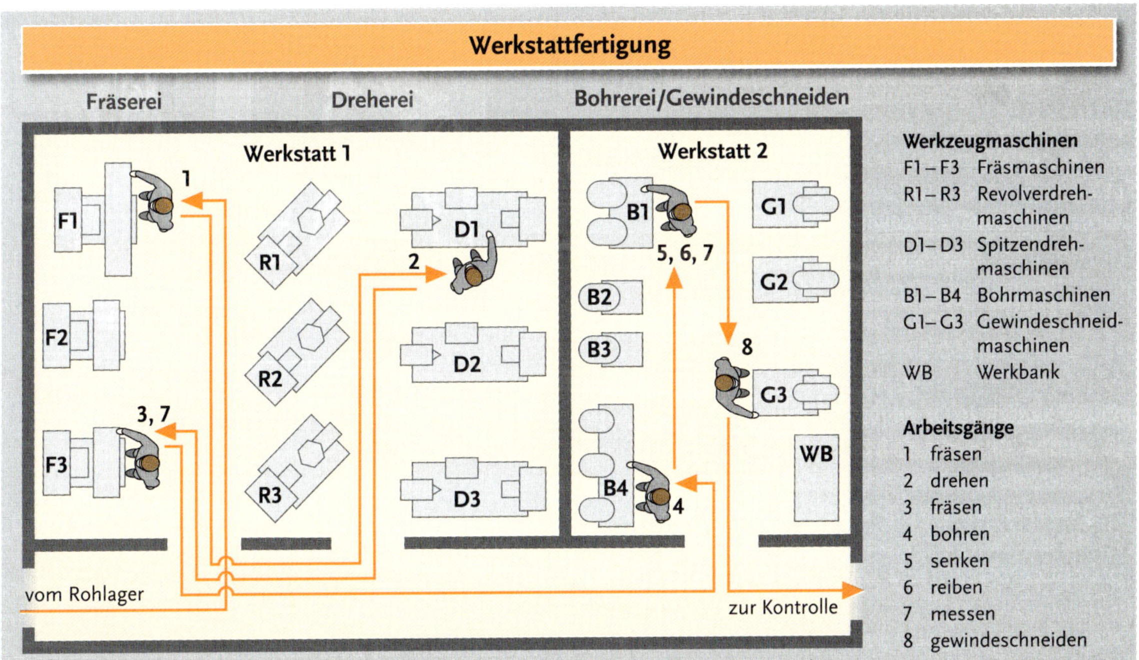

nach: REFA (Verband für Arbeitsstudien und Betriebsorganisation e. V.): Methodenlehre des Arbeitsstudiums. Teil 3 Kostenrechnung/Arbeitsgestaltung. Carl Hanser Verlag, München 1985, S. 255

Bei der Werkstattfertigung sind die Arbeitssysteme eines Betriebs mit gleicher oder ähnlicher Arbeitsaufgabe räumlich zusammenhängend angeordnet.

Werkstattfertigung	
Vorteile	**Nachteile**
– leichtes Anpassen an Mengenschwankungen – Flexibilität – geringe Fixkosten	– unterschiedliche Auslastung (Leerkosten) – hohe variable Kosten – lange Transportwege – Zwischenlager (hohe Lagerkosten, hohe Kapitalbindung)

Gruppenfertigung

Die Gruppenfertigung ist eine Zwischenform von Fließ- und Werkstattfertigung. Zwar werden Maschinen oder Arbeitsplätze nach dem Werkstattprinzip in Gruppen zusammengefasst, innerhalb der Gruppen sind diese jedoch nach dem Fließfertigungsprinzip angeordnet.

Als nachteilig können sich insgesamt höhere Kosten und eine etwas verringerte Produktivität erweisen.

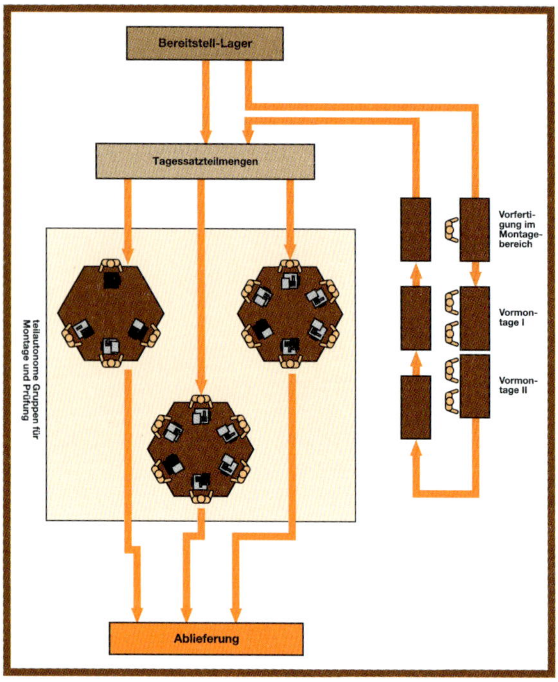

Verschiedene Produktionsmittel und Arbeitsvorrichtungen werden zu Gruppen zusammengefasst.

Vorteile der Gruppenfertigung	
gegenüber der Werkstattfertigung	**gegenüber der Fließfertigung**
– kürzere Transportwege – schnellerer Produktionsdurchlauf – geringere Kosten für Zwischenlager	– größere Anpassungsfähigkeit – Für die Beschäftigten ist die Arbeit interessanter: - weniger Monotonie - besserer Kontakt der Beschäftigten untereinander – geringe Störanfälligkeit

DEFINITION

Flexible Fertigungsinseln
Eine neue Organisationsform in der Produktion sind flexible Fertigungsinseln. Maschinen und Arbeitsplätze sind hier mehr nach arbeitsorganisatorischen Gesichtspunkten zusammengefasst. In diesen arbeiten in der Regel zehn Beschäftigte, die ihren Arbeitsprozess weitgehend organisieren. Im Gegensatz zur Gruppenfertigung teilen sich hier die Beschäftigten umfangreiche Arbeitsaufgaben weitgehend selbst zu. Die durch die höhere Eigenverantwortung entstehende Motivation wiegt meistens eine mögliche schlechtere Maschinenauslastung auf.

Fertigungstypen nach dem Absatz der Produkte

Auftragsfertigung

Bei der Auftragsfertigung wird der Produktionsprozess auf Anfrage durchgeführt. Sie findet vor allem Anwendung in der Investitionsgüterindustrie.

Lagerfertigung

In der Konsumgüterindustrie wird die Lagerfertigung angewendet. Die produzierten Güter werden auf Lager genommen. Die von den Kunden nachgefragten Produkte werden dann aus dem Lager entnommen. Der Hauptvorteil der gleichmäßigen Auslastung der Kapazitäten wird manchmal durch hohe Lagerkosten zunichte gemacht.

4203198

Kosten in der Produktion

Von entscheidender Bedeutung ist bei der Produktion die Beobachtung der anfallenden Kosten. Die identifizierten Kosten werden – um später besser Informationen gewinnen zu können – nach bestimmten Merkmalen eingeteilt.

Von besonderer Bedeutung für die Kostenrechnung sind einerseits die Unterscheidung von Einzel- und Gemeinkosten, andererseits die Unterteilung der Kosten in fixe und variable Kosten.

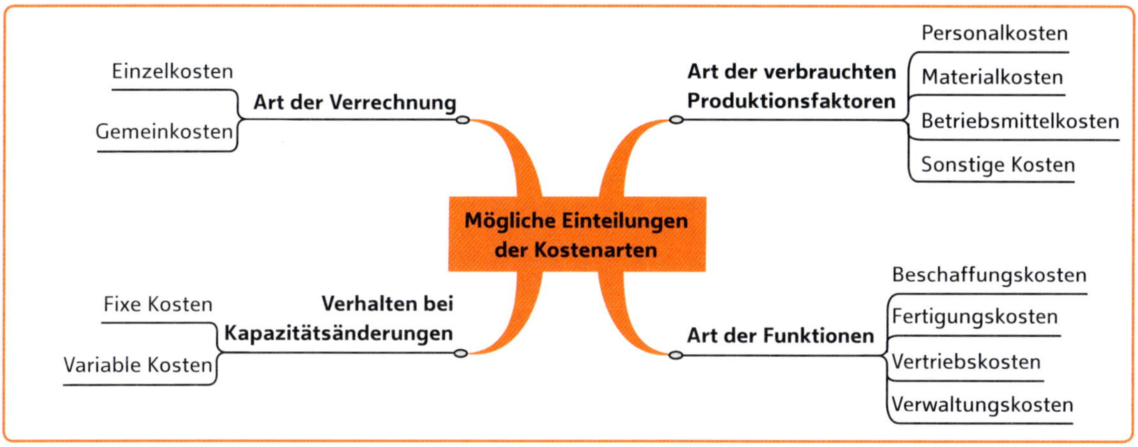

Aufteilung der Kosten nach der Zurechenbarkeit

- **Einzelkosten**

  Einzelkosten nennt man Kosten, die einem einzelnen Kostenträger (z. B. einem Artikel) direkt zugerechnet werden können. Oft werden sie auch als direkte Kosten bezeichnet.

BEISPIEL

Ein Artikel verursacht im Lager der Kümmel KG direkt nachweisbare Lagerkosten von 0,75 € pro Stück im Jahr.

- **Gemeinkosten**

  Gemeinkosten werden durch mehrere oder alle Kostenträger im Betrieb verursacht. Sie fallen für den Betrieb insgesamt an, können aber nicht direkt einem Kostenträger zugerechnet werden. Sie werden oft auch indirekte Kosten genannt.

BEISPIEL

Herr Trzensik, Hausmeister der Kümmel KG, verursacht Personalkosten, die nicht direkt einem Kostenträger zugeordnet werden können.

Aufteilung der Kosten nach der Veränderbarkeit des Leistungsumfangs

Kosten werden hier danach aufgeteilt, wie sie sich bei einer Änderung der betrieblichen Auslastung verhalten.

Wirtschaftswissenschaftler sprechen im Zusammenhang mit dieser Variation des Leistungsumfangs oft auch vom Beschäftigungsgrad.

- **Fixe Kosten**

  Diese Kosten bleiben bei Schwankungen der Auslastung konstant.

BEISPIEL

Die Kümmel KG hat in Braunschweig ein Lagergebäude angemietet. Die Miete fällt an, egal, ob das Lager leer oder gefüllt ist.

Die fixen Kosten können grafisch dargestellt werden:

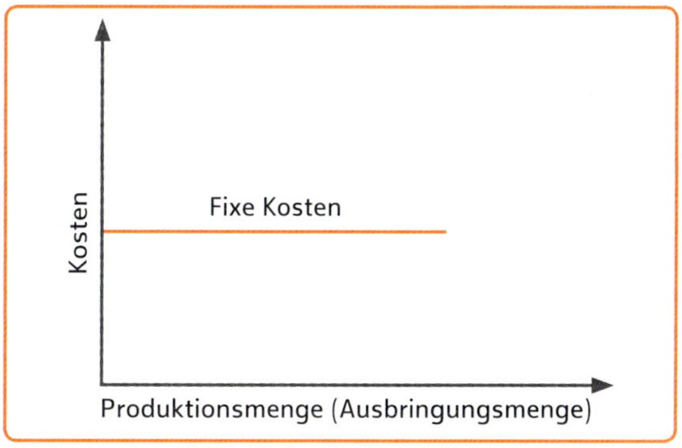

Die fixen Kosten bleiben bei zunehmender Produktionsmenge gleich.

BEISPIEL

Unabhängig davon, ob in einem Industriebetrieb z. B. 3 000 oder 6 000 Stück hergestellt werden (oder in einem Handelsbetrieb dieselben Stückzahlen verkauft werden), bleiben die fixen Kosten (z. B. 20.000,00 € für Miete von Räumen oder für Gehälter) gleich.

Untersucht man den Verlauf der **fixen Stückkosten**, ermittelt man, wie viel fixe Kosten für ein hergestelltes Stück anfallen.

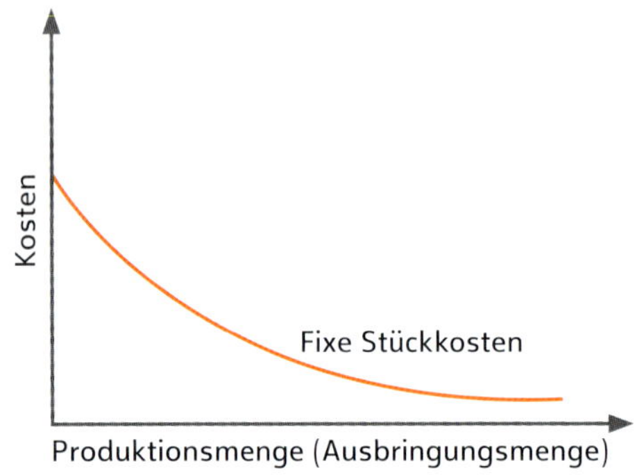

Je mehr ein Unternehmen herstellt, desto geringer werden die **fixen Stückkosten**.

BEISPIEL

Bei einer Produktion (Ausbringung) von 3 000 Stück fallen 6,66 € fixe Kosten pro Stück an.
(Rechnung: 10.000,00 € / 3 000 Stück = 6,66 €)
Wird die Produktion dagegen auf 6 000 Stück gesteigert, sinken die fixen Kosten pro Stück auf 3,33 €.

- **Variable Kosten**
  Variable Kosten verändern sich als mengenabhängige Kosten bei Änderung der Produktions- bzw. Absatzmenge.

BEISPIEL

Je mehr ein Industrieunternehmen im Bereich der Textilproduktion anfertigt, desto größer werden die Beschaffungskosten für die Rohstoffe.

Bei einer Erhöhung der Produktionsmenge steigen also die variablen Kosten.

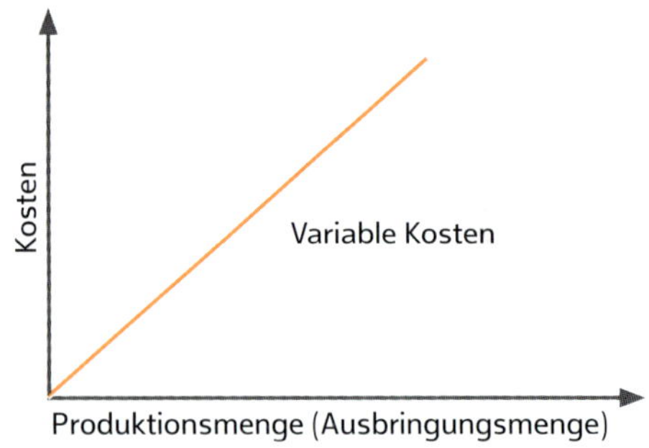

BEISPIEL

Fallen für ein Stück eines Produkts 5,00 € variable Kosten pro Stück an, ergeben sich variable Kosten für die Erstellung von 1 000 Stück in Höhe von 5.000,00 €.

Die **variablen Stückkosten** bleiben immer gleich, egal, wie viel Stück hergestellt werden.

BEISPIEL

Egal, ob ein Stück oder 1 000 Stück produziert werden, die variablen Kosten pro Stück betragen immer 5,00 €.

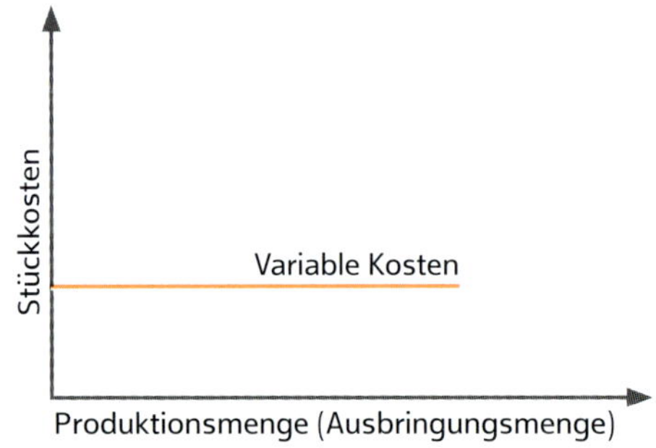

- **Verlauf variabler Kosten**

Variable Kosten sind zwar beschäftigungsabhängig (also direkt beeinflusst durch die Ausbringungsmenge), können aber einen unterschiedlichen Verlauf haben:

Bei **proportionalen** Kosten verändern sich die variablen Kosten im gleichen Verhältnis wie die Ausbringungsmenge.

Degressive Kosten liegen vor, wenn die Kosten langsamer als z. B. die Produktionsmenge steigen.

BEISPIEL

Beim Bezug von Rohstoffen kann die Exclusiva GmbH durch Abnahme größerer Mengen Mengenrabatte und bessere Bezugskonditionen erzielen.

Bei **progressiven** Kosten nehmen die variablen Kosten bei steigender Ausbringungsmenge stärker zu.

BEISPIEL

Lohnkosten verteuern sich durch Überstundenzuschläge. Es kommt vermehrt zu Reparaturen aufgrund der Überbeanspruchung von Maschinen.

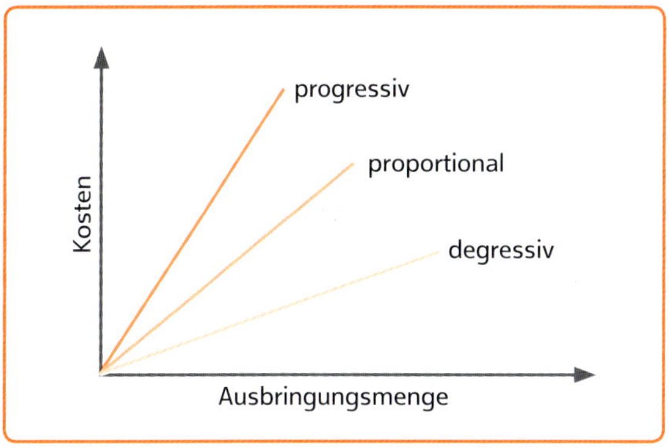

Ein Sonderfall sind die **sprungfixen** Kosten: Ab einer bestimmten Ausbringungsmenge ändert sich – sprunghaft – die Höhe der Fixkosten.

BEISPIEL

Ab einer gewissen Ausbringungsmenge muss ein Industrieunternehmen ein weiteres Gebäude für die Fertigung anmieten.

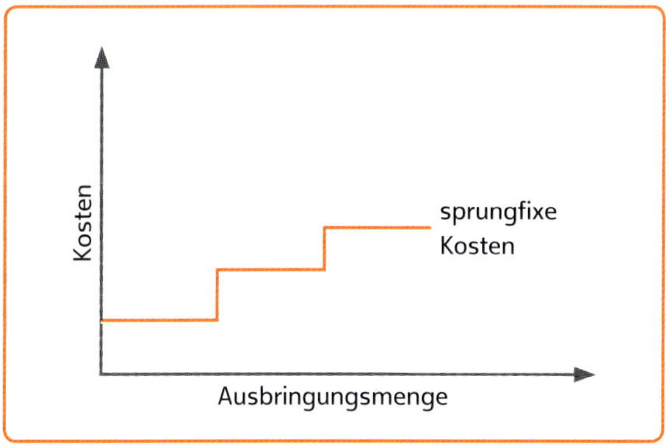

- **Gesamtkosten**

Die Beziehung zwischen fixen und variablen Kosten lässt sich auch grafisch darstellen.

BEISPIEL

Valeska Pietsch soll die Gesamtkosten eines Bereichs des Braunschweiger Lagers berechnen. Frau Mohns nennt ihr als fixen Anteil dieses Bereichs an der Lagermiete den Betrag von 3.500,00 €. Pro gelagerten Artikel fallen noch 0,70 € pro Stück an.
Valeska macht sich noch einmal klar:
Gesamtkosten = fixe Kosten + variable Kosten
Sie stellt daher die folgende Gleichung auf:
$y = 3.500{,}00 + 0{,}70 \cdot x$
Wenn sie nun die Gesamtkosten für einen durchschnittlichen Lagerbestand von 12 000 Stück berechnen soll, ergibt sich folgende Rechnung:
$y = 3.500{,}00\ € + 0{,}70\ € \cdot 12\,000$
$y = 3.500{,}00\ € + 8.400{,}00\ €$
$y = 11.900{,}00\ €$
Die Gesamtkosten der Lagerung betragen somit 11.900,00 €.

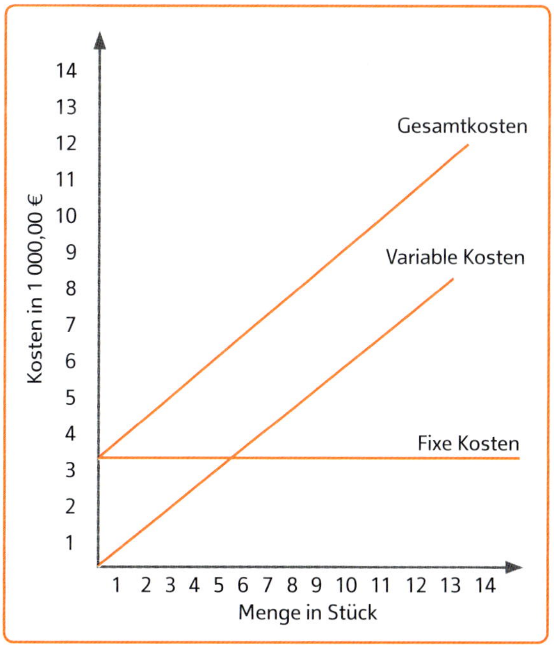

Das Gesetz der Massenproduktion

Je mehr ein Unternehmen produziert, desto stärker wird sich dessen Kostenstruktur verbessern. Dies sagt das Gesetz der Massenproduktion aus: Je höher die Ausbringungsmenge bei der Produktion von Gütern ist, desto geringer werden die gesamten Stückkosten.

BEISPIEL

Die Kümmel KG produziert personalisierte T-Shirts zu variablen Kosten in Höhe von 30,00 € je Stück.

In einem Monat fallen 14.000,00 € fixe Kosten an.

Im Juli produziert die Kümmel KG 4 000 Stück, im August wird die Fertigung auf 6 000 Stück gesteigert.

Valeska Pietsch bekommt den Auftrag, die Kostensituation zu untersuchen.

		€	
		Juli	August
Variable Kosten	Stückzahl · 30,00 €	1.000,00	18.000,00
Fixe Kosten		14.000,00	14.000,00
Gesamtkosten	Variable und fixe Kosten	26.000,00	32.000,00
Gesamtkosten pro Stück	Gesamtkosten Herstellungsmenge	650,00	533,00

Valeska Pietsch erkennt, dass hier das Gesetz der Massenproduktion vorliegt: Mit steigender Produktionsmenge sinken die Gesamtkosten pro Stück.

AUFGABEN

1. Welche Arten von Leistungen werden im Rahmen der Produktion erzeugt?

2. Welche betriebswirtschaftlichen Produktionsfaktoren fließen in ein Produkt ein?

3. Erläutern Sie am Beispiel der Textilproduktion der Hoffmann KG das Zusammenwirken der einzelnen betrieblichen Produktionsfaktoren.

4. Was verstehen Sie unter einem PPS-System?

5. Was sind Fertigungstypen?

6. Was versteht man unter Einzelfertigung?

7. Unterscheiden Sie Serien- und Sortenfertigung.

8. Warum fallen bei der Sortenfertigung keine hohen Umrüstkosten an?

9. Erläutern Sie die drei Arten der Fließfertigung.

10. Welche Vor- und Nachteile hat die Werkstattfertigung?

11. Erläutern Sie:
- **a)** Gruppenfertigung
- **b)** flexible Fertigungsinseln

12. Welche Fertigungstypen werden nach dem Absatz der Produkte unterschieden?

13. Welche Fertigungstypen sind angesprochen:
- **a)** Diese Art Fertigung ist dadurch gekennzeichnet, dass die Anordnung der Arbeitsplätze und Anlagen der Reihenfolge der am Produkt durchzuführenden Tätigkeiten entspricht.
- **b)** Hier werden Maschinen und Arbeitsplätze mit gleichartigen Arbeitsverrichtungen zu einer fertigungstechnischen Einheit zusammengefasst.

14. Sammeln Sie in Partnerarbeit zu jedem Buchstaben des Alphabets Begriffe zu den Themen des Kapitels 7. Es gilt: Für jeden Anfangsbuchstaben mindestens ein Begriff; im Notfall kann der betreffende Buchstabe auch im Begriff erscheinen.
Überprüfen Sie, ob Sie alle Begriffe definieren können.
Seien Sie beim Zusammentragen der Begriffe darauf vorbereitet, zu erläutern, was der von Ihnen gefundene Begriff mit dem Thema Produktion zu tun hat.

A – Absatz	Produktionsfaktoren können nach dem Absatz auch eingeteilt werden in ...
B	
C	
...	

15. Lesen Sie den folgenden Text. Erstellen Sie eine Mindmap mit den wichtigsten Inhalten.

„Inseln“ als teilautonome Organisationseinheiten

Eine Sonderform neuerer Gruppenkonzepte sind sogenannte Fertigungs- und Konstruktionsinseln. Erstere sind vorrangig im Bereich der industriellen Teilefertigung, aber auch in der Montage anzutreffen. Dabei stellen „Inseln“ teilautonome Organisationseinheiten dar. Ihr Merkmal besteht darin, dass die für die komplette Bearbeitung ganzer Produkte, von Teilprodukten oder Teilefamilien bzw. von Baugruppen erforderlichen Betriebsmittel und Arbeitskräfte systematisch zusammengeführt werden. Anders als bei der herkömmlichen Werkstattfertigung mit der für sie charakteristischen Integration gleichartiger Verrichtungen kommt hier demnach das aus der Organisationslehre schon lange bekannte Objektprinzip zur Anwendung, denn die erwähnten Produkte, Baugruppen usw. sind als Objekte zu interpretieren.

Konstituierend für das Organisationskonzept „Insel“ ist jedoch nicht nur eine technische Teilautonomie, wie sie durch die angesprochene Zusammenfassung von Maschinen und Menschen entsteht. An deren Seite tritt eine arbeitsorganisatorische Teilautonomie, die sich daraus ergibt, dass den Gruppenmitgliedern – den „Insulanern“ – ganzheitliche Aufgabenbereiche überantwortet werden. Neben den Fertigungsaufgaben im engeren Sinn bestehen sie insbesondere aus vorgelagerten Planungs- und nachgelagerten Kontrollaufgaben, für deren Ausführung die „Insel“ kollektive Verantwortung übernimmt.

Die Ausführungen zeigen, dass mittlerweile Arbeitsformen entstanden sind, die aus gutem Grund als „qualifizierte Gruppenarbeit“ bezeichnet werden können. Wenn sie in der Praxis mittlerweile deutliche Spuren hinterlassen haben, so liegt dies nicht zuletzt auch daran, dass dieser Gestaltungsansatz auch zwischen den Tarifpartnern im Prinzip konsensfähig geworden ist.

Quelle: Günther Schanz: Personalwirtschaftslehre. Verlag Vahlen, München 2000, S. 572 (verändert)

16. Entscheiden Sie in den folgenden Fällen, ob jeweils Einzelkosten oder Gemeinkosten vorliegen.

a) Die Kümmel KG hat im Wareneinkauf einer bestimmten Warengruppe Aufwendungen für Ware in Höhe von 45.654,00 €.

b) An alle Auszubildenden der Kümmel KG in allen Filialen werden dieses Jahr insgesamt 67.800,00 € Ausbildungsvergütung ausgezahlt.

c) In einer Fachzeitschrift schaltet die Kümmel KG eine Anzeige, um sich bekannt zu machen.

d) Für den Versand der Artikel einer Warengruppe wird bei einem spezialisierten Lieferanten Verpackungsmaterial bestellt.

e) Am Anfang des Jahres ordert die Kümmel KG eine Palette mit Kopierpapier für die Kopiergeräte und Drucker des Unternehmens.

17. Beurteilen Sie die folgende Aussage: „Bei fixen Stückkosten bleiben die Kosten bei steigender oder fallender Absatzmenge gleich.“

18. Entscheiden Sie in den folgenden Fällen, ob jeweils fixe oder variable Kosten vorliegen.

a) Die für die Kümmel KG arbeitenden Vertreter erhalten ihre Provision.

b) In einer Filiale der Kümmel KG werden 150.000,00 € Gehälter ausgezahlt.

c) Die Kümmel KG hat im Wareneinkauf einer bestimmten Warengruppe Aufwendungen für Ware in Höhe von 45.654,00 €.

d) Beim Versand bestimmter Waren fallen Ausgangsfrachten in Höhe von 640,00 € an.

e) In Hamburg wird ein Lagergebäude von der Kümmel KG angemietet.

f) Das neu gebaute Geschäftsgebäude der Kümmel KG in Köln wird versichert.

ZUSAMMENFASSUNG

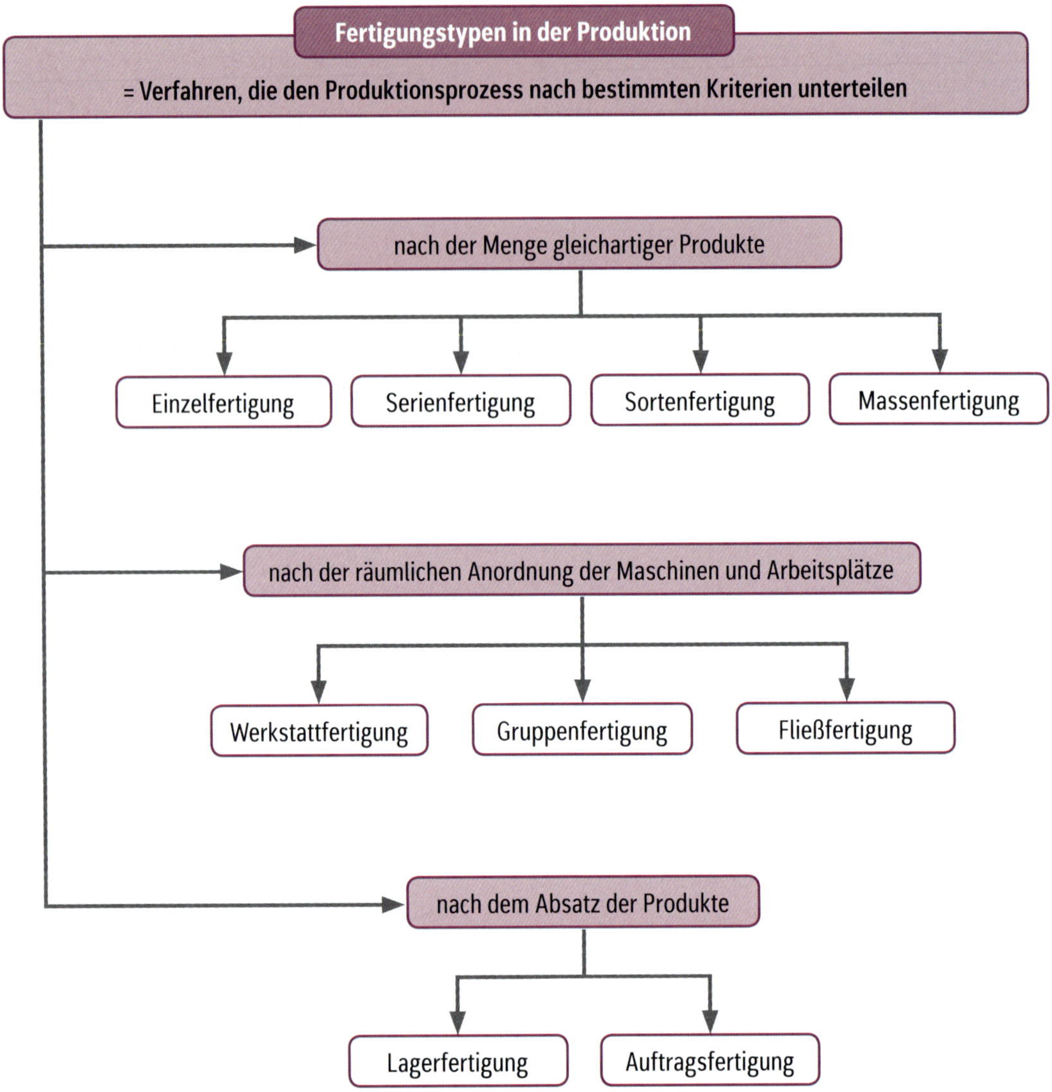

8.1 MARKETING

Herr Lahmann hat schon einiges darüber gelesen, dass Auszubildenden für einige Zeit in bestimmten Bereichen die Unternehmensführung zu Ausbildungszwecken überlassen wird. Nachdem er gerade in der Zeitung wieder auf einen ähnlichen Artikel gestoßen ist, beschließt Herr Lahmann, in der nächsten Zeit die Auszubildenden und Praktikanten stärker über die normalen Sachbearbeitertätigkeiten hinaus mit Fragen der Unternehmensleitung zu konfrontieren.

Azubis führen Lidl-Markt

Der Lebensmitteldiscounter Lidl übergibt für drei Wochen eine Hamburger Filiale an seine Auszubildenden.

Zwischen dem 6. und dem 25. Februar führen insgesamt 21 junge Männer und Frauen das Geschäft in Hamburg-Jenfeld. „Nur alle paar Tage sehen wir Betreuer einmal nach dem Rechten“, sagt Lidl-Ausbildungsleiterin Vanessa Peters. Ansonsten seien die Lehrlinge auf sich gestellt.

Sie müssen demnach selbstständig Dienstpläne erarbeiten, Produkte nachbestellen und sind für die Kassenabrechnung verantwortlich.

Für die jungen Mitarbeiter sind die drei Wochen eine große Herausforderung, denn sie stellen auch die Filialleitung. Insgesamt sehen alle Lehrlinge die Aktion des Discounters als eine Chance.

Lidl hat bereits vor mehr als fünf Jahren begonnen, seine Auszubildenden mit Hilfe einer Lehrlingsfiliale zu schulen. „Wir wollen unseren Nachwuchs motivieren und ihm zeigen, dass wir ihm auch die Leitung einer Filiale zutrauen“, so Peters.

Hierbei komme es besonders darauf an, dass alle als Team zusammenarbeiten.

Azubi-Filialen werden seit Jahren von vielen Einzelhandelsunternehmen in deren Ausbildungsprogramm integriert.

Quelle: Hillemeyer, Judith: Azubis führen Lidl-Markt. In: www.Lebensmittel Zeitung.de. 10.02.2006. https://www.lebensmittel-zeitung.net/handel/Lidl-Azubi-Markt-50639 [17.02.2022].

Herr Lahmann:
„Guten Morgen, Katarzyna, guten Morgen Bettina. Wie Sie wissen, sind unsere Verkaufszahlen in den letzten Monaten stark rückläufig. Es wird für unser Unternehmen langsam kritisch. Und dann kommt jetzt noch die Fernsehberichterstattung über umweltbelastete Jeans hinzu. Ich habe gestern den Unternehmensberater von der Industrie- und Handelskammer angerufen. Der sagte, wir sollten konsequente Marketingmaßnahmen anwenden. Herr Staub – Abteilungsleiter Verkauf – ist damit beauftragt, bis nächsten Mittwoch ein Konzept vorzulegen. Wie würden Sie denn an die Sache rangehen?“

Katarzyna Lindemann:
„Tja. Marketing, hat das nicht auch etwas mit Werbung zu tun? Unsere Artikel verkaufen sich nicht von selbst, mögen sie noch so toll sein. Wir müssen einfach verstärkt die Werbetrommel rühren, um am Markt bestehen zu können.“

Herr Lahmann:
„Was schlagen Sie denn vor? Sollen wir eine Anzeige schalten oder eine Plakat-Aktion starten?“

Katarzyna Lindemann:
„Also ehrlich gesagt, finde ich das ziemlich einfallslos. Wir sollten uns mal was Pfiffigeres einfallen lassen als immer nur Werbung. Gibt es nicht etwas Moderneres oder anderes?“

Bettina Wagner:
„Ich habe da mal was von Verkaufsförderung gehört, das soll auch helfen. Was ist das denn jetzt?“

Katarzyna Lindemann:
„Ich habe eine Idee: Alle möglichen Unternehmen sponsern irgendwelche Vereine, warum dann nicht wir?“

Herr Lahmann:
„Prima Idee."

Bettina Wagner:
„Um die Sache mit den schadstoffbelasteten Jeans aus der Welt zu schaffen, sollten wir unsere Öffentlichkeitsarbeit ebenfalls forcieren. Vielleicht sollten wir einen Tag der offenen Tür planen, damit unsere Kunden auch mal hinter die Kulissen schauen können und mitkriegen, dass wir nur überprüfte Textilien vertreiben."

Katarzyna Lindemann:
„Vielleicht können wir ja auch mal neue Sachen ins Sortiment aufnehmen, fair gehandelte Textilien und so ..."

Bettina Wagner:
„Vielleicht sollten wir mal unsere Preise überprüfen ..."

Herr Lahmann:
„Stopp, stopp, stopp! Das sind ja so viele Ideen auf einmal. Das geht nun wirklich nicht! Mir schwirrt schon der Kopf von Ihren Einfällen. Ich schlage vor, jede von Ihnen informiert sich erst einmal genauer über ein Marketinginstrument und stellt mir dieses in zwei Wochen vor. Sie werden eine Menge über Marketing lernen. Wir können uns ja dann auch anschauen, was uns Herr Staub vorgeschlagen hat ...

Also dann ... seien Sie kreativ!"

Stellen Sie fest, welche Marketinginstrumente die Lahmann KG einsetzen kann, um die Absatzlage zu verbessern.

INFORMATION

Verkäufer- und Käufermärkte

In den letzten Jahrzehnten wandelte sich der Markt vom Verkäufer- zum Käufermarkt. Dadurch sind Unternehmen immer mehr gezwungen, sich mit den Problemen, Wünschen und Bedürfnissen der potenziellen Kunden auseinanderzusetzen. Vor diesem Hintergrund ist es für erfolgreiche Unternehmen von größter Wichtigkeit, dass sich alle Beschäftigten über die besondere Bedeutung absatzpolitischer Maßnahmen bewusst sind.

Verkäufermärkte

Nach dem Zweiten Weltkrieg agierten die Unternehmen zunächst auf einem Verkäufermarkt.

DEFINITION

Kennzeichen eines **Verkäufermarkts** ist eine Marktsituation, in der die Nachfrage größer als das Angebot ist.

Die Unternehmen mussten sich nicht an den spezifischen Bedürfnissen des Markts orientieren, da der Absatz der von ihnen angebotenen Waren aufgrund der Knappheit nach dem Krieg problemlos war. Im Mittelpunkt der Unternehmenstätigkeit stand die Versorgung der Kunden und der Bevölkerung mit Waren. Die Unternehmen versuchten, die Waren auf den damals sehr engen Märkten zu beschaffen beziehungsweise zu produzieren. Hatten sie damit Erfolg, boten sie die Artikel an und konnten sicher sein, die dringend nachgefragten Waren auch abzusetzen. Die Kunden und letztlich die Verbraucher waren froh, überhaupt etwas kaufen zu können. Absatzpolitische Maßnahmen waren überhaupt nicht notwendig.

Im zerstörten Deutschland konnten Unternehmen, die in der Lage waren, irgendeine Ware anzubieten, diese auch sofort verkaufen.

Durch die große Nachfrage der Kunden bei gleichzeitig geringem Warenangebot haben die Verkäufer die Marktmacht.

Käufermärkte

In den 50er-Jahren begann die Zeit des Wiederaufbaus und des Wirtschaftswachstums. Die mit dem Käufermarkt einhergehende Mangelwirtschaft hatte ein Ende. Ab 1960 setzte in der Bundesrepublik der Wandel vom Verkäufermarkt zum Käufermarkt ein. Immer mehr Unternehmen boten immer mehr Waren an, sodass es schwieriger wurde, Käufer für die angebotenen Artikel zu finden. Die Unternehmen waren daher zunehmend gezwungen, verkaufsorientiert anzubieten.

DEFINITION

Ein **Käufermarkt** zeichnet sich dadurch aus, dass die Käufer gegenüber den Anbietern eine starke Marktposition haben. Auf einem solchen Markt überwiegt das Angebot die Nachfrage.

Durch das riesige Warenangebot haben die Käufer die Marktmacht.

Für die Unternehmen ist mittlerweile nicht mehr die Beschaffung der Engpass, sondern der Verkauf von Waren. Erfolgreich sind nur die Unternehmen, die versuchen, den Markt aktiv zu beeinflussen.

Für den Geschäftserfolg eines Unternehmens reicht es heute also nicht aus, nur qualitativ hochwertige Ware herzustellen. Kein Unternehmen kann es sich leisten, einfach darauf zu hoffen, dass die Kunden ihren Weg von sich aus zum Lieferanten finden. Ein Unternehmen muss sich also sowohl bei der Herstellung als auch im Verkauf anstrengen.

Ein Unternehmen steht heute einer großen Konkurrenz in Form vieler anderer Unternehmen gegenüber. Bleiben die Kunden aus, ist schnell die Existenz gefährdet. Deshalb ist es für Unternehmen heute wichtig,

- einerseits auf den Märkten kundenorientiert aufzutreten,
- dort andererseits Marketing zu betreiben.

DEFINITION

Unter **Marketing** versteht man alle – bewusst und systematisch angewandten – Maßnahmen eines Unternehmens, die darauf ausgerichtet sind, den Absatz der eigenen Waren zu fördern.

Beim Marketing steht also nicht mehr die Erstellung von Produkten allein im Vordergrund, sondern die Unternehmensführung vom Absatz her: Es geht um das aktive Bearbeiten des Markts mit dem Ziel, möglichst großen Gewinn zu erwirtschaften. Vor allem die Kunden sollen entsprechend der Unternehmensziele beeinflusst werden. Alle Handlungen des Unternehmens werden systematisch und geplant auf die Wünsche der Kunden hin ausgerichtet.

Kundenorientierung

Was ist ein Kunde?

Ein Kunde ist die wichtigste Person in unserem Unternehmen, ganz gleich, ob er persönlich da ist, schreibt oder telefoniert.

Ein Kunde hängt nicht von uns ab, sondern wir von ihm.

Ein Kunde ist keine Unterbrechung unserer Arbeit, sondern ihr Sinn und Zweck. Wir tun ihm keinen Gefallen, indem wir ihn bedienen, sondern er tut uns einen Gefallen, wenn er uns Gelegenheit gibt, es zu tun.

Ein Kunde ist kein Außenstehender, sondern ein lebendiger Teil unseres Geschäfts.

Ein Kunde ist nicht jemand, mit dem man ein Streitgespräch führt oder seinen Intellekt misst. Es gibt niemanden, der je einen Streit mit einem Kunden gewonnen hätte.

Ein Kunde ist einer, der uns seine Wünsche bringt. Unsere Aufgabe ist es, diese Wünsche gewinnbringend für ihn und uns zu erfüllen!

Ein Kunde ist kein lästiges Übel, sondern er sichert Ihren Arbeitsplatz!

Quelle: Lohse, Carsten: Was ist ein Kunde?. In: www.bewehrungsnachweis.de. o. ED. https://www.bewehrungsnachweis.de/de/unternehmen/was-ist-ein-kunde/ [17.02.2022].

Die Zeit des Verteilens auf einem Verkäufermarkt ist für Unternehmen lange vorbei. In den letzten Jahrzehnten hat sich in der Wirtschaft damit aus absatzpolitischer Sicht eine Neuorientierung in der Denkhaltung durchgesetzt. Statt eines Produkts und dessen Verteilung wurden zunehmend die Bedürfnisse der aktuellen und potenziellen Kunden in den Mittelpunkt der Betrachtung gestellt. Nur die Anbieter können dabei im Wettbewerb dauerhaft bestehen, denen es gelingt, diese Bedürfnisse besser zu befriedigen als die Konkurrenz.

Was der Kunde bekommt – und wonach er sich sehnt

Mit dem Käufermarkt hat für die Wirtschaft das Zeitalter der Kundenorientierung begonnen. Kundenzufriedenheit stellt in Zukunft den wesentlichen Erfolgsfaktor des langfristigen Geschäftserfolgs eines Unternehmens dar. Nur zufriedene Kunden kommen wieder und kaufen erneut, bezahlen für Produkte auch einen angemessenen Preis.

Gründe für Kundenabwanderungen

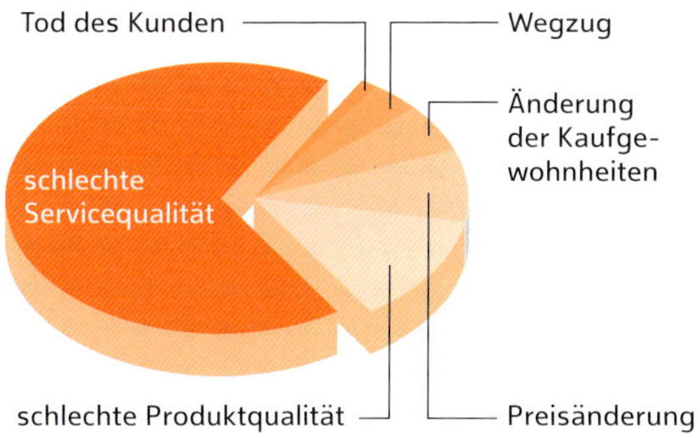

Eigene Darstellung nach Zahlenwerten von Bruhn, Manfred,: Kundenorientierung. Bausteine eines exzellenten Unternehmens, 2. Auflage. München: dtv 2003.

Um Kunden für ein Unternehmen zu gewinnen bzw. sie zu halten, müssen sie nicht nur durch das Sortiment oder die Preisgestaltung, sondern auch durch den Service zufriedengestellt werden. Wenn der Kunde also den Erfolg eines Unternehmens bestimmt, dann hat nicht er sich auf dessen Angebot einzustellen, sondern die Beschäftigten des Unternehmens haben auf den Kunden, seine Fragen und Wünsche einzugehen. Die zentrale Frage, die sich jedes Unternehmen stellen muss, ist: „Was muss ich tun, damit der Kunde bei mir kauft?“

Es gibt verschiedene Merkmale, durch die die Kundenorientierung eines Unternehmens charakterisiert wird:

Elemente der Kundenorientierung

Marketinginstrumente

Zur Erreichung der Marketingziele kann ein Unternehmen unterschiedliche Marketinginstrumente einsetzen. Dies sind alle Maßnahmen, die es dem Unternehmen ermöglichen, auf den Markt einzuwirken. Zu den Marketinginstrumenten zählen:

- Produktpolitik
- Sortimentspolitik
- Preispolitik
- Kommunikationspolitik
- Distributionspolitik

Produktpolitik

→ Fragestellung der Produktpolitik:
Wie kann das Produkt an die Bedürfnisse der Kunden angepasst werden?

Unter den Begriff **Produkt** fallen vor allem Güter, aber auch Dienstleistungen können als Produkt verstanden werden. Die Produktpolitik beinhaltet die Produkt- und Verpackungsgestaltung und die Festlegung des Produktprogramms (Industrie) bzw. des Sortiments (Handel).

Die Produktpolitik setzt bei der **Produktgestaltung** an. Die optimale Gestaltung eines Produkts trägt ganz entscheidend zu einem möglichen späteren Markterfolg bei. Die Festlegung der Erscheinungsform eines Produkts hat daher so zu erfolgen, dass seine Eigenschaften den Anforderungen und Wünschen der potenziellen (möglichen) Kunden gerecht werden.

Art und Charakter des Produkts werden bestimmt durch:

- Aussehen
- Qualität
- Farbe und Konsistenz
- Form
- Produkteigenschaften und Produktnutzen
- Zusatznutzen
- Geschmack

Zur Produktpolitik gehört auch die **Verpackungsgestaltung.** Hier werden Entscheidungen darüber getroffen, ob und wie ein Produkt verpackt werden soll. Wichtig ist in diesem Zusammenhang, insbesondere bei exklusiven Produkten, das Aussehen der Verpackung, da an ihr häufig Prestige und Image des Produkts ausgemacht werden. Zudem dienen die Verpackungen oft als Werbeträger. Die Verpackungspolitik ist im Laufe der Zeit auch wegen des steigenden Umweltbewusstseins der Verbraucher immer wichtiger geworden.

Sortimentspolitik

> ➔ Fragestellung der Sortimentspolitik:
> Wie kann das gesamte Waren- und Dienstleistungsangebot eines Handelsunternehmens an den Bedürfnissen der Kunden ausgerichtet werden?

Die Aufgabe der Sortimentspolitik ist es, das Sortiment (Waren und/oder Dienstleistungen) des Unternehmens so zu gestalten, dass die geplanten Umsätze und Gewinne erreicht werden.

Die Sortimentspolitik legt den Inhalt und den Umfang des Sortiments fest. Die Sortimentspolitik beinhaltet also die Gliederung des Sortiments nach Warengruppen, Artikeln und Sorten.

Zur ständigen Sortimentskontrolle werden EDV-gestützte Warenwirtschaftssysteme eingesetzt. Werden Sortimentslücken und nicht verkäufliche Waren aufgespürt, ist eine Sortimentsveränderung notwendig. Dem Händler stehen dazu folgende Maßnahmen zur Verfügung:

- **Sortimentsbereinigung**
  Bei der Sortimentsbereinigung (Elimination) werden bestimmte Artikel aus dem Sortiment gestrichen. Dadurch wird der Sortimentsumfang geringer.
- **Sortimentserweiterung**
  - Die Aufnahme zusätzlicher Warengruppen führt zu einer Sortimentsverbreiterung.
  - Die Aufnahme zusätzlicher Artikel in schon bestehende Warengruppen führt zu einer Sortimentsvertiefung.
- **Diversifikation**
  Diese liegt vor, wenn ein Unternehmen Warengruppen neu in das Sortiment aufnimmt, die mit dem bisherigen Sortiment keine oder nur geringe Verwandtschaft aufweisen.

Preispolitik

> ➔ Fragestellung der Preispolitik:
> Welchen Preis werden die Kunden akzeptieren?

In der Preispolitik wird zunächst festgelegt, wie viel ein Kunde für ein Produkt bezahlen muss. Die Preispolitik beschäftigt sich also mit der Festlegung des Verkaufspreises. Ein Unternehmen muss sich in der gegebenen Situation entscheiden, ob es die Kalkulation des Preises an seinen Unternehmenszielen, seinen Kosten, den Kunden oder an den Konkurrenten ausrichtet.

Zusätzlich müssen aber auch Konditionen wie Kreditbedingungen, Rabatte und Liefer- sowie Zahlungsbedingungen festgelegt werden.

Distributionspolitik

> ➔ Fragestellung der Distributionspolitik:
> Auf welchem Weg soll das Produkt die anvisierte Kundengruppe erreichen?

Mit den Instrumenten der Distributionspolitik steuert ein Unternehmen den Weg seiner Produkte zu den Kunden.

4203210

Distributionspolitik
= steuert den Weg der Ware zum Kunden

direkter Absatz
- unmittelbarer Verkauf an den Abnehmer
- Produkt wechselt einmal den Eigentümer

betriebseigene Vertriebssysteme
- Verkaufsabteilungen
- Niederlassungen
- Reisende
- Geschäftsleitung

Absatzhelfer
- Handelsvertreter
- Handelsmakler
- Handelskommissionär

indirekter Absatz
- Externe und rechtlich selbstständige Unternehmen werden zwischen Hersteller und Abnehmer zwischengeschaltet.
- Das Produkt wechselt mehrfach den Eigentümer auf dem Weg zum Abnehmer.

Handel
- Großhandel
- Einzelhandel

unternehmensgebundene Absatzorgane
- Vertragshändler
- Franchising

Es werden Entscheidungen getroffen über:
- **Vertriebsart**
  direkter Absatz an den Endverbraucher und/oder indirekter Absatz über z. B. Zwischenhändler
- **Vertriebssystem**
  betriebseigene Vertriebssysteme, z. B. Niederlassungen, Reisende, und/oder betriebsfremde Vertriebssysteme, z. B. Handelsvertreter

BEISPIEL

Die Hoffmann KG entscheidet sich, nicht nur an Einzelhändler zu verkaufen, sondern sich über einen Internetshop auch direkt an Endverbraucher zu wenden.

Eine Maßnahme der Verkaufsförderung

Kommunikationspolitik

→ Fragestellung der Kommunikationspolitik:
Wie wird der Kunde zum Kauf animiert?

Bei der Kommunikationspolitik[1] geht es darum, den Kontakt mit den potenziellen Kunden aufzunehmen und die Kunden dazu zu bringen, die Leistungen des Unternehmens nachzufragen. Die Kommunikationspolitik plant und steuert also die Verständigung zwischen dem Unternehmen und seiner Umwelt beziehungsweise Teilen davon (= Zielgruppen).

Zur Kommunikationspolitik gehören die Teilinstrumente:
- Absatzwerbung
- Verkaufsförderung (Salespromotion)
- Direktwerbung
- Product-Placement
- Öffentlichkeitsarbeit (Public Relations)
- Sponsoring
- Human Relations

1 siehe Kap. 8.9

Maßnahmen zur Effizienzverbesserung der Marketinginstrumente

Mit der Marktforschung und der Marktsegmentierung kann die Effizienz der verschiedenen Marketinginstrumente deutlich verbessert werden.

Marktforschung

Um Marketinginstrumente erfolgreich anwenden zu können, ist es dringend erforderlich, genaue Kenntnisse über den Absatzmarkt, die Zielgruppe sowie die Konkurrenzsituation zu erlangen. Dies ist Aufgabe der Marktforschung[1]. Darunter versteht man die systematische und objektive Gewinnung und Analyse von Informationen, die zur Erkennung und Lösung von Problemen im Bereich des Marketings dienen. Je mehr Informationen ein Unternehmen über den Markt hat – und je besser diese sind –, desto optimaler können die Marketinginstrumente eingesetzt werden.

Marktsegmentierung

Bei allen Marketingbemühungen eines Unternehmens steht der Absatz im Vordergrund. Jedes Unternehmen muss den Kreis derjenigen Betriebe oder Personen bestimmen, die generell als Abnehmer infrage kommen sollen.

Eine mögliche Vorgehensweise kann nun sein, alle möglichen Abnehmer als Kunden zu gewinnen: Der Absatzmarkt wird „mit der Gießkanne besprengt", die Marketingaktivitäten zielen in einheitlicher Weise auf alle Abnehmer. Durch dieses engmaschige Abnehmernetz ergeben sich in einigen Fällen Rationalisierungsvorteile bei der Kundenbearbeitung und -belieferung.

Bei der Marktsegmentierung wird dagegen der – in der Regel unübersichtliche – Markt nach bestimmten Gesichtspunkten in nach Möglichkeit einheitliche Untergruppen eingeteilt. Diese nennt man Marktsegmente. Die Marktsegmente können dann mithilfe direkt auf sie zugeschnittener Marketingmaßnahmen bearbeitet werden.

Vorteile der Marktsegmentierung:

- Durch speziell zugeschnittene Marketingaktivitäten fällt es leichter, neue Kunden zu gewinnen bzw. alte Kunden stärker zu binden.
- Wird der Einsatz der jeweiligen Marketinginstrumente auf die Zielgruppe genau abgestimmt, erfolgt dies effizient: Streuverluste werden vermieden.

Ein Beispiel für Kundensegmentierung bei Endverbrauchern

Es gibt sehr viele Kundentypologien. Eine sehr bekannte Kundentypologie stellen die Sinus-Milieus dar. Die Kunden werden nach ihrem Lebensstil unterschieden und den einzelnen Milieus zugeordnet.

von oben nach unten:

nach sozialer Lage in Schichten, auf der Grundlage von Alter, Bildung, Beruf und Einkommen

von links nach rechts:

nach der Grundorientierung, in einem Spannungsbogen von traditionell bis postmodern

Oben sind die gesellschaftlichen Leitmilieus angesiedelt, am linken Rand die traditionellen Milieus, in der Mitte die Mainstream-Milieus und rechts die hedonistischen (am Genuss orientierten) Milieus.

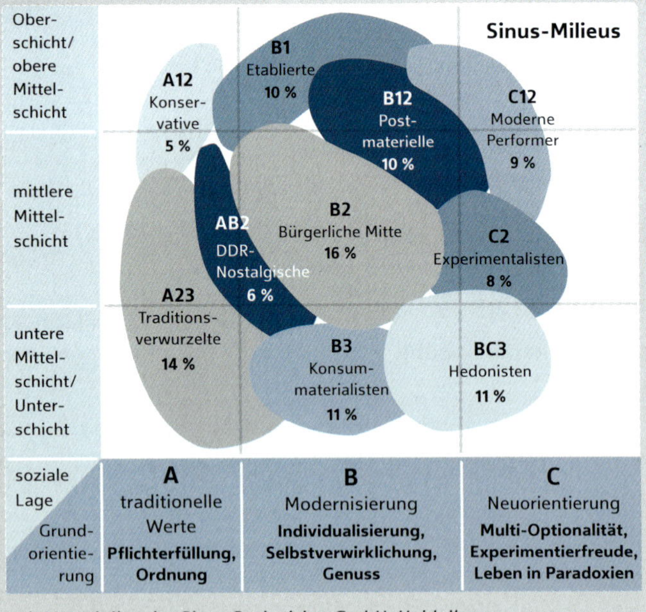

Vgl. Materialien der Sinus Sociovision GmbH, Heidelberg

1 siehe Kap. 8.2

Kundenselektion

Die Marktsegmentierung kann auch zur Kundenselektion führen: Ein gut geführtes Unternehmen wird immer auch die Frage prüfen, inwieweit es sinnvoll ist, mit allen möglichen Kunden zusammenzuarbeiten. Sinn und Ziel einer Geschäftsbeziehung ist schließlich die Erzielung eines Gewinns. Die Praxis zeigt jedoch, dass dieses Ziel in zahlreichen Kunden-Lieferanten-Beziehungen nicht erreicht wird. Die Geschäftsbeziehung hat keinen wirtschaftlichen Erfolg. Für ein Unternehmen können also Nachteile auftreten, wenn jeder Auftrag angenommen werden würde. Viele dieser Aufträge verursachen nämlich mehr Kosten als Gewinn.

BEISPIEL

Bei Kunden, die eine schlechte Zahlungsmoral haben, fallen oft zusätzliche Kosten des Geldeinzugs an.

Die finanzielle Situation der potenziellen Kunden sollte im Voraus geprüft werden ...

DEFINITION

Die Prüfung der Kunden unter Ergebnisaspekten und die anschließende Entscheidung, zu welchen potenziellen Kunden Geschäftsbeziehungen aufgenommen werden, wird als **Kundenselektion** bezeichnet. Der Kreis der möglichen Abnehmer wird damit eingeengt.

Ziel der Kundenselektion ist die Bestimmung einer Zielgruppe unter Aussonderung unrentabler Kunden. Die Marketingaktivitäten werden dann gezielt auf die gewinnversprechenden Kunden gelenkt.

BEISPIEL

Die Textilgroßhandlung Zehren und Abmeier OHG vertreibt Damenmoden. Als gewinnbringende Produkte haben sich teure, aber qualitativ hervorragende Pullover erwiesen. Beliefert wird nur das jeweils beste Fachgeschäft ausschließlich in mittleren oder größeren Städten.

Werden der Absatz und die Absatzbemühungen planmäßig und bewusst nur auf gewinnbringende Kunden beschränkt, so liegt eine selektive Absatzpolitik vor. Für Kunden ohne ausreichenden Vertriebserfolg bieten sich die folgenden Instrumente an:

- **Vernachlässigung** der Kunden durch die Intensitätsabstufung der Geschäftsbeziehungen
  Die Absatzbemühungen wie Verkaufsförderung, Werbung usw. werden gezielt auf Kunden verlagert, die vergleichsweise bessere Erfolgsbeiträge bringen.
- **Ausschaltung** von Kundengruppen
  - direkt durch Abbruch der Geschäftsbeziehungen
    Beliefert werden nur noch die Kunden, die zur Wirtschaftlichkeit und Rentabilität beitragen und die Liquidität nicht belasten.
  - indirekt durch ungünstige Konditionen
    Für bestimmte Kundengruppen werden z. B. die Preise angehoben oder die Lieferungs- und Zahlungsbedingungen verschlechtert.

Kriterien für die Marktsegmentierung

Für die Marktsegmentierung kann das Unternehmen grundsätzlich alle jene Merkmale heranziehen, auf die aus absatzpolitischen Gründen besonderer Wert gelegt wird. Sie versprechen Vorteile bei der Zusammenarbeit. Kunden können z. B. ausgewählt werden nach:

- **Jahresumsatz**
  - Es werden Umsatzgrößenklassen gebildet (z. B. bis 20.000,00 €; bis 100.000,00 €; über 100.000,00 € Jahresumsatz).
  - Es erfolgt eine Einteilung nach Losgrößen (5000 Stück, 10000 Stück usw.).
- **Umsatz nach ABC-Analyse**
  - A-Kunden: Da mit ihnen am meisten Umsatz gemacht wird, sind dies die wichtigsten Kunden.
  - B-Kunden: Diese haben eine mittlere Bedeutung für das Unternehmen.
  - C-Kunden: Sie steuern am wenigsten zum Umsatz bei.
- **durchschnittliche Auftragsgröße**
  Einzelaufträge, Kleinabnehmer, Großabnehmer
- **Zahlungsmoral**
  Kunden, die gemahnt wurden; Kunden innerhalb des Zahlungsziels; Kunden innerhalb der Skontofrist
- **Geschäftstyp**
  Fachhandel, Discounter usw.
- **Dauer der Beziehung mit einem Kunden**
  - Neukunden schließen zum ersten Mal mit dem Unternehmen einen Vertrag ab.
  - Bestandskunden haben in der Vergangenheit mindestens schon einmal mit dem Unternehmen ein Geschäft abgeschlossen.

- Stammkunden fragen regelmäßig Waren oder Dienstleistungen beim Unternehmen nach.

- **Absatzgebiete**
  z. B. Entfernungszonen, die kostengünstig oder -ungünstig zu beliefern sind

Während das eigentliche Marketing (Marketing im engeren Sinn) auf die Kunden des Unternehmens zielt, sind **Wettbewerbsstrategien** auf andere Konkurrenzunternehmen ausgerichtet. Mit Wettbewerbsstrategien verschaffen sich Unternehmen Wettbewerbsvorteile gegenüber Mitbewerbern und sichern diese ab. Die drei bekanntesten Wettbewerbsstrategien sind:

- Bei der **Differenzierungsstrategie** versucht das Unternehmen seine Produkte oder Dienstleistungen so zu gestalten, dass potenzielle oder aktuelle Kunden diese als absolut einzigartig ansehen.
- Mit der Strategie der **Kostenführerschaft** strebt ein Unternehmen einen Kostenvorsprung vor anderen konkurrierenden Unternehmen an.
- Bei der **Nischenstrategie** konzentriert sich das Unternehmen auf Marktnischen, z. B. auf:
  - eine bestimmte Kundengruppe,
  - einen bestimmten Teil des Produktionsprogramms/Sortiments,
  - einen örtlich abgegrenzten Markt.

Dieser Schwerpunkt wird dann so effizient wie möglich mit Marketingmaßnahmen bearbeitet.

Marketingmix

Die unterschiedlichen Marketinginstrumente werden gemeinsam eingesetzt. Diese Kombination nennt man Marketingmix.

DEFINITION

Der **Marketingmix** ist die für einen bestimmten Zeitraum getroffene Auswahl von Marketingmaßnahmen auf ihrem qualitativen und quantitativen Niveau.

Bei der Planung des Marketingmix geht es somit um die Frage, welche Marketinginstrumente wie auszugestalten und mit welcher Intensität einzusetzen sind, um die Marketingziele zu erreichen.

Dabei können die einzelnen Marketinginstrumente nicht unabhängig voneinander eingesetzt werden. Zum einen stehen für den Einsatz der einzelnen Instrumente normalerweise Budgets zur Verfügung, die Teile eines Gesamtbudgets für den Marketingmix sind. Zum anderen bestehen zwischen den einzelnen Marketinginstrumenten vielfältige Wechselbeziehungen und Abhängigkeiten. So hat z. B. der Kommunikationsmix Auswirkungen auf die Preisgestaltung für das angebotene Produkt.

Auch können zeitliche Abhängigkeiten vorliegen. Dies ist z. B. der Fall, wenn die Wirkung eines Marketinginstruments in zeitlich nachgelagerte Perioden hineinreicht oder erst mit einer Zeitverzögerung eintritt.

Bei den Wechselbeziehungen und Abhängigkeiten der Marketinginstrumente lassen sich substitutionale Interdependenzen, komplementäre Interdependenzen und konkurrierende Interdependenzen unterscheiden:

- Von **substitutionaler Interdependenz** spricht man, wenn der Mehreinsatz eines Marketinginstruments den Mindereinsatz eines anderen Instruments ermöglicht.
- Von **komplementärer Interdependenz** spricht man, wenn die eingesetzten Marketinginstrumente nur gemeinsam die angestrebte Wirkung erreichen.
- Von **konkurrierender Interdependenz** spricht man, wenn sich die Wirkungen von zwei Marketinginstrumenten gegenseitig beeinträchtigen.

Einflussfaktoren für die Gestaltung des Marketingmix sind:

- die Art des Produkts
- das Marktsegment
- die Phase des Produktlebenszyklus
- die Konjunkturphase[1]

Marketingkonzept

Marketingmaßnahmen werden nur dann erfolgreich sein, wenn sie systematisch und sorgfältig geplant, durchgeführt und anschließend kontrolliert werden. Dieses Vorgehen wird durch konsequentes Aufstellen eines Marketingkonzepts unterstützt, das alle für eine Marketingmaßnahme wichtigen Informationen enthält.

1 siehe Kap. 12.3

4203214

Stufen eines Marketingkonzepts

Marketingerfolg ↑

Marketing-controlling	Es findet eine umfassende und systematische Kontrolle aller Marketingmaßnahmen statt.
Marketing-maßnahmen	Hier werden die Einzelmaßnahmen der kommunikationspolitischen Instrumente detailliert beschrieben.
Marketing-strategie	Es wird der Weg zu den Zielen festgelegt: Jetzt ist beispielsweise klar, welche Zielgruppen auf welchen Märkten mit welchen Marketinginstrumenten mit welchem Etat in den Blickpunkt des Vorgehens kommen.
Marketing-ziele	Kennt man die Marktsituation, können die Marketingziele formuliert werden. Unterschieden wird zwischen quantitativen (Absatz, Umsatz, Gewinn, Marktanteil usw.) und qualitativen Zielen (Image, Bekanntheit usw.).
Situations-analyse	Die aktuelle Lage wird z. B. durch Marktforschung ausgewertet.

BEISPIEL

Gliederung eines Marketingkonzepts

I. Ausgangslage – Ist-Situation

1. Unternehmensdarstellung (Zahlen, Daten, Fakten, Historie)
2. Sortiment, Positionierung, Zielgruppe(n), Vertriebssystem
3. Marktumfeld, Wettbewerber, Preise, Kommunikationspolitik
4. Stärken, Schwächen (Geschäftsstärke)

II. Darstellung der Marketingidee

1. Kurzbeschreibung des neuen Produkts/Sortiments/Linie
2. USP
3. Vorteil/Nutzen für den Kunden
4. Prognose Markt, Umwelt
5. Zielmarkt (Größe, Mengen), Zielgruppen
6. Chancen, Risiken (Marktattraktivität)
7. Positionierung und Wettbewerber
8. Auswirkungen auf das Gesamtsortiment

III. Marketingziele

1. Umsatz, Mengen, Marktanteile, Wachstum, Plangewinn
2. strategische Komponenten

IV. Marketingkonzeption

1. Produkt, Sortiment (Breite, Tiefe), Beschreibung
2. Form, Farbe, Material, Verzierungen (Visualisierung, Proben)
3. Kosten-/Mengenschätzung
4. Zielgruppenbeschreibung
5. an wen, wo
6. geografische, demografische, Verhaltens-, psychografische Merkmale
7. Zielgruppenquantifizierung, Anzahl potenzieller Käufer x Kaufhäufigkeit
8. Distribution
9. Lieferung, Versand
10. Handelsstufe
11. Preispolitik
12. Verkaufspreise, Konditionen
13. Einkaufs-, Fertigungs- und Verkaufskalkulation
14. Kommunikationspolitik
15. Image, Logo, Slogan
16. Werbung (Aktion, Was, Wann, Wie)
17. persönlicher Verkauf (Aktion, Was, Wann, Wie)
18. VKF (Aktion, Was, Wann, Wie)
19. PR (Aktion, Was, Wann, Wie)
20. Kommunikationsbudget

V. Übersicht Timetable

VI. Abschlussbemerkungen

Quelle: Schulze, Thomas: Marketingziele. In: www.bilanzanalysen.de. o. ED. http://www.bilanzanalysen.de/marketing/mark1/mark1.html [17.02.2022].

AUFGABEN

1. Was versteht man unter einem Verkäufermarkt?
2. Wodurch unterscheiden sich Käufer- und Verkäufermarkt?
   a) Beim Käufermarkt ist die Nachfrage kleiner als das Angebot; beim Verkäufermarkt ist das Angebot kleiner als die Nachfrage.
   b) Beim Käufermarkt ist die Nachfrage größer als das Angebot; beim Verkäufermarkt ist das Angebot kleiner als die Nachfrage.
   c) Beim Käufermarkt ist die Nachfrage kleiner als das Angebot; beim Verkäufermarkt ist das Angebot größer als die Nachfrage.
   d) Beim Käufermarkt ist die Nachfrage größer als das Angebot; beim Verkäufermarkt ist das Angebot größer als die Nachfrage.
   e) Es gibt keine Unterschiede.
3. Welche Aufgabe hat ein Unternehmen auf einem Verkäufermarkt?
4. Durch welche Merkmale ist der Käufermarkt gekennzeichnet?
5. Entscheiden Sie, ob ein Käufer- oder Verkäufermarkt vorliegt.
   a) Im November 1948 kommt der Einzelhändler Rudolf Neckermann überraschend in den Besitz von 500 Wintermänteln. Dies spricht sich rasend schnell herum. Angesichts des bevorstehenden kalten dritten Nachkriegswinters werden ihm die Mäntel von der Bevölkerung aus den Händen gerissen. Man schaut auch bei anderen Einzelhändlern vorbei, ob diese zufällig auch irgendwo Waren bekommen haben.
   b) In Deutschland werden jährlich fast 33 Mrd. € für Werbung ausgegeben (Stand 2019).
6. Seit wann gibt es in der Bundesrepublik einen Käufermarkt?
7. Was versteht man unter Marketing?
8. Warum wird Marketing für Unternehmen immer wichtiger?
9. Erläutern Sie den Begriff Marketingmix.
10. Welche Instrumente gehören zum Marketing?
11. Warum führen Unternehmen häufig eine Marktsegmentierung durch?
12. Was ist ein Marketingkonzept?
13. Erläutern Sie die Stufen eines Marketingkonzepts.
14. In dieser Aufgabe soll das Kapitel 8.1 mithilfe der Fragenkettenmethode bearbeitet werden.
    a) Lesen Sie das komplette Kapitel.
    b) Formulieren Sie eine Frage zu einem bestimmten Inhalt des Textes und halten Sie diese und die Antwort dazu schriftlich fest.
    c) Ihre Lehrkraft wählt einen Schüler aus, der seine Frage an die Klasse stellt.
    d) Der Mitschüler, der sich als Erstes meldet, beantwortet die Frage. War die Antwort richtig, darf er seine Frage der Klasse vorstellen.
    e) Alle Mitschülerinnen und Mitschüler, die einmal richtig geantwortet haben, brauchen nicht mehr zu antworten.
    f) Hat jeder geantwortet, ist diese Unterrichtsphase beendet.
15. Christina Martin liest zufällig in einer Zeitschrift einen Artikel über die Entwicklung der Wirtschaft in der Zeit vom Zweiten Weltkrieg bis heute.
    a) Beschreiben Sie die Rolle des Einzelhandels und der dort beschäftigten Verkäufer früher und heute.
    b) Begründen Sie die Notwendigkeit kundenorientierten Verhaltens auch für Sie und Ihr Unternehmen.

Vom Nachholkonsum zur Anschaffungskultur

In keinem anderen Jahrzehnt der bundesdeutschen Nachkriegsgeschichte sollte der Unterschied zwischen seinem Anfang und Ende so augenfällig werden wie in den Fünfzigerjahren – sichtbar an Lebensstandard und Konsumniveau, aber auch am Sozialverhalten der Menschen. Dabei hatte es zunächst gar nicht so rosig ausgesehen. Bis zur Währungsreform liefen im vom Krieg verwüsteten Deutschland beispielsweise 18 Millionen Frauen strumpflos oder in Lumpen herum. In jedem Bereich des täglichen Lebens herrschte absoluter Mangel an Gütern. Es konnte nur das gekauft und konsumiert werden, was angeboten wurde – und das war sehr wenig.

Dies änderte sich zunächst mit der Währungsreform. Doch es kam noch zu einem großen Rückschlag: Mitte 1950 begann der Koreakrieg und die Rohstoffpreise schnellten auf dem Weltmarkt in die Höhe. Je mehr sich der Koreakonflikt im Winter 1950/51 verschärfte, Angst vor dem Ausbruch eines Dritten Weltkriegs grassierte, desto knapper und teurer wurden viele Waren. Sunlichtseife wurde im Frühjahr wegen Papiermangels schon ohne Verpackung angeboten und die Frankfurter Illustrierte bemerkte, dass „auf vielen Tischen immer noch ein paar Brote fehlen", und fragte bang: „Werden wir im Winter frieren müssen?" Hauptarbeit des Einzelhandels in dieser Zeit war die Verteilung.

Spätestens im Sommer 1951 war abzusehen, dass sich die Konfrontation der neuen Großmächte USA und UdSSR (und nun auch China) auf Korea begrenzt blieben und sich nicht zu einem neuen Welt- oder gar Atomkrieg auswachsen würde. Die bis Ende 1952 reichlich gewährte Marshallplanhilfe (fast drei Milliarden US-Dollar) konnte nun ganz in den Aufbau der westdeutschen Konsumgüterindustrie fließen. Und so verkehrte sich im Sommer 1951 die Korea-Psychose in den Korea-Boom. Der Wirtschaftsaufschwung begann: Und der Nachholbedarf der Westdeutschen, was ihre Konsummöglichkeiten betraf, war enorm – nach zehn Jahren Kriegsalltag und Nachkriegszeit, Rationierungen, Hungererfahrungen, Lebensmittelkarten.

In der Folgezeit entwickelten sich die Märkte allmählich zu Käufermärkten. Käufermärkte sind Märkte mit einem Angebotsüberhang. Verpasstes wollte nachgeholt werden. Nach dem Kauf des Kühlschranks kam die Waschmaschine, danach der Fernseher usw.

Der Markt ist mittlerweile in den allermeisten Bereichen gesättigt oder gar übersättigt (Beispiel: Flugreisen, Baubranche, Computermarkt). Wird ein solcher Käufermarkt von vielen Anbietern stark umworben, so spricht man von einem Konkurrentenmarkt. Heute haben wir überwiegend solche Märkte. Um auf ihnen erfolgreich bestehen zu können, ist es erforderlich, immer neue Wettbewerbsvorteile zu erarbeiten, ohne dass der Markt beziehungsweise der Kunde dies zwingend fordert. Der Druck kommt vom Wettbewerb. Hier muss der Unternehmer sich konzentrieren auf:

- Marktanforderungen
- marktorientierte Gestaltungsinstrumente (Analysemethoden, Werbung)
- Leistungserstellungsprozess
- Problemlösung
- Kundennutzen

Durch den Wandel zum Käufermarkt müssen die Unternehmen die Absatzmärkte erschließen, definieren und bearbeiten. Die Kenntnis der Bedürfnisse des (potenziellen) Kunden spielt damit heute eine sehr große Rolle im Handel. Immer wichtiger für unternehmerisches Handeln wird die Orientierung an der Kundschaft.

Quelle: Schindelbeck, Dirk: Illustrierte Konsumgeschichte der Bundesrepublik Deutschland 1945–1990. Hrsg.: Landeszentrale für politische Bildung Thüringen. Eigenverlag 2001.

ZUSAMMENFASSUNG

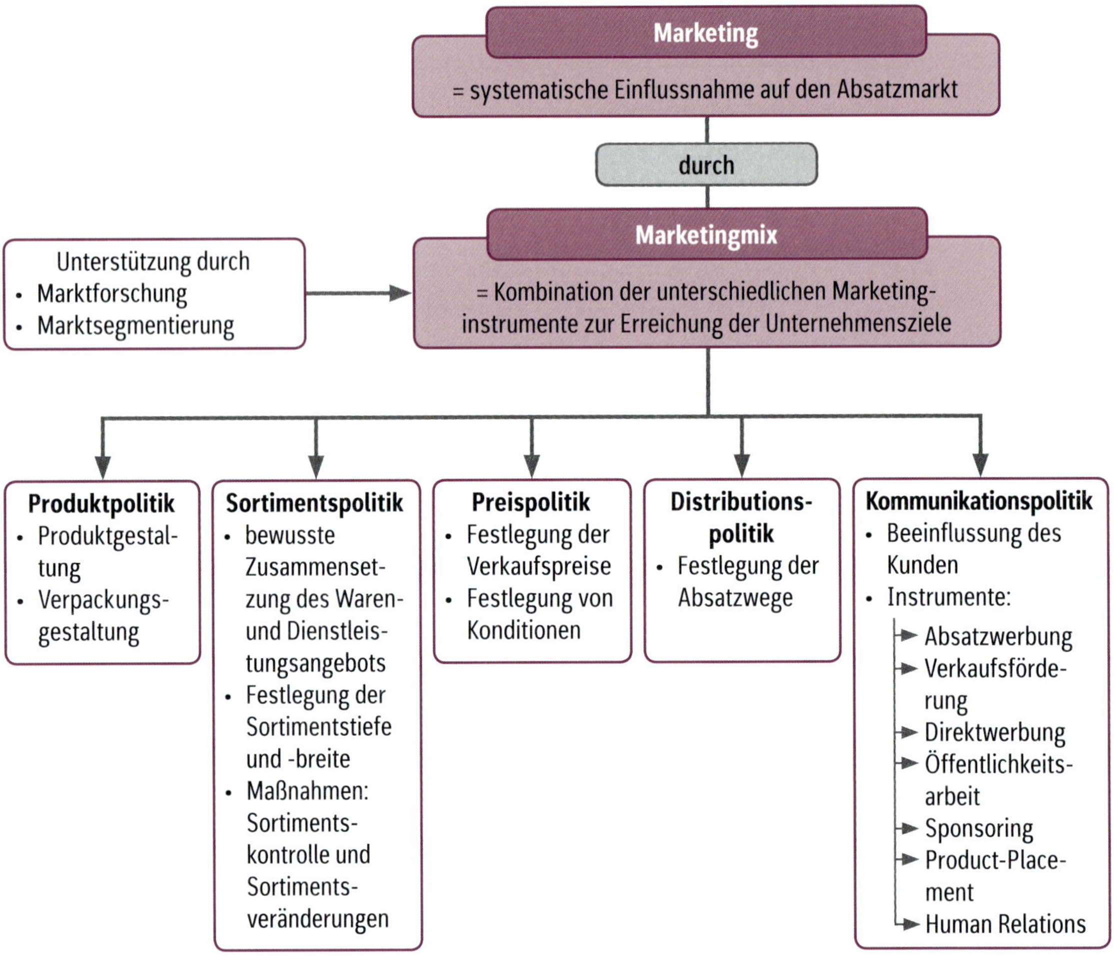

8.2 MARKTFORSCHUNG

Herr Lahmann trifft sich mit der Abteilung Verkauf. Es entwickelt sich folgendes Gespräch, das Dominik Schlote ganz interessiert verfolgt:

Herr Lahmann:
„Liebe Kolleginnen und Kollegen, wie Sie ja mitbekommen haben, gibt es in einem Bereich unseres Sortiments Absatzprobleme. Die Herrenmode läuft nicht optimal. Auch unser Außendienst berichtet, dass die Kunden etwas über unsere Artikel murren."

Frau Zahn:
„Die Abteilung Einkauf sollte mal gewagtere und innovativere Kleidung einkaufen."

Herr Fellmann:
„Wir wissen doch gar nicht, ob unsere Kunden mit besagten Sortimentsveränderungen einverstanden sind."

Frau Zahn:
„Und wie kommen wir an die Kunden ran?"

Herr Weidner:
„Wir müssen Marktforschung betreiben!"

Frau Voges:
„Sollen wir ein Marktforschungsinstitut beauftragen? Ich denke nur an die Kosten, die bei der Beauftragung eines Instituts anfallen. Sollten wir uns deshalb nicht selbst mit der Marktforschung befassen?"

1. *Stellen Sie fest, was Marktforschung ist.*
2. *Machen Sie Vorschläge, welche Methoden der Marktforschung die Lahmann KG ergreifen könnte.*

INFORMATION

Marktforschung und Markterkundung

Ohne hinreichende Kenntnisse über

- die Kunden,
- die Mitbewerber und
- das Umfeld des Unternehmens

besteht immer die Gefahr, dass ein Unternehmen scheitert. Unternehmen benötigen Informationen, um das Marktgeschehen zu verstehen und eine Grundlage für begründete Entscheidungen zu haben. Deshalb ist es wichtig, dass ein Unternehmen Daten systematisch sammelt und diese dann richtig auswertet und interpretiert: Es betreibt **Marktforschung**.

DEFINITION

Marktforschung ist die systematische Beschaffung von Informationen über den Markt, auf deren Grundlage später Marketingentscheidungen getroffen werden sollen.

Die Marktforschung möchte die Meinung des Markts zu den Produkten und Dienstleistungen eines Unternehmens erfahren.

Nicht zu verwechseln mit der Marktforschung ist die **Markterkundung.** Hier werden gelegentlich – also von Fall zu Fall – und unsystematisch Informationen zusammengetragen.

BEISPIEL

- Messebesuche
- Gespräche mit Kunden
- Weiterbildungsseminare

Eine Messe ist eine gute Möglichkeit der Markterkundung.

Dies ist in der Regel kostengünstiger als das systematische, planvolle und umfassende Vorgehen bei der Marktforschung. Diese wiederum stellt aber die besseren Ergebnisse zur Verfügung.

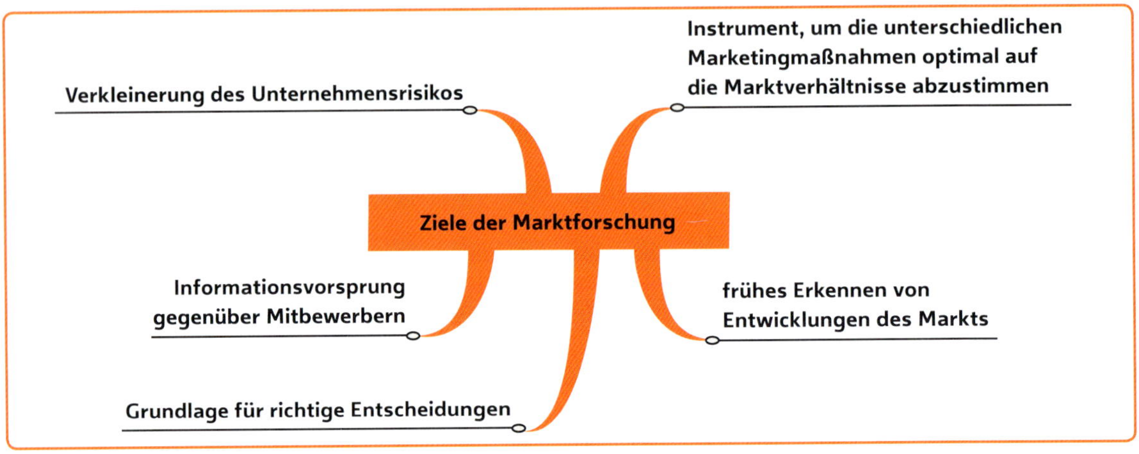

Entscheidungen im Bereich der Marktforschung

Unternehmen, die Marktforschung betreiben möchten, müssen verschiedene Entscheidungen treffen:

- Was soll untersucht werden?
- Über welchen Zeitraum sollen die gesammelten Informationen Auskunft geben?
- Welche Methoden der Informationsgewinnung sollen angewandt werden?

Ein Marktforschungsprojekt läuft normalerweise in mehreren Schritten ab. Die Arbeit der Marktforschung beginnt mit der Definition des Problems und endet mit einem Bericht und eventuellen Handlungsempfehlungen an den Auftraggeber:

- Das Problem muss formuliert, Ziele müssen definiert werden.
  Was ist das Ziel der Untersuchung (z. B. Analyse der Kundenzufriedenheit)?
- Die Untersuchungsart muss festgelegt werden.
  Mit welcher Marktforschungsmethode kann das Ziel erreicht werden?
- Die Zielgruppe wird festgelegt.
  Welchen Umfang soll die Untersuchung haben?
- Das Erhebungsinstrument wird gestaltet.
  Wie soll die Untersuchung im Detail durchgeführt werden?
- Die Untersuchung wird durchgeführt.
  Welche Besonderheiten sind hierbei zu beachten?
- Die erhobenen Daten werden analysiert und interpretiert.
  Welche Analyseverfahren werden angewendet?
- Die Ergebnisse werden dargestellt.
  Berichterstellung mit den wesentlichen Ergebnissen, den Schlussfolgerungen sowie Handlungsempfehlungen an den Auftraggeber

Problemlösungsprozess im Bereich der Marktforschung

↓

1. Ausgangslage
- Erkennen der Problemstellung
- Formulierung von Hypothesen

↓

2. Beschaffung und Auswertung von Sekundärmaterial

↓

3. Festlegung des Ziels der Marktuntersuchung

↓

4. Bestimmung der Maßnahmen
- Informationsträger
- Erhebungsmethode

↓

5. Mitteleinsatz
- Träger der Durchführung
- Budget

↓

6. Vorbereitung der Durchführung
- detaillierte Ausgestaltung der Erhebung (Interviewfragen, Fragebogen, Testmaterial)
- Pretest
- Schulung der Befrager, Tester

↓

7. Durchführung der Erhebung

↓

8. Datenaufbereitung und Auswertung

↓

9. Erstellen des Schlussberichts mit Resultaten

↓

10. Überprüfung der Zielerreichung

Vgl. Thommen, Jean-Paul: Managementorientierte Betriebswirtschaftslehre. Zürich: Versus Verlag 2004, S. 222.

Methoden der Marktforschung im Hinblick auf den ausgewerteten Zeitraum

Marktanalyse, Marktbeobachtung und Marktprognose unterscheiden sich zeitbezogen.

Marktanalyse

Bei der Marktanalyse beschränkt sich die systematische Untersuchung des Markts auf einen bestimmten Zeitpunkt: Die Marktsituation und -struktur wird nur punktuell – also nur einmal – dargestellt.

Marktbeobachtung

Da sich Marktverhältnisse häufig ändern, reicht eine Marktanalyse oft nicht aus. Dann wird eine ständige Marktbeobachtung notwendig. Die Marktbeobachtung ist eine fortlaufende Beobachtung der Entwicklung und Veränderung des Markts in einem bestimmten Zeitraum.

Marktprognose

Mithilfe des vorliegenden Datenmaterials wird versucht, die zukünftige Marktentwicklung richtig abzuschätzen und vorauszuberechnen.

Methoden im Hinblick auf die verwendeten Informationsquellen

Sekundärforschung und Primärforschung bedienen sich verschiedener Informationsquellen.

Sekundäre Marktforschung

Weil sie schnell und kostengünstig zu Ergebnissen führt, wird oft zunächst die sekundäre Marktforschung angewendet.

DEFINITION

Bei der **sekundären Marktforschung** liegen die Daten bereits vor.

BEISPIEL

Frau Zahn erläutert Daniel Stern die Sekundärforschung: „Bei der sekundären Marktforschung wird das bereits vorhandene Datenmaterial verwendet. Man kann sie daher salopp auch als Schreibtischforschung bezeichnen."

Die Daten wurden für andere Zwecke erhoben, werden jetzt aber für den Untersuchungsgegenstand der Marktforschung neu aufbereitet und interpretiert. Das Datenmaterial kann entweder aus betriebsinternen oder externen (betriebsfremden) Quellen entstammen.

Vorteile der sekundären Marktforschung liegen darin, dass das Datenmaterial jederzeit zur Verfügung steht und auch schnell und leicht ausgewertet werden kann.

BEISPIEL

Betriebsinterne Quellen	**Externe Quellen**
– Auftragseingänge – Absatzstatistiken – Bilanzen – Lagerstatistiken – Inventuren – Vertriebskostenrechnungen, Reklamationen – Besuchsberichte des Außen- und Kundendienstes – Kundendateien – eigene Datenbanken	– amtliche Statistiken (Bund, Länder und Gemeinden) – Informationen der Wirtschaftsorganisationen und -verbände – wirtschaftswissenschaftliche Institute und Marktforschungsinstitute – Nachschlagewerke – Fachliteratur – Zeitungen und Zeitschriften – Messe- und Ausstellungskataloge – Geschäftsberichte – Presseveröffentlichungen

Informationsgewinnung durch sekundäre Marktforschung für einzelne Marketingaktivitäten

Information über / Informationsquellen	Absatzwege		Absatzform		Produkt- und Sortimentsgestaltung		Preisgestaltung		Lieferungs- und Zahlungsbedingungen		Werbung, PR, Verkaufsförderung		Kundendienst	
	Konkurrenz	**Eigene**	**Konkurrenz**	**Eigene**	**Konkurrenz**	**Eigene**	**Konkurrenz**	**Eigene**	**Konkurrenz**	**Eigene**	**Konkurrenz**	**Eigene**	**Konkurrenz**	**Eigene**
I. Intern														
1. Umsatzstatistik		x		x		x		x		x		x		x
2. Auftragsstatistik		x		x		x		x				x		
3. Kostenrechnung						x		x				x		x
4. Kundendatei				x		x				x		x		x
5. Kundenkorrespondenz		x		x		x		x		x		x		x
6. Absatzmittlerdatei		x				x		x		x				x
7. Vertreterbereich	x	x	x	x	x	x	x	x	x	x	x	x	x	x
8. Kundendienstberichte					x	x						x	x	x
9. Berichte des Einkaufs	x	x	x		x	x			x		x			
II. Extern														
10. Amtliche Statistik, Umsätze					x									
11. Amtliche Statistik, Preis							x							
12. Prospekte, Kataloge	x		x		x		x		x		x		x	
13. Geschäftsberichte	x		x		x				x					
14. Wirtschaftszeitungen	x		x		x		x		x		x		x	
15. Fachzeitschriften	x	x			x						x		x	
16. Adress-, Handbücher usw.		x		x							x	x		
17. Adressenbüros		x		x								x		
18. Messekataloge und -besuche	x		x		x		x		x		x		x	

Quelle: Meffert, Heribert; Burmann, Christoph; Kirchgeorg, Manfred: Marketing. Wiesbaden: Gabler 2008, S. 154. (verändert)

Als nachteilig kann sich auswirken, dass das Datenmaterial nicht unbedingt exklusiv ist. Es passt auch nicht immer zu der zu lösenden Problemstellung. Daher wird nach der sekundären Marktforschung oft auch ein Verfahren der primären Marktforschung angewandt.

Primäre Marktforschung

Die primäre Marktforschung gewinnt Informationen direkt an ihrem Entstehungsort: Ein bestimmter Markt wird neu und erstmalig untersucht.

Die primäre Marktforschung bedient sich folgender Methoden:

- Befragung
- Beobachtung
- Experiment

Befragung

Die Befragung ist die meistgenutzte Erhebungsmethode in der Marktforschung. Sie bietet sich für eine Vielzahl an Fragestellungen und Zielgruppen an. Befragt werden können Kunden, andere Marktteilnehmer oder Beschäftigte.

Es gibt vier grundsätzliche Arten der **standardisierten Befragung.** Dabei werden jeweils die Formulierung der Fragen, ihre Reihenfolge sowie die Antwortmöglichkeiten und das Interviewer-Verhalten genau festgelegt:

- **mündliche Befragung**
  Sie ist sehr zeitaufwendig und teuer, da die Fragen direkt von einem Interviewer gestellt werden.

Kundenbefragung auf einer Einkaufsstraße

- **telefonische Befragung**
  Bei telefonischen Befragungen erfolgt das Interview im Rahmen eines Telefongesprächs. Anfahrtszeit und -kosten entfallen zwar für den Interviewer, dennoch sind die Befragungskosten noch relativ hoch.
- **schriftliche Befragung**
  Hierzu wird ein gedruckter Fragebogen verschickt. Schriftliche Befragungen sind insgesamt günstiger als mündliche oder telefonische Befragungen, lediglich Versandkosten und -zeit fallen an. Im Vergleich ist jedoch die Rücklauf- und Antwortquote deutlich geringer.

Multiple-Choice-Fragebogen

- **Onlinebefragungen**
  Bei Onlinebefragungen wird ein Fragebogen auf einer Internetseite zur Verfügung gestellt. Bei einer anderen Variante wird er per E-Mail verschickt.

Ein **Panel** ist eine Sonderform einer standardisierten Befragung. Dieser Begriff bezeichnet die mehrmalige Befragung einer identischen Gruppe von Personen bzw. Personengruppen zum selben Thema. Dadurch lassen sich schnell und leicht Veränderungen im Verhalten oder in der Meinungsbildung einer Zielgruppe erkennen. Wichtige Arten sind:

- **Handelspanel**
  Handelspanels bestehen überwiegend aus Handelsunternehmen als Mittlern zwischen Industrie und Konsumenten. Sie untersuchen Lagerbestände und An- und Verkäufe bestimmter Artikel kontinuierlich über eine bestimmte Zeitperiode (z. B. ein Jahr lang alle zwei Monate). Die zentrale Fragestellung lautet: Über welche Absatzwege werden welche Waren in welchen Mengen verkauft?
- **Verbraucherpanel**
  Verbraucherpanels erfassen, welche Käufe hauptsächlich von Einzelpersonen getätigt werden (Individualpanel) und welche Einkäufe sich auf den gesamten Haushalt beziehen (Haushaltspanel). Sie haben die zentrale Fragestellung: Welcher Konsument bzw. Personenkreis kauft welche Güter?

Nicht standardisierte Befragungen können einen sehr freien Gesprächsverlauf nehmen, der sehr in die Tiefe bzw. in die Breite gehen kann. Dem Fragenden steht dabei nur ein Leitfaden zur Verfügung, der das Ziel des Interviews und eine Themengruppe enthält.

Beobachtungen

Eine Beobachtung wird immer nonverbal durchgeführt. Sie ist daher im Gegensatz zu einer Befragung von der Auskunftsbereitschaft der am Marktgeschehen beteiligten Personen unabhängig. Zielgerichtet wird das Verhalten interessierender Personen erfasst. Sinnlich wahrnehmbare Phänomene werden untersucht und aufgezeichnet. Gegenstand der Beobachtung können Eigenschaften und Verhaltensweisen

- von Personen (z. B. Beobachten des Kaufverhaltens, von Passanten, von Lesern)
- oder von Sachen (Platzierung von Produkten in Regalen, Gerätebenutzung) sein.

Kundenlaufstudien

Ein typisches Beispiel für das Marktforschungsinstrument Beobachtungen sind Kundenlaufstudien im Einzelhandel. Sie bringen Transparenz in das Einkaufsverhalten der Kunden und beantworten die für Einzelhandelsunternehmen zentralen Fragen:

- Welchen Weg wählen die Kunden durch den Verkaufsraum?
- Wie beeinflusst dieser Weg ihr Kaufverhalten?

Verdeckte Beobachter erfassen die Bewegung und das Verhalten der Kunden auf einer elektronischen Karte. So können verkaufsschwache oder verkaufsstarke Ladenbereiche genau identifiziert werden. Die Unternehmen können auf das Kundenverhalten mit unterschiedlichen Verkaufsstrategien reagieren, z. B.:

- An verkaufsstarken Stellen werden Artikel mit hohen Gewinnspannen platziert.
- An verkaufsschwachen Stellen werden sog. Mussartikel (z. B. Milch, Zucker in Lebensmittelgeschäften) oder Aktionsartikel platziert.

BEISPIEL

Geht der Kunde durch einen Gang, halten die verdeckten Beobachter über ein dort aufgestelltes Regal u. a. fest:

- „Am Regal wird vorbeigegangen." (Frequenz)
- „Kunde informiert sich am Regal." (In vielen Fällen wird auch festgehalten, wie lange er am Regal bleibt und welche Regalbereiche er betrachtet.)
- „Kunde kauft Ware."
- „Kunde geht in Richtung ..."

Bei einer Auswertung aller Daten durch die EDV werden Kundenströme und Verweildauer der Kunden innerhalb der Verkaufsräume sichtbar. Erkennbar werden so:

- tote Winkel und Ecken in den Geschäftsräumen
- Laufhindernisse
- Wege, die von Kunden kaum genommen werden
- Wegstrecken, die die Kunden schnell bewältigen
- Wege, auf denen die Kunden sich langsam bewegen

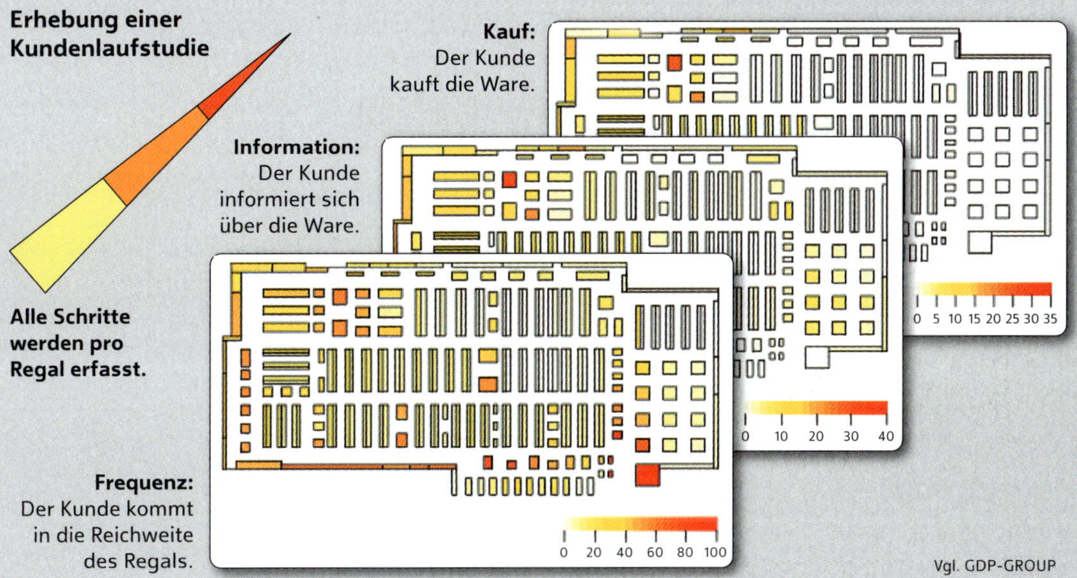

Vgl. GDP-GROUP

Blickverlauf und Blickverweildauer eines Kunden, der einen Eyetracker trägt.

Experiment

Mit Experimenten können Zusammenhänge zwischen Ursache und Wirkung erschlossen werden. Es werden gezielt bestimmte Bedingungen hergestellt und deren Auswirkungen beobachtet. So wird beispielsweise eine Versuchsanordnung mit vorgegebenen Rahmenbedingungen geschaffen. Dann verändert man einen ganz bestimmten Einflussfaktor, um die Reaktion darauf als Wirkung zu messen.

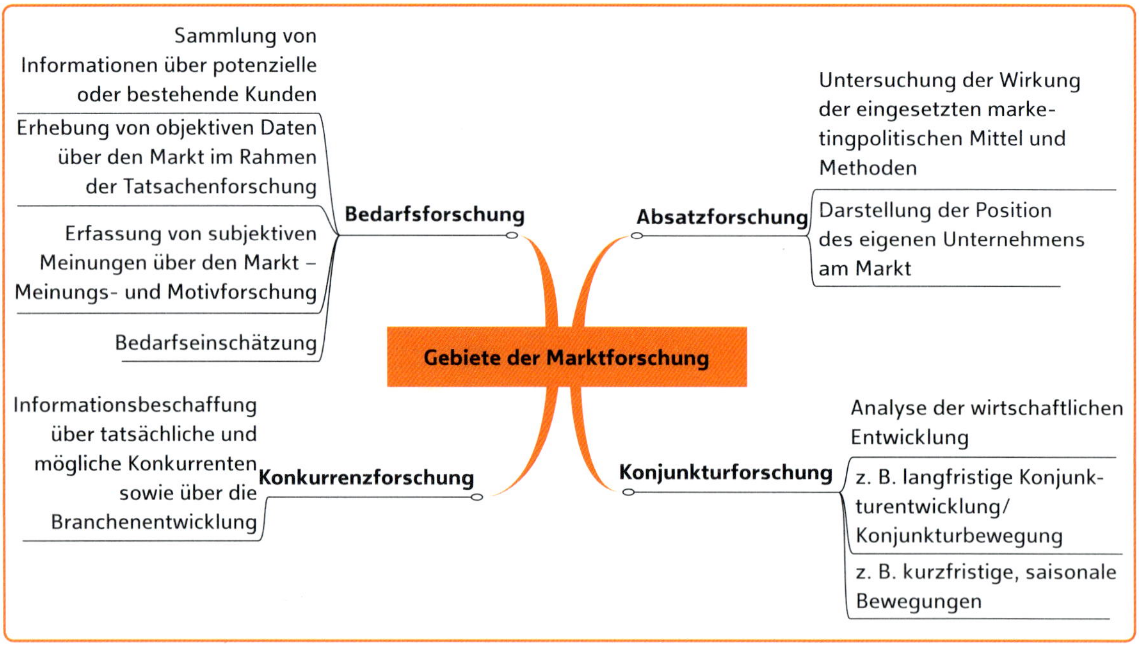

AUFGABEN

1. Warum sollten Unternehmen Marktforschung betreiben?
2. Wodurch unterscheidet sich die Markterkundung von der Marktforschung?
3. Welche Methoden der Marktforschung unterscheiden sich hinsichtlich des Zeitraums der Erhebung?
4. Erläutern Sie den Unterschied zwischen Primär- und Sekundärforschung.
5. Führen Sie Beispiele für Informationsquellen der sekundären Marktforschung auf.
6. Erläutern Sie den Begriff Panel.
7. Welche Arten des Panels gibt es?
8. Auf welche Weisen können Befragungen durchgeführt werden?
9. Wie wird im Rahmen der Marktforschung ein Experiment angewendet?
10. Welche der unten stehenden Antworten ist ein Beispiel für Sekundärforschung?
    a) Fieldresearch
    b) Neues Zahlenmaterial wird gesammelt und ausgewertet.
    c) Bereits vorhandenes Zahlenmaterial wird ausgewertet.
    d) Neues Zahlenmaterial für eine bestehende Marktuntersuchung wird benötigt.
    d) Kundenbefragung
11. Sie werden gebeten, externe Datenquellen auszuwerten. Was verstehen Sie unter betriebsexternen Datenquellen?
    a) Messeberichte
    b) Lagerbestandslisten, Warenpreislisten
    c) Berichte vom Außendienst
    d) Jahrbücher, Zeitungsberichte, Geschäftsberichte
    e) Bilanz
12. Geben Sie für die folgenden Beispiele an, um welches Verfahren der Marktforschung es sich handelt.
    a) Die Marfor GmbH – ein renommiertes Marktforschungsinstitut – untersucht laufend die Kundengewohnheiten auf dem Textilmarkt.
    b) In diesem Bericht gibt die Marfor GmbH Trendempfehlungen für das nächste Jahr.
    c) Ziel dieses Marktforschungsverfahrens ist das Erkennen von Ursache-Wirkungs-Zusammenhängen.
13. Welche Marktforschungsmethode wird in dem folgenden Zeitungsausschnitt beschrieben?

Dem Kunden mit System auf der Spur

(Zürich) Montagnachmittag in Seebach bei Zürich: Der 280 qm große Pick Pay Markt wird entsprechend der ruhigen Stunde eher spärlich frequentiert. Die wenigen Kunden tätigen ihre Einkäufe, vergleichen Preise und schauen nach Sonderangeboten. Nichts, was besonders auffällig wäre. Und doch ist etwas außergewöhnlich in dem Markt, auch wenn es kaum einem Kunden auffällt: Seit letzter Woche hängt eine unauffällige Schiene quer über der Decke, parallel zur Beleuchtung. In ihr sind Infrarotsensoren integriert. Sie reagieren auf die ebenfalls in den Einkaufswagen installierten Sensoren. Damit soll herausgefunden werden, wie viele Kunden sich wann und wo im Markt befinden.

Am Personal Computer demonstriert August Egli, wie das Tracking System funktioniert: Auf dem Bildschirm ist der Grundriss des Marktes angeordnet. Wie bei einem Computerspiel blinken die einzelnen Einkaufswagen, die an den Regalen entlang gemessen werden. Mit Farbtönungen lassen sich sowohl stark frequentierte Flächen als auch solche, bei denen kaum Publikum gezählt wird, hervorheben.

Aus diesen Bildern kann man Schlüsse ziehen, erklärt Egli und veranschaulicht am Beispiel eines Marsh-Marktes von 3500 qm, wie das funktioniert. Der Laden, dessen Kundenfrequenz aufgezeichnet wurde, befindet sich in den Vereinigten Staaten in einer sogenannten „Blue collar"-Gegend, was mit unterer Mittelschicht zu übersetzen ist. Durch die Aufzeichnung des Kundenlaufstroms am Computer habe man sehen können, dass die hochwertige Weinabteilung genauso wenig frequentiert wurde wie die Kosmetikabteilung. Die daraus abgeleiteten Maßnahmen, statt hochpreisiger Weine günstige Sixpack-Biere in das Sortiment zu nehmen und die Kosmetika im Mittelpreissegment anzusiedeln, hätten die Kundenfrequenz in den „toten Zonen" um 30 Prozent erhöht, berichtet Egli.

Quelle: Homburg, Christian; Krohmer, Harley: Marketingmanagement. Wiesbaden: Gabler 2003, S. 236.

14. Mit großer Wahrscheinlichkeit können Sie an Ihrer berufsbildenden Schule gegen den kleinen oder großen Hunger etwas an einem Kiosk oder einer Verkaufsstätte kaufen. Auch Schulbedarf ist dort oft zu haben. Betrieben wird der Kiosk/die Verkaufsstätte entweder von einem Hausmeister, anderen Personen oder evtl. auch von Schülergruppen im Rahmen von Projekten.

In dieser Aufgabe sollen Sie nun die Situation dieser Verkaufsstätte untersuchen. Von Interesse ist einerseits, was gekauft wird, und andererseits, was im Sortiment vermisst wird.

Bilden Sie dazu vier Gruppen:

a) Gruppe 1 und 3 bereiten einen Fragebogen vor, mit dem die Käufer nach den Käufen gefragt werden. Die Gruppen 2 und 4 bereiten eine Beobachtung vor. Dazu gehört beispielsweise die Auswahl eines Standorts, von dem aus man mögliche Käufer beobachten kann, ohne dass dies auffällt.

b) Die Gruppen 1 und 2 führen ihre Maßnahme in der ersten Pause, die Gruppen 3 und 4 in der 2. Pause durch.

c) In der Woche darauf sollen die Ergebnisse ausgewertet werden.
Präsentieren Sie die Ergebnisse der Klasse.

Entwicklung eines Fragebogens

Mithilfe eines Fragebogens kann das Interview seitens des Interviewers leichter gesteuert werden. Mit seiner Hilfe ist eine genauere Informationsbeschaffung möglich. Die Fragen sollten gut vorbereitet sein. Handelt es sich um ein längeres Interview, sollte dieses mit Unterstützung eines Mobiltelefons mitgeschnitten werden. So hat man hinterher die Möglichkeit, die Antworten des Interviewten weitgehend originalgetreu festzuhalten. Wenn der Interviewte die Frage nicht allein mit „Ja" oder „Nein" beantworten soll, muss diese offen gestellt werden.

Häufig werden geschlossene Fragen gestellt, die nur mit „Ja" oder „Nein" beantwortet werden können. Dies erleichtert die spätere Auswertung.

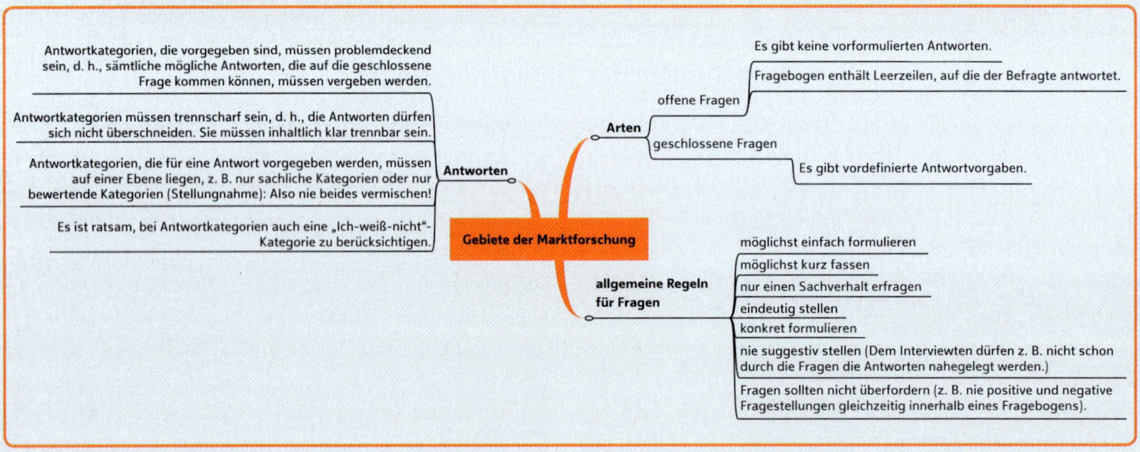

In Marktforschungsstudien werden in der Regel halbstandardisierte Interviews bevorzugt, die eine Kombination offener sowie geschlossener Fragen beinhalten.

Nach Entwicklung des Fragebogens sollte zur Qualitätsverbesserung ein **Pretest** durchgeführt werden. Dabei wird vor der eigentlichen Umfrage mithilfe von Testpersonen, die der eigentlichen Zielgruppe ähnlich sein sollten, die Qualität des Fragebogens überprüft. Nach Auswertung des Pretests kann bei zufriedenstellenden Ergebnissen die eigentliche Befragung gestartet werden, ansonsten müssen am Fragebogen noch Verbesserungen vorgenommen werden.

BEISPIEL

offene Frage:

Was gefällt Ihnen besonders an unserem Fachgeschäft, dass Sie dieses dem Fachmarkt von gegenüber vorziehen?

____

____

____

____

geschlossene Frage:

Gehen Sie gerne in unserem Fachgeschäft einkaufen?

☐ Ja ☐ Nein

15. a) Lesen Sie Kapitel 8.2 und erstellen Sie eine Mindmap mit den wichtigsten Informationen.

b) Bereiten Sie sich darauf vor, einen kurzen Vortrag über den Inhalt dieses Kapitels zu halten. Als Hilfsmittel dürfen Sie Ihre Mindmap verwenden.

ZUSAMMENFASSUNG

Marktforschung
= systematische und planvolle Beschaffung von Informationen über den Markt

Aussagen über Zeitraum

- **Marktanalyse**
  Untersuchung zu einem Zeitpunkt
- **Marktbeobachtung**
  Untersuchung eines Zeitraums
- **Marktprognose**
  Voraussage einer zukünftigen Marktentwicklung

verwendete Informationsquellen

- **primäre Marktforschung**
  - Erhebung neuer Daten
  - Arten:
    - Befragung
    - Beobachtung
    - Experiment
- **sekundäre Marktforschung**
  - Auswertung vorhandener Daten
  - Arten
    - betriebsintern
    - betriebsextern

8.3 ANGEBOT UND NACHFRAGE

Herr Hetzel, Leiter der Abteilung Einkauf bei der Lahmann KG, bekommt am Morgen folgenden Artikel vorgelegt:

Vor dem Hintergrund der einerseits gestiegenen gewaltigen Nachfrage potenzieller Käufer, andererseits wegen der immer geringeren Angebote sind die internationalen Baumwollpreise seit 2021 deutlich gestiegen. Experten rechnen damit, dass ab 2022 die Preise die Höhe von 0,70 $ je lb (1 lb = 0,454 kg) deutlich übersteigen werden. Vor diesem Hintergrund gehen die Experten auch davon aus, dass die Baumwolllagerbestände erheblich sinken werden.

1. *Was verstehen Sie unter einem Markt?*
2. *Welche Informationen sind für Herrn Hetzel von Interesse?*
3. *Warum steigt der Preis von Baumwolle?*
4. *Welche Konsequenzen hat die Preissteigerung des Weltmarktpreises für Baumwolle für die Lahmann KG?*

INFORMATION

Begriff und Funktion des Markts

Jeder hat den Begriff Markt schon einmal gehört. So gibt es Wochenmärkte, Jahrmärkte, Aktienmärkte, Großmärkte, Blumenmärkte, Bauernmärkte, Supermärkte ... Die Liste ließe sich nahezu unendlich erweitern. Aber: Was steckt eigentlich hinter dem Begriff Markt?

Grundsätzlich ist überall dort ein Markt anzutreffen, wo ein Austausch stattfindet, sei er geldlich, stofflich oder virtuell. Märkte können zeitlich und räumlich begrenzt sein (z. B. beim Wochenmarkt) oder auch zeitunabhängig stattfinden (z. B. Kapitalmärkte).

DEFINITION

In der Betriebswirtschaft ist ein **Markt** das Aufeinandertreffen von Angebot und Nachfrage nach einem Gut oder einer Dienstleistung.

Während nach Kriegsende in den 1950er-Jahren überwiegend Verkäufermärkte herrschten, in denen der Verkäufer aufgrund von Gütermangel die Preise nach seinen Vorstellungen gestalten konnte, sind heute überwiegend Käufermärkte vorzufinden. Beim Käufermarkt haben die Käufer einen hohen Einfluss auf den Preis, das Angebot ist höher als die Nachfrage.

Die Hauptaufgabe des Markts ist es, das Angebot und die Nachfrage zu regulieren. Ein Hauptinstrument dabei ist der Preis.

Marktformen

Das Angebot für bestimmte Güter und Dienstleistungen wird von den Anbietern bestimmt. Dabei ist es beispielsweise für die Preisbildung wesentlich, wie viele Anbieter auf dem Markt sind. Ebenso ist die Preisbildung davon abhängig, wie viele Nachfrager sich auf einem Markt versammeln.

BEISPIEL

Die Fashion AG kann gegenüber der Lahmann KG deutlich stärker auftreten, weil sie keine Konkurrenten hat.

Aber auch bei den Nachfragern gibt es **monopolistische** Strukturen. Wenn ein Unternehmen nur einen oder sehr wenige Kunden hat, ist es vom Kunden abhängig. Wenn der Kunde etwa woanders kauft oder finanzielle Schwierigkeiten bekommt, bricht der gesamte Umsatz des Unternehmens ein.

BEISPIEL

Eine Zahnradfabrik hat in den letzten zehn Jahren ihre Umsätze verdreifacht. Um die Nachfrage bzw. die Produktion zu sichern, hat sich im gleichen Zeitraum die Zahl der Beschäftigten von 120 auf 280 erhöht.

Grund für dieses Wachstum war ein neuer Großkunde aus der Automobilindustrie. Während vor zehn Jahren viele kleine Kunden für den Umsatz gesorgt haben, kaufen diese mittlerweile bei der Konkurrenz. Die Zahnradfabrik macht heute knapp 95 % ihres Umsatzes mit dem Unternehmen aus der Automobilindustrie.

Marktformen nach Zahl der Teilnehmer

		Zahl der Anbieter		
		einer	wenige	viele
Zahl der Nachfrager	einer	zweiseitiges Monopol	beschränktes Nachfragemonopol	Nachfragemonopol
	wenige	beschränktes Angebotsmonopol	zweiseitiges Oligopol	Nachfrageoligopol
	viele	Angebotsmonopol	Angebotsoligopol	Polypol

Die oben stehende Tabelle zeigt Monopole (mono = ein), Oligopole (olig = wenig) und Polypole (poly = viel).

Monopol

Ein Monopol ist immer dann gegeben, wenn es entweder nur einen Anbieter oder nur einen Nachfrager gibt (oder beides). Mögliche Monopole können staatliche Monopole sein (z. B. Stadtwerke), gesetzliche Monopole (etwa durch den Schutz von Patenten) oder natürliche Monopole durch die besondere geografische Lage (z. B. Diamantenvorkommen in Afrika).

- ➔ Beim **Angebotsmonopol** besteht aufgrund der hohen Marktmacht der Anbieter eine Tendenz zu hohen Preisen.
- Beim **Nachfragemonopol** besteht aufgrund der hohen Marktmacht der Nachfrager eine Tendenz zu niedrigen Preisen.

Oligopol

Befinden sich nur wenige Anbieter oder wenige Nachfrager auf dem Markt, so wird von einem Oligopol gesprochen. Ein Oligopolist hat einen relativ hohen Marktanteil und dadurch immer noch eine hohe Marktmacht.

Polypol

Wenn einer großen Zahl von Anbietern eine große Zahl von Nachfragern gegenübersteht, dann spricht man von einem Polypol. Es herrscht eine sogenannte **vollständige Konkurrenz.** Die Auswirkungen und Funktionen des Preises werden weiter unten erläutert.

Marktarten

Eine andere Möglichkeit, Märkte zu analysieren, ist die Unterscheidung nach verschiedenen Marktarten. Dabei ist zum einen der **Faktormarkt** zu nennen. Darunter wird in der Volkswirtschaft ein Markt verstanden, auf dem Produktionsfaktoren sowohl ein- als auch verkauft werden.

Faktormärkte	
Bodenmarkt	Hier werden beispielsweise Immobilien und Grundstücke gehandelt.
Arbeitsmarkt	Auf dem Arbeitsmarkt bieten Menschen Arbeit an und die Unternehmen fragen Arbeit nach.
Kapitalmarkt	Der Kapitalmarkt ist der Finanzmarkt für mittel- und langfristige Kredite. Haushalte, Unternehmen, aber auch der Staat nutzen diesen Markt zur Finanzierung ihrer Investitionen und/oder Ausgaben

Eine weitere Marktart ist der **Gütermarkt.** Auf Gütermärkten werden Waren und Dienstleistungen gehandelt. Im Wirtschaftskreislauf gibt es nicht nur Konsumgüter, sondern auch Investitionsgüter.

Gütermärkte	
Konsumgütermarkt	Diese Güter werden für den privaten Ge- oder Verbrauch produziert und gehandelt. Sie dienen in erster Linie dem privaten Konsum.
Investitionsgütermarkt	Diese Güter sind in erster Linie für den Produktionsprozess vorgesehen und werden nicht direkt verbraucht, sondern sind langlebiger. In der Buchführung werden diese Güter häufig als Anlagevermögen aufgeführt.

Die Preise auf dem vollkommenen Markt

Bei der Preisbildung spielen sehr viele Faktoren eine Rolle. Grundsätzlich ist der Preis ein Zusammenspiel von Angebot und Nachfrage.

➔ Angebot und Nachfrage regeln den Preis.

Ein wichtiger Faktor bei der Preisbildung ist die Anzahl der Marktteilnehmer. Es wird die Preisbildung auf dem **vollkommenen Markt** (vollständige Konkurrenz) betrachtet. Wie bereits oben gesagt, ist ein vollkommener Markt in einem Polypol gegeben, das heißt, es existieren sehr viele Anbieter und sehr viele Nachfrager. In der volkswirtschaftlichen Theorie werden weitere Annahmen getroffen, um die sehr viel komplexere Realität der Preisbildung in einem Modell zu veranschaulichen.

Merkmale des vollkommenen Marktes:

- Sämtliche Marktteilnehmer (Anbieter und Nachfrager) haben völlige **Markttransparenz** (Marktübersicht).
- Die Produkte sind **homogen**, das heißt, sie unterscheiden sich nicht in Art, Aufmachung oder Qualität.

- **Sämtliche Reaktionen** der Marktteilnehmer auf veränderte Marktsituationen treten **sofort**, ohne zeitliche Verzögerung ein.
- Es gibt keine räumlichen und zeitlichen Unterschiede, das heißt, Anbieter und Nachfrager treffen sich am selben Ort zur selben Zeit (**Punktmarkt**).
- Die Marktteilnehmer haben **keine Präferenzen** (Vorlieben) in Bezug auf die Person (z. B. freundlich/unfreundlich), auf die Sache (z. B. besserer Service), auf die Zeit (z. B. unterschiedliche Öffnungszeiten) oder auf den Raum (z. B. der „Laden nebenan“).

BEISPIEL

Spielen wir den vollkommenen Markt an einem Beispiel durch: Auf dem Wochenmarkt weiß Frau Schlaumann genau, wie hoch an den einzelnen Ständen die Gemüsepreise sind. Ihr ist auch bekannt, dass alle Gemüsehändler die gleiche Qualität anbieten. Sie hat auch keine Vorlieben oder Sympathien gegenüber einem Händler. Heute will sie 20 kg Kartoffeln kaufen und geht zufällig zu einem Händler. Diese erhöhte Nachfrage hätte auf einem vollkommenen Markt direkt eine Preiserhöhung der Kartoffeln zur Folge.

In der Realität ist es natürlich nicht so, dass die Merkmale des vollkommenen Markts immer gegeben sind. Der Käufer hat in der Regel Präferenzen und kann nicht immer den ganzen Markt überblicken. Außerdem unterscheiden sich die Produkte durchaus in der Qualität, sie sind also nicht homogen. Der Kauf auf dem Wochenmarkt hat auch keinen unmittelbaren Preisanstieg zur Folge.

Die Nachfrager der privaten Haushalte agieren nach dem Prinzip der **Nutzenmaximierung.** Dies bedeutet, dass die Nachfrager eine größtmögliche Bedürfnisbefriedigung mit ihrem begrenzten Einkommen erreichen wollen. Daher sind sie bestrebt, ihre Einkäufe so günstig wie möglich zu tätigen. Daraus folgt:

→ • Je höher der Preis, desto niedriger ist die Nachfrage.
• Je niedriger der Preis, desto höher ist die Nachfrage.

Die Anbieter, das heißt die Unternehmen, verfolgen das Ziel der **Gewinnmaximierung.** Sie möchten daher ihre Waren und Dienstleistungen so teuer wie möglich anbieten. Daraus folgt:

→ • Je höher der Preis, desto größer ist das Angebot.
• Je niedriger der Preis, desto geringer ist das Angebot.

Funktionen des Preises

- **Ausgleichsfunktion**
  Der Marktpreis bringt Nachfrage und Angebot zum Ausgleich. Er räumt den Markt, hier ist der größtmögliche Absatz.
- **Signalfunktion**
  Der Marktpreis zeigt den Knappheitsgrad eines Guts an. Preissteigerungen signalisieren, dass das Gut relativ knapper geworden ist. Entweder ist das Angebot bei gleichbleibender Nachfrage gesunken oder die Nachfrage bei gleichbleibendem Angebot gestiegen. Preissenkungen verlaufen dann analog.
- **Lenkungsfunktion**
  Der Marktpreis lenkt das Angebot auf diejenigen Märkte, auf denen eine große Nachfrage herrscht und somit hohe Marktpreise und Gewinne erzielbar sind (und umgekehrt). Die Produktionsfaktoren werden dort eingesetzt, wo mit hohen Gewinnen gerechnet wird.
- **Erziehungsfunktion**
  Der Preis auf dem vollkommen polypolistischen Markt ist bei allen Anbietern gleich. Der Preis zwingt (= erzieht) die Anbieter zur Kostensenkung, wenn sie ihren Gewinn maximieren wollen. Die Nachfrager werden dahingehend erzogen, preisgünstigste Einkaufsmöglichkeiten zu suchen, wenn sie ihren Nutzen maximieren wollen.

Anbieter- und Nachfrageverhalten im vollkommenen Markt

BEISPIEL

Die Hoffmann KG hat das Anbieter- und Nachfrageverhalten auf dem Baumwollmarkt analysiert. Dabei wurden in Bezug auf das wöchentliche Angebot und die wöchentliche Nachfrage auf dem deutschen Markt folgende Werte ermittelt:

Preis in US-$	Nachfragemenge in 1 000 lb	Angebotsmenge in 1 000 lb
0,30	98	10
0,40	90	20
0,50	83	30
0,60	75	40
0,70	68	50

Preis in US-$	Nachfragemenge in 1 000 lb	Angebotsmenge in 1 000 lb
0,80	60	60
0,90	53	70
1,00	45	80
1,10	38	90
1,20	30	100

Dieser Zusammenhang lässt sich auch grafisch in einem Koordinatensystem darstellen:

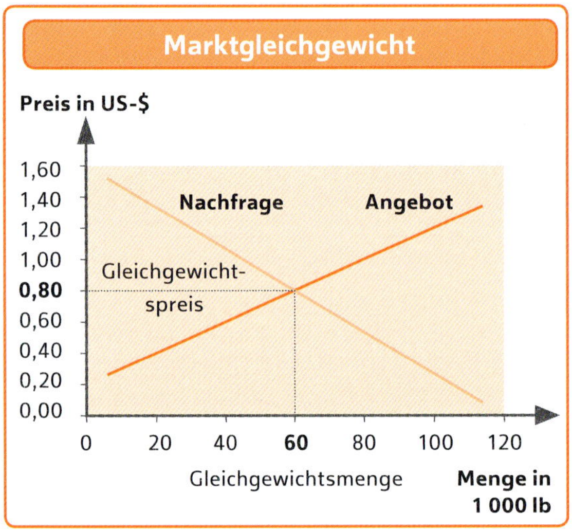

Im Koordinatensystem ist zu erkennen, wo der Gleichgewichtspreis und die Gleichgewichtsmenge sind, nämlich genau dort, wo sich Angebotskurve und Nachfragekurve schneiden (Marktgleichgewicht). Alle Anbieter auf dem deutschen Markt, die bereit sind, zum Gleichgewichtspreis von 0,80 US-$ ihre Baumwolle zu verkaufen, können ihre gesamte Produktion absetzen. Ebenso können bei diesem Preis alle Nachfrager, die bereit sind, den Preis zu zahlen, ihre gewünschte Menge Baumwolle kaufen.

Es wird auch davon gesprochen, dass für den Polypolisten im vollkommenen Markt der **Preis ein Datum** ist. Dies bedeutet, dass weder Anbieter noch Nachfrager direkten Einfluss auf den Preis ausüben können.

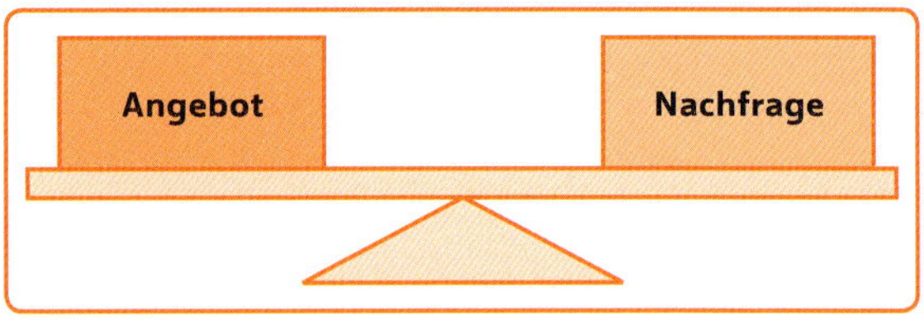

Anbieter- und Nachfrageverhalten abseits des Gleichgewichtspreises

Angebotsüberhang	Nachfrageüberhang
Was passiert mit den Anbietern, die Baumwolle zum höheren Preis, z. B. für 1,20 US-$, anbieten? Was passiert mit den Nachfragern, die bereit wären, einen höheren Preis zu zahlen (z. B. 1,20 US-$)? Dieser Sachverhalt ist auf der unten stehenden Grafik dargestellt.	Was passiert mit den Anbietern, die Baumwolle zum niedrigeren Preis, z. B. für 0,40 US-$, anbieten? Was passiert mit den Nachfragern, die nur bereit wären, einen niedrigeren Preis zu zahlen (z. B. 0,40 US-$)? Dieser Sachverhalt ist auf der unten stehenden Grafik dargestellt.

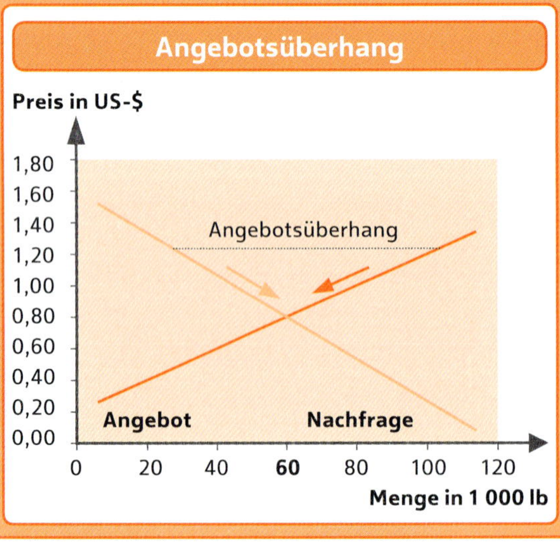

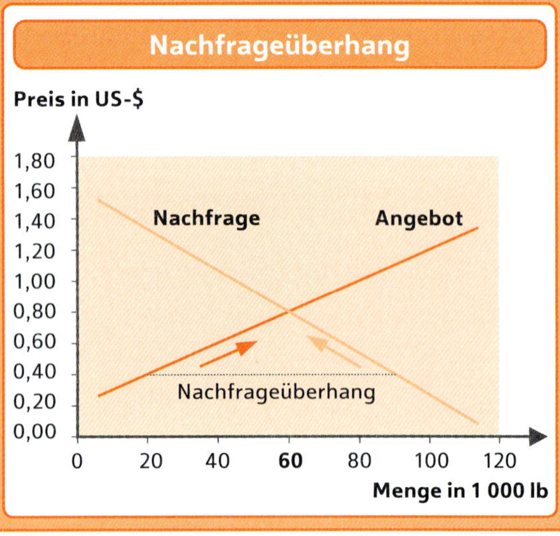

Anbieter- und Nachfrageverhalten abseits des Gleichgewichtspreises	
Angebotsüberhang	**Nachfrageüberhang**
Bei einem Preis von 1,20 US-$ sind 100000 Pfund (lb) im Angebot, weil bei diesem hohen Preis deutlich mehr Unternehmen Baumwolle anbieten würden. Auf der anderen Seite steht nur eine nachgefragte Menge von 30000 lb. Daraus ergibt sich ein Überangebot (Angebotsüberhang/Nachfragelücke) in Höhe von 70000 lb. Diese Menge werden die Unternehmen zu dem Preis nicht verkaufen können. Sie müssen die Preise senken (dunkler Pfeil). Die Preissenkung hat zur Folge, dass mehr und mehr nachgefragt wird (heller Pfeil). Schließlich treffen sich die Angebots- und Nachfragemenge wieder im Marktgleichgewicht.	Bei einem Preis von 0,40 US-$ werden lediglich 20000 lb von den Unternehmen angeboten, weil dieser Preis deutlich zu niedrig ist für die meisten Unternehmen, z.B. können viele hier ihre Produktionskosten nicht decken. Die nachgefragte Menge beträgt zugleich 90000 lb. Daraus ergibt sich eine deutlich höhere Nachfrage, als angeboten wird (Nachfrageüberhang/Angebotslücke) in Höhe von 70000 lb. Durch den Nachfrageüberhang werden die Unternehmen die Preise erhöhen (dunkler Pfeil), wodurch mehr Anbieter auf den Markt kommen. Der erhöhte Preis hat einen Nachfragerückgang zur Folge (heller Pfeil). Schließlich treffen sich die Angebots- und Nachfragemenge wieder im Marktgleichgewicht.

Änderungen der Angebotssituation

Auf den Märkten kommt es aufgrund verschiedenster Einflüsse häufig zu Veränderungen des Angebots oder der Nachfrage. Zunächst sollen Angebotsverschiebungen untersucht werden.

BEISPIEL

Aufgrund einer weltweit günstigen Wetterlage ist die Baumwollernte sehr gut ausgefallen. Dadurch wird das Angebot an Baumwolle höher ausfallen, was in der Folge niedrigere Preis bedeutet.

In der linken Grafik auf der Folgeseite ist das Ausgangsangebot mit A_0 dargestellt. Wenn nun aufgrund einer guten Ernte das Angebot steigt, verschiebt sich die Angebotskurve nach rechts (A_1). Der neue, gesunkene Gleichgewichtspreis befindet sich nun bei P_1 und die neue, gestiegene Gleichgewichtsmenge bei X_1.

BEISPIEL

Da im größten Anbauland für Baumwolle, China, im letzten Jahr eine Dürre herrschte, ist das Angebot in diesem Jahr deutlich geringer. Ein Preisanstieg ist die Folge.

Die Angebotskurve verschiebt sich bei einem geringeren Angebot nach links (A_2). Der neue, gestiegene Gleichgewichtspreis befindet sich nun bei P_2 und die neue, geringere Gleichgewichtsmenge bei X_2.

Änderungen der Nachfragesituation

Es können ebenso Veränderungen der Nachfrage entstehen, die dann eine Verschiebung der Nachfragekurve zur Folge haben.

BEISPIEL

Es ist ein neuer künstlicher Stoff entwickelt worden, der die Qualitätseigenschaften von Baumwolle enthält, aber deutlich günstiger ist. Dadurch kaufen viele Kunden, die vorher Baumwolle gekauft haben, nun diesen neuen Stoff. → Die Nachfrage geht zurück.

In der rechten Grafik auf der Folgeseite ist die Ausgangsnachfrage mit N_0 dargestellt. Wenn nun aufgrund einer neuen Produktentwicklung die Nachfrage nach Baumwolle sinkt, verschiebt sich die Nachkurve nach links (N_1). Der neue, gesunkene Gleichgewichtspreis befindet sich nun bei P_1 und die neue, ebenfalls geringere Gleichgewichtsmenge bei X_1.

BEISPIEL

Die neue Baumwolljacke „Cooly“ ist ein weltweiter Trendsetter geworden. Dadurch steigt die Nachfrage nach Baumwolle in nahezu allen Ländern.

Die Nachfragekurve verschiebt sich nun nach rechts (N_2). Der neue, gestiegene Gleichgewichtspreis befindet sich nun bei P_2 und die neue, ebenfalls gestiegene Gleichgewichtsmenge bei X_2.

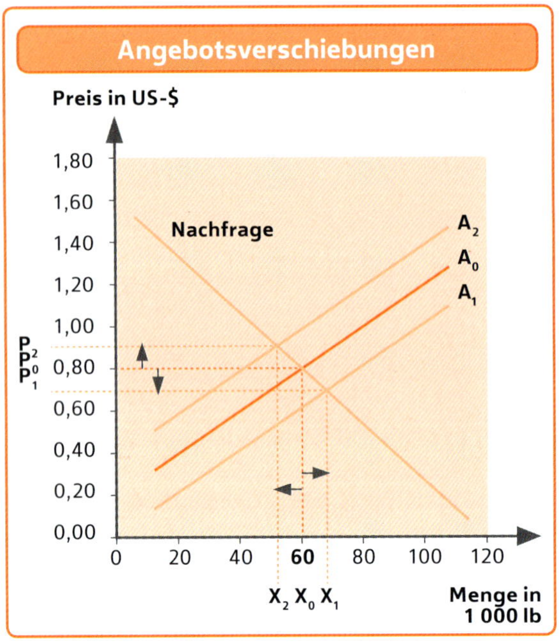

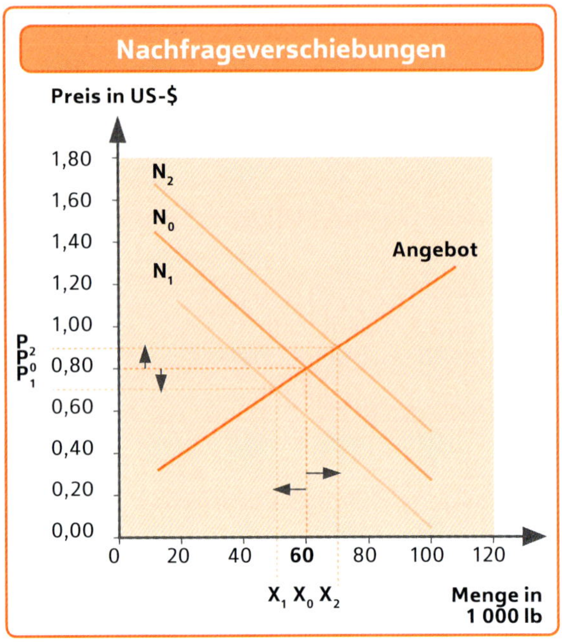

Konjunktur

Neben Wetterlagen oder neuen Technologien beeinflusst auch die Konjunktur den Preis. Dies lässt sich durch die vier Phasen des Konjunkturzyklus[1] verdeutlichen:

In Phase 1, dem **Aufschwung**, findet eine Erholung und/oder eine Expansion (Ausweitung) statt, die Preise steigen (wieder) und auch das Angebot.

In der Phase 2, der **Hochkonjunktur**, sind alle Produktionsfaktoren ausgelastet, die Nachfrage ist höher als die Produktionsmenge, die Preise steigen noch langsam, das Angebot stagniert.

Im **Abschwung** (Phase 3) kommt es zu einem Rückgang der Nachfrage und der Produktion (des Angebotes), weil hohe Preise und hohe Zinsen die Wirtschaft „gebremst" haben. Nun werden die Preise fallen.

In der Phase 4 des **Tiefstands** bzw. der Depression ist der Tiefpunkt im Konjunkturzyklus erreicht. Es herrschen Massenarbeitslosigkeit, ein niedriger Investitionswille und wenig Konsum bzw. Nachfrage. Hier ist auch der Tiefpunkt der Preise erreicht. Nun folgt wieder Phase 1.

AUFGABEN

1. Was würde passieren, wenn auf einem Wochenmarkt mit drei Gemüsehändlern der Händler Runge die Tomaten permanent zum halben Preis anbieten würde?
2. Welcher Marktform würden Sie den deutschen Automarkt zuordnen? Begründen Sie Ihre Antwort.
3. Erläutern Sie die Chancen und die Risiken für die Zahnradfabrik bei einer im Beispiel (Seite 231) genannten Kundenstruktur. Welche Marktform erkennen Sie?
4. Nennen Sie für jede der neun Marktformen ein Beispiel.
5. Grenzen Sie die Begriffe Monopol, Oligopol und Polypol voneinander ab.
6. Worin unterscheiden sich Faktormärkte von Gütermärkten?
7. Welche Bedingungen liegen dem Modell des vollkommenen Marktes zugrunde?
8. Untersuchen Sie, welche Bedingungen des vollkommenen Marktes nicht erfüllt sind. Begründen Sie.
   a) Florian geht in die Fußgängerzone, um noch schnell für seine Oma zum Geburtstag einen Schnellkochtopf zu kaufen. Da er keine Zeit hat,

[1] siehe Kap 12.3

wählt er das zweite Geschäft, das auf seinem Weg liegt. Das erste Geschäft hatte leider schon Ladenschluss.

b) Julia möchte für ihre bevorstehende Fahrradtour eine Fahrradtasche kaufen. Sie informiert sich im Internet über zwei Taschen von unterschiedlichen Herstellern, die denselben Preis haben. Stiftung Warentest beurteilt aber die Tasche von Hersteller A deutlich besser als die von Hersteller B.

c) Die Nachfrage nach Badebekleidung ist in diesem Sommer aufgrund des schlechten Wetters deutlich zurückgegangen. Tim, der im Herbst einen Spanienurlaub gebucht hat, möchte noch ein „Schnäppchen“ machen und eine günstige Badehose kaufen. Erstaunt stellt er fest, dass die Preise für Badehosen trotz schlechter Nachfrage nicht zurückgegangen sind.

9. Stellen Sie das Marktgleichgewicht grafisch dar und erläutern Sie die Größen „Gleichgewichtspreis“ und „Gleichgewichtsmenge“.

10. Erläutern Sie am Beispiel des Marktes für Tomaten, wie die unterschiedlichen Funktionen des Preises hier greifen können.

11. Nennen Sie jeweils drei Beispiele, die zu einer Angebots- und zu einer Nachfrageverschiebung führen können.

12. Die Lahmann KG agiert sowohl in der Fahrrad- als auch in der Textilproduktion. Bestimmen Sie gemeinsam mit Ihrem Banknachbarn oder Ihrer Banknachbarin Möglichkeiten,

a) wo jeweils im Ein- und Verkauf monopolistische bzw. oligopolistische Strukturen vorherrschen könnten.

b) wann die Lahmann KG auf den Faktormärkten und wann sie auf den Gütermärkten aktiv ist.

13. In der unten stehenden Tabelle ist das Verhalten von Anbietern und Nachfragern eines Produktes am Markt dargestellt.

Preis in €	Nachfrage in Stück	Angebot in Stück
40,00	220	0
50,00	200	20
60,00	180	40
70,00	160	60
80,00	140	80
90,00	120	100
100,00	100	120
110,00	80	140
120,00	60	160
130,00	40	180
140,00	20	200

a) Stellen Sie diesen Sachverhalt grafisch dar.

b) Kennzeichnen Sie in der Grafik den Gleichgewichtspreis und die Gleichgewichtsmenge.

c) Ermitteln Sie die Mengendifferenz bei einem Preis von 50,00 €. Liegt ein Angebots- oder ein Nachfrageüberhang vor?

d) Ermitteln Sie die Mengendifferenz bei einem Preis von 130,00 €. Liegt ein Angebots- oder ein Nachfrageüberhang vor?

e) Stellen Sie die ermittelten Werte aus c) und d) zeichnerisch dar.

f) Wohin werden sich Gleichgewichtspreis und Gleichgewichtsmenge entwickeln, wenn sich die Nachfragekurve nach rechts verschiebt?

g) Wohin werden sich Gleichgewichtspreis und Gleichgewichtsmenge entwickeln, wenn sich die Angebotskurve nach rechts verschiebt?

ZUSAMMENFASSUNG

Markt

Marktformen
nach der Anzahl der Marktteilnehmer

Monopol
Auf Anbieter- und/oder Nachfrageseite existiert nur ein Marktteilnehmer.

Oligopol
Auf Anbieter- und/oder Nachfrageseite existieren nur wenige Marktteilnehmer.

Polypol
Sowohl auf Anbieter- als auch auf Nachfrageseite existieren viele Marktteilnehmer.

Marktarten
nach Art des gehandelten Gutes oder der Dienstleistung

- Faktormarkt
- Gütermarkt

Konjunktur

Anbieter ... beeinflussen den **Nachfrager**

Marktpreis (vollkommener Markt)

Anbieter

- Je höher der Preis, desto größer ist das Angebot.
- Je niedriger der Preis, desto geringer ist das Angebot.

Angebotsüberhang

- Zu dem Preis wird mehr angeboten als nachgefragt.

Angebotsverschiebungen

- nach rechts → GG-Preis sinkt, GG-Menge steigt.
- nach links → GG-Preis steigt, GG-Menge steigt.

Funktionen des Preises

- Ausgleichsfunktion
- Signalfunktion
- Lenkungsfunktion
- Erziehungsfunktion

Nachfrager

- Je höher der Preis, desto niedriger ist die Nachfrage.
- Je niedriger der Preis, desto höher ist die Nachfrage.

Nachfrageüberhang

- Zu dem Preis wird mehr nachgefragt als angeboten.

Nachfrageverschiebungen

- nach rechts → GG-Preis und GG-Menge steigen.
- nach links → GG-Preis und GG-Menge fallen.

8.4 PREISPOLITIK

Ein Großhandelsunternehmen bezieht eine Ware von seinem Lieferanten zu einem Bezugspreis von 50,00 € pro Stück. Die Großhandlung verkauft diese Ware an ihre Kunden zu einem Nettoverkaufspreis von 100,00 €. Bei diesem Preis verkauft sie monatlich durchschnittlich 100 Stück.

Die Geschäftsführung überlegt, ob sie den Preis auf 90,00 € pro Stück senken soll. Bei diesem Preis wird ein durchschnittlicher Absatz von 130 Stück monatlich erwartet.

Wie würden Sie anstelle der Geschäftsführung entscheiden?

INFORMATION

Einflussgrößen der Preispolitik

Bei der Festlegung der Verkaufspreise muss die **Kostensituation** des Betriebes berücksichtigt werden. Grundsätzlich müssen die Verkaufspreise langfristig die Gesamtkosten decken.

Bei der Preisgestaltung muss der Anbieter neben seiner innerbetrieblichen Kostensituation eine Reihe außerbetrieblicher Einflussgrößen beachten. Dazu gehören besonders

- die Marktstruktur,
- das Verhalten der Kunden und
- Preisempfehlungen der Hersteller.

Die **Marktstruktur** ist durch die Anzahl der Anbieter und Nachfrager gekennzeichnet.
Auf einem Markt können Waren von

- vielen,
- wenigen oder
- nur einem **Anbieter** angeboten und von
- vielen,
- wenigen oder
- nur einem **Nachfrager** nachgefragt werden.

Aus der Kombination der Anbieter- und Nachfragerzahl ergeben sich die unterschiedlichen Marktformen. Typische Marktformen für den Handel sind die vollständige Konkurrenz (viele Anbieter und viele Nachfrager) und das Angebotsoligopol (wenige Anbieter und viele Nachfrager).

Bei der vollständigen Konkurrenz ist der Einfluss des einzelnen Anbieters auf das Zustandekommen des Marktpreises so gering, dass von ihm vorgenommene Preisänderungen keine Auswirkungen auf die Mitbewerber haben.

Beim Angebotsoligopol ist der Marktanteil eines Anbieters so groß, dass seine preispolitischen Maßnahmen den Absatz der Mitanbieter fühlbar beeinflussen. In diesem Fall muss der Anbieter damit rechnen, dass seine Mitanbieter seine preispolitischen Maßnahmen mit Gegenmaßnahmen (z. B. ebenfalls mit Preissenkungen) beantworten.

Das **Verhalten der Nachfrager auf Preisänderungen** ist abhängig von der Art der Waren. Bei Konsumgütern des Grund- oder Gewohnheitsbedarfs (z. B. Fleisch, Gemüse, Milch) und Produktionsgütern reagieren Kunden wesentlich stärker auf Preisänderungen als bei Prestigewaren (z. B. Schmuck, Pelzwaren) oder Waren des Hobbybedarfs. Damit eignen sich gängige Waren eher für Preisaktionen als Prestige- oder Luxusprodukte.

Preisempfehlungen des Herstellers sind unverbindliche Empfehlungen an den Handel, zu diesen Preisen zu verkaufen. Der Händler ist an diese Empfehlung nicht gebunden. Unverbindliche Preisempfehlungen sind gesetzlich zulässig. Eine **verbindliche Preisbindung** durch den Hersteller ist gesetzlich nur noch bei Verlags- und Pharmaerzeugnissen erlaubt.

Die Mischkalkulation

Die Marktsituation (Preise der Konkurrenz, Kundenverhalten) zwingt Anbieter häufig, Artikel ihres Sortiments mit unterschiedlichen Handelsspannen zu kalkulieren:

- einige Artikel mit einer Handelsspanne, die nicht zur Deckung der Handelskosten und zur Erwirtschaftung eines angemessenen Gewinns ausreicht (Ausgleichsnehmer),
- andere Artikel mit einer überdurchschnittlich hohen Handelsspanne zum Ausgleich der Ausgleichsnehmer (Ausgleichsträger).

Dieses Verfahren nennt man Misch- oder Ausgleichskalkulation.
Ausgleichsnehmer sind häufig Artikel, bei denen sich die Käufer sehr preisbewusst verhalten, z. B. Waren des lebensnotwendigen und täglichen Bedarfs und Artikel mit aufgedruckten Preisempfehlungen, durch deren Unterbietung der Handelsbetrieb seine Preiswürdigkeit verdeutlichen kann.

Als Ausgleichsträger eignen sich besonders Artikel, bei denen sich die Kunden weniger preisbewusst verhalten, weil sie bei ihnen nur einen geringen Marktüberblick haben. Dies ist häufig bei Waren des aperiodischen und gehobenen Bedarfs der Fall, z. B. bei Wohnzimmereinrichtungen, hochwertiger Kleidung.

Sonderangebote

Während bei der Mischkalkulation bestimmte Artikel langfristig mit geringen Spannen kalkuliert werden, bietet man bei Sonderangeboten einzelne normal kalkulierte Waren für kurze Zeit zu vergleichsweise niedrigen Preisen an.

Sonderangebote dienen dazu,
- die Preiswürdigkeit des Sortiments eines Anbieters zu verdeutlichen,
- den Verkauf von möglichen Ladenhütern zu beschleunigen und damit zusätzliche Kosten (Lagerkosten, Kapitalbindung, Verderb) zu vermeiden.

Gelegentlich werden Sonderangebote auch dazu benutzt, die Liquiditätslage des Anbieters kurzfristig zu verbessern.

Die Preisdifferenzierung

DEFINITION

Preisdifferenzierung liegt vor, wenn ein Unternehmen die gleiche Ware oder Dienstleistung zu unterschiedlichen Preisen anbietet. Ziel der Preisdifferenzierung ist es, sich mit der Preisstellung den Marktgegebenheiten genau anzupassen.

Formen der Preisdifferenzierung sind
- die räumliche Preisdifferenzierung,
- die personelle Preisdifferenzierung,
- die zeitliche Preisdifferenzierung,
- die mengenmäßige Preisdifferenzierung.

Bei der **räumlichen Preisdifferenzierung** wird die gleiche Ware an verschiedenen Orten zu verschiedenen Preisen angeboten.

BEISPIEL

Ein Filialunternehmen bietet seine Waren an Orten mit vielen Konkurrenzbetrieben günstiger an als an Orten ohne Konkurrenzbetriebe

Bei der **personellen Preisdifferenzierung** wird die gleiche Ware unterschiedlichen Kundengruppen zu unterschiedlichen Preisen angeboten.

BEISPIEL

Ein Einzelhändler gibt Ware an Handwerker billiger ab als an Endverbraucher.

Bei der **zeitlichen Preisdifferenzierung** wird die gleiche Ware oder Dienstleistung zu verschiedenen Zeiten zu unterschiedlichen Preisen angeboten.

BEISPIEL

Zur zeitlichen Preisdifferenzierung gehören verbilligte Angebote von Saisonwaren außerhalb der Saison (z. B. günstigere Preise für Badeartikel im Winter).

Bei der **mengenmäßigen Preisdifferenzierung** werden größere Mengen einer Ware zu günstigeren Preisen abgegeben.

Rabattgewährung

Der einmal von einem Anbieter festgelegte Preis für eine Ware kann durch die Gewährung von Rabatten verändert werden. Rabatte sind Nachlässe von einheitlich festgelegten Bruttopreisen.

Sie können u. a. gewährt werden
- für die Abnahme größerer Mengen (Mengenrabatt),
- langjährigen Kunden (Treuerabatt),
- Händlern und Produktionsbetrieben (Wiederverkäuferrabatt),
- bei Geschäftsjubiläen des Anbieters (Jubiläumsrabatt),
- Betriebsangehörigen (Personalrabatt),
- für vorzeitige Zahlung (Skonto),
- wenn der Kunde am Ende eines Jahres einen bestimmten Mindestumsatz erreicht oder überschritten hat (Bonus). (Siehe auch Kapitel 5.4)

Psychologische Preisfestsetzung

Im Handel geht man häufig davon aus, dass Kunden positiver auf Preise reagieren,
- die mit einer gebrochenen Zahl enden, z. B. 12,85 €, oder
- die unmittelbar unterhalb einer runden Zahl liegen, z. B. 0,99 € statt 1,00 € oder 198,00 € statt 200,00 €.

AUFGABEN

1. Von welchen Größen wird die Festsetzung der Verkaufspreise eines Betriebes beeinflusst?
2. Bei welchen der folgenden Waren verhalten sich Kunden beim Einkauf besonders preisbewusst? Begründen Sie Ihre Meinung.
   a) Polstergarnitur
   b) modische Kleidung
   c) Brot
   d) Waschmittel
   e) Schmuck
   f) Pkw
3. a) Was versteht man unter Mischkalkulation?
   b) Warum wenden Handelsbetriebe bei der Preisgestaltung die Mischkalkulation an?
4. Welche Ziele verfolgen Anbieter mit Sonderangeboten?
5. Um welche Formen der Preisdifferenzierung handelt es sich in den folgenden Fällen?
   a) Ski werden im Sommer zu günstigeren Preisen angeboten als zur Weihnachtszeit.
   b) Der Preis für eine Normalpackung beträgt 2,58 €. Der Preis für eine Doppelpackung beträgt nur 4,98 €.
   c) In einem Fachgeschäft für Berufskleidung erhalten Kunden, die Inhaber eines Betriebes sind, auf alle Waren einen Nachlass von 10 %.
6. Warum zeichnen Einzelhändler ihre Waren häufig mit gebrochenen Preisen aus?

ZUSAMMENFASSUNG

Einflussgrößen der Preispolitik

sind

- **die Kostensituation des Anbieters**
- **die Marktstruktur** (= Anzahl der Anbieter und Nachfrager)
- **Preisempfehlungen der Hersteller**

Preispolitische Maßnahmen

sind

Mischkalkulation

= Ausgleichskalkulation

Preisdifferenzierung

= Angebot gleicher Waren und Dienstleistungen zu unterschiedlichen Preisen:
- räumliche,
- personelle,
- zeitliche,
- mengenmäßige Preisdifferenzierung

Sonderangebote

= Angebote einzelner Artikel zu reduzierten Preisen

Rabattgewährung

= Gewährung von Preisnachlässen:
- Mengenrabatt
- Wiederverkäuferrabatt
- Jubiläumsrabatt
- Bonus
- Treuerabatt
- Personalrabatt
- Skonto

psychologische Preisfestsetzung

8.5 KONDITIONENGEWÄHRUNG UND KUNDENDIENSTLEISTUNGEN

Zwei konkurrierende Elektrogroßhandlungen bieten eine Ware zu gleichen Preisen an. Ihre Lieferungsbedingungen weisen jedoch Unterschiede auf.

Großhandlung 1:
Lieferung innerhalb von vierzehn Tagen nach Auftragseingang, Lieferung unfrei

Großhandlung 2:
Lieferung innerhalb von zehn Tagen nach Auftragseingang. Der Versand erfolgt auf Kosten und Gefahr des Käufers.

1. *Unter welcher Voraussetzung würde ein Kunde das Angebot der Großhandlung 1 vorziehen?*
2. *Unter welcher Voraussetzung würde ein Kunde das Angebot der Großhandlung 2 vorziehen?*
3. *Wie müsste die Großhandlung 2 ihre Konditionen ändern, damit die Kunden ihr Angebot auf jeden Fall dem ihres Konkurrenten vorziehen?*

INFORMATION

Unternehmen bieten Kundendienstleistungen und kundenfreundliche Konditionen an, um

- neue Kunden zu gewinnen,
- Kunden dauerhaft als Stammkunden zu erhalten und
- den Absatz mit bestehenden Kunden zu erhöhen.

Konditionengewährung

Konditionen sind die Lieferungs- und Zahlungsbedingungen, die zwischen Verkäufer und Käufer vereinbart werden (siehe Kapitel 5.4).

Absatzfördernde Lieferungs- und Zahlungsbedingungen sind

- die schnelle und kostenfreie Zustellung der gekauften Ware mit betriebseigenen oder betriebsfremden Fahrzeugen, mit der Post oder mit der Bahn,
- die Übernahme des Transportrisikos durch den Anbieter,
- die Einräumung von Zahlungsbedingungen, die dem Kunden eine nachträgliche Bezahlung der Ware erlauben, z. B.
  - Teilzahlungsverkäufe,
  - Zielverkäufe,
- die Vereinbarung, dass gebrauchte Anlagegüter (z. B. Büromaschinen) in Zahlung genommen werden,
- die Vereinbarung eines Kommissionsgeschäfts.

Da kleine Absatzmengen dem Anbieter nahezu die gleichen Absatzkosten verursachen wie größere Absatzmengen, vereinbaren Anbieter mit ihren Abnehmern häufig Mindestabnahmemengen oder Mindestauftragswerte. Für den Fall, dass ein Kunde eine geringere Menge bestellt, wird ihm von dem Anbieter ein Mindermengenzuschlag berechnet.

Kundendienstleistungen

Kundendienstleistungen sind Nebenleistungen eines Anbieters, die er zusätzlich zu seiner Hauptleistung, dem Verkauf von Waren, erbringt, z. B.:

- Aufstellen von technischen Geräten (Waschmaschinen, Fernsehgeräte, DVD-Rekorder usw.),
- Reparaturservice (z. B. für technische Geräte, Uhren, Schuhe),
- Inspektions- und Wartungsservice (z. B. bei Kraftfahrzeugen und Büromaschinen),
- Änderungsservice bei Bekleidung,
- Auswahlsendungen,
- Garantiegewährung,
- Umtausch von Waren bei Nichtgefallen.

Der Umtausch von Waren bei Nichtgefallen ist eine freiwillige Leistung des Anbieters, da er gesetzlich nur zum Umtausch fehlerhafter Ware verpflichtet ist. Ein solches Verhalten des Anbieters wird als **Kulanz** (Entgegenkommen) bezeichnet. Kulanz liegt auch dann vor, wenn Mängel an einer gekauften Ware vom Anbieter auch nach Ablauf der Garantiefrist kostenlos behoben werden.

Bei Kundendienstleistungen kann es sich um kostenlose oder kostenpflichtige Leistungen handeln.

Reparaturdienst und Änderungen an Waren werden normalerweise nur gegen Bezahlung angeboten.

AUFGABEN

1. Ein Textilgroßhändler gewährt seinen Abnehmern bei allen Lieferungen ein Zahlungsziel von 30 Tagen. Bei Überschreiten des Zahlungsziels berechnet er Verzugszinsen von 5%.
   Er beliefert in erster Linie größere Fachgeschäfte. Kleinere Fachgeschäfte kaufen bei ihm nur Waren in kleinen Mengen, da sie nur wenig liquide sind.
   Welche Veränderungen seiner Konditionen sollte er vornehmen?
2. Ein Unterhaltungselektronik-Großhändler hat Fernseher mit TFT-Bildschirm in sein Sortiment aufgenommen. Seine Stammkunden (Fernsehfachgeschäfte) zögern, diesen Artikel zu kaufen, da sie nicht wissen, ob diese Fernsehgeräte bei ihren Kunden Anklang finden.
   Welches Angebot sollte der Großhändler seinen Stammkunden machen?
3. Ein Computerhändler bietet einem Kunden ein neues leistungsfähiges Computersystem an. Der Kunde zeigt wenig Interesse, da er erst vor einem Jahr neue Computer für sein Büro gekauft hat.
   Welches Angebot könnte der Händler seinem Kunden machen?
4. Welche Kundendienstleistungen erwarten Kunden beim Kauf von
   a) Einrichtungsgegenständen,
   b) Maschinen,
   c) Teppichböden,
   d) Gardinen,
   e) Kraftfahrzeugen?
5. Welche Vor- und Nachteile hat die kostenfreie Warenzustellung an den Kunden für den Anbieter?
6. In welchen Fällen handelt es sich um Kulanz?
   a) Ein Kunde tauscht ein Paar Schuhe um, weil sie ihm nicht passen.
   b) Eine Kundin tauscht ein vor einer Woche gekauftes Kleid um, weil eine Naht aufgegangen ist.
   c) Ein Kunde gibt am 20. Okt. einen am Vortag gekauften Becher Joghurt zurück. Der Becher trägt den Aufdruck „mindestens haltbar bis zum 18. Okt." Der Kunde erhält sein Geld zurück.
   d) Ein vor sieben Monaten gekaufter DVD-Rekorder ist defekt. Der Händler führt die notwendige Reparatur kostenlos aus.

ZUSAMMENFASSUNG

Konditionengewährung und Kundendienstleistungen

Konditionengewährung

- **Lieferungsbedingungen** z. B. kostenfreie Zustellung, Übernahme des Transportrisikos, Mindestabnahmemengen
- **Zahlungsbedingungen** z. B. Teilzahlung, Zielverkauf

Kundendienstleistungen

= kostenlose und kostenpflichtige Nebenleistungen

Kulanz

= Entgegenkommen des Einzelhändlers

8.6 SORTIMENTSPOLITIK

Der Artikelbericht des Supermarktes Freese dient dem Marktleiter als Unterlage für die Kontrolle seines Sortiments.

Artikelbericht (Auszug)

ART.-BERICHT VON 6. FEBRUAR BIS 12. FEBRUAR 20.. FILIALE: 001

WARENGRUPPE 1 ***** LEBENSMITTEL *****

ARTIKEL-NR. / INTERNE NR.	BEZEICHNUNG	VK-PREIS / EK-PREIS	VK-ST. / BESTAND	BESTAND VK / BESTAND EK	UMSATZ / GEWINN	LAG. % / ERZ. %	LUG.
4020514	SENF 100 ML	1,39	23	93,94	31,97	26,32	12
10001		0,899	77	69,22	9,86	30,85	
400011510051	PFEFFER	1,99	19	54,25	37,81	29,77	19
10004		1,229	31	38,10	12,83	33,92	
400052821203	QUARKFEIN	1,04	8	83,72	8,32	28,02	4
20001		0,655	92	60,26	2,70	32,48	
401330002939	LOTUS TEA	3,49	5	58,14	17,45	23,04	8
10002		2,355	19	44,75	4,84	27,76	

WARENGRUPPE 2 ***** MOLKEREIPROD. *****

ARTIKEL-NR. / INTERNE NR.	BEZEICHNUNG	VK-PREIS / EK-PREIS	VK-ST. / BESTAND	BESTAND VK / BESTAND EK	UMSATZ / GEWINN	LAG. % / ERZ. %	LUG.
40363707	MAGERQUARK	1,39	22	49,40	30,58	24,23	18
30001		0,985	38	37,43	7,41	24,23	
570466113328	FRISCHKÄSE	0,89	1	46,02	0,89	23,71	1
30003		0,595	59	35,11	0,25	28,32	

Welche Entscheidungen kann er auf der Grundlage dieses Berichtes treffen?

INFORMATION

DEFINITION

Sortimentspolitik ist die bewusste, planmäßige Zusammenstellung des Sortiments. Ziel der Sortimentspolitik ist es, Inhalt und Umfang des Sortiments so zu gestalten, dass die geplanten Umsätze und Gewinne erreicht werden.

Sortimentsgliederung

DEFINITION

Das **Sortiment** ist die Gesamtheit aller Waren und Dienstleistungen, die ein Handelsbetrieb anbietet. Es besteht aus verschiedenen Sorten, die zu Artikeln und Warengruppen zusammengefasst werden können.

Die **Sorte** ist die kleinste Einheit des Sortiments. Gleichartige Sorten, die sich nur nach der Menge, Größe, Farbe und Musterung unterscheiden, bilden einen **Artikel.** Verschiedene, aber ähnliche Artikel werden zu **Warengruppen** zusammengefasst.

BEISPIEL

Sortiment	Warengruppen
Lederwaren	Koffer, Geldbörsen, Damentaschen, Herrentaschen
Schuhe	Damenschuhe, Herrenschuhe, Kinderschuhe
Damenoberbekleidung	Blusen, Mäntel, Kleider, Kostüme, Pullover usw.
Lebensmittel	Fleisch, Fisch, Molkereiprodukte usw.

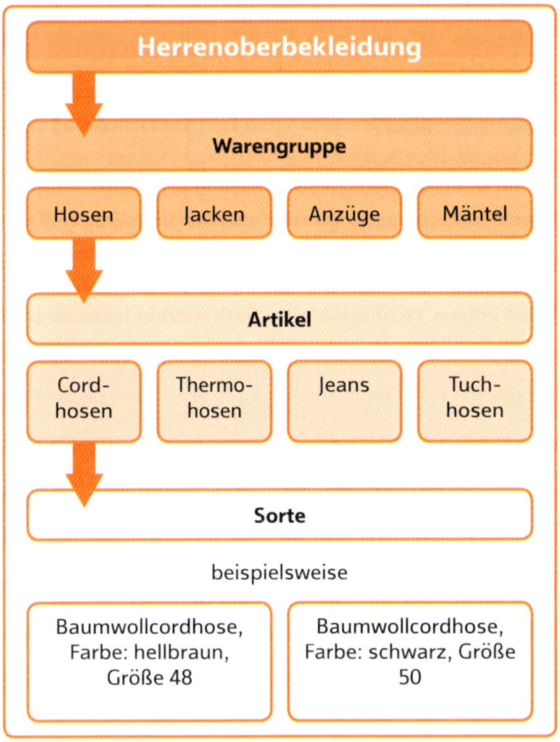

Sortimentsumfang

Der Sortimentsumfang eines Handelsbetriebes kann mit den Begriffen „Sortimentsbreite“ und „Sortimentstiefe“ beschrieben werden.

Die **Sortimentsbreite** wird durch die Zahl der Warengruppen bestimmt. Je mehr Warengruppen in einem Handelsbetrieb angeboten werden, umso **breiter** ist sein Sortiment. Ein breites Sortiment enthält viele Warengruppen. Ein **schmales** Sortiment besteht nur aus einer oder wenigen Warengruppen.

Die **Sortimentstiefe** wird durch die Artikel- und Sortenzahl bestimmt. Je mehr Artikel und Sorten innerhalb einer Warengruppe angeboten werden, umso **tiefer** ist ein Sortiment. Ein Handelsbetrieb führt ein tiefes Sortiment, wenn er innerhalb der einzelnen Warengruppen viele Artikel und Sorten anbietet. Werden innerhalb der einzelnen Warengruppen nur wenige Artikel und Sorten angeboten, spricht man von einem **flachen** Sortiment.

Kern- und Randsortiment

Nach der Bedeutung für den Gesamtumsatz kann man das Sortiment eines Handelsbetriebes in Kern- und Randsortiment unterteilen.

Das **Kernsortiment** ist der Sortimentsteil, auf den sich die Haupttätigkeit des jeweiligen Handelsbetriebes erstreckt. Es erbringt in der Regel den überwiegenden Umsatzanteil.

Das **Randsortiment** wird zur Ergänzung und Abrundung des Kernsortiments geführt. Es erbringt den geringeren Umsatzanteil.

BEISPIEL

Zum Kernsortiment eines Lebensmittelgeschäftes gehören u. a. Molkereiprodukte, Nährmittel, Brot- und Backwaren, Obst und Gemüse, Fleisch- und Wurstwaren. Im Randsortiment führt dieses Geschäft Zeitschriften, Strümpfe und Dekoartikel.

Bestimmungsgrößen der Sortimentspolitik

Die Sortimentspolitik eines Handelsbetriebes wird durch verschiedene Einflussgrößen bestimmt.

Die **Branche** (Geschäftszweig), in der der Handelsbetrieb tätig ist, bestimmt den Rahmen des Sortimentsinhalts. Innerhalb einer Branche kann die Sortimentszusammensetzung jedoch sehr unterschiedlich sein. Branchen lassen sich in herkunfts- oder stofforientierte Branchen (z. B. Eisenwaren, Textilien, Lederwaren, Glas und Porzellan, Papierwaren) und bedarfsorientierte Branchen

Sortimentsumfang	Vorteile	Nachteile
breites und flaches Sortiment	– vielfältiges Warenangebot unter einem Dach – Ausnutzung der knappen Zeit des Käufers – niedrige Personalkosten	– keine Befriedigung der Spezialwünsche – Käufer werden von dem Angebot erdrückt.
schmales und tiefes Sortiment	– Anspruchsvolle Wünsche des Käufers können befriedigt werden. – geschulte Bedienung	– qualifiziertes und damit teures Personal – Waren sind für den Käufer teurer als beim breiten Sortiment.

(z. B. Sportartikel, Haushaltswaren, Schmuck, „Do it yourself“, Bekleidung, „Alles für das Kind“) unterscheiden.

Die zur Verfügung stehende **Verkaufsfläche** und die **Lagerfläche** begrenzen die Zahl der in einem Sortiment geführten Warengruppen, Artikel und Sorten.

Zu einer Begrenzung des Sortimentsumfangs kann ebenfalls das zur Verfügung stehende **Kapital** führen.

Der **Standort** des Handelsbetriebes beeinflusst den Sortimentsinhalt. Die Zusammensetzung des Sortiments, z. B. eines Einzelhandelsbetriebes, muss sich am Bedarf und der Kaufkraft der im Einzugsgebiet lebenden Menschen orientieren.

Der **Bedarf des angesprochenen Kundenkreises** ist eine wesentliche Einflussgröße für die Sortimentsgestaltung.

Wenn Handelsbetriebe keine Umsatz- und Gewinneinbußen erleiden wollen, müssen sie ihr Sortiment an Änderungen des Kundenbedarfs, der Kaufgewohnheiten und der Einkommensverhältnisse ihrer Kunden anpassen.

Bei der Sortimentsgestaltung muss der Handelsbetrieb auch die Zusammensetzung der **Sortimente der Konkurrenz** beachten.

Sortimentskontrolle

Durch eine ständige Kontrolle des Sortiments sollen Informationen über Sortimentslücken und nicht oder nur schwer verkäufliche Warengruppen, Artikel und Sorten gewonnen werden. Dazu können insbesondere folgende Methoden angewendet werden:

- **Fehl- und Nichtverkaufskontrolle**
  Von **Fehlverkäufen** wird gesprochen, wenn eine Ware, die grundsätzlich im Sortiment geführt wird, zum Zeitpunkt der Nachfrage durch den Kunden nicht auf Lager war.
  Von **Nichtverkäufen** spricht man, wenn Kunden eine Ware nachfragen, die im bestehenden Sortiment nicht geführt wird.
- **Sortimentskontrolle durch die kurzfristige Erfolgsrechnung**
  Die kurzfristige Erfolgsrechnung (KER) ist ein Teilgebiet des handelsbetrieblichen Rechnungswesens. Sie kann manuell oder mithilfe der elektronischen Datenverarbeitung (EDV) durchgeführt werden. Die mithilfe der EDV durchgeführte kurzfristige Erfolgsrechnung liefert u. a. warengruppen- und artikelgenaue Informationen über den Umsatz, Lagerbestand, Lagerumschlagshäufigkeit und Roherträge.

Die Auswertung der kurzfristigen Erfolgsrechnung hilft wirtschaftliche und unwirtschaftliche Artikel im Sortiment aufzuspüren.

RENNER-PENNER-BERICHT FILIALE: 001

WARENGRUPPE 1 ***** LEBENSMITTEL ***** ARTIKEL MIT VK-ST. GROESSER 10

ARTIKEL-NR. INTERNE NR.	BEZEICHNUNG	VK-PREIS EK-PREIS	VK-ST. BESTAND	BESTAND VK BESTAND EK	UMSATZ GEWINN	LAG. % ERZ. %	LUG
4020514 10001	SENF 100 ML	1,39 0,899	23 77	93,94 69,22	31,97 9,86	26,32 30,85	12
400011510051 10004	PFEFFER	1,99 1,229	19 31	54,25 38,10	37,81 12,83	29,77 33,92	19

BERICHTSENDE

RENNER-PENNER-BERICHT FILIALE: 001

WARENGRUPPE 1 ***** LEBENSMITTEL ***** ARTIKEL MIT VK-ST. KLEINER 10

ARTIKEL-NR. INTERNE NR.	BEZEICHNUNG	VK-PREIS EK-PREIS	VK-ST. BESTAND	BESTAND VK BESTAND EK	UMSATZ GEWINN	LAG. % ERZ. %	LUG
400052821203 20001	QUARKFEIN	1,04 0,655	8 92	83,72 60,26	8,32 2,70	28,02 32,48	4
401330002939 10002	LOTUS TEA	3,49 2,355	5 19	58,14 44,75	17,45 4,84	23,04 27,76	8

BERICHTSENDE

BEISPIEL

Aus dem Artikelbericht des Lebensmittelsupermarktes Freese kann der Marktleiter für jeden Artikel den Verkaufspreis (VK-Preis) und den Einkaufspreis (EK-Preis) pro Stück, die in der Zeit vom 6. Febr. bis 12. Febr. verkauften Stück (VK-Stück), den Lagerbestand in Stück (Bestand), den Lagerbestand bewertet zu Verkaufspreisen (Bestand VK) und zu Einkaufspreisen (Bestand EK), den Umsatz in der Zeit vom 6. Febr. bis 12. Febr., den Rohertrag in Euro (Gewinn) und in Prozent (ERZ.%) sowie die Lagerumschlagshäufigkeit (LUG) entnehmen. Aus dem Artikelbericht lässt sich eine Renner- und eine Pennerliste erstellen. Die Rennerliste enthält alle Artikel aus dem Artikelbericht, die gut verkauft wurden. Die Pennerliste listet die Artikel auf, die wenig verkauft wurden.

Möglichkeiten der Sortimentsveränderung

Sortimentsveränderungen sind notwendig, wenn durch die Sortimentskontrolle Sortimentslücken oder nicht bzw. schwer verkäufliche Artikel festgestellt werden. Durch Bereinigung und Erweiterung versuchen Handelsbetriebe ihr Sortiment an das veränderte Nachfrageverhalten der Kunden anzupassen. Dadurch soll die Leistungsfähigkeit des Handelsbetriebes erhöht werden.

Bei der **Sortimentsbereinigung** werden bestimmte Artikel und Sorten aus dem Sortiment gestrichen. Dadurch wird der Sortimentsumfang verringert.

Bei der **Sortimentserweiterung** werden zusätzliche Artikel und Sorten in das Sortiment aufgenommen. Die Aufnahme zusätzlicher Artikel und Sorten in schon bestehende Warengruppen führt zu einer **Vertiefung des Sortiments.** Die Aufnahme zusätzlicher Warengruppen führt zu einer **Sortimentsverbreiterung.**

Eine Sonderform der Sortimentserweiterung ist die **Diversifikation.** Sie liegt vor, wenn ein Handelsbetrieb Warengruppen neu in sein Sortiment aufnimmt, die mit seinem bisherigen Sortiment keine oder nur geringe Verwandtschaft aufweisen.

BEISPIEL

- Ein Lebensmittelgeschäft nimmt Blumen in sein Sortiment auf.
- Ein Fachgeschäft für Damenoberbekleidung nimmt Schuhe in sein Sortiment auf.

Die Erweiterung, Vertiefung und/oder qualitative Anhebung des Sortiments (z. B. durch größere Auswahl, höheres Qualitäts- und Preisniveau, umfangreichere Dienstleistungen, anspruchsvollere Geschäftsausstattung) wird als **Trading-up** bezeichnet.

AUFGABEN

1. Was versteht man unter einem Sortiment?
2. Fassen Sie folgende Artikel in zwei Warengruppen zusammen: Frischmilch, Früchtejoghurt, Weintrauben, Goudakäse, Pfirsiche, Apfelsinen.
3. Wodurch können sich die Sorten folgender Artikel unterscheiden?
   a) Jeans **b)** Kondensmilch **c)** Mineralwasser
4. Beschreiben Sie Tiefe und Breite des folgenden Sortiments:
   Damenschuhe in 30 verschiedenen Formen und Farben, Größe 36 bis 42;
   Herrenschuhe in 20 verschiedenen Formen und Farben, Größe 39 bis 48.
5. Welche der folgenden Artikel gehören zum Kernsortiment eines Schuhgeschäfts?
   Damenschuhe, Stiefel, Ledergürtel, Einlegesohlen, Hausschuhe, Schnürsenkel, Geldbörsen.
6. Durch welche Größen wird die Gestaltung eines Sortiments beeinflusst?
7. Unterscheiden Sie Fehlverkäufe und Nichtverkäufe.
8. Welche Hilfe bietet die kurzfristige Erfolgsrechnung bei der Sortimentskontrolle?
9. Welche Maßnahmen würden Sie nach Auswertung der Artikelliste des Supermarktes Freese durchführen?
10. Welches Ziel verfolgt ein Handelsbetrieb mit einer Sortimentsbereinigung?
11. Welche Sortimentserweiterung wird als Diversifikation bezeichnet?
12. Warum führen Handelsbetriebe Sortimentserweiterungen durch?
13. Nennen Sie Gründe für Trading-up.

ZUSAMMENFASSUNG

Sortiment
= Gesamtheit der angebotenen Waren und Dienstleistungen

- **Gliederung:** Warengruppe, Warenart, Artikel, Sorte
- **Umfang:**
  - Sortimentsbreite (breites oder schmales Sortiment)
  - Sortimentstiefe (tiefes oder flaches Sortiment)
- **Bedeutung für Gesamtumsatz:**
  - Kernsortiment
  - Randsortiment

Sortimentsgestaltung

Bestimmungsgrößen

- Branche
- Verkaufsfläche, Lagerfläche
- Kapital
- Bedarf des Kundenkreises
- Sortiment der Konkurrenz

Sortimentskontrolle

durch

- Fehl- und Nichtverkaufskontrolle
- kurzfristige Erfolgsrechnung

Sortimentsveränderungen

- Sortimentsbereinigung: Aufgabe einzelner Artikel und Sorten
- Sortimentserweiterung: Aufnahme zusätzlicher Artikel und Sorten
- Diversifikation: Aufnahme von Warengruppen, die mit dem bisherigen Sortiment keine oder nur geringe Verwandtschaft aufweisen

8.7 PRODUKTPOLITIK

GF PARIS: „Eine Ware ist nicht besser, weil sie schön verpackt ist und einen schönen Namen hat – wählen Sie unbeeinflusst von der Verpackung – das ist Freiheit – kaufen Sie Waren ohne Namen – sie sind ebenso gut, aber billiger – die freien Produkte finden Sie bei Carrefour."

Die französische Supermarktkette dieses Namens hat 5 Mio. € in einen Werbefeldzug gesteckt, der vierzig Produkte – Speiseöl, Kaffee, Konfitüren, Waschmittel usw. – ohne Namen, d.h. ohne Marke, als „freie Produkte" lanciert, sich – wie man bei Carrefour versichert – bereits nach wenigen Wochen reichlich bezahlt machte.

Die Namenlosen („No Names") haben in der Folgezeit rasch Nachahmer gefunden – in den USA, Kanada und Europa. Die Idee, „gute, preiswerte Ware ohne Marketingballast", wird von breiten Verbraucherschichten (man spricht von 65 %) gutgeheißen. Mittlerweile bieten Einkaufsgenossenschaften und freiwillige Ketten etwa 1 100 sog. „Weiße" an.

Welche generellen Überlegungen muss ein Unternehmer bei der Einführung von Produkten anstellen?

Die Produktpolitik

Im Rahmen der **Produktpolitik** eines Unternehmens wird über Qualität, Technik, Form, Farbe und sonstige Ausstattung eines Produktes entschieden. Die Produktpolitik umfasst im weiteren Sinn:

- die Produktgestaltung,
- die Packungspolitik (vgl. Kapitel 8.8),
- die Planung des Produktlebenszyklus,
- die Markenpolitik.

Die Produktpolitik ist überwiegend eine Aufgabe von Industrieunternehmen. Sehr oft versuchen jedoch auch Handelsunternehmen, aktiv auf die produktpolitischen Entscheidungen der Erzeugerunternehmen Einfluss zu gewinnen. Dies geschieht häufig durch Großhandlungen oder durch solche Einzelhandelsunternehmen, die aufgrund ihrer Größe und Marktmacht eine unmittelbare Wirkung auf die Industrieunternehmen erzielen können. Gegenstand der Einflussnahme kann die Qualität der Produkte, ihre logistische Handhabbarkeit (z. B. Transport- oder Stapelfähigkeit) oder die äußere Produktgestaltung sein.

Bereiche der Produktpolitik

Hauptziel der Produktpolitik ist es, dass die Käufer Produkte möglichst positiv beurteilen. Dafür gibt es verschiedene Möglichkeiten:

Coca-Cola ist kein Getränk. Coca-Cola ist Weltanschauung, ist „American Way of Life", Freiheit und Frohsinn. Die geriffelte 0,2-Liter-Flasche mit der Jugendstilschrift ist kein Behälter. Das ist ein Denkmal der Konsumgesellschaft oder (für Andy Warhol und Jasper Johns, für Rauschenberg und Mel Ramos) Kunst. Doch so viele Mythen verdecken den Blick aufs Geschäft. Und das lief so sagenumwoben in den letzten Jahren keineswegs. Der Konkurrent Pepsi holte beträchtlich auf und das „einzig wahre Getränk", Coca-Cola, drohte in den USA zur Nummer zwei unter den Durstlöschern zu werden. Mit einem neuen Manager kam neuer Schwung in die Konzernzentrale. Als all seine Aktivitäten den vollen Erfolg nicht brachten, griff er zum letzten Mittel: Er änderte das ein Jahrhundert alte Rezept der braunen Brause.

Coca-Cola ist nicht mehr das, was es einmal war. Die braune Brause schmeckt seit dem 8. Mai (vorerst nur in den USA) anders als vorher. Süßer vor allem. Das Rezept des Drinks wurde geändert und Durstige in 155 Ländern der Erde werden sich umstellen müssen – oder zu den Flaschen und Dosen der Konkurrenz greifen.

Quelle: Vgl. „Coca-Cola – Ein altes Rezept löscht den Durst nach Dollars nicht mehr" von Dietmar Hawranek, Frankfurter Rundschau vom 18.05.1985 © Alle Rechte vorbehalten. Frankfurter Rundschau GmbH, Frankfurt.

Produktgestaltung:
Festlegung u. a.
- der Eigenschaften,
- der Qualität,
- des Geschmacks,
- der Formen und Farben

von Produkten.

Planung des Produktlebenszyklus
Es muss der richtige Zeitpunkt getroffen werden, veraltete Produkte aus dem Markt zu nehmen bzw. neue Produkte einzuführen.

Markenpolitik
Durch Verwendung von Markenzeichen wird eine eindeutige Abhebung von der Konkurrenz versucht.

Packungspolitik
Auch die äußere Gestaltung des Produktes spielt eine wichtige Rolle.

Die Produktgestaltung

Die optimale Gestaltung eines Produktes trägt ganz entscheidend zu einem möglichen späteren Markterfolg eines Unternehmens bei. Die Festlegung der Erscheinungsform eines Produktes hat daher so zu erfolgen, dass seine Eigenschaften den Anforderungen und Wünschen der Marktteilnehmer gerecht werden. Art und Charakter des Produktes werden bestimmt durch:

- Aussehen des Produktes,
- Qualität des Produktes,
- Farbe und Konsistenz des Produktes,
- Konstruktionsform oder Produktansatz,
- Produkteigenschaften und Produktnutzen,
- Zusatznutzen.

Die Produktgestaltung ist überwiegend eine Aufgabe der Industrie. Der Handel kann dabei jedoch einen gewissen Einfluss nehmen:

- Er kann die Hersteller über Entwicklungen auf dem Markt informieren, Einführungschancen prüfen und die Einführung neuer Produkte unterstützen.
- Er wirkt bei der Industrie auf Lieferung handelsgerechter Versandeinheiten und Verpackungen hin.

Der Lebenszyklus eines Produktes

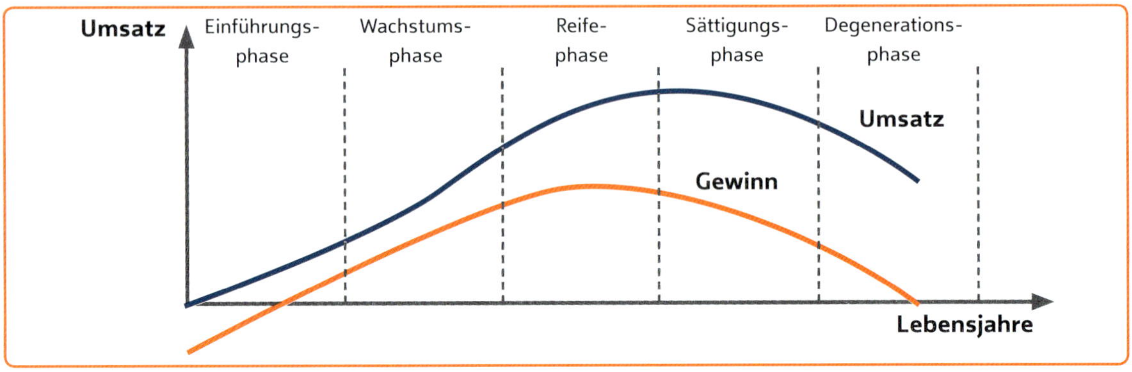

Eine Aufgabe der Produktpolitik ist es, durch rechtzeitige Einführung verfeinerter, abgeänderter oder neuer Produkte den zukünftigen Absatz zu sichern bzw. zu erweitern. Jedes Unternehmen, dem es gelingt, neue Produkte zu entwickeln und vor der Konkurrenz auf den Markt zu bringen, erzielt einen beträchtlichen Wettbewerbsvorteil. Produkte durchlaufen – vergleichbar dem Menschen – verschiedene Lebensalter. Die Kenntnis, in welcher Phase des Lebenswegs sich ein bestimmter Artikel gerade befindet, ermöglicht einen effizienten Einsatz der absatzpolitischen Instrumente.

Insbesondere bei Konsumgütern lässt sich der Lebenszyklus eines Produktes in folgende Phasen einteilen:

- In der **Einführungsphase** sind die Umsätze gering, da das Produkt noch wenig bekannt ist. Auch hohe Werbeaufwendungen führen noch nicht dazu, dass das Produkt sich in der Gewinnzone befindet. Durch die Quasimonopolstellung des Anbieters wird ein hoher Produktpreis verlangt.
- In der **Wachstumsphase** steigen die Umsätze sehr stark an: Das Produkt kommt in die Gewinnphase. Die nach wie vor starke Werbung erfasst breite Käuferschichten. Konkurrenten treten als Nachahmer auf, sodass die Preise sinken.
- In der **Reifephase** können die Umsätze zwar noch wachsen, aber die Wachstumsraten verringern sich. Der Preiswettbewerb verschärft sich.
- In der **Sättigungsphase** erreichen die Umsätze ihren höchsten Punkt. Der Gesamtgewinn ist am größten. Doch spätestens jetzt müssen entweder Pläne für ein neues Produkt fertig sein oder Verjüngungsmaßnahmen für das existierende Produkt ergriffen werden, die seinen Lebenszyklus verlängern.
- In der **Degenerationsphase** sind die Umsätze und Gewinne rückläufig.

Ein Unternehmen sollte möglichst über eine Mischung aus Produkten in unterschiedlichen Lebensphasen verfügen. Nur so lassen sich Umsatz- und Gewinnschwankungen im Rahmen des unternehmerischen Handelns im Zeitablauf ausgleichen.

Das vorgestellte idealtypische (= theoretische) Lebenszyklusmodell kommt in der Praxis recht häufig vor und gibt wertvolle Denkanstöße und Anregungen für die Strategiefindung von Unternehmen. Es ist jedoch nicht allgemein gültig. Funktionen eines Produktes, Marketingstrategien, Zeitgeist und sonstige Faktoren können den Verlauf des Lebenszyklus entscheidend verändern. Solche realtypischen (= wirklichen) Verläufe können sein:

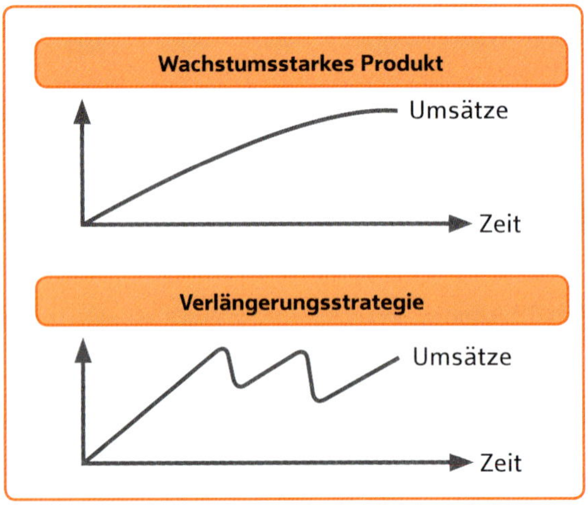

Wachstumsschwaches Produkt

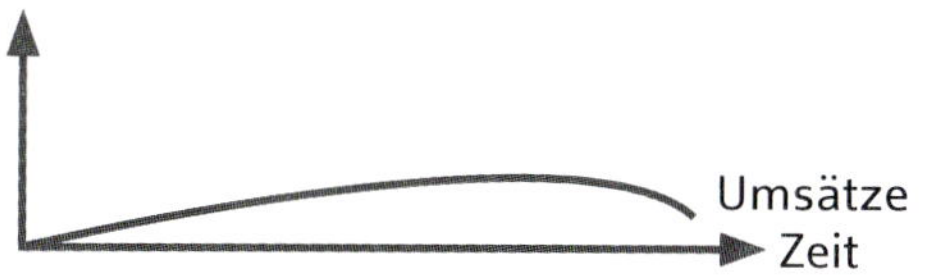

Modeprodukt

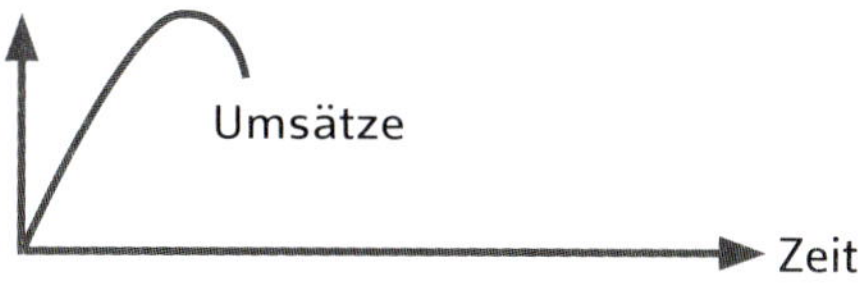

Gescheiterte Neueinführung (Flop)

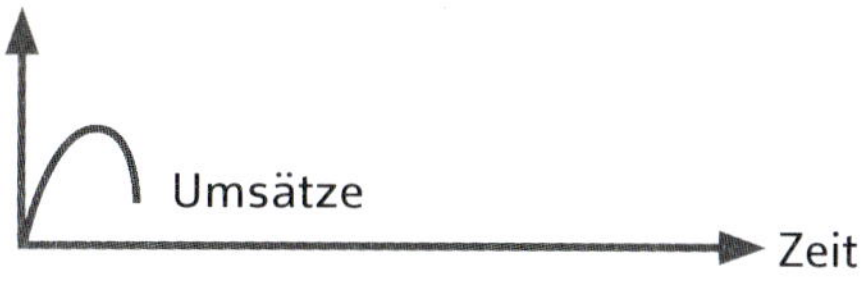

Die Markenpolitik

Im Rahmen der Markenpolitik eines Unternehmens soll der Käufer durch die Wahl eines Produktnamens oder Warenzeichens an das Produkt gebunden werden.

Markenartikel der Hersteller (= Herstellermarken) sind Waren,

- die durch Warenzeichen gekennzeichnet sind,
- die in stets gleicher Art, Aufmachung und Mengenabpackung überall erhältlich sind,
- deren Lieferung in gleichbleibender oder verbesserter Qualität gewährleistet ist.

BEISPIEL

Odol, Persil, Rama, Gustin

Die **Marke** enthält

- einen Markennamen, der den ansprechbaren Teil der Marke darstellt,
- und ein Markenzeichen, das die Ware optisch im Bewusstsein des Verbrauchers festhält.

BEISPIEL

Verwendung finden als Markenzeichen
Symbole: der Bär von Bärenmarke, die Kuh von Milka, der Mercedes-Stern
bestimmte Schreibweisen: Coca-Cola-Schriftzug, 4711-Marke

Mit der Anmeldung des Warenzeichens beim Patentamt erwirbt das Unternehmen das ausschließliche Recht, mit diesem Zeichen die Waren oder deren Packungen bzw. Verpackungen zu versehen.

Gründe für die Schaffung eines Markenartikels:

1. Nur durch die Markierung lässt sich die Ware aus der Masse der anderen Waren herausheben und sich so von Konkurrenzwaren deutlich abheben.
2. Die mit der Markierung erreichte Kennzeichnung und Herausstellung der Ware ermöglicht eine warenspezifische Werbung, die gezielt auf die besonderen Eigenschaften und Vorzüge gerichtet ist.
3. Nur die Markenbildung bietet die Möglichkeit, für eine Ware ein besonderes Image aufzubauen.
4. Markenartikel ermöglichen es, bei den Kunden eine gewisse Markenbindung und Markentreue zu der entsprechenden Ware aufzubauen.

Konsumverhalten

Die deutschen Verbraucher sind markentreu. Besonders ausgeprägt ist dieses Verhalten bei der Wahl der Zigarette: 87 % der Konsumenten rauchen immer dieselbe Marke. Aber auch bei Waschmitteln (75 %), Handcreme (73 %), Kaffee (71 %), Bier (71 %) oder Zahncreme (70 %) bevorzugen die Bundesbürger das Vertraute. Die Wirtschaft lässt sich die Förderung der Markenbindung zwischen Kunde und Produkt einiges kosten: Mehr als 29 Milliarden Euro investierten die deutschen Unternehmen in den letzten Jahren in die Werbung.

Bei Herstellermarken üben die Handelsbetriebe lediglich eine Verteilerfunktion für die vom Produzenten hergestellten Markenartikel aus. Es können aber durch größere Einzelhandels- oder Großhandelsunternehmen Informationen über geäußerte Verbraucherwünsche und Unzufriedenheitsreaktionen hinsichtlich bestimmter Produkte an die Hersteller weitergegeben werden. Ob Änderungsvorschläge durchgesetzt werden können, hängt von der Marktmacht ab.

Handelsmarken (Haus- oder Gemeinschaftsmarken) sind Warenzeichen der Großbetriebe im Einzelhandel (Versandhäuser, Warenhäuser) oder mit dem Einzelhandel kooperierender Großhandlungen. Die **Handelsunternehmen sind Eigentümer der Marke.**

BEISPIEL

„Elite“ bei Galeria, „jinglers“ bei C & A

Die ausführenden Markierungsaufgaben einschließlich der damit verbundenen produktbezogenen Aktivitäten werden vielfach an weisungsgebundene Hersteller übertragen. Der Absatz von Handelsmarkenerzeugnissen erfolgt normalerweise nur in Betrieben des Markeneigentümers.

Gewerbliche Schutzrechte	 Patent	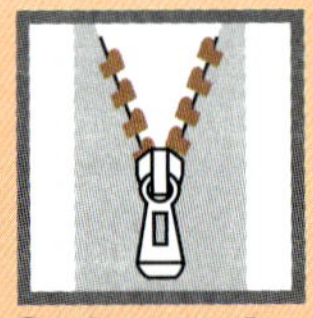 Gebrauchsmuster	 Marke	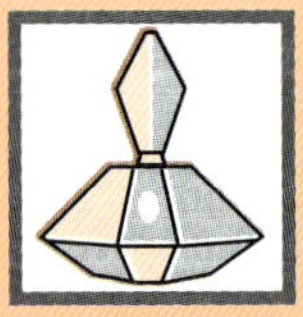 Geschmacksmuster
Gegenstand des Rechtsschutzes:	**Erfindungen** (Gegenstände, Stoffe, Herstellungs- und Arbeitsverfahren)	**Erfindungen** (Neuerungen an Gegenständen, keine Verfahren)	**Wort-, Bild-, Hörmarken, 3-D-Marken** zur Kennzeichnung und Unterscheidung von Waren oder Dienstleistungen	**Muster und Modelle** in gewerblicher Verwendung
Voraussetzungen:	Neuheit, Erfindungshöhe, gewerbliche Anwendbarkeit	Neuheit, Erfindungshöhe, gewerbliche Anwendbarkeit	Unterscheidungskraft	Neuheit und Eigentümlichkeit der Gestaltung
Erteilung der Schutzrechte durch:	**Deutsches Patent- und Markenamt**			
Schutzdauer:	20 Jahre	3 Jahre (Verlängerung bis höchstens 10 Jahre)	10 Jahre (Verlängerung um jeweils weitere 10 Jahre)	5 Jahre (Verlängerung bis höchstens 20 Jahre)

ZAHLENBILDER 128 710

AUFGABEN

1. Welche Bereiche umfasst die Produktpolitik?
2. Wovon hängt eine optimale Produktgestaltung ab?
3. Welche Lebensphasen durchläuft ein Produkt normalerweise?
4. Bringen Sie Beispiele für Produkte, die
   a) einen idealtypischen Verlauf,
   b) einen realtypischen Verlauf haben.
5. Aus welchen Bestandteilen setzen sich Marken zusammen?
6. Unterscheiden Sie Handelsmarken von Markenartikeln.
7. Welche wirtschaftlichen Gründe sprechen für das Vorhandensein von Markenartikeln im Handel?
8. Nennen Sie
   a) Markenartikel,
   b) Handelsmarken
   aus Ihrem Erfahrungsbereich.

ZUSAMMENFASSUNG

Produktpolitik
= Entscheidung über die Ausstattung eines Produktes

Produktgestaltung	Packungspolitik	Planung des Produktlebenszyklus	Markenpolitik
Produktqualität und -eigenschaften		wirkungsvolle Planung des Lebenswegs von Produkten	Herausstellung eines Produktes gegenüber anderen

8.8 PACKUNG UND VERPACKUNG

Christina Martin trifft Tamara Nestmann, eine Auszubildende aus dem 2. Lehrjahr.

Tamara Nestmann:
„...und dann hatte ich da mehrere Kunden, die wollten Umhüllungen der Ware zurückgeben, nachdem sie diese an der Kasse bezahlt hatten. Denen habe ich aber was erzählt. Die sind nach der Bezahlung Eigentümer der Ware geworden. Also ist das ihr Ding: Meins jedenfalls nicht!"

Beurteilen Sie die Aussage von Tamara Nestmann.

INFORMATION

Verpackungen spielen im Einzelhandel eine sehr große Rolle. Sie dienen einerseits dem Schutz der Ware auf dem langen Weg vom Hersteller bis zum Endverbraucher. Andererseits erfüllen Verpackungen häufig auch Werbeaufgaben.

Verpackungen sind vom Einzelhandel auch besonders zu beachten, weil der Anteil der Verpackungskosten an den Kosten eines Produkts bis zu 20 % ausmacht. Ein großes Problem stellt zudem die Entsorgung der Verpackungsabfälle für den Handel dar.

Verpackungen und Packungen

DEFINITION

Unter **Verpackung** wird die Umhüllung einer Ware zum Zweck des Schutzes verstanden.

Dabei wird zwischen Transport- und Verkaufsverpackung unterschieden. In beiden Fällen steht der Nutzen der Umhüllung im Vordergrund:
- Schutz des Produkts
- Gewährleistung der Transport- und Lagerfähigkeit
- einfache Verwendung

DEFINITION

Wenn die Umhüllung zusätzlich noch der Kommunikation mit dem Kunden dient, so spricht man von **Packung**.

Die Packung dient zusätzlich
- zur Information über Produkteigenschaften,
- dem Anreiz zum Kauf,
- zur Information über Bestandteile und Inhaltsstoffe (gesetzliche Vorschriften!),

- als Bedienungsanleitung,
- zur Markenidentifikation.

Eine Packung hat also folgende Funktionen:

- **Schutzfunktion:** Die Umhüllung gewährleistet, dass die Ware in unversehrtem Zustand zum Käufer kommt.
- **Transport- und Lagerungsfunktion:** Die Verpackung muss so beschaffen sein, dass die Ware problemlos zwischen den Wirtschaftsstufen befördert und in verschiedenen Lagern aufbewahrt werden kann.
- **Informationsfunktion:** Die Umhüllung gibt Auskunft über die Ware.
- **Umweltfreundlichkeit:** Die Verpackung sollte ökologischen Ansprüchen genügen (also z. B. nach Möglichkeit recycelbar sein). Ziel der Packungspolitik ist es, das Produkt sowohl verkaufs- als auch marktgerecht zu verpacken.
- **Werbefunktion:** Die Packung wirbt für den Artikel und ist anregend für den Kauf.
- **Servicefunktion:** Im Idealfall wird die Handhabung der Ware erleichtert werden.

Die Packung trägt also einerseits dazu bei, durch ihre Attraktivität zum Kauf anzuregen. Andererseits gewährleistet sie Transport- und Lagerfähigkeit. Hat die Packung ihren Zweck erfüllt, wird sie entsorgt. Vor diesem Hintergrund muss ein Einzelhandelsunternehmen das Kreislaufwirtschaftsgesetz und die Verpackungsverordnung beachten.

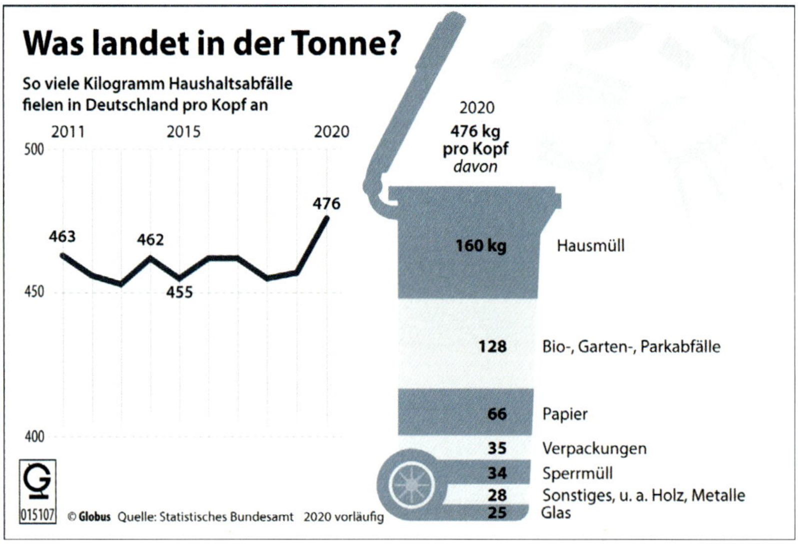

39,6 Millionen Tonnen Müll haben die privaten Haushalte im Jahr 2020 entsorgt. Das war deutlich mehr als noch im Jahr 2019, konkret: plus 1,6 Millionen Tonnen beziehungsweise 4 %.

Der Hausmüll (schwarze Tonne) ist in den letzten Jahren etwas zurückgegangen. **Doch diese Verbesserung wurde durch den starken Anstieg an Verpackungen – mehrheitlich bestehend aus Plastik, Glas und Karton – zunichte gemacht**. In den letzten Jahren haben die **Papierverpackungen um 75 %** zugenommen. Auch **Plastik-Verpackungen** haben in der Zeit **um fast 60 %** zugelegt. Die wesentlichen Gründe dafür sind:

- Im Versandhandel und Online-Shopping werden zu den Primärverpackungen noch Versandverpackungen eingesetzt.
- Es werden zunehmend mehr **kleinere Füllgrößen und/oder vorportionierte Einheiten** angeboten. Dies ist auf die steigende Anzahl an Ein- und Zweipersonenhaushalte sowie an Senioren zurückzuführen. So verbraucht eine 0,5 Liter PET-Flasche im Vergleich zu einer 1 Liter PET-Flasche knapp 14 % mehr Kunststoff.
- **Veränderte Essensgewohnheiten:** To-go-Verzehr, Fastfood-Gerichte, Einweggetränkeverpackungen sowie die Zubereitung von Fertiggerichten sind stark angestiegen. Das sind keine Zeichen für bewusstere Ernährung.

Quelle: Schreckenbach, Florian: Wie viel Wegwerfgesellschaft sind wir? In: Nachhaltig sein, Lebensweise. 2015. https://nachhaltig-sein.info/lebensweise/wegwerfgesellschaft-muellberg-muell-abfall-aufkommen-menge-deutschland-pro-kopf-verwertungsquote-bundeslaender-infografik-statistik [17.02.2022]. (verändert)

Das Kreislaufwirtschaftsgesetz

Das lange Zeit vorherrschende Prinzip in der Wirtschaft war das der **„Wegwerfgesellschaft“**.

In der Wegwerfgesellschaft werden Waren und Verpackungen nach einmaligen Gebrauch oder Verbrauch entsorgt

In diesem oft auch **Lineargesellschaft** genannten System werden die Waren nach der Nutzungsdauer vernichtet.

In einer **Kreislaufwirtschaft** dagegen gelangen die in einer Ware enthaltenen Rohstoffe über den endgültigen Gebrauch oder Verbrauch der Ware beim Kunden hinaus wieder zurück in den Produktionsprozess. Abfälle werden wieder als Bestandteile neuer Waren verwendet (**Recycling**).

Das Kreislaufwirtschaftgesetz hat das gesamtgesellschaftliche Ziel, Herstellung und Verbrauch von Waren so zu gestalten, dass

- möglichst wenig Abfälle entstehen,

In der Linearwirtschaft landen nicht mehr benötigte Produkte auf der Deponie

- entstandene Abfälle nach Möglichkeit wiederverwertet werden können,
- nicht recycelbare (= wiederverwertbare) Abfälle möglichst umweltverträglich beseitigt werden.

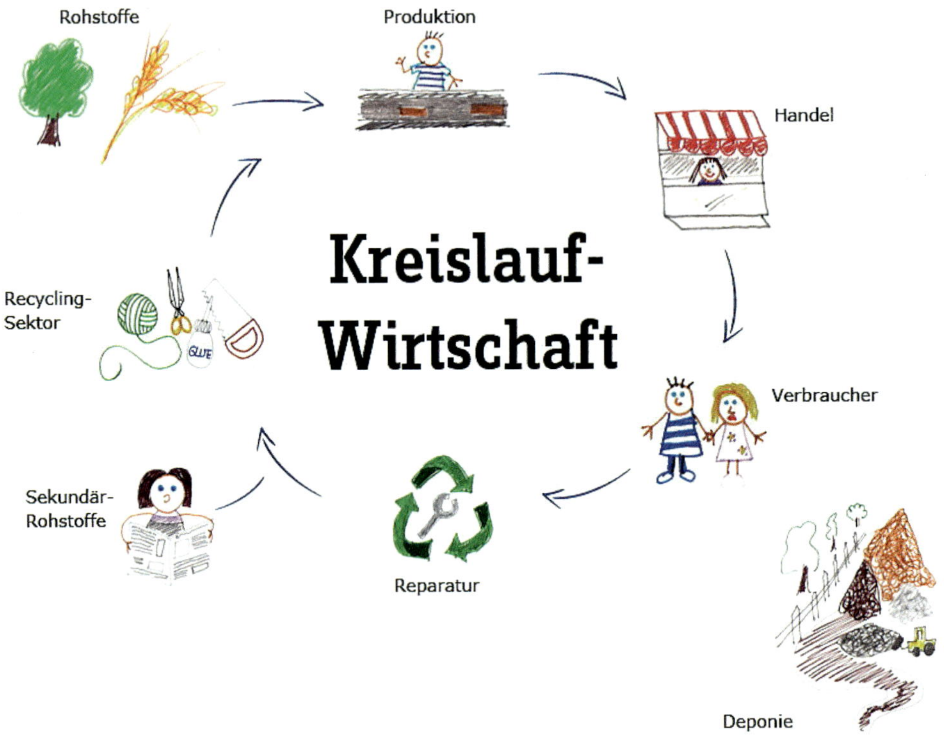

Nicht mehr benötigte Produkte können in der Kreislaufwirtschaft verwesen. Sie können aber auch so aufbereitet werden, dass ein gleichwertiges, neues Produkt entsteht: Kompostierbare Stoffe gelangen zurück in die Umwelt. Andere nicht kompostierbare Materialien, z. B. Aluminium, werden immer wieder recycelt. Die Einzelteile eines Smartphones, das nach den Standards der Kreislaufwirtschaft gebaut wurde, könnten alle wiederverwertet werden.

Die Kreislaufwirtschaft

Das Kreislaufwirtschaftgesetz macht eine eindeutige Aussage zur Produktverantwortung: Das Unternehmen, das eine Ware entwickelt, herstellt oder verkauft, ist für die Erreichung der Ziele der Kreislaufwirtschaft verantwortlich. Für den Umgang mit Abfällen gilt die Abfallhierarchie:

VERMEIDEN	Nach Möglichkeit sollen Abfälle überhaupt nicht anfallen.
VERWERTEN	Sind Abfälle nicht zu vermeiden, sollen diese wieder in Rohstoffe zerlegt und anschließend in die Kreislaufwirtschaft zurückgeführt werden. Diese Wiederverwendung nennt man Recycling.
BESEITIGEN	Erst wenn das Recycling nicht möglich ist, sollte Abfall beseitigt werden.

4203256

Die Verpackungsverordnung

Die Verpackungsordnung konkretisiert die Ziele des Kreislaufwirtschaftsgesetzes im Hinblick auf Verpackungsabfälle. Die Verpackungsverordnung weist die Verantwortung für die Verpackungen denjenigen zu, die die Verpackungen in den Verkehr bringen. Dies sind beispielsweise die Händler, die ihre Waren versandfertig verpacken.

Es besteht eine **Rücknahmepflicht**:

- Hersteller und Handelsbetriebe müssen die Verpackungen ihrer Produkte vor Ort zurücknehmen.
- Da dies häufig mit Problemen verbunden ist, erlaubt es die Verpackungsverordnung, dass bestimmte Privatunternehmen Verpackungen direkt beim Verbraucher abholen. Diese Privatunternehmen, die parallel zur klassischen Hausmüll-Entsorgung arbeiten, nennt man **duale Systeme**. Ein Einzelhändler muss sich also nicht in jedem Fall um die Entsorgung jeder einzelnen Verpackung kümmern. Er ist jedoch verpflichtet, die dualen Systeme nach Menge und Art der von ihm in den Verkehr gebrachten Verpackungen zu bezahlen.

Der Hersteller einer Verkaufsverpackung (oder der Händler) beauftragt ein duales System, seine in Deutschland in den Markt gebrachten Verpackungsmengen (z. B. Glasflaschen) zurückzunehmen und zu verwerten. Hierfür zahlt er ein entsprechendes Entgelt. Das duale System beauftragt einen lokalen Entsorger, Container (z. B. Glascontainer an öffentlichen Plätzen) aufzustellen, diese regelmäßig zu leeren und die Verpackungsabfälle zu einer Sortier- oder Aufbereitungsanlage zu bringen. In der Anlage wird diese Verpackungsmenge im Auftrag des dualen Systems sortiert bzw. aufbereitet. Schließlich wird das sortierte und aufbereitete Material einem Verwerter (z. B. einer Glashütte) übergeben.

Die Organisation des Sammelns und Sortierens des Verpackungsabfalls übernahm zunächst das „Duale System Deutschland DSD". Mittlerweile gibt es insgesamt elf Anbieter, die derzeit (März 2022) in Deutschland als **duale Systeme** zugelassen sind.

Diese Sammel- und Entsorgungssysteme sorgen dafür, dass die angefallenen Verpackungen in den Wirtschaftskreislauf zurückgeführt werden. Sie stehen in der Kreislaufwirtschaft zwischen den Händlern und den Verbrauchern.

Jedes Einzelhandelsunternehmen muss sich vertraglich einem Dualen System anschließen. Für die Menge der Verpackungen, die sie in den Verkehr bringen, müssen sie eine Gebühr zahlen. Die Höhe richtet sich dabei neben der Menge vor allem nach der Art der Verpackungen, die in den Verkehr gebracht werden.

Die dualen Systeme stellen sicher, dass die Verpackungen von allen Endkunden kostenlos in die entsprechenden Sammelstellen entsorgt werden können:

- Papier in Papiertonnen,
- Kunststoffe in gelben Säcken
- und Glas in Altglas-Containern.

Bis 1993 waren ausschließlich die Gemeinden für die Abfallentsorgung zuständig. Der überwiegende Anteil der verbrauchten Verkaufsverpackungen (etwa. 7 Mio. Tonnen jährlich) wird von den zehn dualen Systemen gesammelt und der Verwertung zugeführt (ungefähr. 5 Mio. Tonnen jährlich).

Verpackungsarten

Verpackungsarten nach der Häufigkeit ihrer Verwendung

Die Verpackungsverordnung unterscheidet verschiedene Verpackungsarten nach der Häufigkeit ihrer Verwendung.
Verpackungen können entweder einmal oder mehrfach verwendet werden.

- **Einwegverpackungen**

Eine Einwegverpackung wird nur für einen einzigen Transport verwendet.

BEISPIEL

- Einwegpaletten
- Konservendosen
- Joghurtbecher aus Plastik
- Holzkisten
- Kartons

Diese Kaffeesahne-Behälter können nur einmal benutzt werden.

Die Nutzung von Einwegpackungen bietet sich an, wenn
- die Verpackung für Mehrfachtransporte nicht geeignet ist,
- eine erneute Verwendung nicht wirtschaftlich ist.

- **Mehrwegverpackungen**

Mehrwegverpackungen werden mehrfach verwendet. Dadurch wird die Anzahl der Verpackungen und anschließend die Menge des Verpackungsabfalls insgesamt verringert.

BEISPIEL

- Mehrwegflaschen (z. B. Bier- und Mineralwasserflaschen)
- Joghurtgläser
- Getränkekisten

Da sie stärker beansprucht werden, sind Mehrwegverpackungen stabiler konstruiert.

Verpackungsarten nach der wahrzunehmenden Funktion

Nach der von der Verpackung wahrzunehmenden Funktion lassen sich die folgenden Verpackungsarten unterscheiden:

- **Transportverpackungen**

Durch Transportverpackungen werden Waren auf dem Transport zum Einzelhändler vor Schäden bewahrt. Sie fallen überwiegend beim Vertreiber der Waren an. Transportverpackungen werden meistens vor dem Verkauf an die Kunden entfernt.

BEISPIEL

- Kartons, die eine größere Stückzahl von Waren zusammenfassen
- Folien als Verpackung von Wasserflaschen

- **Verkaufsverpackungen**

Verkaufsverpackungen sind Umhüllungen von Waren, die den Inhalt schützen. Sie fallen beim Kunden bis zum Endverbrauch an.

Diese Weißwürste werden von der Verkaufsverpackung umhüllt.

- **Umverpackung**

Unter Umverpackungen werden zusätzliche Verpackungen zu den Verkaufsverpackungen verstanden. Sie sind nicht zwingend notwendig, sollen aber
- den Verkauf von Waren erleichtern,
- Werbung ermöglichen,
- Diebstähle erschweren oder verhindern,
- eine bessere Lagerung ermöglichen.

BEISPIEL

- Schachteln, in denen Zahnpastatuben verpackt sind
- größere Schachteln mit mehreren Zigarettenschachteln

- **Getränkeverpackungen**

Getränkeverpackungen sind eine besondere Form der Verkaufsverpackung. Im Sinne der Verpackungsverordnung versteht man darunter geschlossene oder überwiegend geschlossene Umhüllungen für flüssige Lebensmittel, die zum Verzehr als Getränk bestimmt sind.

Die Verpackungsverordnung sieht vor, dass fast alle Einweg-Getränkeverpackungen pfandpflichtig sind. Die Höhe des Pflichtpfands beträgt einheitlich 25 Cent.

BEISPIEL

- Mineralwasser
- Bier
- kohlensäurehaltige Erfrischungsgetränke wie Cola und Limonade
- kohlensäurefreie Erfrischungsgetränke
- alkoholhaltige Mischgetränke (Alcopops)

Pfandpflichtige Einwegflaschen und Getränkedosen können überall dort zurückgegeben werden, wo solche Artikel verkauft werden. Mit der Deutschen Pfandsystem GmbH (DPG) haben Industrie und Handel ein bundesweit einheitliches Rücknahmesystem eingerichtet.

Solche Rückgabeautomaten nehmen unterschiedliche Flaschen und Dosen an. Die Formerkennung erfolgt durch Infrarotsensoren. Jeder Flaschenform kann ein separater Pfandbetrag zugeordnet werden. Eine Größensortierung der Flaschen ist oft möglich. Die Flaschen werden stehend gesammelt und sind für die Rücknahme dann bereits vorsortiert.

Einige Getränke sind pfandfrei.

BEISPIEL

- Frucht- und Gemüsesäfte
- Milch
- Wein
- Spirituosen
- alle ökologisch vorteilhaften Einweg-Getränkeverpackungen (z. B. Kartonverpackungen oder Schlauchbeutel)

Bis auf einige Ausnahmen sind alle Getränkeverpackungen pfandpflichtig.

AUFGABEN

1. Warum spielen Verpackungen eine große Rolle im Einzelhandel?
2. Erläutern Sie den Begriff und die Aufgaben der Verpackung.
3. Wodurch unterscheiden sich Packungen von Verpackungen?
4. Bringen Sie eine Verpackung, aus Ihrem privaten Bereich in den Unterricht mit.
   Erläutern Sie jeweils, welche Funktionen einer Verpackung bzw. Packung erfüllt werden.
5. Welche rechtlichen Regelungen muss ein Einzelhandelsunternehmen im Zusammenhang mit der Entsorgung des Verpackungsabfalls beachten?
6. Erläutern Sie die Abfallhierarchie.
7. Unterscheiden Sie die Kreislaufwirtschaft von der Wegwerfgesellschaft.
8. Erläutern Sie die in der Verpackungsverordnung aufgeführte Rücknahmepflicht.
9. Was sind duale Systeme?
10. Wodurch unterscheiden sich Einweg- und Mehrwegverpackungen?
11. Erläutern Sie die Begriffe
    a) Transportverpackungen,
    b) Verkaufsverpackungen,
    c) Umverpackungen.

ZUSAMMENFASSUNG

Verpackungen
- schützen die Ware
- gewährleisten die Transport- und Lagerfähigkeit der Artikel

→ werden zu

Packungen
Zu den Aufgaben der Verpackung kommen noch hinzu:
- Information des Kunden
- Werbung

Verpackungen und Packungen müssen entsorgt werden.
Dabei gelten Vorschriften:

Das Kreislaufwirtschaftsgesetz
- Produktverantwortung: Hersteller und Händler sind für die Einhaltung der Abfallhierarchie verantwortlich.
- Abfallhierarchie: Abfälle sollen vermieden werden.
- Nicht vermeidbare Abfälle sollen recycelt, also wieder in die Wirtschaft zurückgeführt werden.
- Nur die nicht recycelbaren Abfälle werden – möglichst umweltfreundlich – entsorgt.

Die Verpackungsverordnung
- Für Handel und Hersteller: Rücknahmepflicht für Verpackungen vor Ort
- Duale Systeme, die Handel und Hersteller bezahlen müssen, holen Verpackungen auch direkt vom Verbraucher ab.

8.9 KOMMUNIKATIONSPOLITIK

Herr Lahmann berichtet den Abteilungsleitern:

„... Wir haben jetzt einmal die Ursachen für die schlechten Verkaufszahlen dieser Warengruppe im Einzelhandel untersucht: Unsere Reisenden waren dort weniger häufig als die der Mitbewerber. Die Artikel hatten auch im Einzelhandel höhere Preise. Im Gegensatz zu uns hatte die Konkurrenz den Geschäften passende Regale zur Verfügung gestellt und die Ware optimal präsentiert. Sie haben auch mehrmals Verkaufsaktionen durchgeführt.

Ich glaube, wir sollten auch mal an Verkaufsförderungsmaßnahmen denken."

1. *Geben Sie an, welche der aufgeführten Maßnahmen der Konkurrenz zur Verkaufsförderung gehören.*
2. *Schlagen Sie weitere Maßnahmen der Verkaufsförderung vor.*

INFORMATION

Die Kommunikationspolitik plant und steuert die Verständigung zwischen dem Unternehmen und seiner Umwelt beziehungsweise Teilen davon (= Zielgruppen).

Zur Kommunikationspolitik gehören die Teilinstrumente:
- Absatzwerbung[1]
- Verkaufsförderung (Salespromotion)
- Direktwerbung
- Öffentlichkeitsarbeit (Public Relations)
- Sponsoring
- Human Relations
- Product-Placement
- persönlicher Verkauf

Verschiedene Maßnahmen der Verkaufsförderung: Sonderpreise im Rahmen von Aktionen

Verkaufsförderung

Die Verkaufsförderung (Salespromotion) ist eine oft wirkungsvolle Ergänzung der klassischen Absatzwerbung. Ihr Ziel ist es, den am Absatz Beteiligten das Verkaufen zu erleichtern.

BEISPIEL

Christina Martin erläutert Daniel Stern den Unterschied zwischen Werbung und Verkaufsförderung: „Grob und salopp gesagt, soll Werbung die Kunden zur Ware bringen, Verkaufsförderung dagegen die Ware zum Kunden."

Kurzfristig soll mithilfe von Verkaufsförderungsaktionen der Absatz am Ort des Verkaufs erhöht oder die Bekanntmachung und Profilierung neuer Produkte erzielt werden.

BEISPIEL

Die Kunden werden in einem Einzelhandelsgeschäft auf ein Produkt aufmerksam gemacht oder zum Kauf angeregt. Umsatzsteigerungen sollen erreicht werden durch:
- Gewinnspiele
- Produktproben
- Warengutscheine
- Produktvorführungen

1 siehe Kap. 8.10

Abhängig von der Zielgruppe, an die sich die Verkaufsförderung jeweils richtet, können drei Arten der Verkaufsförderung unterschieden werden:

Direktwerbung

Im Gegensatz zur anonymen Massenwerbung werden bei der Direktwerbung die Zielpersonen direkt individuell angesprochen. Die direkte Ansprache schafft Vertrauen und verbindet. Diese Form der Werbung hat an Bedeutung stark zugenommen. Hierbei kommen beispielsweise folgende Instrumente zur Anwendung:

- personalisierte Briefe (adressierte oder unadressierte postalische Werbeansprache)
- telefonische oder faxgestützte Werbeansprache
- E-Mail
- SMS

BEISPIEL

Die Lahmann KG schreibt alle Eltern von Kommunions- und Konfirmationskindern vor Ort an und bietet Kommunions- und Konfirmationsanzüge und -kleider an.

Die Direktwerbung erlaubt es, genau festgelegte Zielgruppen anzusprechen. Im Vergleich zur eher anonymen Absatzwerbung kommt es daher zu geringeren Streuverlusten. Über die Rückläufe kann sehr schnell der Erfolg der Maßnahme kontrolliert werden. Als problematisch kann angesehen werden, dass Direktwerbung von den Angesprochenen eventuell als aufdringlich und nervend empfunden wird.

Öffentlichkeitsarbeit

DEFINITION

Im Mittelpunkt der **Öffentlichkeitsarbeit** (Public Relations, kurz: PR) steht die Bereitschaft des Unternehmens, umfassend über seine vielfältigen Aktivitäten zu informieren und mit der Öffentlichkeit in einen Dialog einzutreten. Damit soll die Einstellung der Öffentlichkeit zur Unternehmung positiv beeinflusst werden, was sich letztendlich auch auf die Erreichung der ökonomischen Kommunikationsziele (Umsätze, Marktanteile) auswirken soll.

Es wird nicht das Produkt, sondern das Unternehmen dargestellt. Bei der Öffentlichkeitsarbeit geht es einem Unternehmen darum, permanent und systematisch positive Beziehungen zu Kunden und Lieferanten aufzubauen. Die Öffentlichkeit soll von der Glaubwürdigkeit der Aussagen des Unternehmens überzeugt werden. Das Unternehmen zeigt, dass es sich seiner gesellschaftlichen Verpflichtungen bewusst ist. Auf diese Weise soll in der Öffentlichkeit ein positives Image geschaffen werden. Dies ist gerade in Zeiten eines harten Konkurrenzkampfs sowie ausgeprägter Käufermärkte besonders wichtig, denn es hat sich gezeigt, dass ein positives Unternehmensimage eine absatzfördernde Wirkung hat.

4203262

→ „Öffentlichkeitsarbeit (PR) ist die Kunst, etwas dafür zu tun, ohne viel Aufwand ins (wenn es denn geht) gute Gerede zu kommen!" Sven Lehmann

Mögliche PR-Maßnahmen sind u. a.:
- Einrichtung von Pressestellen
- Auftreten von Unternehmensvertretern in der Öffentlichkeit (z. B. in Interviews)
- Veranstaltungen und Ausstellungen (z. B. Informationstage)
- Besichtigungen, Tag der offenen Tür (Aktivitäten für ausgewählte Zielgruppen)
- Zeitschriften und Broschüren (z. B. Werks- und Kundenzeitschriften, Jubiläumsschriften)
- Maßnahmen zur Förderung des Allgemeinwohls (z. B. Stiftungen, Spenden)
- Internet-PR
  Sie nimmt stark zu und reicht von E-Mail-Newslettern bis zu Unternehmenshomepages.

Besondere Bedeutung gewinnt die Öffentlichkeit in Krisenzeiten für das Unternehmen.

BEISPIEL

Nach Bekanntwerden der BSE-Problematik startete die Fleischindustrie mehrere Maßnahmen zur Öffentlichkeitsarbeit.

Der PR-Gedanke wird bei der Gestaltung einer Corporate Identity (Unternehmensidentität) aufgegriffen. Ein einheitliches Bild des Unternehmens nach außen, eine Unternehmenskultur, soll geschaffen werden. Dies geschieht z. B. durch Schaffung von einheitlichen Zeichen (Symbolen) des Unternehmens, die sich auf Briefbögen, Visitenkarten, Firmen-Pkws und -Lkws wiederfinden. Auch besondere Verhaltensregeln, die von den Mitarbeiterinnen und Mitarbeitern gegenüber Kunden, Lieferanten und der Öffentlichkeit einzuhalten sind, tragen zu einem einheitlichen Unternehmensbild bei.

Unterschiede zwischen Public Relations, Werbung und Verkaufsförderung

	bezogen auf das Unternehmen	bezogen auf das Produkt
Information	Public Relations	Absatzwerbung
Aktion (über Information hinaus)		Salespromotion

Sponsoring

DEFINITION

Sponsoring beruht auf dem Prinzip von Leistung und Gegenleistung. Das Unternehmen (der Sponsor) unterstützt durch Finanz-, Sach- oder Dienstleistungen Personen, Organisationen oder Institutionen (Gesponserte) und erwartet dafür bestimmte Gegenleistungen (z. B. besondere Werbemöglichkeiten), die vertraglich abgesichert sind und zur Erreichung der Marketingziele beitragen sollen.

Mithilfe des Sponsorings versucht das Unternehmen, das positive Image des Gesponserten auf sich zu übertragen.

Die Sponsoring-Aktivitäten erreichen auch Zielgruppen, die sich mit herkömmlichen Mitteln der Kommunikationspolitik nicht oder kaum ansprechen lassen.

Ziel aller Sponsoring-Aktivitäten ist:
- die Erzielung und Aufrechterhaltung von Kontakten zu bestimmten Zielgruppen
- die Steigerung des Bekanntheitsgrades
- die individuelle Gestaltung des Produkt- und/oder Unternehmensimages

Sponsoring ist in fast allen Bereichen der Kommunikationspolitik möglich. Es kann in drei Bereichen erfolgen:

- **Sportsponsoring**

BEISPIEL

Die Hoffmann KG unterstützt die E-Jugend eines örtlichen Fußballvereins. Auf den Spielertrikots erscheint der Namenszug Hoffmann KG.

- **Kultursponsoring**

BEISPIEL

Die Hoffmann KG sponsert das örtliche Stadttheater. Im Programmheft wird jedes Theaterstück angekündigt mit „Die Hoffmann KG präsentiert ...".

- **Sozialsponsoring**

BEISPIEL

Die Hoffmann KG spendet für das Sommerfest eines Kinderheims.

Seit Anfang der 1970er-Jahre gewinnt Sponsoring an Bedeutung. Ein Grund hierfür ist z. B., dass klassische Werbeformen bei manchen Verbrauchern mehr und mehr abgelehnt werden.

Human Relations

DEFINITION

Unter **Human Relations** versteht man die Pflege zwischenmenschlicher Beziehungen innerhalb eines Unternehmens.

Ein gutes Betriebsklima bedeutet auch, Erfolge zusammen feiern zu können.

Die Maßnahmen der Human Relations dienen der Verbesserung der internen Kommunikation und fördern den Informationsaustausch und die Kommunikation mit den Beschäftigten. Sie richten sich nicht nur an Mitarbeiterinnen und Mitarbeiter, sondern auch an deren Angehörige sowie an frühere und potenzielle Arbeitskräfte. Ihr Ziel ist die Verbesserung der zwischenmenschlichen Beziehungen, der Motivation und des allgemeinen Betriebsklimas innerhalb eines Unternehmens. Der Human-Relations-Ansatz geht von der Annahme aus, dass durch die Interaktion der Beschäftigten deren Arbeitszufriedenheit und Motivation gesteigert werden und es dadurch auch zu einer Verbesserung der Leistung des Unternehmens kommt, z. B. im Absatzbereich.

Product-Placement

DEFINITION

Werden Waren oder Dienstleistungen bewusst in Kinofilme oder Fernsehsendungen integriert, so spricht man von **Product-Placement**.

Markenartikel werden dabei so platziert, dass sie vom Zuschauer nicht als Werbemaßnahme erkannt werden können. Die beworbenen Produkte tauchen als Requisiten in der Handlung auf und werden vom Zuschauer unbewusst wahrgenommen. Im Mittelpunkt des Product-Placements steht also im Gegensatz zu Public-Relations-Maßnahmen das Produkt, nicht das Unternehmen. Als Gegenleistung für die Platzierung stellt das Unternehmen, dessen Artikel in dem Medienprogramm untergebracht werden, Geld- oder Sachleistungen in Form von Produkten zur Verfügung.

Angewandt wird Product-Placement häufig bei sehr hochwertigen Markenartikeln. Kritisiert wird oft eine Irreführung der Verbraucher. Als problematisch wird ebenfalls die Gefahr eines Verstoßes gegen das Wettbewerbsrecht angesehen.

Product-Placement als millionenschwerer Markt. Angeblich wendete BMW dafür 10 Mio. € auf: James Bond mit seinem BMW Z3.

Persönlicher Verkauf

Viele Unternehmen bieten heute komplizierte Produkte an, die einen hohen Erklärungsbedarf haben. Die Absatzwerbung kann dies allein nicht leisten. Deshalb haben persönliche Beratungsgespräche zwischen Verkäufern und Kunden heute eine große Bedeutung.

Dieser Teil der Kommunikationspolitik versucht mit geschulten Verkäufern gezielt auf die Bedürfnisse der Kunden einzugehen, ihnen den Nutzen der Artikel zu verdeutlichen und sie somit zur Kaufentscheidung zu bringen.

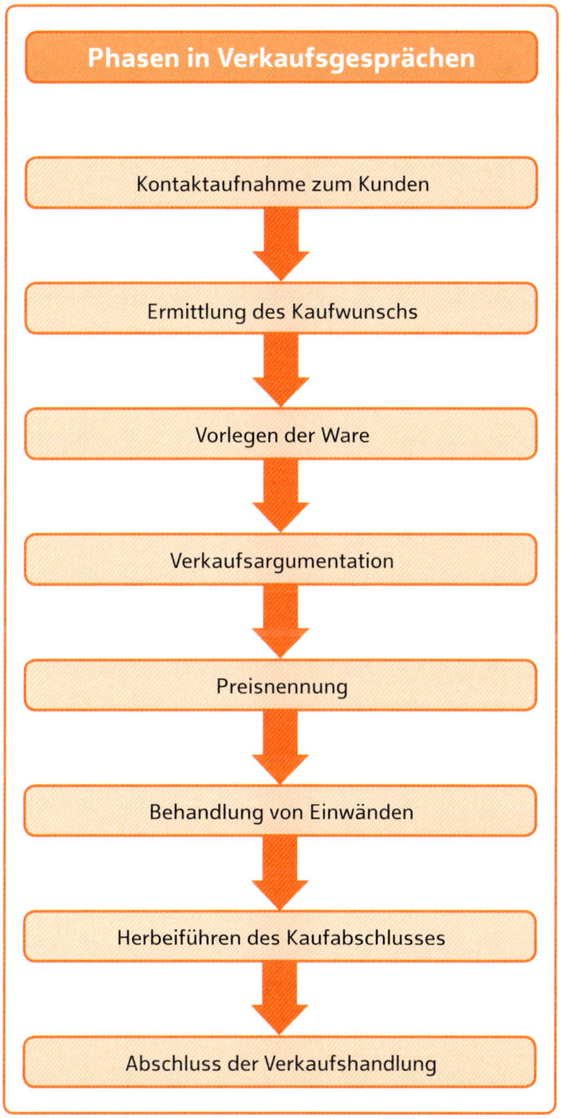

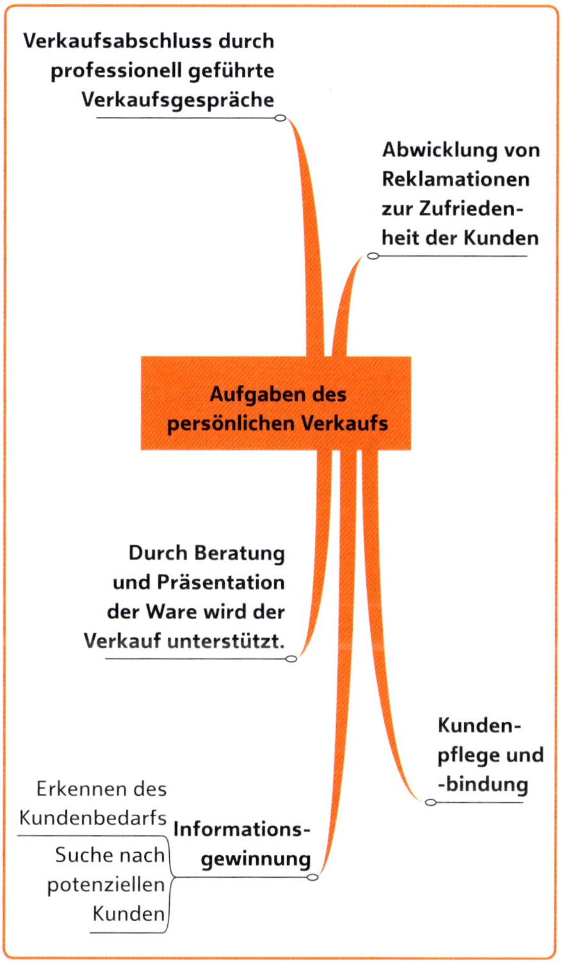

AUFGABEN

1. Welche der aufgeführten Marketingmaßnahmen gehören zur Verkaufsförderung?
   a) Werbung auf dem Trikot von Werder Bremen
   b) Werbefilm im Kino
   c) Preisausschreiben
   d) Firmenzeitschrift der Hoffmann KG
   e) Proben
   f) Werbeständer
   g) Prospekte
   h) Schulung der Verkäufer
2. Wodurch unterscheidet sich die Verkaufsförderung von der Absatzwerbung?

3. Die Hoffmann KG unterstützt das Handballteam von Eintracht Hildesheim. Wozu dient das Sponsoring hauptsächlich aus unternehmerischer Sicht?
   a) Verkauf der Produkte
   b) Nutzung steuerlicher Vorteile
   c) Verbesserung des Images
   d) Steigerung des Umsatzes
   e) Erkennen des Verhaltens der Konsumenten
4. Erläutern Sie den Begriff Direktwerbung.
5. Wodurch unterscheidet sich die Absatzwerbung von der Öffentlichkeitsarbeit?
6. Was versteht man unter Corporate Identity?
7. Welches Marketinginstrument ist hier angesprochen?
   a) „Ein gutes Betriebsklima wird als absatzsteigernd angesehen."
   b) „Dies ist die kreative Einbindung eines Markenartikels im Sinne der notwendigen Requisite in eine Spielfilmunterhaltung. Das Produkt wird dabei im Gebrauchs- oder Verbrauchsumfeld von bekannten Schauspielern – in der Regel von Hauptdarstellern – gezeigt, wobei die Marke für den Filmbetrachter deutlich erkennbar ist."
   c) „Ein relativ teures, aber wirksames Instrument ist die gekonnte Präsentation des Produkts im Rahmen eines Gesprächs zwischen einem Mitarbeiter des Unternehmens und einem möglichen Kunden."
8. Berichten Sie in der Klasse, wenn Sie schon einmal an einer Verkaufsförderungsmaßnahme teilgenommen haben, um welche Art von Salespromotion es sich handelte.
9. Erkunden Sie ein Einzelhandelsgeschäft Ihrer Wahl. Beachten Sie, dass Sie dabei Ihre Schule repräsentieren.
   a) Stellen Sie fest, welche Verkaufsförderungsmaßnahmen angewendet werden, und notieren Sie diese.
   b) Erläutern Sie in der Klasse die jeweils gefundenen Verkaufsförderungsmaßnahmen.
10. Berichten Sie Ihrer Klasse, ob und wie Ihr Unternehmen Sponsoring betreibt.

ZUSAMMENFASSUNG

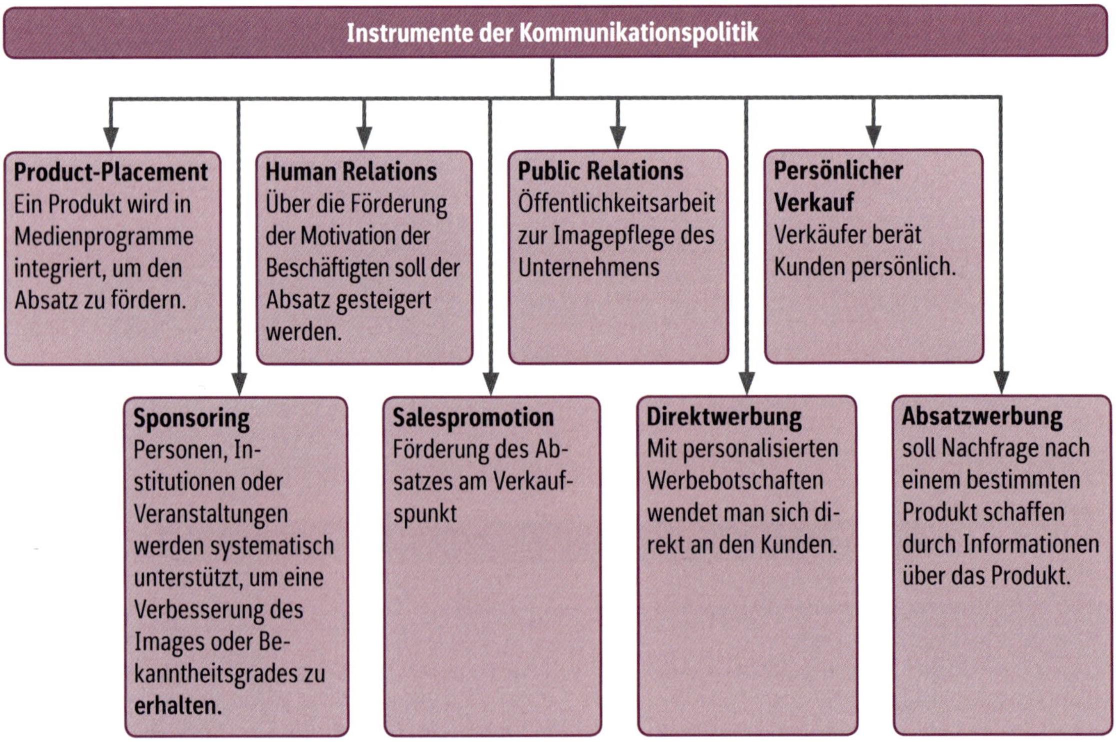

8.10 WERBUNG

Herr Lahmann:
„In einigen Filialen sowie bei einigen Warengruppen haben wir deutliche Umsatzeinbußen zu verzeichnen …“

Katarzyna Lindemann:
„Dann müssen wir einfach etwas Werbung machen.“

Herr Lahmann:
„Das sagt sich leicht. Dabei müssen wir allerdings allerhand beachten …“

Machen Sie Vorschläge, was man bei der Vorbereitung und Durchführung von Werbemaßnahmen beachten sollte.

INFORMATION

Absatzwerbung

DEFINITION

Absatzwerbung – im normalen Sprachgebrauch auch Werbung genannt – stellt die von einem Unternehmen gesteuerte und geplante Form der Käuferbeeinflussung zur Erreichung der unternehmerischen Absatzziele dar. Werbung ist eine Kommunikationsform, die

- unpersönlich (richtet sich grundsätzlich an alle) und
- in räumlicher Distanz vom Verkaufsort durchgeführt wird.

Die Absatzwerbung verfolgt zunächst einmal vier aufeinander aufbauende Ziele:

- **Bekanntmachung**
  Potenziellen Kunden wird die Existenz des Produkts bewusst gemacht.
- **Information**
  Den Kunden werden Produktmerkmale (technische Daten, Preise usw.) mitgeteilt.
- **Imagebildung**
  Produkt oder Unternehmen sollen bei der Zielgruppe positiv aufgenommen werden.
- **Handlungsauslösung**
  Die Kunden sollen zum Kauf bewegt werden.

Die Absatzwerbung ist das Bindeglied zwischen den Anbietern (den anbietenden Unternehmen) und den Nachfragern von Produkten (den Kunden). Sie nimmt gezielt Einfluss auf die Kaufentscheidungen.

„Wer nicht wirbt, stirbt!“

Quelle: Henry Ford. In: https://www.henry-ford.net/deutsch/zitate.html [17.02.2022].

Grundlage dieser zielgerichteten Kommunikation ist die ausgesendete Botschaft des Verkäufers mit dem Ziel, die Bedürfnisse des Käufers für ein bestimmtes Produkt zu wecken. Um dieses Ziel zu erreichen, muss die Werbung „werbewirksam“ bei den Nachfragern ankommen (Einwirkung auf Sinne, Aufmerksamkeit, Gedächtnis, Vorstellung, Gefühl). Damit dies geschieht, muss eine Werbemaßnahme genau geplant werden. Hierfür wird ein Werbeplan aufgestellt, der die Details für die Durchführung der Werbemaßnahme enthält.

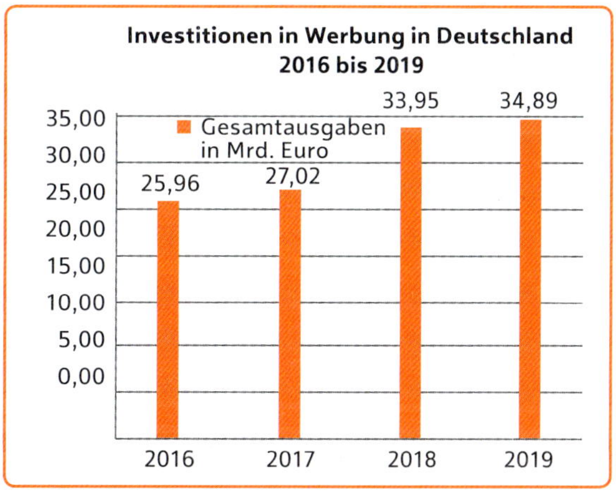

Nach Zahlen des Zentralverbands der deutschen Werbewirtschaft ZAW

Werbeplan

Im Werbeplan sind folgende Aspekte enthalten:

- **Wer?**
  z. B. ein Unternehmen, ein Verbund von Unternehmen oder eine Werbeagentur
- (sagt) **was?**
  Inhalt der Werbebotschaft
- mit **welchem Ziel?**
  - ökonomische Werbeziele, z. B. Erhöhung des Marktanteils, Umsatzsteigerung
  - vorökonomische (kommunikative) Werbeziele, z. B. Erhöhung der Bekanntheit/des Images einer Marke
- **wann?**
  Bedacht werden sollte der günstigste Zeitpunkt der Werbemaßnahme:
  - Streuzeit (Werbezeit), z. B. eine bestimmte Jahreszeit
  - Beginn und Dauer der Werbemaßnahme
- **wem?**
  Die Zielgruppe (Streukreis) muss bestimmt werden: Der umworbene Personenkreis wird festgelegt.
- **wo?**
  Streugebiet (= geografischer Raum/Einsatzgebiet), z. B. lokal, international
- **wie?**
  Bestimmung der Werbemittel und Werbeträger

Der Werbeplan ist abhängig vom Werbeetat des Unternehmens. Dies ist der Betrag, der dem Unternehmen für Werbemaßnahmen zur Verfügung steht. Die Höhe des Werbeetats kann abhängen von:

- den Werbezielen,
- der finanziellen Lage des Unternehmens,
- den Werbemaßnahmen der Konkurrenten.

Werbegrundsätze

Steht der Werbeplan, werden die Werbemaßnahmen durchgeführt. Damit die Werbung effektiv ist, sollten die vier Werbungsgrundsätze beachtet werden:

- **Werbewirksamkeit**
  Werbeträger und -mittel sind so auszuwählen, dass sie den Konsumenten in Übereinstimmung mit den angestrebten Werbezielen optimal beeinflussen.
- **Werbewahrheit**
  Die Werbung wird unglaubwürdig, wenn sie nicht sachlich informiert oder sogar irreführend und täuschend ist. Werbung darf zudem nicht gegen die „guten Sitten" verstoßen, wie sie im Gesetz gegen den unlauteren Wettbewerb formuliert sind.
- **Werbeklarheit**
  Werbeaussagen müssen von allen Konsumenten schnell und leicht verstanden werden können.
- **Werbewirtschaftlichkeit**
  Der Erfolg der Absatzwerbung muss in einem vernünftigen Verhältnis zu den aufgewendeten Kosten stehen. Dies zu überprüfen ist Gegenstand der Werbeerfolgskontrolle.

Wird gegen einen oder mehrere dieser Werbungsgrundsätze verstoßen, ist der Erfolg der Werbemaßnahme stark gefährdet.

Arten der Werbung

Nach verschiedenen Kriterien können unterschiedliche Werbearten unterschieden werden.

Werbearten nach dem Gegenstand der Werbung

Geht man vom Gegenstand der Werbung aus, kann die Werbung in Sachwerbung und Firmenwerbung unterteilt werden.

- **Sachwerbung**
  Die Sachwerbung bezieht sich auf ein einzelnes Produkt. Der Name des anbietenden Unternehmens bleibt weitgehend im Hintergrund oder tritt gar nicht in Erscheinung.

BEISPIEL

Werbung für das Waschmittel Ariel

- **Firmenwerbung**
  Die Firmenwerbung bezieht sich auf das Unternehmen als solches oder auf dessen gesamtes Produktionsprogramm. Stark in den Vordergrund gerückt wird deshalb der Name des Unternehmens. Im Gegensatz zu den Public Relations[1] ist jedoch noch ein gewisser Produktbezug vorhanden.

BEISPIEL

Fernsehspot für Audi-Automobile

Werbearten nach Anzahl der Werbenden

Nach der Anzahl der Werbenden wird unterschieden in Alleinwerbung, Sammelwerbung und Gemeinschaftswerbung.

---

1 siehe Kap. 8.9

4203268

- **Alleinwerbung**
  Die Alleinwerbung geht von einem einzelnen Unternehmen aus, weswegen sie oft auch Einzelwerbung genannt wird. Der Anbieter bewirbt seine eigenen Produkte.

BEISPIEL

Die Lahmann KG wirbt in einer Fachzeitschrift.

- **Sammelwerbung**
  Bei der Sammelwerbung werben mehrere Unternehmen gemeinsam. Da dabei die Namen der jeweiligen Unternehmen genannt werden, ist jeweils klar erkennbar, wer wirbt.

BEISPIEL

Die Einzelhandelsunternehmen einer Straße in der Innenstadt entscheiden sich für eine gemeinsame Anzeige in der örtlichen Tageszeitung.

Maßnahmen der Sammelwerbung bleiben hinsichtlich der Effizienz hinter der Alleinwerbung zurück, können diese jedoch auf wirksame und preiswerte Art unterstützen.

BEISPIEL

Die Kosten der Anzeige werden geteilt. Es ist in der Anzeige jedoch nicht möglich, auf das Sortiment jedes Geschäfts speziell einzugehen.

- **Gemeinschaftwerbung**
  Auch bei der Gemeinschaftswerbung werben mehrere Unternehmen gemeinsam. Sie treten dabei namentlich aber nicht in Erscheinung. Oft wird für Produkte eines bestimmten Wirtschaftszweigs geworben. Häufig werden dabei Werbesprüche (Slogans) verwendet, die sich bei den Zielpersonen der Werbung tief ins Gedächtnis einprägen sollen.

BEISPIEL

- Butter ist durch nichts zu ersetzen – außer durch Butter.
- Trinkt mehr Milch.
- Milch macht müde Männer munter.
- Aus deutschen Landen frisch auf den Tisch.

Werbearten nach Anzahl der Umworbenen

Hinsichtlich der Anzahl der Umworbenen kann eine Einteilung in Direktwerbung und Massenwerbung getroffen werden.

- **Direktwerbung**
  Bei der Direktwerbung wendet man sich unmittelbar an namentlich bekannte einzelne Personen oder Zielgruppen. Wegen der gestiegenen Bedeutung der Direktwerbung wird sie zunehmend als eigenständiges Instrument der Kommunikationspolitik[1] neben der Absatzwerbung aufgefasst.
- **Massenwerbung**
  Normalfall der Werbung ist die Massenwerbung. Sie richtet sich an einen anonymen und großen Personenkreis. Der Vorteil dieser Werbeform liegt in der sehr großen Breitenwirkung bei verhältnismäßig geringen Kosten. Als Nachteil kann angesehen werden, dass es zu großen Streuverlusten kommen kann.

Werbearten im Hinblick auf den Produktlebenszyklus

Abhängig vom zeitlichen Auftritt im Produktlebenszyklus gibt es die folgenden Werbearten:

- **Einführungswerbung**
  Ziel: Ein neuer Artikel soll auf dem Markt bekannt gemacht werden.
- **Expansionswerbung**
  Ziel: Der Umsatz eines schon bekannten Produkts soll gesteigert werden.
- **Erinnerungswerbung**
  Ziel: Der Bekanntheitsgrad eines bereits gut auf dem Markt eingeführten Produkts soll erhalten werden.

Nicht immer, aber häufig werben Unternehmen **antizyklisch**: Steigen die Umsätze, wird die Intensität von Werbemaßnahmen zurückgefahren. Sinken die Umsätze dagegen, werden die Werbemaßnahmen ausgeweitet. Dadurch können saisonale Absatzschwankungen ausgeglichen werden. Zudem erhält man eine relativ ausgeglichene Kapazitätsauslastung.

---

1 siehe Kap. 8.9

Werbemittel und Werbeträger

Besondere Bedeutung kommt der Auswahl der Werbemittel und der Werbeträger in der Werbung zu.

Werbemittel

DEFINITION

Werbemittel sind alle in der Werbung eingesetzten Instrumente, um eine Werbebotschaft an die Zielgruppe zu bringen, wie Anzeigen, Prospekte, Plakate, Brief, Funkspots, Fernsehspots, Filme.

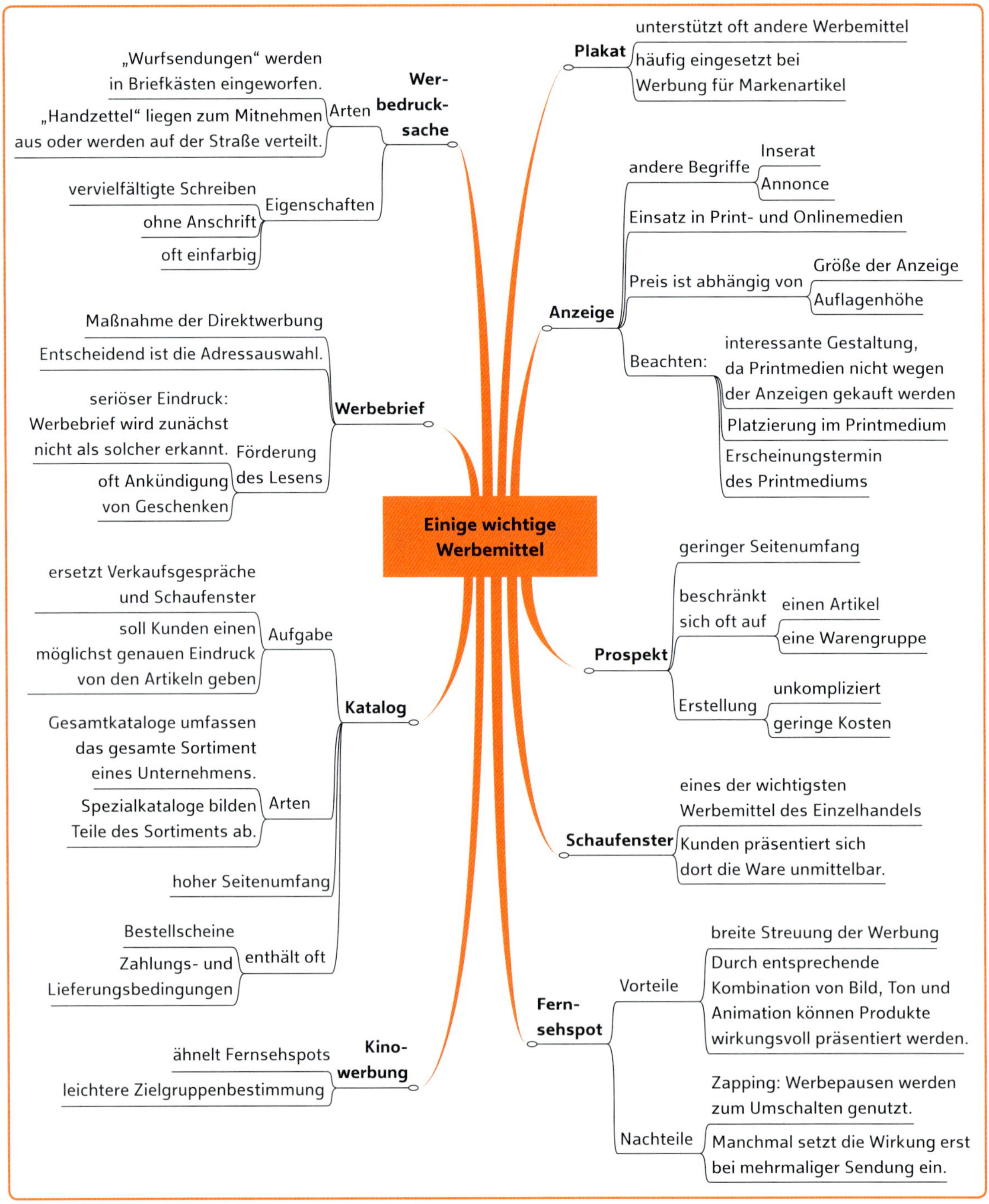

Werbeträger

DEFINITION

Unter einem **Werbeträger** wird das Medium verstanden, durch das ein Werbemittel an die Umworbenen herangetragen wird, z. B. Fernsehsendungen, Litfaßsäulen, Zeitungen und Zeitschriften.

Den Unternehmen stehen viele Werbeträger zur Verfügung. Sie werden nach Produkt und Zielgruppe ausgesucht.

BEISPIEL

Die Hoffmann KG hat sich entschieden, ihre Werbebotschaft mit dem Instrument (= Werbemittel) Anzeige an potenzielle Kunden zu bringen. Entschieden werden muss jetzt noch, durch welches Medium (= Werbeträger) die Anzeige den Kunden bekannt gemacht wird. Zur Auswahl stehen eine Anzeige in der Fachzeitung Textilwesen und eine Anzeige in einer Beilage (Supplement), die verschiedene Fachzeitschriften beigelegt wird.

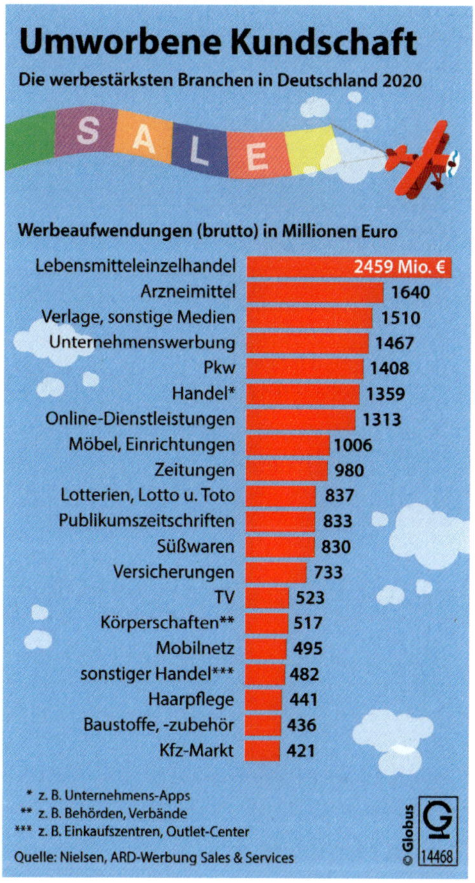

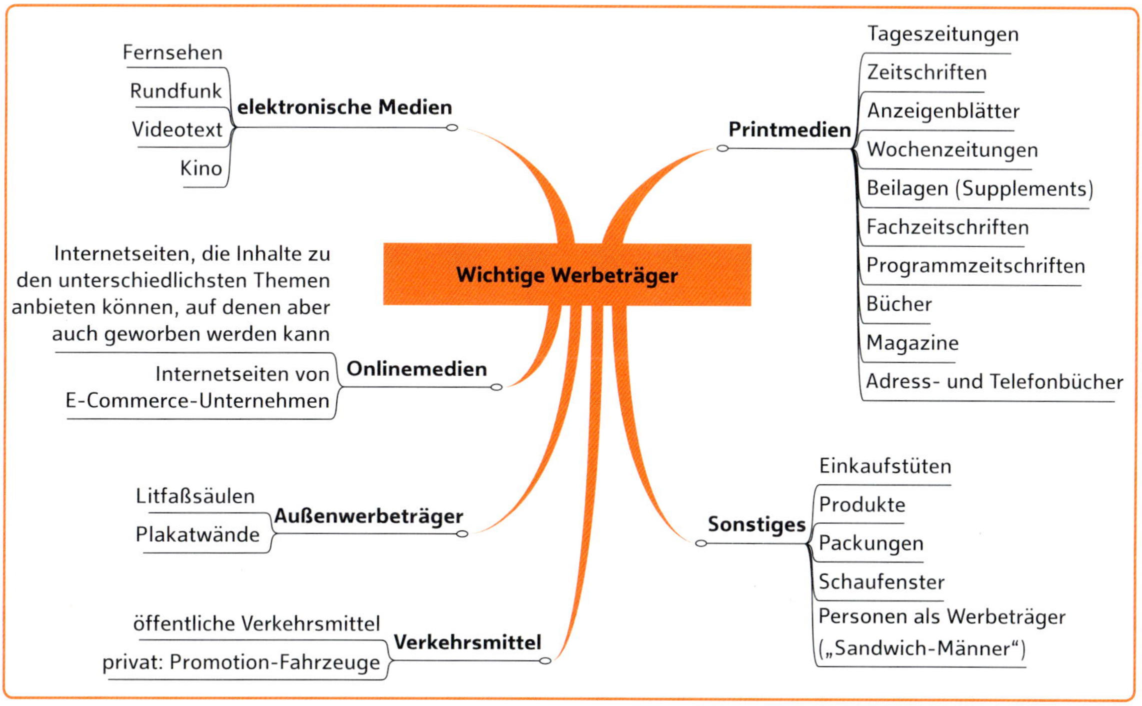

Übersicht über die wichtigsten Werbemittel und ihre potenziellen Werbeträger	
Werbemittel	**Werbeträger**
Inserate	Tages- und Wochenzeitungen, Anzeigeblätter, Illustrierte, Fachzeitschriften, Veranstaltungsprogramme
Banner (www)	Homepage (Internet)
Außen- und Innenplakate	Anschlagflächen an Verkehrswegen, Bauzäunen, öffentlichen Verkehrseinrichtungen (Bahnhöfen, U-Bahnhöfen, Zügen, Straßenbahnen usw.), Veranstaltungszentren (Sportstadien), Ladengeschäften, Messen und Ausstellungen
permanente Außen- und Innenwerbung mittels Leuchtschriften, Signeten und Dauerplakaten	private und öffentliche Gebäude, Veranstaltungszentren, Verkehrsmittel, Ladengeschäfte, Messen und Ausstellungen
Kataloge, Prospekte, Postkarten	Postversand, Hausverteilungsorganisationen, Verteilung auf Straße, an Veranstaltungen, Messen, Ausstellungen, durch Außendienstpersonal, als Beilage zum Schriftverkehr der Firma, in Produktpackungen, in Einzelhandelsgeschäften
individuell zu tragende Abzeichen und Signete, Abziehbilder und Kleber, Kleidungsstücke, Startnummern usw.	firmenangehöriges Personal, Käufer und Verwender, irgendwelche Dritte, Fahrzeuge, Teilnehmer an Sportveranstaltungen
Einpackpapier, Tragetaschen	Käufer und Besucher von Einzelhandelsgeschäften, Veranstaltungen usw.
Werbegeschenke wie Taschen- und Wandkalender, Arbeitstabellen, Werkzeuge, Taschenrechner, Fachbücher, Etuis usw.	Käufer und Verwender der Produkte, Händler und Absatzhelfer
Diapositive und Werbefilme	Kinos, Theater, Veranstaltungen
Fernsehspots	verschiedene Fernsehanstalten, eventuell auch verbilligte Abgabe von DVDs für Unterrichtszwecke
gesprochene und vertonte Werbetexte	Radiosender, Sport- und Unterhaltungsveranstaltungen, Einzelhandelsgeschäfte, Autos mit Lautsprechereinrichtungen

Quelle: Thommen, Jean-Paul: Managementorientierte Betriebswirtschaftslehre. 7. Auflage. Zürich: Versus Verlag 2004, S. 324.

Werbemittel	**Werbeträger**
= Erscheinungsform der Werbebotschaft, hier ein Plakat an der Tür einer Bäckerei	= Medien, die die Werbebotschaft an die Zielpersonen herantragen, hier Aufdruck der Bäckerei auf den Trikots einer Kinderfußballmannschaft
BEISPIEL 	BEISPIEL 

Wirksamkeit von Werbemaßnahmen

Die Wirksamkeit einer Werbemaßnahme hängt davon ab, ob es dem Werbenden gelingt, die Werbebotschaft so auszusenden, dass sich die umworbene Person (Personenkreis) angesprochen fühlt. Das bedeutet, dass deren Bedürfnisse geweckt werden und diese schließlich zum Kaufentschluss veranlasst wird. Dieser Verarbeitungsprozess kann mithilfe der AIDA-Formel dargestellt werden.

AIDA-Prinzip		
Attention = Aufmerksamkeit	Es muss ein erster Blick des möglichen Kunden gewonnen werden.	Aufmerksamkeit kann durch Hingucker erzielt werden: – nackte Haut – schöne Frauen/Männer – niedliche Tiere, Kinder – Fangfoto, das etwas zeigt, das neugierig macht – grelle Farben, große Sprüche – schiere Größe
Interest = Interesse	Der erste Blick des Betrachters soll gehalten werden.	Das Interesse des möglichen Kunden für die Werbung soll gebunden werden: Er soll vor der Werbung verweilen und sich mit ihr beschäftigen.
Desire = Verlangen	Das Verlangen des Betrachters nach dem beworbenen Produkt soll sowohl rational als auch emotional geweckt werden.	Der Betrachter bekommt Gründe dafür genannt, warum er das beworbene Produkt kaufen sollte: – rationale (= vernünftige) Gründe Nennen der Vorteile des Artikels, z. B. günstiger Preis, Bestandteile – emotionale (= gefühlsmäßige) Gründe Das Produkt bekommt ein bestimmtes Image zugewiesen, das auf den Käufer abfärben soll: Wenn das Produkt „cool" ist, dann soll diese Eigenschaft auch auf den Käufer übergehen.
Action = Handlung	Die Kaufhandlung soll ausgelöst und erleichtert werden.	Werbung soll den Kunden drängen, möglichst umgehend zu kaufen. Zur Kaufhandlung kann durch folgende Maßnahmen geführt werden: – Produktabbildung – Kontaktinformationen – befristete Sonderangebote – Drängen durch „jetzt", „sofort" oder andere Aufforderungen

BEISPIEL

I = Interest: Das Interesse der umworbenen Person wird durch das Versprechen geweckt, dass die Arbeiten im oder am Haus dem Auftraggeber keinen Stress verursachen und ein positives Gefühl erzeugen.

A = Attention: Die Fotos machen auf die Anzeige aufmerksam.

D = Desire: Der Wunsch, genau diesen Malerbetrieb zu beauftragen, wird unterstützt durch die Zusicherung von Kompetenz und Zuverlässigkeit.

A = Action: Der Adressat der Werbung soll einfach und schnell mit der Firma Kontakt aufnehmen können.

Werbeerfolgskontrolle

Jedes Unternehmen, das wirbt, möchte wissen, ob sich der Einsatz von Werbemaßnahmen – und der damit verbundene finanzielle Aufwand – auch gelohnt hat. In diesem Zusammenhang überprüft die Werbeerfolgskontrolle, ob die Ziele der Werbung erreicht wurden.

> „Fünfzig Prozent bei der Werbung sind immer rausgeworfenes Geld. Man weiß aber nicht, welche Hälfte das ist."
>
> *Quelle: Henry Ford. In: https://www.henry-ford.net/deutsch/zitate.html [17.02.2022].*

Ein großes Problem der Werbeerfolgskontrolle ist, dass die ermittelten Kennzahlen nicht eindeutig auf die Wirkung von Werbemaßnahmen zurückzuführen sind. Nicht auszuschließen ist der Einfluss anderer Marketinginstrumente.

Es gibt verschiedene Verfahren, die im Rahmen der Werbeerfolgskontrolle Anwendung finden.

Ermittlung der Werberendite

Mit der Ermittlung der Werberendite versucht man, die Wirtschaftlichkeit der Werbung zu messen. Hier wird der ökonomische Erfolg ermittelt. Der durch die Werbung erzielte Umsatzzuwachs wird dabei ins Verhältnis zu den Werbekosten gebracht

FORMEL

$$\text{Werberendite} = \frac{\text{Umsatzzuwachs} \cdot 100}{\text{Werbekosten}}$$

BEISPIEL

Eine Werbemaßnahme der Hoffmann KG für eine bestimmte Warengruppe kostet 75.000,00 €. Der Jahresumsatz vor der Werbemaßnahme betrug 525.000,00 €, nach der Werbemaßnahme 750.000,00 €.

$$\text{Umsatzzuwachs} = 750.000{,}00\ € - 525.000{,}00\ € = 225.000{,}00\ €$$

$$\text{Werberendite} = \frac{225.000{,}00\ € \cdot 100}{\mathbf{75.000{,}00\ €}} = 300\ \%$$

Für jeden Euro, den die Hoffmann KG in die Werbemaßnahme investiert hat, bekam sie 3,00 € zusätzlichen Umsatz.

Ermittlung des außerökonomischen Werbeerfolgs

Ein außerökonomischer Werbeerfolg – der sich also nicht wie bei der Werberendite in positiven Auswirkungen auf den Umsatz niederschlägt – kann mit dem Recall- oder dem Recognition-Verfahren gemessen werden.

- **Recallverfahren**
  Beim Recallverfahren (Erinnerungsverfahren) stellt man durch eine Befragung fest, ob sich Personen an eine Werbung erinnern können und welche Details sie behalten haben.
- **Recognition-Verfahren**
  Im Rahmen des Recognition-Verfahrens (Wiedererkennungsverfahrens) werden den teilnehmenden Personen z. B. einzelne Anzeigen aus Zeitungen, Zeitschriften oder Werbespots präsentiert, um zu ermitteln, was – in welchem Umfang – sie schon einmal gesehen haben.

Kritik an der Werbung

Im Idealfall liegt eine rein informierende Werbung vor. Oft geht die Absatzwerbung jedoch darüber hinaus. Das grundsätzliche Ziel der Werbung – die Absatzsteigerung – soll dann mit Methoden der **Suggestion** und **Manipulation** erreicht werden. Dadurch gerät die Absatzwerbung häufig in die Kritik. Der Umworbene soll mit psychologischen Methoden zum Kauf von Produkten gebracht werden, ohne dass dies für ihn erkenntlich ist. Durch den Aufbau von Stimmungen, das Wecken von Sehnsüchten, das Hervorrufen von Schuldgefühlen sollen Bedürfnisse erzeugt werden, die ohne die Werbung nicht da wären. Erst die Werbung verleiht also manchen Artikeln ihre Bedeutung. Ohne die Werbung wären viele Artikel nicht gefragt. Unterschwellige Werbung verleitet Konsumenten, Produkte zu kaufen, die sie normalerweise nicht kaufen würden, da sie sie eigentlich nicht brauchen.

Eine andere Kritik an der Werbung zielt auf deren mangelhaftes Niveau. Oft ist in diesem Zusammenhang auch von **Reklame** die Rede. Darunter versteht man heutzutage meist

- schlechte,
- marktschreierische,
- übertriebene oder sogar
- unwahre Werbung.

Werbung, Reklame, PR – alles dasselbe?

Nein! Im heutigen Sprachgebrauch werden zwar sowohl das Wort Werbung, Reklame als auch PR (Public Relations) als ein Synonym angesehen, dies ist aber nicht so.

Das Wort Public Relations bedeutet nichts anderes als Öffentlichkeitsarbeit. Das bedeutet, dass ein Unternehmen für die Öffentlichkeit Informationen zur Verfügung stellt, ohne dabei ein eigenes Produkt zu bewerben. Hier zwei Beispiele, um PR zu veranschaulichen:

Wenn eine Computerzeitung beschließt, Handys zu testen, fragt diese bei dem Hersteller nach Informationen über das Gerät an und bekommt zusätzlich ein Gerät zur Verfügung gestellt, um dieses zu testen. Danach veröffentlicht die Zeitung das Ergebnis. Dieser Artikel ist dann PR.

Rach der Restauranttester, eine Sendung von RTL, ist auch eine PR-Sendung. Hierbei testet ein Koch ein Restaurant und verbessert dieses, richtet es neu ein und erstellt eine neue Speisekarte. Dabei wird jedoch nicht gesagt, dass man nun in das Restaurant essen gehen soll, jedoch regt es eventuell einige Menschen an, in diesem Restaurant essen zu gehen.

Das Wort Reklame ist in den 50er-Jahren durch das Wort Werbung ersetzt worden. Heute gibt es jedoch einen bedeutenden Unterschied dieser beiden Worte.

Bei Reklame umwirbt der Verkäufer den Kunden nicht, sondern stellt lediglich sich selbst dar, ohne dabei darauf zu achten, wie er es tut. Ziel ist es nur, bekannt zu geben, dass man dieses Produkt verkauft.

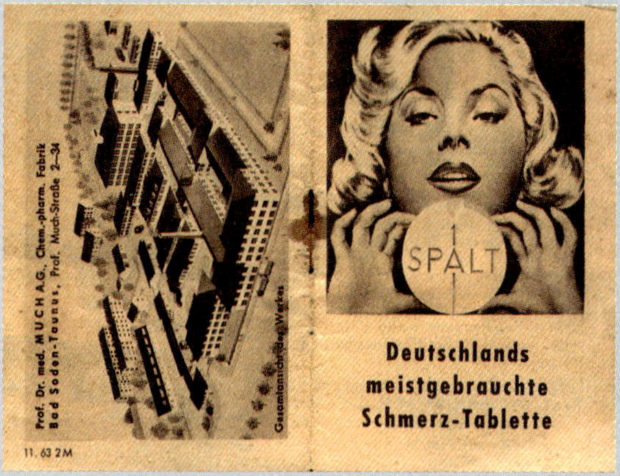

Werbung früher: eine klassische „Reklame" in einer Zeitung der späten 1950er-Jahre

Quelle: Mertens, Patrick: Werbung, Reklame, PR – alles dasselbe? In: Google Ireland Limited, 19.01.2009. https://azubileben.blogspot.com/2009/02/werbung-reklame-pr-alles-das-selbe.html [17.02.2022].

AUFGABEN

1. Was versteht man unter Absatzwerbung?
2. Was ist ein Werbeplan?
3. Welche Informationen sind im Werbeplan enthalten?
4. Was versteht man unter dem Werbeetat?
   a) rechtliche Vorgaben zur Gestaltung der Werbung seitens des Gesetzgebers
   b) finanzielle Mittel, die für eine bestimmte Werbekampagne zur Verfügung stehen
   c) Ermittlung des ökonomischen Werbeerfolgs
   d) Befriedigung der Kundenwünsche zwecks Gewinnerzielung
   e) Ermittlung des außerökonomischen Werbeerfolgs
5. Wovon hängt der Werbeetat eines Unternehmens ab?
6. Wodurch unterscheiden sich die Firmen- und die Sachwerbung?

7. Erläutern Sie die drei Werbearten nach der Zahl der Werbenden.
8. Was ist das entscheidende Merkmal der Massenwerbung?
9. Was versteht man unter Einführungswerbung?
10. Welche Aufzählung(en) enthält/enthalten allein Werbemittel?
    a) Plakate, Lichtwerbung, Internet
    b) Plakate, Litfaßsäulen, Kino
    c) Kino, Fernsehen, Hörfunk
    d) Kino, Tageszeitung, Hörfunk
    e) Plakate, Lichtwerbung, Werbegeschenke
11. Was versteht man unter Werbeträgern?
    a) Werbeträger beinhalten die Werbebotschaft.
    b) Werbeträger werden über Werbemittel an die Zielgruppen herangebracht.
    c) Werbeträger sind Sachgegenstände und Personen, die Werbemittel an die Zielgruppen heranbringen.
    d) Werbeträger können auch Werbegeschenke sein.
    e) Werbeträger können nur innerhalb des Unternehmens eingesetzt werden.
12. Stellen Sie in einer Tabelle gegenüber, welche Eigenschaften auf Werbemittel bzw. auf Werbeträger zutreffen.
13. Entscheiden Sie in den folgenden Fällen, ob es sich um ein Werbemittel oder einen Werbeträger handelt.
    a) Fernsehsender ZDF
    b) Anzeige für den neuen VW-Golf
    c) Litfaßsäule
    d) Illustrierte STERN
    e) Prospekt
    f) Werbebrief an Herrn Schmidt
14. Was versteht man unter der Werberendite?
15. Eine Werbemaßnahme der Lahmann KG für eine bestimmte Warengruppe kostet 200.000,00 €. Der Jahresumsatz vor der Werbemaßnahme betrug 1.600.000,00 €, nach der Werbemaßnahme 4.200.000,00 €. Berechnen Sie die Werberendite.
16. Stellen Sie das Hauptproblem der Werbeerfolgskontrolle dar.
17. Erstellen Sie eine Collage zum Thema: „Welche Erfahrungen verbinden Sie mit Werbung?".
    a) Schneiden Sie dazu aus Zeitungen oder Zeitschriften passende Überschriften, Abbildungen, Fotos usw. aus.
    b) Kleben Sie diese so auf eine Wandzeitung, dass sie Ihre Assoziationen wiedergeben.
    c) Bereiten Sie sich darauf vor, Ihre Collage der Klasse kurz vorzustellen.
18. Sie haben sich entschieden, im Rahmen Ihres Marketingkonzepts eine Werbeaktion mit einem Plakat für Schaufenster oder Litfaßsäulen und einer ganzseitigen Anzeige für die örtliche Zeitung durchzuführen.
    a) Erstellen Sie einen Werbeplan.
    b) Fertigen Sie das Plakat und die Werbeanzeige an. Berücksichtigen Sie dabei die AIDA-Regel.
    c) Präsentieren Sie den Werbeplan, das Plakat und die Werbeanzeige.
    d) Untersuchen Sie bei den anderen Plakaten und Werbeanzeigen die Einhaltung der AIDA-Regel.
    e) Bereiten Sie sich darauf vor, bei dem Ihrer Ansicht nach gelungensten Werbemittel die AIDA-Regel vorzustellen.
19. Untersuchen Sie unterschiedliche Zeitungen bzw. Zeitschriften. Achten Sie auch unterwegs, beim Fernsehen oder im Kino auf Werbungen.
    - Finden Sie vier Beispiele für Absatzwerbung.
    - Führen Sie auf, welches Beispiel Sie für effektiv und gelungen halten.
    - Ordnen Sie den jeweiligen Werbemitteln die Werbeträger zu.
20. a) Bilden Sie in der Klasse Gruppen. Jede der Gruppen erstellt eine Wandzeitung oder eine Folie, die kurz über eines der folgenden Marketinginstrumente informiert:
        - Produktpolitik
        - Sortimentspolitik
        - Preispolitik
        - Distributionspolitik
        - Absatzwerbung
        - Verkaufsförderung
        - Sponsoring
        - Öffentlichkeitsarbeit
    b) Beachten Sie die Regeln der Visualisierung („Ein Bild sagt oft mehr als 1 000 Worte.").
    c) Bereiten Sie sich darauf vor, Ihr Handlungsprodukt vorzustellen.
21. Um wieder Umsatzsteigerungen zu erzielen, sollen Sie in Gruppenarbeit für die Lahmann KG ein Marketingkonzept erstellen. Nach Möglichkeit sollen alle Marketinginstrumente berücksichtigt werden.
    a) Machen Sie für jedes Marketinginstrument Vorschläge, die die Situation der Lahmann KG verbessern könnten.
    b) Suchen Sie aus Ihren Vorschlägen diejenigen aus, die zu einem stimmigen Marketingkonzept passen könnten.
    c) Stellen Sie dieses Konzept Ihrer Klasse vor.

ZUSAMMENFASSUNG

Absatzwerbung

= soll mögliche Verkäufer veranlassen, Bedürfnisse und Wünsche in Kaufhandlungen umzusetzen

Arten

Gegenstand der Werbung
- Sachwerbung
- Firmenwerbung

Anzahl der Werbenden
- Alleinwerbung
- Sammelwerbung
- Gemeinschaftswerbung

Anzahl der Umworbenen
- Direktwerbung
- Massenwerbung

zeitlicher Auftritt im Produktlebenszyklus
- Einführungswerbung
- Expansionswerbung
- Erinnerungswerbung

abhängig vom **Werbeetat**

Werbeplan
legt Einzelheiten der Werbemaßnahme fest

u. a.

Werbemittel
die in der Werbung eingesetzten Instrumente, um eine Werbebotschaft an die Zielgruppe zu bringen

Werbeträger
das Medium, durch das ein Werbemittel an die Umworbenen herangetragen wird

Für eine möglichst große Wirksamkeit der Maßnahmen sollte beachtet werden:

AIDA-Prinzip

- Attention
- Interest
- Desire
- Action

Wirksamkeit wird überprüft durch die **Werbeerfolgskontrolle.**

8.11 ELECTRONIC COMMERCE

Björn Navarin besucht die Internetseite der Ambiente GmbH.

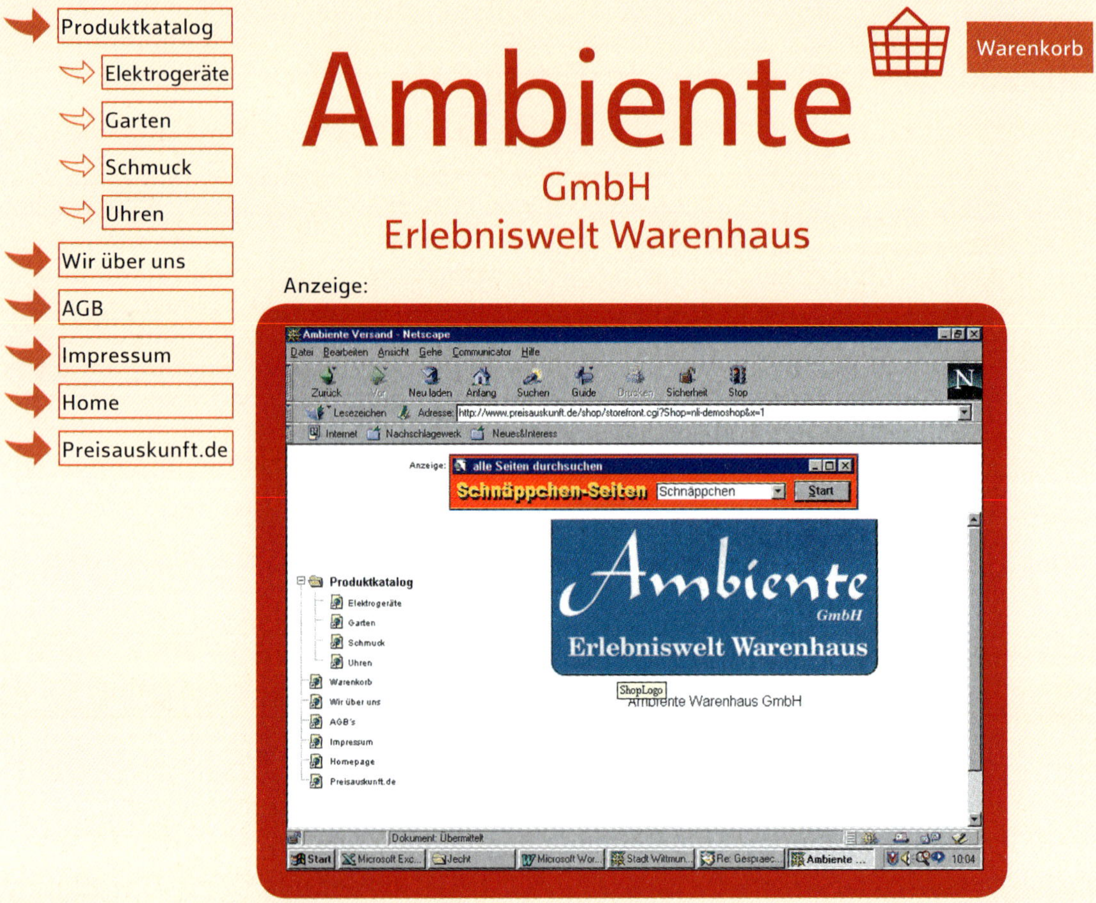

Über welche Funktionen verfügt dieser Internetshop?

INFORMATION

E-Business und E-Commerce

Immer mehr Unternehmen erkennen, dass der Einstieg in das E-Business ein entscheidender Erfolgsfaktor für sie wird. Wenn alle Geschäftsprozesse in einem Unternehmen elektronisch abgewickelt werden, liegt **E-Business (Electronic Business)** vor: Sämtliche Geschäftsprozesse – im Unternehmen selbst, aber auch mit betriebsfremden Partnern – werden mithilfe elektronischer Kommunikationstechniken wie z. B. dem Internet durchgeführt.

4203278

Der wichtigste Teilbereich von E-Business ist **E-Commerce (Electronic Commerce)**. Unter E-Commerce wird die elektronische Geschäftsabwicklung über das Internet verstanden. Dazu zählen also alle Formen des Einkaufs und Verkaufs von Waren und Dienstleistungen auf der Basis von Rechnernetzen.

Mobile Commerce

Mobile Commerce (oft auch M-Commerce) ist eine Sonderform des E-Commerce und gewinnt zunehmend an Bedeutung. Bei Mobile Commerce wird die über das Internet bestehende Beziehung zwischen den Anbietern und Nachfragern über mobile Endgeräte hergestellt. In der Regel wird hierzu das Handy als Transaktionsmedium für das Anbahnen und Bezahlen in Geschäften verwendet.

BEISPIEL

Achim Trzenzik bestellt in einem Café sitzend mit seinem Smartphone einige Bücher bei einem Internetversandhändler.

Business-to Consumer (B2C) als eine der wichtigsten Formen des E-Commerce

Unter B2C versteht man die elektronischen Handelsbeziehungen zu Endkunden. Dies ist auf der Angebotsseite eines Handelsunternehmens der elektronische Versandhandel mit Endkunden.

BEISPIEL

Der Sozialpädagoge Andreas Biehler bestellt bei einem Unternehmen über das Internet einen PC, einen Monitor sowie Blu-Rays.

Der heutige Kunde möchte
- seine Wünsche schneller als bisher erfüllt haben,
- die Produkte billiger einkaufen und
- bessere Qualität für Waren und Dienstleistungen bekommen.

Durch die Möglichkeit, diese Forderung zu erfüllen, werden E-Commerce und das Internet populär. Auf die Unternehmen hat dies große Auswirkungen.

<table>
<tr><th colspan="2">Electronic Commerce im Bereich Business-to-Consumer</th></tr>
<tr><th colspan="2">Vorteile</th></tr>
<tr><th>für den Kunden</th><th>für Unternehmen</th></tr>
<tr><td>• Bestellung „vom Sofa aus“
• stets aktuelle elektronische Kataloge, eventuell in multimedialer Form
• variable Präsentationsformen
• Sonderwünsche: einfache Artikulation und rasche Beantwortung
• einfachere Angebotsvergleiche
• Transparenz und Preis
• ständige Verfügbarkeit der Waren
• Kaufen rund um die Uhr (keine Ladenschlusszeiten)
• kein Gedränge und Warten an den Kassen
• kein Stau und keine Parkplatzprobleme
• bei Waren immaterieller Natur: Auslieferung elektronisch</td><td>• Möglichkeit, neue Märkte zu erschließen
• direkte Ansprache der Zielgruppe der Internetnutzer
• optimale Information und Angebotspräsentation durch die vielfältigen multimedialen Möglichkeiten des Internets
• optimale Kundenorientierung durch die Interaktivität
• Verkürzung und weitgehende Automatisierung der Vertriebsprozesse
• Kundenprofile und Vertriebsdaten:
– lassen sich kontinuierlich und automatisch sammeln
– stehen aufbereitet jederzeit aktuell zur Verfügung</td></tr>
<tr><th colspan="2">Nachteile</th></tr>
<tr><th>für den Kunden</th><th>für Unternehmen</th></tr>
<tr><td>• Produkte können nicht real betrachtet und physisch geprüft werden.
• Einkaufsspaß geht verloren
• Impulskäufe werden provoziert
• unzureichende Schutzmaßnahmen gegen Irreführung und Missbrauch</td><td>• Die erhöhte Markttransparenz führt zu einer Erhöhung des Wettbewerbs.</td></tr>
</table>

Business-to-Business (B2B)

Ein sehr großer Teil von E-Commerce gehört in den Teilbereich Business-to-Business. Darunter versteht man alle Formen des elektronischen Handels zwischen Unternehmen.

BEISPIEL

Ein Einzelhandelsunternehmen bestellt als professioneller Wirtschaftsteilnehmer auf seiner Beschaffungsseite bei einem Industrieunternehmen Ware über das Internet.

Man rechnet damit, dass in den nächsten Jahren bis zu 50 % der Geschäftsprozesse zwischen Unternehmen über das Internet abgewickelt werden.

EDI (Electronic Data Interchange)

EDI stellt eine Sonderform des B2B dar. EDI ist die rechnergestützte Zusammenarbeit von Geschäftspartnern, die sich immer mehr von anderen Arten der Datenübertragung ins Internet verlagert. Hier findet ein elektronischer Dokumentenaustausch über Geschäftstransaktionen zwischen Betrieben statt. Daten wie z. B. Bestellungen, Rechnungen, Überweisungen, Warenerklärungen usw. werden in Form von strukturierten, nach vereinbarten Regeln formatierten Nachrichten übertragen. Der Empfänger kann die Daten dann direkt – ohne eigene Erfassungsarbeiten – sofort in seinen Anwendungsprogrammen weiterverarbeiten.

Vorteile von EDI:

- viele manuelle Tätigkeiten (mehrfaches Erfassen, Nachfragen, Klären) entfallen
- automatisches Sammeln, Verteilen, Archivieren von Dokumenten
- unternehmensinterne Laufzeiten bei Kunde und Händler entfallen
- Postweg entfällt
- Erreichbarkeit der anderen Person ist nicht notwendig
- Missverständnisse und Sprachbarrieren entfallen
- keine wiederholten Erfassungsfehler (Flüchtigkeitsfehler)

Anbieter der Leistung ↓ / Nachfrager der Leistung →	Consumer	Business	Administration
Consumer	**Consumer-to-Consumer** z. B. Internet-Kleinanzeigenmarkt	**Consumer-to-Business** z. B. Jobbörsen mit Anzeigen von Arbeitsuchenden	**Consumer-to-Administration** z. B. Steuerabwicklung von Privatpersonen (Einkommensteuer usw.)
Business	**Business-to-Consumer** z. B. Bestellung eines Kunden in einer Internet-Shopping-Mall	**Business-to-Business** z. B. Bestellung eines Unternehmens bei einem Zulieferer per EDI	**Business-to-Administration** z. B. Steuerabwicklung von Unternehmen (Umsatzsteuer, Körperschaftsteuer usw.)
Administration	**Administration-to-Consumer** z. B. Abwicklung von Unterstützungsleistungen (Sozialhilfe, Arbeitslosenhilfe usw.)	**Administration-to-Business** z. B. Beschaffungsmaßnahmen öffentlicher Institutionen im Internet	**Administration-to-Administration** z. B. Transaktionen zwischen öffentlichen Institutionen im In- und Ausland

Marktbereiche des Electronic Commerce

Weitere Arten von E-Commerce

Neben B2B und B2C gibt es weitere Arten von E-Commerce und E-Business, in denen ein Unternehmen als Akteur (= Handelnder) auftreten sollte bzw. die anderen sehr aufmerksam beobachten sollte. Man unterscheidet diese Arten, indem man jeweils die beteiligten Akteure

- Unternehmen (Business, mit B abgekürzt),
- Konsumenten (= Consumer, mit C abgekürzt),
- Öffentliche Verwaltung (= Administration, mit A abgekürzt)

ermittelt, die entweder Empfänger oder Anbieter eines elektronisch basierten Leistungsaustauschprozesses sein können. Diese Akteure treten miteinander in Interaktion. Es können oben stehende Konstellationen (siehe Tabelle Vorseite), die das Anbieter- und Empfängerverhältnis im E-Business beschreiben, mit unterschiedlicher Relevanz für die Handelspraxis vorliegen. Dabei wird der Anbieter einer elektronisch basierten Leistung zuerst genannt, anschließend der Empfänger der jeweiligen Leistung.

Vertriebswege im Internet

Es gibt verschiedene Möglichkeiten, über das Internet Waren und Dienstleistungen zu verkaufen. Diese können jeweils in Reinform betrieben werden, sie können jedoch auch mit klassischen Vertriebswegen kombiniert werden.

Webshop

Grundlage jeder Verkaufsaktivität im Internet ist der eigene Webshop. Ein Webshop (oft auch Onlineshop genannt) ist eine Betriebsform eines Unternehmens ohne festen Verkaufsraum an einem Ort. Der Betrieb hat also kein Ladenlokal, sondern die Waren werden möglichst anschaulich auf Internetseiten präsentiert. Sie können in einen elektronischen Warenkorb gelegt und über Mausklick bestellt werden. Mit einiger Verzögerung werden die Artikel dann in das Haus der Kunden geliefert. Der Handel von Waren und Dienstleistungen über das Internet erfordert einen dem realen Geschäft vergleichbaren Ablauf. Ein idealer Shop umfasst folgende Funktionen:

- Begrüßung
- News
- Firmenpräsentation
- Sonderangebote
- Feststellung und Prüfung der Kundenidentität
- Produktkatalog mit weiteren Informationen, wie z. B. Testberichte, Produktverfügbarkeit usw.
- Warenkorb und Preisberechnung
- Bestellung
- Bestellbestätigung
- Zahlungsabwicklung
- AGB

Ein optimaler Onlineshop sollte bestimmte Anforderungen erfüllen: Er sollte ansprechend gestaltet und benutzerfreundlich sein, um erfolgreich zu funktionieren. Ein großes Augenmerk sollte darauf gelegt werden, wie das Angebot des Unternehmens bekannt gemacht wird: Es ist von enormer Bedeutung, dass Kunden den Webshop sofort finden. Der Webshop ist ein **direkter** Verkaufskanal: Hier sollen Kunden Kaufverträge abschließen.

Verkaufsplattformen: Die verschiedenen Arten von Marktplätzen

Unternehmen können ihre Artikel zusätzlich auf einer Verkaufsplattform anbieten. Diese werden auch Marktplätze genannt. Dort werden unter einer Internetadresse vom Betreiber verschiedene Angebote zusammengefasst. Unterschieden werden können verschiedene Arten von Plattformen:

- Marktplätze
- Auktionen
- regionale Marktplätze

Verkaufsplattformen haben das Ziel, viele verschiedene Verkäufer an einem Ort zu konzentrieren, damit diese gegenseitig profitieren können. Da der Kunde nicht mehr langwierig suchen muss, wird für ihn der Kauf deutlich vereinfacht.

BEISPIEL

Verkaufsplattformen können mit Einkaufszentren in der echten Welt verglichen werden. Dort findet man auch Tür an Tür verschiedene Textilgeschäfte.

Marktplätze

Marktplätze sind Plattformen, auf denen verschiedene Händler europaweit ihre Waren und Dienstleistungen online anbieten können.

Ein Marktplatz unterscheidet sich von einem normalen Webshop dadurch, dass der Betreiber nicht an der geschäftlichen Transaktion (zwischen Kunde und Anbieter) beteiligt ist: Er unterstützt sie stattdessen technisch und organisatorisch.

Aus Sicht eines kleinen Händlers wird es immer schwieriger, mit einem Webshop Kunden im Internet zu erreichen:

- Es besteht ein Wettbewerb um die besten Plätze bei Suchmaschinen. Dies betrifft sowohl den unbezahlten als auch den bezahlten Bereich.

- Alle Bestandteile des Onlinehandels werden immer herausfordernder und komplexer: Ständig und parallel müssen verschiedene Maßnahmen ergriffen werden, um sich am Markt zu halten:
  - Den Kunden müssen immer mehr Zahlungsarten angeboten werden.
  - Immer weiter muss der Kundenservice verbessert werden.
  - Die Reduzierung der Lieferzeiten ist eine ständige Aufgabe.
  - Zusätzlich muss immer an einer Vergrößerung der Usability gearbeitet werden
- Die Anzahl der Konkurrenten am Markt steigt. Dadurch steigen die Marketingkosten, die Gewinne sinken.
- Die Kunden bewegen sich auf immer mehr Vertriebskanälen.

Nutzt der Onlinehändler auch Marktplätze, hat er gegenüber der ausschließlichen Verwendung eines Webshops verschiedene Vorteile:
- Dem Händler steht ein zusätzlicher Vertriebskanal zur Verfügung.
- Ein Händler kann versuchsweise eigene Artikel oder eigene Strategien im Bereich des Marketings online ausprobieren.
- Online-Marktplätze garantieren dem Händler eine große Zahl an potenziellen Kunden, die er allein nur mit hohen Marketingkosten erreichen könnte.
- Mit dem großen Sortiment sprechen Online-Marktplätze viele potenzielle Kunden an. Auch das Ranking bei Suchmaschinen wird dadurch verbessert.

Der Hauptnachteil von Verkaufsplattformen liegt in der mangelnden Flexibilität: Geschäftsprozesse können nicht nach eigenen Vorstellungen angepasst werden.

BEISPIEL

Die Verkaufsplattform bietet bestimmte Zahlungsverfahren an. Möchte ein Unternehmen den Kunden eine weitere Zahlungsart anbieten, ist dies oft nicht möglich.

Der Betreiber des Marktplatzes stellt Anbietern und Kunden lediglich die für ihre Transaktion technisch und organisatorisch erforderliche Infrastruktur zur Verfügung. Nach der Registrierung des Kunden kommt einerseits zwischen dem Betreiber des Marktplatzes und dem Verkäufer, andererseits zwischen dem Marktplatz und dem Kunden ein Vertrag über die Nutzung der Plattform zustande.

Onlinehändlern steht eine Vielzahl von Online-Marktplätzen zur Verfügung. Sehr viele Händler bieten vor allem über Marktplätze von Amazon und eBay ihre Waren an.

Daneben gibt es auch B2B-Plattformen. Dort treffen Unternehmen als Käufer (z. B. Einzelhandelsunternehmen) auf gewerbliche Anbieter (Großhandelsunternehmen, Industrieunternehmen).

DEFINITION

Eine große Rolle auf B2B-Marktplätzen spielt das **Electronic Procurement**: Darunter wird die teilweise oder vollständig automatisierte Beschaffung im Einkauf verstanden. In erster Linie steht dabei die Verbesserung und Optimierung der Beschaffungsprozesse in Form der funktions- und unternehmensübergreifenden Aktivitäten im Mittelpunkt, die der Bereitstellung aller im Unternehmen benötigten Güter sowie Leistungen dienen. Ziel ist es dabei vorrangig, die Bearbeitungs- und Durchlaufzeiten zu minimieren. Erst in zweiter Linie sollen die Einkaufskosten durch Bedarfs- und Lieferantenoptimierung reduziert werden.

Auktionsplattformen als Sonderform von Online-Marktplätzen

Produkte können im Internet auch über Versteigerungen verkauft werden. Hierbei läuft der Prozess in der Regel immer ähnlich ab: Nachdem man sich als Verkäufer angemeldet hat, kann man seine Artikel auf der Auktionsplattform einstellen. Man bekommt eine Benachrichtigung (z. B. per E-Mail), sobald ein Produkt vom Kunden ersteigert wurde.

BEISPIEL

eBay

Die Vorteile für den Händler liegen vor allem in der hohen Kundenbasis. Als nachteilig können sich vergleichsweise hohe Gebühren erweisen. Der Händler hat zudem nur geringe Möglichkeiten, Einfluss auf das Layout zu nehmen.

Onlineauktionen sind Auktionen, die über das Internet veranstaltet werden. Nach Abschluss einer Auktion zahlt der erfolgreiche Bieter in der Regel per Nachnahme oder Überweisung, in einigen Fällen auch bar bei Abholung. Die Ware wird dann an den Kunden versendet bzw. kann mitgenommen werden.

Rechtslage bei zwei grundlegenden Problemen bei Auktionen mit eBay	
Eigengebote	**Abbruchjagden**
Preismanipulationen durch Eigengebote über Drittaccounts sind unter dem Begriff „Shill Bidding“ bekannt. Nach Ansicht des Bundesgerichtshofs sind Eigengebote eines eBay-Verkäufers unwirksam.	Verboten sind Abbruchjagden. Darunter wird die Teilnahme an einer Onlineauktion verstanden, wobei nur geringe Beträge geboten werden: Gehofft wird auf einen Abbruch der Auktion. Wird diese aufgrund eines bestimmten Grundes vom Verkäufer abgebrochen, wird später Schadenersatz in Höhe des Differenzbetrags zwischen dem Höchstgebot zum Zeitpunkt des Abbruchs der Onlineauktion und den Kosten für eine Ersatzbeschaffung des in der Auktion angebotenen Produktes fällig.

Regionale Marktplätze

Da die Digitalisierung immer mehr voranschreitet und der innerörtliche Handel mehr und mehr durch den Onlinehandel ersetzt wird, bieten sich für lokale Geschäfte regionale Marktplätze für den Vertrieb an.

Elektronische Marktplätze dienen der Beseitigung regionaler Standortnachteile, vor allem von Händlern des stationären Handels in einem bestimmten Gebiet. Sie haben das Ziel, Produkte und Dienstleistungen aus der Region anzubieten und die Nahversorgung zu gewährleisten sowie überregional Produkte und Dienstleistungen bekannt zu machen und zu verkaufen. Aufgrund dieser Maßnahme soll die Wirtschaft in der Region gestärkt und stabilisiert werden.

Regionale Marktplätze sind Spezialisten für lokale Angebote. Sie können daher in bestimmten Fällen besondere Sortimente anbieten und für eine bessere Sichtbarkeit der lokalen Händler sorgen.

Zwei Beispiele für lokale Marktplätze

Ein Kunde findet auf einem regionalen Marktplatz alle Informationen, um eine optimale Kaufentscheidung rund um Artikel in seiner Nähe treffen zu können.

Regionale elektronische Marktplätze haben den Vorteil, dass die Anlieferung der Waren, die über das Internet bekannt gemacht und bestellt werden können, aus der

Region oft schneller und kostengünstiger erfolgen kann. Logistische Prozesse, aber auch die personale Kommunikation werden in der Region verbessert.

Es gibt Unterschiede zwischen regionalen Marktplätzen und normalen Online-Marktplätzen:

Im Gegensatz zu normalen Online-Marktplätzen (zum Beispiel Amazon, eBay usw.) bietet im Normalfall ein regionaler Online-Marktplatz nur ein lokal verfügbares Angebot von Produkten und Dienstleistungen in einem regional begrenzten Raum an. Ein überregionaler Verkauf ist in der Regel nicht vorgesehen. Dies liegt zum Teil auch daran, dass der regionale Online-Marktplatz von potenziellen Kunden außerhalb des Einzugsgebiets oft nicht wahrgenommen wird.

Bei regionalen Marktplätzen ist der **ROPO-Effekt** besonders oft anzutreffen: ROPO ist die Abkürzung für „Research online, purchase offline“: Dies ist also der Einkauf im stationären Handel, nachdem der Kunde sich im Internet informiert hat.

Den gegenteiligen Effekt nennt man **Showrooming**: Kunden informieren sich in stationären Ladengeschäften, um anschließend online einzukaufen.

Durch die Präsenz der örtlichen Behörden auf diesen Plattformen ist es möglich, die Kundenfreundlichkeit zu steigern und Behördengänge zu vereinfachen bzw. für manche Angelegenheiten komplett zu ersetzen. Dies stellt einen Vorteil sowohl für den Bürger als auch für die Behörde (z. B. Gemeindeverwaltung) dar.

Auch kann sich der Kunde über die teilnehmenden Händler nach deren Öffnungszeiten, über deren Warenangebot, Anreisewege und sonstige Services informieren.

Die Betreiber der regionalen Marktplätze können örtliche Verbände, das Marketingbüro der Kommune, Gemeinde, Stadt, usw. oder auch private Anbieter sein.

Exkurs: Kriterien eines guten Webshops

Erste Hürde:

Vor dem Einkaufen steht die Registrierung. Registrierte Nutzer loggen sich mit ihrer E-Mail-Adresse und ihrem Passwort ein. Neukunden müssen zunächst auf einer geschützten Internetseite des Onlineshops (beginnt mit „https://“) ihre Personalien in einer zusätzlichen Maske hinterlegen, ein sicheres Passwort wählen und sich somit registrieren.

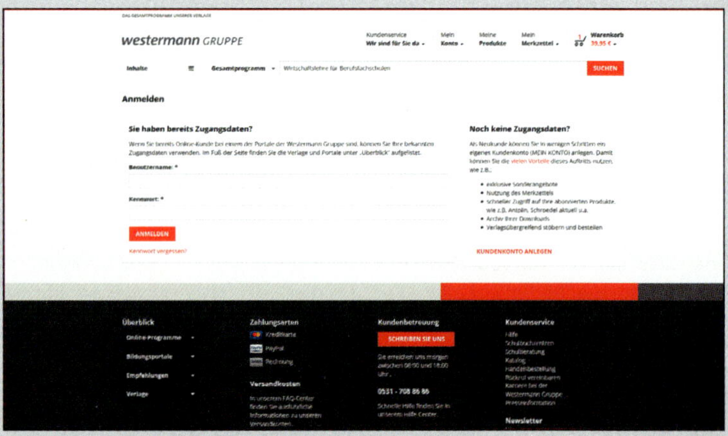

Übersichtlich:

Jeder registrierte Nutzer kann nach dem Einloggen in seinem Benutzerkonto seine Bestellungen einsehen und verwalten, seine Zahlungsart für den Onlineshop ändern und vieles mehr.

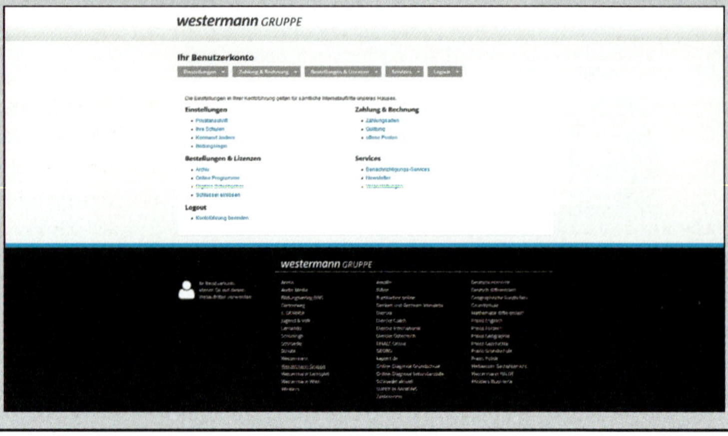

4203284

Klare Aussage:
So wie hier sollten alle Onlineshops klar verständlich ihre Geschäftsbedingungen, die AGB, erklären.

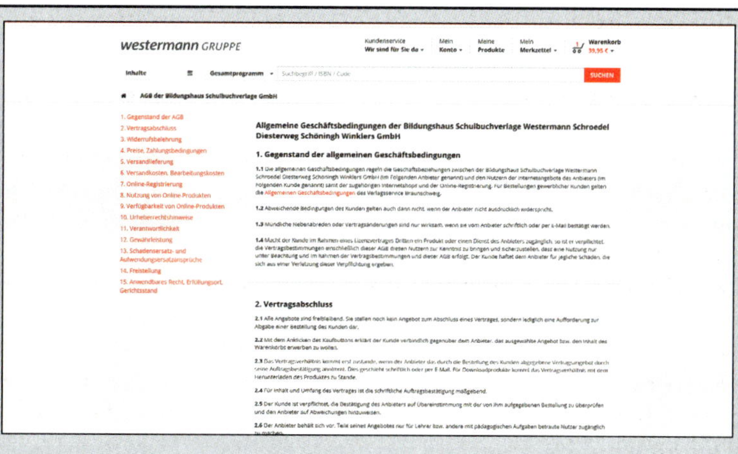

Besondere rechtliche Regelungen für den E-Commerce-Bereich

Für den Bereich E-Commerce gelten oft besondere rechtliche Regelungen. Diese betreffen vor allem

- den Abschluss von Verträgen im Internet. (Es handelt sich dann um das sogenannte Fernabsatzrecht.)
- die Art, wie rechtsgültige Unterschriften im Internet abgegeben werden können. (Es geht um die digitale Signatur.)
- die rechtlichen Regelungen zur Namensgebung von Webshops (Domainrecht).
- die rechtssichere Gestaltung von Internetseiten.

Das Fernabsatzrecht gilt für Verträge, die zwischen Unternehmern und Verbrauchern abgeschlossen werden, ohne dass die Vertragsparteien in direktem persönlichen Kontakt stehen. Dieses gilt für alle Unternehmen, die Waren (und Dienstleistungen) an Konsumenten verkaufen. Neben reinen Internetshops sind also auch der klassische Versandhandel und Teleshopping-Angebote vom Fernabsatzrecht betroffen.

Entscheidend ist in allen Fällen die Nutzung von Telekommunikationsmitteln.

BEISPIEL

Websites im Internet, E-Mails, Telefaxe, Telefonanrufe, Fernsehen, Hörfunk, Kataloge

Das ins BGB aufgenommene Fernabsatzrecht gilt u. a. nicht beim Abschluss von:

- Verträgen über die Lieferung von Gegenständen des täglichen Bedarfs, die von den Unternehmen in regelmäßigen und häufigen Fahrten geliefert werden,

Das Fernabsatzrecht schützt die Verbraucher bei der Abwicklung von Verträgen, die über Fernkommunikationsmittel, wie z. B. das Telefon, abgeschlossen werden.

BEISPIEL

Pizzadienst

- Versicherungsverträgen,
- Verträgen über Grundstücksgeschäfte,
- Verträgen über Fernunterricht,
- Verträgen über Dienstleistungen, die zu einem bestimmten Zeitpunkt zu erbringen sind.

BEISPIEL

Unterbringung, Beförderung, Tourismus, Freizeitgestaltung

Im Fernabsatzrecht gibt es zwei wesentliche Regelungen: die Informationspflicht des Unternehmers und das Widerrufsrecht des Verbrauchers.

Widerrufsrecht des Verbrauchers

Der Verbraucher kann **innerhalb von 14 Tagen** den Fernabsatzvertrag ohne Angabe von Gründen widerrufen. Er ist dann nicht mehr an den Vertrag gebunden.

Diese Regelung gilt u. a. nicht bei Fernabsatzverträgen zur Lieferung von:

- Frischeartikeln, z. B. Lebensmittel, Blumen,
- Presseartikeln,
- Waren, die ersteigert wurden,
- Produkten, die entweder nach Kundenspezifikationen angefertigt wurden oder sich nicht für die Rücksendung eignen,
- Software, wenn sie vom Käufer entsiegelt wurde,
- Video- und Audioaufzeichnungen.

Generell gilt zunächst einmal, dass die Widerrufsfrist beginnt, wenn der Verbraucher eine ordnungsgemäße Widerrufsbelehrung erhalten hat. Verpflichtend vorgeschrieben ist, dass der Verkäufer den Käufer auf ein Musterformular für einen Widerruf hinweist, das der Käufer im Bedarfsfall nutzen kann. Er kann aber auch auf andere Weise widerrufen:

- per Brief
- per Fax
- per E-Mail
- per Telefon (Hier ist auf die Beweisbarkeit zu achten.)

Das Fernabsatzrecht legt zusätzlich fest, dass bei Warenlieferungen die Frist bei Erhalt der Ware beginnt, bei Dienstleistungen beim Vertragsabschluss.

Das Widerrufsrecht wird nicht dadurch ausgeschlossen, dass der Verbraucher die Ware ausprobiert oder benutzt hat.

Grundsätzlich trägt der Käufer die Kosten der Rücksendung. Ausnahmen davon gibt es nur, wenn er nicht über die Pflicht, die Rücksendekosten zu übernehmen, informiert wurde.

Regeln für den bürgerlichen Kauf im Internet

Kaufen Privatleute Waren im Internet von privaten Anbietern, liegt ein bürgerlicher Kauf vor. Hier gelten andere Regeln als im normalen Fernabsatzrecht.

- Beim Einkauf von privaten Anbietern gilt der Grundsatz „Gekauft ist gekauft". Dies gilt besonders für Auktionen. Der Meistbietende bekommt den Zuschlag und hat damit einen gültigen Kaufvertrag abgeschlossen.
- Private Anbieter können die Gewährleistung einschränken:

  BEISPIEL

  - „Aufgrund der neuen EU-Richtlinien muss ich darauf hinweisen, dass es sich um einen Privatverkauf handelt und ich daher keinerlei Haftung oder Gewährleistung übernehme."
  - „Sachmängelhaftung ausgeschlossen"

- Hat die Ware dann einen Fehler, hat der Käufer keinen Anspruch auf Gewährleistung. Dies gilt allerdings nicht, wenn der Verkäufer einen ihm bekannten Mangel arglistig verschwiegen hat oder eine Garantie für die Beschaffenheit der Sache übernommen hat.

Informationspflicht des Unternehmers

Ein Unternehmer, der Fernabsatzverträge abschließen möchte, muss bereits bei der Produktwerbung den Verbraucher umfangreich informieren. Aufgeführt werden sollten:

- die vollständige Anschrift des Unternehmers,
- die wesentlichen Merkmale der angebotenen Waren (bzw. Dienstleistungen),
- der Preis (einschließlich aller Steuern, Versand- und Lieferkosten),
- das Bestehen eines Widerrufs- oder Rückgaberechts,
- Liefervorbehalte,
- der Zeitpunkt des Zustandekommens des Vertrags,
- die Gültigkeitsdauer befristeter Angebote.

Vernachlässigt ein Unternehmen seine Informationspflicht, kann es von Konkurrenzunternehmen oder Verbraucherschutzverbänden kostenträchtig abgemahnt oder auf Unterlassung verklagt werden. Verbraucher können zudem den Fernabsatzvertrag unbegrenzt widerrufen, wenn beispielsweise die Widerrufsbelehrung fehlt oder fehlerhaft ist.

AUFGABEN

1. Was versteht man unter Electronic Commerce?
2. Wodurch unterscheiden sich die Electronic-Commerce-Varianten Business-to-Business und Business-to-Consumer?
3. In welchen Erscheinungsformen kann Business-to-Business auftreten?
4. Erläutern Sie Begriff und Vorteile von EDI.
5. Welche Vorteile hat die Einführung von Electronic Commerce im Bereich Business-to-Consumer
   a) für den Kunden,
   b) für ein Unternehmen?
6. Erläutern Sie Begriff und Funktionen eines Onlineshops.
7. Welche Probleme treten bei Zahlungen im Internet auf?
8. Welche Zahlungsalternativen stehen dem Käufer bei Electronic-Commerce-Geschäften zur Auswahl?

ZUSAMMENFASSUNG

Electronic Commerce

- Einkauf und Verkauf von Waren über das Internet
- bewirkt Neugestaltung traditioneller Geschäftsprozesse

Business-to-Business	**Business-to-Consumer**
elektronischer Handel zwischen Unternehmen	elektronischer Versandhandel mit Endkunden

4203287

9.1 EIGENSCHAFTEN UND ARTEN DES GELDES

Stellen Sie sich vor, dass Sie in einer Zeit leben, in der es noch kein Geld gab.

1. *Überlegen Sie anhand der Abbildung, ob es Handel oder Tausch von Waren in den einzelnen Entwicklungsstufen des Menschen gegeben hat.*
2. *Überlegen Sie nun, wie der Handel oder der Tausch von Waren in den einzelnen Entwicklungsstufen des Menschen ausgesehen haben könnte.*
3. *Nennen Sie mögliche Formen des Geldes, die zur Bezahlung von Waren in den einzelnen Stadien genutzt wurden.*
4. *Leiten Sie ab, welche Eigenschaften Geld haben muss, damit es zum Handel genutzt werden kann.*

INFORMATION

Geld ist aus der heutigen Welt nicht mehr wegzudenken. Man stelle sich einen Einkauf ohne Preise vor. Doch wie ist unser Geld in der heutigen Form entstanden?

Um einen Gegenstand von einer anderen Person zu erhalten, muss man einen Gegenwert anbieten. Dies ist in der heutigen Zeit der Kaufpreis.

Geld zeichnet sich vor allem dadurch aus, dass es bestimmte Eigenschaften hat. Es ist haltbar, knapp, teilbar, anerkannt und mobil.

- **Haltbar:** Geld bleibt über Jahre hinweg unveränderbar.

BEISPIEL

Würde in einer Gesellschaft mit Weintrauben bezahlt werden, hätten diese nur kurzzeitig ihren Wert.

- **Knapp:** Geld gibt es nicht im Überfluss. Man sagt auch, dass es begehrt sein muss.

BEISPIEL

Wenn wir in Geschäften mit Steinen oder Erde bezahlen würden, wäre dies nicht geeignet, da jeder sich neue Steine suchen kann.

- **Teilbar:** Geld ist in kleine Einheiten zerlegbar.

BEISPIEL

Würde in einer Gesellschaft mit Tieren bezahlt werden, könnte man sie lebend nur im Ganzen tauschen. Unser Geld ist in Einheiten zerlegbar.

- **Anerkannt:** Geld wird von allen Marktteilnehmern allgemein als Zahlungsmittel anerkannt.

BEISPIEL

Würde in einer heutigen Gesellschaft mit Schnaps bezahlt werden, gäbe es viele Personen, die Schnaps nicht als Gegenleistung für ihre Waren akzeptieren würden.

- **Mobil:** Geld ist für jeden Marktteilnehmer leicht zu transportieren.

BEISPIEL

Würde in einer Gesellschaft mit Holz bezahlt werden, hätten alle Personen einen großen Transportaufwand, um das Holz als Zahlungsmittel mit sich zu führen.

Warengeld (Naturalgeld)

In früheren Gesellschaften gab es noch nicht so viele Artikel, die verkauft werden konnten. Es gab auch keinen Einzelhandel. Gegenstände wurden einfach getauscht.

BEISPIEL

Adam hat einen Korb und ist auf der Suche nach einem Eimer. Bert hat einen Eimer. Die beiden tauschen den Korb gegen den Eimer.

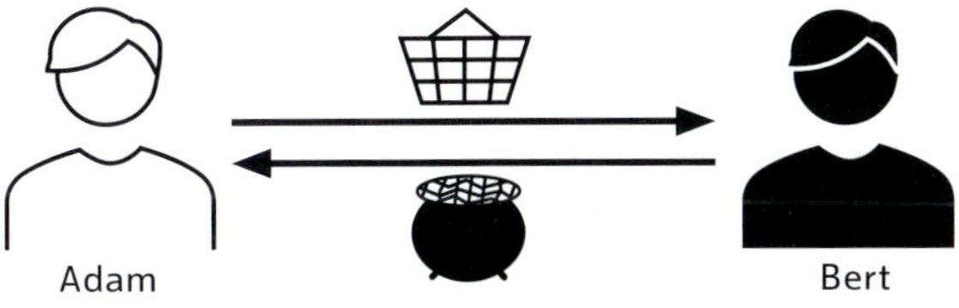

In diesem Fall handelt es sich um direkte Tauschwirtschaft mit Waren. Es wird also eine Ware gegen eine andere Ware getauscht. Die Tauschwirtschaft funktioniert nur, wenn beide Waren den gleichen Wert haben oder teilbar sind. Außerdem gibt es in der Tauschwirtschaft schnell Probleme, wenn z. B. eine Ware leicht verdirbt.

Daher entstand schon sehr früh ein Warengeld. Warengeld ist dadurch gekennzeichnet, dass stets eine werthaltige, knappe Ware, also etwas, was jeder gerne und oft haben möchte, als allgemein anerkanntes Tauschmittel akzeptiert wird. Als Warengeld wurden Muscheln, Edelsteine, Perlen, Gold und Silber verwendet. Diese Waren sind knapp und begehrt. Außerdem sind sie leicht transportierbar.

BEISPIEL

Adam hat einen Korb und möchte einen Eimer haben. Bert hat einen Eimer. Er benötigt aber keinen Korb. Ein direkter Tauschhandel ist somit nicht möglich. Viel lieber hätte er Perlen, um sich damit ein Schwein zu kaufen. Celina sucht einen Korb. Celina kauft also Adam den Korb ab und bezahlt ihn mit Perlen. Anschließend kauft Adam von Bert den Eimer und bezahlt ihn mit einem Teil der Perlen.

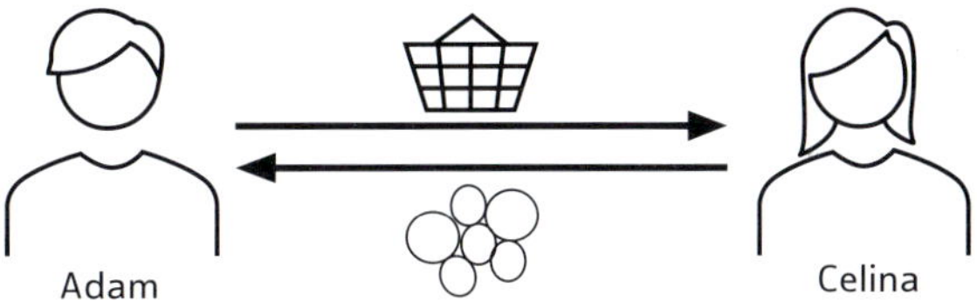

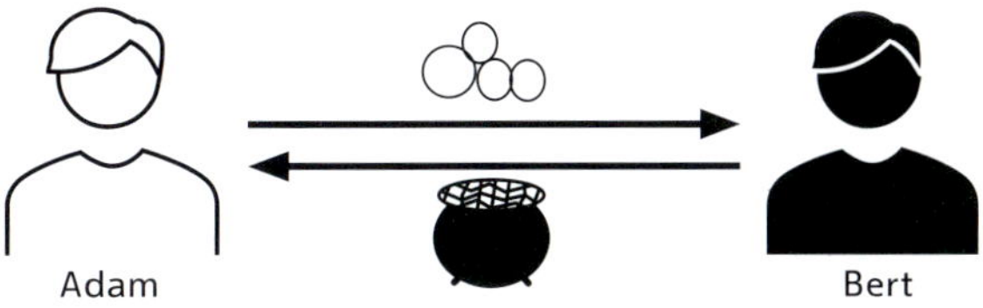

Münzgeld

Im Lauf der Zeit entwickelten sich Edelmetalle zu einem beliebten Warengeld, z. B. Gold, Silber, Bronze und Kupfer. Im Rahmen einer Bezahlung mit Edelmetall musste dieses stets gewogen und geteilt werden, um den Preis für die gekaufte Ware zu begleichen. Daraus entwickelte sich das Münzgeld. Zunächst wurde eine bestimmte Menge eines Edelmetalls zu einem Plättchen verarbeitet. Der Wert der Münze wurde durch die Menge des verarbeiteten Edelmetalls bestimmt (Kurantmünzen). Ein Vorteil war, dass man nun die Edelmetalle nicht mehr wiegen und teilen musste. Man konnte die kleinen, leicht transportierbaren und werthaltigen Münzen abzählen, um den vereinbarten Kaufpreis zu bezahlen. Im Lauf der Zeit wurde auf das Münzgeld ein Wert geprägt. Dieser Wert entsprach nicht mehr dem Materialwert (Scheidemünzen).

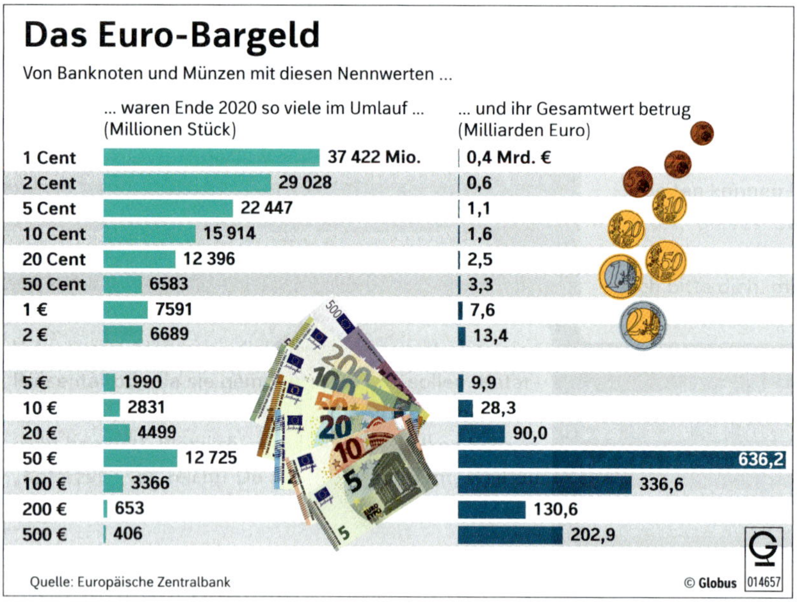

Papiergeld

Der Handel nahm zu und es wurden einerseits teure Waren und andererseits größere Mengen verkauft. Somit wurde viel Münzgeld benötigt, um die Zahlungsmittel für die Handelstransaktionen zu haben. Allerdings waren die Edelmetalle, aus denen die Münzen gefertigt wurden, knapp. Außerdem konnten Münzen leicht gefälscht werden. Für den Kauf einer teuren Ware oder einer großen Anzahl von Waren musste ein hoher Kaufpreis in Münzen aufgebracht werden. Auch wenn Münzen den Handel zunächst erleichterten, so wurde es dennoch bei großen Transaktionen umständlich, mit sehr vielen Münzen von verhältnismäßig geringem Wert zu bezahlen. Dadurch wurde Papiergeld entwickelt und in Umlauf gebracht. Der aufgedruckte Wert entsprach nicht dem Materialwert des Papiers. Das war auch nicht beabsichtigt. Vielmehr erleichterte das Papiergeld die Bezahlung größerer Summen. Es war noch leichter als Münzen zu transportieren und unbegrenzt reproduzierbar (verfügbar). Gleichzeitig bestand die Gefahr, dass gefälschtes Geld in Umlauf kam. Außerdem konnte das leicht transportierbare Papiergeld sehr leicht gestohlen werden.

Die heutigen Euroscheine werden durch Sicherheitsvorkehrungen vor Fälschung geschützt, wie die folgende Grafik zeigt:

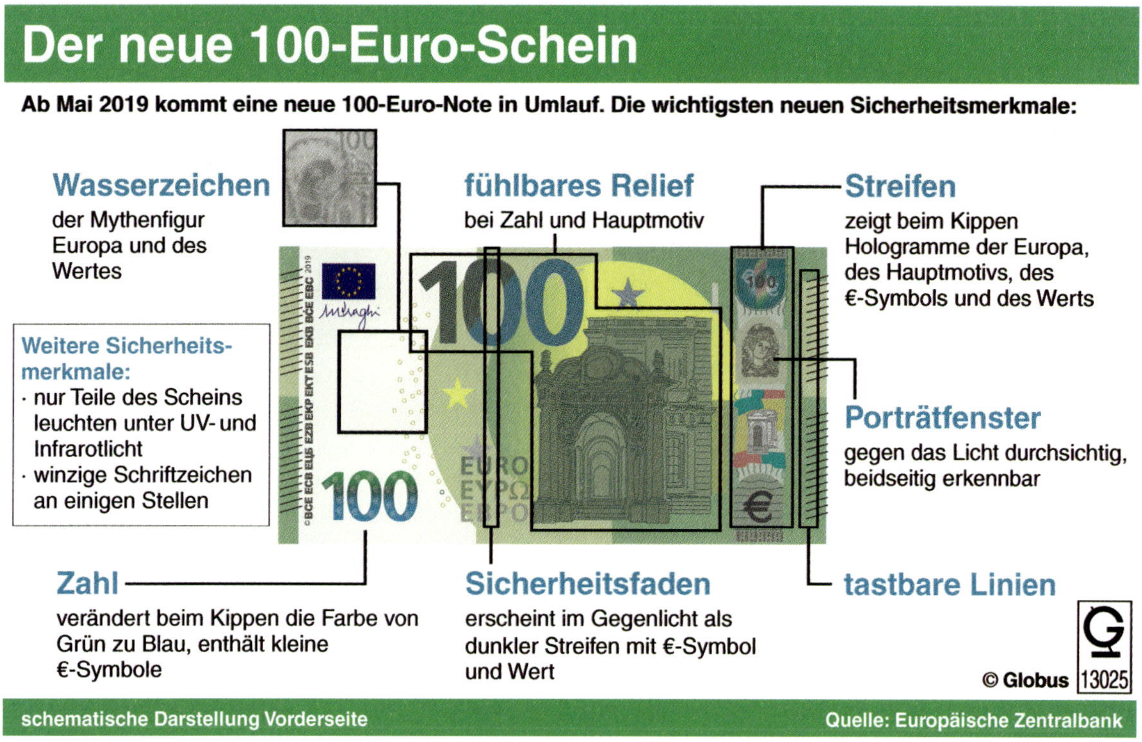

Buchgeld

Der nächste Entwicklungsschritt beim Geld war die Etablierung von Buchgeld. Das Buchgeld existiert nicht wirklich. Es ist vielmehr die Dokumentation von Forderungen und Schulden gegenüber einem Kunden oder Lieferanten. Buchgeld ermöglicht den Kauf von Waren, ohne dass diese sofort bezahlt werden müssen. Es wurde zunächst lediglich die Höhe der offenen Forderung notiert und bei Begleichung durchgestrichen. Die Dokumentation von offenen Forderungen erfolgte in Anfangszeiten z. B. auf Holz und Tontafeln, später dann auf Papier.

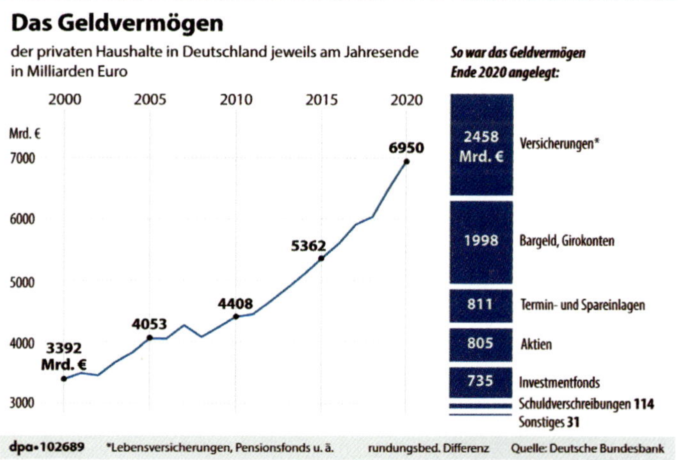

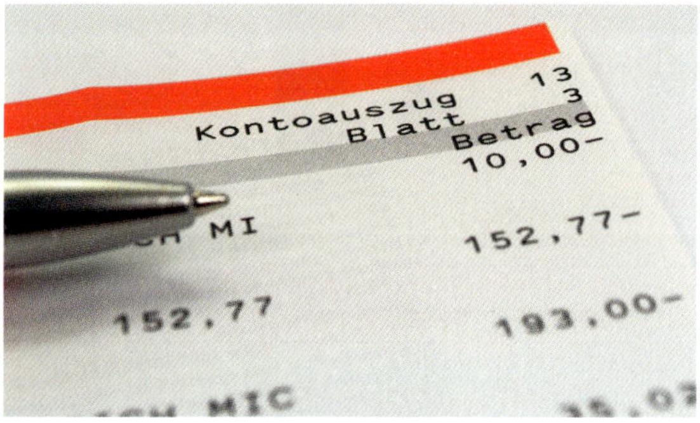

In der heutigen Zeit liegt Buchgeld in Form von Bankguthaben vor. Auch die Zahlungsabwicklung erfolgt zu großen Teilen ausschließlich in elektronischer Form und somit unter Nutzung von Buchgeld. Das Buchgeld ist also die Voraussetzung dafür, dass der heutige Zahlungsverkehr abgewickelt werden kann.

„Plastikgeld“

Als Plastikgeld werden Karten bezeichnet, die bei der Bezahlung von Waren und Dienstleistungen zum Einsatz kommen. Es liegt im Grunde eine Bezahlung mit Buchgeld vor. Für den Bezahlvorgang wird kein Bargeld benötigt. Er erfolgt bargeldlos. Die bargeldlose Abwicklung von Bezahlvorgängen gewinnt zunehmend an Bedeutung. Dadurch nimmt die Bedeutung von Bargeld ab. Die wesentlichen Vorteile der Plastikkarten sind, dass sie noch leichter transportierbar sind als Bargeld. Es wird stets „passend gezahlt“, da der Betrag exakt abgebucht werden kann. Der Bezahlvorgang kann komplett maschinell abgewickelt werden und somit ohne Personaleinsatz. Der Bezahlvorgang kann auch digital vorgenommen werden. Gleichzeitig gewährt das Plastikgeld auch bei einem Diebstahl noch die Möglichkeit, dass der Schaden auf ein Minimum begrenzt werden kann, da für die Zahlungsvorgänge in der Regel Schutzmechanismen vorgesehen sind (z. B. PIN, TAN, Unterschrift).

Kryptowährung

Kryptogeld ist eine digitale Währung, die an Bedeutung gewinnt. Die bekannteste Kryptowährung ist der Bitcoin. Kryptogeld wird als digitales Guthaben ausgewiesen und kann dementsprechend nur für digitale Zahlungen eingesetzt werden. Kryptowährungen werden nicht durch Staaten oder Banken gesteuert. Sie werden digital generiert. Bei jeder Kryptowährung ist sichergestellt, dass sie nicht beliebig oft erstellt werden kann. Durch die Knappheit und die Akzeptanz als Zahlungsmittel bestimmt sich der Wert der Kryptowährung. Es gibt – wie beim Buchgeld – keinen materiellen Gegenwert.

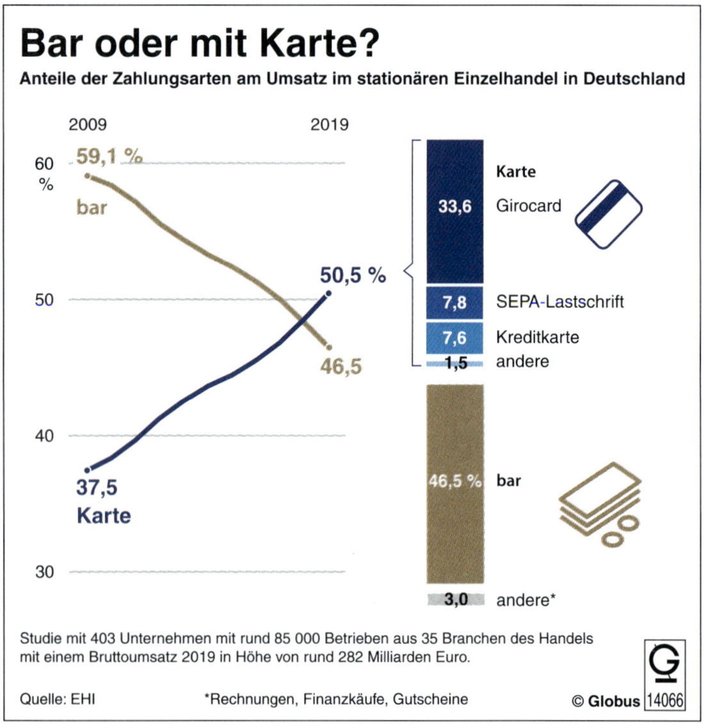

AUFGABEN

1. Erläutern Sie die Eigenschaften von Geld mit Ihren eigenen Worten.
2. Geben Sie an, was man unter Naturalgeld versteht.
3. Erläutern Sie die Nachteile, die Warengeld hat.
4. Geben Sie an, welche Vorteile sich durch die Nutzung von Warengeld für die Menschen ergeben haben.
5. Geben Sie ein aktuelles Beispiel aus der heutigen Zeit für die Bezahlung mit Warengeld.
6. Nennen Sie die wesentlichen Vor- und Nachteile von Münzgeld.
7. Geben Sie die Nachteile von Papiergeld an.
8. Finden Sie aktuelle Beispiele für Zahlungsvorgänge, die zwingend mit Bargeld vorgenommen werden müssen.
9. Erläutern Sie, wie die Fälschung von Papiergeld verhindert werden soll.
10. Erläutern Sie Vorteile des „Plastikgelds".
11. Beurteilen Sie die zukünftige Entwicklung des Geldes anhand der Abbildung auf Seite 292.
12. Beurteilen Sie den Einfluss von Kryptowährungen auf den Zahlungsverkehr der Zukunft aus Ihrer Sicht.
13. Recherchieren Sie im Internet nach Handelspartnern, die eine Bezahlung in Bitcoin akzeptieren.

ZUSAMMENFASSUNG

Eigenschaften des Geldes

- **haltbar** → Verdirbt langfristig nicht
- **knapp** → Nicht unbegrenzt verfügbar
- **teilbar** → Kleine Einheiten sind möglich
- **anerkannt** → Akzeptiertes Zahlungsmittel
- **mobil** → Leicht zu transportieren

Entwicklung des Geldes

- **Warengeld** → Tauschhandel (z. B. mit Muscheln als Naturalgeld)
- **Münzgeld** → Edelmetalle als Warengeld (Kurantmünzen, später Scheidemünzen)
- **Papiergeld** → Sehr leicht transportierbar und zu vervielfältigen
- **Buchgeld** → Existiert nicht körperlich (Forderungen, Verbindlichkeiten)

Neue (weitere) Formen des Geldes

- **„Plastikgeld"** → z. B. Kredit- und EC-Karten → Sehr leicht transportierbar und relativ fälschungssicher
- **Kryptowährung** → z. B. Bitcoin → Digitales Guthaben (noch geringe Akzeptanz)

9.2 AUFGABEN DES GELDES

Stellen Sie sich vor, dass es nur einen einzigen Unterschied zu Ihrer aktuellen Lebenssituation gibt. Es gibt in der aktuellen Welt kein Geld.

1. *Finden Sie drei konkrete Beispiele für Probleme, die sich in einer Welt ohne Geld ergeben.*
2. *Überlegen Sie, welche Probleme sich in einer Wirtschaft ohne Geld ergeben würden.*
3. *Geben Sie an, wie Handel in einer Welt ohne Geld aussehen könnte. Nennen Sie drei Möglichkeiten, wie ein Handel stattfinden könnte.*

INFORMATION

Ein Wirtschaftssystem funktioniert nur, wenn Waren und Dienstleistungen einfach, schnell und direkt übertragen werden können. Hierfür wird Geld eingesetzt. Das Geld nimmt in einem Wirtschaftssystem insbesondere die folgenden Funktionen ein.

Tauschmittel

Geld ist Tauschmittel für Waren und Dienstleistungen. Diese Funktion ist von Bedeutung, wenn Waren und Dienstleistungen in einer Wirtschaft oft den Eigentümer wechseln. Da die große Mehrheit der Waren in der Wirtschaft zum Verkauf (und nicht für den Eigenbedarf) produziert wird, ist diese Funktion wichtig für eine funktionierende Wirtschaft. In der Praxis wird dies dadurch deutlich, dass man Waren und Dienstleistungen stets gegen Geld tauschen kann (Kauf). Der Verkäufer kann mit dem Geld dann wiederum andere Waren kaufen.

Zahlungsmittel

Geld ist allgemein anerkanntes Zahlungsmittel für Waren und Dienstleistungen. Jeder Verkäufer muss eine Zahlung des Kaufpreises in Geld akzeptieren. Der Käufer hat durch eine Zahlung in Geld seine Verpflichtung aus dem Kaufvertrag erfüllt.

Recheneinheit

Der Wert von Waren und Dienstleistungen wird in Geld bewertet und berechnet. Das Geld dient also als Wertmesser für alle Wirtschaftsgüter, die zum Kauf angeboten werden. In der Praxis wird diese Funktion dadurch deutlich, dass die Waren in Geschäften mit Preisschildern zum Kauf angeboten werden. Diese Funktion ermöglicht den einfachen Kauf und Verkauf von Waren. Ohne Geldpreise hätten die Waren keine festen Preise, sondern jeder einzelne Preis müsste mit dem Kaufinteressenten in Abhängigkeit der von ihm nachgefragten Waren ausgehandelt werden. Geld macht Waren also miteinander wertmäßig vergleichbar.

Wertaufbewahrungsfunktion

Diese Funktion ermöglicht es, dass bei einem Verkauf das Geld nicht sofort wieder ausgegeben werden muss. Wenn der Wert des Geldes stabil ist, kann es zum Beispiel angesammelt werden, um zu einem späteren Zeitpunkt eine teure Ware zu kaufen (sparen). Der Wert wird durch das Geld aufbewahrt. Es ist die Aufgabe der Politik, dass sie für eine Wertstabilität des Geldes sorgt. Kommt es zu einer Inflation, geht die Wertaufbewahrungsfunktion des Geldes verloren.

Wertübertragungsfunktion

Mit der Hilfe von Geld können Werte auf andere Personen übertragen werden. Dies ist auch möglich, ohne gleichzeitig eine Ware als Gegenleistung zu übereignen. Einfache Beispiele für diese Funktion sind die Schenkung oder Erbschaft. Größere Anschaffungen gegen Kredite werden ebenfalls durch die Wertübertragungsfunktion ermöglicht.

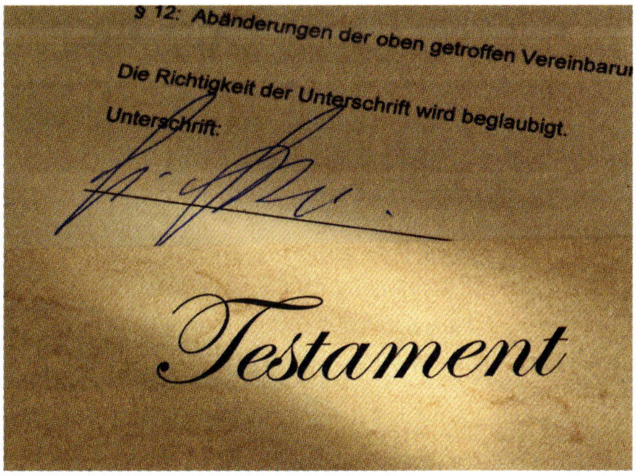

AUFGABEN

1. Nennen Sie die vier Funktionen des Geldes.
2. Geben Sie an, welche Funktionen das Geld in den folgenden Beispielen einnimmt:
   a) Luisa bekommt zum Geburtstag von ihrer Oma 100,00 € geschenkt.
   b) Einzelhändler Abel bietet ein Fahrrad in seinem Geschäft für 299,00 € zum Kauf an.
   c) Luisa spart ihr Taschengeld, um sich bald ein Fahrrad kaufen zu können.
   d) Luisa kauft bei Einzelhändler Abel ein Fahrrad für 299,00 €.
   e) Einzelhändler Abel nimmt für eine Geschäftserweiterung einen Kredit bei der Bank in Höhe von 50.000,00 € auf.
3. Beschreiben Sie die Funktion des Geldes als Tauschmittel an einem eigenen Beispiel.
4. Beschreiben Sie die Auswirkungen, die das Fehlen von Geld als Recheneinheit auf eine Wirtschaft hätte.

5. Erläutern Sie, warum es so wichtig ist, dass Geld wertstabil ist.
6. Informieren Sie sich im Internet darüber, was man unter einer Inflation versteht, und beschreiben Sie den Begriff kurz mit eigenen Worten und unter Angabe der Internetquellen.
7. Beschreiben Sie in eigenen Worten den wesentlichen Vorteil, der sich aus der Wertübertragungsfunktion des Geldes ergibt.

ZUSAMMENFASSUNG

Funktionen des Geldes

Tauschmittel	Zahlungsmittel	Recheneinheit	Wertaufbewahrungsfunktion	Wertübertragungsfunktion
Kauf und Verkauf von Waren und Dienstleisungen	Erfüllung von Verträgen	Vergleichbarkeit durch Preise	Sparen durch Wertstabilität	Übertragen an andere Personen

9.3 BARZAHLUNG UND HALBBARE ZAHLUNG

Die Tom Hoss KG hatte zwei Gärtner beauftragt, den Eingang des Flagship Stores mit Pflanzen zu verschönern. Die Gärtner wollten gern bar bezahlt werden.

Frau Hoss: „Das ist ja sehr schön geworden …"

Gärtner Müller: „Ja, wir haben uns Mühe gegeben. So, dann kommen wir mal zur Bezahlung!"

Frau Hoss: „Bezahlung??? Wieso?? Ich habe doch heute Morgen Ihrem Kollegen den Geldbetrag übergeben!"

Gärtner Müller: „Das glaube ich nicht."

1. *Stellen Sie fest, wie die Tom Hoss KG die Zahlung nachweisen kann.*
2. *Führen Sie Nachteile der Barzahlung aus Sicht der Tom Hoss KG auf.*

Es gibt verschiedene Möglichkeiten, etwas zu bezahlen. Beim Zahlungsverkehr unterscheidet man deshalb nach **Zahlungsarten.** Die Übersicht zeigt die verschiedenen Arten.

Zahlungsarten

Zahlungsart	**Zahlender** (Schuldner) zahlt durch	**Zahlungsempfänger** (Gläubiger) erhält	**Zahlung von Hand zu Hand** (persönlich/ durch Boten)	**Formen**	**Konto**
Barzahlung	Bargeld (Banknoten und Münzen)	Bargeld	Geldübergabe	– Bargeldtransfer – Wert National – Bezahldienst „Barzahlen“	keiner
Halbbare Zahlung	Bargeld	Gutschrift auf Konto	–	Zahlschein	einer
	Lastschrift auf Konto	Bargeld	–	Barscheck	
Bargeldlose Zahlung	Lastschrift auf Konto	Gutschrift auf Konto	–	z. B. – Verrechnungsscheck – Überweisung – Girocard-Zahlung	beide

DEFINITION

Bei der **Barzahlung** wechselt das Geld direkt den Besitzer: Übergeben werden Münzen beziehungsweise Banknoten. Weder der Schuldner noch der Gläubiger benutzen ein Konto.

Quittung

Bei jeder Form der Barzahlung ist es wichtig, dass die Übergabe des Bargelds später auch bewiesen werden kann. Daher muss die Übergabe von Bargeld durch Quittungen bestätigt werden.

Eine Quittung ist eine Empfangsbestätigung für den Erhalt einer Leistung, also in der Regel eines Geldbetrags. Mit der Quittung weist der Schuldner nach, dass eine Forderung nicht mehr besteht. Der Gläubiger ist verpflichtet, die Quittung auszustellen.

Eine Quittung muss mindestens die folgenden Angaben enthalten:
- Name des Zahlers
- Zahlungsbetrag in Buchstaben und Ziffern
- Grund der Zahlung
- Ort und Tag der Ausstellung
- Empfangsbestätigung
- Unterschrift des Zahlungsempfängers

Als Quittungen gelten:
- ausgefüllte Quittungsvordrucke
- eigenständig erstellte schriftliche Quittungen
- Kassenzettel
- auf Rechnungen angebrachte Quittungsvermerke

Bis zu einem Betrag von 250,00 € muss bei zweiseitigen Handelsgeschäften die Umsatzsteuer nicht ausgewiesen werden (Kleinbetragsrechnung). Zweiseitige Handelsgeschäfte sind Geschäfte unter Kaufleuten.

Unterschiede zwischen Rechnungen, Quittungen und Kassenbons		
Rechnungen	**Quittungen**	**Kassenbons**
Mit einer Rechnung informiert ein Unternehmer seinen Kunden über eine fällige Forderung in Höhe des Rechnungsbetrages.	Eine Quittung bestätigt den Empfang einer Leistung. Dies ist in der Regel eine Geldzahlung.	Kassenbons erfüllen nicht von vornherein automatisch die Anforderungen, die hinsichtlich der Form an Rechnungen und Quittungen gestellt werden. Die heutigen Kassensysteme drucken jedoch in der Regel Kassenbons aus, die zumindest die notwendigen Angaben einer Kleinbetragsrechnung enthalten. Obwohl streng genommen nicht alle Anforderungen an eine Quittung erfüllt werden, dienen Kassenbons damit dennoch der Bescheinigung der Bezahlung eines Einkaufs oder einer Dienstleistung. Sie werden vom Finanzamt auch ohne Unterschrift als Zahlungsnachweis anerkannt.

Netto € ct
+ % USt € ct
Gesamt € 98,00 ct

Quittung
Nr. 448

Gesamtbetrag € in Worten
-achtundneunzig- Cent wie oben
(Im Gesamtbetrag sind % Umsatzsteuer enthalten)
von Frau Hoss Tom Hoss KG
für Grünpflanzen inkl. Kübel
richtig erhalten zu haben, bestätigt
Ort Berlin Datum 20..-11-19
Buchungsvermerke
Stempel/Unterschrift des Empfängers
Gerwinn Knorr

ausgefüllter Quittungsvordruck

Boutique Petra
Inh. Petra Maier
Nordendstr. 4
82357 München
Tel.: 089/123456

Artikel	Menge	Summe
012345		
Leuchter Ciao	1	3,45
012345		
Leuchter Ciao	1	3,45
033421		
Kerzen	2	2,50
	Gesamt EURO	9,40
	Betrag, netto	7,90
	MWST 19%	1,50
	Bar	10,00
	Rückgeld	0,60

Vielen Dank für Ihren Besuch!
Umtausch nur mit Kassenbon
Es bediente Sie Frau Hafner
Datum 19.01.20..
Bon Nr.: 00000212304

Kassenbon

Annahmepflicht von Bargeld

In der Eurozone sind Banknoten gesetzliches Zahlungsmittel: Aufgrund gesetzlicher Bestimmung muss jeder dieses Geld annehmen, wenn damit finanzielle Verpflichtungen erfüllt werden sollen. Es kann jedoch per Vertrag oder AGBs vereinbart werden, dass

- eine Verbindlichkeit nicht mit Bargeld beglichen werden kann,
- die Annahme von Banknoten auf eine bestimmte Höhe beschränkt ist.

BEISPIEL

Ein Schild an einer Zapfsäule weist darauf hin, dass keine 500-Euro-Noten angenommen werden.

Für Münzen gilt die folgende Regelung: Niemand ist im Geltungsbereich des Euros verpflichtet, in einer Zahlung mehr als fünfzig Münzen anzunehmen. Mit dieser Regelung ist keine Wertangabe verbunden.

Arten der Barzahlung

Bei der **unmittelbaren** Barzahlung erfolgt die Zahlung von Hand zu Hand. Das Bargeld wird persönlich oder durch eine Boten übergeben. Bei der **mittelbaren** Barzahlung wird das Bargeld unter Einbeziehung der Post oder anderer Anbieter über größere räumliche Entfernungen weitergegeben. Hierbei werden allerdings immer hohe Gebühren fällig.

Expressbrief

Mit einem DHL-Expressbrief der Deutschen Post kann dem Empfänger Bargeld im Laufe des folgenden Tages zugestellt werden. Gegen eine zusätzliche Gebühr ist auch eine Zustellung vor 9:00, 10:00 oder 12:00 Uhr möglich. Die Post haftet bei Verlust oder Beschädigung im Regelfall bis 500,00 €. Beim Expressbrief sind viele zusätzliche Services möglich, z. B. Eigenhändig oder Rückschein.

Bargeldtransfer mit Western Union

In allen Postbank-Finanzcentern, in größeren Filialen der Post sowie bei weiteren Western-Union-Vertriebspartnern kann Bargeld eingezahlt werden. Weitere Vertriebspartner der Western Union sind diverse Sparkassen und Kreissparkassen, AGw in Hamburg sowie Schiller 5 in München, in letzter Zeit vermehrt auch Tankstellen, Kioske und Einzelhandelsunternehmen. Für den Bargeldtransfer mit Western Union muss ein Formular ausgefüllt werden. Benötigt wird nur ein gültiger Ausweis. Es gibt keine Betragsgrenze. Die Gebühren richten sich nach der Höhe der Summe und dem jeweiligen Empfängerland. Sie werden nur dem Absender berechnet; der Empfänger zahlt keine Gebühren.

BEISPIEL

Das Entgelt beträgt in Euroländern 4 % des Zahlungsbetrags, mindestens 20,00 € – maximal 200,00 €. In das sonstige Ausland 5 %, mindestens 26,00 € – maximal 260,00 €.

Nach der Einzahlung erhält der Absender eine Transaktionsnummer (Money Transfer Control Number = MTCN), die er zur Sendungsverfolgung verwenden kann. Anschließend muss er sich mit dem Empfänger in Verbindung setzen und ihm den Bargeldtransfer ankündigen.

Damit der Empfänger das Bargeld an einem von mehr als 355 000 Vertriebsstandorten in 200 Ländern weltweit ausgezahlt bekommt, benötigt er:

- den Namen des Absenders der Barzahlung,
- Höhe und Ursprungsland des Geldtransfers,
- den eigenen Ausweis mit Lichtbild,
- MTCN (nicht unbedingt nötig, aber empfehlenswert).

Bedeutung der Barzahlung

Die Barzahlung spielt noch eine vergleichsweise große Rolle im Einzelhandel sowie im Personenbeförderungsgewerbe.

Halbbare Zahlung

Nicht zu verwechseln mit den Formen der Barzahlung sind die halbbaren Zahlungsformen. Diese sind eine Zwischenstufe zwischen der Barzahlung und dem bargeldlosen Zahlungsverkehr: Entweder der Zahlungsempfänger eines Zahlungsvorgangs erhält Bargeld oder der Zahlungspflichtige zahlt Bargeld ein. Der jeweils andere Geschäftspartner besitzt jedoch ein Konto, auf dem er eine Lastschrift bzw. eine Gutschrift erhält.

Hat der Schuldner – also der Zahlungspflichtige – ein Konto, der Empfänger soll aber Bargeld ausbezahlt bekommen, kann ein **Barscheck** ausgestellt werden.

Im umgekehrten Fall zahlt der Schuldner Bargeld auf ein Konto des Zahlungsempfängers ein: Dies kann er mit einem **Zahlschein** bei allen Banken oder der Postbank machen. Die Zahlung mit einem Zahlschein ist teurer als eine Überweisung von Konto zu Konto.

Eine weitere Möglichkeit der halbbaren Zahlung ist die Zahlung per **Nachnahme**: Der Schuldner bezahlt die gelieferte Ware beim Empfang der Ware beim liefernden Post- bzw. Logistikunternehmen bar. Das Post- bzw. Logistikunternehmen leitet den Betrag auf das Konto des Lieferanten weiter.

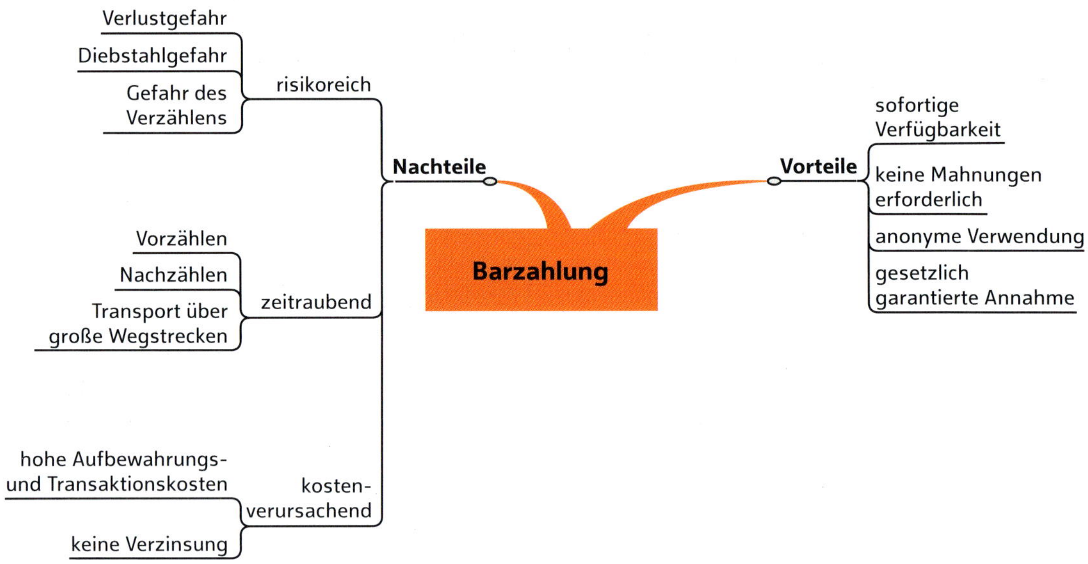

AUFGABEN

1. Beschreiben Sie, wie eine Barzahlung abläuft.
2. Was ist eine Quittung?
3. Was gilt als Quittung?
4. Führen Sie die Bestandteile einer Quittung auf.
5. Auf zwei Rechnungen sind Vermerke angebracht:
   a) „Von Frau Diedrichs habe ich dankenswerterweise den Rechnungsbetrag erhalten. Hoss“
   b) „Für kleinere Tapezierarbeiten habe ich von Frau Diedrichs 112,00 € erhalten. 21.7.20.. Schiech“
   Welche Fehler wurden hier gemacht?
6. Wodurch unterscheidet sich die unmittelbare von der mittelbaren Barzahlung?
7. Erläutern Sie die Barzahlung mit:
   a) einem Expressbrief
   b) einem Bargeldtransfer mit der Western Union
8. Mit welchen Arten der mittelbaren Barzahlung können die folgenden Beträge gezahlt werden?
   a) 80,00 €
   b) 340,00 €
   c) 12.500,00 €
9. Welche Vor- und Nachteile hat die Barzahlung?
10. Die Hoffmann KG möchte Bargeld versenden. Berechnen Sie mithilfe der Internetadresse www.dhl.de/de/express/filialprodukte.html den Preis für einen Expressbrief mit dem Gewicht von 1 kg, der vor 9:00 Uhr am nächsten Tag zugesandt werden soll.
11. Suchen Sie unter www.westernunion.de (Link: Vertriebsstandort suchen) den nächsten Vertriebspartner
    a) in der Nähe Ihrer Berufsfachschule,
    b) in der Nähe Ihres Wohnsitzes.
12. Erläutern Sie den Unterschied zwischen Barzahlung und halbbarer Zahlung.
13. Welche Regelungen gelten für die Annahmepflicht von Bargeld?

ZUSAMMENFASSUNG

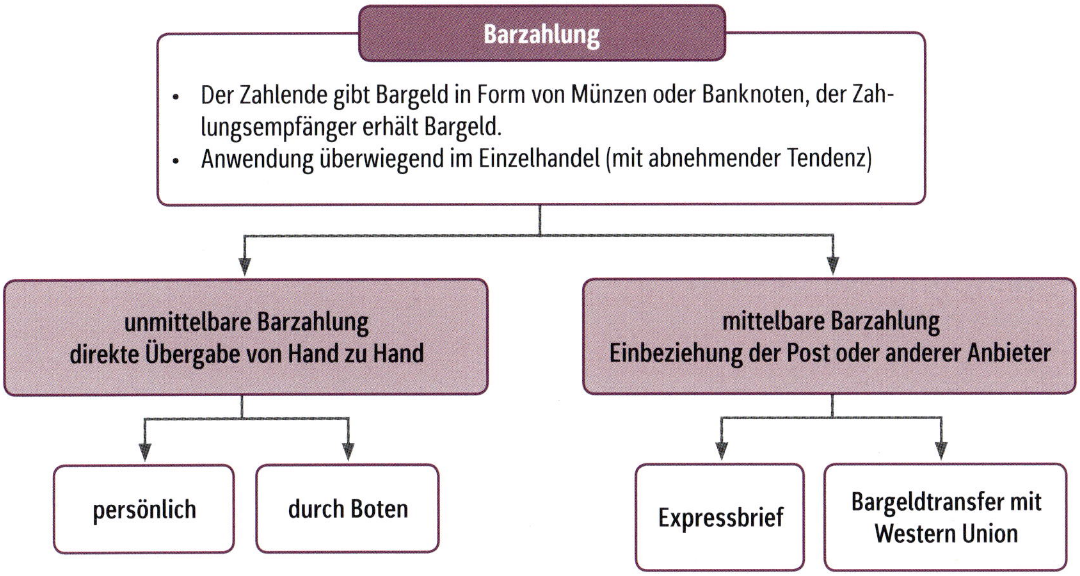

9.4 ZAHLUNG MIT SCHECKS UND GIROCARD

Herr Fischer möchte in einem Eisenwarenfachgeschäft eine Rechnung über 360,00 € mit einem Barscheck bezahlen. Der Geschäftsinhaber lehnt den Scheck ab, weil er Herrn Fischer nicht kennt.

Warum kann er den Scheck nicht bedenkenlos annehmen?

INFORMATION

Der Begriff „Scheck“

Der Scheck ist eine Anweisung an ein Geldinstitut, bei Vorlage einen bestimmten Geldbetrag zulasten des Scheckausstellers auszuzahlen.

Voraussetzungen für das Ausstellen eines Schecks

Der Aussteller eines Schecks muss ein Konto haben. Er darf einen Scheck nur ausstellen, wenn

- sein Konto ein Guthaben über den Scheckbetrag aufweist oder
- das kontoführende Geldinstitut dem Aussteller einen entsprechenden Kredit (= Dispositionskredit) eingeräumt hat.

Die Bestandteile des Schecks

Gemäß Scheckgesetz muss ein Scheck sechs **gesetzliche Bestandteile** enthalten:

① Bezeichnung „Scheck“ im Text der Urkunde,
② die unbedingte Anweisung, eine bestimmte Geldsumme zu zahlen,
③ den Namen dessen, der zahlen soll („Bezogener“ = Geldinstitut),
④ Zahlungsort (= Geschäftssitz des Geldinstituts),
⑤ Ort und Tag der Ausstellung,
⑥ die Unterschrift des Ausstellers.

Fehlt **einer** dieser gesetzlichen Bestandteile, so ist der Scheck ungültig.

Die übrigen Bestandteile des abgebildeten Schecks sind **kaufmännische Bestandteile.** Sie sollen den Geldinstituten die Scheckbearbeitung erleichtern.

1. Schecknummer
2. Kontonummer
3. Bankleitzahl
4. Betrag in Ziffern
5. Überbringerklausel

Weicht in einem Scheck der in Buchstaben angegebene Geldbetrag von dem Betrag in Ziffern ab, ist der Scheck trotzdem gültig. Es gilt dann der in Buchstaben angegebene Geldbetrag.

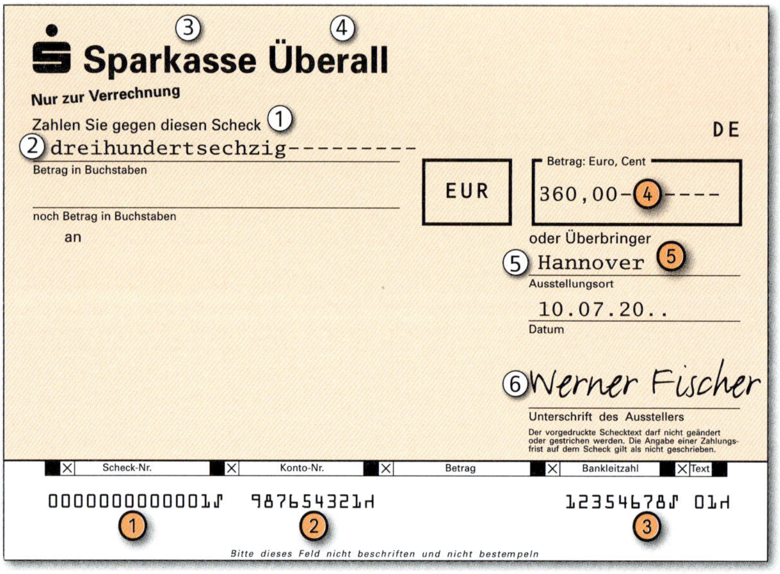

Inhaberscheck

Die von den Geldinstituten ausgegebenen Scheckformulare tragen den Zusatz „oder Überbringer“. Dies macht den Scheck zu einem Inhaberpapier. Das bezogene Geldinstitut zahlt an jede Person, die den Scheck vorlegt. Eine Streichung dieser Überbringerklausel wird von dem Geldinstitut nicht anerkannt, d. h., es zahlt auch dann an den Überbringer des Schecks. Die Angabe des Zahlungsempfängers ist deshalb bei einem Inhaberscheck nicht erforderlich.

Namensscheck

Er wird nur in besonderen Fällen (z. B. bei hohen Scheckbeträgen) verwendet. Er enthält den Namen des Zahlungsempfängers, aber keine Überbringerklausel. Das Geldinstitut zahlt den Scheckbetrag nur an den Zahlungsempfänger oder eine dritte Person aus, auf die der Namensscheck durch einen schriftlichen Übergabevermerk auf dem Scheck oder eine schriftliche Abtretung übertragen wurde.

Verwendung von Barschecks

- Der Inhaber eines Barschecks kann sich den Scheckbetrag an einem Schalter des bezogenen Geldinstituts bar auszahlen lassen.
- Er kann den Barscheck aber auch seiner Bank oder Sparkasse einreichen. Das Geldinstitut zieht dann den Scheckbetrag bei der bezogenen Bank ein und schreibt ihn dem Konto des Einreichers gut.
- Ein Scheck kann auch zur Bezahlung einer Schuld an einen Gläubiger weitergegeben werden.

Schecks sind stets Barschecks, es sei denn, die Verwendung als Barscheck wurde durch den schriftlichen Vermerk „Nur zur Verrechnung“ auf dem Scheck ausdrücklich ausgeschlossen.

Verrechnungsscheck

Bei einem Verrechnungsscheck wird dem Überbringer des Schecks der Scheckbetrag nicht bar ausgezahlt, sondern seinem Konto gutgeschrieben. Verrechnungsschecks sind deshalb sicherer als Barschecks. Wenn z. B. ein Verrechnungsscheck gestohlen würde, könnte der Dieb nur an das Geld kommen, wenn er den Scheck seinem Konto gutschreiben ließe. Dazu müsste er aber seinen Namen angeben.

Aus Sicherheitsgründen kann man erhaltene Barschecks in Verrechnungsschecks umwandeln. Dazu muss man auf den Scheck nur den Vermerk „Nur zur Verrechnung" schreiben. Umgekehrt kann ein Verrechnungsscheck jedoch nicht durch Streichung des Vermerks „Nur zur Verrechnung" in einen Barscheck umgewandelt werden.

Die Scheckeinlösung

Ein Scheck ist bei Sicht zahlbar. Der Scheckinhaber kann einen Scheck also unmittelbar, nachdem er ihn erhalten hat, dem bezogenen Geldinstitut zur Einlösung vorlegen. Dies gilt auch für Schecks, in die als Ausstellungsdatum erst ein Tag in der Zukunft eingetragen wurde. Diese vordatierten Schecks können schon vor dem Ausstellungsdatum vorgelegt und eingelöst werden.

BEISPIEL

Ein Einzelhändler erhält am 1. Juli 20.. einen Scheck mit dem Ausstellungsdatum 10. Juli 20.. . Der Einzelhändler kann den Scheck schon am 1. Juli einlösen. Er muss nicht bis zum 10. Juli warten.

Ein Scheck muss dem bezogenen Geldinstitut innerhalb einer bestimmten Frist zur Zahlung vorgelegt werden. Die Vorlegefristen bei einem Geldinstitut in der Bundesrepublik Deutschland betragen für

- im Inland ausgestellte Schecks: acht Tage,
- im europäischen Ausland ausgestellte Schecks: zwanzig Tage,
- im außereuropäischen Ausland ausgestellte Schecks: siebzig Tage ab Ausstellungsdatum.

BEISPIEL

Das Ausstellungsdatum auf dem Scheck des Kunden Fischer ist der 10. Juli 20.. . Damit die Vorlegefrist eingehalten wird, muss der Scheck der Sparkasse Überall bis zum 18. Juli 20.. zur Einlösung vorgelegt werden.

Wenn ein Scheck erst nach Ablauf der Vorlegefrist vorgelegt wird, darf ihn das bezogene Geldinstitut noch einlösen, sofern er bis dahin vom Aussteller nicht gesperrt (widerrufen) wurde. Gesperrte Schecks dürfen von dem bezogenen Geldinstitut nicht eingelöst werden.

Löst das bezogene Kreditinstitut dennoch einen widerrufenen Scheck ein, muss es dem Kunden den Scheckbetrag wertstellungsgleich wieder gutschreiben und macht sich unter Umständen darüber hinaus schadenersatzpflichtig.

Weigert sich das bezogene Geldinstitut nach Ablauf der Vorlegefrist, den Scheck einzulösen, so hat der Inhaber des Schecks kein Rückgriffsrecht mehr gegenüber dem Aussteller.

Das Rückgriffsrecht besagt, dass der Scheckinhaber vom Aussteller die Schecksumme und eventuell anfallende Auslagen verlangen kann, wenn das bezogene Geldinstitut den vorgelegten Scheck nicht einlöst. Voraussetzung für das Rückgriffsrecht ist, dass

- der Scheck vor Ablauf der Vorlegefrist vorgelegt wurde und
- die Verweigerung der Zahlung festgestellt wurde (z. B. durch einen schriftlichen Vermerk des bezogenen Geldinstituts auf dem Scheck).

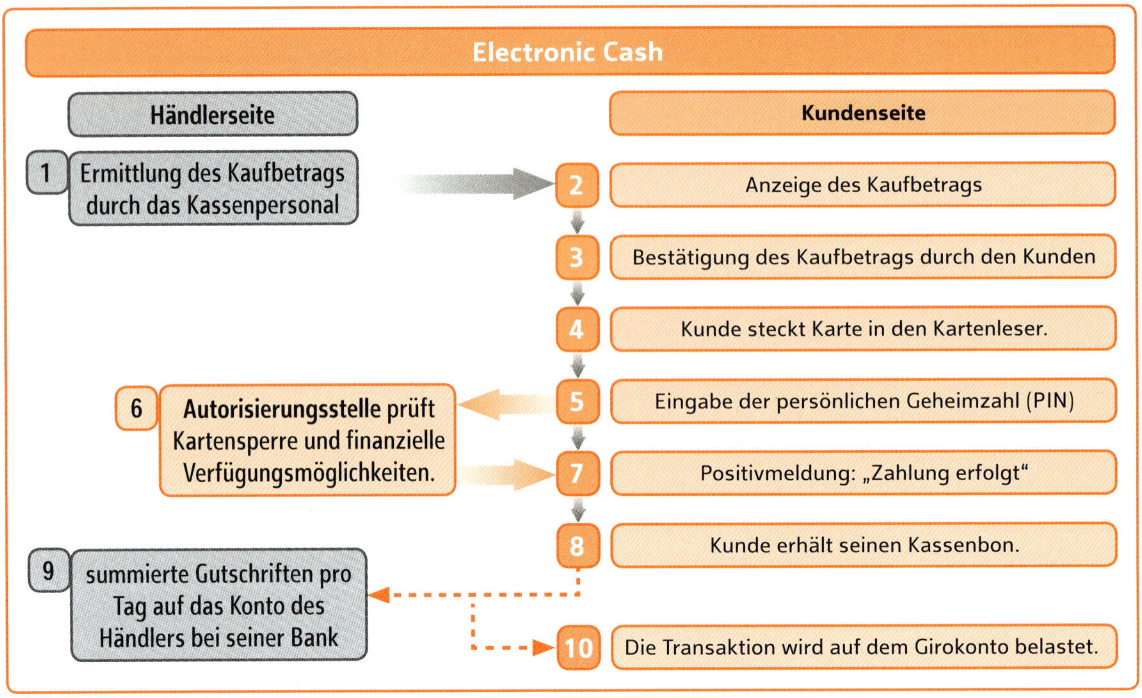

Electronic Cash

Electronic Cash lautet das Schlagwort, von dem sich Händler und Kreditinstitute Vorteile versprechen und das dem Kunden ein grenzenloses Einkaufsvergnügen garantieren soll. Unter Electronic Cash wird das bargeldlose Zahlen **nur mit der Girocard** verstanden. Sobald der zu zahlende Betrag feststeht, schiebt der Kunde seine Girocard in das bereitstehende elektronische Lesegerät und bestätigt den angezeigten Betrag per Tastendruck. Als Nächstes wird die persönliche Geheimnummer PIN (Personal Identification Number) eingetippt. Damit ist der Zahlungsvorgang für den Kunden abgeschlossen, eine Unterschrift ist nicht erforderlich. Die Abwicklung ist schnell, denn es entfällt bei Electronic Cash das zeitaufwendige Ausfüllen eines Scheckformulars bzw. das Wechseln von Bargeld. Für das Unternehmen verringert sich wegen des geringeren Bargeldbestandes das Beraubungsrisiko, auch Kassenfehlbeträge sind mit Electronic Cash weitgehend ausgeschlossen. Um die hohen Sicherheitsanforderungen zu erfüllen, sind alle Electronic-Cash-fähigen Datenkassen online mit Netzknotenrechnern privater Betreibergesellschaften verbunden, die den elektronischen Zahlungsverkehr abwickeln. Sobald also ein Zahlungsvorgang eingeleitet wird, erfolgt innerhalb weniger Sekunden – für Händler und Kunden unbemerkbar – eine Autorisierungsanfrage, die über den Netzknotenrechner an den jeweiligen Zentralrechner der Bankengruppe weitergeleitet wird. Dort wird dann je nach individueller Programmierung der Zahlungsvorgang unmittelbar untersucht oder noch einmal weitergeleitet zum Computer des kontoführenden Institutes. Geprüft wird u. a. die richtige Eingabe der Geheimnummer sowie eine eventuelle Sperre der Karte. Das ebenso überwachte Ausgabenlimit kann von jeder Bankengruppe individuell vorgegeben werden. Möglich ist sowohl die Festlegung eines bestimmten Höchstbetrages (z. B. 1.000,00 € pro Woche) wie auch der unmittelbare Zugriff auf das Kundenkonto und das darin gespeicherte Guthaben bzw. Kreditlimit.

Untersuchungen haben gezeigt, dass mit Electronic Cash die Höhe der einzelnen Einkäufe und die Zahl der Spontankäufe deutlich zunimmt. Zudem kann eine höhere Kundenbindung erreicht werden.

Verbraucherschutzverbände weisen in diesem Zusammenhang auf folgende Probleme hin:

- Jeder Kauf mit der Girocard kostet den Kunden Geld. Für jede Kontenbewegung berechnen die Banken eine Postengebühr.
- Electronic Cash kann zu einer „Entsinnlichung“ des Zahlens führen. Die Kunden verlieren den Überblick über ihre Käufe. Es besteht eine größere Neigung, sich zu verschulden.

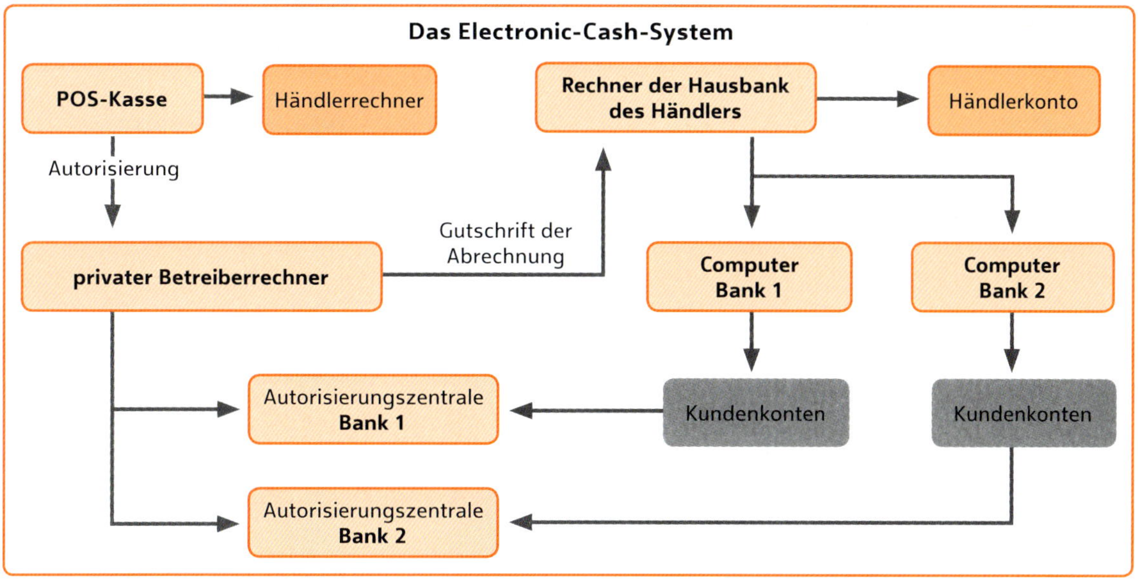

Lastschriftverfahren

Die mit Electronic Cash verbundenen Kosten für die Händler (Bankgebühren, Leitungskosten, Hardwareausstattung) führten dazu, dass einige experimentierfreudige Händler Alternativen entwickelten. Bei dem von verschiedenen Einzelhändlern angewandten Lastschriftverfahren benötigt der Kunde nur seine Girocard, mithilfe derer über einen Magnetstreifenleser Kontonummer und Bankleitzahl ermittelt sowie ein Lastschriftbeleg erstellt werden. Mit seiner Unterschrift auf dieser Einzugsermächtigung bevollmächtigt der Kunde den Händler, den Zahlbetrag von seinem Konto einzuziehen. Es findet dabei keine Prüfung der persönlichen Identifikationsnummer statt. Die Unternehmen sparen Kosten, da keine Gebühren für eine Verbindung zu einer Autorisierungszentrale anfallen. Das Unternehmen trägt jedoch das volle Risiko für die Zahlbeträge.

Zahlungskomfort

Für die rund 38 Millionen Inhaber einer Girocard ist der Zahlungskomfort auf Auslandsreisen weiter verbessert worden. Der noch junge edc-Service (edc steht für electronic debit card) steht jetzt in 18 Ländern zur Verfügung.

Damit hat sich die Zahl der beteiligten Staaten seit 1995 mehr als verdoppelt. Ähnlich wie beim Electronic-Cash-Verfahren in Deutschland können Besitzer von Eurochequekarten auch im europäischen Ausland an elektronischen Kassen von Tankstellen, Geschäften, Warenhäusern, Hotels und Restaurants ohne Bargeld oder Schecks bezahlen; eine gültige ec-Karte genügt. Der Rechnungsbetrag wird dann direkt vom Konto abgebucht. Die meisten der fast 450 000 edc-Terminals finden Reisende in den südlichen Ferienländern Spanien, Italien und Portugal. Das Bezahlen per edc lohnt: Denn die Umsätze werden mit dem günstigeren Devisenbriefkurs und nicht mit dem beim Bargeldumtausch maßgeblichen Sortenkurs umgerechnet.

edc-Terminals

Belgien	20000	Portugal	41000
Frankreich	3000	Schweden	15000
Griechenland	9000	Schweiz	2000
Island	2200	Slowakien	200
Italien	47000	Spanien	275000
Lettland	1000	Tschechien	300
Luxemburg	300	Türkei	19010
Malta	1900	Ungarn	2000
Österreich	2560	Zypern	1900
		Gesamt	**443370**

AUFGABEN

1. Wozu dienen die kaufmännischen Bestandteile eines Schecks?
2. Wodurch unterscheiden sich Inhaberscheck und Namensscheck?
3. Welcher Scheck gehört zur bargeldlosen Zahlung?
4. Woran erkennt man einen Verrechnungsscheck?
5. Was kann der Scheckempfänger mit einem Barscheck tun?
6. Ein Scheck wurde im Inland am 3. August 20.. mit dem Ausstellungsdatum 5. August 20.. ausgestellt.
   a) Wann darf dieser Scheck dem bezogenen Geldinstitut frühestens zur Einlösung vorgelegt werden?
   b) Bis zu welchem Tag muss dieser Scheck dem bezogenen Geldinstitut spätestens zur Einlösung vorgelegt werden?
7. Ein gesperrter Scheck wird von der Bank des Ausstellers eingelöst. Wer trägt den Schaden?
8. Welche Vorteile hat Electronic Cash für Einzelhandelsbetriebe?

ZUSAMMENFASSUNG

Bestandteile des Schecks

- sechs **gesetzliche** Bestandteile: Sie sind im Scheckgesetz vorgeschrieben.
- **kaufmännische** Bestandteile: Sie sind zusätzliche Bestandteile, die den Geldinstituten die Bearbeitung der Schecks erleichtern.

Scheckarten

unterscheiden sich

- **nach Art der Weitergabe**
  - Inhaberscheck
  - Namensscheck
- **nach der Verwendung**
  - Barscheck
  - Verrechnungsscheck

Scheckeinlösung
- bei Sicht zahlbar
- Vorlegefristen:
  - im Inland ausgestellte Schecks: 8 Tage
  - im europäischen Ausland ausgestellte Schecks: 20 Tage
  - im außereuropäischen Ausland ausgestellte Schecks: 70 Tage

Electronic Cash

= bargeldloses Zahlen mit der Girocard

Das Textilfachgeschäft Brinkmann erhält von der Großhandlung Beyer & Co. folgende Rechnung (Auszug):

Rechnung

Pos.	Lieferung/Leistung	Menge	Preis je E.	Gesamtpreis
1	Geschirrtücher Artikelnummer 112/2	500 Stück	1,50 €	75,00 €
2	Walkfrottiertücher Artikelnummer 156/3	500 Stück	4,50 €	225,00 €
				300,00 €
			+ 19 % USt	57,00 €
				357,00 €

Zahlung:
innerhalb von 10 Tagen abzüglich 2 % Skonto,
innerhalb von 30 Tagen netto Kasse

Kontoverbindung:
Postbank Hannover, IBAN: DE84 2501 0030 0095 4331 02, BIC: PBNKDEFFXX
Deutsche Bank Hannover, IBAN: DE08 2507 0070 0012 3456 78, BIC: DEUTDE2HXXX

Wie kann das Textilfachgeschäft Brinkmann die Rechnung am schnellsten und bequemsten begleichen?

INFORMATION

Mit Überweisungen werden Geldbeträge von einem Konto auf ein anderes Konto umgebucht. Der Überweisungsbetrag wird vom Konto des Zahlers abgezogen. Man sagt dazu auch: „Der Betrag wird abgebucht" oder „Das Konto wird belastet". Der Betrag wird dem Konto des Zahlungsempfängers gutgeschrieben, d.h., sein Konto wird um den Überweisungsbetrag erhöht.

Überweisungen werden von Banken, Sparkassen und Postbanken ausgeführt.

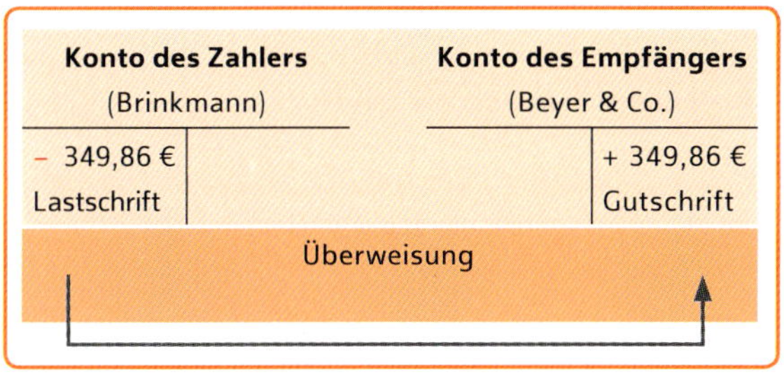

Die Überweisung

Mit einem Überweisungsauftrag können Beträge auf Girokonten der Banken, Sparkassen und Postbank überwiesen werden.

Euro-Überweisungen im einheitlichen Eurozahlungsraum in Europa (Single Euro Payments Area [SEPA]) werden mit einer SEPA-Überweisung durchgeführt. In den SEPA-Überweisungsauftrag muss der Auftraggeber statt seiner Kontonummer und der Bankleitzahl die IBAN (International Bank Account Number = Internationale Bankkontonummer) und den BIC (Bank Identifier Code = internationale Bankleitzahl) des Zahlungsempfängers eintragen.

In den Überweisungsauftrag muss der Zahler

- den Namen des Empfängers,
- IBAN und BIC des Empfängers,
- den Überweisungsbetrag,
- seinen Namen und seine IBAN,
- das Ausstellungsdatum und
- seine Unterschrift

eintragen.

Außerdem sollte er den Verwendungszweck angeben (z.B. Rechnungsnummer), damit der Empfänger daraus ersehen kann, wofür er das Geld erhält. SEPA-Überweisungen können ausschließlich in Euro abgewickelt werden. Zahlungen in anderen Währungen müssen mit einer Auslandsüberweisung durchgeführt werden.

Eine Überweisung kann auch mit dem kombinierten Formblatt „Zahlschein/Überweisung“ erfolgen. Die kombinierten Formblätter werden häufig einer Rechnung beigefügt. Sie können als Zahlschein für Bareinzahlungen oder für Überweisungen auf das Girokonto des Zahlungsempfängers benutzt werden. Soll das Formblatt als Überweisung verwendet werden, muss der Zahler seinen Namen, seine IBAN, Name und Sitz des beauftragten Kreditinstituts (mit BIC) und das Ausstellungsdatum eintragen und den Überweisungsauftrag unterschreiben.

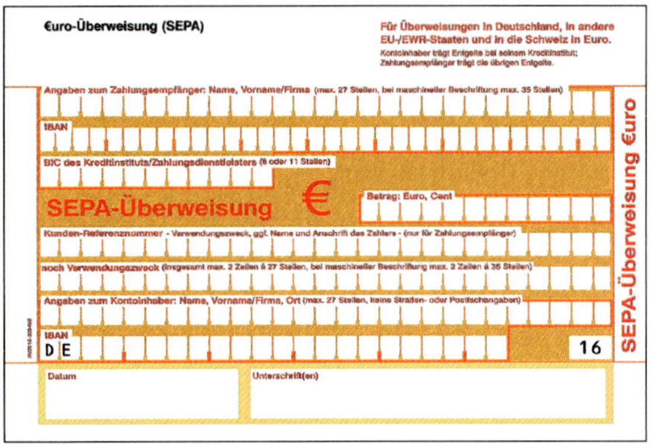

€uro-Überweisung (SEPA)

Für Überweisungen in Deutschland, in andere EU-/EWR-Staaten und in die Schweiz in Euro.

Kontoinhaber trägt Entgelte bei seinem Kreditinstitut; Zahlungsempfänger trägt die übrigen Entgelte.

Angaben zum Zahlungsempfänger: Name, Vorname/Firma (max. 27 Stellen, bei maschineller Beschriftung max. 35 Stellen)

IBAN

BIC des Kreditinstituts/Zahlungsdienstleisters (8 oder 11 Stellen)

SEPA-Überweisung €

Betrag: Euro, Cent

Kunden-Referenznummer - Verwendungszweck, ggf. Name und Anschrift des Zahlers - (nur für Zahlungsempfänger)

noch Verwendungszweck (insgesamt max. 2 Zeilen à 27 Stellen, bei maschineller Beschriftung max. 2 Zeilen à 35 Stellen)

Angaben zum Kontoinhaber: Name, Vorname/Firma, Ort (max. 27 Stellen, keine Straßen- oder Postfachangaben)

IBAN

D E

16

SEPA-Überweisung €uro

Datum

Unterschrift(en)

Standard-SEPA-Überweisungsformular

Überweisungsfristen

Wird ein Überweisungsauftrag erteilt, wird das Konto des Auftraggebers noch am selben Tag belastet. Hat der Zahlungsempfänger sein Konto bei demselben Geldinstitut, erfolgt die Gutschrift meist schon am selben Geschäftstag. Bei Überweisungen auf Konten anderer Geldinstitute kann es einige Tage dauern, bis der Überweisungsbetrag gutgeschrieben wird.

Soweit keine anderen Fristen vereinbart werden, sind Überweisungen im Rahmen der gesetzlichen Fristen gemäß § 675s Abs. 1 BGB durchzuführen.

§ 675s Ausführungsfrist für Zahlungsvorgänge

(1) Der Zahlungsdienstleister des Zahlers ist verpflichtet sicherzustellen, dass der Zahlungsbetrag spätestens am Ende des auf den Zugangszeitpunkt des Zahlungsauftrags folgenden Geschäftstags beim Zahlungsdienstleister des Zahlungsempfängers eingeht; bis zum 1. Januar 2012 können ein Zahler und sein Zahlungsdienstleister eine Frist von bis zu drei Geschäftstagen vereinbaren. Für Zahlungsvorgänge innerhalb des Europäischen Wirtschaftsraums, die nicht in Euro erfolgen, können ein Zahler und sein Zahlungsdienstleister eine Frist von maximal vier Geschäftstagen vereinbaren. Für in Papierform ausgelöste Zahlungsvorgänge können die Fristen nach Satz 1 um einen weiteren Geschäftstag verlängert werden.

Sammelüberweisungsauftrag

Inhaber von Girokonten können mehrere Überweisungsaufträge an verschiedene Zahlungsempfänger in einem Sammelüberweisungsauftrag zusammenfassen. Sammelüberweisungsaufträge sind zeit- und kostensparend. Mit einem einzigen ordnungsgemäß unterschriebenen Sammelüberweisungsauftrag können beliebig viele zusammengefasste Überweisungen zum Preis einer einzigen Buchung durchgeführt werden. In den Sammelüberweisungsauftrag wird nur die Gesamtsumme der Überweisungen eingetragen. Für jeden Zahlungsempfänger muss ein Überweisungsträger ausgestellt werden. Die dafür notwendigen Endlosformulare erhält der Auftraggeber bei seiner Bank, Sparkasse oder Postbank.

Dauerauftrag

Mit einem Dauerauftrag beauftragt ein Kontoinhaber sein Geldinstitut, regelmäßig zu einem bestimmten Termin einen bestimmten Betrag auf das Konto des Zahlungsempfängers zu überweisen. Daueraufträge eignen sich für regelmäßig wiederkehrende Zahlungen in derselben Höhe (z. B. Miete, Versicherungsprämien).

Lastschriftverfahren

Beim Lastschriftverfahren erlaubt der Zahlungspflichtige dem Zahlungsempfänger, Zahlungen für einen bestimmten Zweck von seinem Girokonto abzubuchen.

Das Lastschriftverfahren bietet sich bei regelmäßigen Zahlungen von Beträgen in unterschiedlicher Höhe an (z. B. Telefongebühren, Strom-, Gas- und Wasserkosten).

Seit Februar 2014 ist im einheitlichen Eurozahlungsraum nur noch die SEPA-Lastschrift möglich. Sie ersetzt die nationalen Lastschriftverfahren in den Euro-Ländern. Ebenso wie bei SEPA-Überweisungen ersetzt bei einer SEPA-Lastschrift die IBAN die bisherige Kontonummer und die BIC die bisherige Bankleitzahl.

Für eine SEPA-Lastschrift muss der Kontoinhaber ein schriftliches Mandat erteilen, indem er den Zahlungsempfänger zum Einzug fälliger Forderungen mittels Lastschrift berechtigt und seiner Bank oder Sparkasse den Auftrag erteilt, die Lastschrift durch die Belastung seines Kontos einzulösen.

Bei der SEPA-Lastschrift gibt es zwei Verfahren:

- die SEPA-Basislastschrift für alle Bankkunden
- die SEPA-Firmenlastschrift, die ausschließlich für Zahlungen zwischen Geschäftskunden genutzt werden kann

Bei beiden Verfahren muss der Zahlungsempfänger den Kontoinhaber vierzehn Tage vor der Kontobelastung über den Lastschrifteinzug informieren, damit dieser für die genügende Deckung seines Kontos zum Zeitpunkt des Lastschrifteinzugs sorgen kann.
SEPA-Basislastschriften können innerhalb acht Wochen nach dem Belastungstag ohne Angabe von Gründen rückgängig gemacht werden.

Der bargeldlose Zahlungsverkehr hat in den letzten Jahrzehnten ständig an Umfang gewonnen. 1970 wurden die von „Nichtbanken" (Unternehmen, Privatleuten usw.) gehaltenen Konten mittels Überweisungen, Lastschriften und Scheckverrechnungen um 2,3 Billionen € belastet; 1990 waren es 12,3 Billionen € und 2021 – auf gesamtdeutscher Ebene – schon 62,0 Billionen €, die bargeldlos umgeschlagen wurden. Um die Flut der Zahlungsvorgänge bewältigen zu können, hat die Kreditwirtschaft den Zahlungsverkehr ständig weiter rationalisiert und automatisiert. Seit 1998 wird die Verrechnung zwischen den Banken vollständig elektronisch und beleglos abgewickelt.

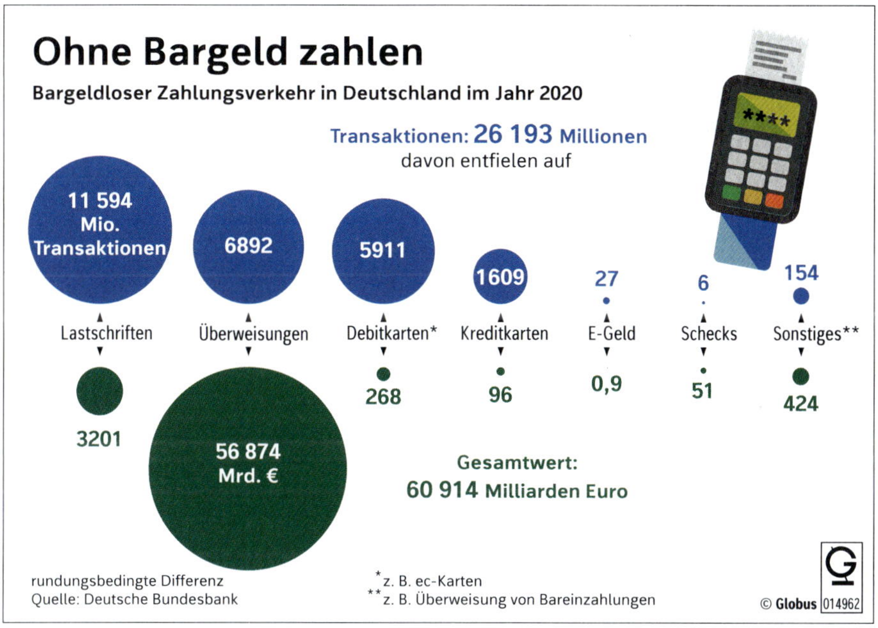

AUFGABEN

1. Welche Vorteile bietet eine Überweisung
   a) dem Zahler?
   b) dem Zahlungsempfänger?
2. Wie kann ein Zahler nachweisen, dass er seiner Bank einen Überweisungsauftrag erteilt hat?
3. Welche besonderen Formen der Überweisung würden Sie in folgenden Fällen jeweils wählen? Begründen Sie Ihre Meinung.
   a) Zahlung der Fernsprechgebühren
   b) Zahlung des IHK-Beitrags
   c) Zahlung von Mitgliedsbeiträgen (Partei, Sportverein)
   d) Zahlungen an mehrere Zahlungsempfänger
   e) Zahlung der Miete
   f) Zahlung der Stromrechnung
   g) Zahlung der Gehälter an die Angestellten des Betriebes
4. Die Rechnung auf der Seite 307 soll durch eine Überweisung beglichen werden. Füllen Sie den Überweisungsauftrag für das Textilfachgeschäft Brinkmann aus. Konto des Textilfachgeschäftes Brinkmann:
   Darmstädter Volksbank eG
   IBAN: DE91 5089 0000 0010 0867 22
   BIC: GENODEF1VBD

ZUSAMMENFASSUNG

Überweisung
= Umbuchung von Konto zu Konto

Zahler
hat ein Girokonto bei einer Bank, Sparkasse oder einem Postbankkonto.

Empfänger
hat ein Girokonto bei einer Bank, Sparkasse oder einem Postbankkonto.

Überweisungsarten

SEPA-Überweisungen
Euro-Überweisungen im neuen einheitlichen Eurozahlungsraum in Europa (Single Euro Payments Area [SEPA])

Auslandsüberweisungen
Zahlungen in Länder des einheitlichen Eurozahlungsraums in anderen Währungen und in Länder außerhalb des einheitlichen Eurozahlungsraums

Besondere Formen der Überweisung

Sammelüberweisungsauftrag
für zusammengefasste Überweisungen an mehrere Zahlungsempfänger

Dauerauftrag
für regelmäßige Zahlungen in derselben Höhe

Lastschriftverfahren
für regelmäßige Zahlungen in unterschiedlicher Höhe

4203310

9.6 ZAHLUNG MIT KREDITKARTEN

Kartenzahlung löst Bargeld ab

Die deutschen Verbraucher zahlen immer öfter bargeldlos. Im Einzelhandel werden gegenwärtig nur noch etwa 50 % der Umsätze bar getätigt. Im Gegenzug nehmen Kartenzahlungen zu. Hier gibt es drei Arten:

- Die von Kartenorganisationen bzw. Banken ausgegebenen **Kreditkarten** (z. B. MasterCard, Visa, American Express) ermöglichen den bargeldlosen Kauf von Waren oder Dienstleistungen bei den Vertragsunternehmen der jeweiligen Organisation (Geschäfte, Restaurants, Tankstellen usw.). Daneben gibt es die auf einzelne Handelsunternehmen beschränkten Kundenkreditkarten. Für Einkäufe per Kreditkarte gilt der Grundsatz: „Zahle später." Meist werden die Kartenumsätze gesammelt und monatlich in einem Betrag vom Girokonto des Karteninhabers abgebucht.
- In Deutschland am weitesten verbreitet sind die sogenannten **Debitkarten** oder Bankkundenkarten, die mit einer Geheimzahl (PIN) ausgestattet sind und zur Zahlung an elektronischen Kassen genutzt werden können. Jeder Karte ist ein Girokonto zugeordnet, das bei einer Zahlung sofort belastet wird („Zahle gleich").
- Zur Zahlung von kleineren Beträgen eignen sich **Wert- oder Speicherkarten** wie die GeldKarte, die heute fast immer als Zusatzfunktion in Bankkarten enthalten ist. Sie werden z. B. an einem Bankterminal mit vorausbezahlten Werteinheiten aufgeladen („Zahle im Voraus") und geben an entsprechend eingerichteten Kassen oder Verkaufsautomaten den passenden Betrag wieder ab. Es handelt sich dabei um bargeldähnliches, universell einsetzbares elektronisches Geld.

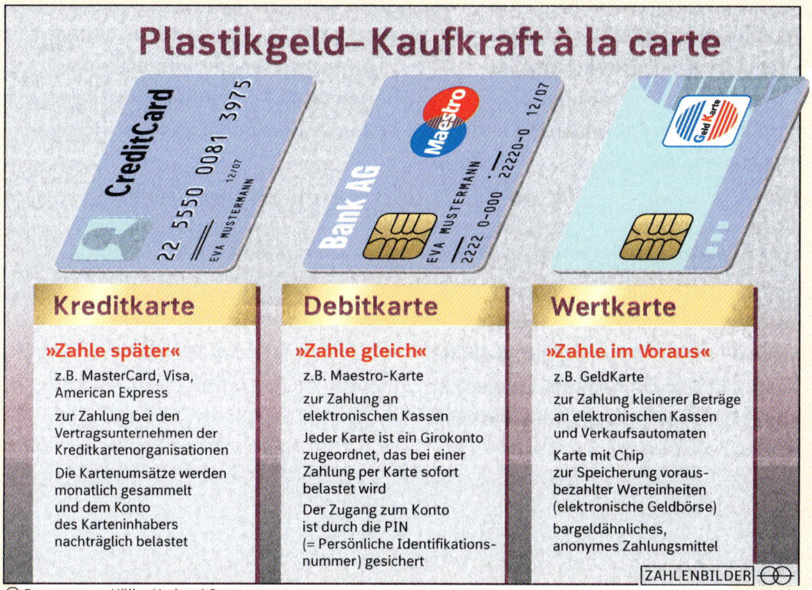

© Bergmoser + Höller Verlag AG

Welche Vor- und Nachteile bietet die Kreditkarte dem Karteninhaber?

INFORMATION

Kreditkartenarten

In der Bundesrepublik Deutschland werden Kreditkarten von Einzelhandelsbetrieben in eigener Regie oder von Kreditkartenorganisationen und Banken ausgegeben.

Die Kreditkarten, die einzelne Einzelhandelsbetriebe (meist Waren- und Kaufhäuser) kreditwürdigen Kunden auf Antrag ausstellen (sogenannte **Kundenkarten**), berechtigen zum Kauf auf Kredit in dem jeweiligen Einzelhandelsbetrieb. Die Kundenkarten werden an die Kunden kostenlos oder gegen eine geringe Servicegebühr abgegeben.

Mit einer **Kreditkarte,** die von einer Kreditkartenorganisation oder Bank ausgegeben wurde, kann der Karteninhaber bei allen in- und ausländischen Vertragsunternehmen des Kreditkartenherausgebers Waren oder Dienstleistungen bis zu einer bestimmten Höchstsumme auf Kredit erhalten. Zur Bezahlung muss er nur seine Kreditkarte vorlegen und auf der Rechnung unterschreiben oder eine PIN eingeben. Für die von Kreditkartenorganisationen und Banken ausgegebenen Kreditkarten muss der Inhaber in der Regel einen festen Jahresbeitrag bezahlen.

Die wichtigsten Kreditkartenorganisationen auf dem deutschen Markt sind zurzeit Mastercard, American Express, Diners Club und VISA.

Vertragsunternehmen sind hauptsächlich Einzelhandelsbetriebe, Hotels und Gaststätten, aber auch Banken, Tankstellen, Reisebüros und Fluggesellschaften.

Abwicklung der Zahlung mit Kreditkarte

Der Karteninhaber legt beim Kauf seine Kreditkarte vor. Auf dieser Plastikkarte sind der Name des Karteninhabers und verschiedene Nummerierungen (u. a. Kartennummer und Verfalldatum) in erhabenem Druck eingeprägt. Der Verkäufer stellt die Kreditkartenrechnung aus und lässt sie von dem Kreditkarteninhaber unterschreiben oder die Zahlung mit PIN-Eingabe bestätigen.

Kreditkartenrechnungen können elektronisch mit einem Kartenlesegerät oder mechanisch mit einem Handdrucker erstellt werden.

Zur Erstellung der Kreditkartenrechnung mit einer Datenkasse muss der Kassierer zunächst die Zahlungsartentaste „Kreditkarte" drücken und der Kunde seine Kreditkarte in das mit der Datenkasse verbundene Kartenlesegerät stecken. Nachdem durch eine Online-überprüfung festgestellt wurde, dass die Kreditkarte nicht gesperrt ist, erstellt die Datenkasse zwei Kreditkartenbelege.

Bei der mechanischen Erstellung der Kreditkartenrechnung legt der Verkäufer die Kreditkarte in den Handdrucker, der eine zweite Plastikkarte mit der Kontonummer und Anschrift des Vertragsunternehmers enthält. Über beide Karten legt er dann die Kreditkartenrechnung. Durch die Betätigung des Handdruckers werden die erhabenen Daten beider Plastikkarten auf die Rechnung übertragen. Der Verkäufer trägt dann nur noch den Rechnungsbetrag in die Rechnung ein.

Eine Kopie wird dem Karteninhaber ausgehändigt. Eine zweite Kopie behält der Vertragsunternehmer (z. B. Einzelhändler) als Beleg. Die dritte Kopie schickt er zum Rechnungsausgleich an den Kreditkartenherausgeber. Der Kreditkartenherausgeber begleicht dann diese Rechnung innerhalb einer vertraglich festgesetzten Frist. Von der Rechnungssumme behält er eine ebenfalls vertraglich vereinbarte Umsatzprovision (zurzeit zwischen 3 % bis 6 % des Rechnungsbetrages) ein. Dafür trägt er das volle Kreditrisiko, d. h., wenn der Karteninhaber seine Rechnungen nicht begleicht, geht dies zulasten des Kreditkartenherausgebers.

Der Kreditkartenherausgeber verlangt meist einmal monatlich von dem Karteninhaber die Bezahlung aller Rechnungen. Sofern der Karteninhaber eine Einzugsermächtigung erteilt hat, lässt der Kreditkartenherausgeber den Betrag vom Konto des Karteninhabers durch Lastschrift einziehen. Der Karteninhaber braucht keine Zuschläge auf die von ihm unterschriebenen Rechnungen zu zahlen.

Vor- und Nachteile der Kreditkarte

	Kreditkarteninhaber	Vertragsunternehmen
Vorteile	– zinsfreier Kredit bis zum Fälligkeitsdatum der Monatsrechnung – übersichtliche Abrechnung: exakte und detaillierte Aufstellung aller Zahlungen mit Kreditkarte während eines Monats – bequemes Zahlungsmittel: Zahlung mit Karte und Unterschrift – sicheres Zahlungsmittel: Anstelle größerer Geldmengen braucht man nur eine Kreditkarte zum Einkauf mitzunehmen. Das Verlustrisiko wird dadurch erheblich vermindert.	– Steigerung des Umsatzes: Kreditkarten können zu Mehreinkäufen führen. – kein Kreditrisiko, wenn der Kunde mit Kreditkarte zahlt, die von einer Kreditkartenorganisation oder Bank herausgegeben wurde – Einsatz der Kreditkarte im Electronic Cash
Nachteile	– Einkauf mit Kreditkarte nur bei Vertragsunternehmen – Gefahr, mehr einzukaufen, als wenn mit Bargeld bezahlt würde – Offenlegen persönlicher Daten: Im Kreditkartenantrag werden u. a. Angaben über Familienstand, Monatseinkommen und Arbeitgeber verlangt.	– höhere Kosten: Der Kreditkartenherausgeber behält von den Kreditkartenumsätzen eine Umsatzprovision ein. – größerer Verwaltungsaufwand durch Abwicklungsformalitäten

4203312

AUFGABEN

1. Welche Unterschiede bestehen zwischen Kreditkarten, die von Kreditkartenorganisationen herausgegeben werden, und Kundenkarten einzelner Einzelhandelsbetriebe?
2. Weshalb geben Einzelhändler an ihre Kunden Kundenkarten aus?
3. Ein Kunde will in einem Fachgeschäft mit Kreditkarte bezahlen. Wie verhält sich der Verkäufer, wenn das Fachgeschäft Vertragsunternehmen des Kreditkartenherausgebers ist?
4. Wer trägt die Kosten, die bei der Zahlung mit Kreditkarte entstehen?
5. Weshalb ist der Anteil der Kunden, die mit Kreditkarte bezahlen, in der Bundesrepublik Deutschland noch eher klein?
6. Ein Gastwirt entschließt sich, Vertragsunternehmer einer Kreditkartenorganisation zu werden. Welche Vorteile verspricht er sich davon?
7. Wie kann eine Kreditkartenrechnung erstellt werden?
8. Wie kann sich ein Kreditkarteninhaber gegen Kreditkartenmissbrauch schützen?

ZUSAMMENFASSUNG

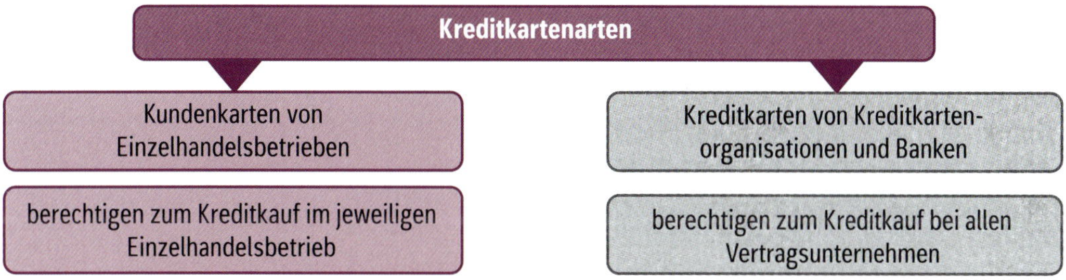

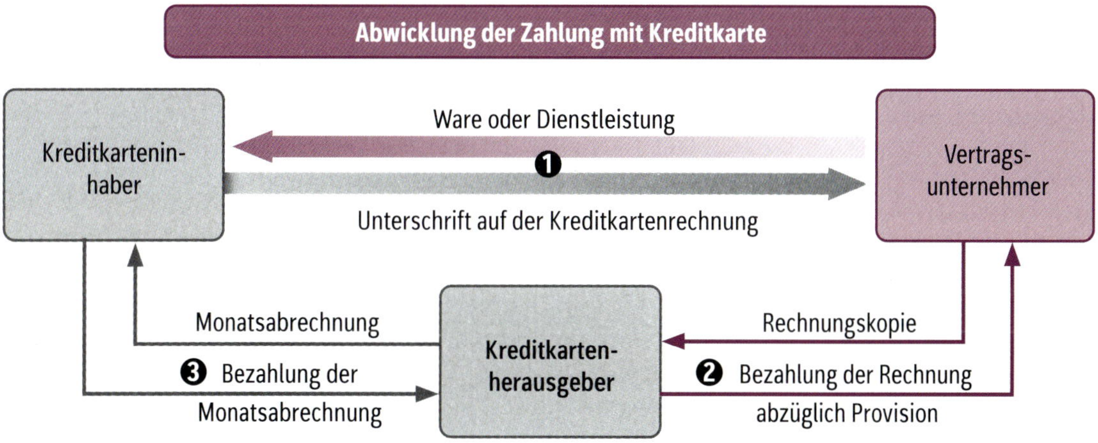

10.1 FINANZIERUNG UND INVESTITIONEN

Tom und Julia Brandes überdenken gerade die Situation der Tom Brandes KG:

Julia Brandes:
„Insgesamt stehen wir ja sehr gut da. Wir sind stark gewachsen. Der Verkauf unserer Textilien, aber auch das Angebot unserer anderen Artikel ist vom Markt sehr gut angenommen worden."

Tom Brandes:
„Ja, stimmt, aber wir haben auch Konkurrenz bekommen. Insgesamt ist zudem das Preisniveau abgebröckelt und unsere Kunden möchten die Ware schneller geliefert bekommen. Dies alles gefährdet unsere Stellung. Wenn wir nicht bald etwas tun, kann es aufgrund der langen Transportzeiten aus unserem Zentrallager zu Lieferengpässen kommen. Außerdem sind die Kosten der Anlieferung zu hoch."

Julia Brandes:
„Puh, aber was können wir da machen?"

Tom Brandes:
„Wir sollten einmal über ein zweites Zentrallager hier in der Nähe nachdenken."

Julia Brandes:
„Wo nehmen wir die Mittel her? Wir haben gerade in die neue Filiale in Magdeburg investiert!"

Schlagen Sie Möglichkeiten vor, wie die Tom Brandes KG an finanzielle Mittel kommen kann.

INFORMATION

Investitionen

Um wirtschaftlich und gewinnbringend arbeiten zu können, benötigt ein Unternehmen Betriebsvermögen. Dazu gehören einerseits das Anlagevermögen und andererseits das Umlaufvermögen:

- Gegenstände des **Anlagevermögens** werden auf Dauer angeschafft. Mit dem Anlagevermögen wird die dauernde Betriebsbereitschaft des Unternehmens aufrechterhalten.
- Zum **Umlaufvermögen** gehören alle Vermögenswerte eines Unternehmens, die immer wieder kurzfristig umgeschlagen werden. Dazu zählen unter anderem Vorräte, Wertpapiere und Forderungen aus Warenlieferungen.

Um wettbewerbsfähig zu bleiben, muss ein Unternehmen in das Anlage- und Umlaufvermögen investieren. Dazu wird **Kapital** verwendet: Finanzielle Mittel werden zielgerecht eingesetzt, um Gegenstände des Vermögens, die den Unternehmenszwecken dienen, anzuschaffen.

DEFINITION

Eine **Investition** bedeutet die Beschaffung von Gegenständen des Anlage- und/oder Umlaufvermögens. Jede Investition hat damit Auswirkungen auf die Aktivseite der Bilanz.

Investitionsanlässe können sein:
- Gründung des Unternehmens
- Ersatz von Gütern des Anlagevermögens
- Rationalisierungserfordernisse
- Notwendigkeit von Erweiterungsinvestitionen

Beachtet werden sollte bei Investitionen:
- Die Investition sollte Vorteile bringen. Durch zielgerichteten Einsatz finanzieller Mittel sollten beispielsweise Erträge erwirtschaftet werden.
- Die Risiken sollten berechenbar sein und verringert werden.

Finanzierung

Die benötigten finanziellen Mittel für Investitionen müssen beschafft werden. Dies ist Aufgabe der Finanzierung.

DEFINITION

Mit Maßnahmen der **Finanzierung** wird der Bedarf des Unternehmens an Kapital gedeckt. Dadurch wird die Passivseite der Bilanz berührt.

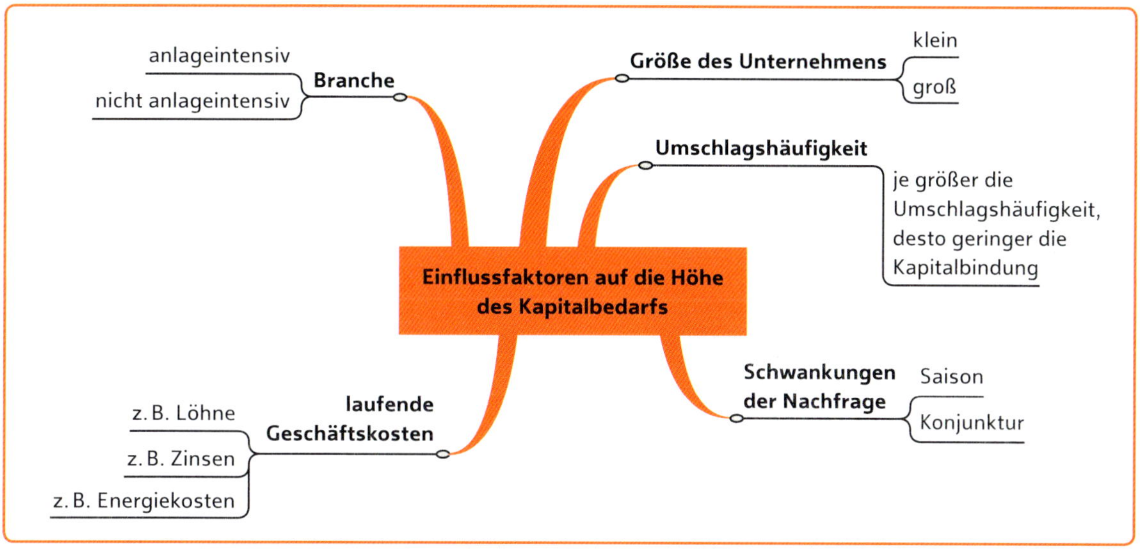

Kapitalbedarfsrechnung

Der Kapitalbedarf wird mithilfe der Kapitalbedarfsrechnung bestimmt. Dies ist eine Art langfristiger Vorschaurechnung, die den Kapitalbedarf als Soll- bzw. Plan-Größen darstellt.

BEISPIEL

Die Tom Brandes KG möchte ein neues Zentrallager eröffnen. Herr Brandes ermittelt den zu erwartenden Kapitalbedarf aufgrund der folgenden Angaben:

Die Grundstückskosten sowie die Baukosten betragen 2.000.000,00 €. Für die Betriebs- und Geschäftsausstattung müssen 600.000,00 € aufgewendet werden. Herr Brandes geht von einer Grundausstattung an Waren in Höhe von 1.000.000,00 € aus. Er rechnet damit, dass dann täglich für durchschnittlich 20.000,00 € Waren eingekauft werden.

Die Tom Brandes KG bekommt von ihren Lieferern 60 Tage Ziel eingeräumt, gewährt ihren Kunden selbst 30 Tage Ziel. An Erfahrungswerten aus anderen Lagern lässt Herr Brandes in die Berechnung einfließen, dass die durchschnittliche Lagerdauer für einen Artikel 50 Tage beträgt und Handlungskosten (= alle Kosten der betrieblichen Tätigkeit wie z. B. Personalkosten, Raumkosten) von 4.000,00 € pro Tag anfallen.

Ermittlung des Anlagekapitalbedarfs		
Grundstück und Gebäude	2.000.000,00 €	
Betriebs- und Geschäftsausstattung	600.000,00 €	
Warengrundausstattung	1.000.000,00 €	
		3.600.000,00 €
Ermittlung des Umlaufkapitalbedarfs		
Waren	400.000,00 €	20.000,00 € (50 + 30 – 60)
Handlungskosten	320.000,00 €	4.000,00 € (50 + 30)
		720.000,00 €
Gesamtkapitalbedarf		**4.320.000,00 €**

Finanzierungsarten

Wird das benötigte Kapital dem Unternehmen aus Finanzierungsquellen außerhalb des Unternehmens zugeführt, liegt eine Außenfinanzierung vor. Bei einer Innenfinanzierung dagegen wird das benötigte Kapitel im betrieblichen Leistungsprozess erwirtschaftet.

Außenfinanzierung

Das Kapital kommt von außen in das Unternehmen.

- **Eigenfinanzierung**
  Bei der Eigenfinanzierung wird dem Unternehmen
  - entweder durch den Einzelunternehmer,
  - durch die Gesellschafter einer Personengesellschaft oder
  - durch die Anteilseigener einer Kapitalgesellschaft

  Eigenkapital von außen zugeführt: Die Kapitaleinlage der Gesellschafter wird also erhöht. Bei der Eigenfinanzierung haben bzw. erwerben die Kapitalgeber Mitentscheidungsrechte und das Recht auf Gewinn. Man spricht daher auch von **Beteiligungsfinanzierung**.
- **Fremdfinanzierung**
  Bei der Fremdfinanzierung wird Kapital durch Aufnahme von Krediten oder auch durch Ausgabe von Anleihen beschafft. Anleihen, auch Schuldverschreibungen oder Obligationen genannt, sind festverzinsliche Wertpapiere mit einer Laufzeit von bis zu 30 Jahren. Ein Unternehmen, das Anleihen herausgibt, bekommt vom Käufer Kapital und verpflichtet sich, dafür jährliche Zinsen zu zahlen und am Ende der Laufzeit den Anleihenbetrag zurückzuzahlen. Es wird also Fremdkapital bei Betriebsfremden aufgenommen. Dadurch entsteht ein schuldrechtliches Verhältnis zwischen dem Kapitalgeber als Gläubiger und dem Fremdkapital aufnehmenden Unternehmen als Schuldner. Die Fremdfinanzierung wird daher auch **Kreditfinanzierung** genannt.

Innenfinanzierung

Bei der Innenfinanzierung kommt das benötigte Kapital aus der Unternehmung.

- **Selbstfinanzierung**
  Die Selbstfinanzierung erfolgt durch Zurückbehaltung von Gewinnen im Unternehmen:

Beurteilung der Selbstfinanzierung

- **Vorteile**
  - Es entstehen keine Finanzierungskosten.
  - Die Bonität (=Kreditwürdigkeit) wird verbessert.
  - Es kommt zu keiner Abhängigkeit von Kapitalgebern.
- **Nachteile**
  - Anteilseigner möchten die Gewinne eventuell ausgeschüttet bekommen. Es könnte zu Konflikten kommen.
  - Es besteht die Gefahr von Fehlinvestitionen.
  - Die tatsächliche Rentabilität wird verschleiert und bleibt unklar.

- **Selbstfinanzierung aus offenen Gewinnen**
  Hierbei verbleibt der in einem Wirtschaftsjahr erwirtschaftete und im Gewinn- und Verlustkonto ausgewiesene Gewinn im Unternehmen: Damit erhöht er das Eigenkapital.
- **Selbstfinanzierung aus versteckten Gewinnen**
  Hierbei sind die Gewinne zwar vorhanden, erscheinen aber nicht im Gewinn- und Verlustkonto. Dies kann erreicht werden, wenn Aufwendungen in der Gewinn- und Verlustrechnung höher angesetzt werden, als sie in der Wirklichkeit angefallen sind. Der ausgewiesene Gewinn wird über Abschreibungsbeträge, die über die tatsächliche Wertminderung hinausgehen, oder durch überhöhte Rückstellungen gemindert. Diese Beträge stehen dem Unternehmen dann für Investitionen zur Verfügung.

BEISPIEL

Ein Unternehmen hat im Zusammenhang mit Gewährleistungen erfahrungsgemäß Kosten von 0,1 % des Umsatzes. Es bildet aus Vorsichtsgründen eine Rückstellung für solche Fälle, allerdings in Höhe von 0,8 % des Umsatzes. Durch diese Überbewertung entsteht eine stille Reserve.

4203316

- **Abschreibungsfinanzierung**
  Abschreibungen sollen den jährlichen Wertverlust von Anlagegütern erfassen. Da sie in die Verkaufspreise einkalkuliert werden, kommen die Abschreibungsgegenwerte als liquide Mittel über die Verkaufserlöse in das Unternehmen zurück. Diese liquiden Mittel werden im Normalfall angesammelt. Sie führen erst dann zu Ausgaben, wenn die Lebensdauer der Anlagegüter beendet ist und Ersatzinvestitionen notwendig sind. Über die Abschreibungsfinanzierung kann ein Unternehmen die Anschaffung neuer, zusätzlicher Investitionsgüter dadurch finanzieren, dass es die Abschreibungsbeträge nicht für die spätere Ersatzbeschaffung zur Seite legt. Stattdessen werden sie sofort für neue Investitionen ausgegeben.

BEISPIEL

Die Tom Brandes KG kauft fünf Regalwände à 4.000,00 €. Diese werden linear mit 20 % abgeschrieben.

Anfang des Jahres	Anzahl der Regalwände	Anschaffungswert in €	Gesamtabschreibung in €	mögliche Neuanschaffungen	Abgang	Rest in €
1	5	20.000,00	4.000,00	1	–	–
2	6	24.000,00	4.800,00	1	–	800,00
3	7	28.000,00	5.600,00	1	–	2.400,00
4	8	32.000,00	6.400,00	2	–	800,00
5	10	40.000,00	8.000,00	2	5	800,00
6	7	28.000,00	5.600,00	1	1	2.400,00
7	7	28.000,00	5.600,00	2	1	–
8	8	32.000,00	6.400,00	1	1	2.400,00
9	8	32.000,00	6.400,00	2	1	800,00

Der Gesamtabschreibungsbetrag für die fünf Regalwände am Ende des ersten Jahres in Höhe von 4.000,00 € wird nicht für die Neuanschaffung aller Regale in fünf Jahren beiseitegelegt, sondern sofort für die Anschaffung von zusätzlichen Regalen verwendet. Die in den nächsten Jahren in den Betrieb fließenden Mittel werden ebenfalls nicht für eine spätere Neuanschaffung der dann abgeschriebenen Anlagegüter genutzt, sondern auch zur Anschaffung zusätzlicher Regale verwendet. Langfristig kommt es zu einer nachhaltigen Erhöhung der ursprünglichen Regalzahl (statt fünf Regalwänden können immer zwischen sieben und zehn Wände finanziert werden).

Finanzplan

Viele Unternehmen arbeiten mit einem Finanzplan (Liquiditätsplan). Mit einem Finanzplan wird kurzfristig die Erhaltung der Zahlungsfähigkeit überwacht. Dies geschieht durch Planung der zukünftigen Ein- und Auszahlungen. Die Zahlungen stehen bereits fest und werden detailliert aufgeführt.

BEISPIEL

In der Rostocker Filiale der Tom Brandes KG soll ein Finanzplan (Liquiditätsplan) für die Monate April, Mai und Juni aufgestellt werden:

Der gesamte Zahlungsverkehr wird über ein Bankkonto abgewickelt. Bei der Bank besteht ein Dispositionskredit über 50.000,00 €. Zum 31. März besteht ein Bankguthaben von 50.000,00 €.

Der Finanzstatus zum 31. März weist folgende Planzahlen auf:

Ausgaben zur Begleichung von Verbindlichkeiten
- im April: 300.000,00 €
- im Mai: 400.000,00 €
- im Juni: 450.000,00 €

Umsatzerlöse nach Ziel

- im April: 150.000,00 €
- im Mai: 400.000,00 €
- im Juni: 650.000,00 €

Ausgaben für Einkauf, Lagerung und Verwaltung

- im April: 100.000,00 €
- im Mai: 140.000,00 €
- im Juni: 220.000,00 €

Einnahmen aus Warenverkäufen bar

- im April: 250.000,00 €
- im Mai: 50.000,00 €
- im Juni: 150.000,00 €

Einnahmen von 25.000,00 € im Mai durch den Verkauf einer gebrauchten Kasse.

	April	Mai	Juni
Stand Bankkonto Anfang des Monats	50.000,00 €	50.000,00 €	– 15.000,00 €
Einzahlungen:			
Umsatzerlöse (Ziel)	150.000,00 €	400.000,00 €	650.000,00 €
Warenverkäufe (bar)	250.000,00 €	50.000,00 €	150.000,00 €
Verkauf gebrauchte Kasse		25.000,00 €	
Summe der Einzahlungen	400.000,00 €	475.000,00 €	800.000,00 €
Auszahlungen:			
Verbindlichkeiten	300.000,00 €	400.000,00 €	450.000,00 €
Einkauf, Lagerung, Verwaltung	100.000,00 €	140.000,00 €	220.000,00 €
Summe der Auszahlungen	400.000,00 €	540.000,00 €	670.000,00 €
= Endbestand Bankkonto	50.000,00 €	– 15.000,00 €	115.000,00 €

AUFGABEN

1. Was versteht man unter einer Investition?
2. Erläutern Sie den Begriff Finanzierung.
3. Wodurch unterscheiden sich Eigen- und Fremdfinanzierung?
4. „Deren Buchung als Kosten ist ja nicht mit Geldabgang verbunden – der fand schon früher bei dem Kauf einer Maschine statt."
   Welche Finanzierungsart wird hier angesprochen?
5. Welche Arten der Selbstfinanzierung gibt es?
6. Die Tom Brandes KG möchte ein neues Zentrallager für den süddeutschen Raum in Heilbronn errichten. Die Unternehmensleitung überlegt, auf welchen Wegen dies finanziert werden kann.
   a) Nennen Sie mindestens zwei Beispiele für die Innenfinanzierung.
   b) Nennen Sie mindestens zwei Beispiele der Eigenfinanzierung.
   c) Führen Sie Nachteile der Kreditfinanzierung gegenüber der Beteiligungsfinanzierung auf.
7. Entscheiden Sie bei den folgenden Geschäftsvorfällen, welche Finanzierungsart vorliegt.
   a) Aufnahme eines neuen OHG-Gesellschafters
   b) Aufnahme eines kurzfristigen Bankkredits
   c) Kauf eines Lkw aus Abschreibungsgegenwerten
   d) Kauf von Waren auf Ziel für 5.000,00 €
   e) Einstellung des Gewinns in die freiwilligen Rücklagen
   f) Ausgabe neuer Aktien durch eine Aktiengesellschaft
8. Die Tom Brandes KG möchte eine neue Filiale in Dresden eröffnen. Herr Brandes ermittelt den zu erwartenden Kapitalbedarf aufgrund der folgenden Angaben:
   - Die Grundstücks- sowie die Baukosten betragen 4.000.000,00 €.
   - Für die Betriebs- und Geschäftsausstattung müssen 700.000,00 € aufgewendet werden.
   - Herr Brandes geht von einer Grundausstattung an Waren in Höhe von 1.500.000,00 € aus.
   - Er rechnet damit, dass dann täglich für durchschnittlich 20.000,00 € Waren eingekauft werden.
   - Die Tom Brandes KG bekommt von ihren Lieferern 60 Tage Ziel eingeräumt, gewährt ihren Kunden selbst 30 Tage Ziel.
   - An Erfahrungswerten aus anderen Filialen lässt er in die Berechnung einfließen, dass die durchschnittliche Lagerdauer für einen Artikel 50 Tage beträgt und pro Tag 6.000,00 € Handlungskosten anfallen.

   Berechnen Sie den Kapitalbedarf.

9. Herr Brandes bittet die Verantwortlichen der neuen Heilbronner Filiale, einen Finanzplan (Liquiditätsplan) für die Monate Oktober, November und Dezember aufzustellen:

Der gesamte Zahlungsverkehr wird über ein Bankkonto abgewickelt. Bei der Bank besteht ein Dispositionskredit über 50.000,00 €. Zum 30. September besteht ein Bankguthaben von 50.000,00 €.

Der Finanzstatus zum 30. September weist folgende Planzahlen auf.

Ausgaben zur Begleichung von Verbindlichkeiten
- im Oktober: 400.000,00 €
- im November: 300.000,00 €
- im Dezember: 250.000,00 €

Umsatzerlöse nach Ziel
- im Oktober: 200.000,00 €
- im November: 400.000,00 €
- im Dezember: 750.000,00 €

Ausgaben für Einkauf, Lagerung und Verwaltung
- im Oktober: 100.000,00 €
- im November: 140.000,00 €
- im Dezember 220.000,00 €

Einnahmen aus Warenverkäufen bar
- im Oktober: 275.000,00 €
- im November: 50.000,00 €
- im Dezember: 200.000,00 €

10. Erstellen Sie eine Excel-Tabelle, mit der Sie den Kapitalbedarf berechnen können. Ziehen Sie zum Test die Aufgabe 8 hinzu.

11. Erstellen Sie eine Excel-Tabelle, mit der Sie eine Finanzplanung durchführen können. Ziehen Sie zum Test die Aufgabe 9 hinzu.

ZUSAMMENFASSUNG

Investition
= Verwendung von Kapital für Zwecke des Unternehmens

Finanzierung
= Beschaffung von Kapital

Innenfinanzierung
Kapital kommt aus der Unternehmung

Abschreibungsfinanzierung
Die über die Verkaufspreise in das Unternehmen zurückfließenden Abschreibungsbeträge werden sofort für die Finanzierung neuer Investitionsgüter genutzt.

Selbstfinanzierung
Rücklagen werden gebildet durch nicht entnommene Gewinne.

Außenfinanzierung
Kapital kommt von außen in die Unternehmung

Eigenfinanzierung (Beteiligungsfinanzierung)
Gesellschafter erhöhen die Kapitaleinlage.

Fremdfinanzierung (Kreditfinanzierung)
Betriebsfremde geben Kredite.

10.2 KREDITE

Vor fünf Jahren hat Tom Brandes seinem langjährigen Geschäftspartner Peter Noll 200.000,00 € geliehen.

Das Unternehmen von Peter Noll war jahrzehntelang finanziell sehr gesund. Vor drei Jahren aber geriet es überraschend in finanzielle Schwierigkeiten, die vor 15 Monaten zur Insolvenz führten. Peter Noll kann bis heute den Kredit an Tom Brandes nicht zurückzahlen.

Stellen Sie fest, auf welche Arten sich Tom Brandes gegen einen möglichen Zahlungsausfall hätte absichern können.

INFORMATION

Kredit

Reichen eigene Mittel zur Finanzierung eines Investitionsvorhabens nicht aus, bietet sich die Aufnahme eines Kredits an. Bei einem Kredit werden Geldbeträge (manchmal auch Waren oder Dienstleistungen) von einer anderen Person auf Zeit gegen Zinszahlungen im Vertrauen auf eine Rückzahlung überlassen. Dies geschieht durch Abschluss eines Kreditvertrags zwischen dem Kreditgeber (dem Gläubiger oder Kreditor) und dem Kreditnehmer (dem Schuldner oder Debitor).

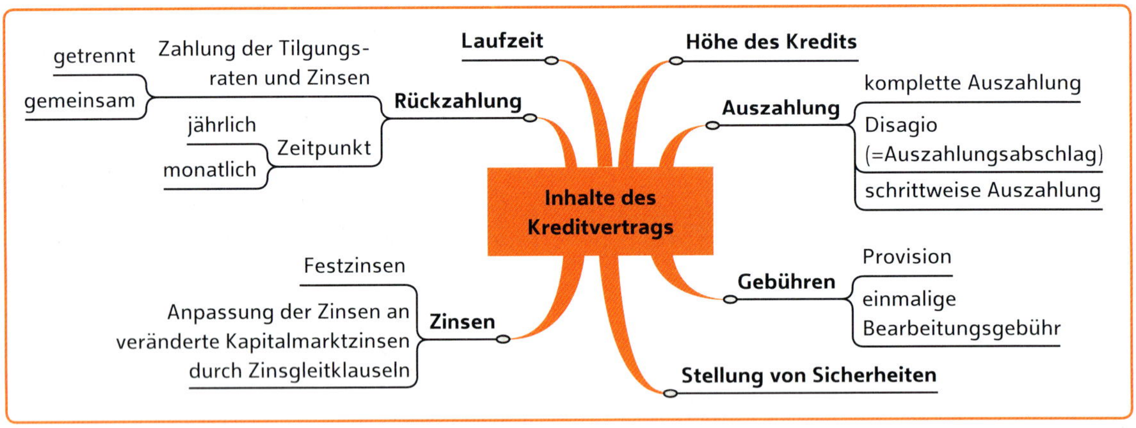

Kreditarten nach der Laufzeit

Nach der Dauer der Überlassung von Fremdkapital können kurzfristige, mittelfristige und langfristige Kredite unterschieden werden:

- **kurzfristige Kredite**
  Der Kreditnehmer muss das überlassene Fremdkapital innerhalb von sechs Monaten zurückzahlen
- **mittelfristige Kredite**
  Mittelfristige Kredite haben eine Laufzeit von sechs Monaten bis vier Jahren. Sie dienen ähnlich wie die kurzfristigen Kredite häufig der Finanzierung von Umlaufvermögen.
- **langfristige Kredite**
  Zu den langfristigen Krediten zählen alle Kredite mit einer Laufzeit von über vier Jahren. Sie werden oft aufgenommen für die Finanzierung von Gütern des Anlagevermögens (z. B. für den Kauf oder Bau von Immobilien).

Kreditarten nach der Verfügbarkeit

Kredite können auf unterschiedliche Art und Weise zur Verfügung gestellt werden:

- Kontokorrentkredit
- Darlehen
- Liefererkredit

Kontokorrentkredit

Beim Kontokorrentkredit räumt der Kreditgeber dem Kreditnehmer einen bestimmten Höchstbetrag ein, die sogenannte **Kreditlinie**. Abhängig von seinem Finanzierungsbedarf kann dann der Kreditnehmer in wechselndem Umfang maximal bis zu diesem Höchstbetrag einen Kredit in Anspruch nehmen: Bis zu dieser Höhe darf das Konto des Kreditnehmers überzogen werden.

Für Unternehmen ist ein Kontokorrentkredit sehr komfortabel. Er kann jederzeit kurzfristig in Anspruch genommen werden. Berechnet werden ihm vom Kreditgeber – meist sind dies Banken – nur die tatsächlich beanspruchten Zinsen.

Darlehen

Ein Darlehen ist in der Regel ein langfristiger Kredit, bei dem ein Geldbetrag entweder in einer Summe oder in bestimmten Teilbeträgen an den Schuldner ausgezahlt wird. Häufig wird ein Darlehen für Investitionen im Bereich des Anlagevermögens aufgenommen.

Nach der Art der Tilgung unterscheidet man:

- **Fälligkeitsdarlehen**
  Das Fälligkeitsdarlehen wird oft auch Festdarlehen genannt. Der Kredit wird am Ende der Laufzeit in einer Summe getilgt.
- **Abzahlungsdarlehen (Ratentilgung)**
  Die Rückzahlung des Kredits erfolgt in Raten zu festgelegten Terminen. Dabei bleiben die Tilgungsbeträge gleich. Weil die Restschuld dadurch sinkt, ergeben sich sinkende Zinszahlungen. Die finanzielle Belastung des Schuldners wird daher von Jahr zu Jahr geringer.
- **Annuitätendarlehen**
  Über die gesamte Laufzeit werden an den Gläubiger gleich hohe – sich aus den Zins- und Tilgungsanteilen zusammensetzende – Beträge zurückgezahlt. Weil durch die Tilgung die Restschuld immer geringer wird, sinkt bei den gleichbleibenden Zahlungen des Schuldners die Zinsbelastung, und der Tilgungsbetrag steigt.

BEISPIEL

Um Güter des Anlagevermögens in der neuen Filiale in Weimar finanzieren zu können, nimmt die Tom Brandes KG ein Darlehen über 200.000,00 € auf. Die Laufzeit beträgt vier Jahre, der Zinssatz 10 %.

Fälligkeitsdarlehen

			Tilgung 200.000,00 €
Zinsen 20.000,00 €	Zinsen 20.000,00 €	Zinsen 20.000,00 €	Zinsen 20.000,00 €
1. Jahr	2. Jahr	3. Jahr	4. Jahr

Abzahlungsdarlehen

Zinsen 20.000,00 €			
	Zinsen 15.000,00 €		
		Zinsen 10.000,00 €	
			Zinsen 5.000,00 €
Tilgung 50.000,00 €	Tilgung 50.000,00 €	Tilgung 50.000,00 €	Tilgung 50.000,00 €
1. Jahr	2. Jahr	3. Jahr	4. Jahr

Annuitätendarlehen

Tilgung 43.094,00 €	Tilgung 47.404,00 €	Tilgung 52.144,00 €	Tilgung 57.358,00 €
Zinsen 20.000,00 €	Zinsen 15.690,00 €	Zinsen 10.950,00 €	Zinsen 5.736,00 €
1. Jahr	2. Jahr	3. Jahr	4. Jahr

Merkmal	Kontokorrentkredit	Darlehen
typisches Einsatzfeld	Deckung kurzfristiger Liquiditätsschwankungen	Anschaffung von Gütern des Anlagevermögens
Laufzeit	kurzfristig	mittelfristig langfristig
Verfügbarkeit des Geldbetrags	sofort	Da erst ein Vertrag abgeschlossen werden muss, steht der Geldbetrag erst mit einer Verzögerung zur Verfügung.
Rückzahlung	Über den Zeitpunkt entscheidet der Kreditnehmer.	zum vereinbarten Termin
Sicherung	keine Sicherung im Normalfall bei einem vom Kreditinstitut einseitig eingeräumten Überziehungsrahmen	im Normalfall abgesichert z. B. durch Hypothek, Zession, Sicherungsübereignung, Bürgschaft
Kosten	vergleichsweise hoher Zinssatz	niedriger als beim Kontokorrentkredit
Beendigung	nach Wegfall des Überziehungsrahmens	nach der letzten Tilgungsrate
Inanspruchnahme	Entscheidung durch Kreditnehmer	nach vertraglicher Einigung beider Vertragspartner

Liefererkredit

Mithilfe eines Liefererkredits können Warenverkäufe finanziert werden. Diese Art des Kredits ist eine kurzfristige Form der Finanzierung. Dabei vereinbart der Einkäufer von Waren mit dem Lieferer ein **Zahlungsziel**. Dies ist eine Frist, die der Lieferer für die Bezahlung der Rechnung setzt. In den meisten Fällen beträgt das Zahlungsziel 30, 60 oder 90 Tage. Da der Käufer innerhalb dieser Zahlungsfrist nicht zahlen muss, gewährt ihm der Lieferer einen Kredit.

Zahlt der Kunde die gelieferte Ware deutlich vor Ablauf des Zahlungsziels, darf er sich oft einen sogenannten **Skonto** abziehen. Wartet er jedoch die volle Frist zur Bezahlung ab, muss er auf die Nutzung des Skonto verzichten.

Trotz der späteren Zahlung darf der Käufer ab dem Zeitpunkt der Lieferung über die Ware frei verfügen. Der Lieferer erhofft sich dadurch, dass die Ware innerhalb der Zahlungsfrist verkauft wird. Dadurch kann der Käufer dann die Rechnung begleichen. Der Lieferer sichert sich bis dahin aber oft durch einen Eigentumsvorbehalt ab.

Kunden sollten beachten, dass der Liefererkredit zwar sehr bequem, aber eine der teuersten Finanzierungsmöglichkeiten überhaupt ist. Es ist häufig sinnvoller, einen Kontokorrentkredit aufzunehmen, mit dem man die Rechnung innerhalb der Skontofrist bezahlen kann.

BEISPIEL

Der Tom Brandes KG liegt eine Rechnung der Firma Bernhard Müller OHG aus Heidelberg über 6.000,00 € vor. Die Zahlungsbedingung lautet: „30 Tage Ziel. Bei Zahlung innerhalb von zehn Tagen 2 % Skonto."

Zur sofortigen Zahlung fehlt der Tom Hoss KG die Liquidität (sie hat momentan also keine flüssigen Mittel). Sie könnte jedoch einen Bankkredit zu 10 % aufnehmen.

	6.000,00 €	Preis bei Zahlung nach 30 Tagen
–	120,00 €	2 % Skonto
=	5.880,00 €	Preis bei Zahlung innerhalb 10 Tage

Der Skontobetrag von 120,00 € ist als Zinsbetrag dafür zu sehen, dass die Tom Brandes KG die Rechnung erst nach 30 Tagen dem Lieferer bezahlen muss.

Es lohnt sich in diesem Fall, für 20 Tage (der Bankkredit wird ja erst am zehnten Tag benötigt) den Bankkredit aufzunehmen und den Skontoertrag sofort mitzunehmen. Die Kosten für die Aufnahme des Bankkredits betragen dann nach der Zinsformel 32,67 €.

FORMEL

$$Z = \frac{\text{Kapital} \cdot \text{Laufzeit in Tagen} \cdot \text{Zinssatz}}{100 \cdot 360}$$

$$Z = \frac{5.880{,}00\ € \cdot 20 \cdot 10}{100 \cdot 360} = 32{,}67\ €$$

Zieht man die Kosten für den Bankkredit (32,67 €) vom Skontoertrag (120,00 €) ab, ergibt sich eine Einsparung von 87,33 €.

4203322

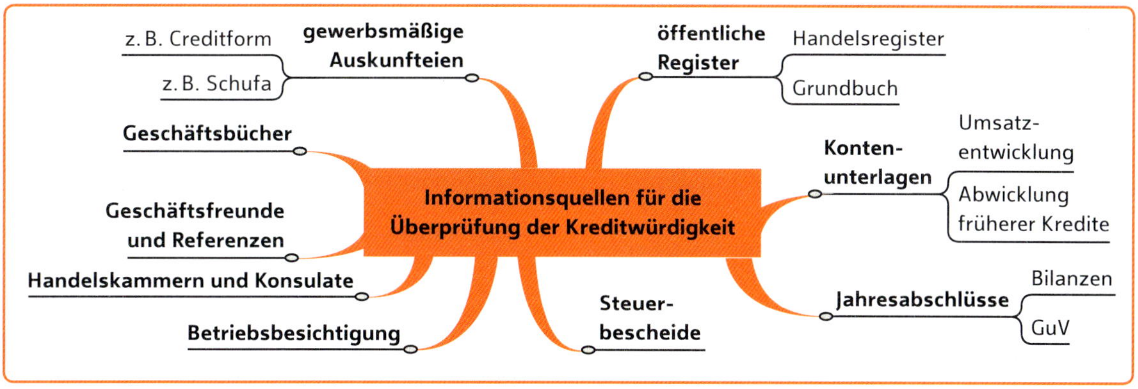

Kreditarten nach der Sicherheit

Einfacher Personalkredit

Wenn nur die Person des Kreditnehmers dem Kreditgeber als Sicherheit dient, liegt ein einfacher Personalkredit vor. Der Kredit wird also lediglich aufgrund der Kreditwürdigkeit des Schuldners gewährt. Personalkredite werden oft auch als **Blankokredit** oder als reiner Personalkredit bezeichnet.

Der Kreditgeber wird vor der Vergabe des Kredits eine umfangreiche Prüfung der Kreditfähigkeit und der Kreditwürdigkeit vornehmen. Dies geschieht mithilfe zahlreicher Unterlagen und Materialien, die der Kreditgeber sich selbst beschafft oder vom Schuldner erhält.

Verstärkte Personalkredite

Bei verstärkten Personalkrediten haftet neben der Person des Kreditnehmers mindestens noch eine weitere Person für die Erfüllung der Verbindlichkeit.

Bürgschaft

Bei einer Bürgschaft haftet eine weitere Person als Bürge für die Rückzahlung des Kredits. Der Kreditgeber hat damit für seine Forderung zwei Schuldner.

DEFINITION

Bei einer **Bürgschaft** verpflichtet sich der Bürge in einem Vertrag mit dem Gläubiger, für die Schuld des eigentlichen Kreditnehmers einzustehen.

BEISPIEL

Vor einiger Zeit befand sich die Tom Brandes KG für kurze Zeit überraschend in Zahlungsschwierigkeiten. Sie konnte daraufhin aber einen Kredit bei der örtlichen Commerzbank aufnehmen, die zur Absicherung die Stellung eines Bürgen forderte. Tom Brandes konnte dafür den mit ihm befreundeten Martin Picke gewinnen.

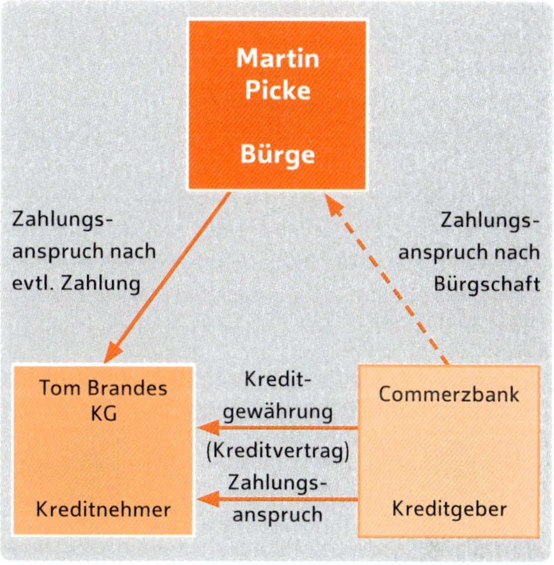

Der Bürge muss die Bürgschaftserklärung schriftlich abgeben. Bei einem Handelsgeschäft dürfen Kaufleute die Bürgschaft auch in mündlicher bzw. elektronischer Form abgeben. Aus Beweissicherungsgründen fordern Kreditgeber heute aber immer die Abgabe schriftlicher Erklärungen mithilfe standardmäßiger Vordrucke.

Es gibt zwei Arten von Bürgschaften:

- **selbstschuldnerische Bürgschaft**
  Bürgschaften von Kaufleuten sind immer selbstschuldnerisch. Banken verlangen aber von allen Kunden grundsätzlich selbstschuldnerische Bürgschaften. Bei dieser Form der Bürgschaft muss der Bürge ausdrücklich auf die Einrede der Vorausklage verzichten. Dies bedeutet, dass der Gläubiger sofort die Zahlung vom Bürgen verlangen darf, wenn der eigentliche Schuldner seinen Zahlungsverpflichtungen nicht nachkommt. Der Kreditgeber muss also weder eine erfolglose Zwangsvollstreckung in das Vermögen des Kreditnehmers nachweisen noch sich erst einmal an andere Sicherheiten des Kreditnehmers halten.

- **Ausfallbürgschaft**
  Bei der Ausfallbürgschaft haftet der Bürge nur, soweit der Gläubiger seine Forderung durch Zwangsvollstreckung in das gesamte Vermögen des Schuldners nicht einzutreiben vermochte. Die Haftung erfolgt also erst dann, wenn der Ausfall nach Ausschöpfen aller gerichtlichen Möglichkeiten endgültig feststeht. Bei Insolvenz des Schuldners kann der Gläubiger erst nach Feststellung der Höhe des Ausfalls den Bürgen in Anspruch nehmen.

Die Verpflichtung aus der Bürgschaft ist abhängig (akzessorisch) von der Verbindlichkeit des eigentlichen Schuldners.

Das bedeutet:
- Der Umfang der Bürgschaft richtet sich, wenn nichts anderes vereinbart worden ist, nach der Hauptschuld.
- Stehen dem Schuldner Einwendungen gegen den Gläubiger zu, kann diese auch der Bürge geltend machen.
- Die Bürgschaft erlischt mit der Hauptschuld, z. B. durch Erfüllung. Der Bürge wird vorher von der Bürgschaftsverpflichtung nur dann befreit, wenn er sich lediglich für eine bestimmte Zeit verpflichtet hat.

BEISPIEL

Die Verbindlichkeit des Bürgen verringert sich, wenn die Verbindlichkeit des Schuldners geringer wird. Umgekehrt erhöht sich die Bürgschaftsverpflichtung, falls die Schuld des Kreditnehmers, z. B. durch Zinsen, größer wird.

Zession

DEFINITION

Eine **Zession** ist die Abtretung von Forderungen des Kreditnehmers gegenüber Dritten (sogenannter Drittschuldner) an den Kreditgeber zur Absicherung eines von ihm gewährten Kredits.

Dazu wird neben dem eigentlichen Kreditvertrag zwischen dem Kreditgeber und dem Kreditnehmer ein Zessionsvertrag abgeschlossen. Durch diesen geht die Forderung des Kreditnehmers gegenüber dem Drittschuldner an den Kreditgeber über. Damit hat der Kreditgeber zwei Ansprüche:
- Anspruch aus dem Kreditvertrag an den Kreditnehmer
- Anspruch aus dem Zessionsvertrag an den Drittschuldner

BEISPIEL

Die Tom Brandes KG kann eine größere Menge Waren sehr preisgünstig einkaufen. Sie nimmt dafür einen kurzfristigen Kredit auf. Zur Absicherung tritt sie eigene Forderungen, die sie gegenüber der Firma Tina Hempe e. Kffr. in München hat, an die Commerzbank ab.

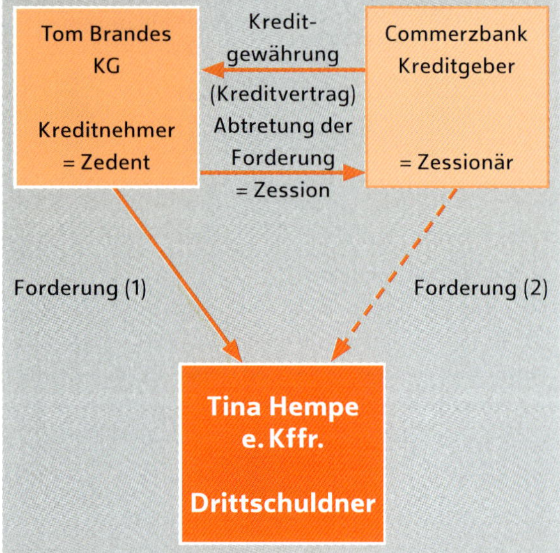

Die ursprüngliche Forderung des Zedenten (Forderung 1) an den Drittschuldner bekommt bei der Zession der Zessionär (Forderung 2).

Abhängig davon, inwieweit der Drittschuldner von der Abtretung benachrichtigt wird, werden zwei Arten der Zession unterschieden:
- **offene Zession**
  Bei der offenen Zession wird dem Drittschuldner mitgeteilt, dass die Forderungen abgetreten worden sind. Damit kann dieser mit schuldbefreiender Wirkung nur noch an den Kreditgeber zahlen. Der Nachteil einer offenen Zession liegt darin, dass der Drittschuldner von der Kreditaufnahme erfährt. Dies ist für den Kreditnehmer oft mit einer Rufschädigung verbunden.
- **stille Zession**
  Bei der stillen Zession wird der Drittschuldner über die Abtretung nicht informiert. Der Kreditnehmer leitet die Zahlungen des Drittschuldners zur Begleichung der Verbindlichkeiten aus dem Kreditvertrag weiter an den Kreditgeber. Es besteht hier die Gefahr, dass der Kreditnehmer die gleiche Forderung gegenüber einem Drittschuldner mehrfach abtritt oder den Forderungsbetrag einfach nicht weiterleitet.

Zessionen unterscheiden sich auch dadurch, wie viele Forderungen abgetreten werden:

- **Einzelzession**
  Bei einer Einzelzession wird lediglich eine Forderung an den Kreditgeber abgetreten. Diese Form der Absicherung wird nur dann gewählt, wenn ein einmaliger und kurzfristiger Kreditbedarf besteht.
- **Mantelzession**
  Bei der Mantelzession tritt der Kreditnehmer mehrere bereits bestehende Forderungen an seine Kunden zur Sicherung an den Kreditgeber ab. Er verpflichtet sich, laufend andere Forderungen abzutreten, wenn sich der alte Forderungsbestand durch Zahlung verringert hat. Dazu werden in regelmäßigen Zeitabständen, z.B. monatlich, Listen mit der Beschreibung der Forderungen eingereicht. Mit Einreichung der Liste ist die Abtretung wirksam. Diese Art der Zession wird bei den Banken zunehmend unbeliebter.
- **Globalzession**
  Bei der Globalzession tritt der Kreditnehmer alle gegenwärtigen und zukünftigen Forderungen gegenüber bestimmten Kunden, z.B. die mit den Anfangsbuchstaben N bis Z, ab. Der Kreditgeber wird Gläubiger der Forderung zum Zeitpunkt ihrer Entstehung.

Wechselkredit

Ein Wechselkredit diente früher häufig der Finanzierung von Warengeschäften. Dabei verpflichtet sich der Käufer (der Bezogene) durch Unterschrift einer vom Verkäufer ausgestellten Urkunde (dem Wechsel), eine bestimmte Geldsumme zu einem festgelegten Zeitpunkt (dem sogenannten Verfalltag) an ihn oder eine im Wechsel genannte Person zu zahlen.

Benötigt der Verkäufer nun selbst liquide Mittel, kann er den Wechsel jederzeit – also auch vor dem Verfalltag – an eine Bank verkaufen. Die Bank stellt damit Geld zur Verfügung, das sie erst am Verfalltag vom Bezogenen erhält. Für diese Kreditgewährung berechnet sie sogenannte Diskontzinsen.

Der Wechsel ist ein sehr sicherer Kredit. Der Bank gegenüber haften alle Beteiligten für die Einlösung des Wechsels. Zudem kann der Wechselgläubiger bei gerichtlichen Auseinandersetzungen seine Ansprüche unter erleichterten Bedingungen durchsetzen.

Realkredite

Bei einem Realkredit dient – neben der Person des Kreditnehmers – eine reale Sache als Sicherheit.

Lombardkredit

Der Lombardkredit wird oft auch Pfandkredit genannt. Zur Absicherung eines Kredits bekommt der Kreditgeber als Sicherheit vom Kreditnehmer einen Gegenstand aus dessen beweglichem Vermögen als Pfand. Als Pfandgegenstände eignen sich Rechte oder bewegliche Sachen, die dem Kreditnehmer gehören.

Der Lombardkredit ist vor allem geeignet für bewegliche, wertbeständige Sachen. Dies können u.a. Waren, Edelmetalle, Schmuck oder Wertpapiere sein.

BEISPIEL

Die Tom Brandes KG nimmt bei der örtlichen Commerzbank einen Kredit auf. Zur Absicherung des Kredits wird vereinbart, dass die Tom Brandes KG der Commerzbank Aktien der Ambiente Warenhaus AG als Faustpfand übergibt.

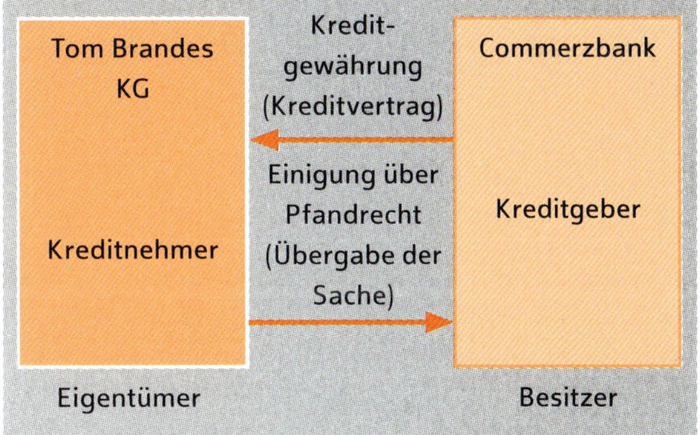

Durch die Übergabe des Pfands wird der Kreditgeber Besitzer der verpfändeten Sache. Der Kreditnehmer bleibt jedoch Eigentümer. Die Beleihungshöhe (= der Wert, der dem Pfandgegenstand zugeordnet wird) ist davon abhängig, wie leicht das Pfand zu veräußern ist.

Die Verwertung der Pfandgegenstände muss vorher angedroht werden. Wird der Kredit nicht zurückgezahlt, kann der Kreditgeber die Pfandgegenstände nach Ablauf einer Wartefrist öffentlich versteigern lassen oder nach einer öffentlichen Bekanntmachung über die Börse verkaufen. Der Kreditgeber bekommt dann den Verkaufserlös.

Sicherungsübereignung

Auch bei der Sicherungsübereignung dienen Gegenstände aus dem beweglichen Vermögen des Kreditnehmers als Kreditsicherung. Sie gehen in das Eigentum des Kreditgebers über. Der Kreditnehmer bleibt aber weiterhin Besitzer: Er übergibt die Sache nicht.

Es handelt sich dabei vor allem um Gegenstände, die der Kreditnehmer benötigt, um seiner Geschäftstätigkeit weiter nachgehen zu können. Aus den dadurch entstehenden Gewinnen kann dann der Kredit getilgt werden.

BEISPIEL

Die Tom Brandes nimmt bei der örtlichen Commerzbank einen Kredit auf. Zur Absicherung des Kredits wird vereinbart, dass die Tom Brandes KG der Commerzbank die Kfz-Briefe von zwei Firmen-Lkw übergibt.

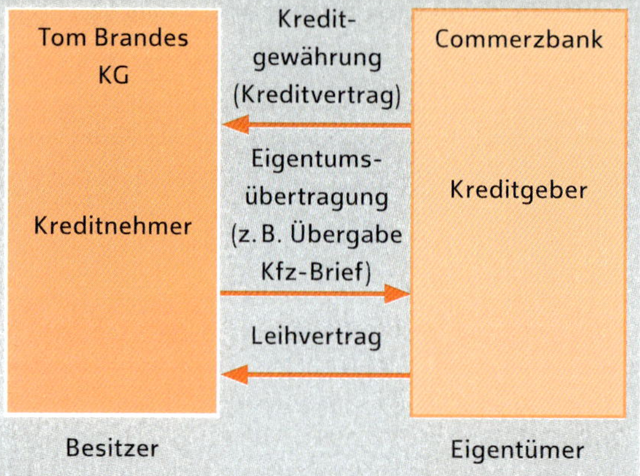

Mit der Tilgung der Schuld geht das Eigentum automatisch wieder auf den Kreditnehmer über. Wird der Kredit aber nicht zurückgezahlt, darf der Gläubiger den ihm gehörenden Gegenstand verkaufen.

Hypothek

Bei einer Hypothek wird unbewegliches Vermögen zur Absicherung meist langfristiger Kredite verpfändet. Da ein Grundstück und die damit verbundenen Gebäude nicht direkt als Faustpfand übergeben werden können, wird das Grundpfandrecht daher in ein amtliches Register eingetragen: das Grundbuch. Dieses ist ein vom Amtsgericht geführtes Verzeichnis aller Grundstückseigentümer einer Gemeinde.

Bei einer **Buchhypothek** erfolgt nur eine Eintragung in das Grundbuch. Bei einer **Briefhypothek** wird dem Gläubiger zusätzlich ein Hypothekenbrief übergeben.

Bei einem durch eine Hypothek abgesicherten Kredit besteht immer auch eine persönliche Haftung des Kreditnehmers. Er muss also beim Kreditausfall persönlich mit seinem ganzen Vermögen aufkommen. Das Grundstück dient dann nur zusätzlich als Pfand (dingliche Haftung).

Zahlt der Kreditnehmer den Kredit nicht zurück, kann der Kreditgeber das Grundstück zwangsversteigern oder auch zwangsverwalten lassen.

Oft ist ein Grundstück auch mit mehreren Hypotheken belastet. Die Hypothek, die als erste eingetragen wurde, hat bei der Rückzahlung den ersten Rang: Dieser Kredit wird aus dem Versteigerungsbeitrag als erster vollständig zurückgezahlt. Dann folgt der Kredit, dessen Hypothek sich auf dem zweiten Rang befindet. Da der Erlös aus der Versteigerung eventuell nicht ausreicht, um auch Hypotheken mit einem höheren Rang zurückzuzahlen, müssen für diese in der Regel höhere Zinsen gezahlt werden als für Kredite, die mit dem ersten Rang abgesichert sind.

BEISPIEL

Für das Grundstück eines Unternehmens wurden vor sieben Jahren eine erste Hypothek mit 150.000,00 €, vor fünf Jahren eine zweite Hypothek über 120.000,00 € und vor drei Jahren mit 60.000,00 € eine dritte Hypothek in das Grundbuch eingetragen. In diesem Jahr ging das Unternehmen in Insolvenz. Das Grundstück sowie die dazugehörigen Gebäude wurden für 250.000,00 € zwangsversteigert.

Die zuerst eingetragene Hypothek hat den ersten Rang. Ausgezahlt werden die kompletten 150.000,00 €. Für die an zweiter Stelle stehende Hypothek werden nur noch 100.000,00 € ausgezahlt. Die dritte Hypothek geht leer aus.

Grundschuld

Bei einer Grundschuld gibt es ebenfalls ein Pfandrecht an einem Grundstück. Es besteht lediglich eine dingliche Haftung: Es haftet nur das Grundstück. Eine Forderung, die abgesichert werden soll, kann – muss aber nicht – vorliegen. Weil sie dadurch leichter zu handhaben ist, wird die Grundschuld mittlerweile in der Praxis häufiger verwendet als die Hypothek.

Die Eintragung einer Grundschuld dient dem Kreditgeber des Bauprojekts als Sicherheit.

4203326

BEISPIEL

Ein Kreditnehmer hat seine Schulden vollständig beglichen. Dadurch ist die Hypothek erloschen. Der Kreditgeber muss dies dem zuständigen Notar mitteilen, der die Löschung der Hypothek im Grundbuch beim Amtsgericht veranlasst.

Ein anderer Kreditnehmer hat ebenfalls seine Verbindlichkeiten aus einem Kreditvertrag zurückgezahlt. Mit dem Kreditgeber war aber vereinbart, dass die Grundschuld nach der Rückzahlung des Kredits bestehen bleibt. Falls der Kreditnehmer irgendwann wieder einen Kreditvertrag abschließen möchte, braucht er nicht erneut eine Grundschuld ins Grundbuch eintragen zu lassen. Es werden dadurch sehr hohe Notarkosten und ein erheblicher Zeitaufwand eingespart.

Kredithürde sinkt minimal

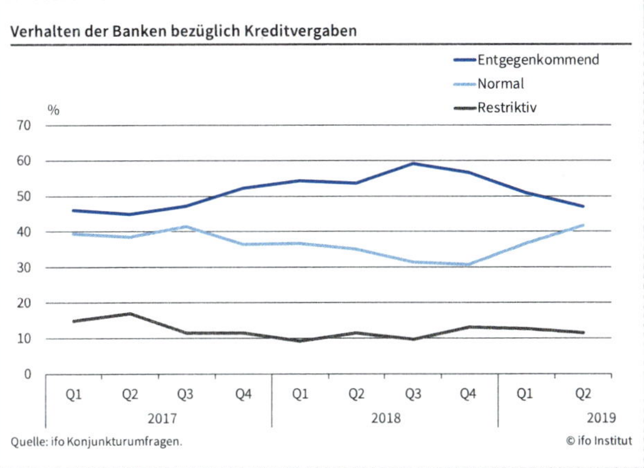

Die Unternehmen kommen bei den Banken momentan vergleichsweise leicht an Geld. Nur noch etwa 11 % der Unternehmen bezeichnen die Kreditvergabe der Banken als restriktiv, also als beschränkend, einengend und daher schwierig. Das geht aus einer Erhebung des ifo-Instituts hervor. Damit blieb die sogenannte Kredithürde bereits zum wiederholten Mal in Folge niedrig.

Viele Unternehmen bezeichnen die Kreditvergabe der Banken sogar als „entgegenkommend" – auch wenn dieser Anteil seit 2018 wieder unter die 50-Prozent-Marke gefallen ist. Immerhin deutet aber die Aussage vieler Unternehmen, dass sie „normale" Schwierigkeiten haben, an Geld zu kommen, darauf hin, dass die Banken immer noch gern bereit sind, Kredite zu vergeben.

AUFGABEN

1. Was ist ein Kredit?
2. Wodurch unterscheiden sich kurz-, mittel- und langfristige Kredite?
3. Erläutern Sie den Unterschied zwischen Darlehen und Kontokorrentkredit.
4. „Der Kredit wird in konstanten Raten zurückgezahlt. Dabei verringert sich der Zinsanteil der Rate zugunsten des Tilgungsanteils."
   Welche Art von Darlehen liegt vor?
5. Führen Sie einen Vorteil und einen Nachteil des Liefererkredits auf.
6. Die Tom Brandes KG erhält Waren im Wert von 150.000,00 €. Die Zahlungsbedingung des Lieferers lautet: „Zahlbar innerhalb von 30 Tagen netto Kasse oder 2 % Skonto bei Zahlung innerhalb von 10 Tagen." Die Tom Brandes KG möchte zur Begleichung der Eingangsrechnung einen Kontokorrentkredit bei der Bank in Anspruch nehmen. Der Zinssatz für diesen beträgt momentan 15 % p. a. Lohnt sich die Aufnahme des Kredits, um den Skonto mitzunehmen?
7. Was versteht man unter einem einfachen Personalkredit?
8. Führen Sie Informationsquellen auf, die der Kreditgeber im Rahmen einer Kreditwürdigkeitsprüfung nutzen kann.
9. Was ist eine Bürgschaft?
10. Unterscheiden Sie die selbstschuldnerische Bürgschaft von der Ausfallbürgschaft.
11. Was ist eine Zession?
12. „Hierbei verzichtet der neue Gläubiger bei der Abtretung auf eine Benachrichtigung des Drittschuldners."
    a) Welche Art der Zession ist hier angesprochen?
    b) Welche Nachteile kann diese Zessionsart haben?

13. Wodurch unterscheiden sich Lombardkredit und Sicherungsübereignung?

14. Was ist eine Hypothek?

15. Für das Grundstück eines Unternehmens wurden vor sieben Jahren eine erste Hypothek mit 200.000,00 €, vor fünf Jahren eine zweite Hypothek über 240.000,00 € und vor drei Jahren mit 80.000,00 € und 100.000,00 € eine dritte und vierte Hypothek in das Grundbuch eingetragen. In diesem Jahr ging das Unternehmen in Insolvenz. Das Grundstück sowie die dazugehörigen Gebäude wurden für 460.000,00 € zwangsversteigert.
Wie viel bekommen die einzelnen Gläubiger ausbezahlt?

16. „Eine Grundschuld ist eine Schuld ohne Grund."
Erläutern Sie diese Aussage.

17. Wir gehen davon aus, dass Sie 7.000,00 € für den Kauf eines Pkw benötigen. Sie verfügen aber leider über kein eigenes Kapital. Besuchen Sie mit einer Mitschülerin/einem Mitschüler ein Kreditinstitut Ihrer Wahl.
Bringen Sie dort in Erfahrung:
a) Wie viel kostet der Kredit (Zinsen)?
b) Zu welchen Konditionen würde er gewährt?

18. Bearbeiten Sie den Inhalt dieses Kapitels mit der Methode des Gruppenlesens.
a) Bilden Sie aus drei Personen bestehende Gruppen.
b) Die drei Personen werden abwechselnd – parallel zu den Abschnitten des Textes – die Gruppenleitung übernehmen.
c) Die erste Person, die die Gruppenleitung übernimmt, sorgt dafür, dass der erste Abschnitt in Einzelarbeit still gelesen wird.
d) Anschließend sorgt die Gruppenleitung für folgendes Vorgehen:
- Die Gruppenleitung fragt nach schwierigen Wörtern bzw. gegebenenfalls nach Sätzen, die nicht verstanden wurden. Zusammen in der Gruppe wird versucht, die Erklärung zu finden.
- Das zweite Gruppenmitglied stellt Fragen zu den verschiedenen Inhalten des Abschnitts. Die anderen Gruppenmitglieder beantworten diese.
- Das dritte Gruppenmitglied fasst den Inhalt des Abschnitts kurz zusammen.
- Da nun ein neuer Absatz ansteht, wechselt die Gruppenleitung.

Diese auch **reziprokes Lesen** genannte Methode hat gegenüber dem Lesen in der reinen Einzelarbeit verschiedene Vorteile: Durch diese Art der aktiven Auseinandersetzung mit dem Text wird der Text besser verstanden. Untersuchungen haben auch gezeigt, dass deutlich mehr Informationen behalten werden.

19. Die Tom Brandes KG hat mit der Commerzbank einen Kreditvertrag abgeschlossen. Dieser enthält die folgende Klausel: „Die Commerzbank wird die Abtretung der Forderungen vorläufig nicht an den Drittschuldner der abgetretenen Forderungen anzeigen, ist jedoch nach ihrem Ermessen jederzeit dazu berechtigt."
Welche der folgenden Aussagen ist richtig?
a) Die Tom Brandes KG und die Commerzbank haben einen Factoringvertrag abgeschlossen.
b) Es liegt eine offene Zession vor.
c) Es handelt sich um eine Bürgschaft.
d) Es liegt eine stille Zession vor.
e) Es handelt sich um eine Hypothek.

20. Mit welchen Sicherheiten werden folgende Kredite gesichert?
a) Zession
b) Hypothek
c) Sicherungsübereignung

21. Die Tom Brandes KG übergibt zur Absicherung eines Kredits für den Kauf eines Auslieferungsfahrzeuges den Kfz-Brief an die Commerzbank.

Welche Kreditart liegt vor?

ZUSAMMENFASSUNG

Kreditarten

Unterscheidungsmerkmale

Laufzeit
- kurzfristig
- mittelfristig
- langfristig

Verfügbarkeit
- Darlehen
- Kontokorrentkredit
- Liefererkredit

Sicherheit

Personalkredite

Grundlage der Gewährung ist nur die Überprüfung der Kreditwürdigkeit des Kreditnehmers.

verstärkte Personalkredite
- Bürgschaft
- Zession
- Wechselkredit

Realkredite
- Lombardkredit
- Sicherungsübereignung
- Hypothek
- Grundschuld

10.3 LEASING

Herr Brandes:
„Hallo Herr Mitschke, wie läuft es denn in der EDV?“

Herr Mitschke:
„Eigentlich ganz gut. Wir haben durch die Einführung der neuen Warenwirtschaftssoftware erhebliche Vorteile festgestellt. Auch unsere Informationsbasis wird dadurch erheblich verbessert. Aber – und deswegen bin ich vorbeigekommen – wir haben ein Problem!“

Herr Brandes:
„Nanu, worum geht es denn?“

Herr Mitschke:
„Ein Teil unserer EDV-Geräte schafft die Anforderungen, die die neue Software stellt, nur mit Schwierigkeiten. Wenn unsere Datenmenge steigt – und damit ist durch die Gründung unserer neuen Filialen zu rechnen –, ist eventuell hier und da in der Zentrale mit Systemabstürzen zu rechnen.“

Herr Brandes:
„Diese Anschaffungen passen mir finanziell aber gar nicht die Planung. Durch die neuen Filialen sind wir kapitalmäßig schon ganz schön belastet.“

Herr Mitschke:
„Das habe ich auch schon gedacht. Vielleicht sollten wir uns mal dieses Angebot der Hannoverschen Leasinggesellschaft anschauen. Die bieten für uns passende EDV-Anlagen unseres Computerherstellers zum Leasen an.“

Lieber neue Laptops leasen – damit die alten nicht vor Überlastung qualmen ...

1. *Erklären Sie, welche Vorteile das Leasing der EDV-Anlagen für die Tom Brandes KG hat.*
2. *Stellen Sie fest, welche Art Leasing hier angesprochen ist.*

INFORMATION

Möchte ein Unternehmen für die Finanzierung eines Anlageguts weder Eigenkapital verwenden noch einen Kredit aufnehmen, bietet sich das Leasing an. Das Leasing ist eine besondere Art der Fremdfinanzierung. Ein Unternehmen erwirbt langfristige Nutzungsrechte an beweglichen und unbeweglichen Wirtschaftsgütern durch einen Mietvertrag.

Dabei übernimmt der Mieter, der Leasingnehmer, den Gegenstand vom Vermieter, dem Leasinggeber.

Für die Miete, z. B. einer Maschine oder eines Lkw, muss eine monatliche, manchmal auch vierteljährliche Leasingrate gezahlt werden. Deren Höhe richtet sich nach:

- der Laufzeit des Leasingvertrags,
- den vom Leasinggeber zu erbringenden Serviceleistungen.

DEFINITION

Unter **Leasing** versteht man das Mieten von Gegenständen des Anlagevermögens gegen Entgelt über einen bestimmten Zeitraum.

BEISPIEL

Geleast werden häufig:

- Büromaschinen
- Autos
- Immobilien
- EDV-Ausstattungen
- Produktionsanlagen

Der Unterschied zur eigentlichen Miete liegt darin, dass der Leasingnehmer nach Ablauf der Nutzungsdauer in der Regel mehrere Möglichkeiten hat, über das Leasingobjekt zu verfügen (Kauf-, Tausch-, Verlängerungsoption).

Darüber hinaus beinhalten die meisten Leasingverträge Serviceleistungen des Leasinggebers, die in einem Mietvertrag gewöhnlich nicht enthalten sind.

Die Leasingrate geht beim Leasingnehmer als Aufwand in die Gewinn- und Verlustrechnung ein, der Gegenstand wird aber nicht ins Anlagevermögen in der Bilanz aufgenommen.

Eigentümer des Gegenstands ist nach wie vor die Leasinggesellschaft. Der Leasinggeber erhält nach Ablauf der Leasingdauer den überlassenen Gegenstand zurück.

Arten des Leasings

Es können mehrere Arten des Leasings unterschieden werden.

Operate-Leasing und Finance-Leasing

Abhängig von der **Art und Weise der Vertragsgestaltung** kann man Operate-Leasing und Finance-Leasing unterscheiden.

Operate-Leasing

Das Operate-Leasing ist eine kurzfristige Vermietung von Wirtschaftsgütern. Es gibt keine fest vereinbarten Grundmietzeiten. Beide Vertragsparteien können den Operate-Leasingvertrag jederzeit kündigen. Für diese Art des Leasings wird sich ein Leasingnehmer nur dann interessieren, wenn er das Anlagegut nur für kurze Zeit nutzen möchte. Ein Kauf kommt daher für ihn nicht infrage. Das gesamte Investitionsrisiko wird vom Leasinggeber getragen. Bis die Investitionskosten sich amortisiert haben (Amortisieren = die Kosten durch Erträge wieder hereinbringen), muss er das Anlagegut in der Regel mehrmals vermieten.

Finance-Leasing

Beim Finanzierungsleasing (Finance-Leasing) kann der Leasingvertrag während der Laufzeit von beiden Seiten nicht gekündigt werden. Durch den Abschluss langfristiger Verträge hat der Leasingnehmer das Investitionsrisiko, da er das Anlagegut – im Gegensatz zum Operate-Leasing – nicht jederzeit zurückgeben kann.

In der Variante der **Vollamortisation** wird die finanzierte Sache innerhalb der Grundmietzeit beinahe vollständig abbezahlt. Sie geht damit dann nahezu vollständig in das Eigentum des Leasingnehmers über. Am Ende der Grundmietzeit verbleibt dann meist nur noch ein geringer Restwert, der noch zu bezahlen ist.

Bei der **Teilamortisation** wird während der Laufzeit des Leasingvertrags (also innerhalb der Grundmietzeit) nur ein Teil des Sachwerts durch die Leasingraten abgedeckt. Durch im Vertrag festgehaltene Verpflichtungen ist jedoch auch hier eine volle Deckung der Gesamtkosten des Leasinggebers gewährleistet: Entweder wird der Verkaufserlös des Leasingobjekts oder aber eine Schlusszahlung des Leasingnehmers zum Ausgleich herangezogen. Bei dieser Art von Verträgen hat der Leasinggeber – vertraglich vereinbart – oft ein sogenanntes Andienungsrecht: Zum möglichen Ausgleich des Wertverlusts wird dem Leasinggeber das Recht, aber nicht die Pflicht gewährt, am Ende der Leasingzeit vom Leasingnehmer den Kauf des Leasingobjekts zum vereinbarten Restwert zu verlangen.

Direktes und indirektes Leasing

Nach der **Anzahl der Beteiligten** unterscheidet man indirektes und direktes Leasing.

Indirektes Leasing

Beim indirekten Leasing finanziert eine Leasinggesellschaft eine vom Leasingnehmer getroffene Investitionsentscheidung. Mit dem Leasingnehmer, dem Leasinggeber – also der Leasinggesellschaft – sowie dem Hersteller des Leasingguts gibt es hier drei Beteiligte.

Das Leasingobjekt wird beim Hersteller vom Leasingnehmer ausgewählt. Der Leasinggeber (die Leasinggesellschaft) erwirbt dieses daraufhin und überlässt es dem Leasingnehmer gegen Zahlung der Leasingrate. Das Leasinggut wird vom Hersteller direkt an den Leasingnehmer geliefert.

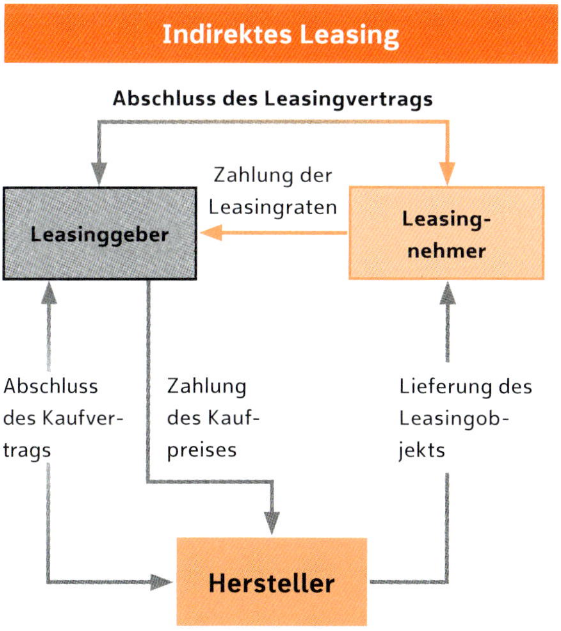

Direktes Leasing

Beim direkten Leasing gibt es nur zwei Beteiligte. Hier übernimmt der Hersteller die Finanzierung des Leasingobjekts und wird somit zum Leasinggeber. Das Hauptziel des Herstellers ist dabei die Absatzförderung: Es geht ihm darum, Kunden zu gewinnen und an sein Unternehmen zu binden.

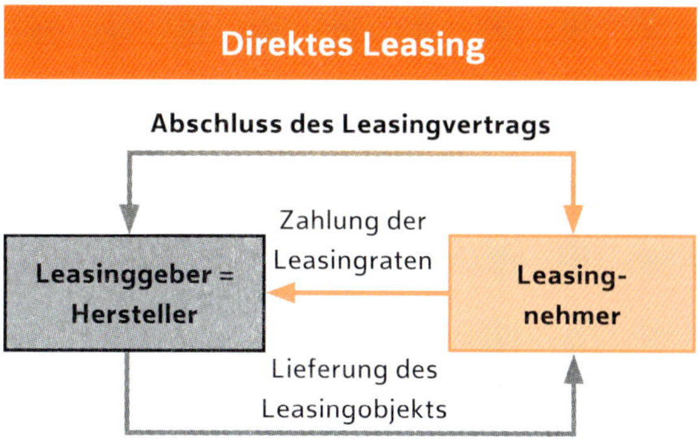

Immobilien-, Mobilien- und Plantleasing

Eine weitere Unterscheidung der Leasingarten ist nach der **Art der Leasingobjekte** möglich.

Immobilienleasing

Beim Immobilienleasing erhält der Nutzer ein vertraglich eingeräumtes langfristiges Nutzungsrecht an einem Gebäude. Der Leasingnehmer kann das Gebäude nach seinen Vorstellungen planen und errichten. Der Leasinggeber kauft die Immobilie, die der Leasingnehmer dann mietet. Immobilienleasing hat sich als langfristige Investitionsfinanzierung bei hochwertigen Gewerbe- und Büroimmobilien bewährt.

Mobilienleasing

Beim Mobilienleasing handelt es sich um das Leasing beweglicher Güter. Werden Investitionsgüter geleast, so nennt man dies Equipment-Leasing. Leasingnehmer sind in der Regel gewerbliche Nutzer.

Plantleasing

Das Plantleasing ist eine Mischform aus Immobilien- und Mobilienleasing. Geleast werden ganze Industrieanlagen und Gebäude, aber auch deren Einrichtungen.

Investitions- und Konsumgüterleasing

Hauptanwendungsgebiet des Leasings ist das **Investitionsgüterleasing**. Leasingnehmer ist ein Unternehmen, das Leasingobjekt ein Investitionsgut.

Beim **Konsumgüterleasing** sind – meist in Verbindung mit Servicepaketen – Konsumgüter Vertragsgegen-

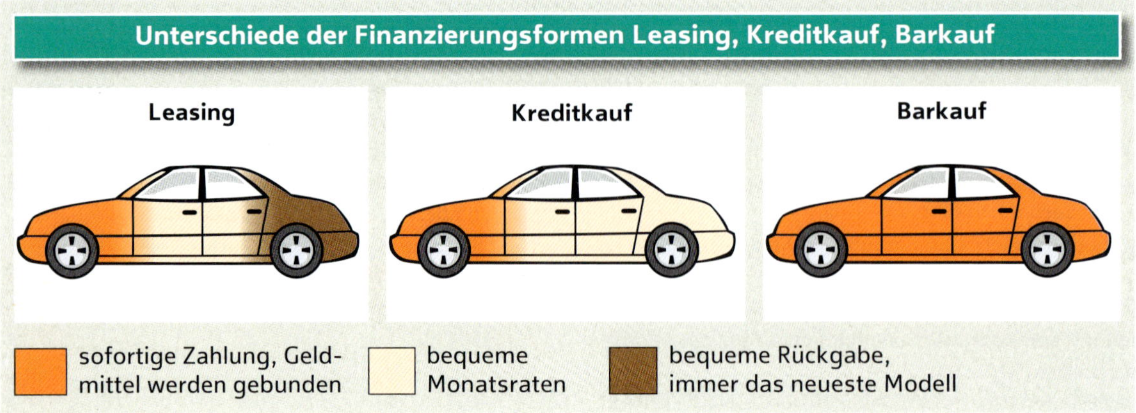

stand. Diese Art des Leasings wird häufig durch Privatleute genutzt.

Sale-and-lease-back-Leasing

Das Sale-and-lease-back-Leasing ist eine Sonderform des Leasings. Beim Sale-and-lease-back-Leasing wird das Leasingobjekt vom Eigentümer zunächst an den Leasinggeber verkauft. Dieser verleast das Leasinggut dann an den früheren Eigentümer, den Leasingnehmer, zurück. Der Kauf- und der Leasingvertrag bilden bei dieser Form des Leasinggeschäfts eine rechtliche Einheit.

Leasingobjekte des Sale-and-lease-back-Vertrags können sowohl Wirtschaftsgüter sein, die von dem späteren Leasingnehmer neu erworben worden sind, als auch Wirtschaftsgüter, die sich bereits länger in seinem Eigentum befunden haben.

Vorteile des Leasings

Für Leasingnehmer können die folgenden Vorteile von Bedeutung sein:

- Der Hauptvorteil des Leasings liegt darin, dass die Finanzierung von Gütern möglich ist, auch wenn das nötige Kapital zum Kauf fehlt. Das Unternehmen benötigt daher weniger Kapital. Die Liquiditätslage verbessert sich. Zusätzlich verbessern sich verschiedene Bilanzkennzahlen. Dadurch bekommt der Leasingnehmer leichter Kredite. Sein Ruf verbessert sich.
- Wird im Leasingvertrag der Austausch der alten Leasingobjekte durch jeweils technisch neuere vereinbart, kann der Leasingnehmer das Risiko der technischen Überalterung auf den Leasinggeber übertragen.
- Häufig übernimmt der Leasinggeber zusätzliche Dienstleistungen wie Wartungen oder Reparaturen.
- Der Leasingnehmer hat kein Verwertungsrisiko am Ende der Vertragslaufzeit.
- Die Belastung durch gewinnabhängige Steuern wird durch die Leasingraten geringer. Leasingraten sind als Betriebsausgaben steuerlich voll absetzbar, wenn das Leasingobjekt steuerlich dem Leasinggeber zugeordnet ist.
- Leasing bietet Planungssicherheit: Die Vertragslaufzeit und die Höhe der Leasingraten stehen von Beginn an fest. Die Leasingrate wird auch langfristig nicht von Zinsänderungen oder Rating-Veränderungen beeinflusst. Sie dient so als sichere Kalkulationsgrundlage.

Nachteile des Leasings

Nicht immer überwiegen die Vorteile des Leasings. Zu prüfen ist in jedem Fall, ob sich die folgenden Nachteile möglicherweise negativ auf die Finanzierungssituation des Unternehmens auswirken:

- Die Gesamtkosten beim Leasing sind in der Regel höher als beim fremdfinanzierten Kauf des Anlageguts: Langfristig ist der Aufwand beim Leasing um ca. 20 % bis 40 % höher als der Zinsaufwand beim Kauf. Neben Abschreibungen und Zinsen sind in die Leasingrate auch der Verwaltungsaufwand, die Gewinnspanne und die Risikoprämie des Leasinggebers einkalkuliert.

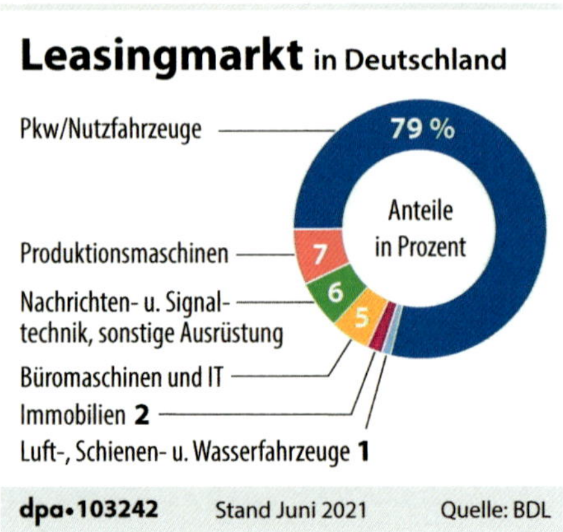

- Zumindest beim Finanzierungsleasing ist der Leasingnehmer während der Grundmietzeit an das Leasingobjekt gebunden. Die langfristigen und unkündbaren Verträge können sich bei schlechter Auftragslage dann negativ auswirken.
- Es kann zu einer bestimmten Abhängigkeit vom Leasinggeber kommen.

Vergleich der Leasingkosten mit den Kosten einer Kreditfinanzierung

Die Entscheidung, ob ein Anlagegut durch Leasing oder durch eine Kreditaufnahme finanziert wird, sollte genau abgewogen werden. Beide Finanzierungsmöglichkeiten bieten Vor- und Nachteile.

BEISPIEL

Die Tom Brandes KG benötigt einen neuen Lkw. Dieser wird für 90.000,00 € angeboten. Geplant ist eine Nutzungsdauer von sechs Jahren: Für den Wertverlust wird deshalb ein jährlicher Abschreibungsbetrag von 15.000,00 € eingeplant. Die Tom Brandes KG überlegt nun, wie sie diese Anschaffung finanzieren kann. Sie hat zwei Möglichkeiten:

Sie finanziert mit Leasing:
Die Hannoversche Leasinggesellschaft bietet einen Vertrag mit einer Grundmietzeit von vier Jahren an. Die jährliche Leasingrate würde 25.000,00 € betragen. Anschließend müsste noch einmal ein neuer Leasingvertrag mit einer jährlichen Leasingrate von 10.000,00 € abgeschlossen werden.

Jahr der Nutzung	Zu zahlende Leasingrate in €	Aufwand für die Tom Brandes KG in €
1. Jahr	25.000,00	25.000,00
2. Jahr	25.000,00	25.000,00
3. Jahr	25.000,00	25.000,00
4. Jahr	25.000,00	25.000,00
5. Jahr	10.000,00	10.000,00
6. Jahr	10.000,00	10.000,00
Gesamt	120.000,00	120.000,00

Die Kosten für sechs Jahre Lkw-Nutzung würden beim Leasing 120.000,00 € betragen.

Sie finanziert mit Kredit:
Die Commerzbank Hannover bietet ein Darlehen mit einer Laufzeit von sechs Jahren an. Neben der jährlichen Tilgung von 15.000,00 € müssen 5 % Zinsen für den jeweiligen Restdarlehensbetrag zu Beginn des Jahres berücksichtigt werden.

Jahr der Nutzung	Restdarlehen zu Beginn des Jahres in €	Tilgung in €	Zinsen in €	Insgesamt aufzuwendender Betrag in €
1. Jahr	90.000,00	15.000,00	4.500,00	19.500,00
2. Jahr	75.000,00	15.000,00	3.750,00	18.750,00
3. Jahr	60.000,00	15.000,00	3.000,00	18.000,00
4. Jahr	45.000,00	15.000,00	2.250,00	17.250,00
5. Jahr	30.000,00	15.000,00	1.500,00	16.500,00
6. Jahr	15.000,00	15.000,00	750,00	15.750,00
Gesamt		90.000,00	15.750,00	115.750,00

Die Kosten für sechs Jahre Lkw-Nutzung durch Kreditfinanzierung betragen 115.750,00 €.

Die Entscheidung zwischen Leasing oder Kreditaufnahme zur Finanzierung eines Anlagegutes hängt also immer von verschiedenen Faktoren ab:

- Ein ganz wichtiges Entscheidungskriterium sind die Kosten: In unserem Beispiel ist die Aufnahme eines Kredites zur Finanzierung eines Anlagegutes die kostengünstigere Alternative im Vergleich zur Finanzierung durch Leasing. Zu beachten ist noch, dass bei der Kreditfinanzierung oft weitere Kosten hinzukommen können wie z. B. Bearbeitungsgebühren, Disagios usw.
- Möchte man den Lkw als Eigentümer nutzen, sollte man sich für eine Kreditfinanzierung entscheiden. Bei einer kurzen Leasingvertragszeit kann man den bis dahin gemieteten Lkw entweder zum Restwert kaufen oder einen neuen Leasingvertrag abschließen. Der Vorteil dabei wäre, dass man dann wieder einen neuen und technologisch sich auf dem letzten Stand befindenden Lkw bekommt.
- In vielen Fällen ist die teurere Alternative das Leasing. Dennoch gibt es einige Gründe, sich dafür entscheiden. Da das Leasing kein Eigenkapital bindet, ändern sich verschiedene Bilanzkennzahlen (z. B. der Verschuldungsgrad) nicht. Die Möglichkeit, Kredite aufzunehmen, verschlechtert sich dadurch nicht.
- In einigen Fällen gibt es auch steuerliche Vorteile durch das Leasing.

AUFGABEN

1. Nehmen Sie Stellung zu folgender Aussage: „Leasing ist doch nur eine andere Form des Kredits."
2. Welche Anlagegüter werden oft geleast?
3. Zahlt der Leasingnehmer beim direkten Leasing seine Leasingraten an denselben Empfänger wie beim indirekten Leasing? Begründen Sie Ihre Antwort.
4. Was sind die Merkmale des Finanzierungsleasings?
5. Erläutern Sie die Begriffe
   a) Plantleasing
   b) Immobilienleasing
   c) Sale-and-lease-back-Leasing
6. Das Leasing bietet viele Vor-, aber auch einige Nachteile. Stellen Sie diese jeweils für folgende Situationen tabellarisch gegenüber:
   a) Die Tom Brandes KG least fünf Lkws für ihren Fuhrpark.
   b) Klaus Deimann least einen VW Polo.
7. Welche Art von Leasing liegt vor?
   a) Eine Leasinggesellschaft ist zwischen Hersteller und Leasingnehmer geschaltet.
   b) Hochwertige Fernseher, Waschmaschinen oder Kühlschränke werden vermietet.
   c) Der Leasingvertrag hat langfristigen Charakter.
   d) Der Hersteller ist gleichzeitig der Leasinggeber.
8. Frau Hahne möchte ein Auto für 40.000,00 € leasen. Das Angebot für den Leasingvertrag sieht eine 48-monatige Laufzeit vor. Es sind 5.000,00 € Anzahlung zu leisten. Die Leasingrate ist vorschüssig monatlich zu zahlen. Der Zinssatz beträgt 8 %.
   Gehen Sie zu folgender Internetadresse: www.zinsen-berechnen.de/leasingrechner.php
   Lassen Sie sich dort die Leasingrate berechnen.
9. Erstellen Sie eine PowerPoint-Präsentation. Diese soll Ihre Mitschülerinnen und Mitschüler über die verschiedenen Leasingarten informieren.
10. David Abmeier möchte sich ein Auto anschaffen. Er überlegt sich, ob er dieses aus gesparten Mitteln kauft, ob er es least oder ob er dazu einen Kredit aufnimmt.

   a) Wodurch unterscheiden sich Kauf, Leasing und Kreditfinanzierung?
   b) Welche Vor- und Nachteile haben Kauf, Leasing und Kreditfinanzierung?

ZUSAMMENFASSUNG

Leasing

= das Mieten von Gegenständen des Anlagevermögens gegen Entgelt über einen bestimmten Zeitraum

- **Anzahl der Beteiligten**
  - **direktes Leasing**
    Hersteller ist Leasinggeber
  - **indirektes Leasing**
    Leasinggeber ist eine vom Hersteller unabhängige Leasinggesellschaft
- **Art der Leasingobjekte**
  - **Immobilienleasing**
    Gebäude und Grundstücke
  - **Mobilienleasing**
    bewegliche Sachen
  - **Plantleasing**
    Mischform aus Mobilien- und Immobilienleasing
- **Art der geleasten Güter**
  - **Investitionsgüterleasing**
    Unternehmen least Investitionsgut
  - **Konsumgüterleasing**
    (meist) Privatleute leasen Konsumgut
- **Art der Vertragsgestaltung**
  - **Operate-Leasing**
    kurzfristiger, kündbarer Mietvertrag
  - **Finanzierungsleasing**
    unkündbare, langfristige Verträge

11.1 GRÜNDUNG EINES UNTERNEHMENS

Melanie Soldner ist seit zehn Jahren in der Filiale der LEMI AG im SüdWestZentrum als stellvertretende Filialleiterin tätig. In den letzten Jahren konnte sie etwas Geld zurücklegen. Als ihr vom Centermanagement des SüdWestZentrums günstig Geschäftsraume zur Eröffnung eines Coffeeshops angeboten werden, beschließt sie, das einmalige Angebot anzunehmen und sich selbstständig zu machen.

Zeigen Sie auf, welche Überlegungen Melanie Soldner bei ihrem Schritt in die Selbstständigkeit anstellen muss.

INFORMATION

Persönliche Voraussetzungen

Wer ein Unternehmen gründen oder übernehmen will, muss voll geschäftsfähig sein. Denn nur dann kann er Rechtsgeschäfte selbstständig abschließen.

Um wie Melanie Soldner ein Unternehmen erfolgreich führen zu können, muss man Erfahrungen im Verkauf und umfassende Warenkenntnisse in der Branche mitbringen, in der man sich selbstständig machen will. Außerdem sollte man über ausreichende Kenntnisse

- des Vertragsrechts,
- der Handelsbräuche,
- des Rechnungs- und Steuerwesens,
- des Wettbewerbsrechts und
- des Arbeits- und Sozialrechts

verfügen.

Einen besonderen **Sachkundenachweis** muss man nur erbringen, wenn man mit

- frei verkäuflichen Arzneimitteln,
- unedlen Metallen (z. B. Eisen),
- Milch,
- Hackfleisch oder
- Waffen

handeln will.

Sachliche Voraussetzungen

Standort des Unternehmens

Die Wahl des Standorts ist eine Grundsatzentscheidung bei der Gründung eines Unternehmens. Sie bestimmt den späteren wirtschaftlichen Erfolg maßgeblich mit. Der Standort beeinflusst den zukünftigen Umsatz und die Kosten des Unternehmens. Deshalb muss die Standortentscheidung sorgfältig geplant werden.

Kapital

Wer sich etwa als Unternehmer selbstständig machen will, benötigt neben einer tragfähigen Geschäftsidee ein ausreichendes Startkapital für die Ausstattung seines Geschäfts mit den notwendigen Einrichtungsgegenständen und Waren.

Der Kapitalbedarf ist von verschiedenen Einflussgrößen abhängig:

BEISPIEL

- **Branche:** Ein Elektronikfachmarkt benötigt mehr Kapital als ein Papierwarengeschäft.
- **Größe:** Ein Textilkaufhaus benötigt mehr Kapital als ein Textilfachgeschäft.
- **Anbietform:** Für die Geschäftsausstattung eines Selbstbedienungsgeschäfts ist normalerweise mehr Kapital erforderlich als für die Geschäftsausstattung eines Einzelhandelsbetriebs mit Vollbedienung.
- **Umschlagshäufigkeit:** Je höher die Umschlagshäufigkeit ist, desto niedriger kann normalerweise der Lagerbestand sein. Ein geringer Lagerbestand bindet nur wenig Kapital, ein hoher Lagerbestand viel Kapital.

- **Liefererkredite:** Je länger das Zahlungsziel des Lieferers ist, desto weniger Kapital benötigt der Händler zur Finanzierung seiner Warenstände.
- **Kundenkredite:** Betriebe, die ihren Kunden Waren auf Kredit verkaufen, haben einen höheren Kapitalbedarf als Betriebe, die ihre Ware nur gegen sofortige Zahlung abgeben.

Das für die Unternehmensgründung nötige Kapital stammt zum Teil aus dem privaten Vermögen des Unternehmers (= **Eigenkapital**). Das zusätzlich erforderliche Kapital (= **Fremdkapital**) kann von außen beschafft werden (siehe Kapitel 10.1).

Businessplan

Wenn man ein Unternehmen gründen möchte, ist es sinnvoll, einen Businessplan oder Geschäftsplan aufzustellen.

Denn ohne einen professionell erstellten Businessplan ist es für den Unternehmensgründer heute kaum möglich, Kapitalgeber zu gewinnen.

DEFINITION

Der **Businessplan** ist eine schriftliche Zusammenfassung der wichtigsten Punkte eines Gründungsvorhabens.

Der Businessplan ermöglicht es Kapitalgebern (z. B. Banken, Investoren), sich einen schnellen und umfassenden Gesamtüberblick über das Gründungsvorhaben zu verschaffen.

Ein guter Businessplan überzeugt auch die Geldgeber.

Ein Businessplan enthält
- die Beschreibung der Geschäftsidee,
- Angaben zum Unternehmen, das gegründet werden soll,
- Angaben zum geplanten Waren- und Dienstleistungsangebot,
- Angaben zu den möglichen Kunden,
- Angaben zu möglichen Wettbewerbern (Konkurrenten),
- Angaben zum geplanten Standort des Unternehmens,
- Angaben zur geplanten Marketingstrategie (Preisstrategie, Vertriebskonzept, Werbeaktivitäten),
- Angaben zur Rechtsform des zu gründenden Unternehmens,
- Informationen über die Mitarbeiterinnen und Mitarbeiter (u. a. Anzahl und Qualifikation),
- Angaben zu Risiken und Chancen der Unternehmensentwicklung.

Außerdem gehören zum Businessplan
- ein Investitionsplan,
- ein Finanzierungsplan,
- ein Liquiditätsplan und
- eine Ertragsvorschau oder Rentabilitätsrechnung.

Im **Investitionsplan** wird aufgeführt, welche Anlagegüter benötigt werden, um die Geschäftsidee zu verwirklichen.

Im **Finanzierungsplan** wird der Kapitalbedarf (Eigenkapitalanteil, Fremdkapitalbedarf) für das Gründungsvorhaben zusammengestellt.

Im **Liquiditätsplan** werden die zukünftigen Einzahlungen und Auszahlungen gegenübergestellt.

In der **Ertragsvorschau** werden die zukünftigen Erträge und Aufwendungen des Unternehmens geschätzt, um Aussagen über die Wirtschaftlichkeit des zu gründenden Unternehmens treffen zu können.

Rechtliche Voraussetzungen

Die Gewerbeordnung erlaubt es jedermann, ein selbstständiges Gewerbe zu betreiben. Einzelhandelsbetriebe dürfen bis auf die Ausnahmen, in denen ein besonderer Sachkundenachweis erforderlich ist, ohne besondere Genehmigung betrieben werden.

Die Eröffnung eines Betriebs muss der zuständigen Ortsbehörde (Gewerbeaufsichtsamt) unverzüglich angezeigt werden **(= Gewerbeanzeige).**

Außerdem muss der Betrieb bei folgenden Stellen angemeldet werden:
- dem zuständigen Finanzamt,
- der zuständigen Berufsgenossenschaft,

- der zuständigen Industrie- und Handelskammer,
- der zuständigen Agentur für Arbeit, wenn für Beschäftigte Fördermittel aus der Arbeitslosenversicherung bezogen werden können.

Kaufleute müssen sich beim Amtsgericht zur Eintragung in das **Handelsregister** anmelden.

DEFINITION

Das **Handelsregister** ist ein öffentliches Verzeichnis aller Kaufleute in einer Region.

Das Handelsregister wird von den zuständigen Amtsgerichten (Registergerichten) elektronisch geführt. Es kann von allen interessierten Personen im Internet eingesehen werden.

Das Handelsregister ist in zwei Abteilungen unterteilt:

In der **Abteilung A** (HRA) werden
- Einzelkaufleute und Betriebe der öffentlichen Hand, soweit sie gewerblich tätig sind (= Eigenbetriebe),
- offene Handelsgesellschaften (OHG),
- Kommanditgesellschaften (KG) einschließlich GmbH & Co. KG und,
- Europäische Wirtschaftliche Interessenvereinigungen (EWIV).

geführt.

In der **Abteilung B** (HRB) werden
- Aktiengesellschaften (AG),
- Kommanditgesellschaften auf Aktien (KGaA),
- Gesellschaften mit beschränkter Haftung (GmbH),
- Unternehmergesellschaften (UG),
- Versicherungsvereine auf Gegenseitigkeit (VVaG),
- Europäische Gesellschaften (SE),
- Pensionsfondsvereine auf Gegenseitigkeit (PVaG) und
- Zweigniederlassungen ausländischer Kapitalgesellschaften

geführt.

Das Handelsregister enthält u. a. folgende Informationen:
- Firma (Name des Unternehmens)
- Rechtsform
- Unternehmenssitz
- Gegenstand des Unternehmens
- Geschäftsführung
- Prokura
- Art der Vertretungsberechtigung
- Stammkapital (bei einer GmbH)
- Grundkapital (bei einer AG)
- Kommanditkapital (bei einer KG)

Unternehmenssteuern

Unternehmerinnen oder Unternehmer müssen an das Finanzamt Steuern entrichten. Bei einem Einzelhandelsbetrieb sind dies Einkommensteuer oder Körperschaftsteuer, Gewerbesteuer und Umsatzsteuer.

Einkommensteuer

Einzelunternehmer und Gesellschafter von Personengesellschaften müssen von ihrem Einkommen Einkommensteuer bezahlen. Ihr steuerpflichtiges Einkommen ergibt sich aus den Einkunftsarten, die im § 2 Einkommensteuergesetz aufgeführt sind. Die Gewinne aus Handelsbetrieben müssen danach als Einkünfte aus Gewerbebetrieb versteuert werden.

Die Einkommensteuer ist eine Personensteuer. Bei ihrer Ermittlung werden die persönlichen Verhältnisse des Steuerpflichtigen (z. B. Familienstand, Anzahl der Kinder, Alter) und besondere Umstände, die seine wirtschaftliche Leistungsfähigkeit beeinträchtigen (z. B. Unterstützung mittelloser Angehöriger), berücksichtigt. Besteuert wird das zu versteuernde Einkommen eines Kalenderjahres.

Körperschaftsteuer

Juristische Personen (z. B. Aktiengesellschaften, Gesellschaften mit beschränkter Haftung, Genossenschaften) sind nicht einkommensteuerpflichtig. Ihr Einkommen unterliegt der Körperschaftsteuer.

Gewerbesteuer

Jeder inländische Gewerbebetrieb ist gewerbesteuerpflichtig. Grundlage für die Festsetzung der Gewerbesteuer ist der Gewerbeertrag des Gewerbebetriebs.

Zur Ermittlung der Gewerbesteuerschuld eines Betriebs wird vom zuständigen Finanzamt der Steuermessbetrag nach dem Gewerbeertrag festgesetzt.

Bei Gewerbebetrieben, die von natürlichen Personen oder Personengesellschaften (z. B. OHG, KG) betrieben werden, bleibt ein Gewerbeertrag von 24.500,00 € steuerfrei.

Kapitalgesellschaften (AG, GmbH) erhalten keinen Steuerfreibetrag.

Bei Gewerbebetrieben, die von natürlichen Personen oder Personengesellschaften betrieben werden, und bei Kapitalgesellschaften beträgt die Steuermesszahl einheitlich 3,5 % des auf volle 100,00 € nach unten abgerundeten Gewerbeertrags.

Durch die Multiplikation des Steuermessbetrags mit dem von den einzelnen Gemeinden festgesetzten Hebesatz erhält man die fällige Gewerbesteuerschuld.

Der Hebesatz wird vom Stadtrat oder Gemeinderat der einzelnen Städte und Gemeinden festgesetzt. Dadurch kann jede Stadt oder Gemeinde die Höhe der Gewerbesteuer unmittelbar beeinflussen. Auf diese Weise können von Gemeinde zu Gemeinde unterschiedliche Gewerbesteuerbelastungen der Betriebe entstehen.

Die Gewerbebetriebe sind verpflichtet, vierteljährlich am 15. Februar, 15. Mai, 15. August und 15. November Gewerbesteuervorauszahlungen zu entrichten. Die in einem Erhebungszeitraum gezahlten Vorauszahlungen werden auf die Gewerbesteuerschuld des Gewerbebetriebs für den Erhebungszeitraum angerechnet.

BEISPIEL

einer Personengesellschaft	**einer Kapitalgesellschaft**
Gewerbeertrag 50.000,00 €	Gewerbeertrag 50.000,00 €
– Freibetrag 24.500,00 €	
Verbleiben 25.500,00 €	
· Steuermesszahl 3,5 %	· Steuermesszahl 3,5 %
= Steuermessbetrag 892,50 €	= Steuermessbetrag 1.750,00 €
· Hebesatz der Gemeinde 400 %	· Hebesatz der Gemeinde 400 %
= Gewerbesteuerschuld 3.570,00 €	= Gewerbesteuerschuld 7.000,00 €

Umsatzsteuer

Lieferungen und Leistungen, die ein Unternehmer im Inland gegen Entgelt im Rahmen seines Unternehmens ausführt, unterliegen der Umsatzsteuer. Der Unternehmer ist verpflichtet, die Umsatzsteuer an das Finanzamt zu zahlen. Er trägt sie aber nicht selbst, sondern wälzt sie über den Verkaufspreis auf seine Kunden ab.

Der Unternehmer muss innerhalb von zehn Tagen nach Ablauf eines Kalendermonats beim Finanzamt eine Umsatzsteuervoranmeldung einreichen, wenn die Umsatzsteuerschuld für das vorangegangene Kalenderjahr mehr als 7.500,00 € betrug. Sonst beträgt der Voranmeldezeitraum drei Monate.

Die für den Voranmeldezeitraum von ihm errechnete Zahllast muss er gleichzeitig als Umsatzsteuervorauszahlung leisten.

Nach Ablauf eines Kalenderjahres muss der Unternehmer eine Umsatzsteuererklärung bis zum 31. Mai des Folgejahres abgeben.

Betriebliche Versicherungen

Um gegen große Schäden gesichert zu sein, sollte ein Einzelhandelsunternehmer sicherstellen, dass er gegen

- Schäden, die ihm, seinem Personal oder seinem Betrieb zugefügt werden, und
- Schäden, die durch seinen Betrieb oder seine Angestellten verursacht werden, können,

ausreichend versichert ist.

Feuerversicherung

Die **Feuerversicherung** deckt Schäden, die an Gebäuden und deren Inhalt (Einrichtungsgegenstände, Warenvorräte, Maschinen usw.) durch

- Brand,
- Blitzschlag,
- Explosion und durch
- Anprall oder Absturz eines bemannten Flugkörpers, seiner Teile oder seiner Ladung

verursacht werden.

Die Feuerversicherung ersetzt auch den Schaden, der durch die Brandbekämpfung (Löschen, Niederreißen, Ausräumen) entstanden ist.

Leitungswasserversicherung

Die **Leitungswasserversicherung** ersetzt Schäden, die an Gebäuden und deren Inhalt dadurch entstehen, dass Wasser aus Zu- oder Ableitungsrohren der Wasserversorgung, Warmwasserversorgungs-, Dampfheizungs- oder Klimaanlagen austritt. Schäden durch Regen-, Schnee-, Grund- und Hochwasser werden durch diese Versicherung nicht ersetzt.

Sturmversicherung

Die **Sturmversicherung** deckt Schäden, die an Gebäuden und ihrem Inhalt durch Stürme ab Windstärke acht entstehen.

Glasversicherung

Durch die **Glasversicherung** sind Scheiben und Verglasungen aller Art versichert, z. B. Schaufenster, Wandbekleidungen, Schilder, Transparente und Leuchtröhrenanlagen.

Einbruchdiebstahlversicherung

Die **Einbruchdiebstahlversicherung** bezahlt die durch Einbruchdiebstahl entstandenen Schäden und Verluste an Vorräten, Bargeld und sonstigen Sachen.

Transportversicherung

Durch eine **Transportversicherung** kann sich ein Versender von Waren gegen Gefahren versichern, denen seine Waren auf einem Transport zu Lande, zu Wasser und in der Luft ausgesetzt sind.

Haftpflichtversicherung

Die **Haftpflichtversicherung** zahlt Schadenersatz, zu dem der Versicherte verpflichtet ist, bis zur Höhe der vertraglich vereinbarten Deckungssumme. Sie leistet auch Rechtsschutz, um ungerechtfertigte Schadenersatzansprüche abzuwehren.

Die **Betriebshaftpflichtversicherung** tritt ein, wenn gegen

- den Inhaber eines Unternehmens,
- die gesetzlichen Vertreter eines Unternehmens (z. B. Vorstandsmitglieder einer Aktiengesellschaft, Geschäftsführer) und
- Betriebsangehörige

Schadenersatzansprüche geltend gemacht werden, die sich aus ihrer betrieblichen Tätigkeit ergeben.

Rechtsschutzversicherung

Die **Rechtsschutzversicherung** zahlt u. a. die Rechtsanwaltskosten, alle Gerichtskosten und die Kosten des Prozessgegners, sofern sie erstattet werden müssen.

Die **Firmen-Rechtsschutzversicherung** umfasst

- Schadenersatzrechtsschutz zur Durchsetzung von Schadenersatzansprüchen,
- Strafrechtsschutz für die Verteidigung in einem Straf- oder Bußgeldverfahren,
- Arbeitsrechtsschutz für alle gerichtlichen und außergerichtlichen Streitigkeiten aus Arbeitsverhältnissen, z. B. Kündigungsschutzklagen,
- Sozialversicherungsrechtsschutz für gerichtliche Streitigkeiten mit den Trägern der Sozialversicherung.

Die Firmen-Rechtsschutzversicherung schützt auch die Beschäftigten des Betriebes bei rechtlichen Auseinandersetzungen, die sich aus ihrer Berufstätigkeit ergeben. Beim Arbeitsrechtsschutz ist jedoch nur der Arbeitgeber versichert.

Warenkreditversicherung

Die **Warenkreditversicherung** zahlt, wenn ein Käufer einer auf Kredit erworbenen Ware zahlungsunfähig wird. Die Warenkreditversicherung begleicht den Schaden jedoch nicht in voller Höhe. Der Versicherte muss einen Teil des Forderungsausfalls immer selbst tragen (= Selbstbeteiligung).

Betriebsunterbrechungsversicherung

Die **Betriebsunterbrechungsversicherung** ersetzt die wirtschaftlichen Folgeschäden, die entstehen, wenn die betriebliche Tätigkeit eines Betriebes durch einen Sachschaden (Brand, Maschinenschaden) unterbrochen wird. Sie ersetzt den entgangenen Geschäftsgewinn und die fortlaufenden Geschäftskosten.

Betriebsschließungsversicherung

Die **Betriebsschließungsversicherung** ersetzt die Schäden, die entstehen, wenn ein Betrieb wegen Seuchengefahr schließen muss. Sie ist für den Lebensmitteleinzelhandel von Bedeutung.

AUFGABEN

1. Welche persönlichen Voraussetzungen muss jemand erfüllen, der einen Betrieb gründen will?
2. Für welche Waren muss ein Unternehmer einen besonderen Sachkundenachweis erbringen?
3. Wovon ist der Kapitalbedarf eines Unternehmens abhängig?
4. Welcher Zusammenhang besteht zwischen Kapitalbedarf und Umschlagshäufigkeit?
5. Wo muss ein neu gegründeter Betrieb angemeldet werden?
6. Was ist ein Handelsregister?
7. Wo wird das Handelsregister geführt?
8. Welche Unternehmen werden in die Abteilung A des Handelsregisters eingetragen?
9. Welche Unternehmen werden in die Abteilung B des Handelsregisters eingetragen?
10. Welche Informationen über ein Unternehmen kann man dem Handelsregister entnehmen?
11. Welche Steuern muss ein Unternehmen, das in der Rechtsform der GmbH geführt wird, an das Finanzamt abführen?
12. Wovon ist es abhängig, wie viel Gewerbesteuer ein Unternehmen zahlen muss?
13. Welche Versicherungen können in den folgenden Fällen in Anspruch genommen werden?
    a) Eine Ware, die an einen Kunden mit eigenem Lieferwagen geliefert wird, wird auf dem Transport beschädigt.
    b) Ein Kunde zerreißt seine Hose an einer scharfen Stuhlkante.
    c) Die Eingangstür eines Fachgeschäfts wird von Randalierern eingeschlagen.
    d) Aus dem Lager der Tom Hoss KG werden des Nachts 50 Herrenmäntel gestohlen.
    e) Ein Kunde, der einen Anzug auf Kredit gekauft hat, wird zahlungsunfähig.
    f) Im Zentrallager der Tom Hoss KG wird eine Wasserleitung undicht. Das ausströmende Wasser beschädigt einen Teil der gelagerten Ware.
14. Herr Scholz möchte in Göttingen ein Herrenbekleidungsfachgeschäft gründen.
    Versetzen Sie sich in die Rolle von Herrn Scholz und entwickeln Sie einen Plan für die Gründung.
    a) Sammeln Sie Einflussgrößen für das Sortiment, die Standortwahl und den Kapitalbedarf des zu gründenden Herrenbekleidungsfachgeschäfts.
    b) Treffen Sie Entscheidungen über Sortiment, Standort und Kapitalbedarf.
    c) Präsentieren Sie Ihre Entscheidungen in Ihrer Klasse mit einem Präsentationsmittel Ihrer Wahl.
15. Ihnen bietet sich die Chance, sich selbstständig zu machen.
    a) Bilden Sie in Ihrer Klasse Gruppen zu je drei Personen.
    b) Entwickeln Sie gemeinsam eine Geschäftsidee für die Gründung eines Unternehmens.
    c) Planen Sie die Schritte in die Selbstständigkeit mithilfe des PC-Lernprogramms „Existenzgründungsberater“, abrufbar im Internet unter www.existenzgruender.de/gruendungswerkstatt/lernprogramme/existenz/HTML/start.html
    d) Präsentieren Sie Ihre Planungsüberlegungen mit einem selbst gewählten Präsentationsmittel.

ZUSAMMENFASSUNG

Voraussetzungen für die Gründung eines Unternehmens

persönliche Voraussetzungen

- Geschäftsfähigkeit
- gute Warenkenntnisse
- Verkaufserfahrung
- ausreichende kaufmännische Fachkenntnisse
- Sachkundenachweis beim Handel mit bestimmten Waren

sachliche Voraussetzungen

- günstiger Standort
- Kapital
  - Eigenkapital
  - Fremdkapital

rechtliche Voraussetzungen

- Gewerbeanzeige
- Anmeldung
  - beim Finanzamt
  - bei der Berufsgenossenschaft
  - bei der Industrie- und Handelskammer
- Anmeldung von Kaufleuten beim Amtsgericht zur Eintragung ins Handelsregister

11.2 DAS EINZELUNTERNEHMEN

Heinz Müller arbeitet seit einigen Jahren in der Feinkostabteilung eines großstädtischen Lebensmittelsupermarktes. Er ist fachkundig und tatkräftig. So macht er beispielsweise häufig Verbesserungsvorschläge, um die Umsatzsituation seiner Abteilung zu verbessern. Aufgrund von Widerständen seiner Vorgesetzten kann er seine Ideen nicht verwirklichen.

An seinem Wohnort – einer Mittelstadt – hat Müller eine Marktlücke entdeckt. Dort fehlt den Verbrauchern eine Einkaufsgelegenheit für Lebensmittel des gehobenen Bedarfs. Er beschließt, sich selbstständig zu machen. Nachdem er eine Erbschaft gemacht hat, verfügt er über das notwendige Startkapital. Er mietet ein Ladenlokal in günstiger Lage, das er einzurichten beginnt. Doch bevor sein Unternehmen die Geschäftstätigkeit aufnimmt, muss er noch einige rechtliche Probleme überprüfen.

Welche rechtlichen Fragen muss Herr Müller zuvor klären?

INFORMATION

Ein Einzelunternehmen ist ein Unternehmen, dessen Eigenkapital von einer Person aufgebracht wird. Diese Unternehmensform hat also nur einen Inhaber, der für das Unternehmen mit seinem ganzen Privatvermögen haftet. Da der Eigentümer daher das Unternehmensrisiko allein zu tragen hat, steht ihm als Ausgleich auch der gesamte erzielte Gewinn zu.

Der Eigentümer leitet das Einzelunternehmen sowohl im Innenbereich als auch in der Vertretung nach außen allein verantwortlich. Er kann aber verschiedene Aufgaben der Geschäftsführung an von ihm dazu ermächtigte Personen (Handlungsbevollmächtigte oder Prokuristen) übertragen.

Seit 1. August 1998 müssen alle neu gegründeten, im Handelsregister eingetragenen Unternehmen einen eindeutigen Rechtsformzusatz führen. Dies gilt auch für einen Einzelkaufmann oder eine Einzelkauffrau. Sie haben die Wahl „e. K.“, „e. Kfm.“ (eingetragener Kaufmann) oder „e. Kffr.“ (eingetragene Kauffrau) zu führen (§ 19 Abs. 1 HGB). Auch fantasievolle, werbewirksame und ins Auge springende Unternehmensnamen sind nun erlaubt.

BEISPIEL

Für das Einzelunternehmen Müller wäre also möglich:
„Heinz Müller e. Kfm.“
„Heinz Müller e. K. – Feinkostgroßhandlung“
„(...) Delikatesse e. K.“

Die meisten Betriebe in der Bundesrepublik (ca. 90 %) sind Einzelunternehmen. Sie beschäftigen aber nur ungefähr ein Drittel aller Arbeitskräfte. Es handelt sich dabei in der Regel um Kleinbetriebe mit wenigen Beschäftigten. Die Bedeutung dieser Unternehmensform geht jedoch stark zurück. Dies ist auf den Hauptnachteil der Einzelunternehmen zurückzuführen. Ihre mangelnde Kapitalstärke bewirkt oft, dass notwendige Betriebsinvestitionen nicht durchgeführt werden können, die eventuell für die Zukunft des Unternehmens sehr wichtig sind. Ebenfalls negativ wirkt sich aus, dass das Geschick des Betriebes unlösbar mit dem Schicksal des Einzelunternehmers verbunden ist.

Das Einzelunternehmen hat aber auch Vorteile. Der Unternehmer kann seine Entscheidungen selbstständig, frei und vor allem schnell treffen. Das hat für das Marktgeschehen positive Auswirkungen. Der Einzelunternehmer ist unabhängig von kontrollierenden Organen und ist niemandem Rechenschaft schuldig. Es gibt auch keine Meinungsverschiedenheiten in der Geschäftsführung, wie es bei Gesellschaftsunternehmen häufig der Fall ist.

AUFGABEN

1. Durch welche Merkmale ist ein Einzelunternehmen gekennzeichnet?
2. Welche Vorteile bringt die Gründung eines Einzelunternehmens?
3. Wodurch könnte ein Unternehmer veranlasst sein, sein Einzelunternehmen in eine Gesellschaft umzuwandeln?
4. Welche Bedeutung hat das Einzelunternehmen?
5. Können Einzelunternehmen folgendermaßen firmieren?
   a) „E. Surmann – Haushaltwaren"
   b) „Max Büsing – Spirituosen"
   c) „4812 – Parfümerie"
   d) „Gänseblümchen e. K."?

ZUSAMMENFASSUNG

Einzelunternehmen

Eine Person bringt das Eigenkapital auf, leitet das Unternehmen und trägt das Risiko allein.

Gründerzahl	einer
Mindestkapital	(keine Regelung)
Haftung	unbeschränkt mit Privat- und Geschäftsvermögen
Geschäftsführung und -vertretung	der Einzelkaufmann allein
Gewinnverteilung	an den Einzelkaufmann allein

11.3 PERSONENGESELLSCHAFTEN

Herr Müller klagt über die große Arbeitsbelastung. Sein Unternehmen „Heinz Müller e. K. – Feinkost“ ist sehr erfolgreich. Aus Gesprächen mit Kunden erfährt Herr Müller, dass diese zu den hochwertigen Lebensmitteln auch gern die passenden Weine und Spirituosen kaufen möchten.

Eines Tages trifft er zufällig Erwin Kurz. Dieser sucht, nachdem er mehrere Jahre in einer Weinhandlung gearbeitet hat, eine neue, anspruchsvolle Beschäftigung. Da Herr Kurz sehr sparsam ist, verfügt er über ein Kapital von 120.000,00 €.

Herr Müller möchte sein Unternehmen auf eine breitere Kapitalbasis stellen und außerdem um eine Abteilung für Weine und Spirituosen ergänzen. Daher schlägt er Erwin Kurz die Gründung einer offenen Handelsgesellschaft vor.

Welche Überlegungen führen zur Gründung einer offenen Handelsgesellschaft?

INFORMATION

Die offene Handelsgesellschaft

Ist die Kapitalgrundlage eines Einzelunternehmens zu schwach, kommt es oft zur Gründung einer offenen Handelsgesellschaft (abgekürzt OHG). Die OHG ist eine vertragliche Vereinigung von mindestens zwei Personen, die Eigenkapital zum Betrieb eines Handelsgewerbes zur Verfügung stellen. Alle Gesellschafter sind zur Geschäftsführung berechtigt und verpflichtet.

Die Inhaber der OHG haften für die Verbindlichkeiten der Gesellschaft mit ihrem gesamten Privatvermögen und nicht nur mit ihren Anteilen am Gesellschaftsvermögen. Die Haftung ist also **unbeschränkt.** Darüber hinaus haftet jeder Gesellschafter **unmittelbar.** Die Gläubiger der OHG können ihn daher direkt, ohne zuvor bei der Gesellschaft einen Ausgleich der Verbindlichkeiten gesucht zu haben, in Anspruch nehmen. Dabei liegt es im Ermessen der Gläubiger, ob ein Gesellschafter die Schulden der OHG in voller Höhe oder nur zu einem Teil begleichen soll. Jeder Gesellschafter haftet mit den anderen Gesellschaftern als Gesamtschuldner **(solidarische Haftung).**

Eine Regelung zur Beschränkung der Haftung ist zwar im Innenverhältnis möglich (Gesellschaftsvertrag), Dritten gegenüber (Außenverhältnis) jedoch unwirksam.

BEISPIEL

Die Gesellschafter einer OHG schließen einen Gesellschaftsvertrag. Einer der Gesellschafter soll im Falle einer Insolvenz nicht mit seinem Privatvermögen haften.

Rechtliche Wirkung:
Dieser Gesellschafter haftet gegenüber den Gläubigern weiterhin unbeschränkt.

Die Firma (Name) muss einen Hinweis auf die Rechtsform enthalten (z. B. „offene Handelsgesellschaft“ oder „oHG“ oder „OHG“), im Übrigen aber darf der Name Fantasiebezeichnungen enthalten; die Nennung des Namens eines Gesellschafters ist nicht mehr erforderlich.

BEISPIEL

Delikatessen OHG

Die Unternehmensform der OHG hat besondere Bedeutung für kleine und mittelständische Unternehmen. Sie ist vor allem geeignet, wenn ein überschaubarer Kreis von Gesellschaftern ihr Kapital und ihre volle Arbeitskraft einsetzen wollen. Zwischen ihnen muss ein enges Vertrauensverhältnis bestehen. Wegen der strengen Haftungsgrundsätze genießt die OHG in der Regel hohen Kredit. Das volle Haftungsrisiko, das die Gesellschafter einer OHG zu tragen haben, ist der Hauptgrund dafür, dass Gesellschaftsgründer oft nach Unternehmensformen suchen, die eine geringere Haftungsgefahr mit sich bringen.

Wegen der unbeschränkten Haftung wird das Risiko der Gesellschafter nicht von den Kapitaleinlagen, sondern von der Höhe des vorhandenen Privatvermögens bestimmt. Deshalb ist eine Gewinnverteilung nur nach Kapitalanteilen i. d. R. nicht angemessen. Falls nichts anderes vereinbart wurde, gilt die gesetzliche Regelung, wonach sowohl die Kapitaleinlage als auch die Arbeitsleistung der Teilhaber bei der Verteilung der Gewinne berücksichtigt werden sollen. Die Gesellschafter erhalten zunächst vom Reingewinn der OHG 4 % ihrer Einlage als Kapitalverzinsung. Der sich ergebende Gewinnrest wird als Entgelt für die Arbeitsleistung nach Köpfen verteilt.

Die OHG wird aufgelöst

- durch den Ablauf der Zeit, für die sie eingegangen worden ist;
- durch den Beschluss der Gesellschafter;
- durch die Eröffnung des Insolvenzverfahrens über das Vermögen der Gesellschaft;
- durch den Tod eines Gesellschafters, sofern sich nicht aus dem Gesellschaftsvertrag etwas anderes ergibt.

Die Kündigung eines Gesellschafters kann, wenn die Gesellschaft für unbestimmte Zeit eingegangen wurde, nur zum Schluss eines Geschäftsjahres erfolgen. Sie muss mindestens sechs Monate vor diesem Zeitpunkt stattfinden.

Die Ansprüche gegen einen Gesellschafter aus Verbindlichkeiten der Gesellschaft verjähren fünf Jahre nach dem Ausscheiden des Gesellschafters.

Die Kommanditgesellschaft

BEISPIEL

Die Verkaufsräume von Müller und Kurz haben sich als zu klein erwiesen. Für die Anmietung und Einrichtung eines neuen, größeren Geschäftes benötigen Müller und Kurz Kapital, das sie allein nicht aufbringen können. Zwei Bekannte von Müller, der Rechtsanwalt Naumann und die Steuerberaterin Anneliese Otto, sind bereit, sich zu beteiligen. Sie möchten allerdings im Geschäft nicht mitarbeiten und auch nicht mit ihrem Privatvermögen haften. Müller schlägt die Gründung einer Kommanditgesellschaft vor.

Die Kommanditgesellschaft (abgekürzt KG) unterscheidet sich von der OHG dadurch, dass bei einem oder einem Teil der Gesellschafter die Haftung gegenüber den Gesellschaftsgläubigern auf den Betrag einer bestimmten Vermögenseinlage beschränkt bleibt. Es gibt daher in einer KG zwei Arten von Gesellschaftern, von denen mindestens je einer vorhanden sein muss:

- Die **Komplementäre** (= Vollhafter) haben als persönlich haftende Gesellschafter die gleiche Stellung wie die Gesellschafter einer OHG. Sie haften mit ihrem ganzen Vermögen. Das Recht, Entscheidungen im Unternehmen zu treffen, liegt allein bei ihnen. Auch nach außen vertreten nur die Komplementäre die Gesellschaft.
- **Kommanditisten** (= Teilhafter) heißen die Gesellschafter, deren Haftung den Gesellschaftsgläubigern gegenüber auf den Betrag ihrer Kapitaleinlage beschränkt ist. Ihnen stehen gewisse Kontrollrechte zu. Sie dürfen Bilanzabschriften und Bucheinsichten verlangen.

Bei der Gewinnverteilung bekommt zunächst jeder Gesellschafter 4 % seines Kapitalanteils. Der Gewinnrest wird in einem angemessenen Verhältnis, das im Gesellschaftsvertrag festgelegt wird, verteilt. Dabei steht den Komplementären, die die Geschäftsführung innehaben und zudem mit ihrem ganzen Vermögen haften, im Allgemeinen ein größerer Gewinnanteil zu als den Kommanditisten.

Die Verteilung eines Verlustes wird im Gesellschaftsvertrag geregelt. An dem Verlust darf der Kommanditist aber nur bis zum Betrag seines Kapitalanteils beteiligt werden.

Die Firma (Name) muss einen Hinweis auf die Rechtsform enthalten (z. B. „Kommanditgesellschaft" oder „KG"), im Übrigen aber darf der Name Fantasiebezeichnungen enthalten; die Nennung des Namens des Komplementärs ist nicht mehr erforderlich.

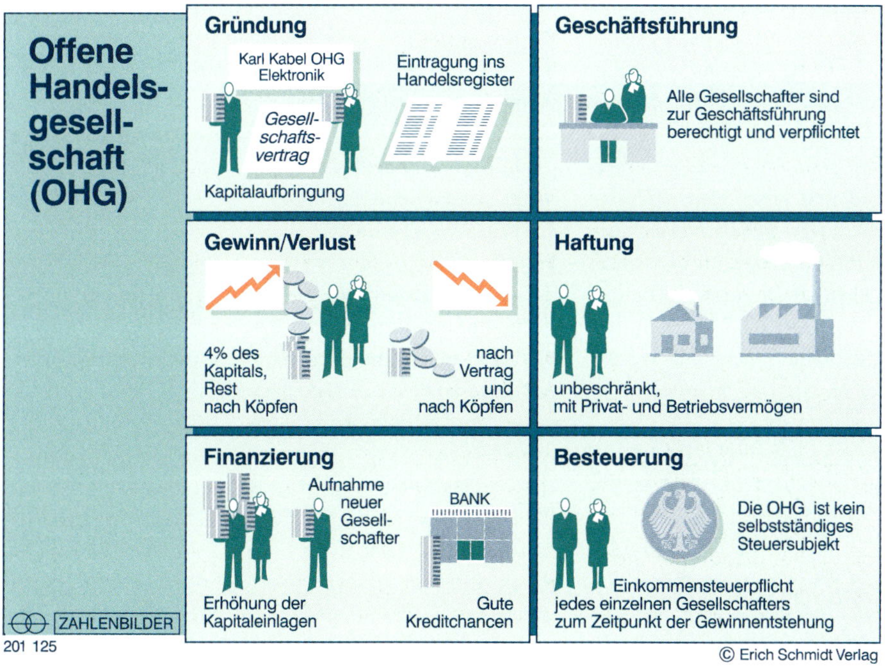

BEISPIEL

Gänseblümchen KG für einen Bücherladen oder ein Bekleidungsgeschäft für Kindertextilien

Die Kommanditgesellschaft hat im Wirtschaftsleben ständig an Bedeutung gewonnen. Die Möglichkeit der Aufnahme neuer Gesellschafter ist größer als bei der OHG. Kommanditisten gehen nicht das Risiko ein, auch ihr Privatvermögen bei Verlusten der Gesellschaft zu verlieren. Durch den Eintritt von Kommanditisten erhöht sich das Eigenkapital des Unternehmens, wodurch die Kreditwürdigkeit gestärkt wird.

Die stille Gesellschaft

Viele Einzelunternehmen haben zur Erweiterung ihrer Kapitalgrundlage einen stillen Gesellschafter aufgenommen. Dieser ist nur mit einer Kapitaleinlage, die in das Vermögen der Firma übergeht, an dem Einzelunternehmen beteiligt. Er muss kein Kaufmann sein. Der stille Gesellschafter haftet nicht persönlich, auch nicht mit seiner Einlage. Gläubiger können sich nicht an den stillen Gesellschafter, sondern nur an den Geschäftsinhaber wenden.

BEISPIEL

Der Rechtsanwalt Naumann, Kommanditist der Müller KG, ist mit einer Kapitaleinlage noch an einem anderen Unternehmen beteiligt. In einem Vertrag mit dem Einzelunternehmer Gerd Vesper wurde vereinbart, dass Naumann in keiner Weise haften und das Verhältnis zu der Firma „Gerd Vesper – Eisenwaren e. Kfm." nach außen nicht in Erscheinung treten soll.

Die Einlage des stillen Gesellschafters bildet einen Teil des langfristigen Fremdkapitals. Da der stille Gesellschafter – im Gegensatz zum Kommanditisten – nicht Mitinhaber, sondern lediglich Darlehensgeber ist, kann er selbst als Insolvenzgläubiger auftreten.

Der stille Gesellschafter hat keinen Einfluss auf die Geschäftsführung. Er ist nicht befugt, unternehmerische Entscheidungen zu treffen. Er hat auch bei außergewöhnlichen Geschäften kein Widerspruchsrecht, sondern ist bei Pflichtverletzungen auf Schadenersatzansprüche gegen den tätigen Teilhaber oder notfalls auf die Kündigung der Gesellschaft angewiesen. Da die stille Gesellschaft nach außen hin nicht in Erscheinung tritt, wird auch keine neue Firma gegründet.

BEISPIEL

Auch nach Hereinnahme des stillen Gesellschafters Naumann lautet die Firma „Gerd Vesper – Eisenwaren e. Kfm.".

Bei einer stillen Gesellschaft muss der stille Gesellschafter am Gewinn beteiligt sein. Die Gewinnverteilung erfolgt nach Vereinbarung. Die Beteiligung am Verlust kann dagegen ausgeschlossen werden.

Die stille Gesellschaft bietet sich als Unternehmensform an, wenn jemand mit seiner Beteiligung nach außen unerkannt bleiben will. Sie dient dem Zweck, mittels einer Vermögenseinlage Gewinn zu erzielen. Stille Gesellschafter sind auch bei einer OHG oder KG denkbar.

AUFGABEN

1. Was ist eine OHG?
2. Die OHG „Schulz & Otto" hat einen Jahresgewinn von 90.000,00 € erwirtschaftet. Schulz hat sich mit 400.000,00 €, Otto mit 150.000,00 € am Unternehmen beteiligt. Wie viel Euro erhält jeder der beiden Gesellschafter vom Gewinn, wenn der Gesellschaftsvertrag über die Gewinnverteilung nichts aussagt?
3. Erläutern Sie am Beispiel der OHG die Begriffe
   a) unbeschränkte Haftung,
   b) unmittelbare Haftung,
   c) solidarische Haftung.
4. Wie firmiert eine KG?
5. Was sind
   a) Komplementäre,
   b) Kommanditisten?
6. Welche Stellung hat ein stiller Gesellschafter im Insolvenzfall seiner Gesellschaft?

ZUSAMMENFASSUNG

Personengesellschaften	Offene Handelsgesellschaft alle Gesellschafter haften persönlich	Kommanditgesellschaft mindestens ein Vollhafter (Komplementär) und mindestens ein Teilhafter (Kommanditist)	Stille Gesellschaft Beteiligung an einem Einzelunternehmen, OHG oder KG, ohne dass dies öffentlich bekannt wird
Mindestgründerzahl	zwei	zwei	zwei
Mindestkapital	–	–	–
Haftung	alle Gesellschafter unbeschränkt, unmittelbar, solidarisch	Komlementär wie bei der OHG, Kommanditist mit Einlage	stiller Gesellschafter nur mit Einlage
Geschäftsführung und -vertretung	jeder Gesellschafter	nur Komplementäre	nur Geschäftsinhaber
Gewinnverteilung	falls keine vertragliche Regelung: 4 % der Kapitaleinlage, Rest nach Köpfen	falls keine vertragliche Regelung: 4 % der Kapitaleinlage, Rest im angemessenen Verhältnis	angemessene Anteile

11.4 KAPITALGESELLSCHAFTEN

Herr Müller, Komplementär der Müller KG, hat Sorgen. In der Nachbarschaft hat sich ein Warenhaus eine Feinkostabteilung zugelegt. Vor der Stadt bieten zwei neu gegründete Verbrauchermärkte ebenfalls Lebensmittel des gehobenen Bedarfs an. Die Umsatzzahlen des bisher erfolgreichen Unternehmens gehen stark zurück.

Da die Situation momentan nicht gerade rosig ist, macht sich Müller vorsichtshalber Gedanken um die Zukunft. Im Insolvenzfall würde er als Komplementär wegen der vollen Haftung sein ganzes Privatvermögen aufs Spiel setzen.

Müller sucht eine Unternehmensform, bei der er als Gesellschafter nicht persönlich haften muss. Nachdem er einige Erkundigungen eingezogen hat, wandelt er mit Zustimmung der übrigen Gesellschafter die bisherige Firma in die Müller GmbH um.

Warum wählt Müller die Unternehmensform der GmbH?

INFORMATION

Die Gesellschaft mit beschränkter Haftung

Die Gesellschaft mit beschränkter Haftung (abgekürzt GmbH) ist eine Kapitalgesellschaft, die nicht nur zum Betrieb eines Handelsgewerbes, sondern zu jedem gesetzlich zulässigen Zweck errichtet werden kann. Die GmbH hat eine eigene Rechtspersönlichkeit. Sie ist eine juristische Person, die selbstständig ihre Rechte und Pflichten hat. Sie kann beispielsweise Eigentum und Rechte an Grundstücken erwerben, vor Gericht klagen und verklagt werden.

Das Gesellschaftskapital wird Stammkapital genannt und muss mindestens 25.000,00 € betragen. Stammeinlagen sind die Beiträge der einzelnen Gesellschafter zum Stammkapital. Die Höhe der Stammeinlage kann für die einzelnen Gesellschafter unterschiedlich sein.

Für die Verbindlichkeiten der Gesellschaft haftet gegenüber den Gläubigern grundsätzlich nur die GmbH mit ihrem Gesellschaftsvermögen. Die Gesellschafter haften nicht mit ihrem Privatvermögen. Die Gesellschafter haben Anspruch auf den von der GmbH erzielten Reingewinn. Falls der Gesellschaftsvertrag nichts anderes bestimmt, wird dieser nach dem Verhältnis der Geschäftsanteile verteilt.

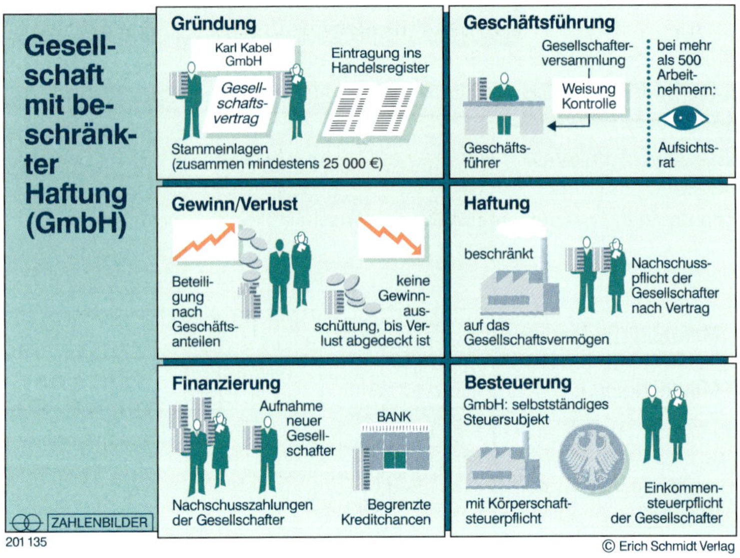

Die gesetzlich vorgesehenen Organe zur Vertretung, Überwachung und Beschlussfassung der GmbH sind Geschäftsführer, Gesellschafterversammlung und Aufsichtsrat:

- Durch die Geschäftsführer handelt die GmbH.
- Die Gesellschafterversammlung, die in der Regel durch die Geschäftsführer einberufen wird, ist das oberste Organ der GmbH. Hier entscheiden die Gesellschafter über alle grundsätzlichen Angelegenheiten.
- Ein Aufsichtsrat kann als Kontrollorgan eingerichtet werden. Gesetzlich vorgeschrieben ist er nur für Gesellschaften mit beschränkter Haftung, die mehr als 500 Personen beschäftigen.

Die Firma der GmbH muss sich durch einen eindeutigen Zusatz „GmbH“ identifizieren lassen.

Wie bei anderen Rechtsformen sind auch bei der Gesellschaft mit beschränkter Haftung Fantasiefirmen möglich.

Die GmbH wird als Unternehmensform oft gewählt, wenn eine einzelne Person oder ein überschaubarer Kreis mehrerer Personen ein kaufmännisches Unternehmen führen wollen, bei dem keiner die volle Haftung übernehmen will. Sie ist daher hauptsächlich bei kleineren und mittleren Unternehmen anzutreffen. Auch die meisten Neugründungen erfolgen als Gesellschaften mit beschränkter Haftung. Neben der eingeschränkten Haftung hat die GmbH weitere Vorzüge:

- Die Zahl der Gesellschafter ist unbegrenzt.
- Das zur Gründung notwendige Mindestkapital beträgt lediglich 25.000,00 €.
- Die gesetzlichen Vorschriften, die für eine GmbH gelten, sind relativ einfach zu erfüllen. Daher kann die GmbH über den Gesellschaftsvertrag den Besonderheiten des Einzelfalles besonders gut angepasst werden.

Am 26. Juni 2008 wurde vom Deutschen Bundestag das Gesetz zur Modernisierung des GmbH-Rechts und zur Bekämpfung von Missbräuchen (MoMiG) beschlossen. Danach ist eine neue GmbH-Variante vorgesehen, die mit der Einzahlung von einem Euro durch die Gesellschafter entsteht. Name: **Haftungsbeschränkte Unternehmergesellschaft (UG)**. Diese UG darf ihre jährlichen Gewinne allerdings nicht in vollem Umfang ausschütten, sondern muss das Stammkapital der normalen GmbH von 25.000,00 € nach und nach ansparen.

Eine spezielle Unternehmensform stellt auch die **GmbH & Co. KG** dar. Sie ist eine Personengesellschaft, als deren Komplementär eine Kapitalgesellschaft – nämlich die GmbH – auftritt. Der Unterschied zur KG liegt darin, dass in dieser Gesellschaft eine juristische Person das Unternehmen führt. Dadurch gelingt es, die unmittelbare und unbeschränkte Haftung des Komplementärs in eine mittelbare und beschränkte Haftung zu verwandeln.

Die Firma der GmbH & Co. KG muss die volle Bezeichnung der GmbH enthalten. Außerdem ist ein das Vorhandensein eines Gesellschaftsverhältnisses andeutender Zusatz („& Co. KG“) enthalten.

BEISPIEL

Müller GmbH & Co. KG

Die Aktiengesellschaft

Die Aktiengesellschaft (abgekürzt AG) ist eine Kapitalgesellschaft. Die Anteilseigner haften – im Gegensatz zu einer Personengesellschaft – nicht mit ihrem persönlichen Vermögen für die Verbindlichkeiten des Unternehmens, sondern ausschließlich mit ihrer Kapitaleinlage. Das Kapital der AG wird durch den Verkauf von Aktien aufgebracht: Aktien sind Urkunden über Anteils- und Besitzrechte an einer Aktiengesellschaft. Der Aktionär – der Inhaber von Aktien – ist somit Teilhaber am Vermögen und den Erträgen einer Aktiengesellschaft.

BEISPIEL

Herr Müller hat erneut eine Marktlücke entdeckt, die viel Gewinn abzuwerfen verspricht: die Gründung eines Unternehmens, das hormonfreies Kalbfleisch produziert und vertreibt. Vier seiner Bekannten sind von dieser Idee begeistert und möchten sich beteiligen. Die Aufzucht von Kälbern verursacht jedoch zunächst einmal riesige Kosten. Da Müller und die anderen Gesellschafter den für die nötigen Investitionen erforderlichen Kapitalbetrag nicht allein aufbringen können, suchen sie eine große Zahl weiterer Kapitalgeber, die zur Finanzierung des Vorhabens beitragen wollen. Zu diesem Zweck gründen sie eine Aktiengesellschaft.

Die Aktien können einen unterschiedlichen **Nennwert** haben. Der Nennwert ist der auf einer Aktie aufgedruckte Betrag in Euro. Er drückt aus, mit welchem Euro-Betrag ein Aktionär am Grundkapital der AG beteiligt ist. Zum Nennwert wird eine Aktie meistens bei der Gründung der Aktiengesellschaft ausgegeben. Der Mindestnennwert beträgt 1,00 €.

BEISPIEL

Die Nordwestdeutsche Kalbfleisch AG hat ihr Grundkapital von 5.000.000,00 € in 100 000 Aktien zum Nennwert von je 50,00 € aufgestückelt. Herr Otte besitzt eine dieser Aktien. Dadurch ist er zu 1/100000 am Vermögen und an den Erträgen des Unternehmens beteiligt. Außerdem hat er dadurch eine von insgesamt 100 000 Stimmen auf der Hauptversammlung, dem jährlichen Treffen der Aktionäre.

Ein Aktionär erhält den auf ihn entfallenden Gewinn nur zum Teil in Form der Dividende ausbezahlt. Die Dividende ist der auf die einzelne Aktie entfallende Anteil des Jahresüberschusses der AG. Sie ist das Entgelt dafür, dass der Aktionär dem Unternehmen Geld zur Verfügung stellt, mit dem es arbeiten kann.

Der größere Teil des Gewinns wird jedoch einbehalten und wieder in die AG investiert, um deren wirtschaftliche Leistungsfähigkeit zu verbessern. Werden ständig finanzielle Mittel in eine Aktiengesellschaft investiert, so wird das Unternehmen natürlich immer wertvoller. Dadurch steigt jedoch in der Regel auch der tatsächliche Wert der Aktie über den Nennwert. Der Preis der an der Börse gehandelten Aktie steigt. Dieser Börsenpreis wird auch Kurs oder **Kurswert** genannt. Für den Kapitalanleger hat die Aktie den Vorteil, dass er immer am Gewinn des Unternehmens beteiligt ist. Einerseits fließt ihm der Gewinn in Form der Dividende zu. Werden Jahresüberschüsse aber einbehalten, dann steigt in der Regel der Kurs der Aktie. In diesem Fall lässt sich ein Gewinn erzielen, indem der Aktionär seine Aktien verkauft.

Die in der Bundesrepublik Deutschland übliche Form der Aktie ist die **Inhaberaktie.** Bei ihr sind alle Rechte aus der Aktie (z. B. auf Dividendenzahlung) allein an den Besitzer der Aktie und nicht an eine namentlich bestimmte Person geknüpft. Eine Inhaberaktie kann jederzeit wie eine bewegliche Sache veräußert werden. Seltener ist die Ausgabe von **Namensaktien,** bei denen der Name des Inhabers auf der Aktie vermerkt ist. An der Ausgabe von Namensaktien kann die Aktiengesellschaft ein Interesse haben, wenn sie anhand des Aktienbuches den Bestand der Aktionäre überwachen will. Nur der im Aktienbuch eingetragene Besitzer einer Aktie gilt als Aktionär.

Zur Gründung einer AG ist nur eine Person nötig. In der Satzung (dem Gesellschaftsvertrag) wird die Höhe des Grundkapitals festgelegt, das mindestens 50.000,00 € betragen muss.

Eine Aktiengesellschaft muss über folgende Organe verfügen:

- Die **Hauptversammlung** ist die Zusammenkunft aller Aktionäre, die regelmäßig alle Jahre mindestens einmal einberufen wird. Die Aktionäre üben überwiegend hier ihre Rechte aus. Sie entscheiden u. a. über die Verwendung des ausgewiesenen Jahresgewinns oder über die Änderung von Grundkapital und Satzung. Die Hauptversammlung wählt mindestens die Hälfte der Mitglieder des Aufsichtsrates sowie den Aufsichtsratsvorsitzenden. Der Vorstand hat über die geschäftliche Lage zu berichten und sich vor den Aktionären zu verantworten.
- Der **Aufsichtsrat** soll als Kontrollorgan der AG den Vorstand überwachen. Er wird auf vier Jahre gewählt.

Der Aufsichtsrat besteht aus mindestens drei Personen, die nicht im Vorstand sein dürfen. Zu seinen Pflichten gehört die Berufung bzw. Entlastung des Vorstandes. Zusätzlich hat er den Jahresabschluss und den Geschäftsbericht zu prüfen.
Für die Zusammensetzung des Aufsichtsrats gilt das Betriebsverfassungsgesetz von 1952 für alle Unternehmen mit Ausnahme von Großunternehmen sowie Unternehmen des Bergbaus und der Eisen- und Stahlindustrie. Es sieht vor, dass in jeder AG mit mehr als 500 Beschäftigten 2/3 der Aufsichtsratmitglieder von den Aktionären, 1/3 von den Belegschaftsangehörigen gewählt werden. Für Großunternehmen mit über 2 000 Beschäftigten gilt das Mitbestimmungsgesetz von 1976. Dort stehen den Aktionärsvertretern im Aufsichtsrat ebenso viele Arbeitnehmervertreter (darunter ein Vertreter der leitenden Angestellten) gegenüber.

- Der **Vorstand** führt als Leitungsorgan der Gesellschaft die Geschäfte. Er wird auf höchstens fünf Jahre bestellt, wobei aber eine wiederholte Bestellung zulässig ist. Der Vorstand vertritt die AG gerichtlich und außergerichtlich. Der Vorstand kann aus einer oder mehreren Personen bestehen, die nicht Aktionäre zu sein brauchen. Im Allgemeinen gehören dem Vorstand Fachleute („Manager") an, die keine Aktien des Unternehmens besitzen.

Es gehört zu den wesentlichen Merkmalen der Aktiengesellschaft, dass die Unternehmensleitung und die Mitgliedschaft an der Aktiengesellschaft grundsätzlich getrennt sind: Der einzelne Aktionär trägt zwar das wirtschaftliche Risiko – das allerdings auf den bei Erwerb der Aktien erbrachten Kapitaleinsatz beschränkt ist –, er ist aber nicht an der Unternehmensleitung beteiligt.

Die Firma muss den Zusatz „Aktiengesellschaft" enthalten.

BEISPIELE

Nordwestdeutsche Kalbfleisch AG
Bayerische Motoren Werke AG
Mercedes-Benz Group AG, Inktomi AG, Bookmark AG

Die Aktiengesellschaft ist die geeignete Unternehmensform für Großunternehmen. Durch den Verkauf von Aktien an mehrere Personen kann der hohe Kapitalbedarf gedeckt werden. Das Vermögen Einzelner würde dafür nicht ausreichen. Der Erwerb von Aktien wird für diese Personen interessant durch

- die einfache Form der Beteiligung,
- das geringe Risiko,
- die freie Übertragbarkeit der Aktien,
- den geringen Preis der einzelnen Aktie,
- die Möglichkeit, sich ohne kaufmännische Fähigkeiten an einem Wirtschaftsunternehmen zu beteiligen.

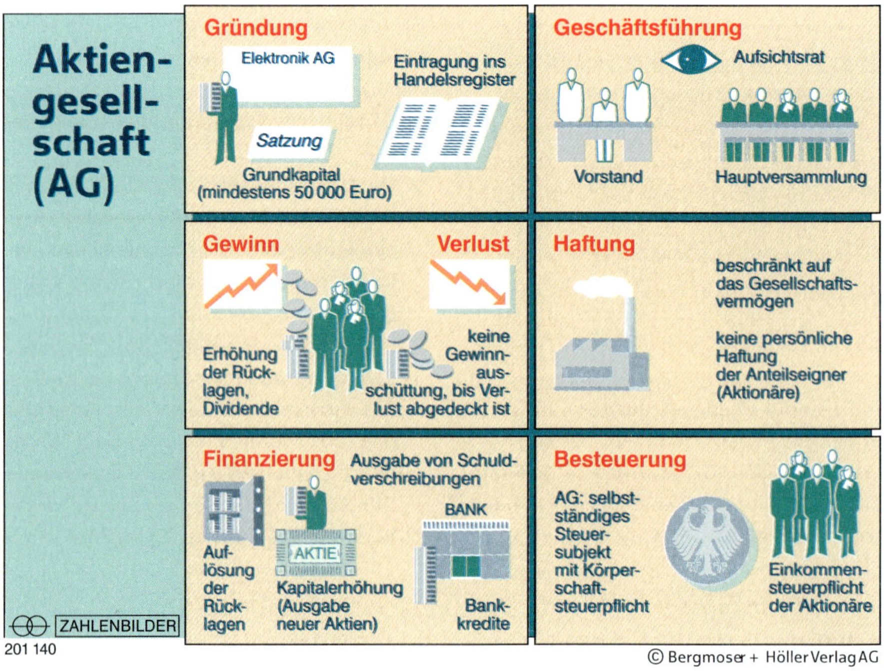

AUFGABEN

1. Welche Organe hat eine GmbH?
2. Welche Vorteile sprechen für die Unternehmensform der GmbH?
3. Was ist eine Einmann-GmbH?
4. Was ist eine GmbH & Co. KG?
5. Erklären Sie die folgenden Begriffe:
   a) Aktie
   b) Nennwert
   c) Kurs
   d) Grundkapital
   e) Dividende
6. Geben Sie fünf Beispiele für die Firma einer Aktiengesellschaft.
7. In welcher Situation wird die Unternehmensform der AG gewählt?

ZUSAMMENFASSUNG

Kapitalgesellschaften	**Gesellschaft mit beschränkter Haftung (GmbH)** Eine Person (Einmann-GmbH) oder mehrere Personen beteiligen sich am Stammkapital, das mindestens 25.000,00 € betragen muss.	**Aktiengesellschaft (AG)** Eine oder mehrere Personen (Aktionäre) beteiligen sich an dem in Aktien zerlegten Grundkapital, das mindestens 50.000,00 € betragen muss.
Mindestgründerzahl	einer	einer
Mindestkapital	mindestens 25.000,00 € Stammkapital	mindestens 50.000,00 € Grundkapital
Haftung	Nur die Gesellschaft haftet mit ihrem Vermögen.	Nur die AG haftet.
Geschäftsführung und -vertretung	Geschäftsführer	Vorstand
Gewinnverteilung	im Verhältnis der Geschäftsanteile	im Verhältnis der Aktienanteile

12.1 WIRTSCHAFTSPOLITISCHE ZIELE

Die Wirtschaftskrise 2008/2009 ging damals auch an deutschen Unternehmen nicht spurlos vorbei. Aufgrund von starken Nachfragerückgängen z. B. in der Automobilindustrie musste die Produktion in dem Bereich gedrosselt werden. Folge war, dass die staatlich geförderte Kurzarbeit bei vielen Beschäftigten der Autoproduktion angewendet werden musste. Falls sich die Marktlage in den folgenden Monaten nicht geändert hätte, hätten den entsprechenden Arbeitskräften Kündigungen gedroht. Die Maßnahme der Kurzarbeit wurde auch bei der Corona-Krise in den Jahren 2020 bis 2022 angewendet.

1. *Warum geht in einer Wirtschaftskrise die Nachfrage nach vielen Gütern zurück?*
2. *Wie könnte die Nachfrage angekurbelt werden?*
3. *Welche Gefahren sind mit den in Auftag 2 genannten Vorschlägen verbunden?*
4. *Warum fördert der Staat die Kurzarbeit?*

INFORMATION

Stabilitätsgesetz

In der Bundesrepublik Deutschland herrscht das Prinzip der sozialen Marktwirtschaft vor. Das bedeutet, dass rein marktwirtschaftliche Prinzipien (alles wird durch den Markt geregelt → Selbststeuerungskräfte) vom Staat an bestimmten Stellen reguliert werden müssen, um vor allem Nachteile für den Menschen zu reduzieren. Diese Regulierungen und Rahmenbedingungen werden durch verschiedene Gesetze gesteuert. Eines dieser Gesetze ist das **Gesetz zur Förderung und Stabilität des Wachstums der Wirtschaft (Stabilitätsgesetz → StabG)** aus dem Jahr 1967.

DEFINITION

§ 1 StabG

Bund und Länder haben bei ihren wirtschafts- und finanzpolitischen Maßnahmen die Erfordernisse des gesamtwirtschaftlichen Gleichgewichts zu beachten. Die Maßnahmen sind so zu treffen, dass sie im Rahmen der marktwirtschaftlichen Ordnung gleichzeitig zur Stabilität des Preisniveaus, zu einem hohen Beschäftigungsstand und außenwirtschaftlichem Gleichgewicht bei stetigem und angemessenem Wirtschaftswachstum beitragen.

In der nachfolgenden Grafik ist dargestellt, welche Zahlen zu den in § 1 StabG genannten Zielen in den Jahren 2016 bis 2020 für Deutschland festgestellt wurden.

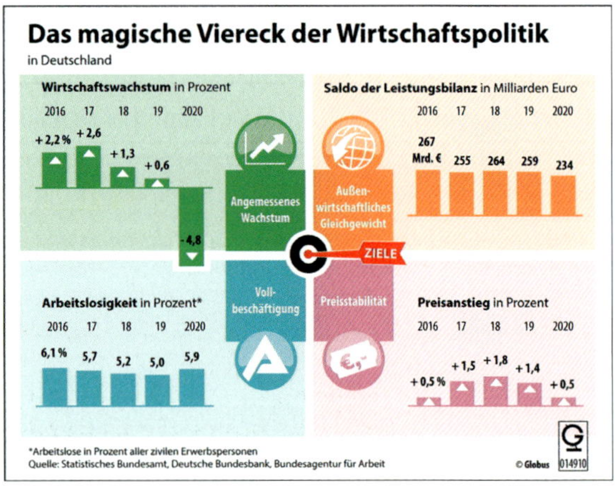

Ziel: Angemessenes Wachstum

Kennzahlen

Ein Ziel des Stabilitätsgesetzes ist ein angemessenes Wachstum. Dieses wird gemessen, indem die Wachstumsraten des Bruttoinlandsprodukts der verschiedenen Zeiträume (z. B. ein Jahr) betrachtet werden.

DEFINITION

Das **Bruttoinlandsprodukt** (BIP) misst die Leistung einer Volkswirtschaft während eines festgelegten Zeitraums. Es werden alle im Inland hergestellten Waren und Dienstleistungen wertmäßig erfasst, wenn diese nicht als Vorleistung für andere Produkte verwendet werden. Die Berechnung des BIP erfolgt auch bezogen auf die Leistung des einzelnen Einwohners (BIP je Einwohner). Dabei wird das BIP eines Jahres durch die Anzahl der Einwohner geteilt.

Von einem Wirtschaftswachstum wird immer dann gesprochen, wenn die Wirtschaftsleistung (das BIP) im laufenden Jahr größer ist als im Vorjahr.

FORMEL

$$\text{Wachstumsrate} = \left(\frac{\text{BIP}}{\text{BIP des Vorjahrs}} - 1 \right) \cdot 100$$

In der Bundesrepublik gab es in Zeiten des Wirtschaftswunders in den 1950er- und 1960er-Jahren Wachstumsraten von zum Teil über 10 %. Seitdem hat es immer wieder kleinere oder größere Krisen gegeben, die in manchen Jahren auch ein negatives Wachstum zur Folge hatten. Heute spricht man von einem angemessenen Wachstum bei Wachstumsraten von etwa 1,5 % bis 2 %.

Auswirkungen auf die Volkswirtschaft

An den Krisen ist zu erkennen, dass eine Volkswirtschaft auf ein stetiges und angemessenes Wirtschaftswachstum angewiesen ist.

Das Bruttoinlandsprodukt (BIP) misst die wirtschaftliche Leistung einer Volkswirtschaft während eines bestimmten Zeitraums. Gemessen wird der Wert sämtlicher im Inland hergestellter Waren und Dienstleistungen (Wertschöpfung). Vorleistungen für die Produktion anderer Waren und Dienstleistungen gehen nicht in die Berechnung ein. Das BIP wird in laufenden Preisen und preisbereinigt (real) berechnet. Die Veränderungsrate des realen BIPs dient als Messgröße für das Wirtschaftswachstum einer Volkswirtschaft.

Im Jahr 2021 erreichte das deutsche BIP nach ersten Berechnungen eine Höhe von 3563,9 Milliarden Euro. Damit steigt das BIP im Vergleich zum Vorjahr um 2,7 %. Trotz der andauernden Pandemiesituation und zunehmender Liefer- und Materialengpässe konnte sich die deutsche Wirtschaft nach dem Einbruch im Corona-Jahr erholen, erklärt das Statistische Bundesamt. Allerdings habe die Wirtschaftsleistung das Vorkrisenniveau noch nicht wieder erreicht.

Ein angemessenes Wirtschaftswachstum hat Einfluss auf

- den Beschäftigungsstand (niedrigere Arbeitslosigkeit),
- die Sozialleistungen des Staates (höhere Steuereinnahmen, Sozialversicherungen)
- und somit auf die Lebensqualität.

Grenzen des Wachstums

Es stellt sich die Frage, ob die Wirtschaft immer weiter wachsen kann oder ob es Grenzen des Wachstums gibt. In einer 1972 vom Club of Rome veröffentlichten Studie *(The Limits to Growth)* wurden die Grenzen des Wachstums in verschiedenen Szenarien untersucht. Die Wachstumsmodelle wurden im Hinblick auf die Ziele Umweltschutz und Wirtschaftswachstum diskutiert. Das Wirtschaftswachstum wird vielerorts auf Kosten der Umwelt realisiert. Laut dieser Studie sind bei den meisten der untersuchten Szenarien die Rohstoffe im Jahr 2100 erschöpft.

Diese Studie und die Ölkrise in den 1970er-Jahren haben ein Umdenken in vielen Industrieländern in Gang gesetzt. Auch die Kohlendioxid-Emissionen und die damit verbundene Schädigung der Ozonschicht wurden später festgestellt. Seitdem wird der Umweltschutz als notwendiger Faktor für ein nachhaltiges Wirtschaften betrachtet. Ob dieses Umdenken vieler Länder in Zeiten des Klimawandels (manche Umweltverbände sprechen von Klimakrise) ausreicht, wird von vielen Umweltverbänden bezweifelt.

Ziel: Preisstabilität

Kennzahlen und Warenkorb

Um die Preisstabilität festzustellen, ist es erforderlich, einen Preisindex zu definieren und zu erstellen. In Deutschland liefert der Verbraucherpreisindex die Informationen über die Preissteigerung bzw. die Teuerungsrate, bei dem alle Haushaltstypen, alle Regionen von Deutschland und sämtliche dort nachgefragten Waren und Dienstleistungen einbezogen sind.

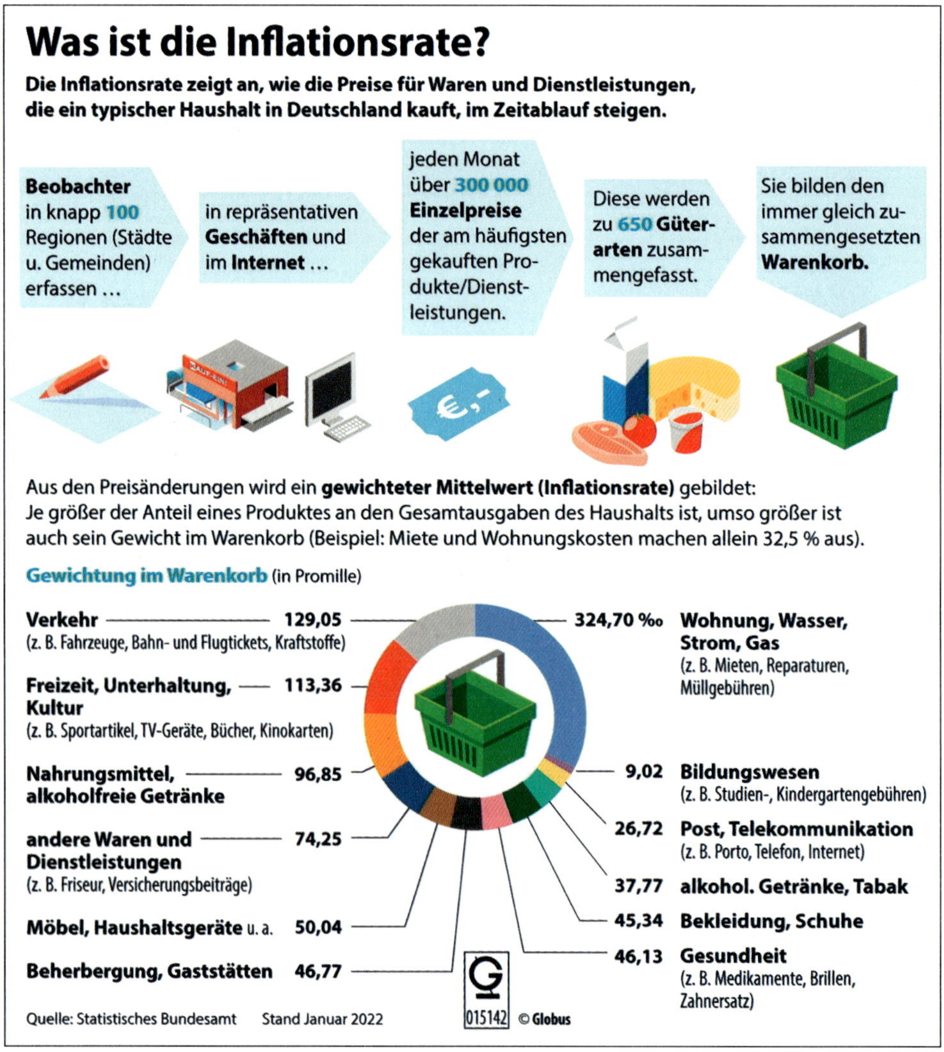

DEFINITION

Der **Verbraucherpreisindex** für Deutschland misst die durchschnittliche Preisentwicklung aller Waren und Dienstleistungen, die von privaten Haushalten für Konsumzwecke gekauft werden.

Die Berechnung des Verbraucherpreisindex erfolgt auf Basis eines sogenannten Warenkorbs. Dieser Warenkorb enthält alle Waren und Dienstleistungen, die beim deutschen Konsum relevant sind. Die sich ändernden Entwicklungen im Konsum machen eine ständige Aktualisierung und Neugewichtung des Warenkorbs erforderlich, damit auch die relevanten Konsumgüter in den Index einbezogen werden. Daher wird dieser Warenkorb alle fünf Jahre angepasst.

Die Grafik auf Seite 354 zeigt den aktuellen Warenkorb. Die Preissteigerung wird auch als Inflationsrate bezeichnet.

In der Realität gehen in 94 Regionen in Deutschland viele Beobachter Monat für Monat in die Geschäfte und notieren sich Preise der Güter dieses Warenkorbs. Mithilfe repräsentativer Stichproben und statistischer Verfahren werden die Daten monatlich vom Statistischen Bundesamt erhoben und veröffentlicht (vgl. www.destatis.de).

Das Statistische Bundesamt hat auf der oben genannten Internetseite auch ein Preis-Kaleidoskop aufgeführt, das interaktiv zu bedienen ist und die aktuellen Preisveränderungen vieler Produktarten des Warenkorbs im Vergleich zum Vormonat aufführt (https://service.destatis.de/Voronoi/PreisKaleidoskop.svg).

Die folgende Grafik zur Jahres-Teuerungsrate zeigt die Preissteigerung in Deutschland in den Jahren 2021 und 2022. Das Ziel der Preisstabilität laut Stabilitätsgesetz ist erreicht, weil die berechneten Steigerungsraten als moderat zu bewerten sind. Dieses Ziel hat sich auch die Europäische Zentralbank gesetzt.

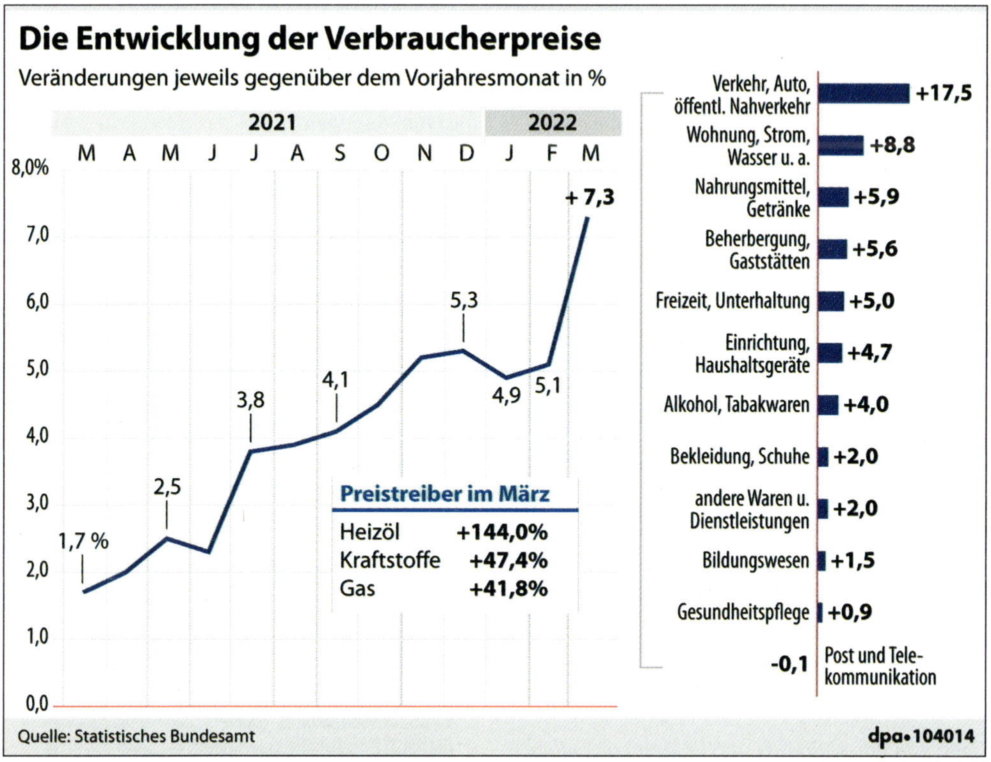

Zur Berechnung des Preisindex legt das Statistische Bundesamt ein Basisjahr zugrunde, momentan das Basisjahr 2015 mit einem Indexwert von 100. Die Inflationsrate. berechnet sich aus den Veränderungen des Preisindex. Die Zahl, die in der Regel veröffentlicht wird, ist die Inflationsrate.

FORMEL

$$\text{Preisindex} = \frac{\text{Wert aktueller Warenkorb}}{\text{Wert Warenkorb Basisjahr}} \cdot 100$$

$$\text{Inflationsrate} = \left(\frac{\text{Wert aktueller Warenkorb}}{\text{Wert Warenkorb Vorjahr}} - 1\right) \cdot 100$$

oder

$$\text{Inflationsrate} = \left(\frac{\text{aktueller Indexwert}}{\text{Indexwert Vorjahr}} - 1\right) \cdot 100$$

BEISPIEL

Jahr	Warenkorb	Preisindex	Inflationsrate
Basisjahr	1.600,00 €	100	–
1. Folgejahr	1.632,00 €	102	2,0 %
2. Folgejahr	1.680,00 €	105	2,9 %

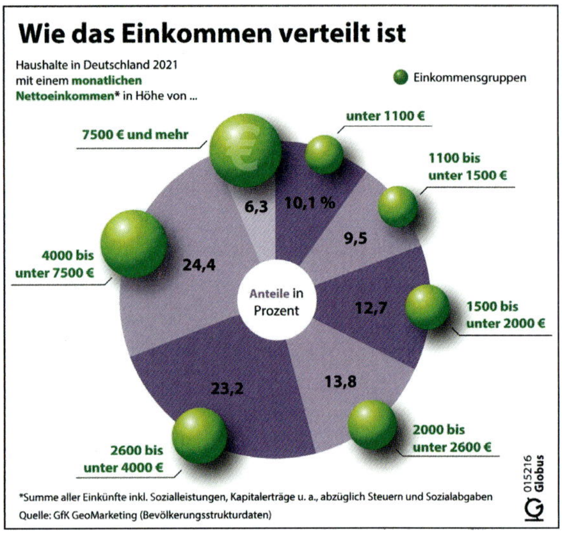

Wie viel Geld steht einer Haushaltsgemeinschaft in Deutschland, die aus mindestens einer Person besteht, monatlich zur Verfügung? Nach einer Auswertung des GfK GeoMarketings kamen im Jahr 2021 mehr als die Hälfte der Haushalte (53,9 %) mit Lohn bzw. Gehalt, Rente, Mieteinnahmen u. Ä. zusammen auf mindestens 2600 € netto. Den höchsten Anteil gab es mit 24,4 % in der Einkommensgruppe 4000 bis 7500 €. Der Anteil der Topverdienenden mit einem Einkommen von 7500 € und mehr lag bei 6,3 %. Mit weniger als 1100 € im Monat mussten dagegen 10,1 % der Haushalte auskommen.

Kaufkraft

Wenn in einer Volkswirtschaft die Preise steigen, ist noch nicht gesagt, dass die Kaufkraft der privaten Haushalte sinkt. Steigen beispielsweise die Preise um 1 %, die Löhne und Gehälter (also die Einkünfte der privaten Haushalte) im gleichen Zeitraum aber um 2 %, dann ist auch die Kaufkraft gestiegen. Die Kaufkraft des Geldes zeigt also an, welche Gütermenge man mit der zur Verfügung stehenden Geldmenge erwerben kann.

BEISPIEL

Andreas Seeger freut sich, dass seine Ausbildungsvergütung zum Jahresende um 1 % erhöht wurde, ihm jetzt also mehr Geld zur Verfügung steht. Abends erzählt er dies seiner Mutter. Die Mutter sagt: „Schön ... aber gerade heute habe ich in der Zeitung gelesen, dass die Preissteigerung in diesem Jahr 1,8 % betragen hat. Daher hast du insgesamt weniger Geld zur Verfügung und deine Kaufkraft ist leicht gesunken."

Im Jahr 2022 kann jeder Bundesbürger durchschnittlich 24 807 € für eine warme Wohnung, einen gefüllten Kühlschrank und andere Dinge ausgeben. Damit steigt die durchschnittliche Kaufkraft im Vergleich zum Vorjahr um 1013 € bzw. 4,3 %, ergab eine Studie des Marktforschungsunternehmens GfK.

Der Indikator Kaufkraft wird also nicht nur für Regionen innerhalb einer Volkswirtschaft verwendet, sondern dient auch als Vergleich zwischen verschiedenen Volkswirtschaften.

Spricht man von der Kaufkraft und Lohnentwicklungen, sind folgende Begriffe von Bedeutung:

- **Bruttolohn**
  der zwischen Arbeitgeber und Arbeitnehmer vereinbarte Gesamtlohn
- **Nettolohn**
  Bruttolohn abzüglich der Sozialabgaben, Steuern (Lohnsteuer) und ggf. der privaten Vorsorge

4203356

- **Reallohn**
  entspricht der Kaufkraft. In der Regel ist dies der Nettolohn (in dem Zusammenhang auch Nominallohn genannt) unter Berücksichtigung der Preisentwicklung.

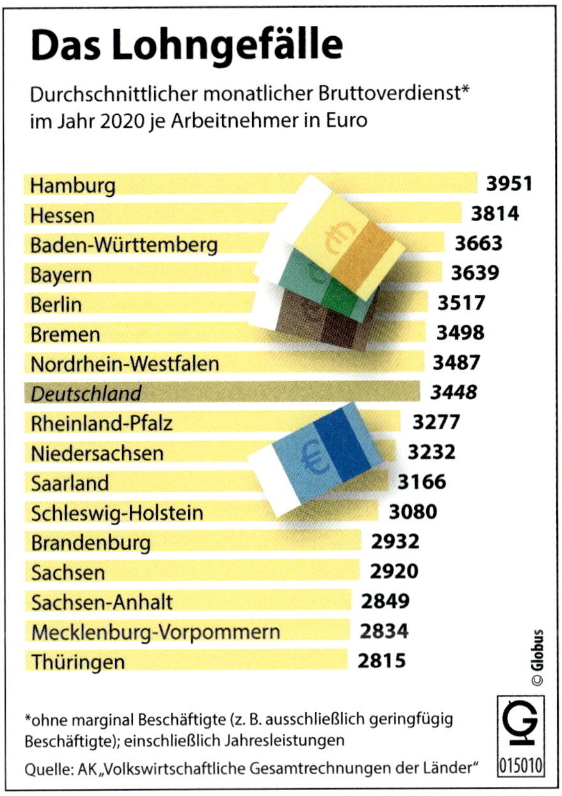

In Hamburg sind die Löhne und Gehälter am höchsten. Die Hansestadt mit ihrem Mix aus Handel, Dienstleistungen, Medien und Industrie führt seit vielen Jahren die Verdienstliste an; im Jahr 2020 kamen die Arbeitnehmer auf einen durchschnittlichen Monatsverdienst von fast 4000 € (ohne geringfügig Beschäftigte). Die Angaben beziehen sich auf den Bruttoverdienst, also vor Abzug von Steuern und Sozialabgaben; eingerechnet sind Jahresleistungen wie beispielsweise Urlaubs- oder Weihnachtsgeld. Das zweite Bundesland im Ranking, Hessen, liegt bei den Verdiensten fast 140 € oder gut 3 % hinter Hamburg.

Geldwertstörungen

Eine Preisstabilität soll erreicht werden, damit es in einer Volkswirtschaft nicht zu einer Inflation oder Deflation kommt. Beide Szenarien sind sogenannte Geldwertstörungen und haben einen negativen Einfluss auf die Wirtschaft und somit auf den Wohlstand einer Gesellschaft.

Inflation

Bei der Inflation sinkt der Wert des Geldes, weil aufgrund der Preissteigerung nicht mehr so viel gekauft werden kann wie vorher. Die Inflation kann daher auch als eine Form der Geldentwertung verstanden werden.

DEFINITION

Bei einer Inflation ist mehr Geld als Sachgüter vorhanden, die **Preise** steigen. Der Anstieg des allgemeinen Preisniveaus führt zur Geldentwertung und zu Kaufkraftschwund.

Es wird von einer **nachfrageinduzierten Inflation** gesprochen, wenn die Nachfrage nach Gütern und Dienstleistungen steigt ohne eine entsprechende Ausweitung des Angebots. Durch die hohe Nachfrage steigen die Preise.

BEISPIEL

- Konsumnachfrageinflation = private Haushalte haben eine erhöhte Nachfrage nach Konsumgütern
- Investitionsnachfrageinflation = Unternehmen haben eine erhöhte Nachfrage nach Investitionsgütern
- Staatsnachfrageinflation = der Staat hat eine erhöhte Nachfrage nach Gütern und Dienstleistungen

Bei einer **angebotsinduzierten Inflation** nehmen die Anbieter Preiserhöhungen vor, weil etwa die Kosten gestiegen sind oder weil sie ihre Gewinne erhöhen möchten.

BEISPIEL

- Kostendruckinflation = Preise steigen wegen erhöhter Produktionskosten
- Rohstoffkosteninflation = Preise steigen wegen teurer werdender Rohstoffe
- Gewinninflation = Preise steigen wegen höherer Gewinnforderungen

Es wird unterschieden zwischen einer leichten und einer schweren Inflation. Eine leichte Inflation hat jährliche Preissteigerungsraten von 0 % bis 5 %, die schwere Inflation hat Preissteigerungsraten über 5 %. In den letzten Jahren gab es in Deutschland eine leichte Inflation, die kaum drastische Auswirkungen auf wesentliche Bereiche der Wirtschaft hatte. Momentan zeichnet sich jedoch durch verschiedene große Krisen (Corona/Ukraine-Krieg) ausgelöst eine große Inflation mit Inflationsraten mit zum Teil über 7 % ab.

Inflation

Auswirkung auf die Preisentwicklung

BEISPIEL

Ein Gut, das heute 10,00 € kostet, hat in der Zukunft folgende Preise:

Preisentwicklung \ jährliche Inflationsrate	1 %	2 %	5 %	10 %	30 %
	leichte Inflation		schwere Inflation		
nach 1 Jahr	10,10	10,20	10,50	11,00	13,00
nach 5 Jahren	10,51	11,04	12,76	16,11	37,13
nach 10 Jahren	11,05	12,19	16,29	25,94	137,86

Auswirkung auf die Kaufkraft

BEISPIEL

Das Geld, das heute noch 100 % seines Werts hat, hat in der Zukunft folgenden Prozentwert:

Kaufkraftentwicklung \ jährliche Inflationsrate	1 %	2 %	5 %	10 %	30 %
	leichte Inflation		schwere Inflation		
nach 1 Jahr	99,0	98,0	95,2	90,9	76,9
nach 5 Jahren	95,1	90,6	78,4	62,1	26,9
nach 10 Jahren	90,5	82,0	61,4	38,6	7,3

Hyperinflation nach dem Ersten Weltkrieg

In den 1920er-Jahren kam es zu einer schweren Inflation (Hyperinflation), weil zu Beginn der Weimarer Republik die Geldpresse in Deutschland viel Geld druckte, um die Staatsschulden (Reparationszahlungen) im Ausland zu begleichen. Außerdem kam es aufgrund des Krieges zu Güterengpässen.

→ Einer steigenden Geldmenge stand ein Rückgang der Sachgüter gegenüber.

Folgen der Hyperinflation:

- Inlandswährung fällt als Tauschmittel aus
- Ersatz der Inlandswährung durch Auslandswährung
- Es werden nur noch Güter getauscht.

Deflation

Die Deflation ist quasi das Gegenteil der Inflation. In dieser Situation sinkt das allgemeine Preisniveau langfristig, weil beispielsweise weniger Waren und Dienstleistungen nachgefragt werden.

Es könnte der Eindruck entstehen, dass dies, zumindest für die privaten Haushalte, gut sein wird. Es besteht aber die Gefahr, dass die privaten Haushalte mit dem Kauf warten, da das Konsumgut nächste Woche eventuell noch günstiger sein wird usw. Ähnlich könnten die Unternehmen reagieren, indem sie z. B. zögern, Investitionsgüter zu erwerben. Dadurch würden die Nachfrage und der Konsum weiter sinken, als Folge sinkt dann wiederum die Produktion und die Arbeitslosigkeit steigt.

DEFINITION

Bei einer **Deflation** ist weniger Geld als Sachgüter vorhanden, die Preise sinken. Das Sinken des allgemeinen Preisniveaus führt zur Geldwertsteigerung und zur Kaufkraftsteigerung einer Währungseinheit.

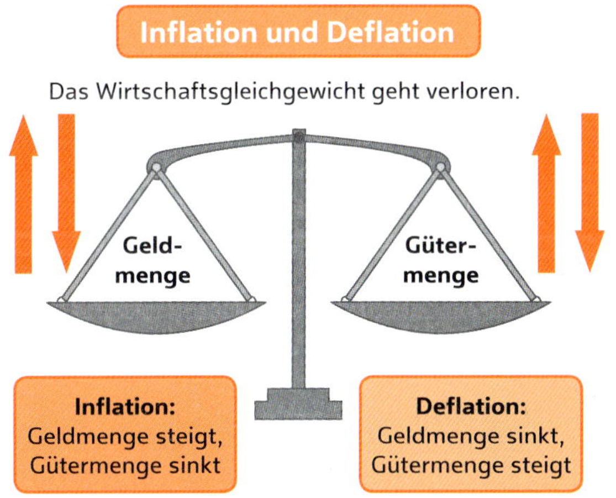

Ziel: Außenwirtschaftliches Gleichgewicht

Gründe für den Außenhandel

Der Außenhandel ist in jeder Volkswirtschaft seit langer Zeit notwendig, um beispielsweise Güter, die nicht oder nicht im ausreichenden Maße vorhanden sind, zu importieren. Umgekehrt wird auch exportiert, um die im Ausland fehlenden Güter zu liefern.

In der heutigen globalisierten Welt sind die Motive des Außenhandels überwiegend in den Kostenstrukturen begründet (z. B. günstigere Textilproduktion in Asien) und in den guten Absatzmöglichkeiten im Ausland (z. B. Automarkt in China). Man spricht beim Außenhandel auch von einer internationalen Arbeitsteilung.

Zahlungs-, Leistungs- und Handelsbilanz

Die Gesamtheit der Außenbeziehungen nennt sich Außenwirtschaft. Alle Forderungen und Verbindlichkeiten der Außenwirtschaft werden in einer Zahlungsbilanz zusammengefasst. Die Zahlungsbilanz umfasst alle Geld- und Kapitalströme mit dem Ausland. Dabei wird diese in verschiedene Teilbilanzen unterteilt.

Nachfolgend werden nur die Zahlungsbilanz, die Leistungsbilanz und die Handelsbilanz erläutert, weil diese für den Außenhandel die größte Bedeutung darstellen.

- **Zahlungsbilanz**
  Darunter fallen alle wirtschaftlichen Wechselbeziehungen, die innerhalb eines Jahres in einer Volkswirtschaft im Inland und im Ausland stattgefunden haben.
- **Leistungsbilanz**
  Sie stellt mit ihren vier Bereichen (vgl. Schaubild) den Kernbereich der Zahlungsbilanzanalyse dar. Die Leistungsbilanz umfasst vor allem Güter- und Dienstleistungsströme zwischen In- und Ausland.

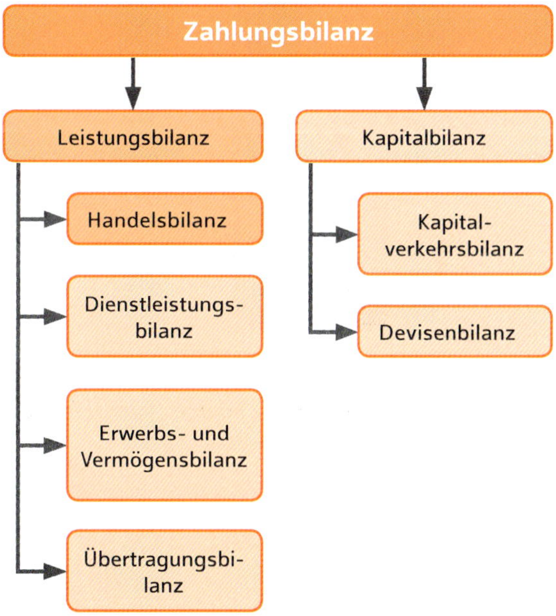

- **Handelsbilanz**
  Die Handelsbilanz stellt die größte Position bei der Leistungsbilanz dar. Hier sind die Waren- und Güterströme zwischen In- und Ausland zusammengefasst. Es erfolgt eine wertmäßige Gegenüberstellung von Importen und Exporten.

DEFINITION

Der **Außenbeitrag** der Handelsbilanz ergibt sich als Saldo (Differenz) zwischen Exporten und Importen von Waren und Dienstleistungen.

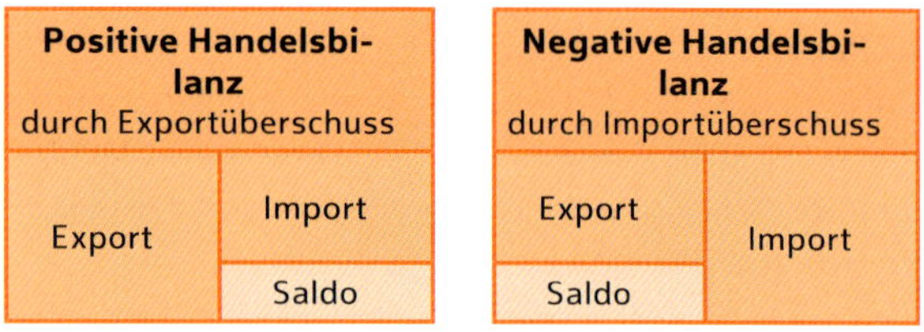

Von einem **aktiven Außenbeitrag** bzw. einem Handelsbilanz- oder Leistungsbilanzüberschuss wird gesprochen, wenn die Leistungen an das Ausland größer sind als die Leistungen vom Ausland, das heißt, die Exporte sind höher als die Importe. Umgekehrt wird von einem **passiven Außenbeitrag** gesprochen, wenn die Importleistungen die Exportleistungen übersteigen.

In Deutschland ist der Außenbeitrag aktiv, man spricht auch von einem Außenhandelsüberschuss. Nachfolgend sind die Handelsbilanz und der Außenbeitrag Deutschlands abgebildet und für 2017 der Außenbeitrag zwischen einigen ausgewählten Ländern mit Deutschland.

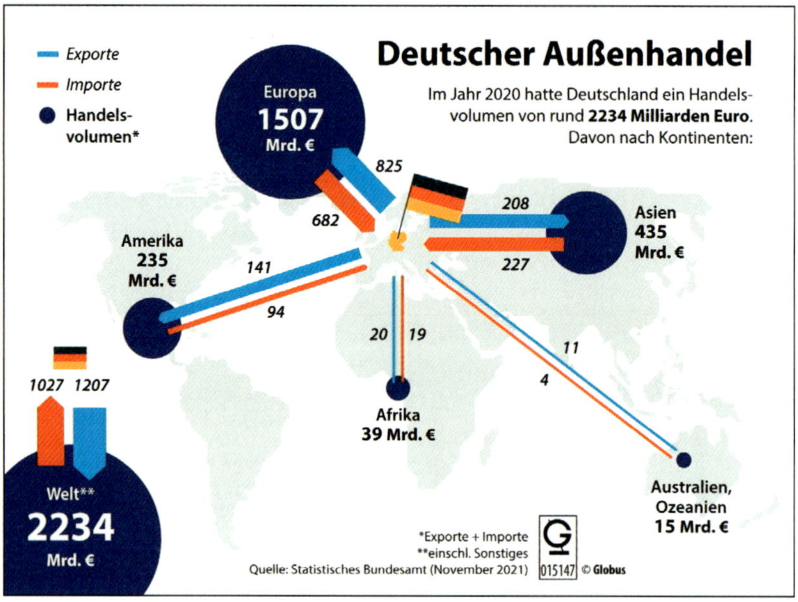

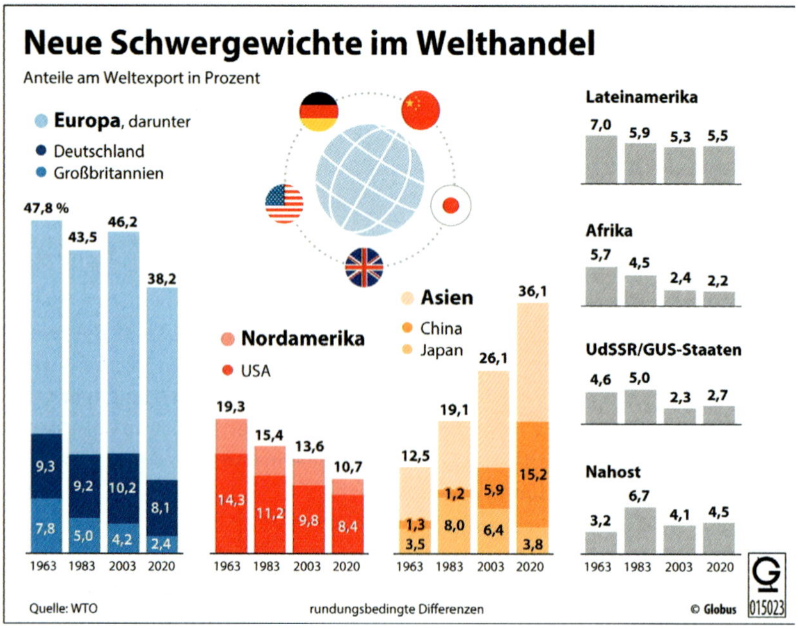

Gefahren eines außenwirtschaftlichen Ungleichgewichts

Die Leistungsbilanzen aller Volkswirtschaften weltweit ergeben in der Zusammenrechnung null. Wenn es in einer Volkswirtschaft einen Leistungsbilanzüberschuss gibt, dann nimmt dieses Land mehr Geld aus dem Ausland ein, als es zahlen muss. Folglich muss es in einigen anderen Ländern ein Leistungsbilanzdefizit geben. Da beim Defizit mehr Geld abfließt als hinzukommt, müssen die „Defizitländer" sich das Geld bei den „Überschussländern" leihen. Damit wächst die Gefahr einer Schuldenkrise. Dies entspricht umgekehrt den Problemen, die eine Volkswirtschaft mit einem zu hohen passiven Außenbeitrag hat.

Neben den genannten Gefahren der Schuldenkrise ist es wichtig, die Exportabhängigkeit nicht zu hoch werden zu lassen.

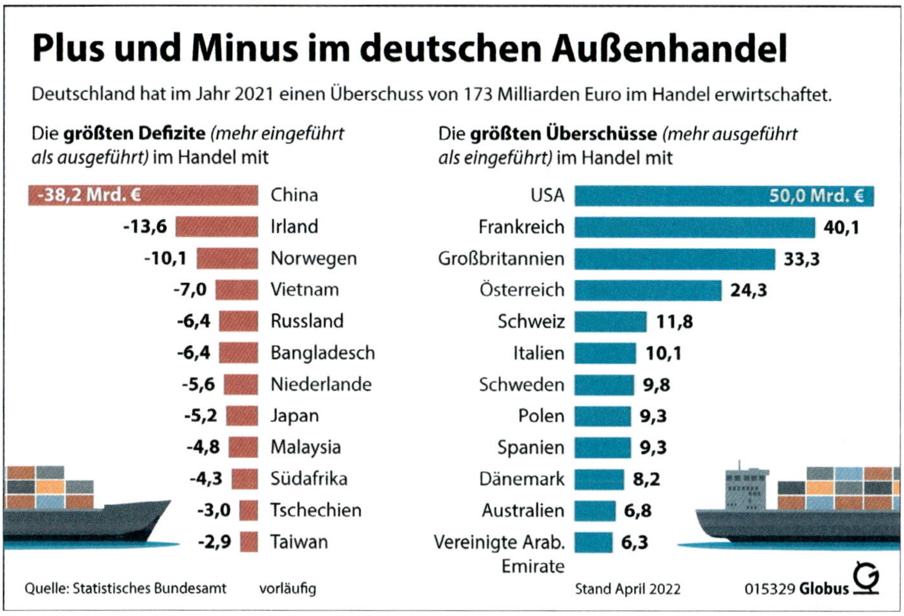

Deutschland hat in den vergangenen Jahren hohe Überschüsse im Außenhandel erzielt. Berechnet man die Differenz zwischen Exporten und Importen, ergibt sich auch für das zweite Corona-Jahr 2021 ein Überschuss von 173 Milliarden Euro. Den größten Überschuss erzielte Deutschland im Handel mit den USA. Während die US-amerikanischen Unternehmen Waren im Wert von 72,0 Milliarden Euro nach Deutschland lieferten, konnte Deutschland Waren im Wert von 122 Milliarden Euro in den Vereinigten Staaten absetzen. Deutschland erzielte somit einen Überschuss von rund 50 Milliarden Euro im Handel mit den USA. Der zweitgrößte Überschuss entstand im Handel mit Frankreich. Die Exporte deutscher Unternehmen überstiegen die Importe aus Frankreich nach Deutschland um 40,1 Milliarden Euro. Das größte Defizit gab es im Handel mit China: Deutsche Unternehmen lieferten dorthin Waren im Wert von 103,6 Milliarden Euro; die Importe aus China betrugen jedoch 141,8 Milliarden Euro, sodass unterm Strich für Deutschland ein Minus von 38,2 Milliarden Euro stand.

Ziel: Hoher Beschäftigungsstand

Vollbeschäftigung

Ein weiteres wirtschaftspolitisches Ziel ist es laut Stabilitätsgesetz, einen möglichst hohen Beschäftigungsstand zu erreichen. Nach dem Zweiten Weltkrieg gab es in Deutschland eine Vollbeschäftigung. In den 1960er-Jahren gab es sogar eine Unterbeschäftigung, das heißt, die Zahl der offenen Stellen war größer als die Zahl der Arbeitslosen. Gelöst wurde dieses Problem seinerzeit dadurch, dass Arbeitskräfte aus dem Ausland nach Deutschland kamen.

DEFINITION

Vollbeschäftigung liegt vor, wenn alle Erwerbspersonen in Beschäftigung sind.

Diese Definition wird von Politikern und Wissenschaftlern unterschiedlich interpretiert. So galt in den 1950er- bis 1980er-Jahren eine Arbeitslosenquote von 2 % als Vollbeschäftigung. Seit den 1990er-Jahren werden 4 – 6 % als Messlatte genommen So gibt es beispielsweise Meinungen unter Experten, dass in Deutschland immer zirka eine Million Menschen arbeitslos sein werden, weil sie entweder auf dem Arbeitsmarkt aufgrund fehlender Qualifikationen nicht vermittelbar sind oder sich gerade auf Arbeitssuche zwischen zwei Arbeitsstellen befinden.

Arbeitsmarktkennzahlen

Die Bundesagentur für Arbeit unterscheidet im Rahmen ihrer periodischen Erhebung statistischer Daten zum Arbeitsmarkt verschiedene Personenkreise.

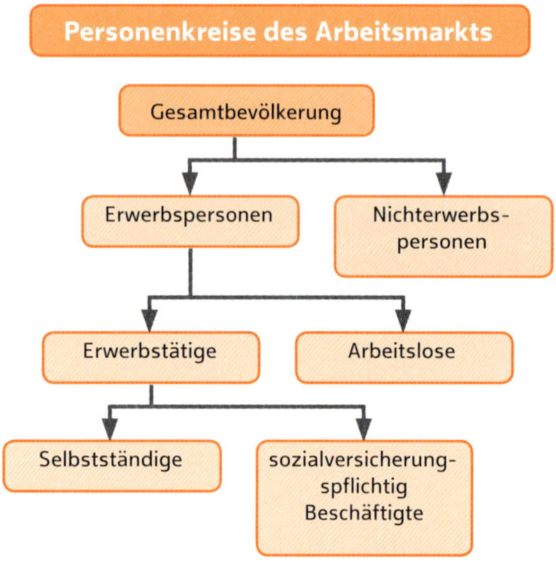

Zur Beurteilung des Beschäftigungsstands bzw. des Arbeitsmarkts sind verschiedene Kennzahlen von Bedeutung. Viele dieser Kennzahlen werden von der Bundesagentur für Arbeit und vom Statistischen Bundesamt in regelmäßigen Zeiträumen veröffentlicht. Dazu gehören:

- **Erwerbsquote**
  Als Erwerbsquote wird der prozentuale Anteil an Erwerbspersonen (= alle Personen, die sich am Erwerbsleben beteiligen wollen) bezogen auf die Gesamtbevölkerung bezeichnet.

FORMEL

$$\text{Erwerbsquote} = \frac{\text{Erwerbstätige} + \text{Arbeitslose}}{\text{Bevölkerung insgesamt}} \cdot 100$$

- **Arbeitslosenquote**
  Als Arbeitslosenquote wird der prozentuale Anteil an registrierten Arbeitslosen bezogen auf die Erwerbspersonen bezeichnet.

FORMEL

$$\text{Arbeitslosenquote} = \frac{\text{Arbeitslose}}{\text{Erwerbstätige} + \text{Arbeitslose}} \cdot 100$$

Arbeitslosigkeit

Die Arbeitslosigkeit ist ein Dauerthema in Politik und Gesellschaft. Es gibt verschiedene Gründe, weshalb diese in einer Volkswirtschaft möglichst niedrig sein sollte.

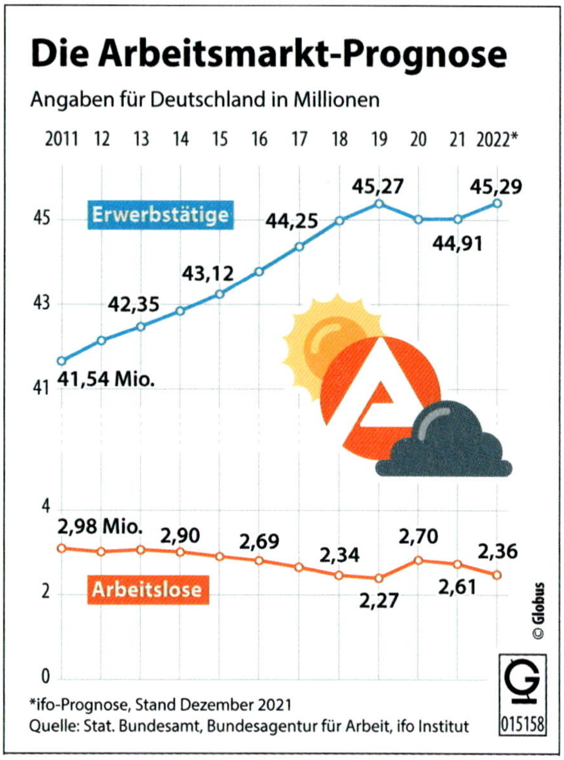

Formen der Arbeitslosigkeit

Um die Arbeitslosigkeit wirksam bekämpfen zu können, muss zunächst eine Analyse der Formen der Arbeitslosigkeit stattfinden.

Es gibt:

- **saisonale** Arbeitslosigkeit
  Innerhalb eines Jahres kommt es je nach Branche (z. B. Baugewerbe, Tourismus) zu saisonalen Schwankungen. Tendenziell ist die Arbeitslosenquote in Deutschland im Winter und während der Urlaubszeit (Juli, August) saisonal etwas höher.
- **konjunkturelle** Arbeitslosigkeit
  Wenn die gesamtwirtschaftliche Nachfrage nach Gütern und Dienstleistungen sinkt, fällt das Wirtschaftswachstum geringer aus. Es kann dadurch konjunkturbedingt zu einer höheren Arbeitslosigkeit kommen.
- **strukturelle, sektorale** Arbeitslosigkeit
  Wenn etwa bestimmte Industriezweige nicht mehr benötigt werden, führen diese strukturellen Verände-

rungen häufig zu einer erhöhten Arbeitslosigkeit (z. B. Kohleförderung). Die Wertschöpfungsprozesse werden in andere Wirtschaftssektoren verlagert.

- **regionale** Arbeitslosigkeit
  Der oben genannte Strukturwandel kann sich nur auf bestimmte Regionen beziehen. Regionale Unternehmen sind eventuell nicht mehr wettbewerbsfähig und die Arbeitslosigkeit steigt regional.
- **friktionelle** Arbeitslosigkeit
  Beim Übergang von einer Arbeitsstelle zu einer anderen kommt es zu zeitlichen Verzögerungen. In dieser relativ kurzen Übergangszeit ist eine Erwerbsperson arbeitslos.

Es ist das Ziel der Bundesagentur für Arbeit, möglichst viele Erwerbspersonen in den ersten Arbeitsmarkt zu bringen.

DEFINITION

Unter dem **ersten Arbeitsmarkt** wird der reguläre Arbeitsmarkt verstanden, bei dem seitens des Staates keine Zuschüsse zu Arbeitsverhältnissen gezahlt werden. Der **zweite Arbeitsmarkt** hat als Ziel, die Betroffenen (wieder) an den ersten Arbeitsmarkt heranzuführen. Zum zweiten Arbeitsmarkt zählen alle staatlich subventionierten Arbeitsverhältnisse.

Folgen der Arbeitslosigkeit

Eine hohe Arbeitslosigkeit ist für eine Volkswirtschaft eine starke Belastung. So fehlen der Solidargemeinschaft nicht nur die Teilnehmer, die in Renten-, Kranken-, Pflege- und Arbeitslosenversicherung einzahlen, sondern es steigen auch die Aufwendungen und somit der Beitragssatz der Arbeitslosenversicherung. Durch die dann gestiegenen Lohnnebenkosten kann es zu weiteren Entlassungen und somit zu einer noch höheren Arbeitslosenquote kommen.

Für jeden persönlich ist der Zustand der Arbeitslosigkeit häufig eine wirtschaftliche Bedrohung. Folge des fehlenden Einkommens ist eine sinkende Nachfrage. Dadurch kommt es zu Umsatzeinbußen bei den Unternehmen und es kann zu weiteren Entlassungen und somit zu einer noch höheren Arbeitslosenquote kommen.

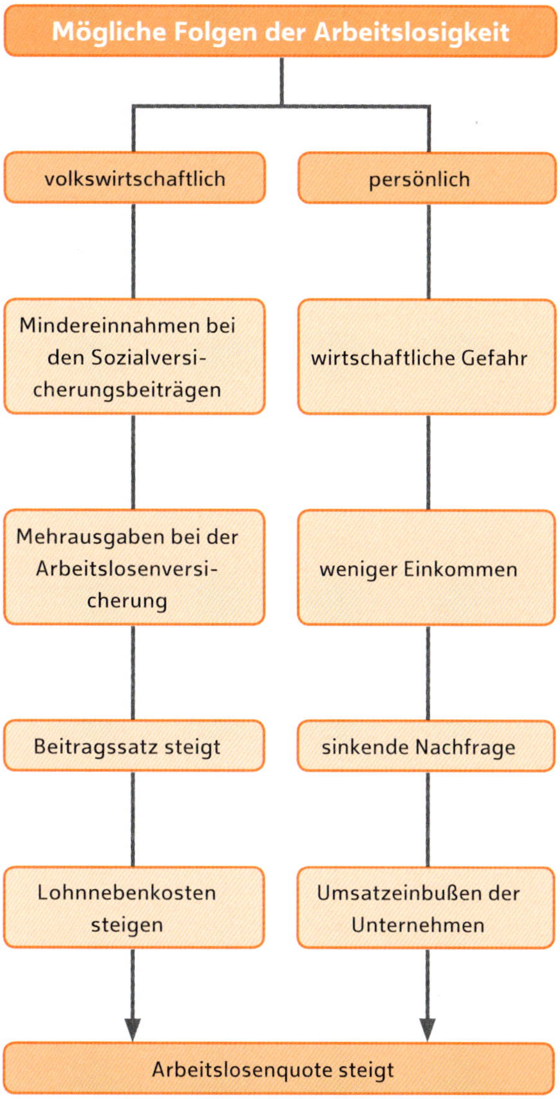

Maßnahmen zur Bekämpfung der Arbeitslosigkeit

Bei den Maßnahmen zur Bekämpfung der Arbeitslosigkeit wird zwischen den Maßnahmen der Bundesagentur für Arbeit und denen der Politik (Bundes- und Landesregierungen, Tarifparteien) unterschieden.

Die Bundesagentur für Arbeit hat eine Vielzahl von Maßnahmen im Programm, um die Arbeitslosen kurz-, mittel- oder langfristig wieder in den ersten Arbeitsmarkt zu bringen.

BEISPIEL

- Vermittlung von Arbeitsplätzen
- Bewerbungstraining
- Erstattung der Bewerbungskosten
- Umschulungsmaßnahmen
- Weiterbildungsmaßnahmen
- Beratungen

Auch die Politik sowie die Tarifparteien haben durch verschiedene Maßnahmen Einfluss auf die Höhe der Arbeitslosigkeit genommen.

BEISPIEL

Im Rahmen der Wirtschaftskrise in den Jahren 2008 und 2009 hat die Bundesregierung zwei **Konjunkturpakete** verabschiedet.

- **Konjunkturpaket I:**
  Am 5. November 2008 beschloss die Bundesregierung, Investitionen und Aufträge von Unternehmen, privaten Haushalten und Kommunen in einer Größenordnung von rund 50 Milliarden Euro in den Jahren 2009 und 2010 zu fördern. Außerdem wurden im Umfang von zirka 20 Milliarden Euro Maßnahmen zur Sicherung der Finanzierung und Liquidität bei Unternehmen die Finanzierung von Investitionen gewährt.
- **Konjunkturpaket II:**
  Im Januar 2009 legte die Regierung ein zweites Konjunkturpaket auf, das ab März 2009 galt. Dieser **Pakt für Beschäftigung und Stabilität** umfasste noch einmal verschiedene Maßnahmen im Wert von etwa 50 Milliarden Euro. Durch diese Maßnahmen sollten Impulse zur Stützung der Binnenkonjunktur und zur nachhaltigen Stärkung des Landes gegeben werden.

Mithilfe einer Umweltprämie (im Volksmund **Abwrackprämie**) förderte die Bundesregierung im Rahmen des Konjunkturpakets II die Automobilbranche.

Unter bestimmten Voraussetzungen konnten Privatpersonen ihr altes Auto gegen eine staatliche Prämie von 2.500,00 € verschrotten, wenn sie zeitgleich einen Neuwagen kauften. Dadurch wurde die Nachfrage nach Kraftfahrzeugen während der Wirtschaftskrise erhöht und die Branche konnte Engpässe überbrücken. Drohende Entlassungen konnten vermieden werden.

Ein weiteres Instrument gegen Entlassungen infolge der Wirtschaftskrise 2008/2009 war die **Kurzarbeit-Regelung.** Dabei konnten Arbeitgeber Kurzarbeitergeld bei der Bundesagentur für Arbeit (BA) beantragen, wenn der Arbeitsausfall mindestens ein Drittel der beschäftigten Personen betraf und bei ihnen mindestens 10 % des monatlichen Bruttoentgelts ausfielen. Das Kurzarbeitergeld betrug 60 % bzw. 67 % des Monatsentgelts und wurde anteilig für einsatzfreie Zeiten gezahlt.

Während dieser Maßnahmen konnten sowohl die Beschäftigten als auch die Unternehmen konjunkturelle Engpässe, das heißt Auftragsrückgänge, überbrücken. Vorteil war, dass die Arbeitslosenversicherung nicht belastet wurde und die Unternehmen ihre Beschäftigten nicht entlassen mussten. In auftragsstarken Jahren (wie z. B. ab 2010) können somit Aufträge kompetent und zuverlässig mit dem erfahrenen Personal erfüllt werden.

Die Kurzarbeit verlor ab dem Jahr 2010 zunächst wieder an Bedeutung. In der Corona-Krise in den Jahren 2020 bis 2022 wurde die Kurzarbeit wieder angewendet. Dadurch wurden auch hier hohe Entlassungszahlen vermieden.

Bei den Tarifparteien hat die **Lohnzurückhaltung** in Deutschland nach Angaben verschiedener Wirtschaftsforschungsinstitute in den letzten Jahren die Wettbewerbsfähigkeit erhöht. Dies führte einerseits zu einer Abnahme der Arbeitslosigkeit, andererseits kam es durch die sinkenden Reallöhne zu einer schwachen Binnennachfrage. Hier ziehen Arbeitgeber und Gewerkschaften aber unterschiedliche Schlüsse.

Wirtschaftsweiser für kräftige Lohnsteigerungen

Düsseldorf/Frankfurt (dpa) – Arbeitnehmer sollten nach Meinung des Wirtschaftsweisen Peter Bofinger kräftigere Lohnsteigerungen von mindestens drei Prozent bekommen. Forderungen der Arbeitgeber nach maßvollen Lohnabschlüssen erteilte der Volkswirtschaftsprofessor in der «Rheinischen Post» (Montag) eine klare Absage. In den vergangenen zehn Jahren sei die Kaufkraft der Beschäftigten in Deutschland nicht gestiegen, sagte er am Montag im Audiodienst der Nachrichtenagentur dpa.

Bofingers Kollege im Sachverständigenrat, der RWI-Präsident Christoph M. Schmidt warnte dagegen vor zu hohen Lohnsteigerungen. „Zu diesem Zeitpunkt die Löhne zu stark anzuheben, könnte Arbeitsplätze gefährden", sagte er dem Bremer „Weser-Kurier" (Dienstag). Schmidt hält allenfalls einen Aufschlag in Höhe des langfristigen Produktivitätszuwachses für vernünftig. Dieser werde von Experten einhellig bei etwa einem Prozent pro Jahr angesetzt. Sollte es branchenbezogen weiteren Spielraum geben, plädiert der Wirtschaftsweise eher für Einmalzahlungen als für flächendeckende Lohnerhöhungen.

Bofinger verwies auf die Spannungen innerhalb der Euro-Zone. Die Lohnzurückhaltung in Deutschland habe dazu beitragen, dass die Volkswirtschaften auseinanderdrifteten, erklärte das Mitglied des sogenannten Rats der Wirtschaftsweisen, der offiziell Sachverständigenrat zur Begutachtung der gesamtwirtschaftlichen Entwicklung (SVR) heißt.

Der Unterschied in Europa müsse durch höhere Lohnabschlüsse in Deutschland und niedrigere Abschlüsse in den weniger wettbewerbsstarken Ländern Südeuropas ausgeglichen werden. Daran hingen auch die Erfolgsaussichten der Bemühungen, die Haushalte zu sanieren.

Die Kaufkraft der Beschäftigten in Deutschland sei in den vergangenen zehn Jahren nicht gestiegen, erläuterte Bofinger. Im gleichen Zeitraum seien aber die Exporte um 70 Prozent preisbereinigt gestiegen und hätten für kräftige Gewinne gesorgt, sagte er im dpa- Audiodienst. Es habe eine massive Umverteilung zu Lasten der Beschäftigten stattgefunden.

„Für die ausgeprägte Lohnzurückhaltung der letzten Jahre gab es keine Rechtfertigung", erklärte der Regierungsberater. Auch die Gewerkschaften hätten sich zu stark auf die Erhaltung der Arbeitsplätze fixiert. Eine radikale Änderung der Tarifpolitik sei aber nicht zu erwarten: „Ich fürchte, dass wir in Deutschland nicht so schnell von dieser Politik der Lohnmoderation wegkommen."

Nach Berechnungen der gewerkschaftlichen Hans-Böckler-Stiftung sind die realen Bruttolöhne und Gehälter sechs Jahre in Folge nicht gestiegen. Zuvor hatten sie auf dem Niveau von 2000 stagniert. Die erzielten Tarifsteigerungen wurden demnach regelmäßig von der Teuerung aufgebraucht.

In der jüngsten Wirtschaftskrise hatten Arbeitszeitverkürzungen zwar dafür gesorgt, dass die pro Stunde gezahlten Entgelte stiegen.

Bei den Gesamtgehältern und -löhnen fehlten am Jahresende aber etliche Zuschläge und Überstundenvergütungen. Für das erste Quartal dieses Jahres ermittelte das Statistische Bundesamt ein Reallohn-Plus von 0,8 Prozent.

Quelle: dpa: Wirtschaftsweiser für kräftige Lohnsteigerungen, 02.08.2010, © dpa Deutsche Presse-Agentur GmbH.

AUFGABEN

1. Welche wirtschaftspolitischen Ziele wurden im Stabilitätsgesetz von 1967 formuliert?
2. Weshalb ist es wichtig, als Bezugsgröße für das Wachstum nicht nur das gesamte in einer Volkswirtschaft erwirtschaftete BIP, sondern auch das BIP je Einwohner zu betrachten?
3. Warum wird ein hohes Bildungsniveau als **human capital** neben Neu- und Erweiterungsinvestitionen als eine Voraussetzung für Wachstum angesehen?
4. Mit welchen Maßnahmen kann die Politik versuchen, das Wachstum anzuregen?
5. Welches Hauptziel können Sie aus der Studie des Club of Rome von 1972 ableiten?
6. Der Index des BIP in Deutschland betrug im Jahr 2008 110,39 Indexpunkte und im Jahr 2009 105,18 Indexpunkte. Wie hoch war im Jahr 2009 die Wachstumsrate?
7. Veränderungen des Preisniveaus werden unter anderem mit dem Index der Lebenshaltungskosten aller privaten Haushalte auf der Basis eines Warenkorbs angegeben.
   a) Nennen Sie ein Gut in diesem Warenkorb, das in jüngster Vergangenheit im Preis gestiegen ist, und erläutern Sie die Ursache.
   b) Nennen Sie ein Gut in diesem Warenkorb, das in jüngster Vergangenheit im Preis gefallen ist, und erläutern Sie die Ursache.
   c) Welche Gründe kann es geben, Inhalt und Gewichtung des Warenkorbs von Zeit zu Zeit zu aktualisieren?
8. In der folgenden Tabelle sind die Preisindizes dreier Jahre in Deutschland angegeben. Bestimmen Sie die Inflationsraten der Jahre II und III.

Jahr	Index
I	100,5
II	102,0
III	103,8

9. Es ist manchmal zu hören, dass die sogenannte Lohn-Preis-Spirale die Stabilität des Preisniveaus beeinflusst.
   a) Wer sind die „Akteure", die an der Lohn-Preis-Spirale mitwirken?
   b) Welche Gruppe ist zumeist negativ von der Lohn-Preis-Spirale betroffen? Nennen Sie Gründe.
10. Im Zeitungsartikel „Wirtschaftsweiser für kräftige Lohnsteigerungen" (S. 365) plädiert ein Experte kurz nach der Wirtschaftskrise 2008/09 für kräftige Lohnsteigerungen.
    a) Warum stärkt eine Lohnzurückhaltung die Exportbemühungen einer Volkswirtschaft?
    b) Wieso ist die Kaufkraft nicht gestiegen, obwohl die Löhne in den letzten Jahren gestiegen sind?
    c) Welche volkswirtschaftlichen Gründe sprechen dafür, die Löhne kräftig ansteigen zu lassen?
11. In einer Volkswirtschaft stehen sich Gütermenge und Geldmenge gegenüber. In welcher Situation besteht die Gefahr einer Inflation?
12. Bei einer Inflation gibt es Gewinner und Verlierer. Nennen Sie jeweils drei Beispiele.
13. Wie viel kostet ein Produkt, das heute 5,00 € kostet, in zehn Jahren bei einer durchschnittlichen Inflationsrate von jährlich 2 %?
14. Wie viel ist das Geld in acht Jahren noch „wert", wenn die Inflationsrate jährlich 2 % beträgt?
15. Nennen Sie jeweils drei typische Waren, die die Bundesrepublik Deutschland importiert und exportiert.
16. Der Außenhandel hat für eine Volkswirtschaft viele Vorteile, aber auch Nachteile. Nennen Sie jeweils drei Vorteile und drei Nachteile.
17. Warum fordern Experten mittelfristig einen Abbau des hohen deutschen Leistungsbilanzüberschusses?
18. Erläutern Sie, wie die Bundesrepublik Deutschland ihren Leistungsbilanzüberschuss reduzieren könnte.
19. In der Bundesrepublik sind mehrere namhafte Autohersteller ansässig. Die Binnennachfrage müsste angesichts dieses Angebots eigentlich zu befriedigen sein. Dennoch werden viele Fahrzeuge aus Ländern wie Frankreich, Italien, Schweden und Japan importiert. Erläutern Sie, warum dies so ist.
20. Der auf die Beschäftigung abzielende Eckpunkt im magischen Viereck lautet nicht **Vollbeschäftigung**, sondern **hoher Beschäftigungsstand**. Begründen Sie, weshalb dies der Fall ist.
21. Die klassischen Formen der Arbeitslosigkeit (saisonal, konjunkturell, strukturell, regional und friktionell) können um die technologische und die lohnkostenbedingte Arbeitslosigkeit erweitert werden. Erklären Sie, was Sie darunter verstehen.
22. Nehmen Sie zu der Aussage „Durch eine erhöhte Investitionstätigkeit der Unternehmen nimmt die Beschäftigung zu" Stellung.
23. Wie können Sie Ihren Arbeitsplatz sichern bzw. Ihre eigenen Chancen auf dem Arbeitsmarkt erhöhen?
24. Welche Folgen kann eine hohe Arbeitslosenquote für eine Volkswirtschaft haben?

25. Die Preisveränderungen werden mithilfe des Warenkorbs ermittelt. Recherchieren Sie auf der Seite www.destatis.de/Voronoi/PreisKaleidoskop.svg, welche Waren des Warenkorbs die höchsten Preissteigerungen verursachen und welche Waren besonders günstig geworden sind.

26. Sehen Sie sich den Film von der Europäischen Zentralbank zum Thema Preisstabilität an (siehe www.ecb.int/ecb/educational/pricestab/html/index.de.html). Beantworten Sie anschließend folgende Fragen:

a) Bis zu welchem Preisanstieg wird im Euroraum von Preisstabilität gesprochen?

b) Warum erhöht der Brotverkäufer seine Preise?

c) Warum ist eine zu hohe Geldmenge gefährlich für eine Volkswirtschaft?

d) Wer ist Verlierer der Inflation?

e) Welche Maßnahmen ergreift eine Zentralbank, um die Preise stabil zu halten?

f) Warum ist Vertrauen in die Preise so wichtig für die Wirtschaft?

g) Weshalb ist auch die Deflation gefährlich für die Wirtschaft?

27. Definieren Sie mithilfe der Internetseiten des Statistischen Bundesamtes (www.destatis.de) sowie der Bundesarbeitsagentur (www.arbeitsagentur.de) nachfolgende Begriffe zum Arbeitsmarkt. Bestimmen Sie dabei gegebenenfalls auch die Formel für mögliche Berechnungen der Kennzahl.

a) Erwerbspersonen

b) Nichterwerbspersonen

c) Erwerbstätige

d) Arbeitslose

e) Erwerbslose

f) Selbstständige

g) sozialversicherungspflichtig Beschäftigte

28. Interpretieren Sie die Zahlen der nachfolgenden Grafik. Gehen Sie dabei auch auf die unterschiedlichen Zahlen zwischen Erwerbstätigkeit und sozialversicherungspflichtiger Beschäftigung ein.

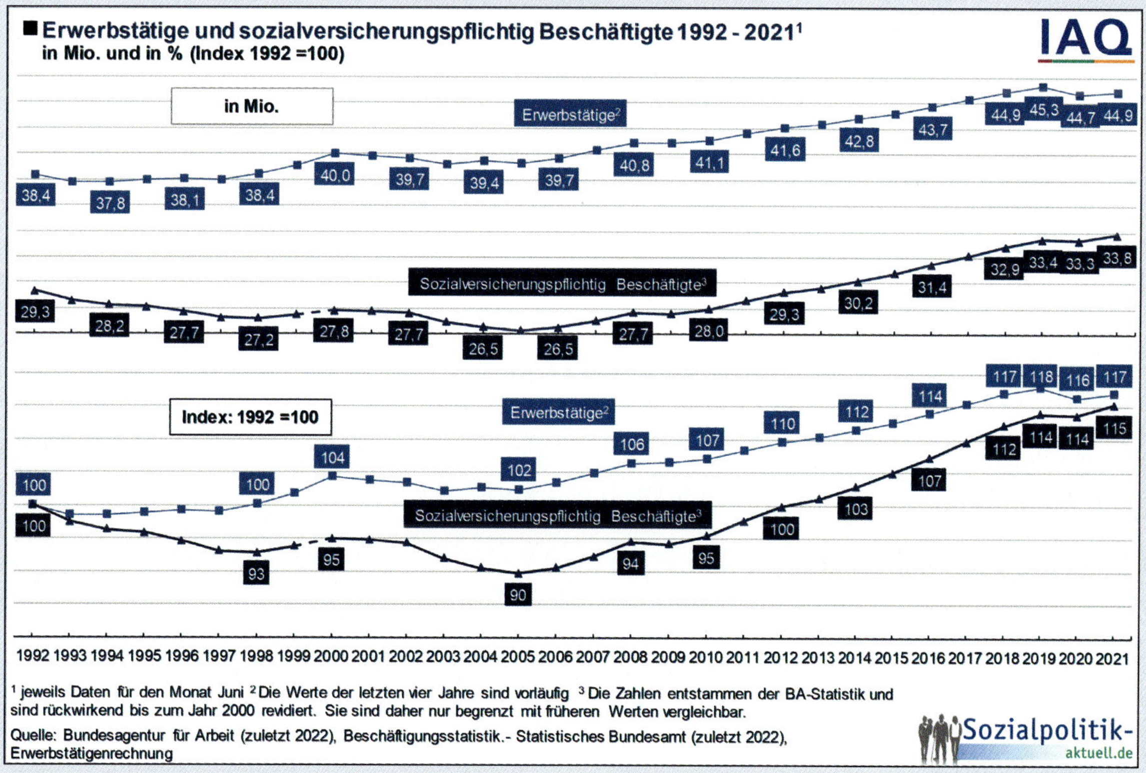

ZUSAMMENFASSUNG

angemessenes Wirtschaftswachstum

- Kennzahlen
  - Wachstum ergibt sich aus dem BIP

$$\text{Wachstumsrate} = \left(\frac{\text{BIP}}{\text{BIP des Vorjahrs}} - 1\right) \cdot 100$$

- Wachstum beeinflusst:
  - Beschäftigungsstand
  - Sozialleistungen
  - Lebensqualität
- Wachstumsgrenzen
  - Studie „The Limits of Growth“
  - Rohstoffe nicht unbegrenzt verfügbar
  - Umweltschutz als notwendiger Faktor

Preisstabilität

- Kennzahlen:
  - Verbraucherpreisindex (⌀ Preisentwicklung auf Basis des Warenkorbs)
  - Inflationsrate (Veränderung der Preise im Zeitablauf)
- Warenkorb (enthält sämtliche Waren und Dienstleistungen, die für die Konsumwelt in Deutschland relevant sind)
- Kaufkraft (abhängig von Lohn- und Preisentwicklungen)
- Gefahren:
  - Inflation (Geldmenge größer als Gütermenge, Preise steigen)
  - Deflation (Gütermenge größer als Geldmenge, Preise sinken)

Stabilitätsgesetz (magisches Viereck)

außenwirtschaftliches Gleichgewicht

- Zahlungsbilanz, insbesondere die Teilbilanzen Leistungsbilanz und Handelsbilanz
- Außenbeitrag = Export – Import
- positive Handelsbilanz (Exportüberschuss)
- negative Handelsbilanz (Importüberschuss)
- Gefahren eines außenwirtschaftlichen Ungleichgewichts:
  - mögliche Schuldenkrise (bei negativer Handelsbilanz)
  - Exportabhängigkeit (bei positiver Handelsbilanz)

hoher Beschäftigungsstand

- Kennzahlen:
  - Erwerbsquote
  - Arbeitslosenquote
- Vollbeschäftigung: Alle Erwerbspersonen sind in Beschäftigung.
- Formen der Arbeitslosigkeit: saisonal, konjunkturell, strukturell, regional und friktionell
- Folgen der Arbeitslosigkeit
  - volkswirtschaftlich (Mindereinnahmen/Mehrausgaben, steigende Beitragssätze und Lohnnebenkosten)
  - persönlich (weniger Einkommen, sinkende Nachfrage)
- Maßnahmen (von der Bundesagentur für Arbeit oder vom Staat)

4203368

12.2 MAGISCHES SECHSECK

Agathe Kwasny und Andreas Seeger haben von Frau Schwab, Abteilungsleiterin der Verwaltung, den Auftrag bekommen, das Leitbild der Lahmann KG kritisch zu betrachten. Dabei fällt ihnen eine Formulierung auf:

> **Leitbild der Lahmann KG**
> ... Um der großen sozialen Verantwortung für diese Menschen gerecht zu werden, versuchen wir, Beschaffungsregeln einzuhalten, die die Einhaltung von Sozial- und Umweltstandards gewährleisten ...

Agathe und Andreas verstehen nicht, welchen finanziellen Nutzen die Lahmann KG von der Einhaltung

von Sozial- und Umweltstandards haben könnte. Sie meinen, dass die Einhaltung dieser Standards der Lahmann KG keinen Gewinn bringt und daher nichts im Leitbild zu suchen hat.

1. *Was verstehen Sie unter Sozial- und Umweltstandards?*
2. *Welche Sozial- und Umweltstandards werden bei Unternehmen grundsätzlich relevant sein?*
3. *Wie beurteilen Sie die Haltung von Agathe Kwasny und Andreas Seeger?*

INFORMATION

Erweiterung des magischen Vierecks

Im letzten Kapitel wurden die vier wirtschaftspolitischen Ziele des Stabilitätsgesetzes, das sogenannte **magische Viereck,** beschrieben:

- angemessenes Wirtschaftswachstum
- Preisstabilität
- außenwirtschaftliches Gleichgewicht
- hoher Beschäftigungsstand

Im Laufe der letzten Jahre haben in der Wirtschaftspolitik neben diesen Zielen aber noch zwei weitere Ziele sehr an Bedeutung gewonnen:

- gerechte Einkommensverteilung
- Erhaltung einer lebenswerten Umwelt

In Verbindung mit diesen sechs Zielen wird auch vom **magischen Sechseck** gesprochen. Die Herausforderung der Wirtschaft besteht darin, alle Ziele zu erfüllen. Allerdings kommt es bei der Zielerfüllung häufig zu Zielkonflikten.

Ziel: Gerechte Einkommensverteilung

Einkommensverteilung und Armut

Die privaten Haushalte beziehen ihre Einkommen aus unterschiedlichen Quellen:

- Einkommen aus nichtselbstständiger Arbeit (Arbeitseinkommen)
- Einkommen aus selbstständiger Arbeit (Unternehmenseinkommen)
- Einkommen aus vorhandenem Vermögen (Vermögenseinkommen)
- Einkommen durch Zahlungen des Staates (Transfereinkommen)

Die Einkommensverteilung – also die Frage, wie das Gesamteinkommen aller Haushalte auf die einzelnen Haushalte/Personen verteilt ist – zählt neben dem Bruttoinlandsprodukt und dem durchschnittlichen Einkommen pro Kopf zu den Wohlstandsindikatoren einer Volkswirtschaft.

In Deutschland gelten Personen als arm, denen weniger als 60 % des mittleren durchschnittlich verfügbaren Einkommens zur Verfügung stehen.

Weltweit gibt es seitens der Weltbank eine etwas andere Definition von Armut: Als arm gilt, wer im Durchschnitt von weniger als 1,90 $ am Tag leben muss.

Soziale Ungleichheit ruft Unzufriedenheit und Empörung bei der Bevölkerung hervor. Nach dem neuen Armutsbericht der Bundesregierung sind die Einkünfte der Reichen gewachsen, die der Armen gesunken. Die „Schere" in Deutschland öffnet sich. Doch liegt das Verhältnis zwischen den reichsten und ärmsten 20 % der Bevölkerung hierzulande gerade mal bei 4,3. In Sierra Leone, wo die ungleiche Verteilung am krassesten ist, liegt dieser Wert bei 57,6. Das heißt: Während das ärmste Fünftel der Einwohner gerade einmal ein winziges Stück (1,1 %) vom Einkommenskuchen abbekommt, teilt sich das reichste Fünftel fast zwei Drittel (63,4 Prozent) des Kuchens.

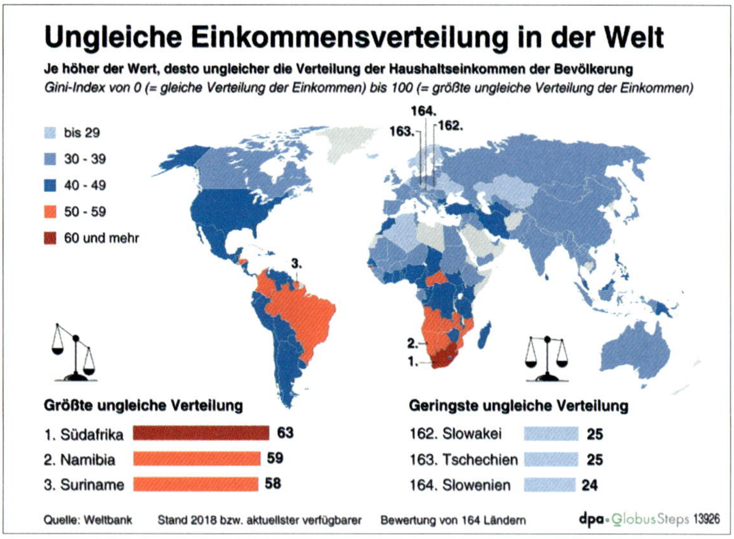

Sorge bereiten in Deutschland aber vor allem die 23,5 % Haushalte, die unter 1.500,00 € Einkommen erzielen. Das ist fast ein Viertel der Haushalte. Vor allem die Mehrpersonenhaushalte werden bei diesen Einkommen in Deutschland Schwierigkeiten haben, ihren Lebensunterhalt zu bestreiten. Hier besteht ein konkretes Armutsrisiko.

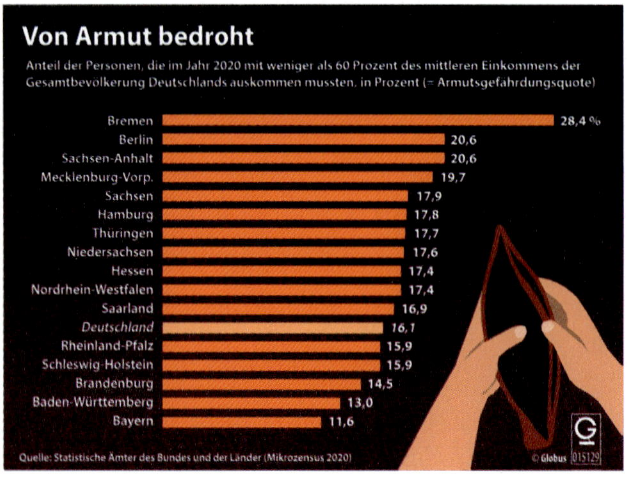

Von je 100 Personen in Deutschland waren gut 16 im Jahr 2020 armutsgefährdet. Sie mussten mit weniger als 60 % des mittleren Netto-Einkommens in Deutschland auskommen. Im Bundesdurchschnitt lag die Armutsschwelle bei Einpersonenhaushalten bei 1126 € netto, bei Familien mit zwei Kindern unter 14 Jahren lag sie bei 2364 € monatlich. Die höchste Armutsgefährdungsquote gemessen an diesem Bundesmedian gab es 2020 in Bremen: 28,4 % der Einwohner waren hier von Armut bedroht. Mit einer Quote von jeweils 20,6 % folgten Berlin und Sachsen-Anhalt.

Das „Millennium-Ziel“ der Weltbank, seit 1990 die Armut bis 2015 zu halbieren, wurde bereits im Jahr 2010 erreicht. Die Armut ist aber in vielen Entwicklungs- und Schwellenländern nach wie vor auf einem hohen Niveau. Große Fortschritte in der Armutsbekämpfung sind vor allem in Ostasien und China erreicht worden. Bis 2030 will die Weltbank erreichen, dass es keine extreme Armut mehr auf der ganzen Welt gibt.

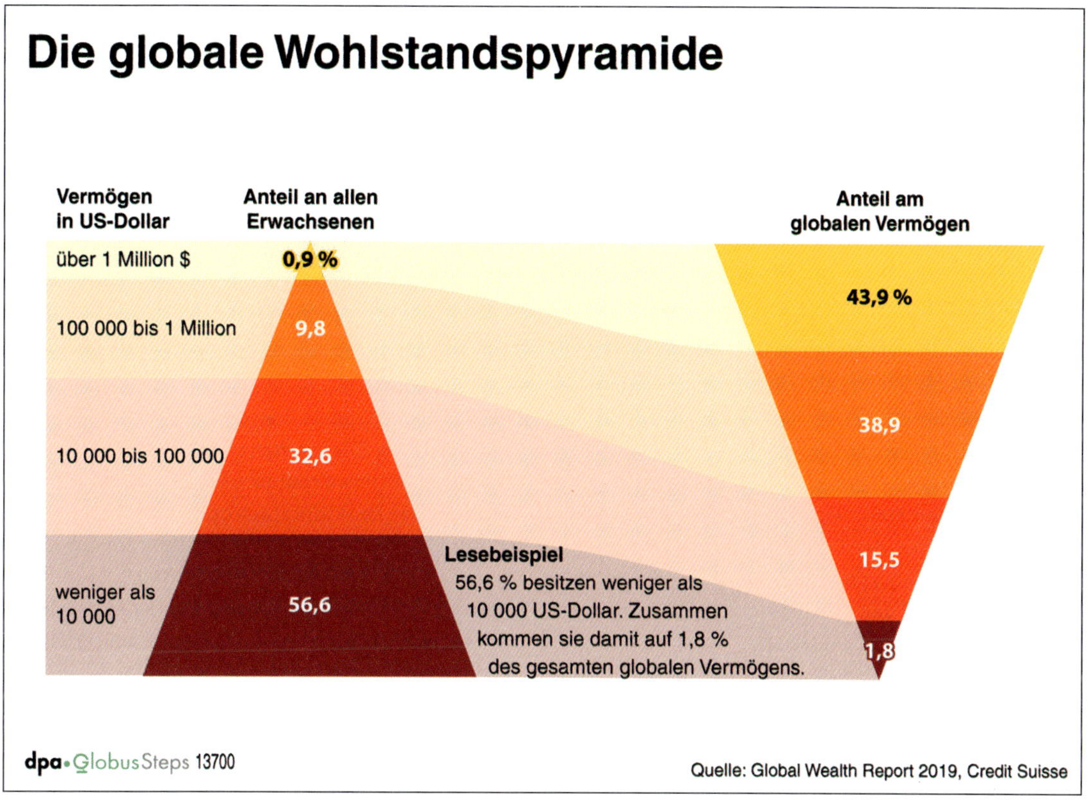

Maßnahmen für eine gerechte Einkommensverteilung

Der Staat kann die Einkommensverteilung beeinflussen. Es sind verschiedene Grundprinzipien einer gerechten Einkommensverteilung zu erkennen:

- **Leistungsprinzip**
  Die Einkommen sollten entsprechend der erbrachten Leistung verteilt werden.
- **Gleichheitsprinzip**
  Jeder Bürger sollte das gleiche Einkommen erhalten.
- **Bedarfsprinzip**
  Jeder erhält das Einkommen, das er benötigt.

In einer sozialen Marktwirtschaft, wie beispielsweise in Deutschland, herrscht grundsätzlich das Leistungsprinzip. Die Löhne und Gehälter sind in der Regel nach Qualifikation und Leistungsbereitschaft gestaffelt. Zwar gibt es auch Bestrebungen zum Gleichheitsprinzip (Stichwort: bedingungsloses Grundeinkommen), die Umsetzung ist aber kaum realisierbar. Auch die Anwendung des Bedarfsprinzips scheitert, weil die steigenden Bedürfnisse des Einzelnen nicht produziert und finanziert werden können.

Die Verteilungspolitik in Deutschland hat zwei wesentliche **Steuerungsinstrumente:**

- Transferleistungen
- progressives Steuersystem

Transferleistungen

Zu den Transferleistungen gehören z. B. Kindergeld, Wohngeld, Arbeitslosengeld I und II.

BEISPIEL

Peter Tetzlaff, Vater einer vierköpfigen Familie, die bislang von Arbeitslosengeld II (Hartz IV) gelebt hat, hat neuerdings eine Stelle als Hilfsarbeiter. Sein Verdienst beträgt 9,50 € pro Stunde. Das reicht leider nicht, um für sich und seine Familie alle Kosten zu decken. Daher bekommt die Familie neben dem Kindergeld außerdem noch 149,00 € Wohngeld. Herr Tetzlaff hat aber Hoffnung, dass sich dieser Zustand bald ändert: Mit seinem Chef hat er über eine Lohnerhöhung gesprochen – bald bekommt er einen Euro mehr pro Stunde.

Das Sozialsystem in Deutschland sorgt dafür, dass die Bevölkerung finanziell abgesichert ist. Dieses wird über Steuern und Sozialabgaben (z. B. Krankenversicherung, Arbeitslosenversicherung) finanziert. Ein Sozialstaat hat, je nach Ansicht, unterschiedliche Wirkungen:

- **Neoklassische Sicht**
  Vollbeschäftigung wird nicht erreicht, weil die Sozialleistungen einigen Bürgern ausreichen und sie daher nicht motiviert sind, arbeiten zu gehen.
- **Keynsianische Sicht**
  Die Binnennachfrage steigt, weil die Einkommen der Bürger steigen und die Sozialleistungen ein Stabilisator in Krisenzeiten sind (z. B. bei hoher Arbeitslosigkeit).

Beide Sichtweisen sehen ein gutes Sozialsystem als notwendig an, um Kranken, Alten und Arbeitsunfähigen ein Einkommen zu gewährleisten.

Progressives Steuersystem

Das in der sozialen Marktwirtschaft herrschende Leistungsprinzip beschert den Leistungsstarken ein höheres Einkommen. Das progressive Steuersystem verfolgt den Grundsatz: je höher das Einkommen, desto höher der Prozentsatz der Einkommenssteuer.

So mussten beispielsweise in Deutschland im Jahr 2019 auf jährlich zu versteuernde Einkommen von weniger als 9.168,00 € bzw. 18.336,00 € für Verheiratete (Grundfreibetrag zum Existenzminimum) keine Steuern gezahlt werden. Für Einkommen oberhalb dieses Betrags mussten mit steigender Höhe zwischen 14 % und 42 % („Reichensteuer“: 45 %) Einkommensteuer abgeführt werden.

Ziel des progressiven Steuersystems ist es, die Leistungsstarken stärker in die Verantwortung zu nehmen und die Leistungsschwachen durch eine geringere Steuerlast zu entlasten. Auf diesem Weg erfolgt auch eine Umverteilung der Einkommen – eine Maßnahme für eine gerechtere Einkommensverteilung.

Ziel: Erhaltung einer lebenswerten Umwelt

Umweltpolitik

Die Studie des Club of Rome (*The Limits to Growth*) von 1972 sowie die Ölkrise haben die Wirtschaft zum Umdenken in der Umweltpolitik bewegt. Im Jahr 1986 wurde aufgrund der Reaktorkatastrophe von Tschernobyl am 26. April 1986 das Bundesministerium für Umwelt, Naturschutz und Reaktorsicherheit (BMU, heute: BMUV) gegründet. Im Jahr 1994 wurde der Umweltschutz mit dem Artikel 20 a auch ins Grundgesetz geschrieben.

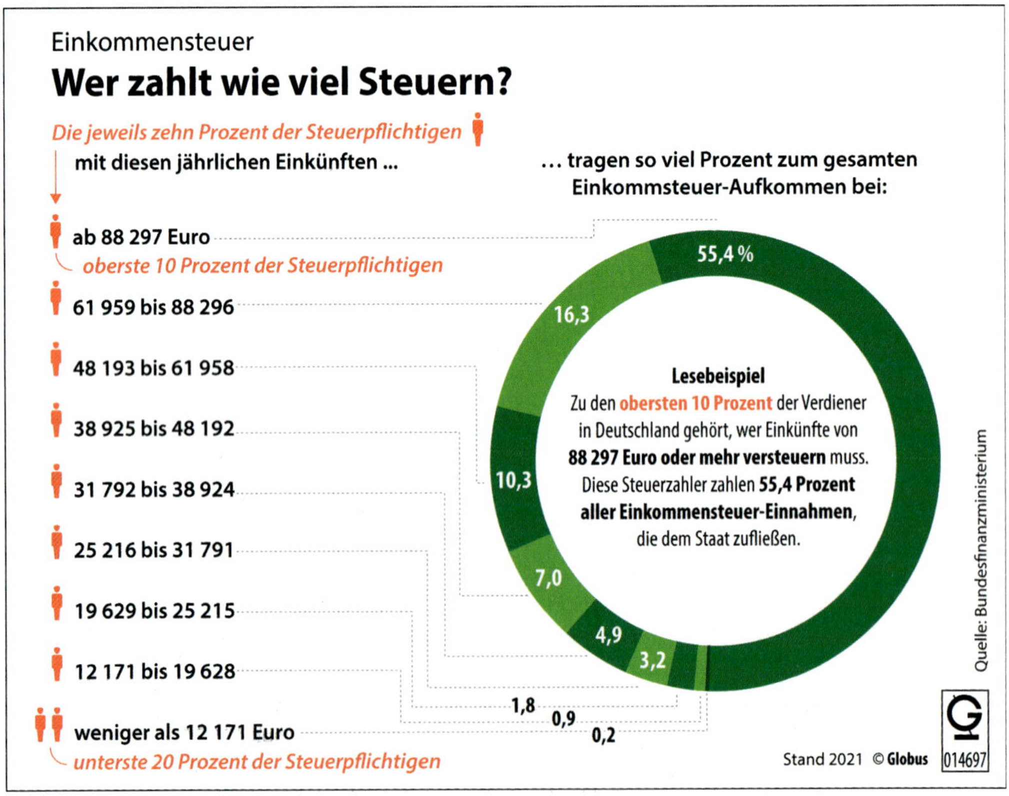

DEFINITION

Die **Umweltpolitik** hat die Aufgabe, Maßnahmen zu ergreifen, die dem Menschen eine Umwelt sichern, welche ein gesundes Leben in einem menschenwürdigen Verhältnis gewährleistet. Boden, Wasser, Luft, Tiere und Pflanzen sind dabei besonders zu schützen, vom Menschen verursachte Beeinträchtigungen müssen behoben werden.

Maßnahmen der Umweltpolitik

Zur Zielerreichung werden drei umweltpolitische Maßnahmen unterschieden:

- **Auflagenpolitik**
  Aufstellung von Grenzwerten und Verboten für die Industrie. Die Auflagenpolitik wird durch zahlreiche Gesetze und Verordnungen bestimmt.
- **Abgabenpolitik**
  Für die Umweltnutzung muss eine Abgabe geleistet werden, z. B. Abwasser- und Müllabgaben, Ökosteuer. Dazu gehören auch Subventionszahlungen des Staates zur Förderung von umweltschonenden Technologien.
- **Zertifikate**
  Hierbei werden Umweltzertifikate an Unternehmen vergeben, die damit das Recht erhalten, eine bestimmte Menge an Schadstoffen der Umwelt zuzuführen. Mit diesem erworbenen Recht auf Schadstoffausstoß können die Unternehmen dann auch handeln (siehe auch „Emissionshandel").

Das BMUV führt im Rahmen der Umweltpolitik eine Vielzahl von weiteren umweltpolitischen Aktivitäten durch, die hier nicht alle aufgeführt werden können. Dazu gehören beispielsweise:

- Förderung der erneuerbaren Energien
- Emissionshandel
- Förderung zur Sanierung von Privathäusern

Förderung der erneuerbaren Energien

Bei der Förderung der erneuerbaren Energien wurde im Jahr 2000 das Gesetz für den Vorrang erneuerbarer Energien (EEG) in Kraft gesetzt. Ziel des EEG ist die Förderung des Ausbaus der erneuerbaren Energien zur Stromerzeugung und die Erhöhung des Anteils erneuerbarer Energien an der Stromversorgung. Es sollte mindestens eine Verdopplung bis 2010 entsprechend den Zielen der EU und Deutschlands (Quelle: BMUV) erreicht werden.

Aus der unten stehenden Grafik ist zu erkennen, dass das im Jahr 2000 gesteckte Ziel der Verdoppelung erreicht wurde.

Die Novellierung des Gesetzes im Jahr 2009 schreibt einen Anteil der erneuerbaren Energien bis 2020 an der gesamten Stromerzeugung von 30 % fest. Auch dieses Ziel ist bereits 2017 erreicht worden. Bei der Novellierung im Jahr 2017 wurde das Ziel festgelegt, bis 2050 den Anteil erneuerbarer Energien an der gesamten Stromversorgung auf mindestens 80 % zu steigern.

Die Förderung umfasst Abnahmegarantien und Einspeisevergütungen von Strom aus:

- Windkraft
- Solarstrahlung (Solaranlagen und Fotovoltaik)
- Biomasse
- Geothermie

Bezahlt werden die Fördermaßnahmen von den Stromkonsumenten als EEG-Umlage. Die EEG-Umlage beträgt 2022 3,723 ct/kWh. Sie soll demnächst ganz abgeschafft werden.

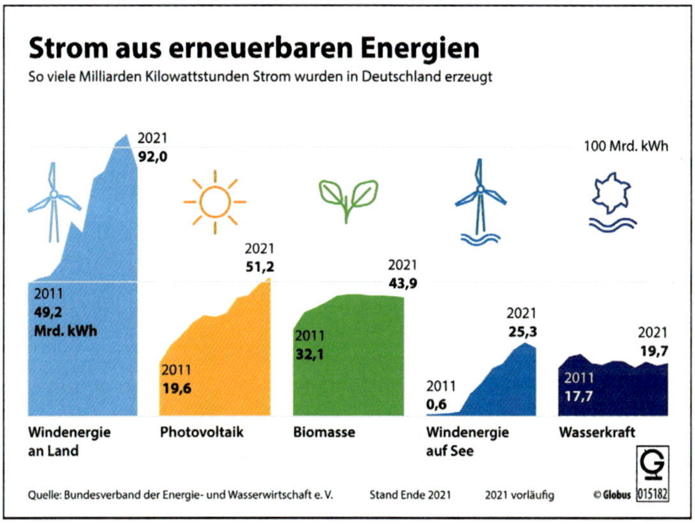

Die Förderung der erneuerbaren Energien hat dazu geführt, dass die Zahl der Arbeitsplätze in Deutschland von etwa 106 700 im Jahr 2000 auf 338 700 im Jahr 2016 gestiegen ist. Zwischenzeitlich waren es über 400 000 Arbeitsplätze.

Anzahl der Beschäftigten im Bereich erneuerbare Energien

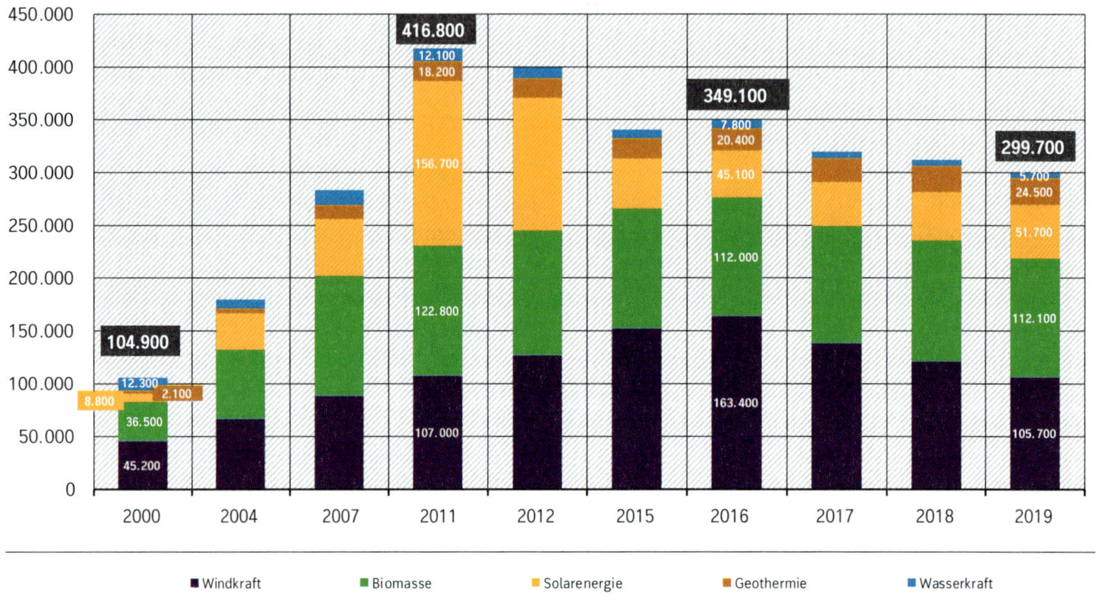

Abweichungen in der Summe durch Rundung

Quelle: https://www.erneuerbare-energien.de/EE/Redaktion/DE/Downloads/zeitreihe-der-beschaeftigungszahlen-seit-2000.html

Emissionshandel

Im Kyoto-Protokoll, einem UN-Klimaabkommen von 1997, wurde der weltweit erste völkerrechtlich verbindliche Vertrag zur Eindämmung des Klimawandels geschlossen. Es verpflichtet Industriestaaten, ihren Ausstoß von sechs klimaschädlichen Treibhausgasen im Zeitraum von 2008 bis 2012 im Durchschnitt um 5,2 % zu senken. Die EU wollte bis 2012 ihre Treibhausemissionen sogar um 8 % senken. Um dieses Ziel zu erreichen, wurde 2005 der Emissionshandel eingeführt. Der Europäische Emissionshandel (EU-ETS) schließt neben den 27 EU-Staaten auch die Länder Norwegen, Schweiz und Liechtenstein ein, seit 2012 ist auch der innereuropäische Luftverkehr mit einbezogen.

Beim Emissionshandel wird eine Obergrenze festgelegt, wie viel Treibhausgas in einem bestimmten Zeitraum von einem Staat ausgestoßen werden darf. In dieser Höhe gibt der Staat Emissionsberechtigungen an verschiedene Unternehmen aus. Nur wenn ein Unternehmen die Rechte erworben hat, darf es Treibhausgas ausstoßen. Die Unternehmen können die Berechtigungen nutzen oder damit handeln (anderen Unternehmen weiterverkaufen). Wenn die Unternehmen ihre tatsächlich ausgestoßenen CO_2-Mengen nicht ausgleichen können und auch keine Rechte von anderen Unternehmen erwerben, müssen sie mit Strafen rechnen.

Vorteile des Emissionshandels:
- verursachungsgerecht
- nur geringe Belastung der Umwelt
- Verringerung der Zuteilung schafft Anreize für einen sparsamen CO_2-Ausstoß.

Jedes Jahr werden die Emissionsrechte um einen bestimmten Prozentsatz gekürzt. Dadurch soll gewährleistet sein, dass das im Kyoto-Protokoll festgelegte Ziel erreicht wird.

Die Begrenzung des CO_2-Schadstoffausstoßes ist nur dann wirklich effizient, wenn weltweit alle Länder dabei mitmachen. Gerade die steigenden Bedürfnisse ehemaliger Entwicklungsländer wie China oder Indien haben aber in den letzten Jahren trotz der Einsparbemühungen zu einem starken weltweiten Anstieg der CO_2-Belastung geführt, wobei der Pro-Kopf-Verbrauch dieser Länder trotzdem noch weiter unterhalb des Verbrauchs in den

Gesamt-Cap und Emissionen im Europäischen Emissionshandel
Millionen Tonnen Kohlendioxid-Äquivalente

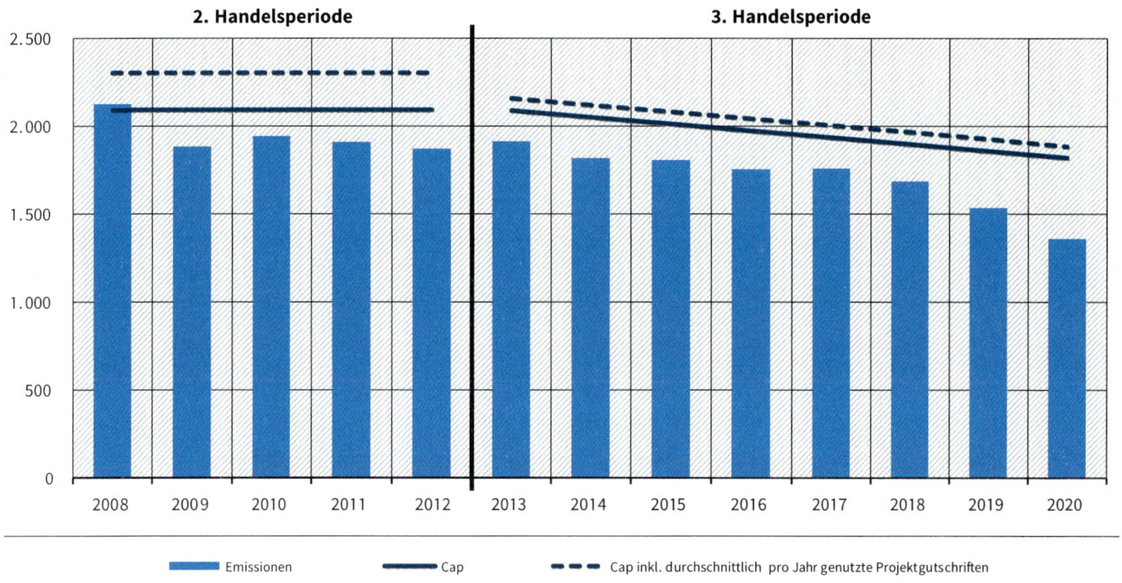

Quelle: Umweltbundsamt 2021, Deutsche Emissionshandelsstelle, eigene Berechnungen auf Basis von Daten der Europäischen Umweltagentur und der Europäischen Kommission (2013/448/EU); Stand 08.07.2021

Industrieländern liegt. Bei weiteren Klimakonferenzen wie beispielsweise in Paris 2015 wurden zwar weltweite Einigungen zum Abbau von Emissionen erzielt, diese sind aber im Nachhinein wieder von einigen Ländern, vor allem von den USA, gekündigt worden.

Förderung zur Sanierung von Privathäusern

Die Bundesregierung hat ein Programm der Förderung zur Sanierung von Privathäusern in Gang gebracht, das den Energieverbrauch eines Privathaushalts deutlich reduzieren soll. Fast 90 % des Energieverbrauchs eines privaten Haushalts in Deutschland werden für Heizung und Warmwasser verwendet. Bei Altbauten kann dieser Energieverbrauch um bis zu 90 % verringert werden, im Durchschnitt um 50 %. Zur Sanierung werden den Investoren zinsgünstige Kredite zur Verfügung gestellt.

Zielbeziehungen im Rahmen des magischen Sechsecks

Die wirtschaftspolitischen Ziele des magischen Sechsecks können nicht getrennt voneinander betrachtet werden, denn sie stehen unmittelbar in Beziehung zueinander.

Zielkomplementarität

Von Zielkomplementarität spricht man, wenn sich ein wirtschaftspolitisches Ziel positiv auf ein anderes wirtschaftspolitisches Ziel auswirkt.

BEISPIEL

- Ein angemessenes Wirtschaftswachstum wirkt sich positiv auf den Beschäftigungsstand aus.
- Ein stärker werdender Euro führt dazu, dass die Exportüberschüsse in Deutschland gedrosselt werden. Dadurch bleiben die Preise stabil, weil sich das Angebot im Inland erhöht.

Zielkonflikte

Häufiger als die Zielkomplementarität der wirtschaftspolitischen Ziele ist deren Zielkonflikt. Die Realisierung eines wirtschaftspolitischen Hauptziels wirkt problematisch auf ein anderes Hauptziel.

BEISPIEL

- Um die Inflation zu drosseln, fragen die öffentlichen Haushalte weniger nach. Dies führt unter Umständen zu einem Konflikt mit einem angemessenen Wirtschaftswachstum und einem hohen Beschäftigungsstand.
- Ein stärker werdender Euro (allg.: die Aufwertung einer Währung) kann auch negative Auswirkungen haben, da dies zu einer negativen Handelsbilanz führen kann. Die fehlenden Exporte haben unter Umständen eine höhere Arbeitslosigkeit und ein Abschwächen des Wirtschaftswachstums zur Folge.

Gerade auch bei den „neuen" wirtschaftspolitischen Hauptzielen **gerechte Einkommensverteilung** und **Erhaltung einer lebenswerten Umwelt** kommt es oft zu Konflikten mit anderen Zielen.

BEISPIEL

- Die Förderung der erneuerbaren Energien führt zu einer Verteuerung der Strompreise. Durch die erhöhten Preise wird die Konkurrenzfähigkeit gegenüber dem Ausland geschwächt, es wird weniger Strom exportiert. Dies hat wiederum Auswirkungen auf das außenwirtschaftliche Gleichgewicht.
- Die Sozialleistungen werden durch Steuern finanziert, Steuererhöhungen sind notwendig. Dies führt zu teureren Inlandsprodukten und somit weniger Exporten.
- Ein hohes Wachstum hat einen erhöhten Verbrauch von Ressourcen zur Folge. Dies schädigt die Umwelt.
- Ein gerechtes Einkommen soll durch höhere Löhne erzielt werden. Das führt zu höheren Preisen.

Es ist in der Regel nicht möglich, eine Zielkomplementarität zwischen den sechs Hauptzielen zu erreichen. Meist wird das Ziel in den Mittelpunkt der wirtschaftspolitischen Handlung gestellt, das am meisten gefährdet ist.

AUFGABEN

1. Nennen Sie zu den vier auf Seite 370 aufgeführten Einkommensquellen der privaten Haushalte jeweils mindestens ein Beispiel.
2. Umweltzerstörung und -verschmutzung als Folgen des Wachstumsstrebens werden überwiegend der materiellen Industrieproduktion zugeschrieben. Erläutern Sie an zwei Beispielen, warum sich diese Folgen nicht nur in den entwickelten Industriestaaten niederschlagen.
3. Wie kann der Staat die Umverteilung des Einkommens beeinflussen?
4. „Um das Armutsrisiko in Deutschland zu verringern, müssen die Sätze für das Arbeitslosengeld II nur deutlich angehoben werden." Nehmen Sie zu dieser Aussage kritisch Stellung.
5. In Deutschland tragen 10 % der Bevölkerung – die Gruppe der am besten Verdienenden – über 50 % der Steuerlast. Halten Sie dies für eine gerechte Verteilung? Begründen Sie Ihre Antwort.
6. Die Einspeisevergütung bei Fotovoltaikanlagen wird jedes Jahr um einen bestimmten Prozentsatz gesenkt. Erläutern Sie, warum die Bundesregierung diese Maßnahme durchführt. Welche negativen Effekte ergeben sich daraus für den Umweltschutz?
7. Erläutern Sie, wieso der Emissionshandel zu einer Reduzierung der Treibhausgase führt.
8. Erstellen Sie die folgende Tabelle und überlegen Sie, ob es sich bei dem in der Tabelle angegebenen Zielpaar um einen Zielkonflikt oder eine Zielkomplementarität handelt. Begründen Sie Ihre Entscheidung.

Zielpaar	Beziehung	Begründung
Preisniveaustabilität und hoher Beschäftigungsstand		
Preisniveaustabilität und Wirtschaftswachstum		
Preisniveaustabilität und außenwirtschaftliches Gleichgewicht		
hoher Beschäftigungsstand und Wirtschaftswachstum		
hoher Beschäftigungsstand und außenwirtschaftliches Gleichgewicht		
Wirtschaftswachstum und außenwirtschaftliches Gleichgewicht		

9. Umweltschutz und Wirtschaftswachstum müssen sich nicht ausschließen. Stellen Sie an einem Beispiel dar, wie der Umweltschutz das Wirtschaftswachstum positiv beeinflussen kann.
10. Erstellen Sie eine Kurzpräsentation in PowerPoint, in der Sie drei umweltpolitische Maßnahmen der Bundesregierung darstellen.
    Recherchieren Sie dazu auf der Internetseite des Bundesministeriums für Umwelt, Naturschutz, nukleare Sicherheit und Verbraucherschutz (www.bmuv.de).

11. In mehreren deutschen Städten ist die Feinstaubbelastung deutlich zu hoch, es drohen Fahrverbote für Dieselfahrzeuge in den Innenstädten. Der Grenzwert darf an maximal 35 Tagen im Jahr überschritten werden. Zu diesem Thema lädt ein großer Fernsehsender verschiedene Experten, die unterschiedliche Interessen vertreten, zu einer Podiumsdiskussion ein:

- Vertreterin vom **Umweltverband**
  Die Vertreterin fordert die Autoindustrie dazu auf, endlich etwas gegen die hohe Feinstaubbelastung zu unternehmen, indem die Technologie umweltfreundlich angepasst wird: „Die Fahrverbote müssen so lange beibehalten werden, bis sich die Schadstoffe der Fahrzeuge reduzieren. Elektroautos sind die Lösung. Die Forschung und die Produktion dieser Autos kann aufgrund hoher Gewinne der Industrie nun endlich vorangetrieben werden."
- Vertreter der **Autoindustrie**
  Der Vertreter sieht die Forderung der Umweltverbände als momentan unrealistisch an, die Technik sei noch nicht so weit und eine Umstellung oder Nachrüstung verursache hohe Kosten: „Bei solchen Ideen könnten Entlassungen die Folge sein."
- **Gewerkschaft**svertreterin:
  Die Vertreterin argumentiert mit den hohen Gewinnen der Autoindustrie, die auf neue Technologien umstellen sollte, dabei aber auch die Lohnzurückhaltung der Beschäftigten erwähnt: „Jetzt sind die Beschäftigten an der Reihe, auch von der guten Konjunktur zu profitieren."
- **Mediziner:**
  Der Lungenarzt der Medizinischen Hochschule Hannover stellt die negativen Folgen einer langfristigen Feinstaubbelastung für den Menschen heraus: „Die hohe Feinstaubbelastung ist Gift für den Stadtbewohner, vor allem für die Kinder."
- Vertreterin der **Bundesagentur für Arbeit:**
  Der Vertreterin sind der Erhalt und der Ausbau der Arbeitsplätze wichtig. Sie ist zwar für neue Technologien, sieht aber auch die Gefahren: „Die Umstellung von Verbrennungs- auf Elektromotoren benötigt nicht so viele Arbeitsplätze. Andererseits darf Deutschland den Anschluss an eine solche Technologie im internationalen Vergleich nicht verpassen."
- **Verkehrsminister:**
  Der Verkehrsminister sieht eine neue Technologie nur dann als realisierbar an, wenn diese auch gefördert wird. Die Kunden werden die anfangs relativ teuren Autos ansonsten nicht kaufen: „Die Infrastruktur wie Tankstellen usw. müssen erst vom Staat vorfinanziert werden, dazu fehlen im aktuellen Haushalt die Mittel. Abgesehen davon hat die Förderung auch andere negative Effekte ..."

a) Bilden Sie sechs Gruppen.
b) Jede Gruppe wird einem der sechs Teilnehmenden zugeordnet.
c) Versetzen Sie sich in die Rolle des ausgewählten Vertreters/der Vertreterin.
d) Überlegen Sie weitere Argumente für die dargestellte Position und wählen Sie eine/-n Vertreter/Vertreterin aus Ihrer Gruppe aus, der/die die Position in der späteren Podiumsdiskussion vertritt. Die Diskussion wird von einem Moderator des Fernsehsenders (ein Schüler oder die Lehrkraft) geleitet.
e) Halten Sie alle Argumente auf Metaplankarten fest.
f) Während der Podiumsdiskussion sollen Sie Ihre Argumente schlüssig vertreten und die anderen von Ihrer Position überzeugen. Seien Sie auf Gegenargumente gefasst und versuchen Sie, diese zu entkräften. Greifen Sie dazu auf die Rollenbeschreibung und Ihre Notizen (Metaplankarten) zurück.
g) Eines Ihrer Gruppenmitglieder steht Ihnen im Hintergrund als Experte/Expertin zur Verfügung.
h) Die anderen Gruppenmitglieder beobachten die Podiumsdiskussion und halten dort mögliche Argumente oder Ergebnisse schriftlich fest.

12. Nach der Definition der Weltbank gilt als arm, wer im Durchschnitt von weniger als 1,90 US-$ am Tag leben muss. Vergleichen Sie mithilfe des Internets die Definition der Weltbank mit der Armutsdefinition, wie sie in den Industrieländern verwendet wird. Gehen Sie dabei auch auf die Begriffe relative und absolute Armut ein.

ZUSAMMENFASSUNG

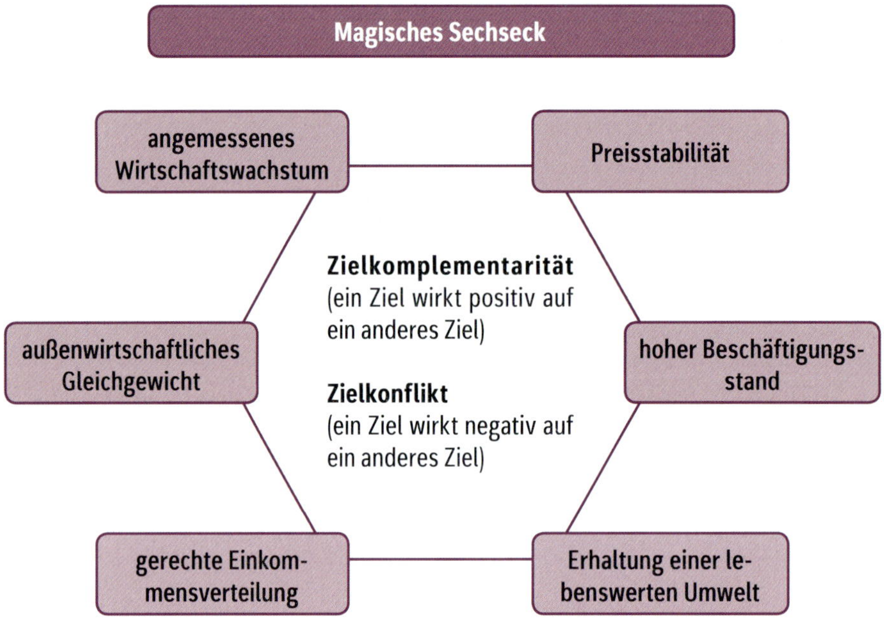

- **Wohlstandsindikator**
- **Einkommensquellen**
  - Arbeitseinkommen
  - Unternehmenseinkommen
  - Vermögenseinkommen
  - Transfereinkommen
- **Armutsrisiko**
  - Deutschland: weniger als 60 % des mittleren Einkommens
  - weltweit: weniger als 1,90 US-$ pro Tag
- **Maßnahmen/Prinzipien**
  - Leistungsprinzip
  - Gleichheitsprinzip
  - Bedarfsprinzip
- **Steuerungsinstrumente**
  - Transferleistungen
  - progressives Steuersystem

- **Grundlagen für eine Umweltpolitik**
  - Studie des Club of Rome (The Limits to Growth)
  - Reaktorkatastrophe von Tschernobyl
  - Umweltverschmutzungen (z. B. „Ozonloch“)
- **umweltpolitische Maßnahmen**
  - Auflagenpolitik
  - Abgabenpolitik
  - Zertifikate
- **Beispiele**
  - Emissionshandel
  - Förderung erneuerbarer Energien
  - Förderung zur Sanierung von Privathäusern
- **internationale Probleme**
  keine grundsätzliche Einigung aller Länder beim globalen Umweltschutz

12.3 FISKAL- UND KONJUNKTURPOLITIK

Frau Bertram, Abteilungsleiterin des Rechnungswesens, legt den Praktikanten Andreas Seeger und Agathe Kwasny eine Statistik zu den Umsatzzahlen für Geschenkartikel der letzten 25 Jahre vor.

Sie gibt den beiden den Auftrag, diese Statistik näher zu untersuchen.

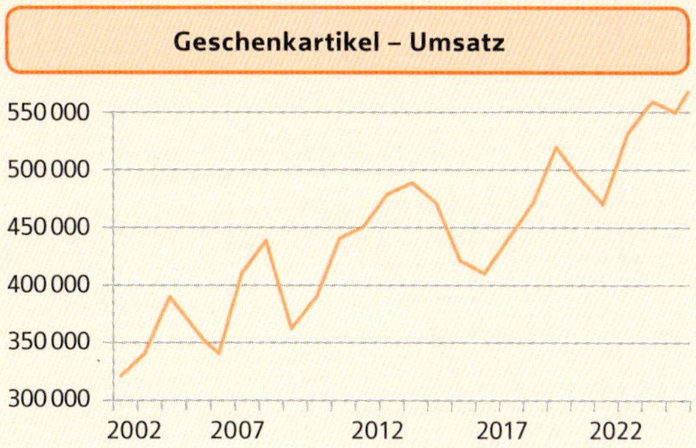

1. *Was fällt Ihnen bei der oben stehenden Umsatzstatistik auf?*
2. *Wieso kommt es zu solchen Umsatzschwankungen im Geschenkartikelmarkt?*

INFORMATION

Konjunkturschwankungen

Eine Volkswirtschaft ist aufgrund von wirtschaftlichen Aktivitäten stets bestimmten Schwankungen ausgesetzt.

DEFINITION

Als **Konjunkturschwankungen** werden in einer Volkswirtschaft über einen bestimmten Zeitraum bestehende Änderungen (Auf und Ab) der wirtschaftlichen Aktivitäten bezeichnet.

Konjunkturzyklus

Die konjunkturellen Schwankungen haben in der Regel ein bestimmtes Grundmuster. Dieses Grundmuster, auch **Konjunkturzyklus** genannt, lässt sich in vier Phasen einteilen:

- Aufschwung (Expansion)
- Hochkonjunktur (Boom)
- Abschwung (Rückschlag, Rezession)
- Tiefstand (Depression)

Phase 1: Aufschwung

Im Aufschwung finden eine Erholung und/oder eine Expansion (Ausweitung) statt. Die Akteure des wirtschaftlichen Handelns (Wirtschaftssubjekte) wie Unternehmen, Konsumenten oder der Staat bekommen wieder mehr Vertrauen in zukünftige Entwicklungen. Der Konsum, die Investitionen und das Volkseinkommen steigen in dieser Phase, die Arbeitslosigkeit sinkt.

Phase 2: Hochkonjunktur

In der Hochkonjunktur sind alle Produktionsfaktoren ausgelastet, die Nachfrage ist höher als die Produktionsmenge, was zu Engpässen führt. Die Zinsen steigen, weil die Unternehmen auch mit steigendem Fremdkapital investieren, um die Kapazitäten zu erhöhen. Kosten und Löhne steigen, es kommt zu Preissteigerungen und einer höheren Inflationsgefahr. Die Konjunktur ist am Maximum angelangt, sie „boomt".

Phase 3: Abschwung

Im Abschwung kommt es zu einem Rückgang der Nachfrage und der Produktion, weil hohe Preise und hohe Zinsen die Wirtschaft „gebremst" haben. Durch schwindende Gewinne und fehlende Auslastung werden Arbeitskräfte entlassen, die Arbeitslosenquote steigt. Theoretisch können in dieser Phase auch die Löhne sinken. Durch die hohe Arbeitslosenquote sinkt das Volkseinkommen und damit die Binnennachfrage.

Phase 4: Tiefstand

In der Phase des Tiefstands bzw. der Depression ist der Tiefpunkt im Konjunkturzyklus erreicht. Es herrschen Massenarbeitslosigkeit, ein niedriger Investitionswille und wenig Konsum. Weil die Unternehmen wenig verkaufen, ist hier die Auslastung der Produktion sehr gering.

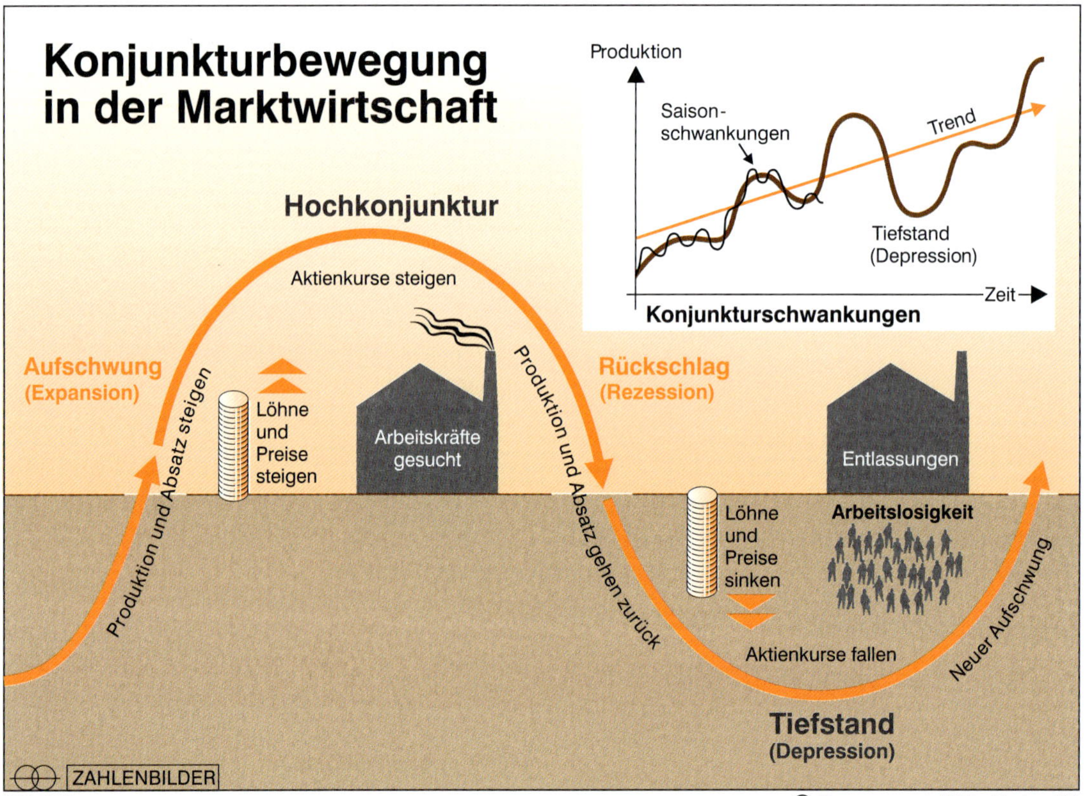

200 350 © Bergmoser + Höller Verlag AG

Saisonale Schwankungen und Trends

Neben den Konjunkturzyklen gibt es noch weitere Schwankungen der Konjunktur:

Saisonale Schwankungen sind häufig jahreszeitlich bedingt und dauern meist nur einige Wochen oder Monate. Verantwortlich für diese Schwankungen können unterschiedliche Ursachen sein: Urlaubszeit, Wetter, Feiertage usw.

Trends bezeichnen allgemein den zeitlichen Verlauf bzw. die zeitliche Entwicklung in eine Richtung.

BEISPIEL

Im Produktionsindex des Statistischen Bundesamts zeigte zwischen 2014 und 2018 der Trend (rote Linie) stetig nach oben.[1]

Saisonal ist zu erkennen, dass jährlich im Frühjahr eine Belebung der Produktion stattfindet, die Mitte des Jahres etwas zurückgeht (Urlaub). Am Jahresende geht die Produktion saisonal bedingt wieder etwas zurück. Der Produktionsindex ist ein wichtiger Indikator für die konjunkturelle Entwicklung in Deutschland.

1 Aufgrund verschiedener großer Krisen besteht momentan die Gefahr eines größeren Konjunktureinbruchs.

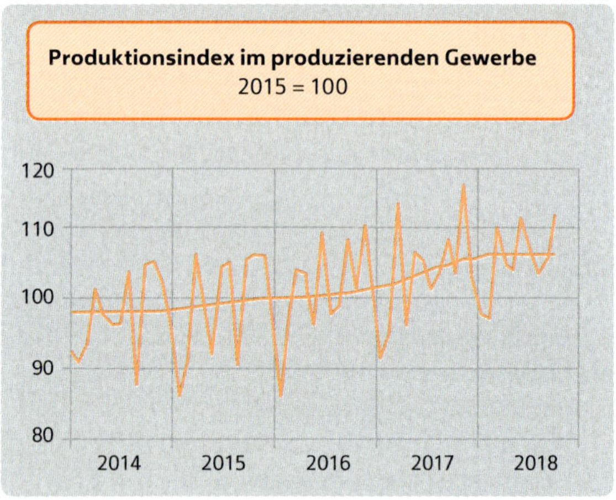

Zahlenmaterial entnommen aus: www.destatis.de, 3.1.2019.

Konjunkturindikatoren

In Deutschland werden seitens des Statistischen Bundesamts und verschiedener Wirtschaftsforschungsinstitute mehrere Indikatoren permanent beobachtet, um daraus Rückschlüsse über den Konjunkturverlauf bzw. die Konjunkturschwankungen ziehen zu können. Die Indikatoren können dabei in drei Gruppen unterschieden werden:

- **Frühindikatoren**
  Sie zeigen an, wie der Verlauf in absehbarer Zukunft (wenige Monate) sein könnte.

BEISPIEL

Auftragseingänge der Industrie, Baugenehmigungen, Aktienkurse

- **Präsenzindikatoren**
  Sie zeigen und beschreiben den momentanen Stand der Konjunktur.

BEISPIEL

Produktion, Volkseinkommen, Umsätze im Handel

- **Spätindikatoren**
  Sie hinken dem Konjunkturzyklus hinterher und wirken erst später nach.

BEISPIEL

Preise, Löhne, Beschäftigung, Arbeitslosenquote

Konjunkturphasen und Indikatorenverlauf			
Indikatoren / Konjunkturphasen	**Frühindikatoren**	**Präsenzindikatoren**	**Spätindikatoren**
Aufschwung	steigend	langsam steigend	konstant, langsam steigend
Hochkonjunktur	schnell steigend	steigend	schnell steigend
Abschwung	schnell fallend	fallend	langsam fallend
Tiefstand	langsam fallend	langsam fallend	langsam fallend, konstant

Die oben stehende Tabelle zeigt eine Übersicht, wie sich Konjunkturindikatoren in den vier Phasen des Konjunkturzyklus entwickeln. Das folgende Beispiel verdeutlicht, wie die Tabelle zu interpretieren ist.

BEISPIEL

In der Aufschwungphase steigt die Zahl der Baugenehmigungen an, während der Hochkonjunktor ist das Volumen der Baugenehmigungen noch stärker. In der Abschwungphase ist ein starkes Fallen der Zahl der Baugenehmigungen zu beobachten und während der Tiefphase fällt die Zahl der Baugenehmigungen nur noch langsam.

Fiskalpolitik

Der Staat ist daran interessiert, die konjunkturellen Schwankungen möglichst gering zu halten. Es gibt eine Reihe von Maßnahmen, die der Staat im Rahmen der Konjunkturpolitik ergreifen kann, um bei Krisensituationen positiv auf die Wirtschaft einzuwirken. Eine dieser Maßnahmen ist die Fiskalpolitik.

DEFINITION

Fiskalpolitik ist ein wirtschaftspolitisches Instrument des Staates, bei dem durch Änderungen von Einnahmen und Ausgaben des Staates konjunkturelle Schwankungen ausgeglichen werden sollen.

Fiskalpolitische Grundprinzipien

In der Vergangenheit wurde in vielen Staaten eine **prozyklische** Fiskalpolitik betrieben. Hier war das vorrangige Ziel des Staates, den eigenen Haushalt auszugleichen. Ein großes Problem dieser Politik war, dass in Abschwungphasen die Steuereinnahmen zurückgingen. Deshalb verminderte der Staat seine Ausgaben und Investitionen, wodurch sich die wirtschaftliche Lage aber noch verschlimmerte.

Heute ist eine **antizyklische** Einnahmen- und Ausgabenpolitik in den meisten Staaten bei der Fiskalpolitik vorgesehen. Nach dem bedeutenden Ökonom John Maynard Keynes (1883 – 1946) soll der Staat antizyklisch handeln und vor allem in Zeiten der Rezession auf der Ausgabenseite, das heißt der Nachfrageseite, die Konjunktur positiv beeinflussen. Die Form der antizyklischen Konjunkturpolitik wird deshalb auch keynsianische Konjunkturpolitik genannt.

Antizyklische Politik bedeutet demnach, dass gegenläufige Maßnahmen zum eigentlichen Konjunkturverlauf ergriffen werden:

- geringe staatliche Investitionen in der Hochkonjunktur
- hohe staatliche Investitionen und staatliche Nachfrage in der Rezession und im Tiefstand

Wenn sich ein Aufschwung abzeichnet, sollte der Staat seine wirtschaftsfördernden Ausgaben wie Aufträge, Subventionen oder Investitionen möglichst schon langsam begrenzen. In der Hochkonjunktur sollten Steuererhöhungen in Betracht gezogen werden. Steuererhöhungen sind stets unpopulär in der Bevölkerung, werden aber in der Hochkonjunktur von den Wirtschaftssubjekten am besten getragen. In dieser Phase kann der Staat Gelder für Wirtschaftsfördermaßnahmen aufbauen, die er in schwächeren Zeiten wieder einsetzt.

Fiskalpolitik

- **prozyklisch** – nach der aktuellen Konjunktur ausgerichtet
- **antizyklisch** – entgegen der aktuellen Konjunktur ausgerichtet

Instrumente der Fiskalpolitik

Es wird im Rahmen einer antizyklischen Wirtschaftspolitik zwischen einer einnahmenorientierten und einer ausgabenorientierten Fiskalpolitik unterschieden. Mit beiden Instrumenten kann der Staat die Nachfrage fördern oder hemmen.

- **Einnahmenpolitik**
  Die Einnahmenpolitik kann über die Steuern die Nachfrage beeinflussen: Je höher die Steuern, desto niedriger ist die Nachfrage – und umgekehrt.
  Ein weiteres Mittel der Einnahmenpolitik ist der Einfluss über die Abschreibungsregeln. Hohe Abschreibungssätze bei den Investitionsgütern fördern die Wirtschaft, weil beispielsweise dadurch Gewinne und die damit verbundenen Steuerlasten reduziert werden können. Die Unternehmen können ihrerseits neu investieren.
- **Ausgabenpolitik**
  Bei der Ausgabenpolitik wirken staatliche Investitionen nachfragefördernd, die Rücknahme von staatlichen Investitionen nachfragehemmend. Die Gestaltungsmöglichkeiten des Staates sind hier aber begrenzt, da viele Investitionstätigkeiten von den Ländern und Gemeinden getätigt werden.

Subventionen und Transferleistungen wirken bei einer Erhöhung negativ auf der Ausgabenseite des Staates, erhöhen aber das Einkommen der privaten Haushalte und somit die Binnennachfrage.

Die Investitionen des Staates könnten durch eine Kreditaufnahme finanziert werden. Wird die Kreditaufnahme aber durch Steuererhöhungen finanziert, könnte dies die positiven Effekte der Investitionserhöhung wieder aufheben.

Fiskalpolitische Instrumente

Einnahmenpolitik
Steuerung der Nachfrage durch:
- Variation der Besteuerung
- Variation der Abschreibungsregeln

Ausgabenpolitik
Steuerung der Nachfrage durch:
- Variation der staatlichen Investitionsausgaben
- Variation der Subventionen
- Variation der Transferausgaben (z. B. Kindergeld)
- Variation bei der Kreditaufnahme

Probleme der Fiskalpolitik

Mit Steuererhöhungen im Rahmen der Einnahmenpolitik sind auch Probleme verbunden. So kann eine Steuererhöhung in einer folgenden Abschwungphase häufig nicht wieder unmittelbar rückgängig gemacht werden. Steuererhöhungen für die Industrie könnten diese auch dazu bewegen, ins steuergünstigere Ausland abzuwandern. Dadurch würde sich die Konjunktur (z. B. die Arbeitslosenquote) noch weiter verschlechtern.

Die Erhöhung der Kreditaufnahme zur Anregung der Wirtschaft (Deficit-spending) im Rahmen der Ausgabenpolitik kann zu einem höheren Haushaltsdefizit führen.

Insgesamt ist der Einfluss der Politik in vielen Bereichen eher begrenzt. Grenzen staatlicher Fiskalpolitik sind etwa beim Einfluss auf die Lohnentwicklung zu erkennen. Hier lässt beispielsweise die gesetzlich vorgegebene Tarifautonomie ein Eingreifen des Staates nicht zu. Viele Experten schreiben die gute Konjunktur in Deutschland nach der Finanzkrise 2008/2009 auch einer angemessenen Wirtschaftspolitik der Bundesregierung zu. Strukturelle Veränderungen auf dem Arbeitsmarkt sowie moderate Lohnabschlüsse werden hier als Argument aufgeführt.

AUFGABEN

1. Im Alten Testament heißt es: „Siehe, sieben reiche Jahre werden kommen (...). Und nach denselben werden sieben Jahre teure Zeit kommen (...).“ Erläutern Sie, was diese Aussage mit dem Konjunkturzyklus zu tun hat.
2. Zeichnen Sie einen klassischen Konjunkturzyklus und tragen Sie die vier Konjunkturphasen ein.
3. Welche Möglichkeiten haben der Staat und gegebenenfalls die Zentralbank eines Staates, um einer Depression entgegenzuwirken?
4. Können saisonale Schwankungen nachhaltigen Einfluss auf Konjunkturschwankungen nehmen? Nehmen Sie für Ihre Antwort die Grafik auf Seite 380 zur Hilfe.
5. Nennen Sie Ursachen für Konjunkturschwankungen.
6. Warum gehört die Arbeitslosenquote zu den Spätindikatoren?
7. Die Konjunktur eines Landes befindet sich im Abschwung. Woran kann man diese Entwicklung erkennen?
8. Wie kann der Staat mithilfe der Variation der Abschreibungssätze die Konjunktur fördern?
9. Was versteht man unter antizyklischer Fiskalpolitik?
10. Eine Volkswirtschaft befindet sich in einer Rezession. Beschreiben Sie ausführlich, welche fiskalpolitischen Mittel der Staat einsetzen sollte, um dieser Rezession entgegenzuwirken.
11. Ordnen Sie zu, indem Sie die sechs genannten Maßnahmen des Staates jeweils einer der vier angegebenen Auswirkungen (a – d) zuordnen.

    Maßnahmen des Staates:

    1. Erhöhung der Einkommensteuer
    2. Erhöhung der Abschreibungssätze für Unternehmen
    3. Streichung oder Kürzung von Subventionen an Verbraucher
    4. Zollabbau zur Erleichterung der Einfuhr ausländischer Waren
    5. Streichung oder Kürzung von Subventionen an Produzenten
    6. Gewährung von Subventionen an Verbraucher, z. B. Kinder- und Wohngeld

    Auswirkungen dieser Maßnahmen:

    a) Erhöhung der Nachfrage nach Gütern und Dienstleistungen
    b) Erhöhung des Angebots von Gütern und Dienstleistungen
    c) Verringerung des Angebots von Gütern und Dienstleistungen
    d) Verringerung der Nachfrage nach Gütern und Dienstleistungen
12. In den verschiedenen Konjunkturphasen verändern sich mehrere wirtschaftliche Indikatoren. Geben Sie stichwortartig an, wie sich die in der Tabelle genannten Indikatoren in den einzelnen Phasen jeweils verhalten.
13. Lesen Sie nachfolgenden Zeitungsartikel und beantworten Sie folgende Fragen:

    a) Welche Konjunkturindikatoren werden im Zeitungsartikel genannt?
    b) Welcher Konjunkturindikator wird als „Motor“ für den Aufschwung bezeichnet?
    c) Welche Ursachen für den Aufschwung haben Herr Brüderle und die Wirtschaftsexperten erkannt?
    d) Was war die „tiefste Rezession der Nachkriegsgeschichte“, von der der Bundeswirtschaftsminister sprach?
    e) Was empfehlen Sie der Bundesregierung, wie sie in den nächsten Monaten auf diesen Aufschwung reagieren sollte?
    f) Warum wirken niedrige Zinsen positiv auf den Aufschwung?

Phasen / Aspekte	Aufschwung	Boom	Abschwung	Rezession
Auftragsbestände				
Arbeitslosigkeit				
Löhne, Gehälter				
Verbraucherpreise				

Brüderle und der XL-Aufschwung

Erstmals seit Jahren ist in Deutschland das Inlandswachstum stärker als das Exportwachstum. Wirtschaftsminister Brüderle lobt die positive Entwicklung der deutschen Wirtschaft – und erwartet im kommenden Jahr steigende Löhne.

FRANKFURT/DÜSSELDORF/BERLIN. Bestens gelaunt hat Bundeswirtschaftsminister Rainer Brüderle (FDP) gestern die neue Wachstumsprognose präsentiert. „Die Nachrichten vom Arbeitsmarkt sind ein Grund zum Feiern", sagte er. Deutschland erlebe nach der tiefsten Rezession der Nachkriegsgeschichte in diesem Jahr „einen XL-Aufschwung wie aus dem Lehrbuch". Und erstmals seit Jahren wachse die inländische Wirtschaft stärker als die Exporte.

Nach der neuen offiziellen Regierungsprognose wächst die Wirtschaft in diesem Jahr um 3,4 Prozent, im nächsten um 1,8 Prozent. Das sind für dieses Jahr zwei Prozentpunkte mehr als die Bundesregierung noch im Frühjahr erwartet hatte. [...] „Die Binnenkonjunktur ist jetzt die entscheidende Kraft", sagte Brüderle.

[...] Die eigentliche Ursache, meint der Liberale, sei die umfassende Restrukturierung, die im letzten Jahrzehnt in den deutschen Betrieben stattgefunden hat. Die Konjunkturpakete hätten zusätzlich geholfen, während der Krise die Kapazitäten zu halten und Arbeitsplätze zu sichern. „Deshalb konnte die Produktion jetzt schnell wieder hochgefahren werden", so Brüderle. Er ist überzeugt, dass die gute Binnenkonjunktur anhalten werde – weil die Lage am Arbeitsmarkt so gut sei wie seit zwei Jahrzehnten nicht mehr. Bereits in diesem Herbst werde die Zahl der Arbeitslosen unter drei Millionen sinken. In diesem Jahr würden 110 000 Menschen zusätzlich Erwerbstätige, im nächsten Jahr weitere 140 000.

Wegen der Steuererleichterungen der alten und der neuen Regierung seien die Nettolöhne in diesem Jahr mit 3,9 Prozent stärker gestiegen als die Bruttolöhne mit 1,2 Prozent. 2011 dürften sich die Arbeitnehmer auf deutliche Lohnerhöhungen freuen, sagte Brüderle voraus. [...]

Ökonomen stützen Brüderles These. „Die deutsche Wirtschaft steht wieder auf zwei Beinen", sagt der Chefvolkswirt der Dekabank, Ulrich Kater. Vor allem zwei Fakten sprächen dafür, dass die Binnenwirtschaft im kommenden Jahr einen starken Wachstumsbeitrag leisten wird: Zum einen sei mit einer Nominallohnsteigerung von knapp drei Prozent zu rechnen. Zum anderen sei weiter von „zu niedrigen Zinsen für Deutschland" auszugehen. „Beides kurbelt den privaten Konsum an", schlussfolgert Kater. Die niedrigen Zinsen erhöhten außerdem die Investitionsanreize.

Der Volkswirt von HSBC Trinkaus, Lothar Heßler, sagt, alle drei Töpfe stünden „unter Dampf" – Exporte, Investitionen und der private Konsum. Der Aufschwung habe schneller als in früheren Konjunkturzyklen auf die Investitionen übergegriffen, nun springe auch der Konsum früher an als gedacht. Seit dem Rezessionsende sei das Bruttoinlandsprodukt in Deutschland um 3,7 Prozent gewachsen, nur 1,2 Punkte seien auf die Außenwirtschaft zurückzuführen.

Wie bedeutend der Beitrag der Binnenwirtschaft bereits 2010 ist, unterstreicht Volkswirt Kater: Er rechnet mit einem Wachstumsbeitrag von 2,2 Punkten – etwa zwei Drittel des Wachstums. 2011 dürfte der Beitrag nach seiner Einschätzung noch höher ausfallen: 1,5 Prozentpunkte. Das wären bei einem BIP-Zuwachs von zwei Prozent 75 Prozent des gesamten Wachstums.

Quelle: Heß, Dorit; Heilmann, Dirk; Riedel, Donata: Brüderle und der XL-Aufschwung. In: Handelsblatt Nr. 205 vom 22.10.2010, Seite 14. (verändert)

Konjunktur

= allgemeine Bezeichnung für die wirtschaftliche Lage einer Volkswirtschaft

Konjunkturschwankungen

- **Phasen des Konjunkturzyklus**
  - Aufschwung (Expansion)
  - Hochkonjunktur (Boom)
  - Abschwung (Rezession)
  - Tiefstand (Depression)
- **weitere Schwankungen**
  - saisonale Schwankungen (oft jahreszeitlich bedingt)
  - Trends (langfristige zeitliche Entwicklung in eine Richtung)

Konjunkturindikatoren

Beobachtung durch Statistisches Bundesamt und verschiedene Wirtschaftsforschungsinstitute

- Frühindikatoren (Verlauf in absehbarer Zukunft)
- Präsensindikatoren (momentaner Stand der Konjunktur)
- Spätindikatoren (wirken erst später)

vom Staat beeinflusst durch

Fiskalpolitik

= wirtschaftspolitisches Instrument des Staates, bei dem durch Änderungen von Einnahmen und Ausgaben des Staates konjunkturelle Schwankungen ausgeglichen werden sollen

antizyklische Konjunkturpolitik

entgegen der aktuellen Konjunktur ausgerichtet

- Aufschwung/Hochkonjunktur: staatliche Investitionen, Subventionen und Aufträge drosseln; ggf. Steuern erhöhen
- Abschwung/Tiefstand: staatliche Investitionen, Subventionen und Aufträge erhöhen

prozyklische Konjunkturpolitik

nach der aktuellen Konjunktur ausgerichtet

- Ziel: Ausgleich des Staatshaushalts
- Problem: Rückgang der Steuereinnahmen in Abschwungphasen
- Folge: Verminderung der Staatsausgaben und Investitionen und Verschlimmerung der wirtschaftlichen Lage

Fiskalpolitische Instrumente
Steuerung der gesamtwirtschaftlichen Nachfrage

Einnahmenpolitik

Ausgabenpolitik

Probleme der Fiskalpolitik

- Steuererhöhung kann nicht unmittelbar rückgängig gemacht werden.
- Steuererhöhung kann zur Abwanderung ins steuergünstigere Ausland führen.
- Erhöhung der Kreditaufnahme (Deficit-Spending) führt evtl. zu einem höheren Haushaltsdefizit.

13.1 GRUNDLAGEN FÜR DIE EINSTELLUNG VON PERSONAL

Wir sind ein junges Team in einem dynamischen Unternehmen der Depotkosmetik.

Wir haben ehrgeizige Ziele und sind an aktiven Beschäftigten interessiert.

Wir suchen heute

einen Kosmetik-Verkäufer (m/w/d)

für ein Warenhaus in

Bielefeld

Wir erwarten von unseren neuen Mitarbeitenden

- überdurchschnittliche Einsatzbereitschaft
- die Fähigkeit, vorhandene Fachkenntnisse in verkäuferische Argumente umzusetzen
- weitgehend selbstständiges, kreatives Arbeiten
- sicheres Auftreten, Durchsetzungsvermögen

Wir bieten Ihnen teamorientiertes Arbeiten, leistungsgerechte Bezahlung und interessante Sozialleistungen.
Ihre Bewerbung sollte uns bereits von der Notwendigkeit eines Vorstellungsgespräches überzeugen. Bei evtl. Fragen wenden Sie sich bitte an unsere Gebietsverkaufsleitung

Herrn Klepzig, Telefon 0511 636261

zu erreichen montags in der Zeit zwischen 09:00 Uhr und 13:00 Uhr.
Oder schriftlich an: Herrn Manfred Klepzig, Vahrenheider Markt 8, 30179 Hannover

Wir suchen für unsere Boutique in Hannover

1. Verkäufer (m/w/d)

Gute Fachkenntnisse, modisches Feeling und Selbstständigkeit sind Voraussetzung.
Ihre Bewerbung mit Lebenslauf und Zeugnissen richten Sie bitte an:

Textilhandels GmbH

Heinrich-Büssing-Ring 14, 38103 Braunschweig

Substitut (m/w/d) und Abt.-Leiter (m/w/d)

für die Abteilungen
Geschenkartikel/Glas/Porzellan, Haushaltswaren, Möbel, Rundfunk/Fernsehen, Computer/Bürotechnik, Teppiche/Gardinen, Süßwaren, Lebensmittel gesucht.

Wir erwarten

- eine abgeschlossene Ausbildung als Einzelhandelskauffrau/Einzelhandelskaufmann
- Berufserfahrung als Verkäufer/-in, 1. Kraft oder Substitut/-in
- gute Fachkenntnisse, Einsatzbereitschaft und Engagement für Ihre berufliche Weiterbildung

Wir bieten

- eine anspruchsvolle systematische Einarbeitungszeit durch erfahrene Führungskräfte in unseren Filialen
- eine Vertiefung der Kenntnisse durch fachbezogene und fachübergreifende Seminare
- den Einsatz als Substitut/-in oder Abteilungsleiter/-in nach erfolgreichem Abschluss der Einarbeitung

Stellen Sie die Unterlagen zusammen, die Sie benötigen, wenn Sie sich für eine der angebotenen Stellen bewerben wollen.

INFORMATION

Bewerbungsunterlagen

Bei den meisten Bewerbungen ist eine schriftliche Bewerbung üblich. Die Bewerbung soll Informationen enthalten, die dem Arbeitgeber bzw. dessen Personalbeauftragten eine Vorauswahl unter den Bewerbern erleichtert.

Zu den schriftlichen Bewerbungsunterlagen gehören:

- das Bewerbungsschreiben,
- der Lebenslauf,
- beglaubigte Zeugnisabschriften oder -kopien (schulische Zeugnisse, Zeugnis der Abschlussprüfung, Zeugnisse der bisherigen Arbeitgeber, Zeugnisse über zusätzlich erworbene Qualifikationen, z. B. EDV-Kurse, Fremdsprachenkenntnisse).

Das Bewerbungsschreiben

In Bewerbungsschreiben sollten Bewerber

- den Anlass der Bewerbung (z. B. Bezug auf Zeitungsanzeige) nennen,
- auf die besonderen Fähigkeiten, Erfahrungen, Kenntnisse und Qualifikationen, die für die neue Stelle gefordert werden, möglichst genau eingehen,
- die bisherige(n) Arbeitsstelle(n),
- den Grund der Bewerbung und
- den möglichen Arbeitsbeginn nennen,
- um Berücksichtigung der Bewerbung und persönliche Vorstellung bitten.

Gehaltsforderungen sollte er in seinem Bewerbungsschreiben nur stellen, wenn es in der Stellenanzeige ausdrücklich gewünscht wurde. Angaben zur Person sind nur dann zu machen, wenn sie im Lebenslauf nicht oder nicht ausführlich genug enthalten sind. Die dem Bewerbungsschreiben beigefügten Unterlagen werden unter „Anlagen" aufgeführt.

Das Bewerbungsschreiben sollte auf dem Computer geschrieben werden.

Es sollte

- auf weißem, unliniertem A4-Papier,
- mit einem breiten Rand links und Rändern am rechten Rand, Blattanfang und Blattende,
- äußerlich klar gegliedert,
- in sauberer äußerer Form geschrieben sein.

Da das Bewerbungsschreiben ein erstes positives Bild von dem Bewerber zeichnen soll, ist besonders auf fehlerfreie Rechtschreibung und Zeichensetzung zu achten.

Der Lebenslauf

Ein Lebenslauf wird normalerweise auf einem weißen, unlinierten A4-Blatt geschrieben und in Tabellenform verfasst.

Der Lebenslauf soll zeitlich lückenlos sein und solche Dinge hervorheben, die für die angestrebte Stelle wichtig sind. Er sollte nach den Gesichtspunkten auf Seite 388 gegliedert sein:

Leonie Langer
Düsseldorfer Straße 8
33647 Bielefeld

Bielefeld, 20. Juni 20..

Modemarkt
Jürgen Flessner
Arndtstraße 4
33602 Bielefeld

Bewerbung

Sehr geehrter Herr Flessner,

aufgrund Ihrer Anzeige in der „Neuen Westfälischen" vom 18. und 19. Juni 20.. bewerbe ich mich um die Stelle als 1. Verkäuferin in Ihrer DOB-Abteilung.

Zurzeit bin ich noch bei der Firma „Modecenter" in Bielefeld, Obernstraße 18, als Verkäuferin in der Damenoberbekleidungsabteilung tätig. Hier konnte ich mir die Warenkenntnisse und Verkaufserfahrungen aneignen, die für die von Ihnen ausgeschreibene Stelle erforderlich sind.

Nähere Einzelheiten über meine Person und meinen beruflichen Werdegang können Sie meinem Lebenslauf und den beigefügten Zeugnissen entnehmen.

Meine jetzige Stelle möchte ich aufgeben, um einen Tätigkeitsbereich mit größerer Verantwortung zu übernehmen.

Ich könnte die Stelle in Ihrem Geschäft frühestens am 1. Oktober d. J. antreten.

Ich wäre Ihnen dankbar, wenn Sie meine Bewerbung berücksichtigen würden. Zu einer persönlichen Vorstellung bin ich jederzeit bereit.

Mit freundlichem Gruß

Leonie Langer
Leonie Langer

Anlagen
1 Lebenslauf
2 Zeugnisse (Kopien)

Leonie Langer
Düsseldorfer Str. 8
33647 Bielefeld

Lebenslauf

Name:	Leonie Langer
Geburtsdatum:	18. Juli 2000
Geburtsort:	Bielefeld
Berufstätigkeit:	seit Februar 2019 Verkäuferin bei der Firma „Modecenter“ (ungekündigte Stellung)
Berufsausbildung:	2016–2019 Ausbildung zur Einzelhandelskauffrau bei der Firma „Modecenter“, Obernstr. 18, 36602 Bielefeld
Schulbildung:	2010–2016 Realschule Brackwede 2006–2010 Grundschule Brackwede
Besonderes:	März 2017 Word- und Excelkurs an der Volkshochschule Bielefeld

Bielefeld, 20. Juni 20..

Leonie Langer

- Name und Vorname
- Tag und Jahr der Geburt
- Geburtsort
- Schulbildung
- Berufsausbildung
- Berufstätigkeit
- Besonderes (Fortbildung, besondere Fähigkeiten und Interessen)
- Ort und Datum
- eigenhändige Unterschrift (Vor- und Zuname)

Das Einstellungsgespräch

Nach einer Vorauswahl werden die Bewerber von dem einstellenden Betrieb zu einem Einstellungsgespräch eingeladen. In diesem Gespräch will der zukünftige Arbeitgeber einen persönlichen Eindruck von dem Bewerber gewinnen. Er will sich davon überzeugen, inwieweit die Kenntnisse und Fähigkeiten des Bewerbers den Anforderungen der ausgeschriebenen Stelle entsprechen.

Fragebogen

In vielen Betrieben ist es üblich, dass Bewerbern vor ihrer Einstellung ein Fragebogen vorgelegt wird. Das Fragerecht des Arbeitgebers ist jedoch beschränkt. Grundsätzlich darf er nur nach solchen Tatsachen fragen, die mit dem angebotenen Arbeitsplatz zusammenhängen.

Erlaubt sind Fragen nach
- beruflichem Werdegang,
- vorheriger Gehaltshöhe,
- chronischen Krankheiten oder Berufskrankheiten.

Verboten sind Fragen nach
- Gewerkschaftszugehörigkeit,
- bevorstehender Heirat,
- Krankheiten allgemeiner Art,
- Religions- und Parteizugehörigkeit,
- einer Schwangerschaft.

Erlaubte Fragen muss der Bewerber wahrheitsgemäß beantworten.

AUFGABEN

1. Welche Unterlagen müssen einem Bewerbungsschreiben beigefügt werden?
2. Verfassen Sie ein Bewerbungsschreiben auf eine der Stellenanzeigen (S. 386).
3. Schreiben Sie Ihren Lebenslauf in tabellarischer und in Aufsatzform.
4. Welche der folgenden Fragen muss ein Bewerber in einem Fragebogen oder Einstellungsgespräch wahrheitsgemäß beantworten?

   a) Was haben Sie bisher verdient?
   b) Wo arbeitet Ihr Ehepartner?
   c) Sind Sie Gewerkschaftsmitglied?
   d) Sind Sie schwanger?
   e) Welche Kinderkrankheiten haben Sie gehabt?
   f) In welchem Betrieb haben Sie gelernt?

ZUSAMMENFASSUNG

Die Einstellung von Personal

- Die **Qualifikation des Bewerbers** muss den Anforderungen der angebotenen Stelle entsprechen.
- **Schriftliche Bewerbungen** enthalten:
  - Bewerbungsschreiben,
  - Zeugniskopien,
  - Lebenslauf.
- Im **Einstellungsgespräch** versucht der Einstellende festzustellen, ob die Qualifikation des Bewerbers den Anforderungen der angebotenen Stelle genügt.
- **Fragen** nach Tatsachen, die mit der angebotenen Stelle zusammenhängen, muss der Bewerber wahrheitsgemäß beantworten.

13.2 INDIVIDUALARBEITSVERTRAG (EINZELARBEITSVERTRAG)

Petra Rötger hat sich bei Schreiber & Co. als Buchhalterin beworben. Während des Vorstellungsgesprächs vereinbart die Personalleiterin von Schreiber & Co. lediglich, dass Petra ab dem 1. Oktober 20.. als Buchhalterin beschäftigt werden soll.

Welche weiteren Punkte hätten Petra und die Personalleiterin während des Vorstellungsgespräches unbedingt klären sollen?

INFORMATION

Abschluss des Arbeitsvertrages

Der Arbeitsvertrag wird zwischen einem Arbeitgeber und einem Arbeitnehmer abgeschlossen.

Minderjährige benötigen für den Abschluss eines Arbeitsvertrages grundsätzlich die Zustimmung ihres gesetzlichen Vertreters.

Der Arbeitsvertrag wird in der Regel schriftlich abgeschlossen. Gesetzlich ist der Abschluss des Arbeitsvertrages jedoch an keine Form gebunden. Es genügt auch eine mündliche Einigung zwischen Arbeitnehmer und Arbeitgeber über die wichtigsten Arbeitsbedingungen (Eintrittstermin, Art der Arbeitsleistung und Höhe der Vergütung). In vielen Bereichen ist die Schriftform von Arbeitsverträgen jedoch durch Tarifverträge vorgeschrieben.
In Betrieben mit mehr als zwanzig Beschäftigten muss der Arbeitgeber beim Abschluss des Arbeitsvertrages die Zustimmung des Betriebsrats einholen (siehe Kapitel 13.8).

Vertragsfreiheit

Grundsätzlich besteht beim Abschluss eines Arbeitsvertrages Abschlussfreiheit; d. h., die Beteiligten können frei darüber entscheiden, ob sie einen Arbeitsvertrag abschließen wollen. Die inhaltliche Gestaltungsfreiheit eines Arbeitsvertrages ist jedoch stark eingeschränkt durch

- gesetzliche Vorschriften (Gesetze und Rechtsverordnungen),
- Tarifverträge,
- Betriebsvereinbarungen.

Gesetze werden von den Parlamenten beschlossen: Bundesgesetze also vom Bundestag unter Mitwirkung des Bundesrates, Landesgesetze der einzelnen Bundesländer von deren Landtagen.

Rechtsverordnungen können von der Bundesregierung, einem Bundesminister oder einer Landesregierung erlassen werden, wenn diese durch ein Gesetz dazu ermächtigt sind.

Tarifverträge sind Vereinbarungen, die zwischen Gewerkschaften und Arbeitgeberverbänden oder einzelnen Arbeitgebern abgeschlossen werden.

Betriebsvereinbarungen sind Vereinbarungen zwischen dem Arbeitgeber und dem Betriebsrat über die Ordnung und die Arbeitsverhältnisse des einzelnen Betriebes.

4203390

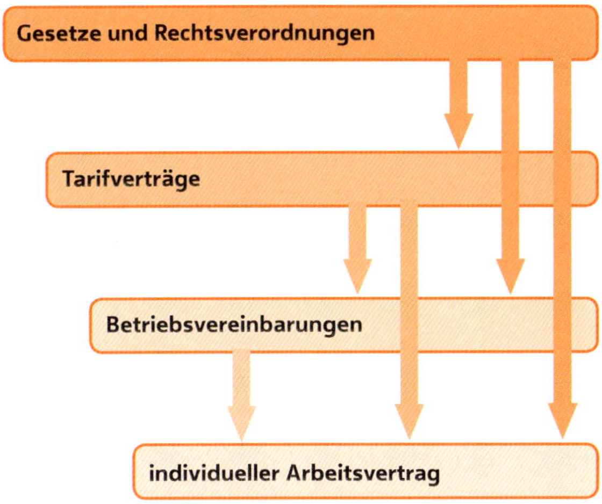

Die gesetzlichen Bestimmungen, Tarifverträge und Betriebsvereinbarungen sollen den einzelnen Arbeitnehmer vor Benachteiligungen schützen. Ihre Inhalte stellen Mindestbedingungen dar, die durch den Arbeitsvertrag nicht unterschritten werden dürfen. Vertragsinhalte, die den Arbeitnehmer schlechter stellen, sind nichtig. Günstigere Vereinbarungen dürfen im individuellen Arbeitsvertrag jederzeit getroffen werden.

BEISPIEL

Einem Arbeitnehmer stehen laut Gesetz im Krankheitsfall sechs Wochen Gehaltsfortzahlung zu. Eine Vereinbarung im Arbeitsvertrag über acht Wochen Gehaltsfortzahlung ist gültig, weil sie den Arbeitnehmer besser stellt als die gesetzliche Regelung. Eine vertragliche Vereinbarung von vier Wochen Gehaltsfortzahlung wäre nichtig, weil sie den Arbeitnehmer schlechter stellt als das Gesetz.

Pflichten von Arbeitgeber und Arbeitnehmer

Mit dem Abschluss des Arbeitsvertrages übernehmen der Arbeitgeber und der Arbeitnehmer eine Reihe von Pflichten. **Die Pflichten des Arbeitgebers sind:**

- **Vergütungspflicht:** Der Arbeitgeber muss für die erbrachte Arbeitsleistung des Arbeitnehmers eine Vergütung bezahlen. Der Arbeitgeber muss das Gehalt an seine kaufmännischen Angestellten spätestens am letzten Werktag des Monats bezahlen. Das Gehalt muss auch bei Arbeitsunfähigkeit wegen Krankheit bis zu sechs Wochen weiterbezahlt werden.
- **Beschäftigungspflicht:** Der Arbeitgeber ist verpflichtet, dem Arbeitnehmer nicht nur Gehalt zu zahlen, sondern ihn auch tatsächlich zu beschäftigen.
- **Urlaubsgewährungspflicht:** Der Arbeitgeber muss dem Arbeitnehmer in jedem Kalenderjahr bezahlten Erholungsurlaub gewähren. Den Urlaub regelmäßig durch Geldzahlungen abzugelten, ist unzulässig.
- **Fürsorgepflicht:** Der Arbeitgeber muss alle Arbeitsbedingungen so gestalten, dass der Arbeitnehmer gegen Gefahren für Leben und Gesundheit so weit wie möglich geschützt ist.
- **Zeugnispflicht:** Der Arbeitnehmer kann von seinem Arbeitgeber bei Beendigung des Arbeitsverhältnisses ein schriftliches Zeugnis verlangen.

Die **Pflichten eines kaufmännischen Angestellten** (= **Handlungsgehilfen**) sind:

- **Arbeitspflicht:** Der Arbeitnehmer muss die im Arbeitsvertrag vereinbarte Arbeitsleistung erbringen.
- **Verschwiegenheitspflicht:** Der Arbeitnehmer darf Geschäfts- und Betriebsgeheimnisse nicht an Dritte mitteilen.
- **Verbot der Annahme von „Schmiergeldern":** Der Arbeitnehmer darf keine „Schmiergelder" annehmen.

BEISPIEL

Ein Bürobedarfsgroßhändler verspricht einem Einkäufer eines Einzelhandelsbetriebes eine größere Geldsumme, wenn der Einkäufer den Bürobedarf des Einzelhandelsbetriebes nur noch bei ihm einkauft.

- **Gesetzliches Wettbewerbsverbot:** Solange das Arbeitsverhältnis besteht, darf ein kaufmännischer Angestellter ohne Einwilligung des Arbeitgebers
  - nicht selbstständig ein Handelsgewerbe betreiben,
  - in dem Handelszweig des Arbeitgebers keine Geschäfte für eigene oder fremde Rechnung betreiben.

- **Nachvertragliches Wettbewerbsverbot:** Nach Beendigung des Arbeitsverhältnisses darf ein kaufmännischer Angestellter seinem bisherigen Arbeitgeber grundsätzlich Konkurrenz machen. Soll ein Wettbewerbsverbot auch nach Beendigung des Arbeitsverhältnisses bestehen, muss dieses ausdrücklich vertraglich geregelt werden. Dieses Wettbewerbsverbot darf nicht länger als zwei Jahre nach Beendigung des Arbeitsverhältnisses bestehen.

AUFGABEN

1. Zwischen welchen Personen wird ein Arbeitsvertrag abgeschlossen?
2. Durch welche Regelungen wird die Gestaltungsfreiheit der Arbeitsvertragsinhalte eingeschränkt?
3. Zwischen einem Arbeitnehmer und einem Arbeitgeber wird ein vertraglicher Jahresurlaub von 30 Werktagen vereinbart. In einer Betriebsvereinbarung zwischen Betriebsrat und Arbeitgeber wurde für alle Betriebsangehörigen ein Jahresurlaub von 28 Werktagen vereinbart. Wie viel Tage Urlaub stehen dem Arbeitnehmer zu?
4. Welche Pflichten aus dem Arbeitsvertrag werden in folgenden Fällen verletzt?
   a) Eine Verkäuferin weigert sich, einen Kunden zu bedienen, mit dem sie schon einmal Schwierigkeiten gehabt hat.
   b) Die Kantine einer Lebensmittelgroßhandlung wird im Winter nicht geheizt
   c) Der Arbeitgeber zahlt das März-Gehalt erst am 15. April.
   d) Ein Angestellter teilt dem Einkäufer eines Konkurrenzbetriebes die Einkaufspreise des eigenen Betriebes mit.
   e) Ein Arbeitgeber weigert sich, einer Angestellten für zwei Wochen, in denen sie arbeitsunfähig erkrankt war, Gehalt zu zahlen.
   f) Ein Verkäufer, der in der Lebensmittelabteilung eines Warenhauses beschäftigt ist, arbeitet an seinem freien Tag in einem Lebensmittelsupermarkt.
   g) Ein Arbeitgeber weigert sich, einem Angestellten, der gekündigt hat, ein schriftliches Zeugnis auszustellen.
5. Unter welchen Voraussetzungen darf ein Angestellter auch nach Beendigung eines Arbeitsverhältnisses seinem bisherigen Arbeitgeber keine Konkurrenz machen?

ZUSAMMENFASSUNG

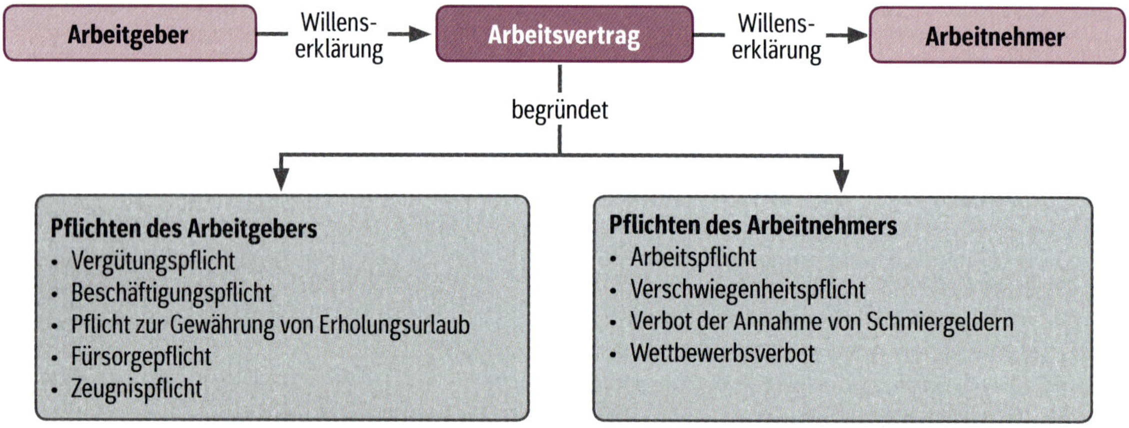

Die **Vertragsfreiheit** beim Abschluss von Arbeitsverträgen ist **eingeschränkt durch**
- gesetzliche Bestimmungen,
- Tarifverträge,
- Betriebsvereinbarungen.

13.3 TARIFVERTRAG

In Ihrem Arbeitsvertrag liest Petra Rötger, dass für die Höhe ihres Gehalts der jeweils gültige Tarifvertrag für den Einzelhandel maßgeblich ist.

Erläutern Sie den Einfluss tarifvertraglicher Regelungen auf das Arbeitsverhältnis von Petra Rötger.

Welche Gründe gibt es für Streitigkeiten zwischen Gewerkschaften und Arbeitgebern?

INFORMATION

Die Tarifparteien

Zwischen Gewerkschaften und Arbeitgeberverbänden – den sogenannten Tarifparteien – werden die Höhe von Löhnen und Gehältern, Arbeitszeit, Urlaub, Arbeitsbedingungen und anderes mehr ausgehandelt. Die Ergebnisse dieser Verhandlungen werden in Tarifverträgen festgehalten. Die Gewerkschaften und die Arbeitgeberverbände haben das Recht, diese Tarifverträge ohne Einmischung des Staates auszuhandeln. Dieses Recht wird als **Tarifautonomie** bezeichnet.

In der Bundesrepublik Deutschland haben sich annähernd acht Millionen Arbeitnehmer in Gewerkschaften zusammengeschlossen. Gewerkschaften sind Selbsthilfeorganisationen der Arbeitnehmer, die sich für die Verbesserung der Situation der arbeitenden Menschen einsetzen.

Die Mitgliedschaft in einer Gewerkschaft ist freiwillig. Der größte Gewerkschaftsdachverband ist der Deutsche Gewerkschaftsbund (DGB).

Arbeitnehmer können sich aber auch im Deutschen Beamtenbund (DBB) oder im Christlichen Gewerkschaftsbund (CGB) organisieren.

Die Arbeitgeber haben sich in Arbeitgeberverbänden zusammengeschlossen. Der Bundesvereinigung der Deutschen Arbeitgeberverbände gehören direkt oder indirekt über 800 Einzelverbände an. Auch die Mitgliedschaft in Arbeitgeberverbänden ist freiwillig.

Der Ablauf von Tarifverhandlungen

Zu Beginn der Tarifverhandlungen zwischen Gewerkschaften und Arbeitgeberverbänden stellen die Gewerkschaften ihre Forderungen auf. Die Arbeitgeber machen ein Angebot, das niedriger ist als die Gewerkschaftsforderungen. Im Laufe der Verhandlungen versucht man einen Kompromiss zu erreichen, dem beide Tarifparteien zustimmen können. Kommt es zu keiner Einigung, können die Tarifparteien das Scheitern der Tarifverhandlungen erklären. Lässt eine der Tarifparteien die Verhandlungen scheitern, so schließt sich ein Schlichtungsverfahren nur dann an, wenn dieses zwischen den Tarifparteien zuvor in einem Abkommen vereinbart worden ist. An dem Schlichtungsverfahren nehmen die gleiche Anzahl Gewerkschafts- und Arbeitgebervertreter teil. Die Schlichtung wird von einem unparteiischen Vorsitzenden geleitet. Am Ende der Schlichtung steht ein mehrheitlich gefasster Einigungsvorschlag. Stimmen beide

Tarifparteien dem Einigungsvorschlag zu, wird dieser als neuer Tarifvertrag abgeschlossen. Wird der Einigungsvorschlag von einer der beiden Tarifparteien abgelehnt, beginnt entweder eine neue Schlichtungsrunde oder es kommt zum Arbeitskampf.

Die Arbeitskampfmaßnahme der Gewerkschaften ist der **Streik.** Bei einem Streik legen die gewerkschaftlich organisierten Arbeitnehmer für einen vorübergehenden Zeitraum die Arbeit nieder. Bevor die Gewerkschaft einen Streik erklärt, stellt sie die Streikbereitschaft durch eine Abstimmung unter ihren Mitgliedern fest. Diese Abstimmung wird als **Urabstimmung** bezeichnet. Die Gewerkschaft ruft offiziell zum Streik auf, wenn bei der Urabstimmung mindestens 75 % der Gewerkschaftsmitglieder für einen Streik gestimmt haben. Ein Streik kann auf einzelne Betriebe beschränkt sein, aber auch ganze Wirtschaftszweige, z. B. alle Einzelhandelsbetriebe, umfassen. Ziel des Streiks ist es, durch Produktionsausfall oder Umsatzeinbußen die Arbeitgeber zu zwingen, auf die Forderungen der Gewerkschaften einzugehen.

Die Arbeitskampfmaßnahme der Arbeitgeber ist die **Aussperrung.** Als Reaktion auf einen Streik verweigern die Arbeitgeber gewerkschaftlich organisierten und nicht organisierten Arbeitnehmern die Möglichkeit, zu arbeiten.

Während des Arbeitskampfes erhalten die Arbeitnehmer weder Gehalt, Urlaub noch Gehaltsfortzahlung im Krankheitsfall. Die gewerkschaftlich organisierten Arbeitnehmer erhalten jedoch Streikgeld von ihrer Gewerkschaft. Die Höhe des Streikgeldes richtet sich nach dem monatlichen Gewerkschaftsbeitrag des Einzelnen. Arbeitnehmer, die nicht in einer Gewerkschaft organisiert sind, bekommen kein Streikgeld. Die bestreikten Arbeitgeber werden aus dem Arbeitskampffonds ihres Arbeitgeberverbandes unterstützt.

Der Arbeitskampf wird beendet, wenn sich die beiden Tarifparteien in neuen Verhandlungen oder im Rahmen eines besonderen Schlichtungsverfahrens einigen. Es kommt zu einem neuen Tarifvertrag, wenn beide Seiten der in der Verhandlung oder dem Schlichtungsverfahren erzielten Einigung zustimmen. Die Gewerkschaften müssen dazu ihre Mitglieder in einer erneuten Urabstimmung befragen. Die Satzungen der meisten Gewerkschaften (z. B. IG Metall, ver.di) schreiben für die Annahme des Tarifvertrages eine Zustimmung von mindestens 25 % der Gewerkschaftsmitglieder vor. Solange der neue Tarifvertrag gültig ist, besteht für die beiden Tarifparteien **Friedenspflicht,** d. h., dass während der Gültigkeitsdauer des Tarifvertrages von den vertragschließenden Gewerkschaften und Arbeitgeberverbänden keine Arbeitskampfmaßnahmen (Streik und Aussperrung) durchgeführt werden dürfen.

Die Bindung des Tarifvertrages

Tarifverträge gelten nur für die Mitglieder der Tarifparteien (Gewerkschaften und Arbeitgeberverbände). Für die nicht organisierten Arbeitnehmer gilt der Tarifvertrag nur dann, wenn er für allgemein verbindlich erklärt wurde. Der Bundesminister für Arbeit und Soziales kann einen Tarifvertrag auf Antrag einer Tarifpartei für allgemein verbindlich erklären. Damit ist der Tarifvertrag auch für nicht organisierte Arbeitgeber und Arbeitnehmer gültig.

Inhalt der Tarifverträge

Nach dem Inhalt werden Mantel- oder Rahmentarifverträge und Lohn- und Gehaltstarifverträge unterschieden.

Manteltarifverträge regeln allgemeine Arbeitsbedingungen, wie z. B. Kündigungsfristen, Urlaubsregelungen, Dauer der täglichen und wöchentlichen Arbeitszeit, Nachtarbeit, Mehrarbeit, Sonn- und Feiertagszulagen, Vorschriften über Schlichtungsverfahren.

In **Lohn- und Gehaltstarifverträgen** sind die getroffenen Vereinbarungen über Lohn- bzw. Gehaltshöhen enthalten. In diesen Verträgen werden sehr häufig Tätigkeitsmerkmale für verschiedene Lohn- und Gehaltsgruppen beschrieben, nach denen die Arbeitnehmer eingruppiert werden.

BEISPIEL

Gehalts- und Lohntarifvertrag
Groß- und Außenhandel Niedersachsen
(Auszug)
§ 3 – Gehaltsgruppen – Gruppe 3

Oberbegriffe

Ausführen von Tätigkeiten nach Anweisungen, die eine abgeschlossene Ausbildung als Kaufmann/-frau im Groß- und Außenhandel, als Bürokaufmann/-frau oder eine gleichwertige Berufsausbildung voraussetzen. Die-se Kenntnisse und Fertigkeiten können auch durch entsprechende praktische Tätigkeiten von mindestens vier Jahren erworben worden sein; der Besuch einer Handelsfachschule mit erfolgreich abgelegter Abschlussprüfung wird auf diese Frist bis zu einem Jahr angerechnet. Ihr ist gleichgestellt:

a) Anlernberuf mit bestandener Abschlussprüfung und einjähriger kaufmännischer Tätigkeit,
b) bei Stenotypisten und Stenotypistinnen genügt eine der nachgenannten Voraussetzungen:
   1) Stenotypisten/-innenprüfung vor der Industrie- und Handelskammer in Kurzschrift und Maschinenschreiben (150 Silben Kurzschrift und 210 Schreibmaschinenanschläge);
   2) Vorbildung auf einer Vollhandelsschule von mindestens zwei Jahren;
   3) mittlere Reife und Vorbildung auf einer Vollhandelsschule von einem Jahr.
c) bei technischen Angestellten die dem Berufsbild entsprechende Ausbildung mit bestandener Abschlussprüfung.

Tätigkeitsbeispiele:

Bearbeiten von Aufträgen. Erstellen von regelmäßig wiederkehrenden Angeboten und Bestellungen,

Anbieten und Verkaufen von Waren und/oder Dienstleistungen im Innendienst sowie im Außendienst mit Ordersatz, Tätigkeit als Fahrverkäufer/-in,

telefonische Auftragsannahme mit Beratung,

Reisendentätigkeit ohne Abschlussvollmacht,

Prüfen von ein- und ausgehender Ware nach fachlichen Merkmalen,

Bedienen einer Fernsprechanlage mit Empfangstätigkeit und Kenntnis des Geschäftsbetriebes,

Anfertigen von Schriftstücken nach genauen Angaben,

Aufnehmen sowie form- und stilgerechtes Wiedergeben von Diktaten mittels Stenogramm oder von Tonträgern,

Kontieren von Belegen nach Kontenrahmen,

Prüfen von Eingangs- oder Ausgangsrechnungen auf sachliche Richtigkeit,

Buchungsarbeiten maschinell oder von Hand,

Kassieren,

Bearbeiten und Überprüfen von Sach- und Kontokorrentkonten,

Verwalten einer Registratur,

Ausführen von Arbeiten nach Vorlagen an Datenverarbeitungsanlagen bei Routineprogrammen.

Die Bestimmungen der Tarifverträge sind Mindestbedingungen. Abmachungen in Einzelarbeitsverträgen zwischen Arbeitgeber und Arbeitnehmer dürfen die Normen des Tarifvertrages nicht unterschreiten. Die Vereinbarungen im Einzelarbeitsvertrag dürfen den Arbeitnehmer jedoch besser stellen, als es die Bestimmungen des Tarifvertrages regeln.

AUFGABEN

1. Wer sind die beiden Tarifparteien?
2. Für wen gelten die Bestimmungen eines Tarifvertrages, wenn er nicht für allgemein verbindlich erklärt wurde?
3. Wer darf Tarifverträge für allgemein verbindlich erklären?
4. Beschreiben Sie den möglichen Ablauf von Tarifverhandlungen.
5. Welche Voraussetzung muss erfüllt sein, damit eine Gewerkschaft den Streik erklären kann?
6. Welche Regelungen enthält
   a) ein Manteltarifvertrag?
   b) ein Lohn- und Gehaltstarifvertrag?
7. Welche Auswirkungen haben Arbeitskampfmaßnahmen auf Arbeitgeber, gewerkschaftlich organisierte und nicht organisierte Arbeitnehmer?

ZUSAMMENFASSUNG

Gewerkschaft → **vereinbaren** ← Arbeitgeberverband

Tarifverträge

Lohn- und Gehaltstarifverträge | Manteltarifverträge

- Bei Tarifverhandlungen ist die **Tarifautonomie** gewährleistet.
- Arbeitskampfmaßnahmen sind **Streik** und **Aussperrung.**
- Tarifverträge sind **Kollektivverträge:** Grundsätzlich gelten die Bestimmungen nur für Mitglieder der beteiligten Tarifparteien.
- Durch **Allgemeinverbindlichkeitserklärung** des zuständigen Bundesministers für Arbeit und Soziales wird der Tarifvertrag für alle Arbeitgeber der betroffenen Branche gültig.
- Während der Laufzeit des Tarifvertrags gilt für die Tarifparteien die **Friedenspflicht.**

13.4 VOLLMACHTEN

Herr Schweizer ist Einkäufer der Haushaltswäscheabteilung der Großhandlung Berger. Als ihm der Vertreter der Wäschefabrik Lücke einen größeren Sonderposten Geschirrtücher zu einem besonders günstigen Preis anbietet, bestellt er, ohne die Inhaberin der Großhandlung zu fragen.

Ist der Kaufvertrag über den Sonderposten Geschirrtücher gültig?

INFORMATION

Die Führung eines größeren Unternehmens macht es erforderlich, dass der Geschäftsinhaber einen Teil seiner Aufgaben und Vollmachten an qualifizierte Beschäftigte abgibt.

Prokura

Die weitestgehende Vollmacht ist die Prokura. Sie kann nur von dem Inhaber des Unternehmens oder seinem gesetzlichen Vertreter erteilt werden (§ 48 HGB).

Prokura ermächtigt zu allen gerichtlichen und außergerichtlichen Geschäften und Rechtshandlungen, die ein Handelsgewerbe mit sich bringt (§ 49 HGB).

Der Prokurist darf z. B.
- Ware einkaufen und verkaufen,
- Personal einstellen und entlassen,
- Rechnungen bezahlen,
- Wechsel unterschreiben,
- Darlehen aufnehmen,
- Bürgschaften eingehen,
- Prozesse für das Unternehmen führen,
- Grundstücke kaufen.

Für den Verkauf oder die Belastung von Grundstücken benötigt er jedoch eine besondere Vollmacht.

Der Prokurist darf nicht
- Bilanzen unterschreiben,
- Steuererklärungen unterschreiben,
- Eintragungen im Handelsregister vornehmen lassen,
- Insolvenzverfahrenseröffnung beantragen,
- Prokura erteilen,
- Grundstücke verkaufen,

- einen Eid für den Unternehmer leisten,
- Gesellschafter aufnehmen,
- das Geschäft auflösen oder verkaufen.

Der Prokurist unterschreibt, indem er der Firma seinen Namen mit einem Zusatz, der die Prokura andeutet (z. B. ppa.), hinzufügt.

Die Prokura muss ausdrücklich (schriftlich oder mündlich) erteilt und in das Handelsregister eingetragen werden.

Sie kann zwischen dem Geschäftsinhaber und dem Prokuristen eingeschränkt werden. Diese Einschränkungen im Innenverhältnis gelten jedoch nicht nach außen (§ 50 HGB).

BEISPIEL

Der Geschäftsinhaber verbietet seinem Prokuristen, Wechsel zu unterschreiben. Der Prokurist hält sich nicht an die Anweisung und akzeptiert einen auf das Geschäft gezogenen Wechsel. Das Akzept ist voll wirksam.

Eine Prokura, die vorsieht, dass der Prokurist im Außenverhältnis nur gemeinsam mit dem Einzelkaufmann vertretungsberechtigt ist, ist unwirksam.

Die Prokura erlischt,
- wenn sie der Inhaber des Handelsgeschäftes oder sein gesetzlicher Vertreter widerruft,
- wenn der Prokurist aus dem Unternehmen ausscheidet,
- wenn das Geschäft aufgelöst oder verkauft wird.

Sie erlischt nicht beim Tod des Firmeninhabers.

Die Aufhebung der Prokura muss in das Handelsregister eingetragen und bekannt gemacht werden (z. B. durch die öffentliche Bekanntmachung der Handelsregistereintragung in der Zeitung). Erst dadurch ist die Prokura auch im Außenverhältnis gegenüber Dritten gelöscht.

Arten der Prokura sind
- Einzelprokura,
- Gesamtprokura,
- Filialprokura.

Bei der **Einzelprokura** darf der Prokurist Rechtsgeschäfte allein abschließen.

Bei der **Gesamtprokura** dürfen nur zwei oder mehrere Prokuristen die Vollmacht gemeinsam ausüben.

Bei der **Filialprokura** beschränkt sich die Vollmacht nur auf einen Filialbetrieb eines Unternehmens.

Handlungsvollmacht

Die Handlungsvollmacht erstreckt sich nur auf Rechtsgeschäfte, die in dem jeweiligen Handelsgewerbe gewöhnlich vorkommen. Im Gegensatz zur Prokura kann ihr Umfang beliebig eingegrenzt werden (§ 54 HGB).

Arten der Handlungsvollmacht sind die
- allgemeine Handlungsvollmacht,
- Artvollmacht und
- Einzelvollmacht.

Die **allgemeine Handlungsvollmacht** berechtigt zur Ausübung aller gewöhnlichen Rechtsgeschäfte, die in dem Betrieb vorkommen, z. B.
- übliche Zahlungsgeschäfte erledigen,
- Ware verkaufen,
- einkaufen,
- Personal einstellen und entlassen.

Filialleiterinnen und Abteilungsleiter haben meist eine allgemeine Handlungsvollmacht.

Die **Artvollmacht** berechtigt Angestellte, bestimmte Rechtsgeschäfte dauernd zu erledigen. Eine Artvollmacht besitzen z. B. Verkäuferinnen, Einkäufer, Kassierer.

Wer eine **Einzelvollmacht** erhält, darf den erhaltenen Auftrag nur einmal ausführen.

BEISPIEL

Ein Angestellter wird beauftragt, als Bote eine Ware in die Wohnung eines Kunden zu bringen und dort den Rechnungsbetrag zu kassieren.

Eine Handlungsvollmacht kann formlos (schriftlich, mündlich oder stillschweigend) vom Inhaber des Handelsgeschäftes und vom Prokuristen erteilt werden. Jeder Bevollmächtigte kann innerhalb seiner Vollmacht Untervollmachten erteilen, d. h.,
- ein Angestellter mit allgemeiner Handlungsvollmacht darf innerhalb seiner Vollmacht Artvollmacht,
- ein Artbevollmächtigter innerhalb seiner Artvollmacht Einzelvollmachten erteilen.

Handlungsvollmachten werden nicht in das Handelsregister eingetragen.

Handlungsbevollmächtigte versehen ihre Unterschrift mit dem Zusatz „i. V." (in Vollmacht) oder „i. A." (im Auftrag).

AUFGABEN

1. Wer darf Prokura erteilen?
2. Welche der folgenden Tätigkeiten darf der Prokurist ausführen?
   a) Wechsel unterschreiben
   b) Eröffnung des Insolvenzverfahrens beantragen
   c) Personal entlassen
   d) Grundstücke kaufen
   e) Grundstücke verkaufen
   f) Bilanzen unterschreiben
   g) Eintragungen zum Handelsregister anmelden
   h) Bürgschaften eingehen
   i) Handlungsvollmacht erteilen
3. In welcher Form muss die Prokura erteilt werden?
4. Wann erlischt die Prokura?
5. Wodurch unterscheiden sich
   a) Einzelprokura,
   b) Gesamtprokura und
   c) Filialprokura?
6. Welche Vollmacht ist für folgende Tätigkeiten mindestens erforderlich?
   a) Ware verkaufen
   b) Einlösen eines Schecks bei einer Bank
   c) Angestellte einstellen und entlassen
   d) Tätigkeit als Kassiererin
   e) Wechsel unterschreiben

ZUSAMMENFASSUNG

Vollmachten

	Prokura	Handlungsvollmacht
Wesen	Prokura ermächtigt zu allen gerichtlichen und außergerichtlichen Geschäften und Rechtshandlungen, die der Betrieb eines Handelsgewerbes mit sich bringt. Prokura darf nach außen nicht eingeschränkt werden.	Allgemeine Handlungsvollmacht erstreckt sich auf die branchenüblichen Rechtsgeschäfte. Handlungsvollmacht kann beliebig eingegrenzt werden.
Arten	• **Einzelprokura:** Ein Prokurist kann entscheiden, ohne eine andere Person einzuschalten. • **Gesamtprokura:** Zwei oder mehrere Prokuristen können nur zusammen entscheiden. • **Filialprokura:** Sie bezieht sich nur auf eine Zweigstelle.	• **Allgemeine Handlungsvollmacht:** Sie berechtigt zur Ausübung aller üblichen Rechtsgeschäfte, die der Betrieb mit sich bringt. • **Artvollmacht:** Sie berechtigt zu einer bestimmten Art von Rechtsgeschäften (z. B. Verkaufen). • **Einzelvollmacht:** Sie berechtigt zur einmaligen Ausübung eines einzelnen Rechtsgeschäfts.
Erteilung	• nur durch Kaufleute • ausdrückliche Erteilung • Eintragung in das Handelsregister	• durch Kaufleute und Personen mit einer höheren Vollmacht • formlose Erteilung • keine Eintragung in das Handelsregister

13.5 FORMEN DER ENTLOHNUNG

Arbeitnehmer am Fließband

Arbeitnehmer bei der Präzisionsarbeit

Warum werden beide Arbeitnehmer nach einem unterschiedlichen Entlohnungssystem bezahlt?

INFORMATION

Unter Lohn versteht man den Preis für geleistete unselbstständige Arbeit. Den Beschäftigten wird für die Überlassung ihrer Arbeitskraft an den Betrieb Arbeitsentgelt gezahlt. Der Lohn ist für sie Einkommen, für den Betrieb dagegen bedeutet er Kosten. Wegen dieser gegensätzlichen Bedeutung werden von den Unternehmen möglichst niedrige, von den Arbeitnehmern möglichst hohe Löhne erstrebt.

Die Schwierigkeit der Ermittlung eines „richtigen Maßstabes" für den Lohn hat zu zahlreichen Entlohnungsverfahren geführt, die sich meist unmittelbar aus der Praxis heraus entwickelt haben.

Grundformen der Entlohnungsverfahren sind:

- Zeitlohn
- Akkordlohn
- Prämienlohn

Zeitlohn

Beim Zeitlohn ist der Maßstab für die Berechnung der Lohnhöhe die im Betrieb zugebrachte Zeit. Es besteht kein direkter Bezug zur tatsächlich geleisteten Arbeit. Beispiele für den Zeitlohn sind das Monatsgehalt von Angestellten und der Stundenlohn von Arbeitern. Bei beiden Arbeitnehmergruppen erfolgt die Entlohnung durch Zahlung eines je nach Zeiteinheit gleich hohen Geldbetrages, ohne Rücksicht auf die während dieser Zeit erbrachte Leistung.

BEISPIEL

Zwei Angestellte mit gleichem Aufgabenbereich bekommen trotz unterschiedlicher Leistungen das gleiche Monatsgehalt.

Maßgebend für die Gehaltszahlung ist also die im Betrieb aufgewandte Arbeitszeit und nicht die geleistete Arbeitsmenge.

Der Zeitlohn wird dort angewandt, wo

- die Qualität eine Rolle spielt:
  Dies ist z. B. bei komplizierten Arbeiten der Fall, bei denen es mehr auf Sorgfalt und Gewissenhaftigkeit als auf Schnelligkeit und Leistungsmenge ankommt.
- gefährliche Tätigkeiten vorliegen:
  Leistungsanreize könnten auf Kosten der Sicherheit erfolgen.
- eine Bemessung des Lohns wegen der Kompliziertheit der Arbeitsleistung nicht möglich ist.

BEISPIEL

Bei Bürotätigkeiten oder Beratungsberufen ist das Arbeitsergebnis nur schwer zu messen.

Zeitlohn	
Vorteile	**Nachteile**
• geringer Berechnungsaufwand • einfache Kontrolle des Stundennachweises • Vermeidung eines Leistungsdrucks, der einerseits Qualitätsminderungen der Erzeugnisse, andererseits höhere Unfallgefahren bewirken könnte	• Leistungsanreize fehlen: Der Zeitlohn widerspricht dem Prinzip leistungsgerechter Entlohnung, weil er unabhängig von der erbrachten Leistung bezahlt wird. Der einzelne Arbeitnehmer kann durch Erhöhung seiner Leistung die Höhe seines Lohnes nicht beeinflussen. • Kontrollen sind erforderlich. • Das Unternehmen trägt das volle Risiko einer Minderleistung.

Betrachtet man den Lohn als betrieblichen Kostenfaktor, so führt der Zeitlohn dazu, dass die pro hergestelltes Produkt anfallenden Lohnkosten umso höher sind, je höher der Zeitverbrauch des Arbeitnehmers ist.

BEISPIEL

Der Stundenlohn eines Arbeiters beträgt 16 €. Misst man die Leistung an der je Stunde gefertigten Stückzahl, so ergibt sich:

Stück/Stunde	Lohnkosten in € je Stück
0,5	32
1	16
2	8
3	5,33
4	4,00
5	3,20
6	2,67

Akkordlohn

Beim Akkordlohn wird eine Übereinstimmung zwischen der Entlohnung des einzelnen Arbeitnehmers und seiner Leistung angestrebt. Bei der Berechnung der Akkordlöhne orientiert man sich an den tariflichen Mindestlöhnen, die auch bei einer geringeren Leistung des Arbeitnehmers gezahlt werden müssen. Zu diesem kommt ein häufig auch in Tarifverträgen geregelter Akkordzuschlag hinzu, womit die höhere Arbeitsintensität der Akkordarbeit im Vergleich zur Zeitarbeit abgegolten wird.

Mindestlohn und Akkordzuschlag ergeben zusammen den Stundenverdienst des Akkordarbeiters bei Normalleistung. Dieser wird auch **Akkordrichtsatz** genannt.

BEISPIEL

Mindestlohn (je Stunde):	10,00 €
+ 20 % Akkordzuschlag	2,00 €
Akkordrichtsatz	12,00 €

Beim **Stück-Geld-Akkord** wird der Arbeitnehmer nach der von ihm je Zeiteinheit abgelieferten Stückzahl fertiger Produkte entlohnt. Der Akkordrichtsatz als Grundlohn wird in einen Akkordsatz je Stück umgerechnet.

Der Stück-Geld-Akkord wird sehr häufig im Baugewerbe angewandt.

BEISPIEL

Neun Stück beträgt die Normalleistung eines Arbeitnehmers pro Stunde. Er arbeitet 38 Stunden in der Woche. Der Akkordrichtsatz beträgt 12,00 €.

$$\text{Stückakkordsatz} = \frac{\text{Akkordrichtsatz}}{\text{Normalleistung je Stunde}} = \frac{12}{9} = 1{,}33\ €$$

Als Wochenlohn ergibt sich z. B.

	Stückakkordsatz ·	Stückzahl pro Stunde ·	Wochenarbeitszeit =	Wochenlohn
Unter Normalleistung	1,33	7	38	353,78
Normalleistung	1,33	9	38	454,86
Über Normalleistung	1,33	11	38	555,94

Unterhalb der Normalleistung wird nur der tariflich garantierte Mindestlohn (38 · 10,00) von 380,00 € gezahlt (Mindestlohn ist höher als errechneter Lohn).

Beim **Stück-Zeit-Akkord** wird unter Berücksichtigung eines normalen Leistungsgrades eine feste Vorgabezeit je Produktionseinheit vorgegeben, die sich aus der Normalleistung ableitet.

Der Stück-Zeit-Akkord wird häufig in der Industrie angewandt.

BEISPIEL

$$\text{Zeitakkordsatz} = \frac{60 \text{ Minuten}}{\text{Normalleistung je Stunde}} = \frac{60}{9} = 6{,}67 \text{ Min./Stück}$$

$$\text{Minutenfaktor} = \frac{\text{Akkordrichtsatz}}{60} = \frac{12}{60} = 0{,}20\ €$$

Als Wochenlohn ergibt sich z. B.

	Stückzahl je Stunde ·	Wochenarbeitszeit ·	Zeitakkordsatz ·	Minutenfaktor =	Wochenlohn
Unter Normalleistung	7	38	6,67	0,20	354,84
Normalleistung	9	38	6,67	0,20	456,23
Über Normalleistung	11	38	6,67	0,20	557,61

Beim **Einzelakkord** wird die Einzelleistung bezahlt. Beim **Gruppenakkord** dagegen erfolgen die Vorgabezeitermittlung und die Lohnberechnung nicht für einen einzelnen Arbeiter, sondern für eine Beschäftigtengruppe insgesamt. Geeignet ist diese Art der Entlohnung in Fällen, in denen eine bestimmte betriebliche Leistung nur von einer Gemeinschaft erstellt werden kann. Es lässt sich zwar die Leistung der Gruppe ermitteln, nicht aber die Leistung des Einzelnen.

Vorteile des Akkordlohns sind:

- Leistungsanreiz:
  Lohn und Leistung sind eng verknüpft.
- eine hohe Ausnutzung der Betriebsmittel.

Nachteile des Akkordlohns sind:

- Die Kräfte der Beschäftigten können stark überanstrengt werden.
- Akkordlohn kann durch einseitige Mengenleistung zu Verschleiß der Betriebsmittel und zu Ausschussproduktion führen.
- Durch Vorgabezeiten und Gruppendruck können soziale Spannungen erhöht werden.
  Beispielsweise können Probleme bei Leistungsunterschieden zwischen den einzelnen Mitgliedern einer Gruppe, die nach dem Gruppenakkordsystem entlohnt werden, auftreten. Der von der Gruppe erzielte Gesamtlohn wird gleichmäßig auf die einzelnen Beschäftigten verteilt.

Prämienlohn

Eine Prämie ist eine zusätzliche zu einem Grundlohn gezahlte Belohnung als Anerkennung besonderer betrieblicher Leistungen des Arbeitnehmers. Eine Prämie kann bei diesem Verfahren gezahlt werden, wenn

- die pro Zeiteinheit erreichte Leistung über eine festgelegte Norm hinausgeht,
- eine veranschlagte Zeit unterschritten wird.

Weitere Gründe für eine Entlohnung durch Prämien können qualitativer Art sein:

- Verbesserungsvorschläge,
- Umsatzprämien für verkaufte Ladenhüter,
- Unterschreiten zulässiger Abfallquoten,
- Ersparnisse an Energie.

Prämienlöhne unterscheiden sich von den Akkordlöhnen dadurch, dass dem Arbeitnehmer nicht der volle Ertrag seiner Mehrleistung zugute kommt. Der Lohn setzt sich aus einem Grundlohn, der in der Regel ein Zeitlohn ist, und einer Prämie als Sondervergütung zusammen. Der Mehrertrag der Leistung wird nach einem bestimmten Schlüssel zwischen Arbeitnehmer und Betrieb aufgeteilt. Daraus ergibt sich, dass bei Mehrleistung der Arbeitslohn des Arbeitnehmers in geringerem Maß ansteigt als bei Akkordlohn.

Für den Arbeitnehmer ist der Leistungsanreiz bei diesem System geringer als beim Akkordlohn. Das Prämienlohnsystem kann jedoch vielseitiger angewandt werden. Dies ist beispielsweise bei Arbeiten der Fall, die nicht akkordfähig sind.

BEISPIEL

Ein Industrieunternehmen verwendet ein Prämienlohnsystem. Bei Unterschreiten der Vorgabezeit für die Erstellung eines Produkts wird der Zeitlohn um eine Prämie erhöht. Sie beträgt ein Drittel der ersparten Zeit. Die Vorgabezeit wurde mit 10 Stunden angesetzt, als Zeitlohn werden 10,00 € pro Stunde gezahlt.

Benötigte Zeit in Std.	Zeitlohn · Stunden	Prämie	Lohn je Std.	Lohn je Stk.
10	100,00	–	10,00	100,00
9	90,00	3,33	10,37	93,33
8	80,00	6,66	10,83	86,66
7	70,00	10,00	11,43	80,00
6	60,00	13,33	12,22	73,33

Werden für die Herstellung eines Produkts 10 Stunden benötigt, betragen die gesamten Lohnkosten für das Stück 100,00 €. Erfolgt die Produktion in nur 6 Stunden, sinken die Lohnkosten pro Stück auf 73,33 € für den Betrieb (60,00 € für den Zeitlohn und die Prämie in Höhe von 13,33 €). Dadurch steigt der Stundenlohn des Arbeitnehmers von 10,00 € auf 12,22 € (73,33 : 6 Stunden).

Erfolgsbeteiligung

Das Streben nach gerechter Entlohnung und nach Erhöhung des Interesses der Arbeitnehmer am Betrieb hat zur Entwicklung des sogenannten Beteiligungslohns – also zur Erfolgsbeteiligung – geführt. Darunter versteht man alle auf freiwilliger Basis getroffenen Betriebsvereinbarungen, wonach die Arbeitnehmer über das garantierte Arbeitsentgelt hinaus Anteile an dem vom Betrieb erzielten Gewinn erhalten.

Die Gewinnbeteiligung ist in drei Formen möglich:

- Die Barausschüttung:
  Die Beschäftigten bekommen den Gewinn ausbezahlt. Dadurch gehen dem Betrieb jedoch liquide Mittel verloren.
- Die Umwandlung in Eigenkapital:
  Die Beschäftigten erhalten Eigenkapitalanteile in Höhe ihrer Gewinnanteile. Durch Ausgabe von Aktien werden sie beispielsweise somit zu echten Miteigentümern.
- Die Umwandlung in Fremdkapital:
  Die Gewinnanteile werden dem Betrieb als verzinsliche Darlehen zur Verfügung gestellt.

Ziele der Gewinnbeteiligung sind:

- Angebot eines Leistungsanreizes,
- Entwicklung eines partnerschaftlichen Verhältnisses zwischen Unternehmensführung und Beschäftigten,
- Einschränkung der Fluktuation der Arbeitskräfte:
  Dies kann insbesondere dann erreicht werden, wenn die Höhe der Gewinnbeteiligung von der Dauer der Betriebszugehörigkeit abhängig gemacht wird.

AUFGABEN

1. Warum hat die Entlohnung für die Beschäftigten einerseits und den Betrieb andererseits unterschiedliche Bedeutung?

2. In welchen Situationen sollte
a) Zeitlohn,
b) Akkordlohn
gezahlt werden?

3. Welche Lohnform liegt jeweils vor?
a) Der Arbeitnehmer kann seinen Verdienst selbst beeinflussen.
b) Zwei Mitarbeiter erhalten den gleichen Lohn, obwohl der eine nur die halbe Leistung erbringt.
c) Eine Mitarbeiterin erhält neben ihrem Grundlohn für eine besondere Leistung einen Extra-Geldbetrag.
d) Eine Mitarbeiterin der Produktkontrolle soll die gefertigten Teile auf Mängel und Fehler prüfen. Im Durchschnitt kontrolliert sie 80 Teile pro Tag.
e) Die technisch messbare Gesamtleistung aller Mitglieder einer Arbeitsgruppe wird bezahlt.
f) 20 % der Gewinnsteigerung werden in Form von Aktien an die Beschäftigten verteilt.

4. Der Techniker Gerald Staudtmeister, der in der Versuchswerkstatt eines Industrieunternehmens arbeitet, erfährt, dass seine Kollegen in der Produktion durch das Akkordlohnsystem erheblich mehr verdienen als er. Staudtmeister verlangt von seinem Vorgesetzten ebenfalls eine Akkordentlohnung.
a) Wodurch unterscheidet sich die Tätigkeit Staudtmeisters von der eines Kollegen in der Produktion?
b) Ist für Staudtmeister eine Akkordentlohnung möglich?
c) Wie könnte Staudtmeister mehr verdienen?

5. Der Autoverkäufer Norbert Kunze bekommt einen garantierten Mindestlohn von 1.500,00 €. Es wird erwartet, dass er drei Pkws im Monat verkauft. Um sein Einkommen zu erhöhen, verkauft er mehr Autos.
a) Nach welchem Lohnsystem wird er entlohnt?
b) Welche Vorteile bietet dieses Lohnsystem einerseits dem Betrieb, andererseits Kunze?

ZUSAMMENFASSUNG

Lohnsysteme

- **Zeitlohn**
  - Die Arbeitszeit ist die einzige Bemessungsgrundlage.
- **Akkordlohn**
  - Leistungslohn aufgrund technisch messbarer Arbeitsergebnisse
- **Prämienlohn**
  - besteht aus einem Grundlohn für eine Normalleistung und einer Sondervergütung für besondere Leistungen
- **Beteiligungslohn**
  - Erfolgsbeteiligung

13.6 GESETZLICHER ARBEITSSCHUTZ

Frau Gebhard und Herr Fritsch arbeiten als Angestellte in einer Buchhandlung. Von dienstags bis freitags arbeiten sie jeweils von 07:00 bis 16:00 Uhr (einschließlich Pausen von 10:30 bis 11:00 Uhr und 13:00 bis 13:30 Uhr). An den Sonnabenden sind sie von 07:00 bis 13:30 Uhr (einschließlich einer Pause von 10:30 bis 11:00 Uhr) beschäftigt. Der Montag ist ihr freier Tag.

Eine Kollegin von Frau Gebhard und Herrn Fritsch meldet sich am Wochenanfang wegen Krankheit für mindestens 14 Tage arbeitsunfähig. Der Inhaber der Buchhandlung bittet Frau Gebhard, solange die Kollegin arbeitsunfähig ist, zusätzlich auch am Montag von 07:00 bis 16:00 Uhr zu arbeiten. Herr Fritsch wird gebeten, in dieser Zeit von Dienstag bis Donnerstag jeweils zwei Stunden länger bis zum Geschäftsschluss um 18:00 Uhr zu arbeiten.

Dürfen Frau Gebhard und Herr Fritsch diese Mehrarbeit leisten?

INFORMATION

Gesetzlicher Arbeitszeitschutz

Bei der Festlegung der Arbeitszeit müssen Arbeitgeber und Arbeitnehmer zahlreiche gesetzliche Schutzvorschriften beachten. Gesetzliche Arbeitszeitregelungen für Arbeitnehmer enthalten vor allem

- das Arbeitszeitgesetz [ArbZG],
- das Mutterschutzgesetz [MuSchG],
- das Jugendarbeitsschutzgesetz [JArbSchG].

Gültigkeitsbereich des Arbeitszeitgesetzes

Die Bestimmungen des Arbeitszeitgesetzes gelten in der Industrie, im Handwerk (außer in Bäckereien und Konditoreien), im Handel und in sonstigen Dienstleistungsbetrieben für alle Arbeiter, Angestellten und Auszubildenden über 18 Jahre.

Sie gelten nicht für

- leitende Angestellte,
- Chefärzte,
- Leiter öffentlicher Dienststellen und deren Vertreter,
- Arbeitnehmer im öffentlichen Dienst, die selbstständig in Personalangelegenheiten entscheiden dürfen.

Für Beschäftigte unter 18 Jahren gelten die Bestimmungen des Jugendarbeitsschutzgesetzes (siehe Kapitel 13.8).

Höchstarbeitszeit

Das Arbeitszeitgesetz bestimmt, dass die regelmäßige Arbeitszeit an Werktagen die Dauer von acht Stunden nicht überschreiten darf. Dabei sind die Ruhepausen nicht Bestandteil der täglichen Arbeitszeit.

Das Arbeitszeitgesetz erlaubt eine Verlängerung der täglichen Höchstarbeitszeit auf bis zu zehn Stunden nur, wenn dadurch die durchschnittliche werktägliche Arbeitszeit innerhalb von sechs Monaten oder vierundzwanzig Wochen nicht überschritten wird.

BEISPIEL

Herr Fritsch arbeitet zwölf Wochen hintereinander täglich zehn Stunden. In den folgenden zwölf Wochen arbeitet er nur sechs Stunden täglich. Damit hat er innerhalb dieser vierundzwanzig Wochen durchschnittlich acht Stunden täglich gearbeitet. Dies ist laut ArbZG zulässig.

Ohne Ausgleich kann der 8-Stunden-Tag durch Tarifvertrag an höchstens 60 Werktagen auf bis zu zehn Stunden verlängert werden.

Ruhezeiten und Ruhepausen

Die Beschäftigten haben bei einer täglichen Arbeitszeit von mehr als sechs Stunden Anspruch auf mindestens eine halbstündige oder zwei viertelstündige Ruhepausen.

Bei einer täglichen Arbeitszeit von mehr als neun Stunden müssen die Ruhepausen mindestens 45 Minuten betragen.

Die einzelnen Ruhepausen müssen mindestens fünfzehn Minuten lang sein.

Zwischen zwei Arbeitstagen muss die ununterbrochene Ruhezeit für die Beschäftigten mindestens elf Stunden betragen. Im Hotel- und Gaststättengewerbe, im Verkehrsgewerbe, in Krankenhäusern und anderen Behandlungs-, Pflege- und Betreuungseinrichtungen, beim Rundfunk, in der Landwirtschaft und in der Tierhaltung darf die ununterbrochene Ruhezeit auf zehn Stunden verkürzt werden.

Diese Ruhezeitverkürzung muss allerdings innerhalb eines Monats oder innerhalb von vier Wochen durch eine Verlängerung einer anderen Ruhezeit auf mindestens zwölf Stunden ausgeglichen werden.

Sonn- und Feiertagsruhe

An Sonn- und Feiertagen dürfen Arbeiter, Angestellte und Auszubildende grundsätzlich nicht beschäftigt werden. Ausnahmen lässt das Arbeitszeitgesetz jedoch u. a. für das Verkehrsgewerbe, das Gast- und Schankgewerbe, Krankenhäuser und die Landwirtschaft zu.

Bestimmungen des Mutterschutzgesetzes

Schwangere Frauen dürfen nicht mit

- schweren körperlichen Arbeiten,
- Arbeiten, bei denen sie schädlichen Einwirkungen (z. B. Staub, Gasen, Hitze) oder der Gefahr einer Berufskrankheit ausgesetzt sind,
- Akkord- oder Fließbandarbeit

beschäftigt werden.

Werdende und stillende Mütter dürfen nicht mit Mehrarbeit beschäftigt werden. Ihre tägliche Arbeitszeit darf,

- wenn sie unter 18 Jahre alt sind, 8 Stunden,
- wenn sie über 18 Jahre alt sind, 8,5 Stunden

nicht überschreiten.

Außerdem dürfen werdende und stillende Mütter nicht

- in der Nacht zwischen 20:00 und 06:00 Uhr und
- an Sonn- und Feiertagen

beschäftigt werden.

Werdende Mütter dürfen in den letzten sechs Wochen vor der voraussichtlichen Niederkunft nicht beschäftigt werden, es sei denn, dass sie ausdrücklich arbeiten wollen.

Bis zum Ablauf von acht Wochen nach der Entbindung dürfen Frauen nicht beschäftigt werden. Bei Früh- oder Mehrlingsgeburten verlängert sich diese Frist auf zwölf Wochen.

Arbeitssicherheit und Gesundheitsschutz

Gemäß **Arbeitsschutzgesetz** ist der Arbeitgeber für die Sicherheit und den Gesundheitsschutz bei der Arbeit aller Arbeitnehmer seines Betriebs verantwortlich. Er muss dies durch Maßnahmen des Arbeitsschutzes dauerhaft absichern.

Das Arbeitsschutzgesetz bildet den Rahmen für viele weitere Spezialgesetze oder -verordnungen für den Arbeitsschutz, die der Arbeitgeber beobachten muss.

Das sind u. a

- das **Arbeitssicherheitsgesetz:** Es regelt den Einsatz von Betriebsärzten und Fachkräften für Arbeitssicherheit.
- die **Arbeitsstättenverordnung:** Sie regelt die Gestaltung von Arbeitsräumen, Pausen- und Bereitschaftsräumen, Sanitärräumen, Erste-Hilfe-Räumen und Unterkünften. Sie schreibt vor, dass der Arbeitgeber die erforderlichen Maßnahmen trifft, damit nicht rauchende Beschäftigte in Arbeitsstätten wirksam vor den Gesundheitsgefahren durch Tabakrauch geschützt sind. Soweit erforderlich, muss der Arbeitgeber ein allgemeines oder auf einzelne Bereiche der Arbeitsstätte beschränktes Rauchverbot erlassen
- die **Bildschirmarbeitsverordnung:** Sie regelt die Mindestanforderungen bezüglich der Sicherheit und des Gesundheitsschutzes bei der Arbeit an Bildschirmgeräten. Sie schreibt die regelmäßige Unterbrechung der Bildschirmarbeit durch andere Tätigkeiten oder Pausen vor. Außerdem verlangt die Bildschirmverordnung, dass Beschäftigte ihre Augen und ihr Sehvermögen vor Aufnahme der Bildschirmarbeit und anschließend in regelmäßigen Zeitabständen durch eine fachkundige Person untersuchen lassen.
- die **Gefahrstoffverordnung:** Sie regelt hygienische und technische Maßnahmen, z. B. die Kennzeichnung von giftigen Stoffen.
- die **Lastenhandhabungsverordnung:** Sie regelt die Verbesserung von Sicherheit und Gesundheitsschutz der Beschäftigten durch Arbeitsschutzmaßnahmen bei der manuellen Handhabung von Lasten.

Gewerbeaufsicht

Die Einhaltung der Arbeitsschutzbestimmungen wird durch die regionalen Gewerbeaufsichtsämter überwacht.

Die Beamten des Gewerbeaufsichtsamtes dürfen alle Betriebe in ihrer Region zu den Betriebs- und Arbeitszeiten unangemeldet betreten, besichtigen und prüfen. Das zuständige Gewerbeaufsichtsamt kann erforderliche Arbeitsschutzmaßnahmen anordnen oder notfalls zwangsweise durchsetzen.

AUFGABEN

1. Wie viele Stunden pro Woche darf ein Arbeitnehmer normalerweise höchstens arbeiten?
2. Susanne Müller, 20 Jahre alt, arbeitet von Montag bis Donnerstag 8 Stunden täglich und am Freitag 6 Stunden. Darf sie ihre tägliche Arbeitszeit von Montag bis Donnerstag auf 9,5 Stunden erhöhen, um am Freitag frei zu haben?
3. Jürgen Berger arbeitet am Donnerstag 9 Stunden. Wie viele Minuten Ruhepausen stehen ihm laut Arbeitszeitgesetz mindestens zu?
4. Wie viele Wochen nach der Niederkunft darf Frau Seiler nicht arbeiten?
5. Frau Grabert möchte fünf Wochen vor dem voraussichtlichen Termin ihrer Niederkunft weiter in ihrem Betrieb arbeiten. Darf ihr Arbeitgeber das gestatten?
6. Welche Spezialgesetze dienen dem Schutz von Arbeitnehmern?

ZUSAMMENFASSUNG

Das Arbeitszeitgesetz

regelt unter anderem

die tägliche Höchstarbeitszeit

- grundsätzlich acht Stunden täglich
- Verlängerung bis zehn Stunden täglich ist unter bestimmten Voraussetzungen erlaubt

die Mindestruhepausen

- bei mehr als sechs Stunden Arbeitszeit = 30 Minuten
- bei mehr als neun Stunden Arbeitszeit = 45 Minuten

die Mindestruhezeit zwischen zwei Arbeitstagen

- elf Stunden ununterbrochen

Zusätzliche Schutzvorschriften

Mutterschutzgesetz ➡ enthält Schutzvorschriften für schwangere Frauen und Mütter

Arbeitsschutzgesetz ➡ bildet den Rahmen für Spezialgesetze und -verordnungen für den Arbeitsschutz, z. B.
- Arbeitssicherheitsgesetz
- Arbeitsstättenverordnung
- Bildschirmarbeitsverordnung
- Gefahrstoffverordnung
- Lastenhandhabungsverordnung

13.7 BEENDIGUNG DES ARBEITSVERHÄLTNISSES

Frau Claudia Rösner, 30 Jahre alt, ist seit zehn Jahren bei der Moritz KG als Sachbearbeiterin beschäftigt. Eines Tages erhält sie von der Personalabteilung des Unternehmens folgendes Schreiben:

Moritz KG – Kantplatz 12 – 30625 Hannover

Ihr Zeichen:
Ihre Nachricht vom:
Unser Zeichen: z-m
Unsere Nachricht vom:

Ihre Ansprechpartnerin: Frau Zelinski

Datum: 01.05.20..

Moritz KG – Kantplatz 12 – 30625 Hannover

Frau
Claudia Rösner
Am Bache 2
30559 Hannover

Kündigung

Sehr geehrte Frau Rösner,

wie Sie sicher wissen, ist die Umsatzentwicklung unseres Hauses im letzten Jahr weit hinter unseren Erwartungen zurückgeblieben. Dies zwingt uns auch im Personalbereich zu Kosteneinsparungen.

Wir sind deshalb gezwungen, Ihnen fristgerecht zum nächsten Monatsende zu kündigen.

Ihre Arbeitspapiere liegen in der Personalabteilung für Sie zur Abholung bereit.

Mit freundlichem Gruß

Moritz KG

M. Zelinski

i. V. Zelinski

Prüfen Sie, ob das Arbeitsverhältnis von Frau Rösner mit diesem Schreiben tatsächlich beendet ist.

INFORMATION

Arten der Beendigung des Arbeitsverhältnisses

Ein Arbeitsverhältnis kann durch Kündigung, Aufhebungsvertrag oder Vertragsablauf beendet werden.

Die **Kündigung** ist eine einseitige, empfangsbedürftige Willenserklärung, durch die das Arbeitsverhältnis beendet wird. Ein auf unbestimmte Zeit eingegangenes Arbeitsverhältnis kann vom Arbeitgeber, aber auch vom Arbeitnehmer gekündigt werden. Die Kündigung muss in schriftlicher Form erfolgen (§ 623 BGB).

In der betrieblichen Praxis wird die Kündigung in vielen Fällen durch eine Beendigung des Arbeitsverhältnisses im gegenseitigen Einvernehmen ersetzt. Diese Einigung zwischen Arbeitgeber und Arbeitnehmer wird als **Auflösungsvertrag** bezeichnet. In diesem Fall endet das Arbeitsverhältnis zu dem von Arbeitgeber und Arbeitnehmer vereinbarten Zeitpunkt.

Wenn ein **Arbeitsvertrag** nur **befristet** abgeschlossen wurde (max. Laufzeit zwei Jahre), endet das Arbeitsverhältnis nach Vertragsablauf, ohne dass eine Kündigung ausgesprochen wurde.

Befristete Arbeitsverträge und Aufhebungsverträge müssen schriftlich erfolgen (§ 623 BGB).

Die ordentliche Kündigung

Bei einer ordentlichen Kündigung müssen bestimmte Kündigungsfristen eingehalten werden, die sich aus dem Gesetz und aus den Tarif- bzw. Einzelarbeitsverträgen ergeben.

Die **gesetzlichen Kündigungsfristen** gelten, wenn zwischen Arbeitgeber und Arbeitnehmer keine Kündigungsfristen vereinbart wurden und auch keine tarifvertraglichen Vereinbarungen gelten.

Für **Arbeiter und Angestellte** beträgt die gesetzliche Kündigungsfrist vier Wochen zum 15. eines Monats oder vier Wochen zum Monatsende. Diese Frist muss bei Kündigungen durch den Arbeitgeber und auch bei Kündigungen durch den Arbeitnehmer eingehalten werden. Wird die Frist nicht eingehalten, ist die Kündigung unwirksam.

Für langjährig beschäftigte Arbeiter und Angestellte gelten bei der Kündigung durch den Arbeitgeber längere Kündigungsfristen:

Bei der Berechnung der Beschäftigungsdauer werden allerdings nur die Jahre berücksichtigt, die der Arbeitnehmer nach Vollendung des 25. Lebensjahres im Betrieb verbracht hat. Diese Bestimmung wurde jedoch in einer höchstrichterlichen Entscheidung als Verstoß gegen das Antidiskriminierungsgestz angesehen. Es ist somit damit zu rechnen, dass in Zukunft die Altersgrenze von 25 Jahren nicht mehr gelten wird.

Beschäftigungsdauer	Kündigungsfrist	
2–4 Jahre	1 Monat	zum Monatsende
5–7 Jahre	2 Monate	zum Monatsende
8–9 Jahre	3 Monate	zum Monatsende
10–11 Jahre	4 Monate	zum Monatsende
12–14 Jahre	5 Monate	zum Monatsende
15–19 Jahre	6 Monate	zum Monatsende
20 Jahre und mehr	7 Monate	zum Monatsende

Die verlängerten Kündigungsfristen (ab dem dritten Beschäftigungsjahr) gelten nur für die Kündigung durch den Arbeitgeber. Der Arbeitnehmer braucht somit grundsätzlich auch nach einer längeren Beschäftigungszeit nur eine Kündigungszeit von vier Wochen (zum 15. eines Monats oder zum Monatsende) einzuhalten.

Die Tarifparteien können Kündigungsfristen vereinbaren, die von den gesetzlichen Kündigungsfristen abweichen.

Zwischen dem einzelnen Arbeitgeber und dem einzelnen Arbeitnehmer können im Einzelarbeitsvertrag die gesetzlichen Kündigungsfristen verlängert, aber nicht verkürzt werden. (Ausnahme: Bei Aushilfstätigkeiten bis zu drei Monaten Dauer darf die Grundkündigungsfrist vertraglich verkürzt werden.)

Unzulässig ist es, für eine Kündigung des Arbeitsverhältnisses durch den Arbeitnehmer eine längere Kündigungsfrist zu vereinbaren als für den Arbeitgeber (§ 622 Abs. 6 BGB).

Tabelle der gesetzlichen Kündigungsfristen								
Betriebszugehörigkeit →[1]	**unter 2 Jahren**	**2 Jahre**	**5 Jahre**	**8 Jahre**	**10 Jahre**	**12 Jahre**	**15 Jahre**	**20 Jahre**
Kündigungsfrist →	4 Wochen zum 15. oder ME	1 Mon./ ME	2 Mon./ ME	3 Mon./ ME	4 Mon./ ME	5 Mon./ ME	6 Mon./ ME	7 Mon./ ME
Spalte eins	Letzter Tag, an dem die Kündigung zugehen muss, um zu dem Termin in Spalte eins wirksam zu werden2							
zum	am	am	am	am	am	am	am	am
15. Jan.	18. Dez.	–[2]	–	–	–	–	–	–
31. Jan.	3. Jan.	31. Dez.[3]	30. Nov.	31. Okt.	30. Sept.	31. Aug.	31. Juli	30. Juni
15. Febr.	18. Jan.	–	–	–	–	–	–	–
28. Febr.[4]	31. Jan.[5]	31. Jan.	31. Dez.	30. Nov.	31. Okt.	30. Sept.	31. Aug.	31. Juli
15. März	15. Febr.	–	–	–	–	–	–	–
31. März	3. März	28. Febr.[6]	31. Jan.	30. Dez.	30. Nov.	31. Okt.	30. Sept.	31. Aug.
15. April	18. März	–	–	–	–	–	–	–
30. April	2. April	31. März	28. Febr.[6]	31. Jan.	31. Dez.	30. Nov.	31. Okt.	30. Sept.
15. Mai	17. April	–	–	–	–	–	–	–
31. Mai	3. Mai	30. April	31. März	28. Febr.[6]	31. Jan.	31. Dez.	30. Nov.	31. Okt.
15. Juni	18. Mai	–	–	–	–	–	–	–
30. Juni	2. Juni	31. Mai	30. April	31. März	28. Febr.[6]	31. Jan.	31. Dez.	30. Nov.
15. Juli	17. Juni	–	–	–	–	–	–	–
31. Juli	3. Juli	30. Juni	31. Mai	30. April	31. März	28. Febr.[6]	31. Jan.	31. Dez.
15. Aug.	18. Juli	–	–	–	–	–	–	–
31. Aug.	3. Aug.	31. Juli	30. Juni	31. Mai	30. April	31. März	28. Febr.[6]	31. Jan.
15. Sept.	18. Aug.	–	–	–	–	–	–	–
30. Sept.	2. Sept.	31. Aug.	31. Juli	30. Juni	31. Mai	30. April	31. März	28. Febr.[6]
15. Okt.	17. Sept.	–	–	–	–	–	–	–
31. Okt.	3. Okt.	30. Sept.	31. Aug.	31. Juli	30. Juni	31. Mai	30. April	31. März
15. Nov.	18. Okt.	–	–	–	–	–	–	–
30. Nov.	2. Nov.	31. Okt.	30. Sept.	31. Aug.	31. Juli	30. Juni	31. Mai	30. April
15. Dez.	17. Nov.	–	–	–	–	–	–	–
31. Dez.	3. Dez.	30. Nov.	31. Okt.	30. Sept.	31. Aug.	31. Juli	30. Juni	31. Mai

1 Die Kündigungsfristen werden auch verlängert, wenn der Arbeitnehmer nicht im selben Betrieb lang genug beschäftigt war, sondern in einem anderen Betrieb des Unternehmens.

2 Da ab zweijähriger Betriebszugehörigkeit eine Kündigung nur zum Monatsende zulässig ist, kommt in diesen Fällen der 15. eines Monats als Kündigungstermin nicht mehr in Betracht.

3 Eine zum Monatsende mit Monatsfrist ausgesprochene Kündigung muss spätestens bis zum Ablauf des letzten Tages des vorangehenden Monats (24:00 Uhr) zugegangen sein. Eine wenn auch nur kurz nach Mitternacht, d. h. im neuen Monat, zugegangene Kündigung wirkt erst am Schluss des folgenden Monats. Dies gilt auch, wenn ein Arbeitnehmer in Spätschicht arbeitet, die erst nach Mitternacht endet (BAG, Urteil vom 15. Juli 1969, DB 1969 S. 1851).

4 im Schaltjahr zum 29. Februar

5 im Schaltjahr am 1. Februar

6 im Schaltjahr am 29. Februar

Allgemeiner Kündigungsschutz

In Betrieben, in denen mehr als fünf Arbeitnehmer beschäftigt sind (die Auszubildenden nicht mitgerechnet), genießen die Arbeitnehmer den Kündigungsschutz nach den Vorschriften des Kündigungsschutzgesetzes, sofern

- sie das 18. Lebensjahr vollendet haben und
- länger als sechs Monate ohne Unterbrechung in demselben Betrieb oder Unternehmen beschäftigt sind.

Arbeitnehmer, deren Arbeitsverhältnis nach dem 31. Dez. 2003 begonnen hat, genießen diesen Kündigungsschutz nur in Betrieben, die mehr als zehn Arbeitnehmer beschäftigen.

Sie dürfen nicht entlassen werden, wenn die Kündigung sozial ungerechtfertigt ist. Eine Kündigung gilt als sozial ungerechtfertigt,

- wenn sie nicht in der Person oder dem Verhalten des Arbeitnehmers begründet ist oder
- wenn es für die Kündigung keine dringenden betrieblichen Erfordernisse gibt.

Gründe in der Person des Arbeitnehmers, die eine Kündigung rechtfertigen können, sind z. B. mangelnde Eignung und mangelnde Ausbildung. Eine lang andauernde oder häufig auftretende Krankheit ist dann ein Kündigungsgrund, wenn die krankheitsbedingten Fehlzeiten zu einer unzumutbaren Beeinträchtigung der betrieblichen Interessen führen.

Gründe im Verhalten des Arbeitnehmers sind z. B. wiederholte Unpünktlichkeit, mehrfaches Fehlen ohne ausreichenden Grund, Beleidigungen, Verstöße gegen die Gehorsams- und Verschwiegenheitspflicht. Eine Kündigung aus Gründen im Verhalten des Arbeitnehmers ist im Allgemeinen nur gerechtfertigt, wenn der Arbeitnehmer wiederholt seine Pflichten verletzt hat und deshalb schon verwarnt worden ist (sogenannte **Abmahnung**).

Dringende betriebliche Erfordernisse, die eine Kündigung rechtfertigen können, sind z. B. Absatzschwierigkeiten, Einsparen von Arbeitsplätzen durch Rationalisierungsmaßnahmen, Stilllegung des Betriebes oder einer Abteilung.

Das Vorliegen eines Kündigungsgrundes muss vom Arbeitgeber nachgewiesen werden.

In Unternehmen mit zehn oder weniger Vollzeitbeschäftigten gilt das Kündigungsschutzgesetz nicht mehr für Arbeitnehmer, die ab dem 1. Januar 2004 neu eingestellt wurden.

Mitwirkung des Betriebsrats bei der Kündigung

Gibt es in einem Betrieb einen Betriebsrat, so muss der Arbeitgeber den Betriebsrat vor jeder beabsichtigten Kündigung anhören. Zur Anhörung gehört, dass der Arbeitgeber dem Betriebsrat auch die Kündigungsgründe mitteilt. Eine Kündigung ohne vorherige Anhörung des Betriebsrats ist unwirksam. Der Betriebsrat kann einer ordentlichen Kündigung innerhalb einer Woche, nachdem ihn der Arbeitgeber unterrichtet hat, widersprechen. Der Widerspruch verhindert die Kündigung jedoch nicht. Sie bleibt trotzdem wirksam.

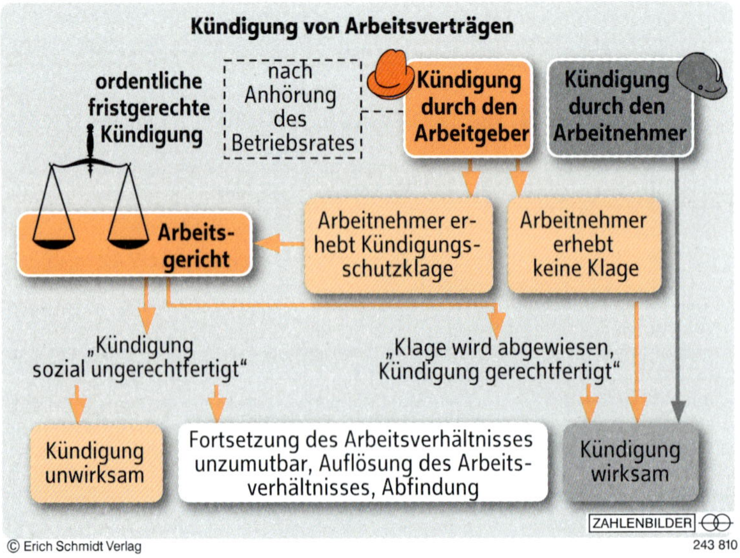

Das Kündigungsschutzverfahren

Hält ein Arbeitnehmer die Kündigung seines Arbeitsverhältnisses für sozial ungerechtfertigt, kann er das Arbeitsgericht anrufen. Er kann innerhalb von drei Wochen nach Zustellung der Kündigung Klage beim Arbeitsgericht erheben (= Kündigungsschutzklage).

Stellt das Arbeitsgericht im Klagefall fest, dass die Kündigung sozial ungerechtfertigt war, muss der Arbeitnehmer weiterbeschäftigt werden. Häufig haben sich Arbeitnehmer und Arbeitgeber durch die Führung des Arbeitsgerichtsprozesses jedoch so zerstritten, dass die Fortsetzung des Arbeitsverhältnisses für die Beteiligten nicht zumutbar ist. In solchen Fällen kommt es meistens zu einem Vergleich:

- Der Arbeitnehmer verzichtet auf die Weiterbeschäftigung.
- Der Arbeitgeber zahlt an den Arbeitnehmer eine gerichtlich festgesetzte Abfindung.

Im Falle einer betriebsbedingten Kündigung hat der Arbeitnehmer ein Wahlrecht zwischen einer Kündigungsschutzklage oder einer Abfindung von einem halben Monatsgehalt je Beschäftigungsjahr, wenn der Arbeitgeber sie anbietet.

Außerordentliche Kündigung

Bei einer außerordentlichen Kündigung wird das Arbeitsverhältnis ohne Einhaltung einer Kündigungsfrist (= fristlos) gekündigt. Eine fristlose Kündigung darf nur aus wichtigem Grund erfolgen. Ein wichtiger Grund liegt vor, wenn dem Arbeitgeber oder dem Arbeitnehmer die Fortsetzung des Arbeitsverhältnisses bis zum Ablauf der ordentlichen Kündigungsfrist nicht mehr zugemutet werden kann. Der wichtige Grund muss auf Tatsachen beruhen, die der Kündigende nachweisen muss. Vermutungen oder Verdächtigungen reichen nicht aus.

Anlässe für eine außerordentliche Kündigung durch den Arbeitgeber sind z. B. beharrliche Arbeitsverweigerung, dauernde Verspätungen, Diebstahl, Unterschlagungen, Beleidigungen, Tätlichkeiten, Verrat von Geschäftsgeheimnissen, Gefährdung des Betriebsfriedens durch Streitigkeiten mit Arbeitskollegen.

Anlass für eine außerordentliche Kündigung durch den Arbeitnehmer ist z. B. die Weigerung des Arbeitgebers, das vereinbarte Gehalt zu zahlen.

Eine außerordentliche Kündigung ist nur wirksam, wenn sie innerhalb von vierzehn Tagen nach Bekanntwerden des wichtigen Grundes erfolgt ist.
Auch vor einer außerordentlichen Kündigung muss der Betriebsrat gehört werden.

Kündigungsschutz für besonders geschützte Arbeitnehmer

Besondere Kündigungsschutzbestimmungen gelten für Betriebsratsmitglieder, Jugend- und Auszubildendenvertretungsmitglieder, Schwerbehinderte, werdende Mütter und Wehrpflichtige.

Gegenüber **Betriebsrats- und Jugend- und Auszubildendenvertretungsmitgliedern** ist eine ordentliche Kündigung nicht zulässig. Ihnen darf nur außerordentlich gekündigt werden, sofern ein wichtiger Grund vorliegt. Der Kündigungsschutz beginnt für Mitglieder von Betriebsräten und Jugend- und Auszubildendenvertretungen mit dem Beginn ihrer Amtszeit und endet ein Jahr nach Beendigung der Amtszeit.

Schwerbehinderten, deren Arbeitsverhältnis seit mindestens sechs Monaten besteht, darf grundsätzlich nur nach vorheriger Zustimmung der Hauptfürsorgestelle gekündigt werden.

Frauen darf während einer Schwangerschaft und bis zu vier Monaten nach der Entbindung nicht gekündigt werden. Der Kündigungsschutz für werdende Mütter gilt auch dann, wenn dem Arbeitgeber zum Zeitpunkt der Kündigung die Schwangerschaft der Arbeitnehmerin nicht bekannt war. Wenn die Arbeitnehmerin den Arbeitgeber bis spätestens zwei Wochen nach Zugang der Kündigung über die Schwangerschaft informiert, muss sie weiterbeschäftigt werden.

Schwangeren und jungen Müttern darf während der Kündigungsschutzfrist ausnahmsweise gekündigt werden, wenn die für den Arbeitsschutz zuständige oberste Landesbehörde (z. B. in Niedersachsen das Ministerium für Frauen und Soziales) oder die von ihr beauftragte Stelle die Kündigung für zulässig erklärt.

Arbeitnehmern, die Elternzeit in Anspruch nehmen, darf der Arbeitgeber während der Elternzeit nicht kündigen.

Die Erteilung eines Zeugnisses

Jeder Arbeitnehmer kann bei Beendigung des Arbeitsverhältnisses von seinem Arbeitgeber ein schriftliches Zeugnis verlangen. Das Zeugnis muss genaue und zutreffende Angaben über die Art der Beschäftigung des Arbeitnehmers und über die Dauer des Arbeitsverhältnisses enthalten (= „einfaches Zeugnis“). Nur wenn es der Arbeitnehmer ausdrücklich verlangt, darf das Zeugnis auch Angaben über die Leistungen und die Führung des Arbeitnehmers enthalten (= „qualifiziertes Zeugnis“).

BEISPIELE FÜR ZEUGNISCODES

Beurteilungsmaßstäbe des RKW (Rationalisierungskuratorium der Deutschen Wirtschaft)

→ stets zu unserer vollsten Zufriedenheit erledigt = sehr gut
→ stets zu unserer vollen Zufriedenheit erledigt – gut
→ zu unserer vollen Zufriedenheit erledigt = befriedigend
→ zu unserer Zufriedenheit erledigt = ausreichend
→ im Großen und Ganzen zur Zufriedenheit erledigt = mangelhaft
→ hat sich bemüht, die ihm übertragenen Arbeiten zur Zufriedenheit zu erledigen = ungenügend

Die Herausgabe der Arbeitspapiere

Bei der Beendigung des Arbeitsverhältnisses muss der Arbeitgeber alle Arbeitspapiere (Rentenversicherungsnachweisheft usw.) an den Arbeitnehmer herausgeben.

AUFGABEN

1. Ein Arbeitgeber will einem Angestellten, der zwei Jahre bei ihm beschäftigt war, zum 31. März kündigen. Mit dem Angestellten wurde keine vertragliche Kündigungsfrist vereinbart. Wann muss er dem Angestellten die Kündigung spätestens mitteilen?
2. Eine Angestellte will am 1. Okt. die Stelle wechseln. Wann muss sie spätestens kündigen, wenn in ihrem Arbeitsvertrag über die Kündigung keine besondere Vereinbarung getroffen wurde?
3. Ein Angestellter arbeitet seit zehn Jahren in einem Textilfachgeschäft. Er ist 32 Jahre alt. Der Geschäftsinhaber will ihm zum 30. Sept. kündigen. Wann muss er dem Angestellten die Kündigung spätestens mitteilen?
4. Welche Mindestfrist darf bei einzelvertraglich vereinbarten Kündigungsfristen nicht unterschritten werden?
5. Nennen Sie Gründe für eine außerordentliche Kündigung.
6. Eine Angestellte, der fristgerecht zum 31. März gekündigt wurde, ist mit der Kündigung nicht einverstanden. Was kann sie tun?
7. In welchem Zeitraum darf Mitgliedern von Betriebsräten und Jugend- und Auszubildendenvertretungen nicht ordentlich gekündigt werden?
8. Welchen besonderen Kündigungsschutz genießen Schwerbehinderte?
9. In welchem Zeitraum darf weiblichen Angestellten nicht gekündigt werden?
10. Welche Unterschiede bestehen zwischen einem einfachen und einem qualifizierten Zeugnis?
11. Welche Arbeitspapiere muss der Arbeitgeber bei Beendigung eines Arbeitsverhältnisses an den Angestellten herausgeben?

ZUSAMMENFASSUNG

Beendigung des Arbeitsverhältnisses

durch

- **Vertragsablauf**
- **Kündigung** = einseitige schriftliche Auflösung eines Arbeitsverhältnisses
- **Aufhebungsvertrag**

• **ordentliche Kündigung**	= Kündigung unter Einhaltung von Kündigungsfristen
• **außerordentliche Kündigung**	= fristlose Kündigung bei Pflichtverletzungen von Arbeitnehmer oder Arbeitgeber

Kündigungsfristen

- **gesetzliche Kündigungsfrist**
  - für Arbeiter und Angestellte: 4 Wochen zum 15. eines Monats oder zum Monatsende
- **vertragliche Kündigungsfrist**
  - tarifvertraglich: Abweichungen von gesetzlichen Kündigungsfristen erlaubt.
  - einzelvertraglich: Verlängerung der gesetzlichen Kündigungsfristen erlaubt.
- **verlängerte Kündigungsfrist**
  - für langjährige Beschäftigte bei Kündigung durch den Arbeitgeber

allgemeiner Kündigungsschutz

(= Schutz gegen sozial ungerechtfertigte Kündigung)

- Er gilt für Arbeitnehmer, deren Beschäftigungsverhältnis
  - vor dem 1. Jan. 2004 begonnen hat, in Betrieben mit mehr als fünf Arbeitnehmern;
  - nach dem 31. Dez. 2003 begonnen hat, in Betrieben mit mehr als zehn Arbeitnehmern.
- Nach mindestens sechsmonatiger Betriebszugehörigkeit darf Arbeitnehmern über 18 Jahren nur gekündigt werden:
  - aus wichtigem betrieblichen Grund oder
  - wenn die Person oder das Verhalten des Arbeitnehmers dazu Anlass gibt.
- Gegen eine sozial ungerechtfertigte Kündigung kann der Arbeitnehmer innerhalb von 3 Wochen nach Eingang des Kündigungsschreibens Kündigungsschutzklage beim Arbeitsgericht erheben.

Besonders geschützte Arbeitnehmergruppen sind

- werdende Mütter und Arbeitnehmer in der Elternzeit
- Betriebsrats- und Jugend- und Auszubildendenvertretungsmitglieder
- Schwerbehinderte
- Wehrpflichtige

13.8 BESTIMMUNGEN DES BETRIEBSVERFASSUNGSGESETZES

Welche Aufgaben hat ein Betriebsrat in einem Unternehmen?

INFORMATION

Im **Betriebsverfassungsgesetz** von 1972 sind die Mitwirkungs- und Mitbestimmungsrechte der einzelnen Arbeitnehmer, des Betriebsrats und der Jugend- und Auszubildendenvertretung in Betrieben der Privatwirtschaft geregelt. Die Mitwirkungs- und Mitbestimmungsrechte der Arbeitnehmer im öffentlichen Dienst sind im **Bundespersonalvertretungsgesetz** und in den **Personalvertretungsgesetzen der Länder** festgelegt.

Die Wahl des Betriebsrats

Der Betriebsrat ist die wichtigste Interessenvertretung der Arbeitnehmer in einem Betrieb.

Er wird von allen Beschäftigten eines Betriebes, die mindestens 18 Jahre alt sind, gewählt. In den Betriebsrat können alle Arbeitnehmer eines Betriebes über 18 Jahre gewählt werden, wenn sie seit mindestens sechs Monaten in diesem Betrieb beschäftigt sind. Die Amtsdauer des Betriebsrates beträgt vier Jahre. Betriebsräte dürfen in allen Betrieben gewählt werden, die mindestens fünf Arbeitnehmer über 18 Jahre beschäftigen. Die Mitgliederzahl des Betriebsrates ist abhängig von der Anzahl der wahlberechtigten Arbeitnehmer eines Betriebes.

Bei 5 bis 20 wahlberechtigten Beschäftigten wird nur ein einzelner Betriebsobmann gewählt.

Der Betriebsrat besteht in Betrieben mit	
wahlberechtigten Arbeitnehmern	**aus**
21 bis 50	3 Mitgliedern
51 bis 100	5 Mitgliedern
101 bis 200	7 Mitgliedern
201 bis 400	9 Mitgliedern
401 bis 700	11 Mitgliedern
701 bis 1 000	13 Mitgliedern
1 001 bis 1 500	15 Mitgliedern
1 501 bis 2 000	17 Mitgliedern
2 001 bis 2 500	19 Mitgliedern
2 501 bis 3 000	21 Mitgliedern
3 001 bis 3 500	23 Mitgliedern
3 501 bis 4 000	25 Mitgliedern
4 001 bis 4 500	27 Mitgliedern
4 501 bis 5 000	29 Mitgliedern
5 001 bis 6 000	31 Mitgliedern
6 001 bis 7 000	33 Mitgliedern
7 001 bis 9 000	35 Mitgliedern
In Betrieben mit mehr als 9 000 Arbeitnehmern erhöht sich die Zahl der Betriebsratsmitglieder um zwei Mitglieder je weitere angefangene 3 000 Arbeitnehmer.	

Die Mitglieder des Betriebsrats wählen aus ihrer Mitte den Betriebsratsvorsitzenden und seinen Stellvertreter. Für ihre Tätigkeit müssen die Betriebsratsmitglieder so viele Stunden von ihrer beruflichen Arbeit befreit werden, wie zur Erfüllung ihrer Betriebsratsaufgaben notwendig sind. Sind in einem Betrieb mindestens zweihundert Arbeitnehmer beschäftigt, muss mindestens ein Betriebsratsmitglied ganz von der Arbeit freigestellt werden.

Allgemeine Aufgaben des Betriebsrats

Zu den Aufgaben des Betriebsrats gehört es, darüber zu wachen, dass im Betrieb alle zum Schutz der Arbeitnehmer erlassenen Gesetze, Verordnungen, Unfallverhütungsvorschriften und Tarifverträge eingehalten werden. Darüber hinaus hat der Betriebsrat eine Reihe von Mitwirkungs- und Mitbestimmungsrechten.

Mitbestimmung des Betriebsrats bedeutet: Die betriebliche Maßnahme wird erst mit Zustimmung des Betriebsrats wirksam.

Mitwirkung des Betriebsrats bedeutet: Der Betriebsrat hat ein Informations-, Beratungs- oder Anhörungsrecht. Durch seinen Widerspruch wird die vom Arbeitgeber angeordnete Maßnahme jedoch nicht unwirksam.

Mitbestimmung in sozialen Angelegenheiten

Ein volles Mitbestimmungsrecht hat der Betriebsrat in sozialen Angelegenheiten. Dazu gehören

- Kurzarbeit und Überstunden,
- Beginn und Ende der täglichen Arbeitszeit,
- Errichtung betrieblicher Sozialeinrichtungen (z. B. Kantinen und Aufenthaltsräume),
- Entscheidung über Arbeitsplätze mit leistungsbezogenem Entgelt (Akkordlöhne oder Prämien),
- Einführung von Arbeitskontrollen.

Verweigert der Betriebsrat in diesen Angelegenheiten seine Zustimmung, so entscheidet eine Einigungsstelle. Sie setzt sich aus der gleichen Anzahl von Vertretern des Arbeitgebers und des Betriebsrates und einem unparteiischen Vorsitzenden zusammen.

Mitwirkung und Mitbestimmung in personellen Angelegenheiten

Ein Zustimmungsverweigerungs- oder Widerspruchsrecht hat der Betriebsrat bei folgenden personellen Angelegenheiten: Arbeitsplatzgestaltung, Beurteilungsfragen, Berufung und Abberufung von Ausbildern, Versetzungen, Umgruppierungen und Einstellungen.

In einem Unternehmen mit mehr als zwanzig wahlberechtigten Arbeitnehmern dürfen Einstellungen und Versetzungen grundsätzlich nur durchgeführt werden, wenn der Betriebsrat vorher zugestimmt hat (= **volles Mitbestimmungsrecht**). Verweigert der Betriebsrat die Zustimmung, kann der Arbeitgeber das Arbeitsgericht anrufen. Das Arbeitsgericht ersetzt die Zustimmung des Betriebsrats, wenn die Verweigerung der Zustimmung unbegründet war.

Bei Kündigungen von Arbeitnehmern hat der Betriebsrat nur ein **Anhörungsrecht.** Wird der Betriebsrat vor einer Kündigung nicht gehört, ist die Kündigung unwirksam. Ein Widerspruch des Betriebsrats kann eine Kündigung jedoch nicht verhindern; der Arbeitgeber kann den Arbeitnehmer trotzdem entlassen. Hat der Betriebsrat einer ordentlichen Kündigung binnen einer Woche widersprochen und hat der Arbeitnehmer Kündigungsschutzklage erhoben, so muss der Arbeitnehmer jedoch auf sein Verlangen bis zum rechtskräftigen Abschluss des Rechtsstreites weiterbeschäftigt werden.

Mitwirkung in wirtschaftlichen Angelegenheiten

In wirtschaftlichen Angelegenheiten hat der Betriebsrat nur ein Informations-, Unterrichtungs- und Beratungsrecht.

In Unternehmen mit mehr als einhundert Beschäftigten wird ein Wirtschaftsausschuss eingerichtet. Die Mitglieder dieses Ausschusses werden vom Betriebsrat bestimmt. Die Unternehmensleitung ist verpflichtet, den Wirtschaftsausschuss umfassend über die wirtschaftliche und finanzielle Lage des Unternehmens zu unterrichten.

Ein Widerspruch des Betriebsrats in wirtschaftlichen Angelegenheiten bleibt ohne Folgen. Letztlich kann hier der Arbeitgeber allein entscheiden.

Betriebsvereinbarungen

Zwischen dem Betriebsrat und dem Arbeitgeber können Vereinbarungen geschlossen werden, die für die Arbeitnehmer eines Betriebes unmittelbar gelten. Diese Betriebsvereinbarungen müssen in schriftlicher Form getroffen und von Arbeitgeber und Betriebsrat unterzeichnet werden. Der Arbeitgeber ist verpflichtet, Betriebsvereinbarungen durch Auslegen oder Aushang an einer geeigneten Stelle im Betrieb bekannt zu machen.

Eine Sonderform der Betriebsvereinbarung ist der **Sozialplan.** Er soll die wirtschaftlichen Nachteile, die den

Beschäftigten infolge einer geplanten Betriebsänderung (z. B. Stilllegung oder Verlegung des Betriebes) entstehen, ausgleichen oder mildern.

Betriebsversammlungen

Der Betriebsrat muss einmal in jedem Kalendervierteljahr auf einer Betriebsversammlung alle Arbeitnehmer (einschließlich der Auszubildenden) über seine Tätigkeit informieren und sich zur Diskussion stellen. Der Arbeitgeber, der ebenfalls eingeladen werden muss, hat das Recht, auf den Betriebsversammlungen zu sprechen. Mindestens einmal im Jahr muss der Arbeitgeber oder sein Vertreter in einer Betriebsversammlung über das Personal- und Sozialwesen einschließlich des Stands der Gleichstellung von Frauen und Männern im Betrieb sowie der Integration der im Betrieb beschäftigten ausländischen Arbeitnehmer, die wirtschaftliche Lage und Entwicklung des Betriebes sowie über den betrieblichen Umweltschutz berichten.

An den Betriebsversammlungen können Beauftragte der im Betrieb vertretenen Gewerkschaften beratend teilnehmen. Der Arbeitgeber kann Vertreter seines Arbeitgeberverbandes hinzuziehen, wenn er an einer Betriebsversammlung teilnimmt.

Die Jugend- und Auszubildendenvertretung

Die besonderen Belange der jugendlichen Arbeitnehmer unter 18 Jahren und Auszubildenden unter 25 Jahren werden durch die Jugend- und Auszubildendenvertretung wahrgenommen.

Eine Jugend- und Auszubildendenvertretung kann in Betrieben gewählt werden, in denen mindestens fünf Arbeitnehmer bis 18 Jahre oder Auszubildende bis 25 Jahre beschäftigt sind.

Sie wird von allen Arbeitnehmern unter 18 Jahren und allen Auszubildenden unter 25 Jahren gewählt. In die Jugend- und Auszubildendenvertretung können alle Arbeitnehmer des Betriebes gewählt werden, die noch nicht 25 Jahre alt sind. Die Amtsdauer der Jugend- und Auszubildendenvertretung beträgt zwei Jahre.

Die Zahl der Vertreter in der Jugend- und Auszubildendenvertretung richtet sich nach der Zahl der in dem Betrieb beschäftigten Jugendlichen bis 18 und Auszubildenden bis 25 Jahre.

Ansprechpartner für die Jugend- und Auszubildendenvertretung ist der Betriebsrat. An allen Sitzungen des Betriebsrats kann ein Vertreter der Jugend- und Auszubildendenvertretung teilnehmen. Stehen besondere Probleme der Jugendlichen und Auszubildenden im Betrieb zur Debatte, kann die gesamte Jugend- und Auszubildendenvertretung an der Betriebsratssitzung teilnehmen.

Vertretung in der JAV	
Jugendliche bis 18 Jahre bzw. Azubis bis 25 Jahre im Betrieb:	**Zahl der Vertreter**
5 bis 20	1
21 bis 50	3
51 bis 150	5
151 bis 300	7
301 bis 500	9
501 bis 700	11
701 bis 1 000	13
über 1 000	15

Die Jugend- und Auszubildendenvertreter haben im Betriebsrat dann Stimmrecht, wenn die Beschlüsse des Betriebsrats überwiegend jugendliche Arbeitnehmer oder Auszubildende betreffen.

Mitwirkungs- und Beschwerderechte des einzelnen Arbeitnehmers

Bei den im Betriebsverfassungsgesetz aufgeführten Rechten des einzelnen Arbeitnehmers handelt es sich in erster Linie um Informations- und Anhörungsrechte in Angelegenheiten, die die Person des Arbeitnehmers und seinen Arbeitsplatz betreffen.

Der Arbeitnehmer kann verlangen, dass ihm die Berechnung und die Zusammensetzung seines Gehaltes erläutert wird. Seine Leistungsbeurteilung und seine beruflichen Entwicklungsmöglichkeiten im Betrieb müssen mit ihm erörtert werden, wenn er es wünscht. Dazu kann er ein Mitglied des Betriebsrats hinzuziehen.

Der Arbeitnehmer hat das Recht, sich über den Inhalt der vom Arbeitgeber über ihn geführten Personalakte zu informieren. Auch dazu kann er ein Betriebsratsmitglied hinzuziehen. Er hat die Möglichkeit, zum Inhalt der Personalakte Erklärungen abzugeben. Er kann verlangen, dass diese Erklärungen der Personalakte beigefügt werden.

Der Arbeitnehmer darf sich bei der zuständigen Stelle des Betriebes (z. B. Geschäftsinhaber, Geschäftsführer) beschweren, wenn er sich benachteiligt oder ungerecht behandelt fühlt. Dabei kann er ein Betriebsratsmitglied zu seiner Unterstützung hinzuziehen.

AUFGABEN

1. Wie viele wahlberechtigte Arbeitnehmer müssen in einem Betrieb beschäftigt sein, damit ein Betriebsrat gewählt werden darf?
2. In welchen Fällen ist eine Entscheidung des Arbeitgebers ohne Zustimmung des Betriebsrats ungültig?
3. In welchen Angelegenheiten hat der Betriebsrat nur ein Informationsrecht?
4. Welche Folgen hat es, wenn einem Angestellten ohne Einschaltung des Betriebsrats gekündigt wurde?
5. Ein Großhändler will eine zusätzliche Angestellte einstellen. Der Betriebsrat stimmt der Einstellung nicht zu. Kann die Angestellte trotzdem eingestellt werden? Begründen Sie Ihre Antwort.
6. Welche Personen dürfen zu Jugend- und Auszubildendenvertretern gewählt werden?
7. An wen muss sich die Jugend- und Auszubildendenvertretung in Streitfällen wenden?
8. Zwischen wem werden Betriebsvereinbarungen abgeschlossen?
9. Wie oft müssen Betriebsversammlungen in einem Jahr mindestens stattfinden?
10. Ein Angestellter liest in seiner Personalakte, dass er häufig zu spät gekommen sei. Tatsächlich ist er bisher nur zweimal verspätet zur Arbeit gekommen. Was kann er tun?
11. Was kann durch Betriebsvereinbarungen geregelt werden?

ZUSAMMENFASSUNG

Wahl des Betriebsrats

- Er kann in Betrieben mit mindestens fünf wahlberechtigten Arbeitnehmern für 4 Jahre gewählt werden.
- Wahlberechtigt sind alle Arbeitnehmer über 18 Jahre.
- Wählbar sind alle wahlberechtigten Arbeitnehmer, die seit mindestens 6 Monaten in dem Betrieb beschäftigt sind.

Aufgaben des Betriebsrats

Mitwirkung (= Anhörung oder Unterrichtung) + **Mitbestimmung** (= Mitentscheiden)

- Mitwirkung → bei wirtschaftlichen Angelegenheiten
- Mitwirkung und Mitbestimmung → bei personellen Angelegenheiten
- Mitbestimmung → bei sozialen Angelegenheiten

Der Betriebsrat
- achtet auf Gleichbehandlung aller Betriebsangehörigen,
- überwacht die Einhaltung von Arbeitsgesetzen, Verordnungen, Tarifverträgen und Betriebsvereinbarungen,
- schließt mit dem Arbeitgeber Betriebsvereinbarungen ab,
- führt regelmäßig Betriebsversammlungen durch.

Jugend- und Auszubildendenvertretung (JaV)

- Sie vertritt in Betrieben mit mindestens fünf Arbeitnehmern unter 18 Jahren oder Auszubildenden unter 25 Jahren die Interessen der Jugendlichen und Auszubildenden im Betrieb.
- Sie wird von allen Arbeitnehmern unter 18 Jahren und Auszubildenden unter 25 Jahren für 2 Jahre gewählt.
- Wählbar sind Arbeitnehmer und Auszubildende, die noch nicht 25 Jahre alt sind.

Rechte des einzelnen Arbeitnehmers

- Informations- und Anhörungsrecht in Angelegenheiten, die seine Person oder seinen Arbeitsplatz betreffen
- Recht, seine Personalakte einzusehen
- Beschwerderecht

13.9 ÜBERBETRIEBLICHE MITBESTIMMUNG

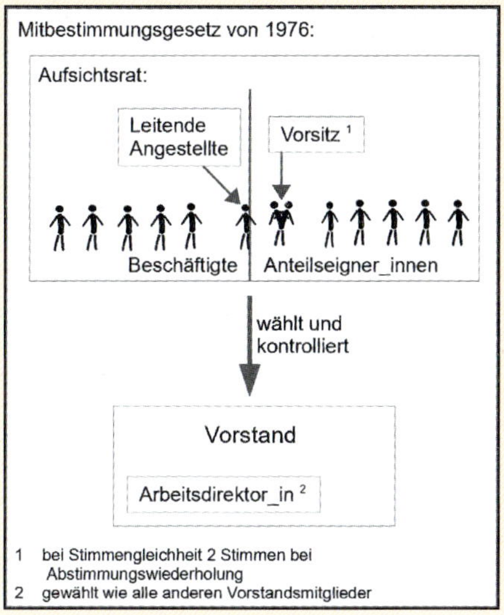

Warum kann bei der Zusammensetzung dieses Aufsichtsrates nicht von gleichberechtigter (= paritätischer) Mitbestimmung gesprochen werden?

INFORMATION

Die Arbeitnehmer und ihre Gewerkschaften sehen in dem Recht auf Mitgestaltung der Arbeitswelt eines ihrer wichtigsten Anliegen. Mitgestaltungsmöglichkeiten ergeben sich durch die Möglichkeit der Mitbestimmung am Arbeitsplatz, im Betrieb (siehe Kapitel 13.8) und auf **Unternehmensebene**. Bei der Mitbestimmung auf Unternehmensebene geht es um Einflussnahme von Arbeitnehmern und Gewerkschaften auf Führungsentscheidungen der Unternehmensleitung.

Für die Mitbestimmung auf Unternehmensebene **(überbetriebliche Mitbestimmung)** gelten drei Regelungen: Die Mitbestimmung auf der Grundlage des

- Montanmitbestimmungsgesetzes von 1951,
- Drittelbeteiligungsgesetz von 2004 und
- Mitbestimmungsgesetzes von 1976.

Sie unterscheiden sich nach ihrem Geltungsbereich und nach dem Mitspracherecht der Beschäftigten.

Mitbestimmung auf der Grundlage des Montanmitbestimmungsgesetzes

Das Montanmitbestimmungsgesetz gilt für alle Aktiengesellschaften, Gesellschaften mit beschränkter Haftung und bergrechtlichen Gesellschaften des Bergbaus und der Eisen und Stahl erzeugenden Industrie (Montanindustrie), die mehr als 1 000 Personen beschäftigen.

Der Aufsichtsrat dieser Unternehmen setzt sich in der Regel aus zehn Vertretern der Anteilseigner und zehn Arbeitnehmervertretern zusammen. Hinzu kommt eine neutrale Person, auf die sich die Anteilseigner- und Arbeitnehmerseite einigen müssen. Von den zehn Arbeitnehmervertretern müssen vier in dem Unternehmen beschäftigt sein. Vier Mitglieder der Arbeitnehmerseite sind Gewerkschaftsvertreter. Zwei weitere Arbeitnehmervertreter, die nicht im Unternehmen beschäftigt sind, werden von der Gewerkschaft vorgeschlagen.

Der Arbeitsdirektor, der im Vorstand des Unternehmens für das Personalwesen zuständig ist, kann nicht gegen die Mehrheit der Arbeitnehmervertreter im Aufsichtsrat bestellt werden.

Mitbestimmung auf der Grundlage des Drittelbeteiligungsgesetzes

Das Drittelbeteiligungsgesetz von 2004 gilt außerhalb des Montanbereichs für alle Kapitalgesellschaften und Genossenschaften mit 501 bis 2 000 Beschäftigten.

Im Vergleich zur Montanmitbestimmung besitzen die Arbeitnehmervertreter nach dem Drittelbeteiligungsgesetz von 2004 eine wesentlich schwächere Stellung. Danach besteht der Aufsichtsrat nur zu einem Drittel aus Arbeitnehmervertretern. Zwei Drittel der Aufsichtsratsmitglieder werden von der Hauptversammlung als Vertreter der Anteilseigner gewählt.

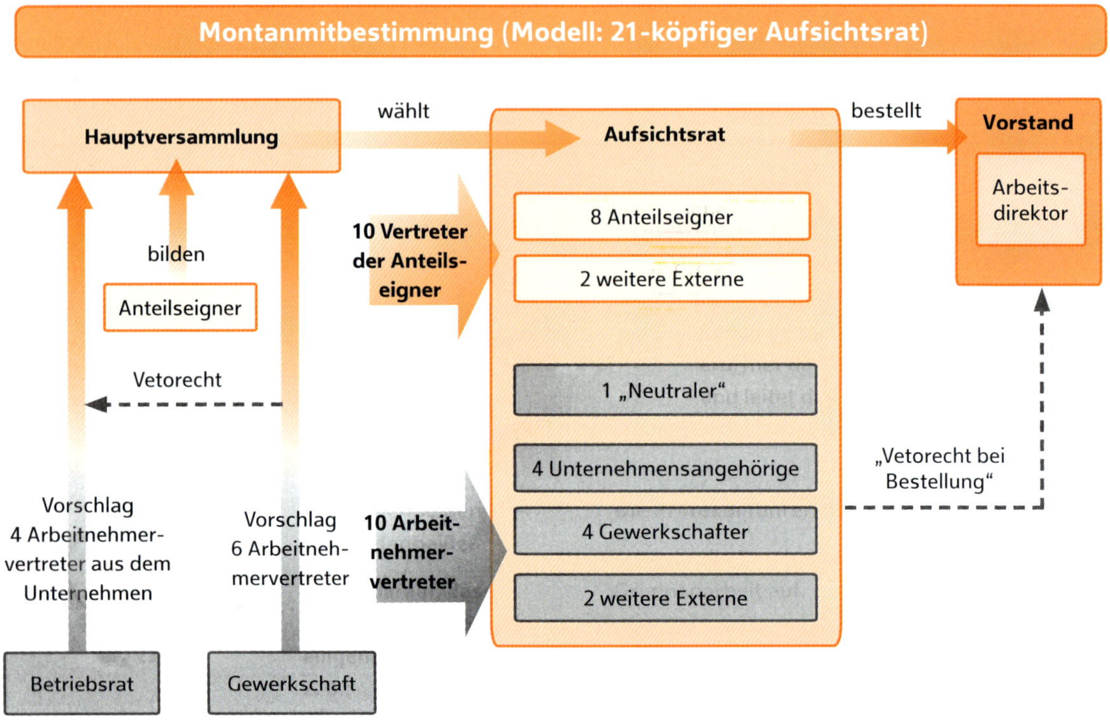

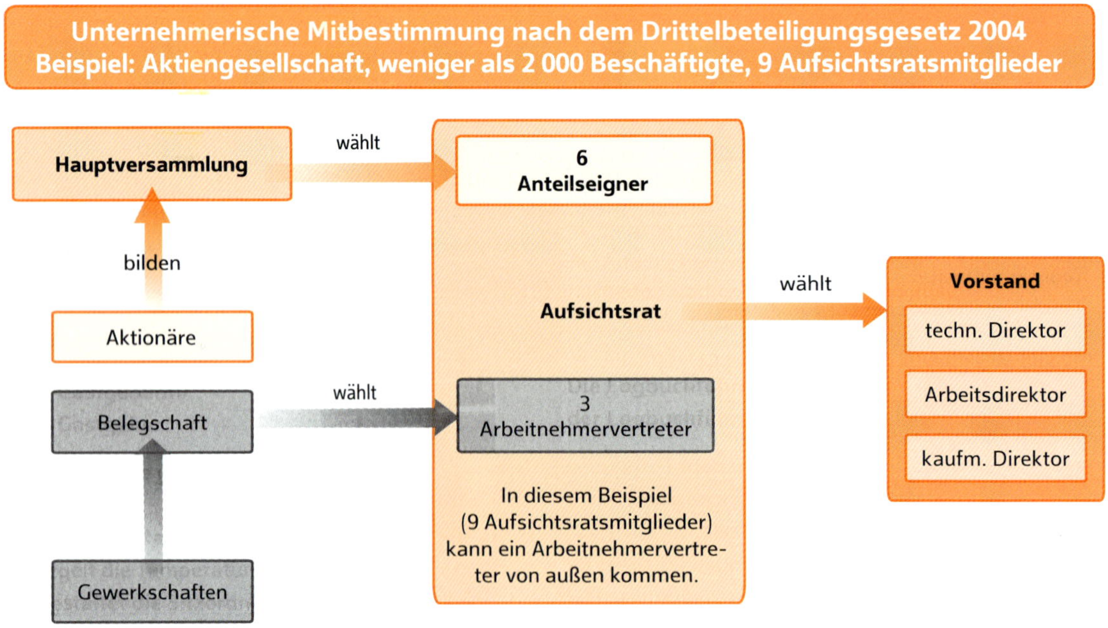

Mitbestimmung auf der Grundlage des Mitbestimmungsgesetzes

Das Mitbestimmungsgesetz von 1976 gilt für alle Kapitalgesellschaften und Genossenschaften außerhalb des Montanbereichs, die mehr als 2000 Personen beschäftigen.

Die Aufsichtsräte dieser Unternehmen setzen sich je zur Hälfte aus Arbeitnehmervertretern und Vertretern der Anteilseigner zusammen. Mindestens ein Arbeitnehmervertreter muss ein leitender Angestellter sein.

Je nach Größe des Unternehmens besteht der Aufsichtsrat aus zwölf, sechzehn oder zwanzig Mitgliedern.

Der Aufsichtsratsvorsitzende wird mit einer Mehrheit von zwei Dritteln der Aufsichtsratsmitglieder gewählt. Können sich die Aufsichtsratsmitglieder nicht mehrheitlich auf einen Vorsitzenden einigen, wählen in einem zweiten Wahlgang die Vertreter der Anteilseigner aus ihrer Mitte den Aufsichtsratsvorsitzenden und die Arbeitnehmervertreter aus ihrer Mitte den stellvertretenden Vorsitzenden jeweils mit der Mehrheit der abgegebenen Stimmen. Ergibt sich bei einer Abstimmung im Aufsichtsrat Stimmengleichheit, so gibt die Stimme des Aufsichtsratsvorsitzenden den Ausschlag. Er hat bei Stimmengleichheit stets zwei Stimmen. Damit ist sichergestellt, dass Pattsituationen aufgelöst werden können.

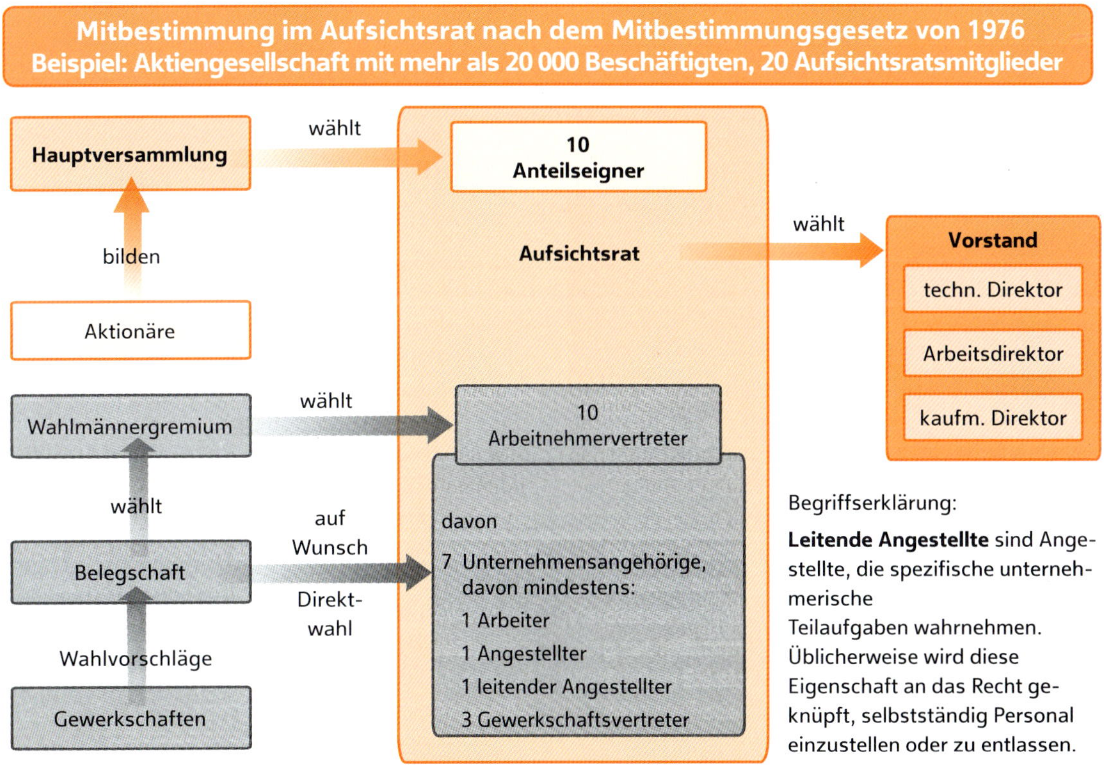

Begriffserklärung:

Leitende Angestellte sind Angestellte, die spezifische unternehmerische Teilaufgaben wahrnehmen. Üblicherweise wird diese Eigenschaft an das Recht geknüpft, selbstständig Personal einzustellen oder zu entlassen.

AUFGABEN

1. Welches der Mitbestimmungsmodelle verwirklicht das Prinzip der paritätischen (gleichgestellten) Mitbestimmung von Arbeitnehmern und Anteilseignern am ehesten?
2. Welche Vorteile hat die überbetriebliche Mitbestimmung für die Arbeitnehmer?
3. Warum kann man bei der Mitbestimmung nach dem Mitbestimmungsgesetz nicht von paritätischer Mitbestimmung sprechen?
4. Warum ist in Unternehmen, für die das Mitbestimmungsgesetz gilt, der Aufsichtsratsvorsitzende in der Regel ein Vertreter der Anteilseigner?

ZUSAMMENFASSUNG

Überbetriebliche Mitbestimmung

	Geltungsbereich	Zusammensetzung des Aufsichtsrats
Montanmitbestimmungsgesetz von 1951	Unternehmen des Bergbaus und der Eisen und Stahl erzeugenden Industrie	meist • 10 Vertreter der Anteilseigner • 10 Arbeitnehmervertreter • 1 neutraler Vertreter
Drittelbeteiligungsgesetz von 2004	Kapitalgesellschaften und Genossenschaften mit 501 bis 2 000 Beschäftigten	• 2 Drittel Vertreter der Anteilseigner • 1 Drittel Arbeitnehmervertreter
Mitbestimmungsgesetz von 1976	Kapitalgesellschaften und Genossenschaften mit mehr als 2 000 Beschäftigten	• 50 % Arbeitnehmervertreter (darunter mindestens ein leitender Angestellter) • 50 % Vertreter der Anteilseigner • In Pattsituationen hat der Vorsitzende zwei Stimmen.

Petra Kommer hat am 2. Januar ihre erste Gehaltsabrechnung in den Händen.

Stellen-Nr.	Stamm-Nr.	Name, Vorname	Religion	St.-Kl.	Freibetrag	AOK-Nr. SVK	Monat/Jahr
005173	000191L4	Kommer, Petra	ev	IV		32-09	01/18

	Lohnart	Tage/Std.	Lohnersatz	sozialverspfl.	steuerpfl.	Gesamt
Gehaltsabrechnung	Gehalt Januar 2017			1.916,00	1.916,00	1.916,00

Gesamt Gesetzl. Abzüge	Lohnst.	Solidaritäts-zuschlag	Kirchenst.	Krankenvers.	Rentenvers.	Pflegevers.	Arbeitsl.-Vers.	SV-Abzüge	Steuer-Brutto	Gesamt-Brutto Nettolohn
Lfd. Monat	166,75	9,17	15,01	159,03	178,19	24,43	28,74	390,39	1.916,00	1.334,68

Sonstige Abzüge	Schl./Betrag	Schl./Betrag	Schl./Betrag	Schlüssel/Betrag	Schlüssel/Betrag	Gesamt
	041 39,00					39,00
				Bankverbindung		Ausgez. Betrag
				Sparkasse 0815		*1.295,68*

1. *Welche Abzüge wurden Frau Kommer vom Bruttogehalt einbehalten?*
2. *Welche Ansprüche erwirbt Frau Kommer durch die einbehaltenen Beiträge?*

INFORMATION

Die Sozialversicherung ist in der Bundesrepublik Deutschland der weitaus wichtigste Teil der sozialen Sicherung.

Die fünf Zweige der Sozialversicherung sind:
- die gesetzliche Rentenversicherung
- die gesetzliche Krankenversicherung
- die soziale Pflegeversicherung
- die Arbeitslosenversicherung
- die gesetzliche Unfallversicherung

Die Sozialversicherung ist eine gesetzliche Pflichtversicherung, der die Mehrheit der Bevölkerung zwangsweise angehören muss. Sie wird durch Beiträge finanziert, die von den versicherten Arbeitnehmern und den Arbeitgebern aufgebracht werden müssen.

Die Arbeitgeber sind verpflichtet, Arbeitnehmer innerhalb von vierzehn Tagen, nachdem sie sie eingestellt haben, bei der gesetzlichen Krankenkasse zur Sozialversicherung anzumelden.

Die Beiträge zur Kranken-, Pflege-, Renten- und Arbeitslosenversicherung müssen von den Arbeitgebern an die gesetzliche Krankenkasse abgeführt werden. Die Krankenkasse leitet dann die Beiträge, die nicht für sie bestimmt sind, an die gesetzliche Rentenversicherung und die Arbeitslosenversicherung weiter.

Gesetzliche Rentenversicherung

In der gesetzlichen Rentenversicherung sind alle Arbeiter, Angestellten, kaufmännischen und gewerblichen Auszubildenden pflichtversichert.

Am 1. Oktober 2005 haben sich alle **Rentenversicherungsträger** – die Bundesversicherungsanstalt für Angestellte (BfA), die 22 Landesversicherungsanstalten (LVA), die Bundesknappschaft, die Bahnversicherungsanstalt und die Seekasse – sowie der Verband der Deutschen Rentenversicherungsträger (VDR) unter einem Dach zusammengeschlossen. Sie treten jetzt gemeinsam unter dem Namen **„Deutsche Rentenversicherung“** auf.

Der Beitrag des einzelnen Arbeitnehmers zur gesetzlichen Rentenversicherung ist abhängig von seinem Bruttogehalt oder Bruttolohn. Im Jahr 2022 sind 18,6 % des Bruttogehalts oder Bruttolohns als Rentenversicherungsbeitrag zu entrichten. Die Hälfte des Beitrags (9,3 %) wird dem Versicherten vom Lohn oder Gehalt abgezogen. Die andere Hälfte muss der Arbeitgeber zahlen. Bei der Ermittlung des Rentenversicherungsbeitrags wird der Bruttoverdienst jedoch nur bis zu einer festgesetzten Höchstgrenze berücksichtigt. Diese Beitragsbemessungsgrenze steigt jährlich. Im Jahr 2022 liegt diese Grenze in den alten Bundesländern bei 7.050 € und in den neuen Bundesländern bei 6.750 € monatlich.

Generationenvertrag

Die Leistungen der gesetzlichen Rentenversicherung werden aus den Beiträgen der Versicherten (Arbeitnehmer- und Arbeitgeberanteil) und einem Bundeszuschuss aus Steuermitteln bezahlt. Die Altersruhegelder, Hinterbliebenenrenten und Erwerbsminderungsrenten für die jetzigen Rentner werden also im Wesentlichen aus den Beiträgen der heute Berufstätigen bezahlt. Die heutigen Beitragszahler verlassen sich darauf, dass ihre Rente später durch die Beiträge der nachfolgenden Generation bezahlt wird. Dieses Finanzierungsverfahren wird als Umlageverfahren oder Generationenvertrag bezeichnet.

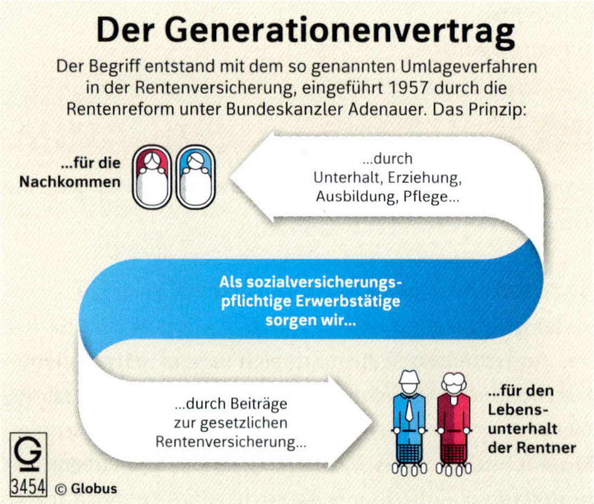

Altersrente

Regelaltersrente: Die Altersgrenze für den Rentenbezug (früher: 65 Jahre) wird seit 2012 bis 2031 schrittweise auf 67 Jahre angehoben.

Altersrente für langjährig Versicherte: Ab dem Geburtsjahrgang 1949 wird die Altersgrenze für langjährig Versicherte ebenfalls von 65 auf 67 Jahre angehoben. Ab 63 Jahre können langjährig Versicherte vorzeitig Altersrente beanspruchen. Allerdings bedeutet jeder Monat der vorzeitigen Inanspruchnahme einen Rentenabschlag von 0,3 %, d. h., wer ab genau 63 Jahre Altersrente beziehen möchte, erhält lebenslang monatlich eine um 14,4 % gekürzte Altersrente.

Altersrente für besonders langjährig Versicherte: Wer eine Wartezeit von 45 Jahren erfüllt hat, kann mit 65 Jahren ohne Abschlag in Rente gehen.

Altersrente für schwerbehinderte Menschen: Auch für schwerbehinderte Menschen (ab Geburtsjahrgang 1952) wird die Altersgrenze für eine abschlagsfreie Altersrente stufenweise angehoben, hier von 63 auf 65 Jahre. Die vorzeitige Inanspruchnahme wird von 60 auf 62 Jahre angehoben und ist mit einem Rentenabschlag verbunden.

Erwerbsminderungsrente

Wer aufgrund seiner gesundheitlichen Einschränkung nur noch unter drei Stunden täglich arbeiten kann, erhält eine volle Erwerbsminderungsrente. Wer noch drei bis unter sechs Stunden täglich arbeiten kann, erhält eine halbe Erwerbsminderungsrente. Wer noch sechs Stunden täglich und länger arbeiten kann, hat keinen Rentenanspruch mehr. Voraussetzung für eine Erwerbsminderungsrente ist eine Wartezeit von mindestens 60 Monaten Beitrags- und Ersatzzeiten.

Hinterbliebenenrenten

Wenn ein Versicherter stirbt, zahlt die gesetzliche Rentenversicherung Hinterbliebenenrente. Sie zahlt auch, wenn der Versicherte gestorben ist, ohne vorher selbst Rentner gewesen zu sein. Er muss allerdings die Wartezeit für die Erwerbsminderungsrente erfüllt haben.

Frauen und Männer erhalten, wenn der Ehegatte stirbt, gleichermaßen eine Witwen- oder Witwerrente. Sie bekommen 55 % von der Rente des verstorbenen Ehegatten. Eigenes Einkommen des Hinterbliebenen wird jedoch zum Teil auf die Witwen- oder Witwerrente angerechnet.

Kinder des Verstorbenen erhalten Waisenrente bis zur Vollendung des 18. Lebensjahres. Bis zur Vollendung des 25. Lebensjahres können sie Waisenrente beziehen, wenn sie sich noch in einer Schul- oder Berufsausbildung befinden. Wenn die Schul- oder Berufsausbildung durch freiwilligen Wehrdienst oder durch ein freiwilliges soziales bzw. ökologisches Jahr unterbrochen wird, kann die Waisenrente noch bis zum 27. Lebensjahr gezahlt werden. Während des Bundesfreiwilligendienstes wird die Waisenrente weiterhin gewährt, wenn die Voraussetzungen für den Rentenbezug noch vorliegen.

Renten für morgen

Wer 1964 oder später geboren wurde, kann unter folgenden Bedingungen in Rente gehen:

Rentenart	Reguläre Altersgrenze	Vorzeitiger Rentenbezug* ab ...	Voraussetzungen
Regelaltersrente	67	67	5 Jahre Wartezeit = Mindestversicherungszeit (Beitragszeiten, Ersatzzeiten, Zeiten aus Versorgungsausgleich oder Rentensplitting, Zeiten aus 400-Euro-Jobs)
Altersrente für besonders langjährig Versicherte	65	65	45 Jahre Wartezeit (Pflichtbeitragszeiten aus Beschäftigung oder selbstständiger Tätigkeit, Berücksichtigungszeiten)
Altersrente für langjährig Versicherte	67	63	35 Jahre Wartezeit (Beitragszeiten, Ersatzzeiten, Zeiten aus Versorgungsausgleich oder Rentensplitting, Anrechnungs- und Berücksichtigungszeiten, Zeiten aus 400-Euro-Jobs)
Altersrente für schwerbehinderte Menschen	65	62	35 Jahre Wartezeit; bei Rentenbeginn als schwerbehindert anerkannt

* für jeden Monat vorzeitiger Inanspruchnahme wird die Rente dauerhaft um 0,3 % gekürzt

ZAHLENBILDER 149 393

sind nur dann pflichtversichert, wenn ihr monatliches Gehalt eine bestimmte Grenze nicht übersteigt. Diese Versicherungspflichtgrenze beträgt in den alten Bundesländern und in den neuen Bundesländern 5.362,50 € monatlich (Stand 2022). Sie steigt jährlich an. Angestellte und Arbeiter, deren Gehalt die Versicherungspflichtgrenze überschreitet, können der gesetzlichen Krankenversicherung freiwillig beitreten oder sich freiwillig bei einer privaten Krankenversicherung versichern. Selbstständige und Freiberufler, wie z.B Architekten oder Rechtsanwälte, können der gesetzlichen Krankenversicherung freiwillig beitreten.

Sonstige Leistungen

Die Beiträge der Rentner zur gesetzlichen Krankenversicherung zahlt die Deutsche Rentenversicherung zur Hälfte. Die andere Hälfte wird den Rentenempfängern von ihrer Rente abgezogen.

Die Rentenversicherungsträger zahlen jedoch nicht nur Renten. Zu ihren Aufgaben gehört es auch, die Erwerbsfähigkeit der Versicherten zu erhalten, zu bessern und wiederherzustellen. In diesem Rahmen bietet die Deutsche Rentenversicherung Heilbehandlungen (besonders Kuren) und Berufsförderungsmaßnahmen an.

Dynamische Rente

Die Renten werden in der Regel den jährlichen Lohn- und Gehaltssteigerungen der rentenversicherungspflichtigen Arbeitnehmer angepasst. Seit dem Jahr 2005 erfolgt die Rentenanpassung unter Berücksichtigung des neuen Nachhaltigkeitsfaktors. Dieser Nachhaltigkeitsfaktor berücksichtigt das Verhältnis von Rentenempfängern und Beitragszahlern. Die Rentenanpassung orientiert sich zukünftig an den gesamten beitragspflichtigen Bruttolohnsummen und nicht mehr an dem gesamten Bruttoentgelt. Damit führen weniger Beitragszahler zu einer geringeren Rentenerhöhung und mehr Beitragszahler zu einer höheren Rentenerhöhung.

Gesetzliche Krankenversicherung

In der gesetzlichen Krankenversicherung sind Arbeiter, Angestellte, Auszubildende, Arbeitslose, Rentner und Studenten pflichtversichert. Angestellte und Arbeiter

Träger der gesetzlichen Krankenversicherung sind die

- Allgemeinen Ortskrankenkassen (AOK)
- Ersatzkassen
- Betriebskrankenkassen
- Innungskrankenkassen
- landwirtschaftlichen Krankenkassen
- Bundesknappschaft
- Seekasse

Die Beiträge der einzelnen Arbeitnehmer richten sich nach ihren Einkommen. Der Beitragssatz liegt bei 14,6 % vom monatlichen Bruttoverdienst (Stand 2018). Diesen Beitrag zur gesetzlichen Krankenversicherung bezahlen Arbeitnehmer und Arbeitgeber je zur Hälfte. Zusätzlich können die Krankenkassen noch einen kassenindividuellen Zusatzbeitrag (derzeit bis zu 1,7 %) erheben. Diesen Zusatzbeitrag zahlen die Arbeitnehmer allein.

Die Beitragsbemessungsgrenze der gesetzlichen Krankenversicherung beträgt in den alten und in den neuen Bundesländern monatlich 4.837,50 € (Stand 2022).

Die Träger der gesetzlichen Krankenversicherung (AOK, Ersatzkassen usw.) zahlen bei Erkrankung eines Arbeitnehmers Krankenpflege und Krankengeld.

Krankenpflege

Die Krankenpflege beinhaltet u. a.:

- die ärztliche und zahnärztliche Behandlung,
- die Versorgung mit Arznei-, Verbands-, Heilmitteln, Körperersatzstücken (Prothesen), orthopädischen und anderen Hilfsmitteln,

- Zuschüsse zu den Kosten für Zahnersatz und Zahnkronen,
- Krankenhauspflege,
- häusliche Krankenpflege,
- das Stellen einer Haushaltshilfe.

Krankengeld

Ist ein Arbeitnehmer wegen Krankheit arbeitsunfähig, so zahlt die Krankenkasse Krankengeld ab der siebten Woche. In den ersten sechs Wochen hat der Arbeitnehmer Anspruch auf Lohn- oder Gehaltsfortzahlung durch seinen Arbeitgeber. Das Krankengeld beträgt 70 % des durchschnittlichen Bruttoverdienstes. Es darf jedoch nicht höher sein als der letzte Nettoverdienst. Krankengeld wird innerhalb eines Zeitraums von drei Jahren für höchstens 78 Wochen bezahlt.

Maßnahmen zur Früherkennung von Krankheiten

Die gesetzliche Krankenversicherung gewährt ihren Mitgliedern nicht nur Schutz bei Krankheiten, sondern auch Schutz vor Krankheiten durch kostenlose Maßnahmen zur Früherkennung.

Frauen ab dem 20. und Männer ab dem 45. Lebensjahr können einmal im Jahr auf Kosten ihrer Krankenkasse zur Krebsvorsorge gehen.

Versicherte können ihre Kinder bis zum vierten Lebensjahr in regelmäßigen Abständen untersuchen lassen. Durch diese Früherkennungsuntersuchungen sollen angeborene Leiden oder Entwicklungsschäden schon in den ersten Lebensjahren festgestellt werden, weil sie dann meist besser geheilt werden können.

Mutterschaftshilfe

Die gesetzliche Krankenkasse gewährt Schwangeren Mutterschaftshilfe. Zur Mutterschaftshilfe gehören:

- Mutterschaftsvorsorgeuntersuchungen,
- Hilfe bei der Entbindung durch eine Hebamme und, falls erforderlich, durch einen Arzt,
- Pflege in einer Entbindungsklinik oder Hauspflege.

Außerdem erhalten Mütter, die Mitglieder in der gesetzlichen Krankenversicherung sind, Mutterschaftsgeld. Es wird innerhalb der Mutterschutzfrist von sechs Wochen vor und acht bzw. zwölf Wochen nach der Entbindung gezahlt.

Familienhilfe

Die Leistungen der gesetzlichen Krankenversicherung stehen nicht nur dem Versicherten selbst zu, sondern auch seinen Familienangehörigen. Ehegatten und unterhaltsberechtigte Kinder sind mitversichert, wenn sie kein eigenes Einkommen oberhalb bestimmter Grenzen beziehen. Für diese Familienangehörigen muss der Versicherte keine besonderen Beiträge bezahlen.

Die mitversicherten Familienangehörigen haben Anspruch auf Krankenpflege und Maßnahmen zur Früherkennung von Krankheiten in demselben Umfang wie der Versicherte. Krankengeld bekommen sie nicht. Mitversicherte Familienangehörige erhalten auch Mutterschaftshilfe.

Sonstige Hilfen

Ebenfalls zu den Leistungen der gesetzlichen Krankenversicherung gehören ärztliche Beratungen über Empfängnisverhütung und Familienplanung und Leistungen bei Schwangerschaftsabbruch.

Soziale Pflegeversicherung

In der sozialen Pflegeversicherung sind alle Personen versichert, die in der gesetzlichen Krankenversicherung versichert sind (Arbeiter, Angestellte, Auszubildende, Arbeitslose, Rentner und Studenten).

Träger der sozialen Pflegeversicherung sind die bei den gesetzlichen Krankenversicherungen errichteten Pflegekassen.

Die soziale Pflegeversicherung gewährt den versicherten Pflegebedürftigen Leistungen zur Verbesserung der häuslichen Pflege (ambulante Pflege) und Leistungen bei stationärer Pflege von Pflegebedürftigen (z. B. in einem Pflegeheim).

Die Beiträge zur sozialen Pflegeversicherung betragen 3,05 % des monatlichen Einkommens. Arbeitnehmer und Arbeitgeber übernehmen jeweils die Hälfte der genannten Beiträge.[1] Kinderlose Versicherte, die älter als 23 Jahre sind, müssen einen Zusatzbeitrag von 0,25 % zahlen. Die

Beitragsbemessungsgrenze der sozialen Pflegeversicherung entspricht der Beitragsbemessungsgrenze der gesetzlichen Krankenversicherung.

Arbeitslosenversicherung

Der gesetzlichen Arbeitslosenversicherung gehören alle Arbeiter, Angestellten und Auszubildenden an.

Der Träger der Arbeitslosenversicherung ist die Bundesagentur für Arbeit mit Sitz in Nürnberg. Die örtlichen Ar-

1 nur in den Bundesländern, in denen zum Ausgleich ein Feiertag abgeschafft wurde

beitsagenturen sind Zweigstellen der Bundesagentur für Arbeit.

Ebenso wie bei der gesetzlichen Krankenversicherung und der Rentenversicherung werden die Beiträge zur Arbeitslosenversicherung je zur Hälfte von Arbeitnehmern und Arbeitgebern bezahlt. Im Jahr 2022 beträgt der Beitrag zur Arbeitslosenversicherung 2,4 % des Bruttoverdienstes. Die Beitragsbemessungsgrenze der Arbeitslosenversicherung entspricht der Beitragsbemessungsgrenze der Rentenversicherung (Stand 2018: 7.050,00 € in den alten und 6.750,00 € in den neuen Bundesländern), d. h., der Verdienst eines Arbeitnehmers in den neuen Bundesländern, der 6.750,00 € monatlich übersteigt, wird bei der Berechnung des Beitrags zur Arbeitslosenversicherung nicht berücksichtigt.

Für Arbeitnehmer, deren monatlicher Verdienst aus allen Arbeitseinkommen zusammen unter 450,00 € liegt und die keinerlei sonstige Einkünfte erhalten, muss der Arbeitgeber Beiträge in Höhe von 15 % an die Rentenversicherung, 13 % an die gesetzliche Krankenversicherung sowie eine pauschale Lohnsteuer in Höhe von 20 % zzgl. Kirchensteuer und Solidaritätszuschlag bezahlen.

Arbeitslosengeld I

Ein arbeitsloser Arbeitnehmer muss sich bei der zuständigen Arbeitsagentur arbeitslos melden. Dort kann er Arbeitslosengeld beantragen.

Die Arbeitslosenversicherung zahlt an Arbeitnehmer, die **unfreiwillig arbeitslos geworden** sind, Arbeitslosengeld. Anspruch auf Arbeitslosengeld hat ein Arbeitsloser, der in den letzten zwei Jahren vor Beginn der Arbeitslosigkeit mindestens 52 Wochen (360 Kalendertage) versicherungspflichtig beschäftigt war. Außerdem muss er arbeitsfähig und arbeitswillig sein. Er muss jede zumutbare Arbeit annehmen, die er ausüben kann.

Das Arbeitslosengeld beträgt für Arbeitslose, die mindestens ein Kind haben, für das sie noch unterhaltspflichtig sind, 67 % vom durchschnittlichen Nettoverdienst der letzten zwölf Monate. Für Arbeitslose ohne unterhaltspflichtige Kinder beträgt das Arbeitslosengeld 60 % vom durchschnittlichen Nettoverdienst.
Die Dauer der Arbeitslosengeldzahlung ist von 6 Monaten (= 156 Wochentage) bis 24 Monate (= 624 Wochentage) gestaffelt. Sie ist abhängig von der Dauer der vorhergehenden versicherungspflichtigen Beschäftigungszeit und dem Lebensalter des Arbeitslosen. Wer mindestens 12 Monate beschäftigt war, erhält 6 Monate Arbeitslosengeld. Arbeitslosen, die jünger als 50 Jahre sind, wird höchstens 12 Monate Arbeitslosengeld gezahlt. Nach Vollendung des 50. Lebensjahres beträgt die Bezugsdauer des Arbeitslosengeldes höchstens 15 Monate, über 55 Jahre 18 Monate und über 58 Jahre 24 Monate.

Arbeitslosengeld II (ALG II)

Wenn die Bezugsdauer für Arbeitslosengeld abgelaufen ist, wird nur noch Arbeitslosengeld II gewährt. Es wird nicht aus den Beiträgen der Arbeitslosenversicherung, sondern aus Mitteln der Bundesregierung finanziert.

ALG II wird nur an bedürftige Arbeitslose bezahlt. Ein Arbeitsloser ist dann bedürftig, wenn das Vermögen und das Einkommen des Arbeitslosen und seiner Familienangehörigen für den Lebensunterhalt nicht ausreichen. Auch das Einkommen und Vermögen einer Person, mit der ein Arbeitsloser in eheähnlicher Gemeinschaft lebt, wird bei der Prüfung der Bedürftigkeit berücksichtigt.

Erwerbsfähige Hilfsbedürftige erhalten ALG II, ihre Angehörigen Sozialgeld. Alleinstehende und Alleinerziehende haben Anspruch auf die volle Regelleistung von 449,00 €. Erwachsene Partner erhalten jeweils 404,00 €. Für Kinder bis zur Vollendung des 6. Lebensjahres gibt es 285,00 €, für Kinder von 7 bis 14 Jahren 311,00 €, für Kinder zwischen 15 und 17 Jahren 316,00 €, für Kinder ab 18 bis 24 Jahren 376,00 € (Stand 2022).

Sonstige Leistungen für Arbeitslose

Die Arbeitslosenversicherung bezahlt für die Bezieher von Arbeitslosengeld die Beiträge zur gesetzlichen Kranken- und Rentenversicherung.

Arbeitnehmer, die bei Eröffnung des Insolvenzverfahrens über das Vermögen ihres Arbeitgebers oder Abweisung des Antrags auf Eröffnung des Insolvenzverfahrens mangels Masse noch Arbeitsentgelt für die vorausgegangenen drei Monate beanspruchen können, erhalten von der Arbeitagentur Insolvenzgeld als Ausgleich für das nicht gezahlte Arbeitsentgelt.

Maßnahmen zur Arbeits- und Berufsförderung

Die Leistungen der Arbeitslosenversicherung beschränken sich nicht auf die Unterstützungszahlungen bei Arbeitslosigkeit. Damit es erst gar nicht zu lang andauernder Arbeitslosigkeit kommt, werden von der Bundesagentur für Arbeit Maßnahmen zur Arbeits- und Berufsförderung angeboten. Dazu gehören:

- die Arbeitsvermittlung,
- die Berufsberatung,
- die Gewährung von berufsfördernden Leistungen zur Rehabilitation (= Wiederherstellung) körperlich, geistig und seelisch Behinderter.

Die Bundesagentur für Arbeit fördert die berufliche Ausbildung, Umschulung und Einarbeitung:
- An Auszubildende zahlt sie unter bestimmten Voraussetzungen eine Berufsausbildungsbeihilfe.
- In beruflichen Umschulungen werden Arbeit Suchenden Kenntnisse und Fähigkeiten vermittelt, die ihnen den Wechsel in einen anderen, aussichtsreicheren Beruf ermöglichen.

Leistungen zur Erhaltung und Schaffung von Arbeitsplätzen
Durch Zahlung von Kurzarbeitergeld und durch Maßnahmen zur Arbeitsbeschaffung versucht die Bundesagentur für Arbeit, Arbeitsplätze zu erhalten und neue Arbeitsplätze zu schaffen.

Kurzarbeitergeld erhalten Arbeitnehmer als Ausgleich für den Verdienstausfall, der durch eine vorübergehende Verkürzung ihrer Arbeitszeit verursacht wird.

Gesetzliche Unfallversicherung

In der gesetzlichen Unfallversicherung sind alle Arbeitnehmer und Auszubildenden gegen Arbeitsunfälle und Berufskrankheiten versichert.

Träger der gesetzlichen Unfallversicherung für Arbeitnehmer und Auszubildende sind die **Berufsgenossenschaften** für die einzelnen Berufszweige.

Die Beiträge zur gesetzlichen Unfallversicherung werden allein vom Arbeitgeber aufgebracht.

Leistungen nach Eintritt eines Arbeitsunfalls
Die gesetzliche Unfallversicherung bietet Versicherungsschutz nach Arbeitsunfällen. Darunter sind Unfälle zu verstehen, die im Zusammenhang mit der Berufsausübung eintreten, wie Unfälle während der Arbeit, Wegeunfälle und Berufskrankheiten.

Wegeunfälle sind Unfälle, die sich auf dem Weg von der und zur Arbeit ereignen.

Berufskrankheiten sind Krankheiten, die durch besonders schädigende Einflüsse am Arbeitsplatz (z. B. Schadstoffe, Lärm) verursacht wurden.

Die zuständige Berufsgenossenschaft leistet als Träger der gesetzlichen Unfallversicherung nach einem Arbeitsunfall
- Heilbehandlung des Unfallverletzten (ärztliche und zahnärztliche Behandlung, Arznei- und Verbandsmittel, Heilmittel, Ausstattung mit Prothesen und Gewährung von Pflege bei Hilflosigkeit),
- Berufshilfe für den Unfallverletzten (z. B. Umschulungen),
- finanzielle Entschädigung für Unfallfolgen (Verletztenrente, Witwen- und Waisenrente, Verletztengeld, das dem Krankengeld entspricht).

Unfallschutzbestimmungen

Die Berufsgenossenschaften erlassen die Unfallverhütungsvorschriften zur Verhütung von Arbeitsunfällen. Sie sind für Arbeitgeber und Arbeitnehmer gleichermaßen verbindlich.
Die Durchführung der Unfallverhütung wird durch die zuständige Berufsgenossenschaft überwacht. Sie führt in regelmäßigen Zeitabständen Betriebsbesichtigungen durch. Festgestellte Mängel muss der Arbeitgeber in einer angemessenen Frist beseitigen. Bei schweren Verstößen gegen die Unfallverhütungsvorschriften kann die Berufsgenossenschaft gegen Arbeitgeber und versicherte Arbeitnehmer Geldbußen verhängen.

Erste Hilfe und Verhalten bei Unfällen

1. Beachten Sie die ausgehängte Anleitung zur Ersten Hilfe bei Unfällen mit den Angaben über Notrufeinrichtungen sowie Personal der Ersten Hilfe, Arzt und Krankenhaus.
2. Informieren Sie sich, wo Erste-Hilfe-Material bereitgehalten wird und wer Erste Hilfe leisten kann.
3. Denken Sie bei einem Unfall daran, nicht nur den Verletzten zu retten und Erste Hilfe zu leisten, sondern erforderlichenfalls auch die Unfallstelle abzusichern.
4. Lassen Sie auch Ihre kleineren Verletzungen sofort versorgen.
5. Suchen Sie einen Durchgangsarzt auf, wenn aufgrund der Verletzung mit Arbeitsunfähigkeit zu rechnen ist.
6. Melden Sie jeden Unfall unverzüglich Ihrem Vorgesetzten.
7. Achten Sie darauf, dass über jede Erste-Hilfe-Leistung Aufzeichnungen gemacht werden, z. B. in einem Verbandbuch.
8. Lassen Sie sich zum Ersthelfer ausbilden, damit Sie auch anderen helfen können.

AUFGABEN

1. Nennen Sie die Träger der einzelnen Versicherungszweige.
2. Wer zahlt die Beiträge zur Sozialversicherung?
3. Welche Angestellten sind in der gesetzlichen Krankenkasse pflichtversichert?
4. Welche Leistungen gewährt die gesetzliche Krankenversicherung im Rahmen der Krankenpflege?
5. Wie lange muss ein Arbeitgeber einem Angestellten im Krankheitsfall das Gehalt weiterbezahlen?
6. Welche Leistungen erhalten schwangere Frauen im Rahmen der Mutterschaftshilfe?
7. Für welche Personengruppen zahlt die gesetzliche Krankenkasse Früherkennungsuntersuchungen?
8. Wann hat ein Mitglied einer gesetzlichen Krankenversicherung Anspruch auf Krankengeld?
9. Welche Personen sind im Rahmen der Familienhilfe in der gesetzlichen Krankenversicherung mitversichert?
10. Wer ist in der Rentenversicherung pflichtversichert?
11. Warum wird das System der gesetzlichen Rentenversicherung als Generationenvertrag bezeichnet?
12. Welche Formen des Altersruhegeldes gibt es?
13. Welche Personen haben Anspruch auf Erwerbsminderungsrente?
14. Welche Personen haben Anspruch auf eine Hinterbliebenenrente?
15. Welche Leistungen gewährt die gesetzliche Rentenversicherung einem Arbeitnehmer, der noch berufstätig ist?
16. Weshalb ist die Rente in der Bundesrepublik Deutschland eine dynamische Rente?
17. An welchen Versicherungsträger werden die einbehaltenen Sozialversicherungsbeiträge der Arbeitnehmer überwiesen?
18. Im Jahr 2018 wurde in den neuen Bundesländern die Beitragsbemessungsgrenze für die Rentenversicherung von 5.700,00 € auf 5.800,00 € monatlich erhöht. Für welche Arbeitnehmer bedeutet diese Erhöhung eine Beitragserhöhung?
19. Aus welchen Gründen wurde 1995 die soziale Pflegeversicherung eingeführt?
20. Welche Voraussetzungen muss ein arbeitsloser Arbeitnehmer erfüllen, damit er von der Arbeitslosenversicherung Arbeitslosengeld erhält?
21. Die 45-jährige Frau Rosemeier wird nach 20-jähriger Berufstätigkeit arbeitslos. Sie ist verheiratet und hat eine 17-jährige Tochter, die sich noch in der Ausbildung befindet. Ihr Nettogehalt betrug im letzten Jahr durchschnittlich 1.400,00 € monatlich.
    a) Wie viel Euro Arbeitslosengeld kann sie beanspruchen?
    b) Wie lange hat sie höchstens Anspruch auf Arbeitslosengeld?
22. Welche Personen haben Anspruch auf Arbeitslosengeld II?
23. Welche Maßnahmen zur Arbeits- und Berufsförderung bietet die Bundesagentur für Arbeit an?
24. Aus welchen Gründen verhängt die Arbeitsagentur eine Sperrzeit?
25. In welchen der folgenden Fälle ist die gesetzliche Unfallversicherung zuständig?
    a) Ein Angestellter verstaucht sich bei der Arbeit einen Knöchel.
    b) Eine Angestellte verletzt sich bei der Hausarbeit.
    c) Ein Arbeiter ist durch den Maschinenlärm an seinem Arbeitsplatz schwerhörig geworden.
    d) Ein Angestellter verunglückt auf der Fahrt von seiner Wohnung zu seiner Arbeitsstelle mit dem Auto.

e) Nach Betriebsschluss besucht ein Angestellter mit Kollegen noch eine Gaststätte. Auf dem Heimweg von der Gaststätte hat er einen Unfall.

26. Ein Angestellter hat einen schweren Arbeitsunfall. Welche Leistungen erhält er von der gesetzlichen Unfallversicherung?

27. Welche Leistungen gewährt die gesetzliche Unfallversicherung bei einem tödlichen Arbeitsunfall?

28. Durch welche Maßnahmen versucht die Berufsgenossenschaft, Arbeitsunfälle zu verhüten?

29. Welche Maßnahmen müssen Sie ergreifen, wenn Sie sich während der Arbeit verletzen?

ZUSAMMENFASSUNG

Die Sozialversicherungszweige

	Versicherungsträger	Versicherungspflicht	Leistungen
Krankenversicherung	Allgemeine Ortskrankenkassen, Ersatzkassen, Betriebskrankenkassen usw.	für alle Auszubildenden, Rentner; für Angestellte und Arbeiter bis zur Versicherungspflichtgrenze	Krankenpflege, Krankengeld, Maßnahmen zur Früherkennung von Krankheiten, Mutterschaftshilfe, Familienhilfe
Pflegeversicherung	Pflegekassen	für alle in der gesetzlichen Krankenversicherung Versicherten	Leistungen bei ambulanter Pflege und stationärer Pflege von Pflegebedürftigen
Rentenversicherung	Deutsche Rentenversicherung	für alle Arbeiter, Angestellten, Auszubildenden	Altersruhegeld, Erwerbsminderungsrente, Hinterbliebenenrente, Beiträge für die Krankenversicherung der Rentner, Heilbehandlungen
Arbeitslosenversicherung	Bundesagentur für Arbeit	für alle Arbeiter, Angestellten, Auszubildenden	Arbeitslosengeld, Arbeitslosengeld II[1], Insolvenzgeld, Beiträge zur Renten- und Krankenversicherung der Arbeitslosen, Maßnahmen zur Arbeits- und Berufsförderung, Kurzarbeitergeld, Maßnahmen zur Arbeitsbeschaffung
Unfallversicherung	Berufsgenossenschaften	für alle Beschäftigten	Heilbehandlung, Berufshilfe, Verletztengeld, Verletztenrente, Witwen- und Waisenrente

- Die Rente ist eine dynamische Rente.
- Das Finanzierungsverfahren der Rente wird als „Generationenvertrag“ bezeichnet.
- Die Berufsgenossenschaften erlassen und überwachen die Unfallverhütungsvorschriften.

1 wird aus Mitteln der Bundesregierung finanziert

14.1 HANDLUNGSKOMPETENZEN

Die Klasse von Christina Martin bekommt vom Klassenlehrer den Arbeitsauftrag, ein Kapitel des Schulbuchs durchzulesen. Gleichzeitig verteilt er den folgenden Text und fordert zum aktiven Lesen auf.

Aktives Lesen

Über 80 % unseres Wissens eignen wir uns durch das Lesen an. Wenn das Lesen ein so zentraler Informationsweg ist, werden sich schlechte Lesegewohnheiten umso nachteiliger auswirken. Sie werden also um die Frage, wie gut Ihr Leseverhalten ist, nicht herumkommen. Unwirksam ist es vor allem dann, wenn Sie einen passiven Lesestil praktizieren. Passiv bedeutet, einen Text lediglich mit dem Auge zu bearbeiten und ihn so ein oder mehrere Male durchzulesen. Dadurch wird das Gedächtnis unterversorgt, die Konzentration belastet und weniger gelernt. Die Alternative zum passiven ist das aktive Lesen: Sie nehmen dabei den Lesestoff auf mehreren Lernwegen auf. Es wird mehr getan als nur gelesen. Wissenschaftliche Untersuchungen haben gezeigt, dass ein aktives Leseverhalten zu deutlich besseren Aufnahme-, Verarbeitungs- und Behaltensleistungen führt als das übliche passive Leseverhalten. Darüber hinaus wird auch Zeit gespart.

Zum aktiven Lesen gehören:

1. das Unterstreichen und Markieren wichtiger Textstellen
2. das Anbringen von Merk- und Arbeitszeichen

   Bringen Sie dort, wo Textstellen eine bestimmte Bedeutung haben, am Rand Zeichen oder Buchstaben an.
3. das systematische und schrittweise Herangehen an den Text mit der **5-Schritt-Methode**:

Schritt 1:

Überfliegen Sie den Text grob.

Sie verschaffen sich durch diagonales Lesen einen ersten Überblick über den Inhalt des Gesamttextes. Um eine gewisse Vorinformation zu bekommen, lesen Sie rasch – ohne Zeile für Zeile durchzugehen – Überschriften, Einleitungen und Zusammenfassungen. Dadurch wird eine spätere Einordnung der Informationen erleichtert.

Schritt 2:

Stellen Sie Fragen zum Text.

Grundlage sind die Informationen, die Sie im ersten Schritt gesammelt haben. Solche Fragen können sein:

- Welche Kapitel, Absätze, Begriffe sind unbekannt, unverständlich?
- Wo kann auf gründliches Lesen verzichtet werden?
- Wo kann auf Vorkenntnisse zurückgegriffen werden?
- Welche Informationsquellen müssen bereitgelegt werden?
- Können alte Aufzeichnungen verwendet werden?

Schritt 3:

Lesen Sie den Text gründlich und konzentriert.

Schritt 1 und 2 waren nur die Vorbereitung für das eigentliche Lesen, das dadurch jedoch aktiver, konzentrierter und mit dem Blick auf das Wesentliche erfolgt.

- Lesen Sie den Text Absatz für Absatz intensiv durch.
- Unterteilen Sie diese Lesephase in kleine Schritte.

  Überlegen Sie nach jedem Schritt, ob die an den Text gestellten Fragen hinreichend beantwortet sind.
- Schenken Sie Zeichnungen, Abbildungen, Tabellen besondere Aufmerksamkeit. Diese können zum besseren Verständnis des Textes beitragen.
- Werten Sie andere Informationsquellen aus, um unbekannte Fachausdrücke und Definitionen kennenzulernen.

Schritt 4:

Verkürzen Sie den Textinhalt auf das Wesentliche.

Durch Unterstreichen wichtiger Textstellen und das Anbringen von Merk- und Arbeitszeichen sollen Sie die wichtigsten Aussagen sichtbar machen. Dieser Schritt ist auch eine Art Selbstkontrolle. Sie überprüfen, ob Sie den eigentlichen Inhalt verstanden haben.

Schritt 5:

Wiederholen Sie den Gesamttext.

Ohne alles gründlich zu lesen, wiederholen Sie vor allem die unterstrichenen bzw. markierten Stellen. Optimal wäre es, wenn Sie die wichtigsten Aussagen in einer Struktur darzustellen versuchen.

Auch wenn Ihnen das aktive Lesen zunächst etwas zeitraubend und umständlich erscheint, werden Sie nach einiger Übung damit sicherlich merken, wie viel schneller und besser Sie sich den Lernstoff einprägen und behalten können.

1. Begründen Sie, warum der Klassenlehrer von Christina Martin nicht nur Fachwissen vermittelt.
2. Geben Sie an, welche Methoden man im ersten Jahr einer späteren Ausbildung beherrschen (lernen) sollte.
3. Führen Sie auf, welche Methoden Sie schon in früheren Schulformen angewendet haben.

INFORMATION

Anforderungen an Arbeitnehmer

Nach Ihrer möglichen Ausbildung in der Berufsschule und Ihrem späteren Ausbildungsbetrieb werden Sie in ein Unternehmen eintreten. Dort werden in Zukunft folgende Anforderungen an Sie gestellt werden:

Qualifikationsprofil kaufmännischer Angestellter

Kaufmännischen Angestellten wurde die Frage gestellt: „Worauf kommt es bei Ihrer Arbeit an?" Das Ergebnis dieser Umfrage (siehe rechte Spalte, Mehrfachnennungen waren möglich) macht deutlich, dass nicht mehr allein nur Fachkenntnisse (die im Laufe der Zeit durch neue Entwicklungen relativ rasch veralten) von Ihnen erwartet werden. Als immer wichtiger wird die Beherrschung von Schlüsselqualifikationen durch Arbeitnehmer angesehen.

Selbstständigkeit	93
Flexibilität	81
gute Fachkenntnisse	70
mündliche Ausdrucksweise	65
Schnelligkeit	48
Pünktlichkeit	45
schriftliche Ausdrucksweise	44
Kreativität	42
Genauigkeit	29
Sonstiges	12

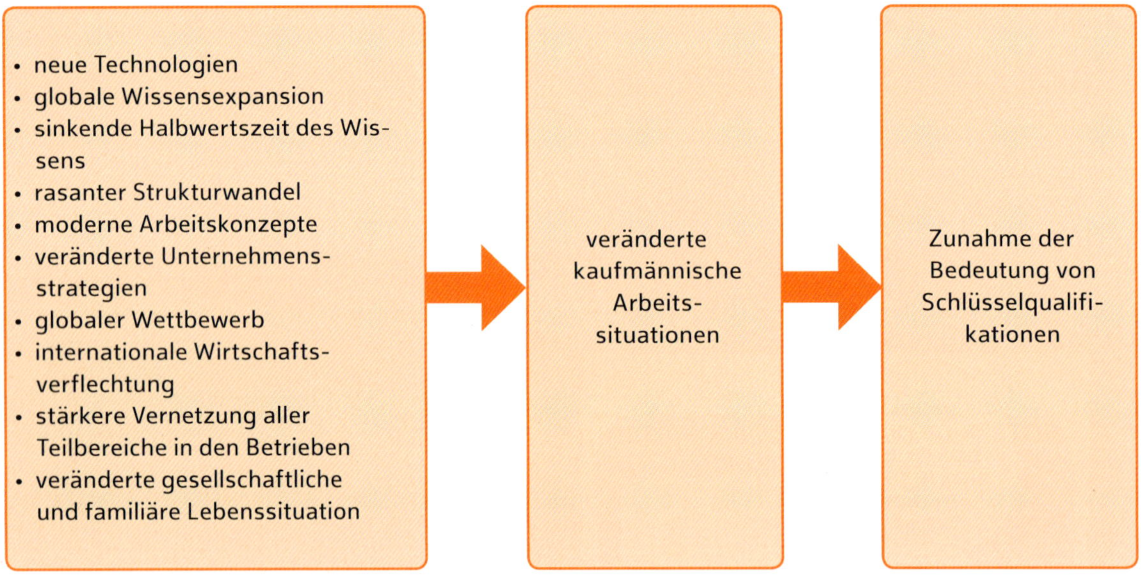

Schlüsselqualifikationen

Schlüsselqualifikationen				
Dimension I Organisation und Ausführung der Aufgabe	**Dimension II Kommunikation und Kooperation**	**Dimension III Anwenden von Lerntechniken**	**Dimension IV Selbstständigkeit und Verantwortung**	**Dimension V Belastbarkeit**
Zielbereich				
Arbeitsplanung, Arbeitsausführung, Ergebniskontrolle	Verhalten in der Gruppe, Kontakt zu anderen, Teamarbeit	Lernverhalten, Auswerten und Weitergeben von Informationen	Eigen- und Mitverantwortung bei der Arbeit	Psychische und physische Beanspruchung
Wesentliche Einzelqualifikationen				
• Zielstrebigkeit • Sorgfalt • Genauigkeit • Selbststeuerung • Selbstbewertung • systematisches Vorgehen • rationelles Arbeiten • Organisationsfähigkeit • flexibles Disponieren • Koordinationsfähigkeit	• schriftliche und mündliche Ausdrucksfähigkeit • Sachlichkeit in der Argumentation • Aufgeschlossenheit • Kooperationsfähigkeit • Einfühlungsvermögen • Integrationsfähigkeit • kundengerechtes Verhalten • soziale Verantwortung • Fairness	• Weiterbildungsbereitschaft • Einsatz von Lerntechniken • Verstehen und Umsetzen von Zeichnungen und Schaltplänen • Analogieschlüsse ziehen können • formallogisches Denken • Abstrahieren • vorausschauendes Denken • Transferfähigkeit • Denken in Systemen, z. B. in Funktionsblöcken • Umsetzen von theoretischen Grundlagen in praktisches Handeln • problemlösendes Denken • Kreativität	• Mitdenken • Zuverlässigkeit • Disziplin • Qualitätsbewusstsein • eigene Meinung vertreten • umsichtiges Handeln • Initiative • Entscheidungsfähigkeit • Selbstkritikfähigkeit • Erkennen eigener Defizite und Grenzen • Urteilsfähigkeit	• Konzentrationsfähigkeit • Ausdauer, z. B. bei Langzeitaufgaben, wiederkehrenden Aufgaben, Unterforderung und Schwierigkeiten • Vigilanz, d. h. Aufmerksamkeit bei abwechslungsarmen Beobachtungstätigkeiten • Frustrationstoleranz • Umstellungsfähigkeit

Schlüsselqualifikationen ermöglichen Ihnen eine umfassende Handlungsfähigkeit in Ihrem zukünftigen Beruf. Um die Arbeit in Ihrem späteren Berufsleben selbstständig planen, ausführen und kontrollieren zu können, sollten Sie also bereits frühzeitig – von konkreten Handlungssituationen ausgehend – die Möglichkeit haben, neben Fachkompetenz auch Methoden- und Sozialkompetenz zu erwerben. Sie sollten sich also mit den wichtigsten Lern-, Arbeits-, Gesprächs- und Kooperationstechniken vertraut machen. Dies soll Sie in die Lage versetzen, an die mehr oder weniger komplexen Arbeitsaufgaben, die in Ihrer beruflichen Zukunft auf Sie warten, routiniert und kompetent heranzugehen. Dies wird erfolgreich sein, wenn Sie die Bereitschaft mitbringen,

- neue Inhalte, aber auch neue Methoden kennenzulernen und offen und vorurteilsfrei an diese heranzugehen,

- die Arbeitsaufträge (gemeinsam mit Ihren Mitschülern und Mitschülerinnen) selbstständig zu bearbeiten,
- selbst aktiv im Unterricht zu handeln (statt passiv eine Informationsvermittlung nur durch die Lehrkraft zu „erdulden“).

Zu den Schlüsselqualifikationen eines Arbeitnehmers gehören u. a. sowohl die Methodenkompetenz als auch die Sozialkompetenz:

- **Methodenkompetenz** ist die Fähigkeit, Arbeitstechniken, Verfahrensweisen und Lernstrategien zur Lösung beruflicher oder privater Problemstellungen sachgerecht, situationsbezogen und zielgerichtet einzusetzen.
- Unter **Sozialkompetenz** versteht man die Summe der Fertigkeiten, die für die soziale Interaktion nützlich oder notwendig sind. Ein sozialkompetenter Arbeitnehmer kann das Verhalten und die Einstellungen anderer positiv beeinflussen.

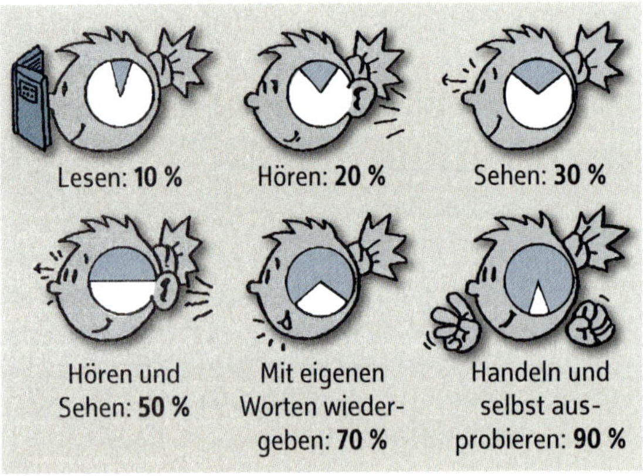

Methodenkompetenz: Arbeitstechniken und Methoden

Um in der zukünftigen Arbeitswelt bestehen zu können, müssen Sie eine Vielzahl von Methoden beherrschen, mit denen Sie unterschiedliche Aufgaben z. B. im Betrieb optimal erfüllen können.

Strategien zum planvollen Lösen von Aufgaben
Komplexe Probleme können im Rahmen der Arbeit durch die systematische Anwendung von **Arbeitsstrategien** gelöst werden. Dieselben Techniken sind oft auch beim Lernen hilfreich. Solche **Lernstrategien** helfen bei der Aufnahme, Verarbeitung und Speicherung neuen Wissens.

Wenn ein Lernender ganz bewusst neues Wissen in bestehendes Vorwissen des Gedächtnisses einbindet, werden die neuen Lerninhalte besser verstanden und können später auch besser behalten und abgerufen werden. Eine solche Vorgehensweise wird auch **Elaborationsstrategie** genannt.

BEISPIEL

Gelerntes mit eigenen Worten wiedergeben

Hilfreich sowohl für das bessere Verstehen als auch das bessere Behalten von Lerninhalten sind zudem **Organisationsstrategien.** Dabei werden unübersichtliche und schwer zu lernende Informationen in leicht zu verstehende Strukturen umgewandelt.

BEISPIEL

Erarbeiten eines Themas mit einer Mindmap, die hilft, Beziehungen zwischen den neuen Lerninhalten herauszuarbeiten

Wir halten neben anderen die im Folgenden aufgeführten Arbeitstechniken und Methoden für so wichtig, dass sie Ihnen bereits in der Schule vermittelt werden sollten.

Methoden zur selbstständigen Informationsgewinnung

Eine der wichtigsten Schlüsselqualifikationen, die von Arbeitnehmern in Zukunft verlangt werden, ist die Fähigkeit zur selbstständigen Informationsgewinnung. In Schule und Ausbildung, erst recht aber in Ihrem späteren Arbeitsleben müssen Sie alle Methoden beherrschen, um rasch und sinnvoll an wichtige Informationen heranzukommen. Wichtigste Methoden in diesem Bereich sind:

- aktives Lesen (vgl. Einstiegsfall)
- kritisches Lesen
- Exzerpieren (einen Auszug aus einem Text anfertigen)
- Notizen und Mitschriften machen
- Erkundung
- Interview/Sachverständigenbefragung

Methoden zur selbstständigen Informationsverarbeitung

Sowohl in der Schulpraxis als auch im Berufsleben müssen gewonnene Informationen verarbeitet werden. Sie müssen also alle Methoden beherrschen, um Informationen aufbereiten zu können. Diese Methoden befähigen Sie, Inhalte

- zu reduzieren,
- zu strukturieren,

- wiederzugeben,
- darzustellen.

Zu den wichtigsten Methoden in diesem Bereich zählen:
- Inhalte reduzieren und Wesentliches erkennen
- Informationen ordnen und strukturieren
- Bericht schreiben
- Protokoll schreiben
- Tabellen und Schaubilder erstellen und auswerten

Visualisieren, Präsentieren, Moderieren

In Ihrem späteren Berufsleben – aber auch schon jetzt in der Schule – werden Sie häufig gefordert sein, in bestimmten Situationen frei zu sprechen bzw. auch zu argumentieren. Manch einer hat jedoch Hemmungen, vor anderen Personen aufzutreten.

Kundenorientiertes Verhalten und die Fähigkeit, sich selbst mitzuteilen, werden im Berufsleben immer wichtiger. Dazu gehören auch die Bereitschaft und die Fähigkeit zur Teamarbeit. Diese Qualifikationen verlangen von Ihnen die Beherrschung von Methoden, die für eine gedeihliche Zusammenarbeit und Diskussion unabdingbar sind.

Hierfür geeignete Methoden sind:
- Präsentation
- Diskussion
- Visualisierung
- Rollenspiel

Innere und äußere Vorbereitung

Nicht optimale Lernbedingungen können den Lernprozess beträchtlich stören. Deshalb sollten Sie einmal genauer untersuchen, wie Ihre Lernumwelt aussieht und wie sie sich auf Ihr Lernverhalten auswirkt. Vielleicht müssen Sie als Konsequenz daraus einiges lernfördernder gestalten und ändern.

Wenn Sie sich innerlich auf eine bestimmte Arbeits- bzw. Lernsituation vorbereiten, werden Sie diese erfolgreich bestehen. Sie sollten also
- Ziele, die Sie anstreben, festlegen;
- versuchen, sich zu motivieren, die festgelegten Ziele zu erreichen;
- konzentriert an der Zielerreichung arbeiten;
- für die Zielerreichung störenden Stress abbauen.

Ideenfindung und Kreativität

Ein wichtiger Baustein zur Wettbewerbsfähigkeit und zum wirtschaftlichen Erfolg von Unternehmen sind Innovationen. Besondere Wertschätzung werden Beschäftigte erfahren, die eigene Ideen entwickeln und umsetzen können, aber auch an der Gestaltung ihrer Arbeitsplätze mitwirken können. Deshalb fordern die Unternehmen in den kaufmännischen Berufen Kreativität als Bestandteil des Qualifikationsprofils ein. Es ist für Sie daher sinnvoll, sich Methoden anzueignen, die Ihr kreatives Potenzial steigern: Einfallsreichtum, Improvisationsfähigkeit und schöpferische Fähigkeiten werden in kaufmännischen Berufen eine immer wichtigere Rolle spielen. Dazu können solche Methoden führen wie z. B.:
- Brainstorming
- Mindmapping
- Kartenabfrage

Lernen für Prüfungen

Die Unternehmen sind in der Wirtschaft einem ständigen Veränderungsprozess ausgesetzt. Neue Entwicklungen, Positionen, Herausforderungen und Ansprüche, die man an Sie stellt, werden Sie dazu zwingen, sich neue Inhalte anzueignen. Mit der Schule hört das Lernen also nicht auf, sondern es fängt erst richtig an: Jeder Berufstätige muss heute während seiner Berufslaufbahn häufig Weiterbildungsmaßnahmen besuchen. Nur so kann er den Entwicklungen an seinem Arbeitsplatz oder an neuen Arbeitsplätzen folgen oder ihnen voranschreiten.

Deshalb ist es für Sie entscheidend, über geeignete Strategien zu verfügen, um
- Inhalte effektiv zu üben und zu wiederholen,
- sich auf Prüfungen angemessen vorzubereiten,
- selbstständig und ohne Druck zu lernen.

Exemplarische Erläuterung einiger Methoden

Gruppenarbeit

Die wichtigsten Regeln der Gruppenarbeit

- Jeder fasst sich kurz.
- Es redet immer nur eine Person.
- Alle sind für das Gruppenergebnis mitverantwortlich.
- Jeder arbeitet mit.
- An der Ergebnispräsentation sollten möglichst alle Gruppenmitglieder teilnehmen oder diese zumindest gemeinsam vorbereiten und dann einen Sprecher oder eine Sprecherin wählen.
- Über den „richtigen" Weg wird diskutiert.
- Diskussionsbeiträge dürfen nicht persönlich verletzend sein.
- Jedes Gruppenmitglied darf sich frei äußern und ausreden. Alle Meinungen werden gegenseitig akzeptiert.
- Fühlt sich jemand unwohl, sagt er es sofort.
- Vereinbarte Termine werden eingehalten.
- Jeder ist gegenüber der Gruppe für übernommene Aufgaben verantwortlich.

Die ideale Gruppengröße liegt bei vier bis sechs Teilnehmenden. Bilden Sie die Gruppen selbst nach Sympathie. Nur bei Problemen bitten Sie die Lehrkraft um ihr Eingreifen.

Die Gruppen sollen selbstständig arbeiten: Die Gruppenmitglieder planen selbst die Herangehensweise an die jeweiligen Handlungsanweisungen oder Arbeitsaufträge, deren Lösung bzw. Durchführung und die sich eventuell anschließende Präsentation. Dabei kann die Gruppe entscheiden. Teilaufgaben in Einzel- oder Partnerarbeit durchzuführen. Die Ergebnisse sollten zu einem gemeinsamen Endergebnis zusammengeführt werden.

Um eine effektive Gruppenarbeit zu fördern, ist die Verteilung von Rollen in den Gruppen sinnvoll. Für die Gruppenarbeit werden grundsätzlich die folgenden fünf Rollen vergeben:

Die Zeitnehmerin/ der Zeitnehmer

achtet darauf, dass die vereinbarte Zeit eingehalten wird. Sie/er erinnert, wenn die Gefahr besteht, dass die Zeit „davonläuft".

Die Gesprächsleiterin/ der Gesprächsleiter

ist Vorsitzende/-r der Gruppe, verteilt die Rollen in der Gruppe, eröffnet das Thema und leitet das Gespräch.

Die Wadenbeißerin/ der Wadenbeißer

achtet darauf, dass abgesprochene Regeln eingehalten werden, z. B.:

- Es redet immer nur eine Person.
- Wir bleiben beim Thema.
- Sprich per „ich", nicht per „man".

Die Protokollführerin/der Protokollführer

schreibt die Ergebnisse der Gruppenarbeit auf.

Die Präsentierende/ der Präsentierende

trägt die Ergebnisse der Gruppenarbeit vor der Klasse vor.

Die folgenden Rollen können bei umfangreichen Gruppenarbeiten und größeren Gruppen zusätzlich vergeben werden:

Die Gastgeberin/ der Gastgeber

sorgt für eine gute Atmosphäre:
- lüftet den Raum
- regelt die Temperatur
- gestaltet die Sitzordnung
- ...

Die Logbuchführerin/ der Logbuchführer

schreibt Fragen und/oder Anmerkungen auf, die im Anschluss an die Gruppenarbeit im Plenum geklärt werden müssen.

Referat

Die Vorbereitung und Durchführung eines Referats erfolgt in verschiedenen Phasen:

- **Information**
  Zunächst einmal müssen Sie sich zum Thema des Referats kundig machen. Mögliche Informationsquellen können Bücher, Lexika, Zeitschriften, das Internet oder Experten sein.
- **Erarbeitung**
  Wählen Sie zunächst die wesentlichen Informationen aus, ordnen Sie diese und erstellen Sie anschließend eine Gliederung. Dann formulieren Sie das Referat aus. Legen Sie parallel einen Stichwortzettel für den Vortrag an. Überlegen Sie, ob Sie ein Handout an die Zuhörenden verteilen wollen.
- **Vortrag**
  Beachten Sie die Regeln der Präsentation und nutzen Sie nach Möglichkeit Medien zur Visualisierung (s. u.). Tragen Sie frei vor in Form kurzer Sätze.
- **Auswertung**
  Regen Sie nach dem Vortrag eine Diskussion an oder fordern Sie die Zuhörenden auf, Fragen zu stellen.

Präsentation[1]

Beginnen Sie eine Präsentation pünktlich und halten Sie die eventuell vereinbarte Zeit ein. Sprechen Sie laut, aber mit einem normalen Sprechtempo. Machen Sie Pausen und unterstreichen Sie Inhalte durch Gestik. Halten Sie immer Blickkontakt zum Publikum. Visualisieren Sie wichtige Inhalte durch Medien.

Beachten sollten Sie, dass eine Präsentation in der Regel einen typischen Aufbau hat. Sie setzt sich fast immer aus drei Teilen zusammen:

- **Einleitung**
  Nach einer eventuellen Begrüßung und Vorstellung des Präsentierenden sollte über Thema, Ziel, Inhalte und Ablauf der Präsentation informiert werden.
- **Hauptteil**
  Die Inhalte des Vortrags werden dargestellt: Beispielsweise können die Ergebnisse einer Projektarbeit in zeitlicher oder sachlogischer Reihenfolge präsentiert werden.
- **Schluss**
  Die wichtigsten Aussagen werden zusammengefasst und häufig wird aus ihnen ein Fazit gezogen. Auch zu einer folgenden Diskussion kann aufgefordert werden.

Durchführung der Präsentation	
Schritte der Präsentation	**Zeitanteil**
Einleitung • Begrüßung • Thema/Inhalt/Ablauf • Anwärmen	ca. 15 %
Hauptteil • Gliederung der Inhalte • logischer Aufbau • Medien/Visualisierung	ca. 75 %
Schluss • Zusammenfassung • Aufforderung/Appell	ca. 10 %

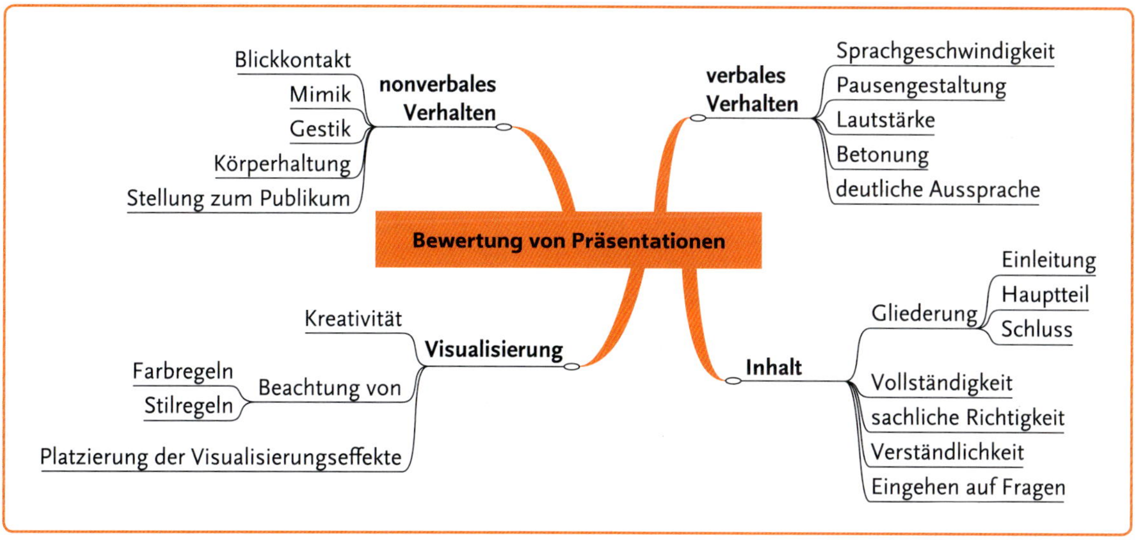

1 Genaueres siehe Kap. 14.2.

Feedback-Regeln	
Sie erhalten Feedback	**Sie geben Feedback**
• Hören Sie zu. • Unterbrechen Sie den Feedbackgeber nicht. • Rechtfertigen Sie sich nicht. • Fragen Sie bei Unklarheiten. • Geben Sie Rückmeldung, ob das Feedback hilfreich war.	• Geben Sie der Zielperson zunächst die Möglichkeit, sich kurz zu äußern. • Starten Sie nach Möglichkeit mit positiver Kritik. • Beschreiben Sie nur das, was Sie tatsächlich beobachtet haben und der Wahrheit entspricht. • Sprechen Sie in der Ich-Form. • Führen Sie mögliche Verbesserungsvorschläge auf.

Visualisierung

Für die Visualisierung gilt:

- Stellen Sie nur Wesentliches prägnant dar.
- Die Inhalte müssen für die Zuhörer leicht erkennbar und lesbar sein.
- Gliedern Sie deutlich.
- Zeigen Sie nicht mit dem Finger auf Sachverhalte, sondern mit Stift, Zeigestock oder Laserpointer.

BEISPIEL

Beispiel einer Visualisierung

Überschrift
- markant
- zum Lesen animieren
- hervorheben durch:
  - Farbe
  - Größe
  - Schriftart
  - Rahmen

Text
- nur Wesentliches gliedern
- saubere Schrift
- einfache Sätze
- evtl. Hervorhebungen

Grafik

Veranschaulichung und Hervorhebung durch:
- Bilder
- Symbole
- Diagramme

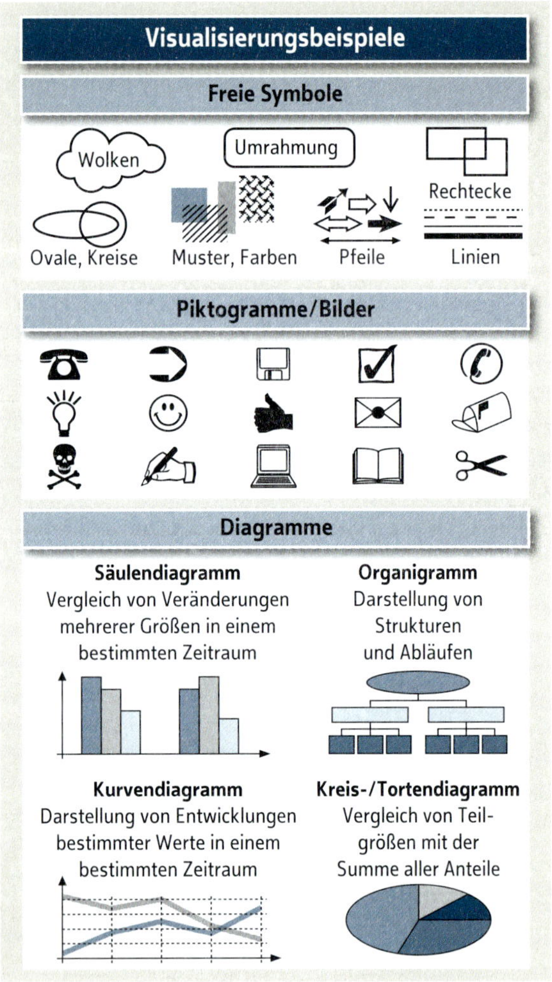

Mindmap

Das Mindmapping ist eine Arbeitstechnik, Notizen und Gedanken, Gespräche und Ideen auf einfache Weise aufzuschreiben.

Eine Mindmap (wörtlich übersetzt: Gedankenlandkarte) lässt sich in unterschiedlichen Situationen anwenden:

- zur Zusammenfassung eines Vortrags, eines Artikels, eines Buchs,
- zur Ergebnisdokumentation einer Gesprächsrunde: Arbeitsergebnisse können sichtbar gemacht werden;
- für die Planung, Durchführung und Kontrolle von Projekten,
- zur Vorbereitung auf Prüfungen und Tests,
- als Visualisierungstechnik für Besprechungen und Konferenzen,
- zur Kreativität und Ideenfindung: Einfälle und Ideen können festgehalten werden.

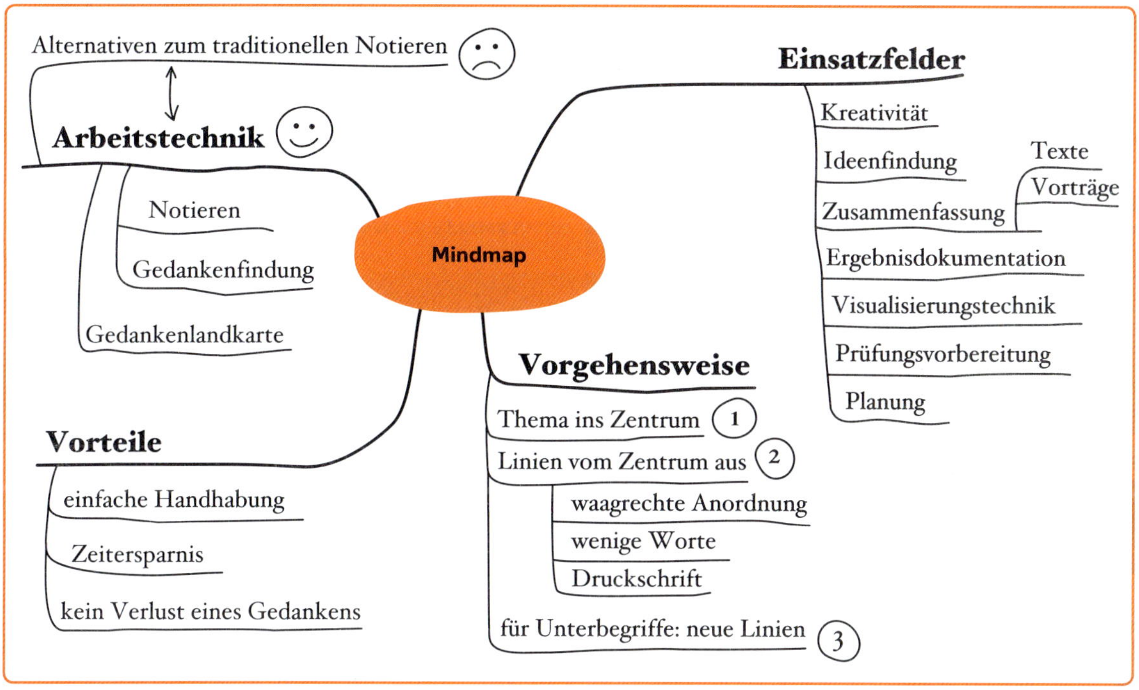

Für die Erstellung einer Mindmap per Hand sollte man sich an die folgende Ablauffolge halten:

1. Schreiben Sie ein **Schlüsselwort** für das Thema in die Mitte eines Blattes.
   Statt des Themas kann auch ein Symbol dafür ins Zentrum des Papiers gezeichnet werden.
2. Zeichnen Sie – vom Zentrum ausgehend – Linien (**„Äste“**), die in verschiedene Richtungen gehen.
   - Versuchen Sie die Linien so anzuordnen, dass Sie weitgehend waagrecht schreiben können.
   - Schreiben Sie auf jede Linie nur wenige Wörter in Druckschrift.
   - Verwenden Sie nur solche Begriffe, die eine Vielzahl von Fakten und Assoziationen zum Thema beinhalten.
3. Um Unterbegriffe aufzunehmen, werden bestehenden Linien neue („dünnere Nebenzweige“) hinzugefügt.
4. Zur Verbesserung des Arbeitsergebnisses können Sie evtl. Symbole, Pfeile, Zeichen und Farben verwenden.

Kartenabfrage

Mit einer Kartenabfrage sollen alle Mitglieder einer Gruppe (z. B. Klasse, Arbeitsgruppe, Projektteam) an der Lösung eines Problems beteiligt werden, indem möglichst viele Lösungsvorschläge erfasst werden. Die folgenden Regeln sind zu beachten:

- Notieren Sie die Ausgangs- oder Leitfrage an einer Pinnwand oder Tafel.
- Schreiben Sie Ihre Antworten in Druckbuchstaben mit möglichst wenig Worten auf die zur Verfügung gestellten Karten. Formulieren Sie nur eine Aussage auf einer Karte.
- Die Karten werden eingesammelt, vorgelesen und an die Pinnwand bzw. Tafel mit der Ausgangsfrage befestigt.

- Die Karten werden in gemeinsamer Diskussion nach akzeptierten Merkmalen – zu denen Oberbegriffe gefunden werden – in Gruppen zusammengefasst. Diesen Vorgang nennt man Clustern.
- Anschließend erfolgt eine Diskussion der einzelnen Lösungsansätze.
- Falls sehr viele Äußerungen vorhanden sind, bietet sich eine Punktabfrage an, um die Wertigkeit der Meinungen festzulegen. Jeder Teilnehmer erhält dann drei bis fünf Klebepunkte und darf diese auf die für ihn wichtigsten Cluster oder Karten kleben.

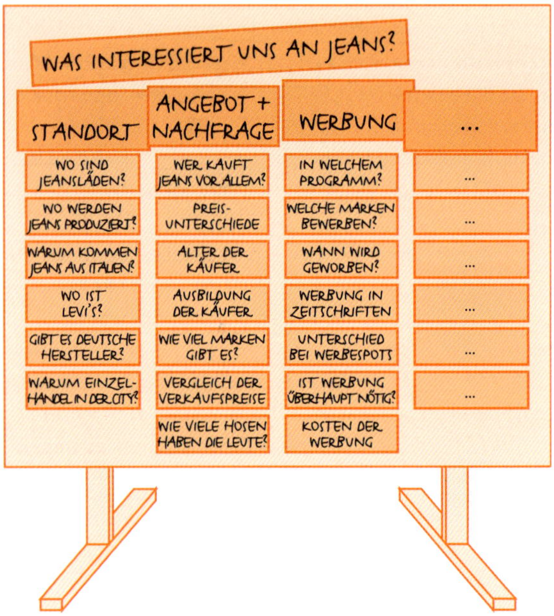

Brainstorming

Das Brainstorming (frei übersetzt: Gehirnsturm) ist ein Verfahren zur Problemlösung und zur Ideenfindung: In einer Gruppe wird versucht, zu einer vorher festgelegten Fragestellung möglichst kreative Antworten zu erhalten. Dabei gelten folgende Regeln:

- Jede Idee ist erwünscht und sei sie noch so ausgefallen.
- Die geäußerten Ideen können aufgegriffen und abgeändert werden.
- Eine Bewertung und Kritik der Beiträge ist nicht zugelassen, um den Ideenfluss nicht einzuschränken.
- Die Ideen müssen festgehalten werden.
- Im Nachhinein erfolgt eine Auswertung im Rahmen einer Diskussion durch Beurteilung.

Kopfstandmethode

Diese Methode führt nicht immer zu völlig neuen Lösungen, hilft aber in der Regel, Denkblockaden aufzubrechen. Dabei wird eine interessierende Problemstellung in ihr Gegenteil verkehrt und anschließend ein Brainstorming durchgeführt. Zu jeder genannten Idee wird eine Gegenlösung gesucht, die zur Lösungsfindung führen soll.

Pro-Kontra-Diskussion

In einer Pro-Kontra-Diskussion treffen unterschiedliche Meinungen zu einem bestimmten Thema aufeinander. Die Diskussionsteilnehmer versuchen, die anderen Beteiligten oder ein zuhörendes Publikum zu überzeugen.

Es ist empfehlenswert, einen Diskussionsleiter bzw. Moderator zu wählen, der auf die Einhaltung der Regeln achtet, die Diskussion an- und abmoderiert sowie für einen ordnungsgemäßen Ablauf sorgt.

Als Diskussionsteilnehmer sollten Sie auf folgende Punkte achten:

- Tragen Sie Ihre Meinung eindeutig und begründet vor.
- Setzen Sie sich mit den Meinungen der Gegenseite argumentativ auseinander.
- Vermeiden Sie nach Möglichkeit Killerphrasen[1] oder andere rhetorische Tricks.

1 Killerphrasen sind Totschlagargumente. Bei solchen Sätzen und Redensarten fehlt der sachliche Bezug. Killerphrasen haben das Ziel, eine Diskussion zu verhindern, indem Argumente pauschal oder mit fadenscheinigen Begründungen abgeschmettert und abgewertet werden.

Rollenspiel

Mit einem Rollenspiel können Sie ein als vorteilhaft oder konstruktiv empfundenes Verhalten einüben (was erheblich effizienter ist, als über das gewünschte Verhalten nur zu sprechen). Durch die spielerische Ausgestaltung eines Problems kann das Problem häufig simulierend gelöst werden. Sie versetzen sich, ausgehend von einem vorgegebenen Fall, in die Rolle einer Person. Gelernt wird sowohl durch das direkte Erleben als auch durch die Rückmeldungen der vielen Beobachter.

BEISPIEL

Eine Schülerin spielt eine verärgerte Kundin, die wütend eine Reklamation vorbringt, ein anderer Schüler übt, sich trotz arger Angriffe der Kundin freundlich und kundenorientiert zu verhalten. In einer der Realität angenäherten Situation wird ein Vorgang bzw. Verhalten beliebig oft wiederholbar und analysierbar gemacht. Die Handelnden werden von den Beobachtern mit zusätzlichen Tipps zur Verhaltensverbesserung versehen. Eine Wiederholung macht eine systematische Veränderung in Details möglich.

Gerade auch die Beobachter lernen richtiges Verhalten. Beobachtet man gezielt gelungenes oder nicht erfolgreiches Handeln – und wertet diese Beobachtungen bewusst aus –, wird sich dies mit Sicherheit positiv in eigenen Handlungssituationen in der Praxis auswirken.

Die Vorteile davon, Handlungen in Rollenspielen zu üben, werden noch verstärkt, wenn man sie mithilfe der Videotechnik aufzeichnet: Das Anschauen der Videoaufzeichnung ermöglicht noch größere Selbsterfahrung.

Durchführung

Für die erfolgreiche Durchführung eines Rollenspiels sollten folgende Phasen eingehalten werden:

- Aufstellen und Bekanntmachen der Spielregeln
- Problemstellung
- Verteilung der Rollen
  Die Spieler erhalten häufig auf Rollenkarten eine Vorgabe der Rolle, die Nichtmitspieler übernehmen Beobachtungsaufgaben.
- Vorbereitung des Rollenspiels
  Die Spieler besorgen sich wichtige Sachinformationen und denken sich in ihre Rolle ein:
  - Sie sollten sich die Vorgaben zum Rollenspiel genau anschauen.
  - Sie sollten sich überlegen, was sie an Informationen benötigen.
  - Sie sollten sich ihr Vorgehen überlegen.

  BEISPIEL

  - Wie könnten sich die Mitspieler im gemeinsamen Rollenspiel verhalten?
  - Wie könnte auf mögliches Verhalten der Mitspieler reagiert werden?

  Auch die Beobachter bereiten sich auf ihre Aufgabe vor:
  - Welche Person soll beobachtet werden?
  - Auf welches Verhalten soll geachtet werden?
- Spielphase
- Reflexionsphase

Reflexion

Nach dem Spiel wird die Konfliktsituation bewusst gemacht und analysiert. Spieler und Beobachter werden nach ihren Eindrücken gefragt.

- Zunächst drücken die Rollenspielteilnehmer ihre Empfindungen und Gedanken aus.
- Die Beobachter geben dann Rückmeldungen anhand ihrer Aufzeichnungen ab. Dabei haben die Rollenspieler Gelegenheit zu Rückfragen an die Beobachter.
- In jedem Fall muss beachtet werden, dass die gespielten Rollen beurteilt werden, nicht die spielenden Personen! Das Klima in der Klasse muss vertrauensvoll sein.
- Kritik sollte aufbauend und konstruktiv sein, genauso sollte auf Lobhudeleien verzichtet werden. Wichtig sind also aufbauende, wohlwollende, positive Empfehlungen.

Nach der Reflexionsphase ist das Rollenspiel beendet. Die spielenden Personen werden aus den Rollen entlassen.

Erkundung (Exkursion)

Eine Erkundung bietet Ihnen die Chance, anschauliche Informationen direkt vor Ort (und nicht in der abgeschlossenen Lernumwelt Schule) aus erster Hand zu erhalten. Sie wird für Sie und die besuchte Institution erfolgreich sein, wenn Sie sich auf die Gastinstitution vorbereiten:

- Formulieren Sie das Ziel Ihrer Erkundung.
- Überlegen Sie sich die wichtigsten Fragen.
- Führen Sie eventuell ein Vorbereitungsgespräch.
- Klären Sie die organisatorischen Rahmenbedingungen wie Treffpunkt, Uhrzeit, Wegbeschreibung rechtzeitig und genau ab.
- Informieren Sie alle Beteiligten rechtzeitig über die getroffenen organisatorischen Verabredungen.

Interview/Sachverständigenbefragung

Interviews bzw. Sachverständigenbefragungen sind besondere Formen der Informationsbeschaffung, die häufig auch in Zusammenhang mit Exkursionen durchgeführt werden.

- Bereiten Sie sich gründlich auf das zu behandelnde Thema, aber auch auf den Interviewpartner vor. Besorgen Sie sich dazu alle verfügbaren Informationen.
- Halten Sie alle Fragen, die Sie stellen wollen, schriftlich fest. Klären Sie den Einstieg in das Gespräch.
- Versuchen Sie, Ihr Interview abwechslungsreich zu gestalten. Dazu können Sie beispielsweise unterschiedliche Fragearten wie offene oder geschlossene Fragen verwenden.

Wandzeitung

Eine Wandzeitung ist ein großes Plakat, auf dem in übersichtlicher Form Informationen und Meinungen zu einem Thema dargestellt werden. Wandzeitungen werden in Gruppen oder durch die Zusammenarbeit aller Schülerinnen und Schüler erstellt. Die Informationen können dann leicht in dieser Form anderen Schülern/der Öffentlichkeit zugänglich gemacht werden.

Hauptvorteil eines Plakats ist es, die Ergebnisse des Lernprozesses zusammengefasst und übersichtlich wiederzugeben. Des Weiteren stehen im Mittelpunkt die erarbeiteten zentralen Aspekte, die durch das Plakat zum Nachdenken und zu einer eigenen Meinungsbildung anregen. Außerdem wird durch die Gestaltung die kreativgestalterische Kompetenz gefördert. Speziell wird die Fähigkeit geschult, komplexe Themenzusammenhänge auf das Wesentliche zu reduzieren.

Der Betrachter muss die Aussagen der Wandzeitung schnell erfassen können, sonst verliert er evtl. das Interesse und wendet sich anderen Dingen zu. Wichtig ist:

- die Wandzeitung nicht überladen
- die Überschrift des Plakats groß und deutlich schreiben, damit man sofort erkennt, um welches Thema es sich handelt
- das Oberthema in Abschnitte unterteilen; gleiche Inhalte dazu unter einer Zwischenüberschrift zusammenfassen
- Überschriften und Bildern Raum lassen, damit sie wirken können: Weniger sagt oft mehr.
- Überschriften und Schlagzeilen griffig und einprägsam formulieren
- sich kurz fassen und nur wenig Text schreiben: Kurze Sätze lassen sich leicht lesen und prägen sich besser ein.
- wichtige Informationen hervorheben, damit sie vom Betrachter schnell erfasst werden können, z. B. durch Farbe, Schriftgröße, Schriftart
- Schriftgröße so wählen, dass sie auch aus größerer Entfernung klar lesbar ist, und je nach Wichtigkeit der Aussage abstufen
- Farben und Symbole so einsetzen, dass sie inhaltlich immer die gleiche Bedeutung haben
- Bilder zur Visualisierung einsetzen; allerdings sparsam und daher besonderen Wert auf die Eindeutigkeit der Bilder legen
- eventuell eigene Zeichnungen erstellen, um eine Thematik besser zu verdeutlichen

Strukturieren von Arbeitsprozessen und Kontrollieren von Arbeitsergebnissen mithilfe von Listen

Eine in vielen Fällen sehr hilfreiche Methode zur Erleichterung von Arbeitsprozessen ist das Anfertigen von Listen. Mit ihnen bekommt man einen Überblick über die Teilelemente eines Arbeitsprozesses (bzw. einer Sache). Eine sehr bekannte Art von Listen ist die **Checkliste:** In dieser werden Tätigkeiten (bzw. Merkmale), die einen Arbeitsprozess (bzw. eine Sache) ausmachen, schriftlich aufgeführt. Mit Checklisten können Arbeitsprozesse sowohl im Vorhinein beschrieben als auch während der Durchführung dokumentiert werden. Ziel der Arbeit mit einer Checkliste ist es, keinen Einzelaspekt zu übergehen oder zu vergessen.

Ein Beispiel für eine Checkliste ist die **To-do-Liste:** In dieser Liste hält man zu erledigende Tätigkeiten oder Aufgaben schriftlich fest. Das Erstellen einer To-do-Liste ist durch das Finden einer Struktur einerseits der erste Schritt zur erfolgreichen Organisation eines Arbeitsablaufs. Andererseits kann damit später gut kontrolliert werden, was im Rahmen des geplanten Arbeitsprozesses schon erledigt wurde.

AUFGABEN

1. Was sind Schlüsselqualifikationen?
2. Welche Regeln gelten bei der Gruppenarbeit?
3. Wozu dienen Mindmaps?
4. Aus welchen Teilen besteht eine Präsentation?
5. Welche Vorteile hat eine Kartenabfrage?
6. Erläutern Sie das aktive Lesen.
7. Erläutern Sie den Ablauf eines Rollenspiels.
8. Die Lösung dieser Aufgabe soll in Gruppenarbeit erfolgen. Bilden Sie deshalb in Ihrer Klasse eine angemessene Anzahl von Arbeitsgruppen.
   a) Bereiten Sie sich in Ihrer Gruppe darauf vor, ein kurzes Referat zu einer in diesem Kapitel aufgeführten Methode zu halten. Versuchen Sie dabei, auch andere Informationsquellen zu nutzen (z. B. aus der Schulbücherei).
   b) Versuchen Sie Ihr Referat unter Zuhilfenahme verschiedener Medien zu visualisieren.
   c) Halten Sie Ihr Referat unter Beachtung der Regeln für eine Präsentation.
9. Führen Sie ein Brainstorming durch und wenden Sie dabei die Kopfstandmethode an. Die Problemstellung lautet: „Was muss ich tun, um bei einer Bewerbung erfolgreich zu sein?“
10. Führen Sie eine Pro-Kontra-Diskussion als Rollenspiel durch. Diskutiert werden soll über die „Ausweitung der Geschäftszeiten“.
11. Versuchen Sie das Lehrbuchkapitel zum nächsten Thema, das die Lehrkraft mit Ihnen durchnimmt, nach der Methode des aktiven Lesens durchzuarbeiten. Schildern Sie Ihre Erfahrungen.

ZUSAMMENFASSUNG

Anforderungen an die Beschäftigten in der Zukunft

↓

Neben den Fachkenntnissen wird die Beherrschung von Schlüsselqualifikationen immer wichtiger.

↓

Schlüsselqualifikationen ermöglichen eine umfassende Handlungsfähigkeit im Beruf.

↓

Konsequenz: eine Vielzahl von Methoden beherrschen

14.2 PRÄSENTATIONEN

In der Berufsfachschule wurden Themen für 15-minütige Kurzreferate verteilt, die vor der Klasse gehalten werden sollen. Volkan Karaca hat sich zum Thema „Bezugsquellenermittlung" gemeldet. Der Lehrer möchte, dass die Klassenkameraden den Umfang der Thematik verstehen und übersichtliche Materialien erhalten, die sie zum Lernen verwenden können.

Volkan Karaca:
„Ich kenne mich aus meinem Praktikum mit dem Einkauf gut aus. Das kann ich ruck, zuck erledigen."

Katarzyna Lindemann:
„Und wie willst du das Thema für die Präsentation aufarbeiten?"

Volkan Karaca:
„Was meinst du damit?"

Katarzyna Lindemann:
„Wirst du einen Tageslichtprojektor oder einen Beamer einsetzen? Was kannst du der Klasse austeilen, damit sie das Thema versteht?"

Volkan Karaca:
„Das habe ich, ehrlich gesagt, noch nicht überlegt ..."

1. *Was sollte Volkan bei der Vorbereitung der Präsentation beachten?*
2. *Worauf muss Volkan während der Präsentation achten?*

INFORMATION

Grundlagen

DEFINITION

Eine **Präsentation** ist der mündliche Vortrag von Inhalten durch eine oder mehrere Personen. Die Präsentation erfolgt anlassbezogen und zielgerichtet gegenüber einer bestimmten Zielgruppe, zumeist unter Zuhilfenahme von visualisierenden Medien.

Vorüberlegungen

Vor jeder Präsentation sollte sich der Präsentierende einige grundsätzliche Fragen stellen, die er bei der Erstellung der Präsentation berücksichtigen muss. Einige solche grundsätzlichen Fragen können sein:

- Für welche **Zielgruppe** wird die Präsentation erstellt? (z. B. Vorgesetzte, Beschäftigte, Mitschülerinnen, Prüfungsausschuss, unbekanntes und/oder gemischtes Publikum, Zahl der Zuhörer)
- Zu welchem **Anlass** wird die Präsentation erstellt?
  - Soll etwas vorgestellt werden?
  - Soll etwas vermittelt werden?
  - Steht die eigene Person des Präsentierenden im Vordergrund, wie z. B. bei einer Präsentation im Rahmen eines Einstellungstests?
- Was soll das **Ergebnis** der Präsentation sein? (z. B. Information, Verständnis, Kaufentscheidung, Begeisterung oder Überzeugung der Zuhörer)
- Welcher **Zeitrahmen** ist für die Präsentation vorgesehen bzw. angemessen?
- Unter welchen **Rahmenbedingungen** findet die Präsentation statt? (z. B. Raum, Medien, Licht)

Es kann hilfreich sein, wenn der Präsentierende die Vorüberlegungen im Rahmen einer Mindmap strukturiert festhält.

Struktur und Aufbau

Ablauf einer Präsentation		
Schritte der Präsentation	**Inhalte**	**Zeitanteil**
Einleitung	• Begrüßung: Der erste Eindruck zählt! Es gibt nur eine Chance, einen guten ersten Eindruck zu hinterlassen, und zwar an dieser Stelle! • Thema vorstellen • Inhalt und mögliche Eingrenzungen der Thematik erläutern • Ablauf kurz skizzieren und für das Publikum dauerhaft sichtbar im Raum anbringen („roter Faden")	ca. 15 %
Hauptteil	• Gliederung der Inhalte • logischer, an die Gliederung angelehnter Aufbau der Präsentation und der Argumentation • Rückbezug auf die Gliederung, um dem Publikum zu verdeutlichen, an welchem Punkt der Präsentation man sich befindet („roter Faden") • Visualisierung der Inhalte/Medieneinsatz (siehe weiteren Verlauf des Kapitels) • Interaktion mit dem Publikum (Verständnis sicherstellen, bei Bedarf Rückfragen zulassen)	ca. 75 %
Schluss	• Zusammenfassung/Fazit (nach Möglichkeit nicht nur mündlich, sondern auch visuell) • ggf. Publikumsfragen und Diskussion	ca. 10 %

Erste Schritte in der Vorbereitung

Bevor mit der Erstellung der eigentlichen Präsentation begonnen wird, sollte der Präsentierende sich einen Überblick über die Thematik verschaffen. Dieser Überblick kann durch Lesen und stichpunktartige Notizen erlangt werden. Häufig bietet es sich auch an, eine Mindmap zu erstellen. Hier können Gedanken schnell und strukturiert gesammelt werden und die Mindmap kann jederzeit erweitert werden.

BEISPIEL

Für sein Referat vor der Klasse recherchiert Volkan im Internet und in Fachbüchern und erstellt im Rahmen seiner Recherchen als Strukturierungshilfe folgende Mindmap:

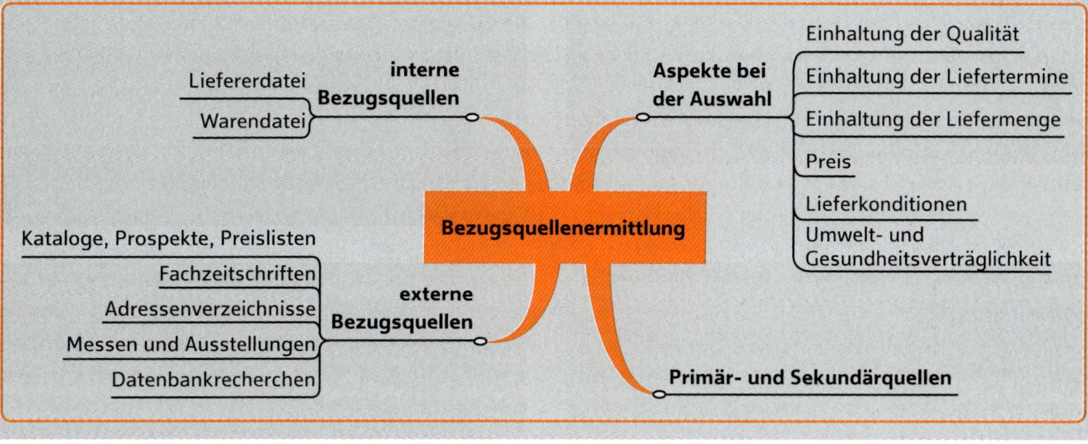

Auswahl der Präsentationsmedien

Eine Präsentation findet in der Regel zu einem wesentlichen Teil durch mündliche Ausführungen des Präsentierenden statt. Eine gute Präsentation jedoch lebt davon, dass der Referent zur Ergänzung seiner Ausführungen geeignete Medien wählt, die der Zielgruppe die Inhalte zweckmäßig – je nach Anlass der Präsentation – näherbringen.

Bei der Medienauswahl sollte sich der Referent nicht davon leiten lassen, mit welchem Präsentationsmedium er am besten umgehen kann, z. B. eine PowerPoint-Präsentation, oder welches Medium ihm besonders gut gefällt, z. B. ein Film.

BEISPIEL

Ein Film ist als Präsentationsmedium zwar beliebt, häufig aber nur bedingt geeignet, da der Arbeitsaufwand bei der Erstellung sehr hoch ist. Nimmt man einen vorliegenden Film, ist dieser nicht auf die individuellen Bedürfnisse der Präsentation abgestimmt.

Zudem müssen bei der Wahl der Präsentationsmedien immer Anlass, Zielgruppe und gewünschtes Ergebnis der Präsentation im Vordergrund der Überlegungen stehen.

Die richtige Wahl ist häufig gar nicht so leicht, da sämtliche sich bietenden Möglichkeiten sowohl Vor- als auch Nachteile haben. Es ist daher wichtig, sich einen Überblick über die verschiedenen Präsentationsmedien zu verschaffen.

Whiteboard und Flipchart

Die eher klassischen Präsentationsmedien wie Tafel (heute Whiteboard) und Flipchart sind von Strom und Technik unabhängig. Sie werden eingesetzt, um während eines Vortrags Gedanken, Schritte oder Schaubilder schriftlich für alle Zuhörer festzuhalten oder gemeinsam zu entwickeln. Auch für Ideensammlungen und Brainstorming sind diese Medien gut geeignet. Der Präsentationsraum darf allerdings nicht zu groß sein, damit die Lesbarkeit auch für die Teilnehmer auf den hinteren Plätzen gewährleistet ist.

In der Vorbereitung der Präsentation ist zu bedenken, dass der Platz auf Tafel und Flipchart begrenzt ist. Wird der Platz beim Schreiben falsch eingeschätzt und können die einzelnen Punkte eines Gedankengangs bzw. ein Schaubild nicht komplett abgebildet werden, stört das den Präsentationsablauf immens. Der Präsentierende muss improvisieren oder alles erneut aufschreiben.

Während er schreibt, sollte der Präsentierende nicht sprechen, da er vom Publikum abgewandt ist und sprichwörtlich gegen die Wand redet. Zudem sollte er einkalkulieren, dass das Schreiben sein Präsentationstempo enorm verlangsamt.

Whiteboard/Tafel

Nahezu jeder Tagungs- und Klassenraum verfügt über ein Whiteboard. Dieses raumbestimmende Medium ist zumeist fest an der zentralen Wand im Raum angebracht, in der Höhe verstellbar und somit von allen Positionen im Raum gut sichtbar.

Da das Medium magnetisch ist, bietet es auch die Möglichkeit, Gedanken, Argumente oder Aussagen mit entsprechenden Magneten auf Abfragekarten anzubringen.

Whiteboard

Flipchart

Das Flipchart ist transportabel und eignet sich daher gut, um beispielsweise die Struktur einer Präsentation zunächst zentral vorzustellen. Anschließend wird das Flipchart an den Rand des Blickfelds gestellt. Der Referent kann sich so jederzeit auf den Ablauf beziehen und die einzelnen Abschnitte der Präsentation mithilfe des Flipcharts anmoderieren, und das Publikum weiß stets, in welchem Stadium der Präsentation es sich befindet.

Das Flipchart kann auch genutzt werden, um nacheinander einzelne Punkte eines Referats abzuarbeiten bzw. zu visualisieren. Dabei blättert der Präsentierende nach jedem Punkt um und arbeitet auf dem nächsten Blatt weiter. Der Vorteil, z. B. gegenüber dem Whiteboard, besteht darin, dass die Charts auch im weiteren Verlauf der Präsentation vorliegen und man bei Bedarf – z. B. bei offenen Fragen am Ende der Präsentation – darauf zurückgreifen kann.

Flipchart

Technische Präsentationsmedien

Präsentationsräume verfügen häufig über Möglichkeiten zur Nutzung technischer Präsentationsmedien. Bei Nutzung dieser Medien ist zu beachten, dass der Referent sich vor der Präsentation mit dem Medium befasst.

Hierzu gehört:

- Medium auf seine Funktion hin testen
- Geräte korrekt anschließen und miteinander verbinden, z. B. mit einem Beamer; Speichermedium muss erkannt werden
- bei Verwendung eines Präsentations-PC prüfen, ob ein kompatibles Programm installiert ist, mit dem sich die Datei zur Präsentation problemlos öffnen lässt

Der Raum muss über angemessene Projektionsflächen verfügen und der Referent sollte dafür sorgen, dass die Präsentationsflächen an der Wand frei und von überall sichtbar sind.

Technische Präsentationsmedien erleichtern die Visualisierung von Inhalten und den Ablauf der Präsentation. Schaubilder, Tabellen usw. können vorab zu Hause in Ruhe und sauber erstellt werden und der Referent kann sich während der Präsentation auf seine Erläuterungen konzentrieren.

Tageslichtprojektor

Mit einem Tageslichtprojektor (auch Overheadprojektor genannt) lassen sich Inhalte mit wenig Aufwand in vergrößerter Form sichtbar an die Wand projizieren. Hierzu muss vor der Präsentation lediglich mithilfe eines Druckers oder Kopierers eine Folie erstellt werden. Als weitere Vorteile sind anzusehen:

- Die Folien können während des Vortrags mithilfe von Folienstiften problemlos und bei Bedarf in vielen Farben ergänzt werden.
- Teilbereiche von Folien können zunächst verdeckt und dann im Verlauf der Präsentation aufgedeckt werden.

Alternativ kann auch die Overlay-Technik verwendet werden. Hierbei wird z. B. eine zunächst leere Tabelle aufgelegt, auf die dann ergänzende Folien mit Lösungsteilen für einzelne Felder, Zeilen oder Spalten gelegt werden und so das Ergebnis gemeinsam entwickelt wird. Ergebnisse, die auf Folien erarbeitet wurden, können problemlos für alle Teilnehmer kopiert werden.

Moderner Tageslichtprojektor

Doch die Arbeit mit Tageslichtprojektoren bringt auch Probleme mit sich. Beispielsweise kann sich der Präsentierende nicht frei im Raum bewegen, wenn er seine Folien während des Vortrags ergänzen oder aufdecken will oder er an der Folie etwas zeigen möchte. Eine große Gefahr ist, dass der Referent ständig hinter dem Tageslichtprojektor steht, dadurch nicht gut sichtbar und möglicherweise schlecht verständlich ist. Für den Präsentierenden ist die Position hinter dem Tageslichtprojektor zumeist unangenehm, weil das Gerät eine enorme Wärme abstrahlt, was sich insbesondere bei längeren Vorträgen auf die Konzentration und das Wohlbefinden auswirken kann. Häufig ist die Handschrift mit einem Folienstift unleserlicher als mit einem gewöhnlichen Stift.

Dokumentenkamera

Immer mehr Präsentationsräume werden mit Dokumentenkameras ausgestattet. Es sind kleine, leicht transportierbare Kameras, unter die man Dokumente (z. B. Blätter, Bücher) legen kann, die dann über einen Beamer großflächig an die Wand projiziert werden. Die meisten Geräte verfügen über einen Zoom, sodass auch kleine Ausschnitte des Dokuments hinreichend vergrößert werden können. Über eine Fernbedienung können sie von zentraler Position im Raum bedient werden.

Neben der reinen Visualisierung von Informationen bietet die Dokumentenkamera folgende Einsatzmöglichkeiten:

- Arbeitsblätter können mit dem Publikum gemeinsam für alle sichtbar erarbeitet werden.
- Arbeitsergebnisse einzelner Beteiligter können allen gezeigt werden.
- Dokumente/Schaubilder können vorab verdeckt und dann im Verlauf der Präsentation entsprechend dem Arbeitsfortschritt aufgedeckt werden.
- Dokumente können fotografiert und direkt auf einem angeschlossenen Speichermedium (z. B. PC, Festplatte, USB-Stick, SD-Karte) gespeichert oder die Präsentation kann als Film aufgezeichnet werden.

- Einige Kameras können durch transportable, interaktive Tablets ergänzt werden, mit denen der Referent von jeder Position im Raum Visualisierungen auf der Projektionsfläche vornehmen kann. Die Ergebnisse können als Datei gespeichert und bei Bedarf ausgedruckt oder weiterbearbeitet werden.

Die Arbeit mit der Dokumentenkamera verlangt allerdings eine gewisse Erfahrung, denn die vielfältigen Funktionen müssen bedient werden, während der Präsentierende sich auf seinen Vortrag konzentrieren muss. So wird z. B. häufig vergessen, einen einmal eingestellten Zoom wieder rückgängig zu machen, wodurch das Publikum keinen Überblick mehr über das gesamte Dokument hat.

Interaktives Whiteboard

Interaktives Whiteboard

Interaktive Whiteboards sind ein Multitalent unter den Präsentationsmedien:
- Sie können als normales Whiteboard genutzt werden.
- Über einen integrierten Beamer, an den ein PC angeschlossen werden kann, können beliebige PC-Inhalte, wie z. B. PowerPoint-Präsentationen, auf das Tafelelement projiziert werden.
- Mit einem kabellosen Stift können Notizen, Lösungen usw. direkt in die Projektionsfläche eingetragen werden. Das Ergebnis wird als Datei gespeichert und kann zu einem späteren Zeitpunkt weiterverwendet werden.
- Über den angeschlossenen PC kann das Internet genutzt werden.

Im Vergleich zu herkömmlichen Whiteboards haben sie allerdings den Nachteil, dass sie zumeist eine kleinere Präsentationsfläche haben und in der Höhe nur bedingt oder gar nicht variabel sind. Dadurch sind sie für eine Präsentation vor größerem Publikum nicht geeignet, da nicht alle Adressaten die Projektionsfläche sehen können oder aufgrund der Entfernung die Inhalte nicht erkennen oder lesen können. Der Referent sollte im Umgang mit diesem Präsentationsmedium erfahren sein.

PowerPoint-Präsentation

PowerPoint-Präsentationen bestehen aus einer sinnvollen Abfolge von Folien. Der Referent ist so schon bei der Erstellung gezwungen, die Inhalte der Präsentation zu gliedern und zu strukturieren. Ein weiterer Vorteil liegt darin, dass digitale Inhalte problemlos in die Präsentation eingebaut werden können. Dies können z. B. vom Referenten bereits früher erstellte Tabellen u. Ä., Abbildungen aus dem Internet (Urheberrecht beachten!), Filme, Animationen und vieles mehr sein. Wie bei allen anderen Präsentationsformen ist auch bei der PowerPoint-Präsentation stets die Dokumentation der Inhalte, der Quellen und möglicherweise des Vorgehens zu beachten.

Bei der Erstellung jeder einzelnen Folie ist darauf zu achten, sie weder mit Inhalten/Texten noch mit Effekten zu überladen. Zu viele Effekte, z. B. Animationen, lenken von den Inhalten ab oder überlagern sie. Der Text auf Folien sollte sich auf die Kernaussagen beschränken. Zu viel Text
- führt dazu, dass eine kleine, für das Publikum nicht mehr gut lesbare Schrift gewählt werden muss, und
- verleitet den Referenten zum Ablesen und zerstört den Präsentationsfluss.

Dieser Fehler kann durch das Ausdrucken der Präsentation in verkleinertem Format (Druckoptionen **Notizenseiten oder Handzettel** mit beliebig vielen Folien pro Seite) vermieden werden. Der Ausdruck kann nicht nur für den Präsentierenden, sondern auch für das Publikum hilfreich sein und die Präsentation sinnvoll unterstützen.

Referat/Frontalvortrag (medienfrei)

Schließlich ist auch das Referat ohne Verwendung weiterer Medien eine Möglichkeit der Präsentation. Diese Form sollten nur wortgewandte und auch unterhaltsame Referenten wählen. Andernfalls besteht die Gefahr, dass die Präsentation monoton, langweilig und unverständlich wird, da das Verständnis des Publikums nicht durch Visualisierungen, Ablaufpläne oder Zusammenfassungen gefördert werden kann. Ein medienfreier Frontalvortrag sollte nur dann durchgeführt werden, wenn keine oder keine geeigneten Präsentationsmedien zur Verfügung stehen.

Medienkonkurrenz

Medieneinsatz ist bei professionellen Präsentationen wichtig, förderlich und zumeist unabdingbar. Allerdings sollte eine Präsentation nicht medial überladen werden. Viele Medien können miteinander in Konkurrenz stehen. Diese Medienkonkurrenz muss schon bei der Auswahl der Medien beachtet werden, da es sonst zu spät ist.

Medienkonkurrenz ist abhängig von den räumlichen Gegebenheiten und bei jeder Präsentation neu zu beachten.

BEISPIEL

Ein Referent möchte seine Präsentation über die Standortwahl eines Unternehmens mithilfe eines internetfähigen PC und Beamers halten, da er Informationsquellen und Entfernungen so perfekt visualisieren kann. Zugleich möchte er während der gesamten Präsentation auf eine Übersicht über die Kriterien für die Standortwahl zurückgreifen können.

Seine erste Idee, die Übersicht mithilfe einer Dokumentkamera anzufertigen, verwirft er, da Dokumentenkamera und PC in Konkurrenz zueinander stehen: Beide Medien projizieren über denselben Beamer an die Wand. Ein paralleler Einsatz ist nicht möglich.

Der Referent stellt die Übersicht daher auf einer Folie dar. Beim parallelen Einsatz von PC mit Beamer und Tageslichtprojektor muss er allerdings die Medienkonkurrenz bezüglich der Projektionsfläche beachten. Er besichtigt daher den Raum, um festzustellen, ob die Projektionsflächen von Beamer und Tageslichtprojektor nebeneinander auf die Wand gesetzt werden können.

Es sind also bereits bei der Auswahl der Präsentationsmedien folgende Aspekte zu beachten:

- nicht zu viele Medien auswählen
- Medien nur durchdacht und sinnvoll einsetzen
- mögliche Medienkonkurrenz identifizieren, beachten und vermeiden

Professionell präsentieren

Vorbereitung der Präsentation

Die Präsentation wurde erstellt. Unter Berücksichtigung der Vor- und Nachteile und der Medienkonkurrenz wurden die Präsentationsmedien gewählt und die Inhalte gut strukturiert aufbereitet. Dem Urheberrecht wurde durch entsprechende Quellenangaben Rechnung getragen. Die Voraussetzungen für eine professionelle Präsentation sind somit geschaffen, aber zwischen der Erstellung der Unterlagen und dem ersten Wort der Präsentation liegen noch viele andere Arbeitsschritte, die den Erfolg der Präsentation erst ermöglichen.

Kleidung

Eine Präsentation ist immer anlassbezogen. Daher ist es wichtig, dass der Präsentierende sich dem Anlass angemessen kleidet. Die Überlegung sollte einige Tage vor der Präsentation erfolgen, um z. B. die Schuhe noch zu putzen oder das Hemd zu bügeln.

BEISPIEL

Bei Volkan stehen in naher Zukunft zwei Präsentationen an. In der Schule soll er ein Kurzreferat zum Thema „Bezugsquellenermittlung" halten. Zudem wurden er und Katarzyna dazu ausgewählt, vor den Abteilungsleitern seines Praktikumsbetriebs eine Präsentation über die ersten Erfahrungen im Praktikum zu halten.

Volkan möchte vor den Abteilungsleitern angemessen auftreten und einen guten Eindruck hinterlassen. Daher wählt er für die Präsentation entgegen seines normalen Kleidungsstils schwarze Lederschuhe, eine schlichte dunkle Jeanshose mit einem Ledergürtel in Kombination mit einem Hemd und einem Sakko. Er bittet Katarzyna, ihr Nasenpiercing an diesem Tag zu Hause zu lassen oder zumindest nicht den auffälligen Nasenring zu tragen. Für den Vortrag in der Schule kleidet Volkan sich ganz normal (Jeans, T-Shirt, Sneakers).

Raum

Der Referent muss sich vor der Präsentation einen Eindruck von der Beschaffenheit des Präsentationsraums machen. Er muss z. B. folgende Aspekte überprüfen:

- Fenster
- Lichtquellen
- Lichteinfall
- Verdunklungsmöglichkeiten
- Projektionsflächen

- Risiken für Medienkonkurrenz
- Sitzordnung und Veränderbarkeit der Sitzordnung, Anzahl der Sitzplätze
- vorhandene Medien
- anzuschließende Medien
- Kompatibilität der Medien (Können die Dateien für die Präsentation auch auf dem im Raum vorhandenen Computer geöffnet werden?)
- Akustik
- Sauberkeit von Whiteboard und Tafel (auch wenn sie nicht verwendet werden)

Um den Raum für seine Präsentation vorzubereiten, sollte der Referent eine angemessene Zeit einplanen. Dies kann bereits am Vortag geschehen, wenn der Raum zwischenzeitlich nicht mehr genutzt wird. Zur Vorbereitung des Raums gehören:

- die benötigten technischen Geräte anschließen und auf ihre Funktionalität überprüfen
- falls nötig, angemessen verdunkeln (Dies wird in der Aufregung der Präsentation häufig vergessen.)
- Sitzordnung auf die Präsentation abstimmen (Jeder Zuschauer muss z. B. freie Sicht auf alle Medien und Projektionsflächen haben.)
- Ablaufplan z. B. auf Tafel, Whiteboard, Flipchart in aller Ruhe erstellen

Präsentationshilfen

Gerade ungeübte Referenten haben Angst davor, in der Aufregung der Präsentation wichtige Aspekte ihrer Planungen zu vergessen. Daher kann es sehr hilfreich sein, sich vor der Präsentation Moderationskarten anzufertigen. Hierbei ist zu beachten:

- maximal im A5-Format
  Schließlich soll man sich nicht dahinter verstecken, sondern nur im Notfall während der Präsentation eine Hilfe zur Hand haben.
- auf die Karten keine ganzen Sätze, sondern nur einzelne Stichworte notieren
  Andernfalls ist das Risiko sehr groß, dass man die Karten einfach vorliest.

Mithilfe von Moderationskarten wird vermieden, dass der Präsentierende seine Hände in die Tasche gleiten lässt oder sich sichtbar unwohl fühlt, weil er nicht weiß, was er mit den Händen machen soll.

Auch ein an der Rückwand des Raums angebrachtes Plakat mit wichtigen Stichworten, der Gliederung oder Hinweisen zum Präsentationsverhalten kann zur Sicherheit beitragen. Das Plakat wird vom Publikum nicht wahrgenommen, weil es in seinem Rücken hängt, und der Präsentierende hat während der Präsentation eine Hilfestellung.

Ferner kann es hilfreich sein, sich am Tag vor der Präsentation eine Checkliste zu erstellen, die man dann in der direkten Präsentationsvorbereitung nur noch „abarbeiten" muss. Auf dieser Checkliste sollten die Aspekte erwähnt sein, die am Präsentationstag zu erledigen sind, und zwar möglichst in chronologischer Reihenfolge.

BEISPIEL

Zu Hause

- Endversion der Präsentation auf den USB-Stick kopieren (Sicherheitskopie per E-Mail an mich selbst)
- Handout ausdrucken
- Moderationskarten einpacken

In der Schule

- Stifte für die Folien und die Poster im Sekretariat besorgen
- Poster zuschneiden und Handouts kopieren
- Beamer vom Hausmeister holen

Im Raum

- Sitzordnung vorbereiten und ggf. Stühle aus dem Nachbarraum holen
- Tafel reinigen
- Fenster verdunkeln
- Technik-Check bei ausgeklappter Tafel und OHP-Projektion machen und Medienkonkurrenz ausschließen
- Kopien, Handouts, Moderationskarten, Poster, Stifte usw. verteilen bzw. bereitlegen

Verhalten während der Präsentation

Während der Präsentation gibt es zahlreiche Dinge, die vom Referenten zu berücksichtigen und gegebenenfalls zu bewältigen sind (siehe Tabelle der folgenden Seite).

Die Einhaltung der in der Tabelle genannten Verhaltens- und Kommunikationsregeln wird enorm erleichtert, wenn die Präsentierenden die Präsentation vollständig ausformuliert und laut gesprochen proben. Im Optimalfall finden die Proben vor einem kleinen Publikum statt, das auf die Einhaltung der genannten Aspekte achtet und ein entsprechendes Feedback gibt.

Technische Probleme dürfen nicht zu Nervosität oder einem Scheitern der Präsentation führen. Daher müssen sie bereits bei der Vorbereitung der Präsentation bedacht werden. Für sämtliche Probleme muss dem Referenten ein Plan B vorliegen.

Wenn eine Präsentation im Team gehalten wird, ist darauf zu achten, dass die Sprechanteile der Gruppenmitglieder gleichmäßig verteilt sind. Die Präsentierenden sollten auch nicht nacheinander als eine Reihe von Einzelvorträgen auftreten, sondern in Interaktion miteinander stehen.

BEISPIEL

Aspekt	Verhalten
Inhalt	beim Thema bleiben; dem „roten Faden" folgen
Sprache	laut und deutlich, aber auch ruhig und langsam; Betonung; kurze, vollständige Sätze
Gestik	Gesten offen und oberhalb der Taille darstellen; Hände nicht in die Tasche oder hinter den Rücken
Mimik	freundlich und offen; lächeln
Körpersprache	offen, gerader und fester Stand, Arme und Beine nicht verschränken; Bewegungen dosieren
Blickrichtung	Blickkontakt zum Publikum halten
Position im Raum	abhängig von der Präsentation; meistens stehend und zentriert vor dem Publikum
Rückfragen	Publikumsfragen wenigstens am Ende der Präsentation zulassen und auf sie eingehen
Projektionsflächen	Fenster abdunkeln oder das Licht ausschalten, damit die Projektionsfläche erkennbar ist; Achtung: nicht zu sehr abdunkeln, das ermüdet die Zuhörer

Ende der Präsentation

Die Präsentation sollte mit einer kurzen Zusammenfassung der wesentlichen Argumente und dem Ergebnis enden. Im Anschluss an dieses Fazit sollte dem Publikum der Raum für Fragen eingeräumt werden, die dann auch ausführlich diskutiert werden können.

Bewertung von Präsentationen

Nach einer gehaltenen Präsentation ist es wichtig, dass diese bewertet wird. Natürlich kommt es dabei zunächst auf den Inhalt und dessen Vermittlung an. Zumeist erfolgt eine solche Bewertung im Rahmen einer Diskussion über die dargestellten Inhalte. Dies ist jedoch immer abhängig von den Rahmenbedingungen der Präsentation und verläuft somit immer individuell.

Neben der inhaltlichen ist eine methodische Bewertung insbesondere für den Präsentierenden, aber auch für alle anderen Beteiligten wichtig und vorteilhaft. Im Rahmen dieses Kapitels wurden zahlreiche Aspekte aufgezeigt, die eine gute Präsentation ausmachen. Die Bewertung der tatsächlich gewählten Präsentationsmethoden kann nun auf verschiedene Weise erfolgen.

Feedbackbogen

Ein weitverbreitetes Bewertungsinstrument ist der Feedbackbogen (siehe folgende Seite). Zuschauer von Präsentationen können mit dessen Hilfe Vorträge bezüglich der wesentlichen nicht inhaltlichen Aspekte (Aufbau, Vortrag, Medieneinsatz) bewerten und dem Präsentierenden eine wertvolle Rückmeldung zu seiner Arbeit und vor allem für seine zukünftigen Vorträge geben.

Ein Feedbackbogen sollte dem Bewertenden immer die Möglichkeit bieten, auch freien Text als Feedback zu verfassen. In diesem Bereich können bei dem folgenden Feedbackbogen auch inhaltliche Aspekte beurteilt werden. Diese wurden in dem Bogen nicht gesondert als Rubrik aufgenommen, da es bei vielen Präsentationen nicht möglich, nötig oder gewollt ist, dass das Feedback sich auch auf inhaltliche Aspekte bezieht (z. B. bei Vorstellungen, Auswahltests, Verkaufspräsentationen).

Weitere Feedbackmethoden

Neben dem Feedbackbogen gibt es zahlreiche andere Möglichkeiten, Feedback zu geben. Natürlich kann zum Beispiel immer eine kurze mündliche Feedbackrunde durchgeführt werden. Weitere Methoden sind z. B.:

- Blitzlicht
- Sätze vervollständigen
- Zielscheibenevaluation
- Meinungslinie
- Fischernetz und Teich
- Feedback-SMS
- Kartenabfrage
- Smileys malen
- „Na, wie war's?"

Feedback geben und annehmen

Beim Geben und Annehmen kann es sehr schnell passieren, dass sich eine Person falsch verstanden fühlt und somit ein Konflikt entsteht, z. B. weil beim Feedback die Worte oder der Ton falsch gewählt werden oder weil kritisches Feedback auf vorangegangene Konfliktsituationen übertragen wird.

Insbesondere der Feedbackempfänger ist in einer ungewohnten Situation. Er hat eine Präsentation gehalten und nun wird sie vom gesamten Publikum bewertet. Er ist der Gruppe also hilflos ausgesetzt. Dies erfordert besondere Regeln, die einzuhalten sind.

Feedbackbogen zur Präsentation

Kriterien	Unterkriterien/Merkmale	– –	–	+	++	nicht zutref-fend
1. Aufbau						
klare Struktur	Einführung → Hauptteil → Schluss					
Gliederung	vorhanden					
	sinnvoll					
	jederzeit nachvollziehbar					
Fazit	am Ende gezogen					
	vollständig					
2. Vortrag						
Sprache	laut und deutlich					
	ruhig und langsam					
	abwechslungsreiche Betonung					
	kurze Sätze					
	angemessene Ausdrucksweise					
	ggf. Reaktion bei Störungen					
Gestik	offen					
	Hände in den Taschen oder hinter dem Rücken					
Mimik	freundlich, offen lächelnd					
Blickkontakt zum Publikum						
Körpersprache	offen					
	gerader, fester Stand (sicheres Auftreten)					
	ruhige und motivierte Haltung					
	Position im Raum angemessen					
Teampräsentation	gleiche Sprechanteile					
	Abwechslung der Präsentierenden					
Publikumsbezug	Publikum angesprochen					
	Publikum aktiv einbezogen					
	Fragen zugelassen und darauf eingegangen					
Zeitmanagement	Zeit eingehalten					
3. Medieneinsatz						
Auswahl	angemessen					
	abwechslungsreich					
Kompetenz	Schriftgröße angemessen					
	Einsatz und Gestaltung von Bildern, Fotos usw.					
	evtl. Lichteinfall reguliert					
	Darstellung verständlich und gut					
	Bedienung beherrscht					
	evtl. Umgang mit Problemen					
Medienkonkurrenz	Projektionsflächen überschnitten					
	Doppelbelegung des Beamers oder Tageslichtprojektors					

Bemerkungen:

____

____

Regeln für das Feedback-Geben	Regeln für das Feedback-Annehmen
Feedback sollte immer • positive und negative Aspekte enthalten; einleitend könnten beispielsweise positive Aspekte hervorgehoben werden • konstruktiv sein, also einen Verbesserungsvorschlag beinhalten (so wird dem Präsentierenden Hilfe angeboten) • konkret an Beispielen aus der Präsentation veranschaulicht werden (also keine Pauschalaussagen) • wertfrei und sachlich sein, also keine persönlichen Wertungen, Interpretationen oder Kritiken wie Beleidigungen beinhalten • subjektiviert werden, also deutlich machen, dass der Feedbackgebende von seinen eigenen Eindrücken spricht und nicht von denen des gesamten Publikums	Der Feedbackempfänger sollte immer • zunächst den anderen ausreden lassen • davon ausgehen, dass der andere ihn nicht beleidigen will, sondern ihm helfen will, in Zukunft vielleicht etwas besser zu machen • aufmerksam zuhören • nachfragen, falls er das Feedback nicht versteht • darauf verzichten, sich zu rechtfertigen, da das Feedback die Wahrnehmung des anderen wiedergibt. Diese Wahrnehmung ist nicht umkehrbar! • das Feedback als Chance sehen, diese Chance dankend nutzen • im Nachhinein das Feedback für sich reflektieren und nach der möglicherweise angespannten Situation in Ruhe für sich Schlüsse ziehen

AUFGABEN

1. Welche Aspekte sollte ein Präsentierender vor der Vorbereitung der eigentlichen Präsentation durchdenken?
2. Begründen Sie, warum es sinnvoll ist, dass der Präsentierende sich vor der Vorbereitung der eigentlichen Präsentation Gedanken über die in Aufgabe 1 genannten Aspekte macht.
3. Geben Sie die Vorteile an, die sich dem Präsentierenden bieten, wenn er vor der Erstellung der Präsentation eine Mindmap
   a) zu den Umständen der Präsentation erstellt,
   b) zu den Inhalten der Präsentation erstellt.
4. Erstellen Sie einen tabellarischen Überblick mit den Vor- und Nachteilen der in dem Kapitel genannten Präsentationsmedien.
5. Erklären Sie den Begriff Medienkonkurrenz anhand eines geeigneten Beispiels mit Ihren eigenen Worten.
6. Geben Sie an, warum es wichtig ist, dass Präsentierende eine Rückmeldung zu ihrer Präsentation erhalten.
7. Überlegen Sie, warum in dem vorliegenden Feedbackbogen (siehe Vorseite) lediglich eine positive oder eine negative Beurteilung möglich ist und keine neutrale Beurteilung. Wie beurteilen Sie diesen Umstand?
8. Jeder hat schon Präsentationen gehalten und dabei Fehler gemacht. Erinnern Sie sich an Ihre letzten Präsentationen, Referate, Vorträge oder Ähnliches und versuchen Sie, sich an Ihre Fehler zu erinnern. Bereiten Sie die Situation mit einem Medium Ihrer Wahl auf und stellen Sie sich darauf ein, die Situation kurz vor der Klasse zu präsentieren. Bedenken Sie, dass diese Aufgabe Ihren Klassenkameradinnen und Klassenkameraden dabei hilft, entsprechende Fehler zu vermeiden. Falls Ihnen kein eigener Fehler einfällt, wählen Sie einen Fehler aus einer Präsentation, an der Sie als Zuschauer teilgenommen haben.
9. Bereiten Sie in der Gruppe eine Präsentation zum Thema „Professionell präsentieren" vor. Die Wahl der Medien ist Ihnen freigestellt. Die Präsentation sollte 15 Minuten dauern.
10. Erstellen Sie arbeitsteilig in Gruppen Plakate zu einzelnen Themenbereichen dieses Kapitels, die Sie im Klassenraum aufhängen können und die Ihnen bei der Vorbereitung und Durchführung von Präsentationen in Zukunft helfen werden.
11. Suchen Sie sich eine der im Kapitel genannten Feedbackmethoden aus und informieren Sie sich im Internet über diese Methode. Bereiten Sie eine kurze Präsentation vor, in der Sie die Methode der Klasse vorstellen. Bereiten Sie auch ein Handout (maximal eine Seite) über die Methode für Ihre Klassenkameradinnen und Klassenkameraden vor.
12. Der Ihnen vorliegende Feedbackbogen enthält aus den im Text dargestellten Gründen keine inhaltlichen Aspekte, die beurteilt werden. Entwerfen Sie in der Gruppe eine Ergänzung zu dem Feedbackbogen, die ausschließlich eine Beurteilung der inhaltlichen Aspekte einer Präsentation erfasst.

ZUSAMMENFASSUNG

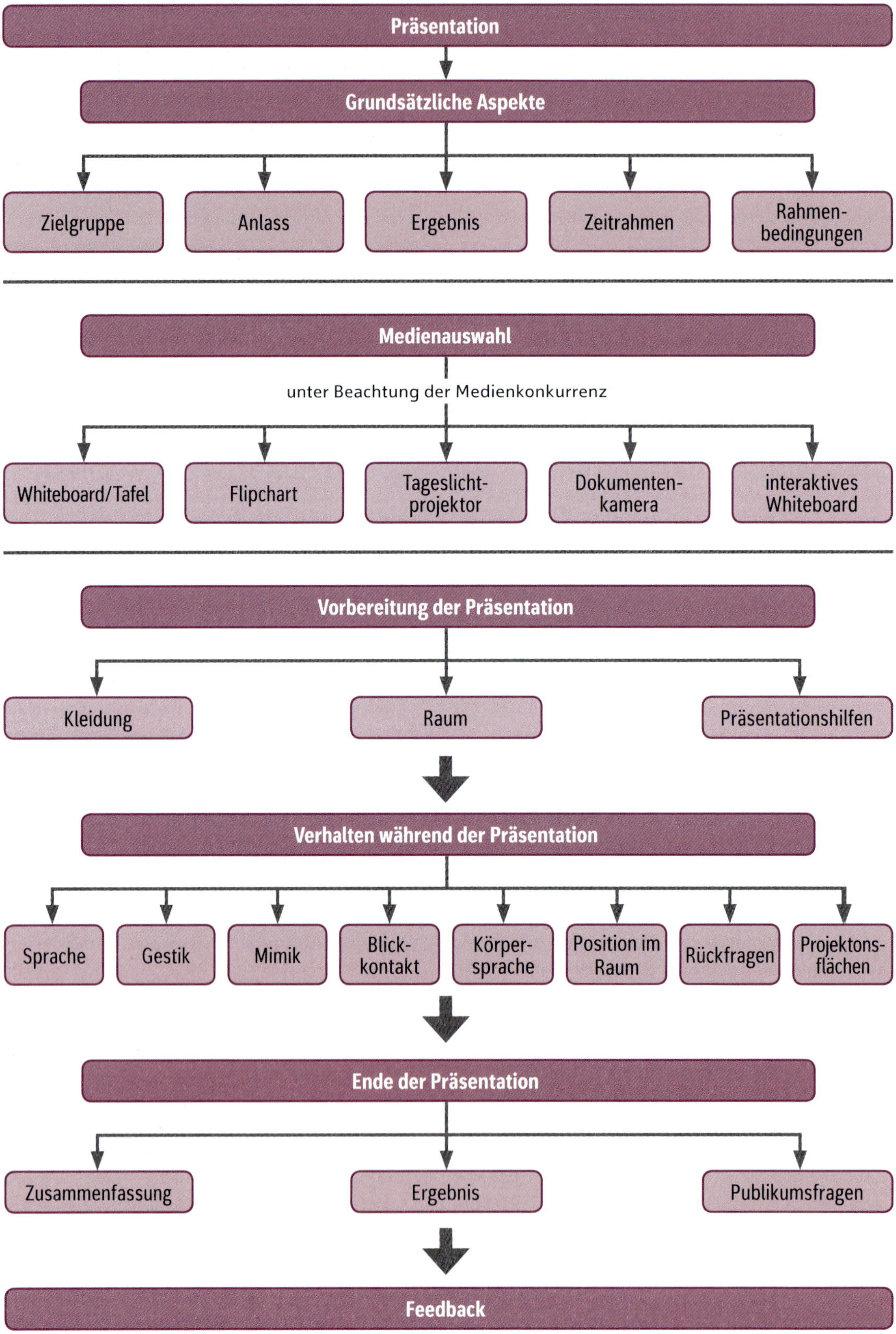

14.3 SOZIALE KOMPETENZEN IN BERUFLICHEN SITUATIONEN

Christina Martin und Daniel Stern fahren gemeinsam am Feierabend nach Hause.

Daniel Stern:
„Also mit der Katarzyna und dem Volkan kann man ja wirklich gut zusammenarbeiten. Die Erstellung der Referate hat richtig gut geklappt ... Aber die Tamara – na ja, mit der ist es echt nicht einfach ..."

Christina Martin:
„Ja, das sehe ich auch so. Ich habe auch zufällig mitbekommen – obwohl ich das gar nicht wollte –, dass sich unsere Ausbildungsleiterin mit Frau Schwab von der Verwaltung, die auch für das Personal zuständig ist, über sie unterhalten hat. Da war irgendwie die Rede vom Fehlen sozialer Kompetenzen ..."

Führen Sie auf, was man bei der Zusammenarbeit mit anderen Beschäftigten oder mit Vorgesetzten alles falsch machen kann.

INFORMATION

Sozialkompetenz in Ausbildung und Beruf

Im Berufsleben werden von Vorgesetzten und Kollegen nicht nur die fachlichen Leistungen der Beschäftigten ge- und bewertet. Auftreten und Umgangsformen des Einzelnen werden tagtäglich am Arbeitsplatz (aber natürlich auch an der Berufsschule) wahrgenommen. Als sozialkompetente Arbeitskraft, die sich in jeder beruflichen Situation angemessen und vorteilhaft benehmen kann, ist man für verantwortungsvolle Aufgaben wie Verhandlungen oder Präsentationen besonders prädestiniert. Ein angenehmes soziales Verhalten am Arbeitsplatz wird sich in jedem Fall auszahlen. So achten einstellende Unternehmen bei neuen Beschäftigten immer mehr auf das Vorhandensein sozialer Kompetenzen. Darunter versteht man alle Fertigkeiten, die für die soziale Interaktion notwendig oder nützlich sind. Zur Sozialkompetenz gehören:

- **Kommunikationsfähigkeit**
  Dies ist die Fähigkeit, sich mit anderen effektiv und konstruktiv zu verständigen.
- **Kooperationsfähigkeit**
  Ist diese vorhanden, kann wirkungsvoll mit Kollegen und Vorgesetzten, mit Kunden und Lieferanten zusammengearbeitet werden.
- **Konfliktfähigkeit**
  Liegt diese Kompetenz vor, können Konflikte am Arbeitsplatz mit Problemlösungstechniken und -strategien gelöst werden.

Kommunikationsfähigkeit

Zu den wichtigsten Schlüsselqualifikationen gehört es auch, mit anderen gut kommunizieren und zusammenarbeiten zu können. Unternehmen sind angewiesen auf einen optimal funktionierenden Informationsaustausch. Dieser kann sowohl durch innerbetriebliche als auch durch außerbetriebliche Kommunikation erfolgen. Gibt es in der Kommunikation Störungen, so kann dies gewaltige Auswirkungen auf die Geschäftsprozesse des Unternehmens haben.

Einfaches Kommunikationsmodell

Von Kommunikation spricht man, wenn eine Person – der Sender – einer anderen Person – dem Empfänger – eine Nachricht übermittelt. Jeder der beiden verwendet als wichtigstes Kommunikationsmittel die Sprache (Fachausdruck: Code).

Der Sprechende (der Sender) verschlüsselt seine Informationen, Gedanken und Meinungen, die er mitteilen will, mithilfe von Sprache.

Der Hörende (Empfänger) versucht aufgrund der sprachlichen Äußerung des Sprechenden auf das Gemeinte zu schließen. Dies nennt man Dekodieren.

Damit die Kommunikation funktioniert, ist es notwendig, dass der Code des Senders und der Code des Empfängers sich zumindest teilweise decken. In Gesprächen muss der Sender also sicherstellen, dass der jeweilige Empfänger tatsächlich auch das versteht, was der Sender sagen wollte.

BEISPIEL

Ein Verkäufer führt gerade ein Verkaufsgespräch durch. Dazu hat er in der Phase der Bedarfsermittlung (in diesem Fall als Empfänger) die Äußerungen des Kunden (hier der Sender) interpretiert. Nun muss er als Sender in der Phase der Verkaufsargumentation sicherstellen, dass der Kunde als Empfänger die Verkaufsargumente auch so wahrnimmt, wie sie vom Verkäufer gemeint sind.

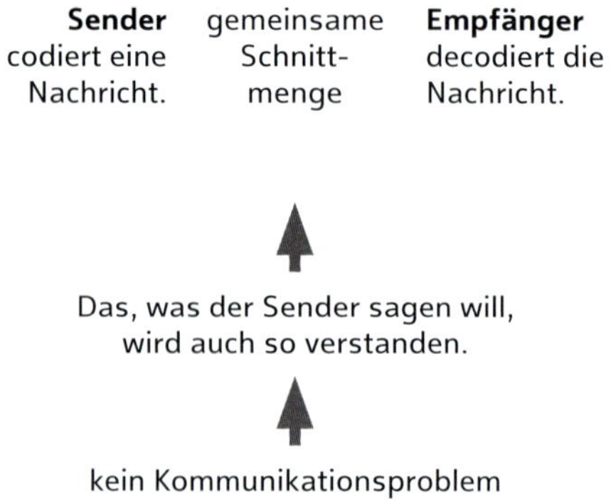

Vier-Ohren-Modell der Kommunikation

Nach dem Vier-Ohren-Modell von Friedemann Schulz von Thun nimmt der Empfänger jede Nachricht auf vier verschiedenen Ebenen wahr:

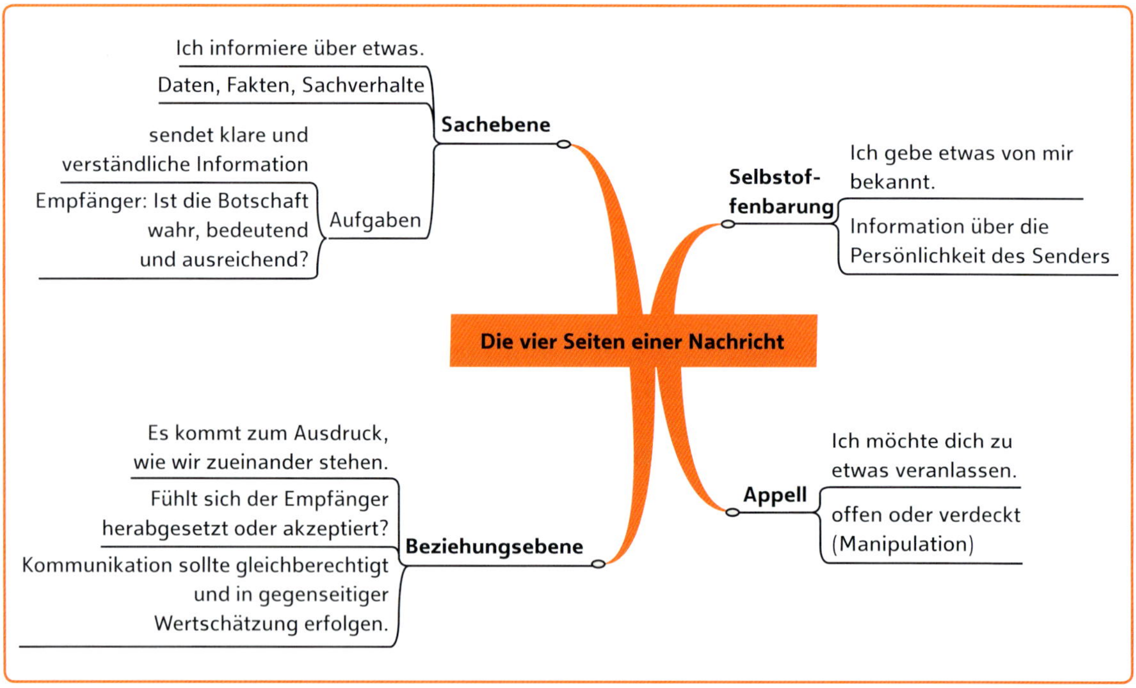

Der Sender schickt vier Botschaften, der Empfänger hört vier Botschaften. Die Qualität der Kommunikation hängt davon ab, wie diese Ebenen zusammenspielen. Jede der vier Botschaften kann vom Sender und/oder dem Empfänger falsch verstanden werden. Kommunikationsprobleme treten also besonders dann auf, wenn der Sender eine Botschaft falsch verpackt oder der Empfänger sie falsch entschlüsselt.

BEISPIEL

Eine Frau fährt Auto, ihr Mann begleitet sie. Es kommt zu folgendem Dialog:
Der Mann (Sender): „Du, die Ampel da vorn ist grün."
Die Frau (Empfänger): „Fährst du oder ich?"

Die vier Botschaften der Nachricht und wie sie aufgefasst werden:

Sachebene: Mann: „Die Ampel da vorn ist grün." Frau: „Die Ampel da vorn ist grün."	**Selbstoffenbarung:** Mann: „Ich fahre gerne zügig und bin für den Fall der Fälle ja auch reaktionsschnell." Frau: „Er ist immer so ungeduldig und will unbedingt noch über die Ampel, bevor sie umspringt."
Beziehungsebene: Mann: „Sie braucht manchmal einen Stupser, um aus den Füßen zu kommen." Frau: „Er gibt mir immer das Gefühl, dass ich nicht fahren kann."	**Appellebene:** Mann: „Drück auf die Tube, damit wir nicht anhalten müssen." Frau: „Ich soll schneller fahren."

Teamfähigkeit[1]

Vor allem in Teams kommt es auf eine gute Kommunikation an.

Teams werden in der Regel dann gebildet, wenn eine bestimmte Aufgabe erledigt werden muss, die eine Zusammenarbeit von Spezialisten aus verschiedenen Wissensgebieten verlangt. Ein Team stellt somit eine institutionalisierte Arbeitsgruppe auf Zeit dar, die durch einen bestimmten Arbeitsstil gekennzeichnet ist.

Jeder kann mit jedem in persönlichen Kontakt treten, es herrschen nach einiger Zeit gemeinsame Normen – es entsteht ein Wirgefühl – und die einzelnen Mitglieder nehmen unterschiedliche Rollen und damit verschiedenartige Funktionen im Team wahr.

Mit steigender Komplexität des anstehenden Problems steigt die Wichtigkeit der Koordination und Kooperation verschiedener Spezialisten im Team. Damit die Teamarbeit funktioniert, sollten folgende Mindestvoraussetzungen für die Teamarbeit beachtet werden:

- eine gut funktionierende Gruppenkommunikation
- die Bereitschaft und der Wille jedes Einzelnen, sich in der Gruppe zu engagieren
- die Bereitschaft und der Wille jedes Einzelnen, die eigenen Fähigkeiten zu erproben

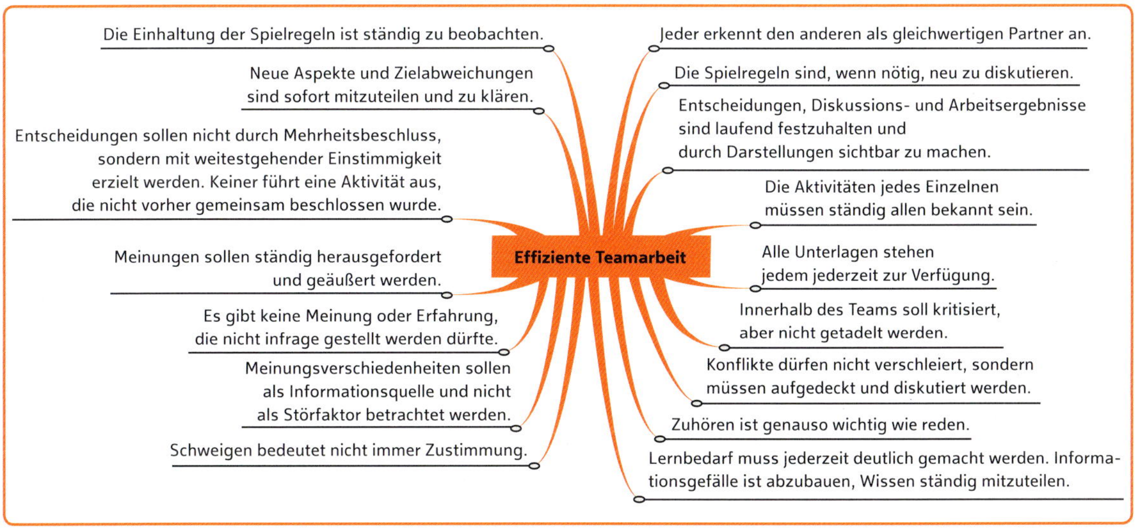

1 Siehe auch Kap. 14.5.

Konfliktfähigkeit[1]

> „Wenn zwei Menschen immer wieder die gleichen Ansichten haben, ist einer von ihnen überflüssig!"
>
> *Quelle: Zitat von Winston Churchill. In: Poggensee, Ingo: Verkaufen! Mit System, Handwerk und Leidenschaft zu mehr Vertriebserfolg. 1. Auflage. Wiesbaden: Gabler 2009, Seite 186.*

In Unternehmen treten immer wieder Konflikte auf. Solche Spannungen und Auseinandersetzungen zwischen einzelnen Beschäftigten, Arbeitsgruppen und Abteilungen können durch wirkungsvolles Konfliktmanagement früher erkennbar, überschaubarer und leichter handhabbar werden.

Konflikte werden oftmals als Störfaktoren gesehen. Aus diesem Grund wird häufig versucht, Konflikte eher zu leugnen und unter den „Teppich zu kehren", als sie zu lösen.

Konflikte und Widerstände können jedoch auch als Motor von Dynamik und Weiterentwicklung gesehen werden: Wo keine Auseinandersetzung stattfindet, gibt es auch keine Veränderung. Das Problematische ist daher nicht der Konflikt selbst, sondern die mangelnde Fähigkeit, ihn vernünftig auszutragen. Im Team sollten die Chancen von Konflikten und Widerständen genutzt werden.

Negative Auswirkungen von Konflikten	Positive Auswirkungen von Konflikten
• Konflikt ist ein Zeitfaktor. • Konflikte vergiften das Arbeitsklima. • Konflikte nehmen die Arbeitsfreude. • Konflikte blockieren die Kreativität. • Konflikte verursachen Kosten.	• Missstände und Missverständnisse werden deutlich. • Ideen und Problemlösungen werden angestoßen. • Verbesserungen werden entwickelt und ausprobiert. • Neue Kommunikationsformen werden gefunden. • „Reinigende Gewitter" klären die Luft.

Ist ein Konflikt festgestellt worden, stehen unterschiedliche Strategien zur Konfliktbewältigung zur Verfügung:

- Um einen Konflikt richtig bewältigen zu können, ist er zunächst einmal gründlich zu analysieren. Es ist festzustellen:
  - Wer ist alles am Konflikt beteiligt?
  - Um welchen Konflikt handelt es sich?
  - Wie wichtig ist die Streitfrage?

  Je früher ein Konflikt erkannt wird, desto besser können Gestaltungs- und Steuerungsmaßnahmen ergriffen werden.
- Nachdem die Konfliktursache festgestellt worden ist, muss entschieden werden, wie man den Konflikt löst. Es gibt dabei drei grundlegende Möglichkeiten:
  - Der Konflikt kann unterdrückt werden.
  - Der Konflikt kann vermieden werden.
  - Der Konflikt kann aktiv angegangen werden.

  Es geht also darum, entweder abzuwarten, was passiert, oder den Konflikt bewusst zu bewältigen.

Der Konflikt sollte nicht nur vom eigenen Standpunkt aus betrachtet werden. Durch einen perspektivischen Wechsel ist ein Verständnis sowohl für die eigene Situation als auch für die Situation des Konfliktpartners zu erreichen.

Vorgehensweise im allgemeinen Konfliktfall	
Wahrnehmen ↓	• Der Konflikt muss natürlich erst einmal erkannt werden. • Welche direkten oder indirekten Parteien befinden sich in welcher Eskalationsstufe? • Wer ist direkt, wer indirekt betroffen und wer fühlt sich betroffen?
Austragen ↓	• Der Konflikt darf nicht verschwiegen, sondern muss offen angegangen werden. • Der Konflikt sollte geregelt ausgetragen werden, sonst besteht die Gefahr der späteren Konfliktsteigerung.
Lösen ↓	• Keine der Parteien sollte mit dem Gefühl der Unterlegenheit aus dem Konflikt hervorgehen. • Eine kooperative Problemlösung sollte angestrebt werden.
Nacharbeiten	• Eine nachträgliche Konfliktanalyse zeigt eventuell ständig bestehendes Konfliktpotenzial oder zumindest Parallelen auf. • Die Parteien müssen sich an die Vereinbarungen halten. • Ein Lerneffekt sollte folgen.

1 Siehe auch Kap. 14.4.

AUFGABEN

1. Was versteht man unter dem einfachen Kommunikationsmodell?
2. Was muss man aus Sicht des einfachen Kommunikationsmodells in einem Gespräch beachten?
3. Erläutern Sie die vier Seiten einer Nachricht nach dem 4-Ohren-Modell?
4. Die Abteilungsleiterin fragt eine Auszubildende: „Wann sind Sie fertig mit der Arbeit?“ Die Auszubildende nimmt vier Botschaften mit dieser Nachricht wahr:
   a) Beeilen Sie sich!
   b) Diese Auszubildende schafft das nicht. Ich traue ihr das nicht zu.
   c) Wenn die Arbeit nicht fertig wird, bekomme ich als Abteilungsleiterin Ärger.
   d) Sie will wissen, wann ich fertig bin.

   Welche Ebene wird jeweils angesprochen?
5. Unterscheiden Sie Methoden- und Sozialkompetenzen.
6. Führen Sie Regeln für eine effiziente Teamarbeit auf.
7. Welche positiven Auswirkungen können Konflikte haben?
8. Wie sollte man bei einem Konflikt vorgehen?
9. Im Showroom der Lahmann KG sagt der Abteilungsleiter zu einer Mitarbeiterin: „Frau Zahn, da kommt gerade ein Kunde!“
   Halten Sie fest, welche vier Botschaften die Aussage des Abteilungsleiters enthalten kann.
10. Neben Fach- und Methodenkompetenzen werden von den Arbeitgebern immer mehr auch personale und soziale Kompetenzen als wichtig angesehen. Das, was Unternehmen in diesen Bereichen erwarten, geben Auszüge aus einem Faltblatt einer Industrie- und Handelskammer wieder.

Soziale Kompetenzen

1. Kooperationsbereitschaft – Teamfähigkeit

Der Erfolg des Unternehmens hängt immer auch vom Willen der Beschäftigten zur Zusammenarbeit ab. Jede einzelne Arbeitskraft ist aufgefordert, Informationen auszutauschen, Erfahrungen weiterzugeben, Verbesserungsmöglichkeiten zu erkennen sowie umzusetzen.

In der Familie und der Freizeit geht es nicht ohne gemeinsame Problemlösung. In der Schule fordern und entwickeln z. B. Gruppen- und Projektarbeit das Miteinander und den Teamgeist.

2. Höflichkeit – Freundlichkeit

Wer freundlich ist, hat schneller und leichter Erfolg. Dies gilt für die Beziehungen des Unternehmens nach außen natürlich genauso wie für ein gutes Betriebsklima im Innern.

Schon auf dem Schulhof und im Klassenzimmer sollte kein Raum sein für ruppiges, aggressives oder in anderer Weise unhöfliches Verhalten.

3. Konfliktfähigkeit

Unterschiedliche Meinungen, Haltungen und Ansichten werden immer auch zu Differenzen führen. Sie sollten jedoch friedlich und konstruktiv bewältigt werden. Das setzt Sprach- und Argumentationsvermögen ebenso voraus wie die Fähigkeit, mit persönlicher Verärgerung und mit Widersprüchen umgehen zu können.

Der Schulunterricht bietet ideale Voraussetzungen, um das Diskutieren und Argumentieren an wechselnden Themen und Inhalten zu üben.

4. Toleranz

Für ein offenes Miteinander von Menschen ist es wichtig, auch Meinungen und Ansichten gelten zu lassen, die von der eigenen Haltung abweichen. Allerdings müssen sie mit der demokratischen Grundordnung und den Menschenrechten vereinbar sein.

Persönliche Kompetenzen

1. Zuverlässigkeit

Wichtige Voraussetzung für konstruktive Zusammenarbeit und das Erreichen von Zielen:

Man muss sich darauf verlassen können, dass die Auszubildenden die ihnen übertragenen Aufgaben ihrer Leistungsfähigkeit entsprechend wahrnehmen – auch unter widrigen Umständen und ohne ständige Überwachung oder Kontrolle.

2. Lern- und Leistungsbereitschaft

Grundbedingung nicht nur für eine erfolgreiche Ausbildung:

Ausbildung, Beruf und Arbeit sind wichtige Bausteine des Lebens. Freude an der Arbeit und Erfolg im Beruf tragen zu einer positiven Lebenseinstellung und individueller Zufriedenheit bei. Jugendliche sollten von der Schule Neugier und Lust auf Neues mitbringen und diese Eigenschaften sowohl in der Ausbildung als auch im späteren Beruf weiterentwickeln.

3. Ausdauer – Durchhaltevermögen – Belastbarkeit

Wichtig, um Ziele zu erreichen:

Im (Berufs-)Leben kann nicht immer alles glattgehen. Auch Belastungen und Enttäuschungen muss man aushalten können. Nicht zuletzt stärkt dies das Selbstvertrauen. In Elternhaus und Schule sollten die Jugendlichen gelernt haben, nicht gleich aufzugeben, wenn sich der gewünschte Erfolg nicht sofort oder vielleicht auch gar nicht einstellt.

4. Sorgfalt – Gewissenhaftigkeit

Man kann nicht immer „fünf gerade sein lassen“:

Die Aufgaben und Tätigkeiten im Unternehmen erfordern Genauigkeit und Ernsthaftigkeit. Durch Oberflächlichkeit kann großer Schaden für Unternehmen und Umfeld entstehen. Wer dagegen mit Disziplin und Ordnungssinn pünktlich an die Arbeit geht, der ist gerüstet und braucht sich keine Sorgen zu machen.

5. Konzentrationsfähigkeit

Keine Leistung ohne Konzentration:

Es ist so einfach, sich ablenken zu lassen. Aber es ist auch notwendig, sich auf eine Sache zu konzentrieren. Das muss man wollen und können. Beides lässt sich mit gutem Erfolg trainieren. Die Schule ist dabei ein wichtiger Partner.

6. Verantwortungsbereitschaft – Selbstständigkeit

Man muss für das, was man tut, einstehen und „Flagge zeigen“:

Erfahrung gibt Sicherheit für selbstständiges Denken und Handeln. Die Bereitschaft, Verantwortung zu übernehmen, wächst mit zunehmender Reife. Ansätze müssen jedoch mit dem Eintritt in die Ausbildung schon vorhanden sein.

7. Fähigkeit zu Kritik und Selbstkritik

Nobody is perfect:

Wer die Fähigkeit hat, Sachverhalte konstruktiv kritisch zu hinterfragen, schafft Chancen zur Verbesserung für sich und für Kollegen. Genauso wichtig ist auch die Fähigkeit, das eigene Tun kritisch zu hinterfragen, eigene Fehler einzusehen und sie korrigieren zu wollen.

8. Kreativität und Flexibilität

Wichtige Helfer in allen Lebenslagen:

Im Beruf muss jeder mitdenken. Wer ideenreich und aufgeschlossen ist, hat es einfacher – auch und gerade bei der Lösung von Problemen. „Frischer Wind“ hilft z. B., die täglichen Aufgaben oder die Organisation des eigenen Arbeitsplatzes positiv zu verändern.

Übrigens: Wer kreativ und flexibel ist, kann sich leichter und schneller in neue Aufgaben einarbeiten.

Ordnen Sie die folgenden Aussagen den einzelnen Kompetenzen zu.

A „Schon in der Ausbildung habe ich Umgang mit Kunden und darf projektorientiert arbeiten. Dadurch kann ich meine Kreativität direkt in den betrieblichen Ablauf einbringen. So wird meine Flexibilität immer wieder aufs Neue gefordert."

Nicolas Weber, Auszubildender, Saarbrücken

B „Kritikfähigkeit bedeutet, Wichtiges von Unwichtigem unterscheiden zu können und dies sachgerecht zu begründen. Selbstkritik ist die Fähigkeit, Fehler einzusehen und zu Korrekturen bereit zu sein."

Egon Berger, Ausbildungsberater, Kaiserslautern

C „Heutzutage wird es immer wichtiger, in höflicher und kompetenter Art und Weise auf die Bedürfnisse und Wünsche von Kunden bzw. Interessenten einzugehen. Höflichkeit und Freundlichkeit sind wichtige Servicegradfaktoren, die ein jeder Kunde verdient. Unabhängig von eigenen Gefühlslagen oder arbeitsbedingten Stresssituationen sollte jeder Kunde so behandelt werden, als wäre er der einzige."

Matthias Lohse, Dipl.-Bw. (FH), Ausbilder und Geschäftsführer eines Dienstleistungsunternehmens

D „Je stärker die Tätigkeitsbereiche des Unternehmens zusammenwachsen und von allen Mitarbeitern und Mitarbeiterinnen der Blick über den Tellerrand erwartet wird, umso mehr benötigen wir Menschen, die in Gruppen oder Teams zusammenarbeiten können. Teamfähigkeit ist der Schlüssel zum Erfolg; Kommunikationsbereitschaft – in persönlichem Kontakt, aber auch via PC – ist die Voraussetzung, um in unserer heutigen Informationsgesellschaft zu bestehen und Erfolg im Beruf zu haben."

Angelika Walter, Ausbildungsleiterin, Industrieunternehmen

E „Konzentration ist die Fähigkeit, mit seinen Gedanken bei der ‚Sache' zu sein. Das ist nur bedingt eine Veranlagung. Konzentrationsfähigkeit muss man trainieren. Gerade weil in der heutigen Zeit die Ablenkungsmöglichkeiten für Jugendliche sehr groß sind, ist es wichtig, schon im Elternhaus und später in der Schule ein Gegengewicht zu setzen."

Jörg Kramer, Vorsitzender im Prüfungsausschuss Bürokommunikation

F „Produktions- und Arbeitsprozesse werden immer komplexer. Klar definierte Arbeitsanweisungen treten zunehmend in den Hintergrund, Problemlösungen unter erschwerten Bedingungen wie Zeitdruck nehmen zu. Der Auszubildende muss auf solche betrieblichen Ernstsituationen vorbereitet werden. Schlüsselqualifikationen wie Ausdauer, Durchhaltevermögen und Belastbarkeit sind zu entwickeln und zu fördern und helfen dem Auszubildenden, den zukünftigen Betriebsalltag zu ‚meistern' ".

Gert Schauer, Teamleiter Ausbildung, Industrieunternehmen

G „Motivation, Zuverlässigkeit und Teamgeist sind wichtige Bedingungen für eine erfolgreiche Lehre. Spaß am Beruf und Werte-Einstellung am Arbeitsplatz gehören zum Vorwärtskommen in der Ausbildung wie im späteren Berufsleben."

Jürgen Gerster, Ausbildungsleiter in einem Großhandelsunternehmen

H „Dazu gehört für mich die Kompetenz, die fachlichen und wirtschaftlichen Zusammenhänge von Aufträgen und Arbeitsabläufen im Betrieb zu erkennen, zu beherrschen und im Beruf gewissenhaft auszuführen. Dies beinhaltet zugleich Pünktlichkeit, schnelle Pflichterfüllung und Freundlichkeit im Unternehmen wie gegenüber den Kunden. Zur Zuverlässigkeit zählt auch deutlich der Wille zur beruflichen Fortbildung."

Michael Milster, Assistent der Geschäftsführung in einem Fertigungsunternehmen

I „Im Kontakt mit Kunden und Kollegen ist ein höfliches und verständnisvolles Auftreten sehr wichtig. Dafür akzeptieren mich auch die Mitmenschen so, wie ich bin. Meinen deutschen Kollegen und unseren Kunden ist meine Herkunft unwichtig. Im Vordergrund steht eindeutig meine fachliche Qualifikation."

Gyla Krasnic, Auszubildender zum Kaufmann im Einzelhandel

J „Ein Unternehmen ist immer auch ein Marktplatz der Beziehungen. Unsere Kunden und Kollegen spiegeln die Vielfalt menschlicher Charaktere wider. Die daraus entstehenden Konflikte können gegen die Person oder die Funktion gerichtet sein. Die Herausforderung besteht darin, gelassen und sachlich zu bleiben und Konflikte oder Kritik als Chance zur Verbesserung zu nutzen."

Marlies Grundmann, Regionale Personalentwicklung in einem großen Handelsunternehmen

K „Für unsere Lehrlinge sind Selbstständigkeit und Verantwortungsbereitschaft selbstverständlich. Die Einbindung in Teams sowie die Übernahme eigenständiger Aufgaben und Projekte bereiten unsere Azubis optimal auf das Berufsleben vor. Sie nutzen die gebotenen Weiterbildungsmöglichkeiten und internen Kommunikationssysteme, um sich Informationen zu beschaffen. Wir erwarten von ihnen die Bereitschaft, für das eigene Handeln Verantwortung zu tragen."

Sami Osmani, Ausbildungsleiter

L „Im Kundendienst werden an unsere Angestellten jeden Tag neue Herausforderungen gestellt. Die von uns verkauften Geräte müssen oft individuell eingestellt werden. Wir erwarten von unseren Beschäftigten also eine große Gewissenhaftigkeit."

Kay Leister, Inhaber einer Großhandlung

ZUSAMMENFASSUNG

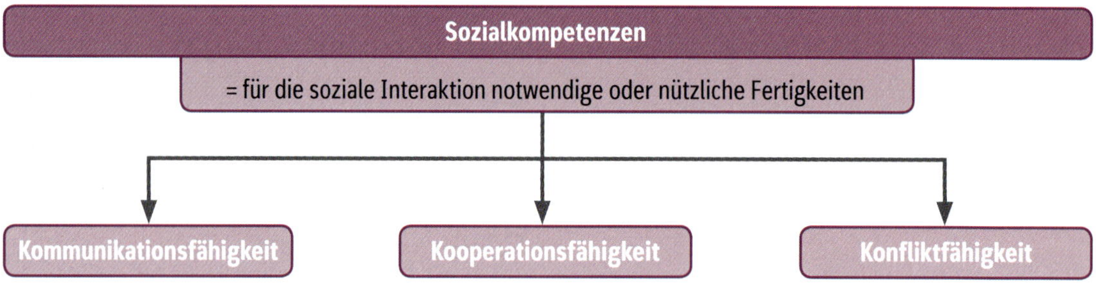

14.4 KONFLIKTE IM BERUFSLEBEN

Dominik Schlote ist während seines Praktikums in der Verwaltung der Hoffmann KG eingesetzt. In dem kleinen Büro sitzt er gemeinsam mit der Sachbearbeiterin Frau Wolicki. Zunächst findet es Dominik ganz angenehm, aber mit der Zeit fallen ihm einige Dinge auf. Frau Wolicki traut ihm nur sehr wenig zu und überträgt Dominik nur ganz einfache Arbeiten. Dominik fühlt sich unterfordert. Er ist für die Ablage zuständig. Fast den ganzen Tag muss er Rechnungen, Angebote, Anfragen und andere Geschäftsbriefe kopieren und in den Akten ablegen. Bei Besprechungen muss er dafür sorgen, dass in den Konferenzräumen genügend Kaffee und Kekse vorhanden sind. Selbst wenn Frau Wolicki mal wieder früher Feierabend macht, darf er keine Telefonate annehmen. Dann stellt sie das Telefon auf eine andere Sachbearbeiterin um. Dominik weiß, dass die Auszubildenden viel interessantere Tätigkeiten machen und auch mal Verantwortung übernehmen dürfen und Kundenkontakt haben. Er traut sich aber nicht, Frau Wolicki zu sagen, wie er sich fühlt.

Aber das ist es nicht allein. Es kommt noch hinzu, dass Frau Wolicki eine unglaublich laute Stimme hat und stets sehr aktiv ist. Dominik kommt meistens gar nicht zu Wort. Frau Wolicki fragt ihn etwas, und bevor Dominik antworten kann, spricht sie einfach weiter oder gibt die Antwort auf ihre Frage selbst. Dominik fühlt sich überflüssig.

Frau Wolicki nutzt ein sehr intensives Parfüm und davon auch sehr viel. Besonders schlimm findet es Dominik, wenn sie von ihren Raucherpausen wieder in das Büro kommt und sehr stark nach einer Mischung aus Rauch und Parfüm riecht. Und dann wäre da noch die Heizung. Stets und ständig ist die Heizung voll aufgedreht. Dominik und Frau Wolicki sitzen sich beide gegenüber an der Heizung, aber der Bedienhebel ist bei Frau Wolicki. Sie reagiert auch nicht, wenn Dominik sagt, dass er es sehr warm im Büro findet. Also bleibt die Heizung an und Dominik fühlt sich regelmäßig sehr unwohl, obwohl er schon nur im T-Shirt zur Arbeit kommt.

Es reicht Dominik nunmehr! Er schreibt Frau Wolicki eine E-Mail, in der er alle Sachen, die ihn stören, kurz und knapp formuliert.

1. *Erklären Sie, wodurch es zu einem Konflikt gekommen ist.*
2. *Beurteilen Sie das Vorgehen von Dominik in dem Konflikt.*
3. *Geben Sie an, wie man den Konflikt lösen könnte.*

INFORMATION

Konflikt – eine Begriffsbestimmung

Es existiert keine einheitliche Definition für den Begriff **Konflikt**. Der Begriff ist aus dem lateinischen Wort **conflictus** entstanden, was so viel heißt wie **Zusammenstoß** oder **Kampf**. Die meisten Definitionen des Begriffs werden daraus abgeleitet, dass

- mehrere Beteiligte
- unterschiedliche Ziele, Auffassungen, Gefühle oder Interessen haben,
- die sie auf verschiedenen Wegen durchsetzen/lösen wollen.

Durch die unterschiedlichen Vorstellungen über die Lösung der Konfliktsituation entsteht ein Zustand der Anspannung zwischen den Beteiligten, der sich negativ auf das Verhältnis der Beteiligten auswirken kann. Im Ergebnis kann ein Konflikt dazu führen, dass die Beteiligten nicht mehr in der Lage sind, miteinander zu reden oder zusammenzuarbeiten.

Konflikte belasten die alltägliche Zusammenarbeit.

Entstehung von Konflikten

Zahlreiche Modelle und Theorien versuchen das Phänomen **Konfliktentstehung** zu erklären. Im Folgenden werden zwei Ansätze beispielhaft erläutert.

Eisbergmodell

Nach dem Eisbergmodell ist der überwiegende Teil (der Ursachen) eines Konflikts für Dritte unsichtbar. Es ist wie bei einem Eisberg, bei dem man nur die Spitze über Wasser sehen kann. Der größte Teil ist unter dem Wasser versteckt. Diese versteckten Hintergründe des Konflikts sind es, die den Konflikt häufig erst entstehen lassen. Für die Lösung eines Konflikts ist es somit wichtig, auch die unsichtbaren Ursachen des Konflikts zu ergründen.

„Rabattmarken" sammeln

Dieser Ansatz geht davon aus, dass mindestens einer der Konfliktbeteiligten kleine Differenzen oder Verletzungen seitens des anderen Beteiligten zunächst hinnimmt. Man stellt sich vor, dass er für jeden kleinen Konfliktherd eine Rabattmarke in ein Bonusheftchen klebt. Wenn das Bonusheft voll ist, wird der gesamte in den Rabattmarken gesammelte Ärger in einem „Racheakt" eingelöst.

BEISPIEL

Frau Wolicki hat bei Dominik eine ganze Weile „Rabattmarken“ gesammelt. Sie wusste davon aber nichts. Als das „Rabattheft“ voll ist, äußert sich Dominiks Ärger in einer impulsiven Reaktion („Racheakt“), nämlich der E-Mail.

Das Problem bei dieser Art der Konfliktentstehung liegt darin, dass der andere von den „Rabattmarken“, die er sammelt, nichts weiß. Er hat keine Gelegenheit, sein Verhalten zu ändern, und ist über die unangemessene Reaktion seines Gegenübers verwundert. Häufig resultiert aus dem „Racheakt“ eine Verärgerung auf der Seite des Empfängers, sodass nun endgültig ein Konflikt vorliegt.

Arten von Konflikten

Konflikte lassen sich in verschiedene Gruppen unterteilen. Es kommt häufig vor, dass sich ein Konflikt mehreren Gruppen zuordnen lässt. Im Folgenden sind einige Konfliktarten aufgeführt.

Konfliktart	Beschreibung
Ziel-/Interessenkonflikt	Die Beteiligten verfolgen unterschiedliche Ziele/Interessen, die nicht problemlos miteinander vereinbar sind.
Rollenkonflikt	In vielen Alltagssituationen haben Personen eine bestimmte Rolle. An diese Rolle können unterschiedliche Erwartungen geknüpft sein. An eine Schülerin werden z. B. von den Lehrkräften und von den Mitschülern völlig unterschiedliche Erwartungen gestellt. Da dieselbe Rolle (Schülerin) unterschiedlich gedeutet wird, handelt sich um einen Intra-Rollenkonflikt. Personen nehmen oft mehrere Rollen gleichzeitig ein, z. B. Auszubildender und Freund. Durch die Ansprüche der Ausbildung hat man weniger Freizeit und muss darauf achten, dass sich dies nicht negativ auf die Rolle als Freund auswirkt. Hier handelt es sich um einen Inter-Rollenkonflikt.
Wertekonflikt	Die Beteiligten haben Werte (z. B. Überzeugung, Religion, Ethik), die miteinander nicht vereinbar sind.
Beziehungskonflikt	Ursachen für Konflikte auf der Beziehungsebene können z. B. sein: • Missverständnisse • Vorurteile gegenüber dem anderen • unterschiedliche Gefühle füreinander

Bewältigung von Konflikten

Konfliktbewältigungsstrategien

Jede Konfliktpartei hat eine (bewusste oder unbewusste) Strategie, einen Konflikt beizulegen. Sind der Konfliktpartei die möglichen Strategien bewusst, so wählt sie situationsabhängig die für sie richtige Strategie für den Konflikt.

Die Grafik auf der Folgeseite veranschaulicht die verschiedenen Konfliktbewältigungsstrategien.

Konfliktvermeidungsstrategie

Durch die Wahl der Konfliktvermeidungsstrategie kommt es häufig nicht direkt zum Konflikt. Problematisch ist allerdings, dass die Interessen beider Konfliktparteien nicht berücksichtigt werden. Dies kann auf verschiedenen Motiven beruhen (Angst vor Niederlage, mangelndes Interesse oder Wissen darüber, dass eine Einigung schwer zu erreichen ist). Die Konfliktvermeidung schiebt den Konflikt in der Regel nur auf. Der Konfliktgrund wird zu einem späteren Zeitpunkt wieder auftreten und sich durch das Aufschieben in den meisten Fällen verstärkt haben. Die Konfliktparteien sind bei dieser Strategie **beide** als **Verlierer** anzusehen.

Konfrontationsstrategie

Bei der Konfrontationsstrategie ist eine Partei nur auf die Durchsetzung der eigenen Interessen bedacht. Dabei wird in Kauf genommen, dass die Interessen der anderen Partei unberücksichtigt bleiben. Die Strategie wirkt sich häufig negativ auf zukünftige Beziehungen und Konflikte der beiden Parteien aus. Die Konfrontationsstrategie kann insbesondere von Parteien gewählt werden, die über eine Machtposition verfügen und somit auf die andere Partei keine Rücksicht nehmen müssen. Bei dieser Strategie gibt es jeweils **einen Gewinner** und **einen Verlierer.**

Verzichtsstrategie

Bei dieser Strategie verzichtet eine Konfliktpartei (ggf. vollständig) auf die Durchsetzung ihrer Interessen. Sie tut dies zugunsten der anderen Konfliktpartei. Die Strategie wird aus verschiedenen Motiven gewählt, beispielsweise weil die Harmonie in der Beziehung zu der anderen Konfliktpartei gewahrt werden soll oder weil die Partei nicht in der (Macht-)Position ist, um eine andere Konfliktstrategie zu wählen. Es gibt **einen** klaren **Gewinner** und **einen Verlierer** in dem Konflikt.

Kompromissstrategie

Eine vollständige Berücksichtigung aller Interessen ist häufig schwer zu erreichen. Gehen die Parteien bei der Verfolgung ihrer Ziele aufeinander zu und finden einen bestmöglichen Weg, spricht man von der Kompromissstrategie. Ein Problem kann entstehen, wenn bei dieser Strategie die tatsächlichen Ursachen des Konflikts durch den Kompromiss verborgen bleiben. Bei der Kompromissstrategie sind **beide** Parteien **sowohl Gewinner als auch Verlierer.**

Kooperationsstrategie

Sowohl die eigenen als auch die fremden Ziele werden bei dieser Strategie berücksichtigt. Die Beteiligten versuchen trotz bestehender Differenzen eine optimale Lösung zu finden. Eine erfolgreiche Kooperationsstrategie führt dazu, dass alle Interessen berücksichtigt werden.

Die Kooperationsstrategie bietet die Möglichkeit, dass **beide** Parteien aus dem Konflikt als **Gewinner** hervorgehen. Daher sollte die Konfliktbewältigung nach Möglichkeit immer unter Anwendung der Kooperationsstrategie erfolgen.

Konfliktbewältigungsstrategien

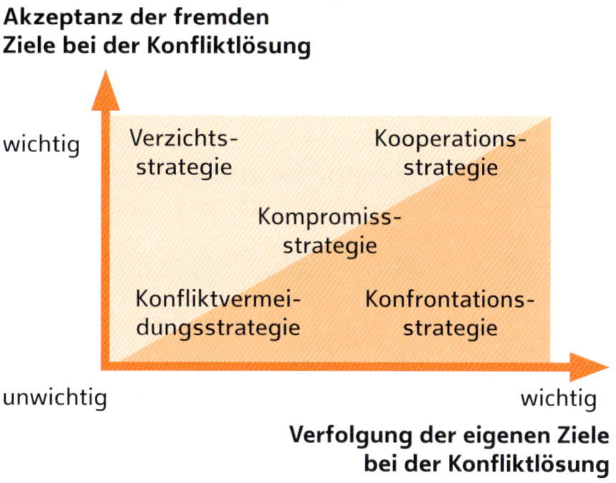

in Anlehnung an das Thomas-Modell

Regel	Bedeutung
Bereitschaft	Die Parteien müssen bereit sein, den Konflikt zu beseitigen, und dies dem Gegenüber auch signalisieren.
Verständnis	Die Position der anderen Partei sollte gehört werden. So wird eine angenehmere Atmosphäre geschaffen. Oft ist es hilfreich, wenn eine Partei sich vorstellt, sie sei in der Situation der anderen Partei.
Akzeptanz	Die Parteien müssen die Gegenpartei und deren Meinung so akzeptieren, wie sie sind. Konfliktbeteiligte sollten nicht versuchen, die anderen Beteiligten zu ändern oder zu erziehen.
aktives Zuhören	Während der eine Beteiligte seinen Standpunkt darlegt, sollte die zuhörende Partei deutlich machen, dass sie aktiv und interessiert den Ausführungen folgt. Dies kann durch nonverbale Kommunikation (z. B. Gestik, Mimik, Nicken) oder durch verbale Ausführungen (z. B. zusammenfassen, nachfragen) erfolgen.
keine Schuldzuweisung	Es geht nicht darum, jemandem die Schuld für einen Konflikt zu geben. Ziel ist, dass beide Parteien den Konflikt zu ihrer Zufriedenheit lösen, ohne dass eine Partei dabei ihr Gesicht verliert.
Emotionen ausschließen	Konfliktbeteiligte sollten eine sachliche Lösung des Problems bevorzugen. Oftmals ist dies schwierig. In solchen Situationen sollte zumindest eine Partei ruhig und besonnen bleiben und nach dem emotionalen „Gewitter" wieder auf Ruhe und Sachlichkeit hinweisen.
Ehrlichkeit und Vollständigkeit	Alle Ursachen des Konflikts müssen ehrlich, direkt und offen angesprochen werden, damit der Konflikt vollständig beseitigt wird.
sofortige Bewältigung	Konflikte sollten sofort angesprochen werden, damit sie sich nicht im Inneren weiterentwickeln und zu späterer Zeit verstärkt hervortreten.
abschließende Bewältigung	Nach Beendigung des Konflikts sollte die Thematik für alle Beteiligten erledigt sein und nicht zu späterer Zeit wieder hervorgeholt werden.

Regeln für das Verhalten im Konfliktfall
Ein Konflikt berührt die Betroffenen in den meisten Fällen auch auf der emotionalen Ebene. Dies führt oft dazu, dass sie spontan handeln. Unüberlegte Äußerungen und/oder nonverbale Kommunikation (Mimik, Gestik) können einen Konflikt schnell verschärfen. Um eine Eskalation zu verhindern und einen Konflikt möglichst effizient zu bewältigen, ist es wichtig, dass sich die Konfliktparteien dieser Gefahr bewusst sind und gezielt gegensteuern.

Die Betroffenen sollten das klärende Gespräch suchen. Hierbei gilt es, eine Reihe von Verhaltensregeln zu beachten.

Während des gesamten Konflikts sollten Beteiligte darauf achten, keine DU-Botschaften zu verwenden. Vorteilhafter ist es, mit ICH-Botschaften zu arbeiten. Die ICH-Botschaft hilft dem Empfänger zu verstehen, wie er von seinem Gesprächspartner wahrgenommen wird. Dadurch, dass an den Empfänger keine direkten Anschuldigungen gerichtet werden, bleibt es ihm freigestellt, sein Verhalten zu ändern. Er fühlt sich nicht eingeschränkt, bedrängt oder bedroht und ist somit nicht in einer Rechtfertigungsposition.

BEISPIEL

Volkan und Katarzyna diskutieren angeregt über eine Präsentation, die sie gemeinsam halten sollen. Katarzyna hat Volkan mehrmals unterbrochen, aber dies nicht bemerkt. Plötzlich sprudelt es aus Volkan heraus: „Katarzyna, es reicht! Du bist total ignorant, weil du mich nie ausreden lässt."

Volkans DU-Botschaft enthält gleich zwei miteinander verknüpfte Anschuldigungen. Hätte Volkan zunächst die Regeln für das Verhalten in Konflikten bedacht, hätte er seine Aussage vielleicht wie folgt formuliert:

„Katarzyna, in den letzten Minuten habe ich gemerkt, dass du mich an mehreren Stellen unterbrochen hast, ohne darauf zu achten, was ich gerade tue und sage. Das hat mich geärgert, denn ich möchte meine Argumente auch vorbringen und erklären, damit wir gemeinsam weiterarbeiten können. Ich bitte dich, mich erst ausreden zu lassen, bevor wir deine Standpunkte diskutieren."

Durch die Verwendung der ICH-Botschaften bringt Volkan zum Ausdruck, dass er

- etwas wahrgenommen hat **(Wahrnehmung)**
  „Katarzyna, in den letzten Minuten habe ich gemerkt, dass du mich an mehreren Stellen unterbrochen hast, ohne darauf zu achten, was ich gerade tue und sage."
- sich dadurch gestört fühlt **(Gefühl)**
  „Das hat mich geärgert, ..."
- ein eigenes Bedürfnis hat **(eigene Bedürfnisse)**
  „... denn ich möchte meine Argumente auch vorbringen und erklären, damit wir gemeinsam weiterarbeiten können."
- bittet, dieses Bedürfnis befriedigen zu können **(Bitte)**
  „Ich bitte dich, mich erst ausreden zu lassen, bevor wir deine Standpunkte diskutieren."

Kooperative Konfliktbewältigung
Das Modell der kooperativen Konfliktbewältigung geht auf Karl Berkel zurück. Es verfolgt das Ziel, dass die beteiligten Parteien nach der Beseitigung des Konflikts wieder zielorientiert handeln können. Als Ausgangs- und Schlusspunkt des Modells stehen die beteiligten Personen im Mittelpunkt. Nach der kooperativen Konfliktbewältigung vollzieht sich die Lösung eines Konflikts in sechs Phasen:

Ebene	Phase	Inhalte
Person	**1. Erregung kontrollieren**	• Konflikt erkennen und Ruhe bewahren • Ärger, Wut, Enttäuschung verdrängen und ruhig, klug, bewusst agieren • vor Augen führen, was eine Kurzschlussreaktion (schreien, beleidigen usw.) zur Folge hätte
Beziehung	**2. Vertrauen schaffen**	• der anderen Partei ruhig, offen und transparent entgegentreten • ggf. eigene Fehler oder Schwächen offenbaren • das Gegenüber nicht persönlich verletzen und seine möglichen Schwächen nicht ausnutzen • Standpunkt der anderen Partei ernst nehmen
	3. offen kommunizieren	• auf der geschaffenen Vertrauensbasis offen über die Sache reden • Argumente und Probleme vollständig darlegen • ggf. lockere Gesprächsatmosphäre schaffen

Ebene	Phase	Inhalte
Sache	**4. Problem bewältigen**	• aufbauend auf der in den ersten Phasen geschaffenen Situation kooperativ nach einer Lösung des Konflikts suchen • die sachlichen und persönlichen Interessen aller Konfliktparteien abwägen • mögliche Lösungswege identifizieren und ihre Vor- und Nachteile diskutieren • gemeinsam auf den bestmöglichen Lösungsweg einigen
	5. Vereinbarungen treffen	• eine klare und eindeutige Vereinbarung formulieren, durch welche die gemeinsame Einigung (schriftlich) fixiert wird Durch eine Vereinbarung wird das Ergebnis verbindlich und kann jederzeit noch mal betrachtet werden.
Person	**6. persönlich verarbeiten**	• über die getroffene Vereinbarung nachdenken und das Ergebnis persönlich bejahen und für sich selbst ohne Vorbehalte akzeptieren Der Konflikt ist erst beseitigt, wenn alle Parteien die gemeinsame Lösung persönlich verarbeiten können, d.h., sie sind a) wieder handlungsfähig, weil sie die getroffene Vereinbarung auch persönlich befürworten, und b) frei von den Problemen, die den Konflikt verursacht haben.

Wie aus dem angeführten tabellarischen Überblick deutlich wird, vollzieht sich das Modell auf drei Ebenen. Ausgangspunkt ist die persönliche Ebene, auf der zunächst die Emotionen kontrolliert werden müssen, um eine sofortige Eskalation des Konflikts zu vermeiden. Ist dies geschehen, sollte auf der Beziehungsebene zunächst ein Grundvertrauen zwischen den Parteien aufgebaut werden, damit im weiteren Verlauf der Konfliktbewältigung eine offene Kommunikation gewährleistet ist. Die offene Kommunikation ist die notwendige Basis für die weiteren Schritte. In der nächsten Phase wird der Konflikt auf der Sachebene ausgetragen. In dieser Phase erfolgt ein offener Austausch über den eigentlichen Konflikt. Gemeinsam wird konstruktiv und aufbauend auf der zuvor geschaffenen Vertrauensbasis nach optimalen Lösungswegen gesucht. Nach der Einigung auf eine Beseitigungsstrategie wird diese sachlich in einer schriftlichen Vereinbarung festgehalten. Alle Beteiligten signalisieren durch ihre Unterschrift unter der Vereinbarung, dass sie mit der gefundenen Lösung einverstanden sind.

Damit ist die Konfliktbeseitigung auf der sachlichen Ebene abgeschlossen, doch der Konflikt ist schlussendlich erst beseitigt, wenn die Beteiligten die gefundene Lösung nicht nur auf dem Papier, sondern auch auf der persönlichen Ebene verarbeiten und befürworten. Durch diesen Abschluss auf der persönlichen Ebene wird die Handlungsfähigkeit der Beteiligten wieder hergestellt und eine weitere konstruktive Zusammenarbeit ermöglicht. Die Beseitigung des Konflikts muss nicht endgültig sein. Es besteht die Gefahr, dass ein Konflikt später wieder auflebt.

Mediation als Mittel der Konfliktbewältigung

In vielen Konflikten scheitern alle Versuche zwischen den Parteien, den Konflikt in gemeinsamen Gesprächen zu beseitigen. In diesen Fällen kann die Mediation das einzig hilfreiche Mittel zur Beendigung des Konflikts darstellen.

DEFINITION

Bei der **Mediation** handelt es sich um ein Konfliktlösungsverfahren unter Einschaltung eines professionellen, am Konflikt unbeteiligten Dritten, des sogenannten Mediators, der die Parteien durch den Konflikt leitet und begleitet und auf einen konstruktiven, gemeinschaftlichen Umgang der Konfliktparteien miteinander achtet und vermittelt.

Ziel der Mediation

Mit der Mediation soll der Konflikt so gelöst werden, dass alle Konfliktparteien als Gewinner aus dem Konflikt hervorgehen. Es ist also eine Art geführte Kooperationsstrategie.

Anwendungsgebiete der Mediation

Viele Konflikte können durch die Beteiligten selbst beseitigt werden, jedoch ist fraglich, ob das Ergebnis ähnlich positiv wie beim Mediationsverfahren ausfallen würde. Es sollte z.B. dann angestrebt werden, wenn

- der Konflikt aufgrund persönlicher Aspekte nicht mehr durch Diskussionen beseitigt werden kann,

- eine Lösung gesucht wird, bei der beide Konfliktparteien auch nach dem Konflikt ihr Ansehen behalten,
- der Konflikt unabhängig und fair gelöst werden soll,
- eine zukünftige Zusammenarbeit oder sogar ein Zusammenleben der Konfliktparteien durch die Konfliktlösung ermöglicht werden soll oder muss,
- eine gerichtliche Auseinandersetzung vermieden werden soll.

Ablauf der Mediation

Die Konfliktparteien suchen – nach Möglichkeit gemeinsam – einen unabhängigen Dritten, einen Mediator, mit dem Ziel, gemeinsam eine kooperative Konfliktlösung zu erreichen. Der Konflikt wird dem Mediator von den Konfliktparteien geschildert. Anschließend wird in einer oder mehreren Mediationssitzungen nach einer gemeinsamen Lösung gesucht. Während der Sitzungen bleibt der Mediator zu jederzeit unabhängig. Er leitet das Mediationsgespräch und bringt eigene Lösungsvorschläge und -wege in den Prozess der Lösungsfindung ein. Am Ende des Verfahrens steht häufig eine für alle Beteiligten verbindliche Mediationsvereinbarung. In diesem Schriftstück werden die gefundene Lösung und die getroffenen Vereinbarungen schriftlich fixiert und für alle festgehalten.

Vorteile der Mediation

Das Einschalten eines Mediators hilft meist, eine (weitere) Eskalation des Konflikts zu vermeiden, da er als Vermittler neben inhaltlich-rechtlichen Aspekten auch persönliche Aspekte beim Lösungsprozess berücksichtigt. Er kann falschem Konflikt(-lösungs-)verhalten entgegenwirken und für gegenseitiges Verständnis werben. Dies kann eine weitere produktive Zusammenarbeit der Konfliktparteien ermöglichen/vereinfachen.

Durch die professionelle Begleitung werden in der Regel bessere, konstruktive, nachhaltige, positive Ergebnisse erzielt, als wenn die Konfliktparteien auf sich allein gestellt sind. Auch dies ist wichtig für die Beilegung des Konflikts.

Eine Mediation ist zudem kostengünstiger als ein gerichtliches Verfahren, das durch die Mediation vermieden werden kann.

Und schließlich eignet sich eine Mediation auch für die Bewältigung von Konflikten, die nicht vor Gericht verhandelt werden können.

BEISPIEL

In einer Abteilung herrscht schlechte Stimmung. Die Angestellten reden aus persönlichen Gründen nicht mehr miteinander. Die Ursache für den Konflikt kann nicht mehr gefunden werden. Es scheinen viele kleine Konfliktherde zu der festgefahrenen Situation geführt zu haben. Allerdings ist eine Abstimmung der Teammitglieder für die alltägliche Arbeit unabdingbar und daher muss der Konflikt beseitigt werden, um eine zukünftige effektive Zusammenarbeit zu gewährleisten.

Ein gerichtliches Vorgehen scheidet aus, da keine Partei einen Anspruch hat, der gerichtlich durchgesetzt werden könnte. Der Weg in die Mediation ist jedoch offen. Mithilfe eines Mediators findet ein professionell geführtes Konfliktgespräch statt, in dem alle Parteien die Gründe für den Konflikt offenlegen. Es wird eine gemeinsame Lösung zur Beseitigung des Konflikts erarbeitet und schriftlich festgehalten, mit der alle Parteien zufrieden sind und die sie auch unterschreiben.

AUFGABEN

1. Erläutern Sie unter Verwendung eines geeigneten Beispiels den Begriff **Konflikt**.
2. Erklären Sie, wie Konflikte entstehen können
   a) mithilfe des **Eisbergmodells**,
   b) mithilfe des Modells **Rabattmarken sammeln**.
3. Geben Sie ein Ihnen bekanntes Beispiel für:
   a) einen Zielkonflikt
   b) einen Rollenkonflikt (Geben Sie auch an, ob es sich um einen Intra- oder Inter-Rollenkonflikt handelt.)
   c) einen Wertekonflikt
   d) einen Beziehungskonflikt
4. Geben Sie begründet an, welche der genannten Konfliktarten im Berufsleben typisch sind.
5. Erläutern Sie begründet anhand eines eigenen Beispiels, warum die Konfliktvermeidungsstrategie keine optimale Strategie zur Konfliktbewältigung darstellt.
6. Begründen Sie, warum bei der Konfliktbewältigung die Kooperationsstrategie der Kompromissstrategie vorgezogen werden sollte.
7. Beschreiben Sie die Vorteile, die sich ergeben, wenn eine Konfliktpartei im Konfliktgespräch ICH-Botschaften verwendet.
8. Überlegen Sie sich eine DU-Botschaft, die Sie häufiger in Konfliktsituationen verwenden oder hören. Formulieren Sie diese DU-Botschaft als ICH-Botschaft mit allen Bestandteilen.
9. Beschreiben Sie das Modell der kooperativen Konfliktbewältigung mit eigenen Worten und geben Sie an, welche Konfliktbewältigungsstrategie durch dieses Modell umgesetzt werden soll.
10. Beschreiben Sie das Mediationsverfahren mit eigenen Worten.
11. Denken Sie darüber nach, wann Ihnen im (beruflichen) Alltag Konflikte begegnet sind. Analysieren Sie einen Konflikt, indem Sie die folgenden Fragen schriftlich beantworten.
    a) Welche Ihrer Bedürfnisse oder Interessen wurden in der Entstehung dieses Konflikts nicht erfüllt?
    b) Welche Bedürfnisse oder Interessen der anderen Konfliktpartei wurden in der Entstehung dieses Konflikts nicht erfüllt?
    c) Wie wurde deutlich, dass ein Konflikt vorliegt?
    Wenn Sie dazu bereit sind, stellen Sie den Konflikt vor der Klasse vor.
12. Finden Sie sich in Gruppen zusammen und tauschen Sie sich über Ihre Erfahrungen mit Konflikten (im Berufsleben) aus. Wählen Sie in der Gruppe einen Konflikt aus und bereiten Sie sich darauf vor, diesen Konflikt im Rahmen eines Rollenspiels vor der Klasse zu präsentieren. Beachten Sie die Konfliktbewältigungsstrategien und die Regeln für das Verhalten im Konflikt bei Ihren Vorbereitungen.
13. Denken Sie an einen Konflikt aus Ihrem (beruflichen) Alltag und beantworten Sie folgende Fragen schriftlich.
    a) Welche Konfliktbewältigungsstrategie haben Sie gewählt?
    b) Haben Sie diese Strategie bewusst oder unbewusst gewählt?
    c) Worin lagen Ihre Vor- und Nachteile der gewählten Konfliktbewältigungsstrategie in diesem Konflikt?
    d) Worin lagen die Vor- und Nachteile der gewählten Konfliktbewältigungsstrategie für die andere Konfliktpartei?
    e) Würden Sie sich wieder für diese Konfliktbewältigungsstrategie entscheiden? Wenn ja, warum? Wenn nein, geben Sie begründet an, welche Strategie Sie wählen würden.
    Wenn Sie dazu bereit sind, stellen Sie den Konflikt und Ihre Antworten der Klasse kurz auf einem Plakat vor.
14. Finden Sie mit der gesamten Klasse eine mögliche Konfliktsituation aus dem beruflichen Alltag und halten Sie sie für alle sichtbar an der Tafel fest.
    Arbeiten Sie anhand dieses Konflikts nun in sechs gleich großen Gruppen das Modell der kooperativen Konfliktbewältigung durch. Jede Gruppe erarbeitet eine Phase des Modells. Halten Sie Ihre Überlegungen schriftlich fest und bereiten Sie sich darauf vor, Ihre Ergebnisse gemeinsam vor der Klasse zu präsentieren.

ZUSAMMENFASSUNG

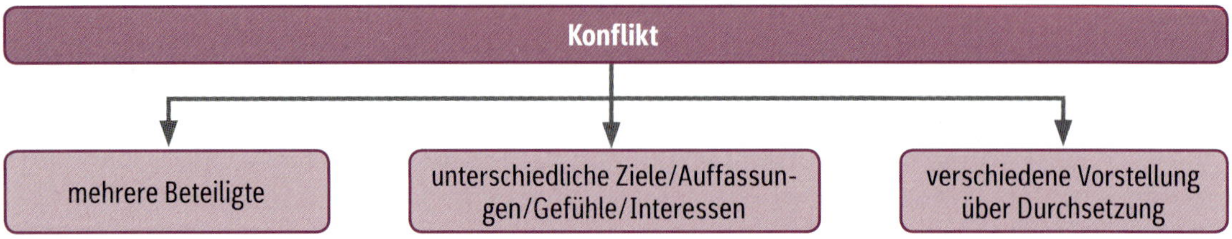

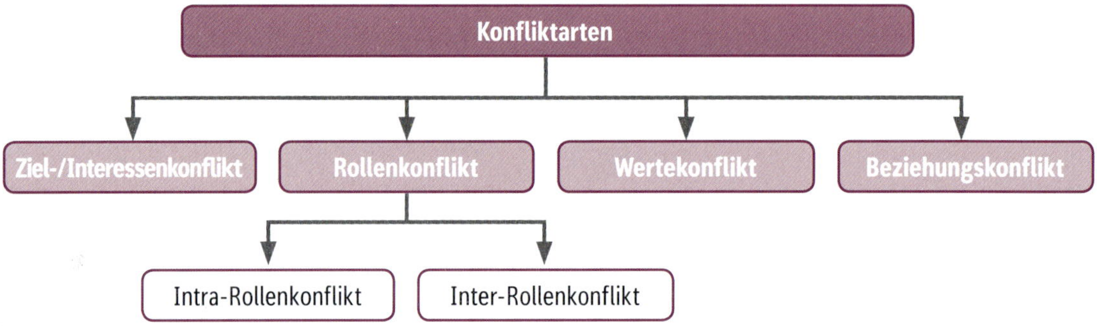

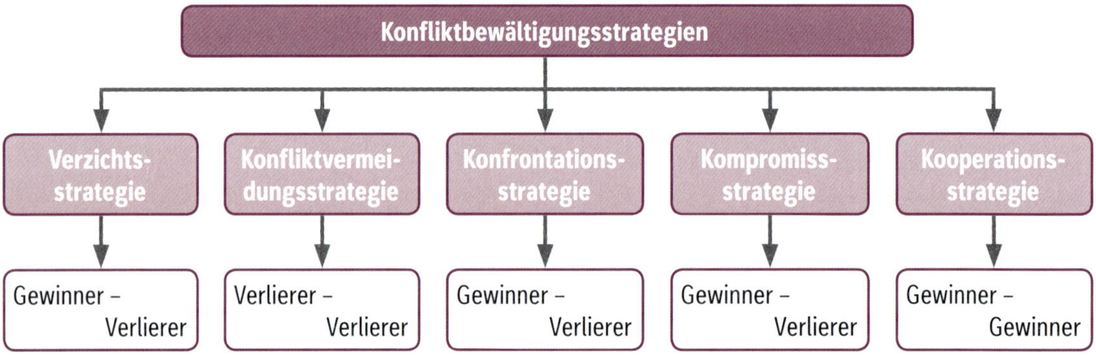

14.5 TEAMARBEIT

In der Mittagspause stehen Volkan Karaca, Katarzyna Lindemann, Dominik Schlote und Carolin Saager zusammen und unterhalten sich über die Tätigkeiten in ihrem Praktikumsbetrieb.

Auf einmal kommt Frau Schneider, die Praktikumsbetreuerin, dazu und spricht sie an:

Frau Schneider:
„Ah, guten Tag, schön, dass ich Sie alle zusammen hier treffe."

Alle:
„Guten Tag, Frau Schneider."

Frau Schneider:
„Ich habe ein kleines Attentat auf Sie vor."

Carolin Saager:
„Ja, was gibt es denn?"

Frau Schneider:
„Traditionell ist es bei uns so, dass das Sommerfest von den Praktikanten geplant, organisiert und durchgeführt wird. Und da passt es ja, dass Sie hier gerade zusammen stehen. Es ist sozusagen Ihr Teamprojekt! "

Dominik Schlote:
„Oh, da haben wir ja sicherlich einige Dinge vorzubereiten."

Frau Schneider:
„Ja, aber keine Angst. Sie erhalten von mir einen Ordner mit den Belegen vom letzten Jahr. Da können Sie sehen, was bestellt wurde. Sie sollten sich aber schon ein Motto für die Feier überlegen und sich zum Beispiel Gedanken machen, wo wir die Feier stattfinden lassen."

Volkan Karaca:
„Gibt es einen Ansprechpartner, an den wir uns wenden können, wenn Fragen auftreten?"

Frau Schneider:
„Ja, aber natürlich. Organisatorische und finanzielle Fragen kann ich Ihnen beantworten. Aber bitte bedenken Sie, dass nicht ich, sondern Sie das Fest planen sollen. Kommen Sie doch einfach nach der Mittagspause in meinem Büro vorbei und holen Sie sich den Ordner des letzten Jahres ab."

Frau Schneider verlässt die vier Praktikanten.

Katarzyna Lindemann:
„Was meint Ihr? Wie wollen wir jetzt vorgehen?"

Beim Sommerfest sind auch die Kinder der Beschäftigten willkommen.

1. *Geben Sie an, welche Aspekte die Praktikanten bei der Planung des Sommerfests bedenken müssen.*
2. *Ab welchem Zeitpunkt sind die Praktikanten ein Team?*
3. *Überlegen Sie sich charakteristische Merkmale, an denen ein Team erkannt werden kann.*

INFORMATION

Teambegriff und Grundlagen

In jedem Unternehmen sowie im schulischen und privaten Bereich wird häufig von Teamarbeit gesprochen. Es gibt Teams für bestimmte Tätigkeiten in Unternehmen, in der Schule oder auch im Sport (z.B. Klassenteams, Leitungsteams, Fachteams, Projektteams usw.). Doch was macht ein Team eigentlich aus?

In dem Einführungsbeispiel standen die Praktikanten zunächst nur lose in einer Gruppe zusammen. In diesem Moment würde noch niemand auf die Idee kommen, dass die vier Jugendlichen ein Team darstellen. Doch das ändert sich, als sie eine Aufgabe bekommen, die sie in kooperativer Zusammenarbeit lösen müssen. Aus den vier jungen Leuten wird ein Team.

DEFINITION

Ein **Team** ist eine Gruppe von Menschen, die unter koordinierter Anwendung ihres fachlichen Wissens und ihrer Fähigkeiten eine gemeinsame Aufgabe/ein Problem über einen gewissen Zeitraum bearbeitet/löst.

Es ist also ein Unterschied, ob in einer Gruppe jeder die gleiche Aufgabe bearbeitet oder ob mehrere Personen als Team gemeinsam auf ein Ziel hinarbeiten.

Dadurch, dass mehrere Leute gemeinsam als Team mit einer Aufgabe betraut werden, können viele Vorteile entstehen. Die Teammitglieder sind gemeinsam für das Ergebnis verantwortlich, auch wenn es im Arbeitsleben häufig einen Teamleiter gibt, der mit der Koordination und Führung des Teams betraut ist. Im Team ist es möglich, die Stärken aller Teammitglieder bestens zu nutzen und gleichzeitig Schwächen von einzelnen Teammitgliedern als Team aufzufangen. Durch eine effiziente Rollen- und Aufgabenverteilung können Aufgaben in Teams schneller bearbeitet werden und durch die Betrachtung des Ergebnisses im Team werden Fehler frühzeitig verhindert.

Doch falsch ausgeführte Teamarbeit kann auch zu Nachteilen führen. Sobald nicht alle Teammitglieder ein gemeinsames Interesse an einem guten Arbeitsergebnis haben, kann es passieren, dass sich einzelne Teammitglieder „zurücklehnen", sich auf die anderen verlassen und ihre Arbeitskraft nicht in das Ergebnis einbringen. Daher wird Team von vielen Leuten auch übersetzt mit den Worten „Toll, ein anderer macht`s". Um diese ineffiziente Form der Teamarbeit zu vermeiden, muss man sich

- Sinn und Zweck der Teamarbeit bewusst machen,
- Kenntnisse über die Entwicklung von Teams und mögliche Rollen in Teams aneignen.

Natürlich kann ineffiziente Teamarbeit auch dadurch verhindert werden, dass das geforderte Ergebnis für alle Teammitglieder von großer beruflicher oder privater Bedeutung ist oder dass hoher Leistungsdruck auf das Team ausgeübt wird. Doch im Optimalfall sollten alle Teammitglieder auch ohne Druck von außen Interesse an einem guten Arbeitsergebnis und Spaß an der Teamarbeit haben.

Phasen der Teamentwicklung

In der Ausgangssituation zu diesem Kapitel wird von Frau Schneider als Vorgesetzter ein Team ernannt. Die Teammitglieder kennen sich, aber das heißt nicht, dass sofort ein funktionierendes Team existiert.

Teams entwickeln sich im Laufe ihrer Zusammenarbeit immer weiter. Dieser ständige Entwicklungsprozess ist ein Argument für den Einsatz von Teamarbeit, da davon ausgegangen wird, dass Teams in der Regel positive Entwicklungen nehmen.

Im Jahr 1965 entwickelte Bruce Tuckman ein Modell, das beschreibt, wie sich Teams im Laufe ihrer Zusammenarbeit entwickeln. Tuckman beschreibt vier Phasen der Teamentwicklung. Auch heute wird dieses Modell für die Erläuterung von Teamentwicklungsprozessen herangezogen.

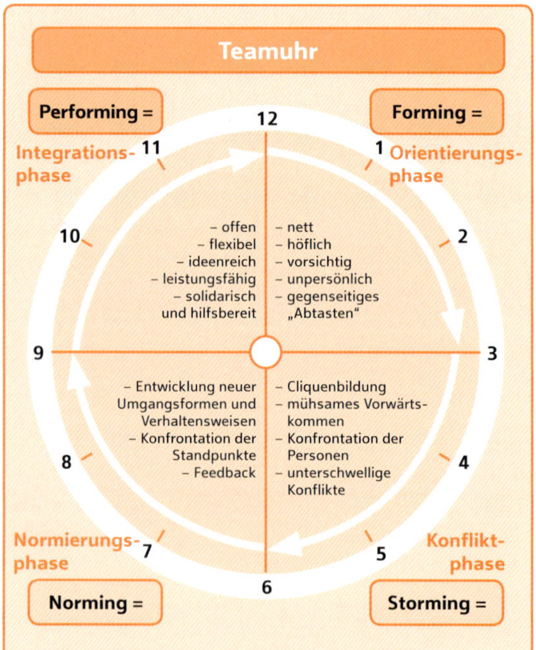

nach B. W. Tuckman, Teamphasenmodell, CDEF

4-Phasen-Modell der Teamentwicklung nach Bruce W. Tuckman	
Phase	**Inhalte**
1. Forming (Orientierungsphase)	In dieser Phase trifft das Team neu zusammen. Die Mitglieder sind zunächst noch unsicher. Sie lernen sich kennen und gehen entsprechend höflich und distanziert miteinander um. Die Motivation ist in diesem frühen Stadium der Teamentwicklung hoch. Es besteht aber noch keine Beziehung zwischen den Teammitgliedern. Stärken und Schwächen der einzelnen Personen sind noch nicht bekannt. Auf der Arbeitsebene werden erste Vorstellungen und Ziele gesammelt.
2. Storming (Konfliktphase)	In der zweiten Phase der Teamentwicklung tauschen die Mitglieder des Teams ihre Vorstellungen darüber aus, wie sie an die gemeinsame Aufgabe herangehen, in welcher Reihenfolge die Arbeitsschritte erledigt werden sollen und wie das Arbeitsergebnis aussehen soll. Es entstehen Machtkämpfe, da jedes Mitglied seine Vorstellungen durchsetzen und seine Position im Team sichern möchte. In dieser Phase können Teams scheitern, wenn die auftretenden Konflikte zu stark sind. Nimmt ein Mitglied die Rolle des Moderators ein, können die Machtkämpfe eingegrenzt und Konflikte vermieden werden.
3. Norming (Normierungsphase)	Das Team entscheidet sich für eine gemeinsame Vorgehensweise und erlegt sich Regeln auf, wie miteinander gearbeitet wird. Die Rollen, Arbeitspakete und Arbeitsschritte sind verteilt. Mögliche Konflikte werden thematisiert und beseitigt. Die Teammitglieder diskutieren auch über gegensätzliche Standpunkte offen miteinander. Die Machtkämpfe sind beseitigt und das Team widmet sich nun verstärkt der gemeinsamen Aufgabe.
4. Performing (Integrationsphase)	Dies ist die Teamentwicklungsphase mit der höchsten Produktivität und Effektivität. Die Stärken der einzelnen Teammitglieder werden aufgrund der vorherigen Rollenverteilung genutzt. Das Team kooperiert und harmoniert. Die Mitglieder helfen sich gegenseitig und arbeiten rollenkonform und zielstrebig auf ein möglichst gutes Arbeitsergebnis hin.

Natürlich laufen Teamentwicklungsprozesse nicht immer nach einem starren Schema ab. Dazu sind die Voraussetzungen, unter denen Teams zusammengestellt werden, viel zu unterschiedlich.

BEISPIEL

- Menschen sind unterschiedlich und verhalten sich unterschiedlich. Daher kann es kein allgemeingültiges Schema für Teamentwicklungsprozesse geben.
- Die Teammitglieder kennen sich schon, bevor sie eine gemeinsame Aufgabe erhalten und zum Team werden.

Es kommt auch vor, dass Phasen der Teamentwicklung nicht klar voneinander abzugrenzen sind oder gar parallel ablaufen können.

Rollen in Teams

In der Arbeitswelt sollte – wenn möglich – sorgfältig auf die Zusammenstellung von Teams geachtet werden. Im besten Fall ist das Team von vornherein so gestaltet, dass jedes Mitglied Stärken hat, die mögliche Schwächen von anderen Mitgliedern auffangen können.

Es ist dabei auch zu beachten, dass jedes Teammitglied eine eigene Strategie hat, wie es sich im Team verhält und welche Rolle es einnimmt. Dies ist darin begründet, dass alle Menschen unterschiedlich in ihren Erfahrungen und Charaktereigenschaften sind. Doch diese Unterschiede sind für Teams keineswegs nachteilig. Vielmehr kann genau in der Verschiedenheit der Teammitglieder die große Stärke eines Teams liegen. Durch sie fließen unterschiedliche Sicht- und Arbeitsweisen in die Teamarbeit ein, was die Qualität des Arbeitsergebnisses bei richtiger Vorgehensweise im Team steigert.

Aufgrund seiner individuellen Vorzüge nimmt jedes Teammitglied die zu ihm passende Rolle im Team ein. Hierfür ist es wichtig, dass im Team eine große Toleranz herrscht. Mitglieder, die anders denken, anders aussehen oder vielleicht eine geistige oder körperliche Einschränkung haben, sind selbstverständlich gleichwertige Teammitglieder, die ihre persönlichen Stärken hervorragend in die Gruppe einbringen können. Auf solche Teammitglieder muss gegebenenfalls Rücksicht genommen werden. Mithilfe der Unterstützung des Teams werden diese Mitglieder dann zu wertvollen Beiträgern im Arbeitsprozess.

Im Rahmen seiner Forschungen ist der englische Sozialwissenschaftler Meredith Belbin zu dem Ergebnis gekommen, dass Teams dann am besten zusammenarbeiten, wenn sie aus einer Vielzahl unterschiedlicher Charaktere bestehen. Er unterteilt die Teammitglieder in drei Hauptgruppierungen mit jeweils drei Charakteren und geht davon aus, dass ein Team am effektivsten zusammenarbeitet, wenn alle Rollen vertreten sind.

Im Einzelnen gibt es demnach folgende Rollen:

- handlungsorientierte Personen
  - Macher
  - Perfektionist
  - Umsetzer
- wissensorientierte Personen
  - Spezialist
  - Beobachter
  - Erfinder
- Menschen-(Kommunikations-)orientierte Personen
  - Wegbereiter
  - Koordinator
  - Teamarbeiter

Faktoren eines erfolgreichen Teams

Eine effiziente Zusammenarbeit im Team wird nicht nur dadurch gewährleistet, dass bei der Zusammenstellung des Teams darauf geachtet wird, dass die Fähigkeiten der Mitglieder zusammenpassen und dass Teamrollen nach Möglichkeit besetzt werden. Darüber hinaus ist es wichtig, dass Teammitglieder Faktoren für erfolgreiche Teamarbeit kennen und sich stets vor Augen führen. Solche Faktoren können von vielen Umständen abhängen. Mögliche Faktoren sind:

Erfolgsfaktor	Inhalte
Regeln einhalten	Wenn nötig, sollten Kommunikationsregeln aufgestellt werden, die eine effiziente und vielseitige Diskussion im Team ermöglichen.
Zielstrebigkeit und Engagement	Teammitglieder sollten stets das gemeinsame Ziel vor Augen haben und engagiert auf eine optimale Zielerreichung hinarbeiten.
offene Kommunikation	Persönliche und sachliche Probleme müssen sofort angesprochen und diskutiert werden, um die Entstehung von Konflikten zu vermeiden.
Verantwortung übernehmen	Teammitglieder müssen im Rahmen ihrer Aufgabengebiete den Mut haben, Verantwortung zu übernehmen.
Kritikfähigkeit	Berechtigte Kritik muss jederzeit erlaubt sein und professionell entgegengenommen werden.
Ideen aufnehmen	Die Ideen von sämtlichen Teammitgliedern müssen gehört werden, um ein optimales Arbeitsergebnis zu erzielen.

AUFGABEN

1. Geben Sie mit eigenen Worten an, worin der Unterschied zwischen einer Gruppe und einem Team liegt.
2. Erstellen Sie einen Überblick über die Vorteile und die möglichen Nachteile von Teamarbeit.
3. Finden Sie aus Ihrem (beruflichen) Arbeitsalltag ein Beispiel für erfolgreiche Teamarbeit. Beschreiben Sie die Abläufe und geben Sie an, warum die Teamarbeit in Ihrem Beispiel sinnvoll und erfolgreich ist.
4. Erinnern Sie sich an Situationen, in denen Sie in Teams gearbeitet haben. Geben Sie an, warum die Teamarbeit nicht optimal verlaufen oder sogar gescheitert ist, und entwickeln Sie Vorschläge, wie das Scheitern von Teamarbeit verhindert werden kann.
5. Beschreiben Sie ein Beispiel aus Ihrer Erfahrung mit Teamarbeit, aus dem die möglichen Probleme in der Storming-Phase der Teamentwicklung deutlich werden. Sollte Ihnen kein geeignetes Beispiel einfallen, überlegen Sie sich Probleme, die auftreten könnten.
6. Beschreiben Sie mit eigenen Worten, warum ein Team erfolgreicher wird, wenn es sich aus vielen unterschiedlichen Charakteren zusammensetzt.
7. Bilden Sie Teams mit maximal 12 Personen. Stellen Sie sich innerhalb der Teams einander nah gegenüber. Strecken Sie Ihre Zeigefinger auf Brusthöhe aus. Nun legt der Spielleiter einen Zollstock auf die Zeigefinger. Alle Zeigefinger von allen Gruppenmitgliedern müssen den Zollstock zu jedem Zeitpunkt berühren. Ihre Aufgabe ist es, den Zollstock möglichst schnell auf den Boden zu legen. Dabei muss der Zollstock stets auf allen Zeigefingern der Teammitglieder aufliegen. Er darf nicht runtergedrückt

werden. Ein Verstoß führt dazu, dass Sie wieder auf Brusthöhe beginnen müssen. Während des gesamten Spiels darf nicht geredet werden.

a) Geben Sie an, ob Sie als Team die Teamentwicklungsphasen durchlaufen haben.

b) Geben Sie an, was während der Teamarbeit gut geklappt hat und wo die Probleme lagen.

ZUSAMMENFASSUNG

Phasen der Teamentwicklung nach Bruce W. Tuckman (1965)

1. Forming → 2. Storming → 3. Norming → 4. Performing

Rollen in Teams

- **handlungsorientierte Personen**
  - Macher
  - Umsetzer
  - Perfektionist
- **Menschen-(Kommunikations-) orientierte Personen**
  - Koordinator
  - Teamarbeiter
  - Wegbereiter
- **wissensorientierte Personen**
  - Spezialist
  - Beobachter
  - Erfinder

14.6 ORIENTIERUNG IM NEUEN UNTERNEHMEN

Christina Martin hat ihren ersten Tag in der Abteilung hinter sich. Kurz vor Feierabend kommt ihre Ausbildungsleiterin, Frau Wichmann, zu ihr.

Christina Martin:
„Hallo Frau Wichmann!“

Julia Wichmann:
„Na, Christina, wie geht es Ihnen so nach Ihrem ersten Tag in der Abteilung?“

Christina Martin:
„Ich glaube, ich bin sonst nicht auf den Kopf gefallen, aber heute bin ich doch etwas verunsichert: So viel Neues auf einmal ...!“

1. *Führen Sie Gründe auf, warum Christina Martin an ihrem ersten Tag in der Abteilung verunsichert ist.*
2. *Machen Sie Vorschläge, wie Christina Martin sich möglichst schnell an ihrem Arbeitsplatz zurechtfinden kann.*

INFORMATION

Orientierungsschwerpunkte der ersten Arbeitstage

Die ersten Tage in einem neuen Unternehmen werden oft als sehr schwierig empfunden:

- Das gesamte Unternehmen ist unbekannt. Das betrifft sowohl den Aufbau des Betriebs als auch die Hierarchie und die Stellung bzw. die Aufgaben der Abteilungen.
- Unternehmen haben häufig eine eigene Unternehmensphilosophie, nach der sie und die Beschäftigten handeln.
- Die unternehmenseigenen Arbeitsabläufe sind noch nicht vertraut.
- Auszubildende kannten bisher nur die Schule, jetzt sind sie in einer neuen Welt. Mit dem Eintritt in ein Unternehmen gelten bestimmte Regeln, die für die Arbeit am Arbeitsplatz unerlässlich sind.

Der erste Eindruck, den ein neuer Mitarbeiter oder eine neue Mitarbeiterin macht, ist besonders wichtig: Er wirkt sich darauf aus, wie man zukünftig im Unternehmen wahrgenommen wird. Auf diese ersten Tage sollte man gut vorbereitet sein. Je schneller Auszubildende die Unsicherheit der ersten Tage ablegen, desto erfolgreicher wird die Ausbildungszeit werden.

Folgende Punkte sollten daher so früh wie möglich geklärt werden:

- Wie verhält man sich – gerade in den ersten Tagen – erfolgreich am Arbeitsplatz?
- Welche Strukturen und Besonderheiten kennzeichnen das Unternehmen?

Verhalten am neuen Arbeitsplatz

Tritt ein Auszubildender in ein Unternehmen ein, muss er sich klarmachen, dass dort die Regeln der Arbeitswelt gelten. Manche sind zwar schon aus der Schule bekannt, viele sind jedoch neu:

- **Kleidung**
  Wer ernst genommen werden möchte, muss sich angemessen und der Unternehmenskultur entsprechend kleiden.
- **Siezen**
  Grundsätzlich beginnt der erste Kontakt im Geschäftsleben mit dem „Sie“. Wenn in einigen Abteilungen das „Du“ üblich ist, wartet man, bis es einem offiziell angeboten wird.
- **Ordnung**
  Ein ordentlicher Arbeitsplatz signalisiert Übersicht und Verantwortungsgefühl.
- **Einsatzfreude**
  Gerade von neuen Arbeitskräften wird viel Engagement erwartet.
- **Pünktlichkeit**
  Die Einsatzbereitschaft neuer Beschäftigter wird von Kollegen und Vorgesetzten auch an der Pünktlichkeit gemessen. Dies gilt nicht nur für den Beginn der Arbeitszeit, sondern auch für betriebsinterne Termine wie z. B. Besprechungen.
- **Mut zum Fragen**
  Zwar will man oft beweisen, dass man die richtige Person für den Ausbildungsplatz ist. Aber in der Ausbildung – und gerade zu Beginn der Ausbildungszeit – ist es wichtig und ein Zeichen von Interesse, Fragen zu stellen und so Fehler zu vermeiden. Gerade am Anfang kann man im Unternehmen noch nicht alles richtig machen.
- **Höflichkeit**
  Eine Selbstverständlichkeit ist die Höflichkeit: Sie sorgt für einen angenehmen und rücksichtsvollen Umgang, wenn Menschen aufeinandertreffen. Zudem ist sie ein Ausdruck von Respekt gegenüber dem anderen.

BEISPIEL

Dominik Schlote wird von allen in der Abteilung, aber auch von vielen im Privatleben als höflich empfunden:

- Er grüßt andere und verabschiedet sich von ihnen.
- Andere Personen werden von ihm nicht in peinliche Situationen oder in Verlegenheit gebracht.
- Er bedankt sich, fordert aber selbst keinen Dank ein.
- Mit anderen spricht er in einer angemessenen Form. Er verwendet weder Slang noch Schimpfwörter.
- In der Straßenbahn bietet er älteren Menschen oder Frauen mit Kindern seinen Sitzplatz an.

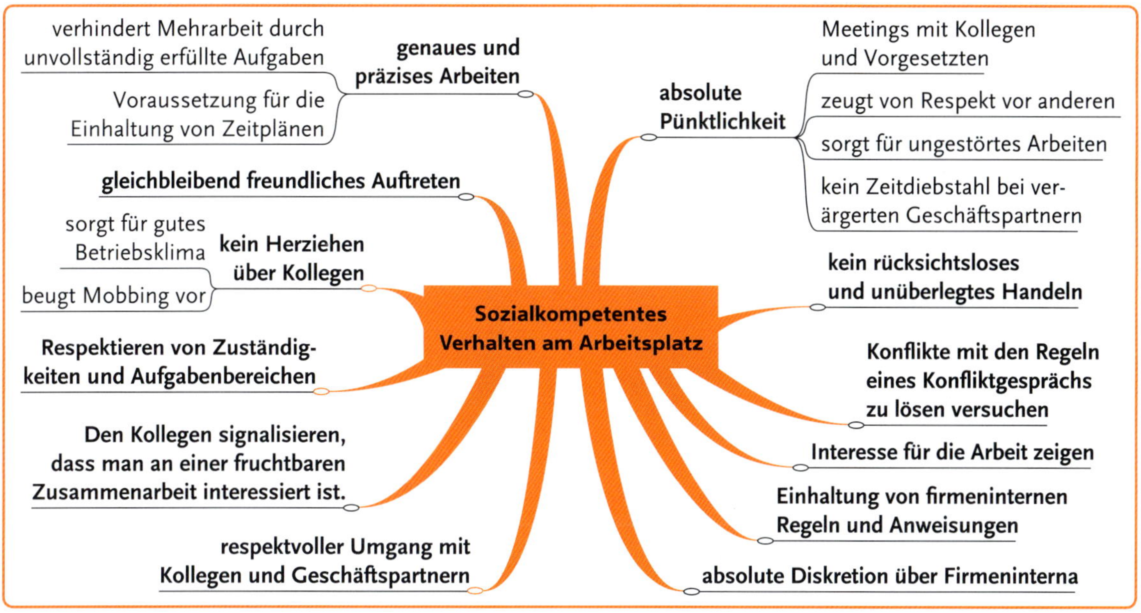

Immer höflich sein!

Wenn sich neue Mitarbeitende nicht vorstellen und die anderen auch nicht grüßen, empfinden das viele Kolleginnen und Kollegen als unhöflich und sogar respektlos. Es gibt aber viele weitere Verstöße gegen das Gebot der Höflichkeit, die die gute Zusammenarbeit in den Abteilungen stören.

„Man freut sich, wenn man freundlich behandelt wird, egal ob dies ein Kunde, ein Lieferant oder eine Mitarbeiterin ist", sagt Barbara Bremer, Personalchefin einer Großhandlung. „Mit höflichem Verhalten kann man nur gewinnen. Dieses bekommt man dadurch oft auch zurück", führt sie weiter auf. Sie hat schon oft erlebt, in welchem Ausmaß unhöfliches Verhalten die Gesprächspartner enttäuscht und frustriert und die geschäftlichen und zwischenmenschlichen Beziehungen langfristig belastet.

Erkundung des neuen Unternehmens

Um das eigene Interesse am Unternehmen zu verdeutlichen, sollten neue Arbeitskräfte und Auszubildende so viel Wissen wie möglich über das Unternehmen in Erfahrung bringen. In den ersten Tagen müssen dazu sehr viele Informationen gesammelt werden:

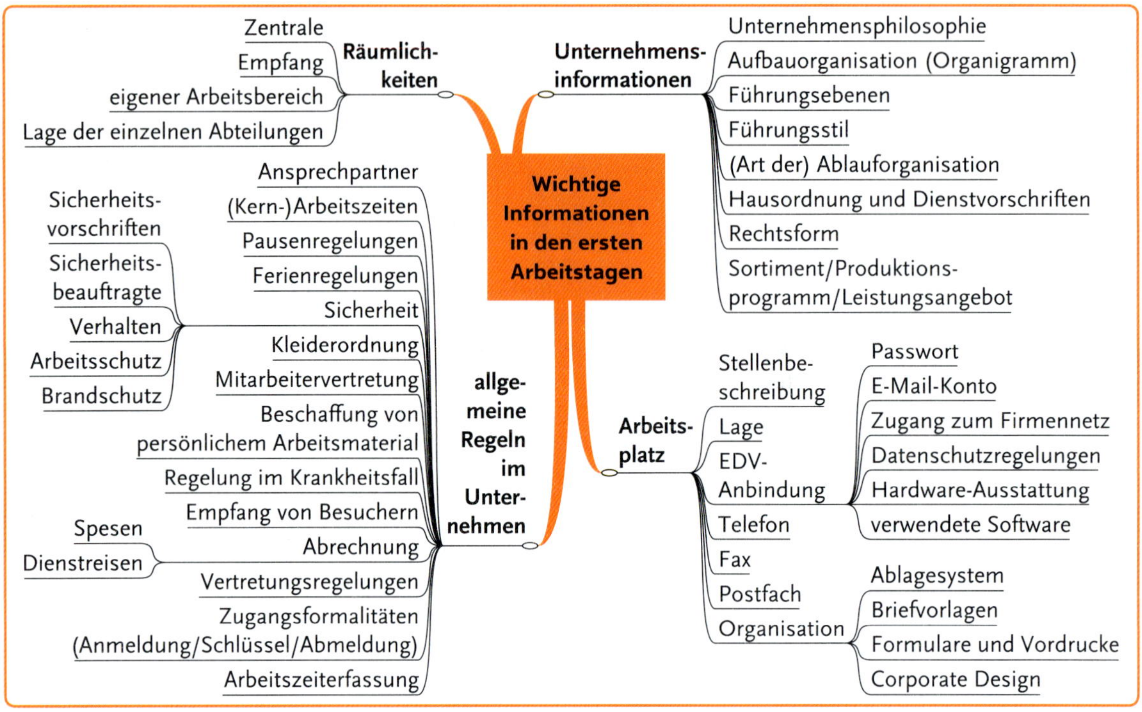

Besonders wichtige Fragen

Ein besonderes Augenmerk muss auf die Beantwortung der folgenden Fragen gelegt werden.

Wie ist das Sortiment/Produktionsprogramm/Leistungsangebot des Unternehmens?

Das Unternehmen lebt vom reibungslosen Angebot und Absatz seiner Produktpalette. Daher sollte ein neuer Mitarbeiter die Produktpalette so schnell wie möglich kennenlernen.

Welche Informationen werden benötigt, um sofort mit der Arbeit am Arbeitsplatz loslegen zu können?

Als Erstes ist die direkte Umgebung des Arbeitsplatzes zu erkunden.

BEISPIEL

Für einen erfolgreichen Start am Arbeitsplatz klärt Christina Martin erst einmal:

- Wie werden Postein- und -ausgänge gehandhabt?
- Wie wird die Post verteilt?
- Wie funktioniert die Telefonanlage?
- Wie meldet man sich am Telefon?
- Wer ist für welche Unterschriften zuständig?
- Woher bekommt man Formulare und anderes Büromaterial?
- Wo befinden sich Arbeitsunterlagen, auf die jeder zugreifen können muss?
- Wo sind Kopierer und Faxgerät?

Wie ist die Aufbauorganisation im Unternehmen gestaltet?

Unter der Aufbauorganisation versteht man die hierarchische Struktur eines Unternehmens. Unternehmen können unterschiedlich aufgebaut sein. Erfolgt eine Abteilungsbildung nach im Unternehmen vorkommenden Tätigkeiten (z. B. Einkauf, Produktion, Lager, Verkauf), liegen **Liniensysteme** vor.

- Um ein **Einliniensystem** handelt es sich, wenn jeder Untergebene einen direkten Vorgesetzten hat.
- Im **Mehrliniensystem** dagegen kann jeder Untergebene bei der Lösung einer Aufgabe Weisungen von unterschiedlichen Vorgesetzten bekommen, je nachdem, zu welchem Bereich die Aufgabe gehört.
- Eine Mischform ist das **Stabliniensystem.** Dies ist ein Einliniensystem, das durch Stabsstellen erweitert wurde, die keine Weisungsbefugnis haben, aber beraten dürfen.

BEISPIEL

Die Hoffmann KG ist ein Stabliniensystem. Dies kann Carolin Saager dem Gesamtstellenplan entnehmen. Herr Frank als Sachbearbeiter im Rechnungswesen hat als direkte Vorgesetzte nur Frau Bertram als Abteilungsleiterin. Diese wiederum hat als direkten Vorgesetzten nur Michael Hoffmann. Herr Mitschke von der Stabsstelle Organisation/EDV darf sie beraten, ist aber nicht weisungsbefugt.

Wie ist die Unternehmensphilosophie?
Immer mehr Unternehmen sehen einen direkten Zusammenhang zwischen der Zufriedenheit der Kunden und einer erfolgreichen Geschäftstätigkeit. Sie setzen daher konsequent auf eine kundenorientierte Unternehmensausrichtung.

Im Rahmen der **Kundenorientierung** versucht ein Unternehmen, alle Kundenerwartungen zunächst zu ermitteln und zu analysieren. Anschließend wird versucht, diese mit den betrieblichen Leistungen weitgehend zu erfüllen, um langfristig stabile und vorteilhafte Beziehungen zu den Kunden aufzubauen.

Nach welchem Prinzip werden betriebliche Abläufe gestaltet?
In der herkömmlichen Ablauforganisation wird eine Aufgabe von verschiedenen Abteilungen (z. B. personell) getrennt bearbeitet. Da hier niemand die Verantwortung für den Gesamtprozess hat, führt dies oft zu Problemen.

Ist das Unternehmen dagegen an **Geschäftsprozessen** ausgerichtet, bearbeitet beispielsweise eine Person abteilungsübergreifend den Fall. Ein Geschäftsprozess ist also eine zusammengehörende Folge von betrieblichen Tätigkeiten mit dem Ziel, vom Kunden erwartete Leistungen optimal zu erzeugen.

AUFGABEN

1. Warum ist es wichtig, sich so schnell wie möglich im Unternehmen zurechtzufinden?
2. Führen Sie fünf wichtige Regeln für das Verhalten am Arbeitsplatz auf.
3. Welche Informationen werden in den ersten Tagen am Arbeitsplatz benötigt?
4. Was ist ein Stabliniensystem?
5. Wozu dient die Kundenorientierung?
6. Was ist ein Geschäftsprozess?
7. Überprüfen Sie mithilfe der Mindmap auf S. 478, worüber Sie sich zukünftig an einem neuen Arbeitsplatz informieren müssen, damit Sie sich auskennen.

ZUSAMMENFASSUNG

Neu im Unternehmen

entscheidend für erfolgreiche Arbeit am Arbeitsplatz

- Beachtung von Regeln der Arbeitswelt für das Verhalten am Arbeitsplatz
- sofortige Gewinnung von Informationen über das Unternehmen

SACHWORTVERZEICHNIS

4203480

S

T

U

V

W

Z

4203486

akg-images GmbH, Berlin: Bildarchiv Pisarek 206.1. Baaske Cartoons, Müllheim: Bengen, Harm 414.1. Bergmoser + Höller Verlag AG, Aachen: 40.1, 75.1, 311.1, 350.1, 410.1; Zahlenbilder 252.1, 345.1, 348.1, 380.1, 425.1. billiton internet services GmbH, Siegen: 283.2. Bundesministerium für Umwelt, Naturschutz und nukleare Sicherheit (BMU), Berlin: Bundesumweltministerium 2018, www.bmuv.de/WS580 256.2. fotolia.com, New York: 295.3; abcmedia 261.3; aerogondo 444.1; AKhodi 294.2; beermedia 133.2; BillionPhotos.com 436.1; contrastwerkstatt 13.1, 211.1; destina 292.2; Dietl, Jeanette 436.5; Dron 471.1; Erwin Wodicka/Gina Sanders 295.2; ferkelraggae 25.2; Fiedels 161.1; fotomek 475.1; goodluz 436.7; Hamels, Laurent 436.4; Herrndorff, M. 352.1; JackF 436.6; K.C. 151.1; konradbak 436.3; Konstanze Gruber 289.1; Kroener, Udo 27.2; Kzenon 273.3; M. Schuppich 291.3; Nerlich Images 118.1; photo 5000 26.4; PhotoSG 295.1; Radkov, Ivelin 290.1; Robert Kneschke 273.2; Sanders, Gina 152.1; santiago silver 44.1; sepy 436.2; Stefan Merkle 273.1; Sven Bähren 224.1; Veneziano, Andrea 455.1; Visiual Concepts 261.2; Xavier 288.1; Yang, Stefan 308.1. Getty Images, München: Keith Dannemiller 111.2. Görmann, Felix, Berlin: 19.1, 22.1, 25.1, 35.1, 147.1, 167.1, 232.1, 431.1, 442.1, 448.2. Görmann, Felix (RV), Berlin: 207.1, 207.2, 208.1, 263.1, 267.1, 274.1, 381.1. Hild, Claudia, Angelburg: 89.1, 91.2, 130.1, 183.1, 185.1, 197.2, 198.1, 209.1, 212.1, 225.1, 244.1, 246.1, 272.2, 298.1, 302.1, 307.1, 332.1, 434.1, 438.1, 463.1. ifo Institut – Leibniz-Institut für Wirtschaftsforschung an der Universität München e.V., München: 327.1. Jecht, Birk, Hildesheim: 283.1. Kartographie Michael Hermes, Hardegsen Hevensen: 298.2. kauflokal.com norisk Group GmbH, München: 283.3. Kox, Michael, Hamburg: www.mitbestimmung.eu/einfuehrung 419.1. Müller, Bodo, Bartensleben: 35.2. ökobüro Münster, Münster: ökobüro Münster/ www.ökobüro.de 255.2, 256.1. PantherMedia GmbH (panthermedia.net), München: Honstetter, Anna-Katharina 10.2. Picture Press Bild- und Textagentur GmbH, Hamburg: Wartenberg, Frank P. 390.1. Picture-Alliance GmbH, Frankfurt a.M.: dpa-infografik 20.1, 20.2, 23.1, 26.3, 32.1, 32.2, 37.1, 39.1, 46.2, 51.1, 55.1, 254.1, 271.1, 278.1, 290.2, 291.2, 292.3, 309.1, 332.2, 352.2, 353.1, 354.1, 355.1, 356.1, 356.2, 357.1, 360.1, 360.2, 361.1, 362.1, 370.1, 370.2, 371.1, 372.1, 373.1, 393.1, 424.1, 428.1; dpa-infografik GmbH 291.1; dpa/Koch 358.1; dpa/Ossinger, Horst 26.1; dpa/Rolf Schultes 26.2; Imagechina/He Dongping 196.1; ZB/ Kahnert, Sebastian 27.1. RNK Verlag – eine Marke der Roth GmbH, Lichtentanne: Gewerbestraße 9 163.1, 163.2. Shutterstock.com, New York: CuteCute 257.1; jojje 446.1; Kneschke, Robert 447.1. sozialpolitik-aktuell.de – Uni Duisburg-Essen, Duisburg: 367.1. stock.adobe.com, Dublin: adisa 88.1; adrian_ilie825 7.2; alphaspirit 329.1; Antonioguillem 224.2; ArtemSam 320.1; auremar 111.1; Banke, Jeffrey 110.1; bilderstoeckchen 294.3; Bildgigant 369.1; bluedesign 82.1; contrastwerkstatt 36.1; Dan Race 159.1; Dierks, Janina 82.5; Dietl, Jeanette 82.4; drubig-photo 264.1; ekkasit919 226.1; Fälchle, Jürgen 258.2, 259.1; faustino 230.1; fotogestoeber 219.1; fotomek 294.1; gopixa 109.1; Gorodenkoff 399.2, 448.1; gradt 91.1; Grochowski, Guido 164.1; guukaa 146.1; industrieblick 7.3, 194.2, 399.1; JackF 7.4; Jenkins, M. 258.1; Kmatta 314.1; Kneschke, Robert 82.3; Kurhan 144.1; Kzenon 194.1; littlewolf1989 44.2; loreanto 172.1; m.u.ozmen 292.1; magele-picture 154.1; Marco2811 142.1, 144.3; Max 290.3; MH 285.1; mindscanner 264.2; momius 144.2; morane 447.2; MQ-Illustrations 129.2, 155.1; New Africa 82.6; nordroden 197.1; ozanbulbul 132.2; pariwatpannium 336.1; pattilabelle 220.1; peterschreiber.media 328.1; phonlamaiphoto 196.2; picoStudio 261.1; Picture-Factory 296.1; Popov, Andrey 340.1; Prostock-studio 129.1, 337.1, 463.2; Racle Fotodesign 7.1, 10.1; Rampsch, Ronald 114.1; Robert Kneschke 82.2; Sanders, Gina 46.1; Sanders, Gina/Wodicka, Erwin/wodicka@aon.at 102.1; satori 275.1; seen0001 259.2; SENTELLO 213.1; showcake 249.1; sinematik 192.1; sodawhiskey 169.1; stas_malyarevsky Titel; Studio Harmony 326.1; styleuneed 334.1; taka 117.1; TeddyandMia 272.1; Traimak, Ivan 141.1; Trueffelpix 156.2; vchalup 255.1; WavebreakMediaMicro 104.1; Weis, Yvonne 133.3; Wellnhofer Designs 107.1; Westend61 177.1; WoGi 132.1; Worg, Janet 91.3; Wylezich, Björn 133.1, 143.1, 168.1; Zerbor Titel, 156.1, 338.1. Umweltbundesamt, Dessau-Roßlau: 374.1, 375.1. YPS – York Publishing Solutions Pvt. Ltd.: 36.2, 174.1, 175.1.